Die Psychologie der Entscheidung

Helmut Jungermann ist Professor für Psychologie an der Technischen Universität Berlin mit den Schwerpunkten Entscheidungsforschung und Risikoforschung. Er ist Mitglied in zahlreichen nationalen und internationalen Fachgesellschaften, war Präsident der European Association for Decision Making und hat längere Zeit in den USA und Frankreich gearbeitet. Er hat zahlreiche Arbeiten zur Entscheidungs- und Risikopsychologie publiziert, war Mitglied in den Herausgebergremien internationaler Zeitschriften, war Gutachter für viele Institutionen der Wissenschaftsförderung und hat vielfältige Forschungsprojekte für öffentliche und private Institutionen durchgeführt.

Hans-Rüdiger Pfister ist Professor für Wirtschaftspsychologie an der Fachhochschule Nordostniedersachsen in Lüneburg mit den Arbeitsschwerpunkten Entscheidungspsychologie, Arbeitspsychologie, Neue Medien und Methodenlehre.

Katrin Fischer ist Wissenschaftliche Mitarbeiterin an der Universität Potsdam. Sie beschäftigt sich derzeit mit Aspekten deduktiven Schließens und Problemen der Wissensrepräsentation.

Helmut Jungermann
Hans-Rüdiger Pfister
Katrin Fischer

Die Psychologie der Entscheidung

Eine Einführung

2. Auflage

ELSEVIER
SPEKTRUM
AKADEMISCHER
VERLAG

Spektrum
AKADEMISCHER VERLAG

Zuschriften und Kritik an:
Elsevier GmbH, Spektrum Akademischer Verlag, Katharina Neuser-von Oettingen,
Slevogtstr. 3-5, 69126 Heidelberg

Wichtiger Hinweis für den Benutzer
Der Verlag und die Autoren haben alle Sorgfalt walten lassen, um vollständige und akkurate
Informationen in diesem Buch zu publizieren. Der Verlag übernimmt weder Garantie
noch die juristische Verantwortung oder irgendeine Haftung für die Nutzung dieser
Informationen, für deren Wirtschaftlichkeit oder fehlerfreie Funktion für einen bestimmten
Zweck. Der Verlag übernimmt keine Gewähr dafür, dass die beschriebenen Verfahren,
Programme usw. frei von Schutzrechten Dritter sind. Der Verlag hat sich bemüht, sämtliche
Rechteinhaber von Abbildungen zu ermitteln. Sollte dem Verlag gegenüber dennoch der
Nachweis der Rechtsinhaberschaft geführt werden, wird das branchenübliche Honorar
gezahlt.

Bibliografische Information Der Deutschen Bibliothek
Die Deutsche Bibliothek verzeichnet diese Publikation in der Deutschen
Nationalbibliografie; detaillierte bibliografische Daten sind im Internet über http://
dnb.ddb.de abrufbar.

Planung und Lektorat: Katharina Neuser-von Oettingen, Anja Groth
Herstellung: Katrin Frohberg
Druck und Bindung: Krips BV, NL - Meppel
Umschlaggestaltung: Spieß-Design, Neu-Ulm

Printed in The Netherlands
ISBN 3-8274-1568-3

Aktuelle Informationen finden Sie im Internet unter www.elsevier.de

Inhalt

8   Gründe **305**

9 Anwendungsfelder **345**

Vorwort zur 2. Auflage

In diesem Buch geht es darum, wie Menschen Entscheidungen treffen. Wir stellen die wichtigsten Theorien und Befunde der Psychologie zu diesem Thema dar. Aus der psychologischen Perspektive „kalkulieren" Menschen im allgemeinen nicht, welche Entscheidung sie treffen sollen, sondern sie beurteilen Situationen und wählen Optionen im Rahmen ihrer beschränkten kognitiven Kapazität sowie auf der Basis ihrer Erfahrungen und Ziele.

Es geht also nicht darum, wie Menschen nach bestimmten Standards der Optimalität oder Rationalität Entscheidungen treffen *sollten*. Damit beschäftigen sich andere Disziplinen. Allerdings sollte man bekanntlich zunächst einmal die Realität (in diesem Fall: menschlichen Entscheidens) kennen, bevor man sie zu verbessern versucht. Sonst kann es passieren, daß die besten Ratschläge zur Verbesserung der Entscheidungsfindung nicht befolgt werden können. Die *deskriptive* Entscheidungsforschung, die das „normale" Entscheidungsverhalten beschreibt, und die *präskriptive* Entscheidungstheorie, die Verfahren für „rationales" Entscheidungsverhalten liefert und begründet, ergänzen einander.

Diese 2. Auflage des Buches unterscheidet sich von der 1. Auflage aus dem Jahre 1998 in verschiedener Hinsicht: *Erstens* haben wir die vielen kleineren und größeren Fehler korrigiert, die uns bei der heute ja üblichen Eigenproduktion des Buches unterlaufen waren. *Zweitens* haben wir am Ende jeden Kapitels ein *Update* angefügt, in dem unter der Überschrift „Neues aus den letzten Jahren" die wichtigsten Entwicklungen seit der 1. Auflage beschrieben und Literaturhinweise gegeben werden. *Drittens* haben wir ein neues Kapitel 9 über „Anwendungsfelder der Entscheidungsforschung" eingefügt, in dem wir die Rolle der psychologischen Entscheidungsforschung in den Bereichen *Financial Decision Making (Börse)*, *Medical Decision Making (Klinik)*, *Aviation Decision Making (Cockpit)* und *Health-related Decision Making* darstellen. *Viertens* haben wir das frühere Kapitel 9 („Nützliche Links") erheblich überarbeitet, erweitert und dem neuen Kapitel 10 auch einen neuen Titel gegeben, „Seitensprünge auf Nebenschauplätze".

Wir danken denjenigen, die dazu beigetragen haben, daß diese 2. Auflage zustandegekommen ist: Nadine Di Bartolo und Constanze Bungs haben das Manuskript editiert; Nikolaus Rötting stellte seine EDV-Expertise zur Verfügung; Karin Scherrinsky-Pingel half bei der Literaturrecherche; David Kremers und Jan Reinhardt haben noch ein letztes Mal Korrektur gelesen. Elke Weber hat uns wichtige Hinweise und Kommentare zu den neueren Entwicklungen gegeben. Anja Groth vom Verlag Spektrum der Wissenschaft hat uns in vielerlei Hinsicht unterstützt. Und ganz besonderer Dank gilt Katharina Sachse und Julia Belting, die unermüdlich gelesen, kommentiert, korrigiert und für Espresso und gute Stimmung gesorgt haben.

Helmut Jungermann   *Hans-Rüdiger Pfister*   *Katrin Fischer*

1 Gegenstandsbereich

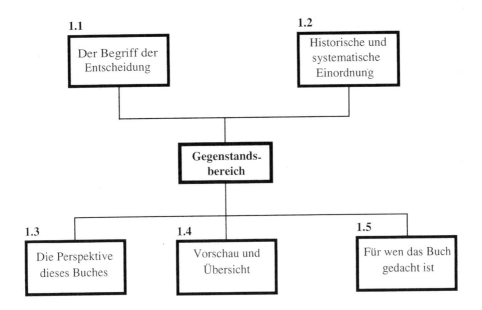

1.1

Der Begriff der Entscheidung

1.2

Historische und systematische Einordnung

Gegenstands-bereich

1.3

Die Perspektive dieses Buches

1.4

Vorschau und Übersicht

1.5

Für wen das Buch gedacht ist

Eine **Ärztin** überlegt, ob sie den mit Unterleibsschmerzen eingelieferten Patienten sofort operieren oder erst noch weitere Untersuchungen durchführen soll. Sie hat also zwei Optionen; die Folgen der Wahl beider Optionen sind unsicher. - Der **Mieter** einer 2-Zimmer-Wohnung hört von einer frei werdenden größeren, aber ungünstiger gelegenen Wohnung. Er muß sich entscheiden, ob er die neue Wohnung nehmen oder in seiner alten Wohnung bleiben, also seinen status quo beibehalten will. - Ein **Fluglotse** sieht auf seinem Radarschirm, daß sich in dem von ihm kontrollierten Luftraum zwei Flugzeuge möglicherweise auf Konfliktkurs befinden. Er muß beurteilen, welche der ihm zur Verfügung stehenden Maßnahmen, also Anweisungen an die Piloten, angemessen sind und dann eine der Anweisungen geben. - Eine **Studentin** plant, sich einen neuen PC zu kaufen. Sie vergleicht mehrere Optionen, u.a. unter den Gesichtspunkten der Leistungsfähigkeit, des Preises, der Garantie und des Aussehens. - Ein **Manager** prüft, für welches Produkt seine Firma im nächsten Jahr werben sollte. Er wird bei seiner Entscheidung u.a. die Verfügbarkeit von Material und Personal sowie natürlich die erwartete Nachfrage in Betracht ziehen. - Eine **Ingenieurin** in einem Kraftwerk stellt fest, daß eine bestimmte Systemkomponente ausgefallen ist. Sie sucht nach der Ursache des Systemversagens, muß aber unabhängig davon, ob sie die Ursache findet, innerhalb weniger Minuten entscheiden, ob sie das System abschalten soll. - Ein **Patient** liest den Beipackzettel zu einem Medikament, das ihm verschrieben worden ist, und findet dort zahlreiche äußerst unangenehme Nebenwirkungen aufgeführt. Er nimmt das Medikament dennoch ein, oder er wirft es weg.

Dies sind ganz unterschiedliche Beispiele für Entscheidungsprobleme. Und die Entscheidungen stellen unterschiedliche kognitive Anforderungen: Mal muß die Unsicherheit der Entscheidung für die eine oder andere Option abgeschätzt werden (die Ärztin), mal müssen verschiedene Aspekte von Kaufoptionen zusammengebracht werden (die Studentin), mal müssen Vor- und Nachteile von Optionen gegeneinander abgewogen werden (der Patient). In jedem Fall aber geht es letztlich darum, eine Wahl zu treffen. Aber diese Probleme haben auch bestimmte Elemente bzw. Strukturen gemeinsam. Gemeinsamkeiten und Unterschiedlichkeiten von Entscheidungsproblemen und -prozessen werden in diesem Buch dargestellt. Dabei geht es um die *psychologische* Beschreibung und Erklärung der Art und Weise, in der Entscheidungen getroffen werden, welche Faktoren Entscheidungen beeinflussen und welche kognitiven Prozesse bei Entscheidungen ablaufen. Es geht nicht direkt um die Frage, wie Entscheidungsverhalten optimiert werden kann; Wissen um die Realität von Entscheidungsverhalten ist aber erforderlich, wenn man dieses Verhalten erfolgreich unterstützen und verbessern will.

1.1 Der Begriff der Entscheidung

Als Gegenstand der Entscheidungsforschung betrachten wir Situationen, in denen eine Person sich zwischen mindestens zwei Optionen „präferentiell" entscheidet. Damit ist gemeint, daß sie eine Option gegenüber einer anderen bzw. mehreren anderen „präferiert", d.h. vorzieht. Die Optionen mögen Objekte (z.B. Medikamente, Computer, Wohnungen) oder Handlungen (z.B. Operation, Abschaltung eines technischen Systems, Anweisung an eine Person) sein. Entscheidungssituationen können sich in vielfacher Hinsicht voneinander unterscheiden; so können die Konsequenzen der Entscheidung sicher oder unsicher und sie können eindimensional oder mehrdimensional sein. Die Entscheidung kann durch eine Feststellung getroffen (z.B. Frank sagt: „Ich ziehe X gegenüber Y vor") oder durch Verhalten zum Ausdruck gebracht werden (z.B. Frank kauft X und nicht Y).

Mit dem Begriff „Entscheidung" verbinden wir im allgemeinen mehr oder weniger überlegtes, konfliktbewußtes, abwägendes und zielorientiertes Handeln. Darauf verweisen auch Bemerkungen der Art „Ich muß überlegen, was ich tun soll", „Ich kann mich nicht entscheiden" oder „Wer die Wahl hat, hat die Qual". Aber oft werden Entscheidungen auch rasch und ohne längeres Nachdenken getroffen, wenn beispielsweise das Problem trivial ist und daher eine längere Beschäftigung nicht lohnt oder wenn das Problem gut bekannt ist und seine Lösung schon Gewohnheit oder Routine geworden ist. Wir befassen uns in diesem Buch in erster Linie mit solchen Situationen, in denen ein „Entscheidungs-Bewußtsein" vorliegt, jemand also weiß, daß er sich in einer Entscheidungssituation befindet und bewußt eine Entscheidung trifft. Dies bedeutet natürlich nicht, daß ihm die Komponenten und Prozesse bewußt sind, die die Entscheidungsfindung charakterisieren. So, wie wir ja auch bewußt sprechen, ohne uns des Prozesses der Sprachproduktion bewußt zu sein.

Als „Entscheidung" wurde lange allein der Moment bzw. das Ergebnis der Entscheidung zwischen gegebenen Optionen verstanden. Das bekannteste Modell zur Erklärung von Entscheidungen lautet, daß Menschen die gegebenen Optionen unter dem Gesichtspunkt des Wertes und der Wahrscheinlichkeit ihrer Konsequenzen beurteilen und sich dann für die nach ihrer Meinung beste Option entscheiden (*Wert-Erwartungs-Modell*). Da aber mit diesem Modell viele Situationen nicht hinreichend beschrieben und viele empirische Beobachtungen nicht erklärt werden konnten, stellte man zunehmend auch andere, weitergehende Fragen - zum Beispiel: Wie kommt man eigentlich zu Wissen oder Urteilen über die Unsicherheit, die mit den möglichen Entscheidungskonsequenzen verbunden ist? Wie integriert man denn die einzelnen Werte, die verschiedene Entscheidungskonsequenzen haben können? Und noch weiter: Welche Konsequenzen werden überhaupt antizipiert, und wovon hängt es ab, ob und wie Konsequenzen antizipiert werden? Werden überhaupt alle Optionen geprüft oder wird nur eine „erste beste" Option gesucht und gewählt? Und schließlich noch weiter: Wann und wie kommt es zum Erkennen einer Entscheidungsgelegenheit oder -notwendigkeit, also zur Wahrnehmung von Optionen? Wie werden Wahlen in die Tat umgesetzt (oder warum nicht?), und wie werden sie später beurteilt? Der Entscheidungsbegriff wurde also zunehmend erweitert. Wir verstehen in diesem Buch Entscheidung als einen Prozeß, dessen zentrale Komponenten Beurteilungen (*judgments*) und Wahlen (*choices*) sind. Dieser Prozeß beginnt entweder damit, daß eine Person erkennt, daß es mindestens zwei Optionen gibt; oder er beginnt damit, daß eine Person eine Diskrepanz zwischen dem gegebenen und einem erwünschten Zustand wahrnimmt und dadurch zur Suche nach Optionen veranlaßt wird, die diese Diskrepanz überbrücken könnten. Der Prozeß endet meist, wenn eine Person sich durch die Wahl einer Option festlegt; er endet manchmal aber auch erst mit der Umsetzung der getroffenen Wahl bzw. der retrospektiven Bewertung der Entscheidung.

1.2 Historische und systematische Einordnung

Zur Beschreibung und Erklärung von Entscheidungsprozessen gibt es zahlreiche und höchst unterschiedliche theoretische Konzeptionen, formale Modelle und empirische Untersuchungen. Die Entscheidungsforschung im eigentlichen Sinne ist nicht älter als einige Jahrzehnte, aber sie hat weit ältere Wurzeln in Philosophie, Ökonomie und Mathematik. Die *philosophische* Wurzel ist der Utilitarismus, wie er systematisch erstmals von Jeremy Bentham (1748-1832) dargestellt wurde. Danach ist eine Handlung nur von ihren Konsequenzen her zu bewerten: Dasjenige Handeln ist moralisch richtig, dessen Konsequenzen optimal sind. Moralisch gut handelt, wer den Nutzen der Konsequenzen unter dem Gesichtspunkt des Interesses der Allgemeinheit maximiert. Die praktische Philosophie hat diese Position später in vielfacher Weise modifiziert und differenziert (vgl. Höffe, 1985). Die *ökonomische* Wurzel liegt in der Konzeption eines egoistisch handelnden und gerade dadurch dem allgemeinen Wohl dienenden Wirtschaftssubjekts, wie sie bereits von Adam Smith (1723-1790) skizziert und dann vor allem von John Stuart Mill (1806-1873) ausgearbeitet wurde, der utilitaristische Philosophie und politische Ökonomie miteinander verknüpfte. Die *mathematische* Wurzel schließlich liegt in der Wahrscheinlichkeitstheorie, deren Grundlagen von Jacob Bernoulli (1654-1705) und Pierre Simon de Laplace (1749-1827) vor allem im Zusammenhang mit Überlegungen zum Glücksspiel entwickelt wurden. Durch die Verknüpfung von Nutzen- und Wahrscheinlichkeitstheorie wurde erst die Basis gelegt für die Behandlung von Entscheidungen unter gleichzeitiger Berücksichtigung sowohl des Wertes als auch der Unsicherheit der Konsequenzen.

Ein Beitrag von Daniel Bernoulli (1700-1782), dem Neffen von Jacob Bernoulli, ist besonders berühmt geworden: Das *St. Petersburg - Paradox*. Ein Freund bietet Ihnen folgendes Spiel an: Er wird eine Münze so oft werfen, bis sie bei einem Wurf „Kopf" zeigt. Er zahlt Ihnen zwei Dukaten, wenn die Münze beim ersten Wurf „Kopf" zeigt; er zahlt Ihnen vier Dukaten, wenn sie beim ersten Wurf „Zahl" und erst beim zweiten Wurf „Kopf" zeigt; acht Dukaten, wenn sie erst beim dritten Wurf „Kopf" zeigt, usw. Der Dukatenbetrag verdoppelt sich also mit jedem Wurf, in dem die Münze nicht „Kopf" zeigt. Er beträgt 2^n Dukaten, wenn die Münze beim n-ten Wurf „Kopf" zeigt. Wieviel wären Sie zu zahlen bereit, damit Sie das Spiel spielen dürfen? Wenn man rein statistisch denkt, sollten Sie alles, was Sie haben, einzusetzen bereit sein, denn der statistische Erwartungswert des Spiels ist unendlich groß: Vereinfacht gesagt, es ist ja nicht auszuschließen, daß erst nach unendlich vielen Würfen ein „Kopf" fällt, wie klein die Wahrscheinlichkeit auch sein mag. Tatsächlich aber setzen Menschen, wenn man sie mit diesem Spiel konfrontiert, nur relativ kleine Beträge ein. Bernoulli hat eine Lösung dieses Paradoxons vorgeschlagen; diese und andere Lösungen sind später immer wieder diskutiert worden. Wir behandeln das St. Petersburg-Paradox später ausführlicher (Kapitel 4).

Seit etwa zweihundert Jahren werden also entscheidungstheoretische Probleme in verschiedenen Wissenschaftsbereichen diskutiert. Aber erst Mitte dieses Jahrhunderts begann das Gebiet sich eigentlich zu etablieren. Diese Entwicklung setzte 1947 mit dem Buch *Spieltheorie und wirtschaftliches Verhalten* von John von Neumann und Oskar Morgenstern ein, die zum ersten Mal eine umfassende Theorie präferentieller Entscheidungen vorlegten. Sie haben den Anstoß sowohl zur Weiterentwicklung dieser Theorie und zur Entwicklung neuer Theorien als auch zur Prüfung der Brauchbarkeit der Theorie zur Erklärung bzw. Vorhersage des Entscheidungsverhaltens gegeben.

Die Entscheidungsforschung ist, wie ihre Geschichte schon vermuten läßt, keiner einzelnen Disziplin zuzuordnen. Theorie und Empirie haben heute zweifellos ihr Zentrum in der *Ökonomie*. Und daß sie dort auch eine wichtige Rolle spielen, zeigt sich u.a. daran, daß mehrere Nobelpreise an Wissenschaftler für ihre entscheidungstheoretischen (bzw. spieltheoretischen) Arbeiten verliehen wurden: Herbert Simon, (1978), Maurice Allais (1988), Gary Becker (1992) und Reinhard Selten (1994). In der *Betriebswirtschaftslehre* bzw. *Management Science* steht dabei das Interesse im Vordergrund, Grundlagen und Verfahren für die Optimierung von wirtschaftlichen Entscheidungsprozessen zu entwickeln und zur Verfügung zu stellen (Eisenführ & Weber, 2003). In der *Philosophie* gibt es zwei entscheidungstheoretische Richtungen: Zum einen interessiert man sich in praktisch-philosophischer Absicht für die Bedingungen der Möglichkeiten vernünftiger bzw. rationaler öffentlicher Entscheidungsprozesse (vgl. Höffe, 1985); zum anderen beschäftigt man sich aus wissenschaftstheoretischem Interesse mit Entscheidungen als einem speziellen Typ des (induktiven) Umgangs mit Hypothesen und Beobachtungen (vgl. Stegmüller, 1973a, 1973b). In der mathematischen *Statistik*

geht es um die wahrscheinlichkeitstheoretische Behandlung von Daten und Hypothesen. Hier geht es nicht nur um unterschiedliche Interpretationen des Wahr-
scheinlichkeitskalküls, sondern weitergehend um grundsätzliche Differenzen in
der Herangehensweise, beispielsweise zwischen der klassischen Neyman-Pear-
son-Statistik und der Bayes-Statistik (vgl. Gigerenzer & Murray, 1987). Darüber
hinaus gibt es eine Reihe weiterer entscheidungstheoretischer Ansätze in anderen
Bereichen, so u.a. in der Politikwissenschaft, in den Ingenieurwissenschaften und
in den Rechtswissenschaften. Auf den Bereich der *Psychologie*, um die es ja in
diesem Buch geht, gehen wir im nächsten Abschnitt ausführlicher ein.

   Entscheidungsforschung wird mit zwei einander ergänzenden Intentionen betrieben: Die *präskriptive* Entscheidungstheorie sagt, wie man sich verhalten bzw.
welche Option man wählen sollte, wenn man bestimmte Grundpostulate *rationalen* Denkens für richtig hält; sie liefert formalisierte Regeln und Verfahren zur
Strukturierung und Verarbeitung von Information und sieht ihre Aufgabe darin,
Menschen bei schwierigen Entscheidungen zu unterstützen (Keeney & Raiffa,
1976; Eisenführ & Weber, 2003). Sie will damit beispielsweise die Investitionsentscheidungen von Managern in einem Unternehmen oder die therapeutischen
Entscheidungen von Ärzten unterstützen. Demgegenüber sieht die *deskriptive*
Entscheidungsforschung ihre Aufgabe darin, das tatsächliche menschliche Entscheidungsverhalten zu beschreiben. Da die Kapazität des kognitiven Systems
beschränkt ist oder auch, je nach Situation, nicht immer voll genutzt wird, ist das
tatsächliche Verhalten oft - verglichen mit dem aus der präskriptiven Theorie
ableitbaren Verhalten - nur *beschränkt rational*. Die deskriptive Forschung liefert
Theorien und Modelle des realen Verhaltens in Entscheidungssituationen und
überprüft diese an empirisch gewonnenen Beobachtungen. Sie analysiert die Entscheidungen von Managern oder Ärzten oder, im Experiment, von Versuchspersonen, um Entscheidungen erklären und vorhersagen zu können. Präskriptiver
und deskriptiver Ansatz sind jedoch eng aufeinander bezogen: Einerseits bezieht
sich präskriptive Theorie (unausgesprochen) immer schon auf reales, d.h. faktisch
beobachtetes und faktisch durchführbares Verhalten. Daher muß sie auch neuen
Erkenntnissen über systematische Fehlertendenzen im menschlichen Verhalten in
ihren Verfahren Rechnung tragen. Andererseits kann deskriptive Forschung aus
der Kontrastierung von Modellen „beschränkt rationalen" Entscheidungsverhaltens und Modellen „rationalen" Verhaltens neue Anregungen für empirische Fragestellungen gewinnen. Dies wird unmittelbar deutlich, wenn man sich die zu
Beginn des Kapitels genannten Beispiele für Entscheidungsprobleme etwas
genauer anschaut. In dem Wechselspiel von Deskription („Wie verlaufen Entscheidungsprozesse?") und Präskription („Wie könnten Entscheidungsprozesse
besser verlaufen?") liegt gleichzeitig für viele der besondere Reiz des Gebietes.

1.3 Die Perspektive dieses Buches

Die Untersuchung tatsächlichen Verhaltens in Entscheidungssituationen war und ist primär ein Thema der psychologischen Entscheidungsforschung. Anfang der fünfziger Jahre des 20. Jahrhunderts wurden die im Rahmen der Ökonomie entwickelten Überlegungen aufgegriffen und auf ihre empirische Gültigkeit hin überprüft. Seitdem hat sich die sogenannte *behavioral decision research* zu einem relativ selbständigen Gebiet entwickelt, das freilich sowohl in der Theorie als auch in der Anwendung immer noch große Affinität zur Ökonomie hat. Diese Entwicklung läßt sich u.a. anhand der seit 1954 in unregelmäßigen Abständen in der Zeitschrift *Annual Review of Psychology* erschienenen Artikel verfolgen.

Zentral ist für die psychologische Entscheidungsforschung die Vorstellung vom Menschen als einem informationsverarbeitenden System geworden, die sich in der Psychologie Ende der sechziger Jahre mit der sogenannten „kognitiven Wende" durchsetzte (Neisser, 1967). Information (z.B. über Optionen und Ereignisse oder über Handlungsfolgen) wird aus der Umgebung aufgenommen bzw. aus dem Gedächtnis abgerufen und entsprechend der Struktur und Funktion unserer kognitiven Grundausstattung verarbeitet (z.B. zur Bewertung einer Option).

Im Rahmen dieser Vorstellung ist Entscheiden eine spezifische kognitive Funktion, und zwar ein zielgerichteter, nach Regeln operierender Prozeß: Es muß entschieden werden, ob eine bestimmte Option bzw. welche von mehreren Optionen gewählt werden soll. Damit grenzt sich Entscheidung von anderen kognitiven Funktionen wie der Wahrnehmung, der Sprache oder dem Gedächtnis ab. So dient Wahrnehmung der Orientierung in der Welt durch die Verarbeitung physikalischer Information, Sprache dem Ausdruck und der Kommunikation von Sachverhalten mit Hilfe von Worten, Erinnerung der Vergegenwärtigung früher gespeicherter Information. Entscheidung dient der Auswahl einer von mehreren Handlungsmöglichkeiten. Das spezifische Merkmal der Entscheidungsfunktion - in Abhebung von anderen Funktionen - liegt also darin, daß hier Optionen mehr oder weniger bewußt miteinander verglichen und hinsichtlich ihrer Wünschbarkeit beurteilt bzw. gewählt werden. Es ist ein Prozeß der vergleichenden Beurteilung und Wahl.

Natürlich operiert die Entscheidungsfunktion nicht unabhängig von anderen kognitiven Funktionen: Bei Entscheidungen wird wahrgenommen (Informationen über den Entscheidungskonflikt werden visuell oder akustisch aufgenommen und verarbeitet), wird gedacht (z.B. müssen die möglichen Konsequenzen gegebener Optionen identifiziert werden), wird Sprache als Medium verwandt und wird Vergegenwärtigung von Erfahrungen geleistet. Wichtig ist aber, daß in einem Entscheidungsprozeß diese Funktionen eben im Dienste dieser spezifischen Entscheidungsfunktion stehen. Wenn jemand eine Entscheidung darüber treffen muß, ob er eine Operation durchführen lassen soll oder nicht, dann hört er beispielsweise die vom Arzt gegebenen Informationen (Wahrnehmung), erinnert sich an ähnliche Fälle (Gedächtnis) und überlegt sich die möglichen Konsequenzen seiner Entscheidung (Denken) - aber all dies steht im Dienste der Lösung des Entscheidungskonfliktes. Umgekehrt können natürlich auch Entscheidungsprozesse im Dienste anderer kognitiver Funktionen stehen. So finden wir den Entscheidungsbegriff etwa in der Wahrnehmungspsychologie, spezieller in der Theorie der Signalentdeckung, die zwischen Sensitivitäts- und Entscheidungsparameter unterscheidet; wir finden ihn in der Sprachpsychologie, wenn es um die Analyse der Prozesse der Wort- und Satzproduktion geht; und wir finden ihn in der Sensumotorik, insoweit sie sich mit dem Ablauf motorischer Handlungen beschäftigt. Hier wird Entscheidung meist verstanden als eine unbewußte, schnelle, sich wiederholende Wahl zwischen zwei Alternativen. Wichtig ist, daß in all diesen Fällen Entscheidungsprozesse im Dienste einer anderen psychischen Funktion stehen, eben einer akustischen Identifikation, einer sprachlichen Äußerung oder einer motorischen Handlung.

Entscheidung setzt - wie auch andere kognitive Funktionen - immer (a) Wissen und (b) Motivation voraus und ist oft abhängig von (c) Emotionen. (a) Der Entscheider muß beispielsweise verstehen, daß ihm bestimmte Optionen vorgegeben sind und welche dies sind, er greift auf seine Erfahrungen mit ähnlichen Situationen zurück oder auf seine Kenntnisse über die Konsequenzen, die mit den gegebenen Optionen verbunden sind. Er muß also aus seinem Wissensreservoir dasjenige Wissen aktivieren, das zum Verständnis der Situation und ihrer Lösung notwendig bzw. nützlich ist. (b) Der Entscheider muß eine Lösung selbst und nach seinen eigenen Vorstellungen herbeiführen wollen. Entscheidungen setzen also Wissensaktivierung und Motivationsdynamik voraus, wenngleich beide in der Entscheidungsforschung bisher nur selten direkt thematisiert worden sind. (c) Die Rolle von Emotionen in Entscheidungsprozessen ist weitgehend ungeklärt - so wie ihre Rolle bei Wahrnehmungs-, Sprach- oder Gedächtnisprozessen wenig untersucht ist. Dabei ist zu unterscheiden zwischen aktuellen Stimmungen und Gefühlen, die unabhängig von dem Entscheidungsproblem entstanden sind („Traurigkeit"), und solchen Emotionen, die direkt mit der Bewertung von möglichen Handlungsfolgen verbunden sind („ich werde mich sehr freuen, wenn ich den Preis gewinne").

Man kann Situationen der Art, wie sie zu Beginn als Gegenstand der Entscheidungsforschung beschrieben wurden, mit unterschiedlichen Perspektiven untersuchen - und dies ist in der Psychologie auch getan worden. - In der *Denkpsychologie* werden beispielsweise Situationen untersucht, in denen Personen Strategien zur Lösung von Problemen generieren und eine Strategie wählen müssen. Während es bei diesen Aufgaben im allgemeinen ein Kriterium für die Richtigkeit der Lösung gibt, gibt es ein solches Kriterium bei der Art von Situationen, wie sie die Entscheidungsforschung zum Gegenstand hat, im allgemeinen nicht. Da Entscheidungen zumindest partiell von den indviduellen Werten und Zielen abhängig sind, gibt es nur subjektiv bessere oder schlechtere Optionen. Aus denkpsychologischer Perspektive interessieren die Operatoren, die zur Lösung von Problemen entwickelt werden; aus entscheidungspsychologischer Perspektive interessieren dagegen primär die Bewertung gegebener Optionen und die Wahl einer dieser Optionen. - In der *Motivationspsychologie* werden die Determinanten der Wünschbarkeit - der Anreizwerte - wohl thematisiert (während die Determinanten der Unsicherheit kaum untersucht werden), doch der Unterschiedlichkeit von Anreizwerten in Konfliktsituationen wird selten Rechnung getragen. Dies mag daran liegen, daß man sich jeweils nur in bestimmten Klassen von Motiven bzw. Handlungszielen bewegt, z.B. Leistung, Macht oder Hilfe. Ähnlich wie bei Denkaufgaben geht es für die handelnde Person jeweils darum, die inhaltlich „richtige" Alternative zu finden, und nicht - wie in Entscheidungssituationen - darum, die unabhängig von ihrem spezifischen Inhalt „relativ beste" Option zu identifizieren. Neuerdings haben sich einige Motivationspsychologen auch (wieder) dem Problem der Handlungskontrolle zugewandt. Der Blick der Motivationspsychologie hat sich also bislang stärker auf diejenigen Phasen gerichtet, die dem eigentlichen Entscheidungsprozeß vorangehen bzw. ihm folgen. - In der *lernpsychologischen* Perspektive schließlich spielen die Erfahrungen des Entscheiders die wichtigste Rolle; aus eher forschungspraktischen Gründen wurden daher vor allem relativ einfache, wiederholbare Wahlsituationen untersucht. Damit fallen aber alle solchen Aufgabentypen heraus, die durch „höhere" kognitive Einsicht beim ersten Mal entschieden werden und daher in einem bestimmten Sinne „einmalig" sind.

In diesem Buch stellen wir die wichtigsten Ergebnisse der Entscheidungsforschung zu der Frage dar, wie tatsächlich Entscheidungen von Individuen getroffen werden. Wir behandeln dieses Thema aus *deskriptiver* Perspektive, stellen also theoretische Konzepte zur Erklärung beobachtbaren Entscheidungsverhaltens dar und beschreiben empirische Untersuchungen dazu; wir werden allerdings auch auf solche Modelle und Methoden Bezug nehmen, in denen „optimales" oder „rationales" Entscheiden beschrieben wird. Wir werden menschliches Entscheidungsverhalten primär aus *kognitionspsychologischer* Perspektive behandeln, aber auch wichtige motivations- und sozialpsychologische Perspektiven und Befunde einbeziehen. Und wir werden uns schließlich auf die *grundlegenden* Erkenntnisse über menschliches Entscheiden konzentrieren, jedoch auch immer wieder einschlägige Beispiele aus der Forschung in anderen Bereichen heranziehen, insbesondere aus Ökonomie und Medizin.

1.4 Vorschau und Übersicht

Im **2. Kapitel** behandeln wir *Grundbegriffe* der Entscheidungsforschung. Damit sind die wichtigsten Komponenten von Entscheidungsproblemen gemeint (z.B. Option, Konsequenz), bestimmte Merkmale von Entscheidungssituationen (z.B. Gegebenheit bzw. Offenheit der Optionenmenge), verschiedene Ebenen des kognitiven Aufwandes im Prozeß der Entscheidungsfindung (z.B. routinisiertes oder reflektiertes Verhalten) sowie einige gängige Darstellungsformen für Entscheidungsprobleme (z.B. Entscheidungsmatrix und -baum).

Das **3. Kapitel** gilt den Begriffen *Nutzen* und *Präferenz*. Wir erklären zunächst diese Begriffe und ihre Beziehung zueinander und erläutern die wichtigsten Charakteristika von sogenannten Nutzenfunktionen, mit denen man die Beziehung zwischen der subjektiven Bewertung eines Gutes und der Menge dieses Gutes darstellt. Wir stellen einige interessante Phänomene dar, wie beispielsweise die Abhängigkeit der präferentiellen Bewertung von Objekten davon, ob man diese Objekte besitzt oder nicht besitzt. Wir behandeln dann ausführlich das Problem der intertemporalen Bewertung, also der Abhängigkeit der präferentiellen Bewertung von Entscheidungskonsequenzen davon, zu welchem Zeitpunkt sie zu erwarten sind.

Im **4. Kapitel** geht es um *Zielkonflikte*, d.h. um Situationen, in denen Optionen unter mehreren Gesichtspunkten bzw. auf mehreren Attributen bewertet werden können. Wir behandeln zuerst das Ziel-Konzept der Entscheidungsforschung und anschließend die Theorien und Befunde zu multiattributen Entscheidungen. Es geht hier um die verschiedenen Regeln, nach denen Entscheidungen bei multiplen Zielen getroffen werden bzw. getroffen werden können, und auch darum, wie diese Regeln miteinander kombiniert werden.

Im **5. Kapitel** geht es um *Unsicherheit*. Zwar interessiert uns primär die Unsicherheit der Konsequenzen von Entscheidungen, aber die Untersuchung der Art und Weise, in der Menschen unsichere Ereignisse und Situationen beurteilen, hat in der Entscheidungsforschung ein Eigenleben gewonnen. Daher behandeln wir in diesem Kapitel das Thema Unsicherheit etwas breiter, als es vielleicht allein aus entscheidungspsychologischer Sicht nötig wäre. Wir beschreiben einleitend die verschiedenen psychologischen Varianten und einige formale Konzepte zur Darstellung von Unsicherheit. Ausführlicher stellen wir dann die wichtigsten theoretischen Ansätze dar, insbesondere das Programm „*heuristics and biases*" der amerikanischen Psychologen Tversky und Kahneman. Dieses Programm lenkte die Aufmerksamkeit auf - tatsächliche oder vermeintliche - „kognitive Täuschungen", also Urteilstendenzen, die vor allem aus wahrscheinlichkeitstheoretischer Sicht als Fehler gelten. Im letzten Teil des Kapitels werden die interessantesten dieser Phänomene vorgestellt.

Im **6. Kapitel** geht es um das *Entscheiden unter Unsicherheit*, wenn also sowohl Nutzen als auch Unsicherheit eine Rolle spielen. Wenn eine Option nicht dadurch gewählt wird, daß sie bei einem einfachen automatischen Filterprozeß als einzige übrig bleibt, wird nach anderen, komplexeren Regeln entschieden. Wir beschreiben und diskutieren die wichtigsten dieser Regeln: die Maximierung des subjektiv erwarteten Nutzens bzw. ihre moderne Variante, die *Prospect*-Theorie, die Theorien mit emotionalen Komponenten sowie die neuen Ansätze im Rahmen der *Cumulative Prospect*-Theorie.

Das **7. Kapitel** gilt solchen Faktoren und Bedingungen, welche die Verarbeitung entscheidungsrelevanter Informationen in Entscheidungssituationen beeinflussen; es gilt *Kontingenzen* des Entscheidungsverhaltens. Im ersten Teil des Kapitels behandeln wir solche Merkmale der Situation, die ganz offenbar im Moment der Entscheidung das Verhalten in unterschiedlicher Weise beeinflussen können, wenngleich das Problem selbst konstant bleibt. Beispielsweise *bewerten* Menschen unter bestimmten Bedingungen manchmal eine Option X als attraktiver als eine Option Y; wenn sie zwischen diesen Optionen *wählen* müssen, entscheiden sie sich jedoch für die Option Y. Im zweiten Teil des Kapitels geht es um die Forschung zur Selektion von Regeln bei der Entscheidung zwischen komplexen Optionen. Im Zentrum steht hier die Frage danach, wie das kognitive System bei Entscheidungen zwischen Aufwand und Genauigkeit abwägt und eine Regel wählt, die *beiden* Gesichtspunkten Rechnung trägt.

Im **8. Kapitel,** *Gründe*, behandeln wir neuere Ansätze in der Entscheidungsforschung, die das Verhalten in bestimmten Situationen nicht als eine Wahl zwischen Optionen je nach den mit ihnen verbundenen Konsequenzen betrachten, sondern als Wahl auf Grund anderer, *non-konsequentialistischer* Aspekte. Beispielsweise, ob eine Entscheidung leicht gerechtfertigt werden kann; ob durch die Entscheidung der status quo bewahrt oder verändert wird; oder auch ob moralische Prinzipien eine Rolle spielen, die wichtiger als mögliche ungünstige Handlungsfolgen erscheinen. Außerdem behandeln wir hier kurz Entscheidungen in sozialer Interaktion, und zwar zum einen in Interaktion mit einem einzelnen Partner (z.B. Gefangenen-Dilemma) und zum anderen in Interaktion mit einer Gemeinschaft (z.B. Allmende-Klemme).

Das **9. Kapitel** haben wir in diese zweite Auflage des Buches neu aufgenommen, weil es ein großes Interesse an den *Anwendungsfeldern* der Entscheidungsforschung gibt. Ausgewählt haben wir folgende Bereiche, aus denen Anwendungen natürlich nur beispielhaft genannt und skizziert werden können: *Financial Decision Making* (spez. Phänomene am Aktienmarkt und das Verhalten privater Anleger), *Aviation Decision Making* (spez. Entscheidungsverhalten von Piloten),

Medical Decision Making (spez. Umgang mit Unsicherheit und Abschätzung von Nutzenwerten durch Ärzte und Patienten) und *Health-related Decision Making* (spez. präventives Gesundheitsverhalten und Risikowahrnehmung).

Im abschließenden **10. Kapitel** machen wir *Seitensprünge auf Nebenschauplätze*. Wir werfen einen kurzen Blick auf Themen, die wir *nicht* behandelt haben oder jedenfalls nicht in der Ausführlichkeit, in der wir es getan hätten, wenn mehr Platz und Zeit zur Verfügung gestanden hätten. Der an diesen Themen interessierte Leser findet dort einschlägige Literaturhinweise.

Am Ende jedes Kapitels geben wir einige *Lesevorschläge*. Teils sind es Arbeiten zu spezifischen Themen der Entscheidungsforschung, teils sind es Aufsätze oder Bücher aus anderer Perspektive oder aus anderen Disziplinen.

Und *ganz* **am Ende jedes der Kapitel 1-8** schließlich kommen die Neuigkeiten aus den letzten Jahren, eine Skizzierung der wichtigsten Entwicklungen und Themen der Psychologie der Entscheidung seit der 1. Auflage.

In einem **Anhang** werden verschiedene Methoden der Entscheidungsforschung detailliert beschrieben. Vor allem die Methoden der Messung von Nutzen und Unsicherheit sind so dargestellt, daß der Leser sie ohne größere Probleme in eigenen Untersuchungen einsetzen kann.

1.5 Für wen das Buch gedacht ist

Da man Entscheidungsforschung in vielen Disziplinen findet, ist auch das Buch an Interessenten aus vielen Disziplinen gerichtet:

- In erster Linie sind es natürlich *Studierende und Dozenten der Psychologie*, die das Gebiet im Grundstudium im Rahmen der Allgemeinen Psychologie und/oder der Sozialpsychologie behandeln. Aber auch in den anwendungsorientierten Fächern spielt die Entscheidungsforschung eine Rolle, so beispielsweise in Arbeitspsychologie, Organisationspsychologie, Gesundheitspsychologie, Umweltpsychologie und Verkehrspsychologie.

- In zweiter Linie sind *Studierende und Dozenten der Wirtschaftswissenschaften* angesprochen. Entscheidungsforschung ist unter anderem relevant für Mikroökonomie, Investition und Finanzierung, Umweltökonomie, Versicherungsökonomie, Operations Research, Marketing, Konsumentenforschung, Werbung und Management. Im zuletzt genannten Bereich wird die präskriptive Entscheidungstheorie (oft in ihrer Variante als Entscheidungsanalyse oder Nutzwertanalyse) behandelt, für welche die Einbeziehung der deskriptiven Entscheidungsforschung wichtig ist.

- Aber auch in anderen Disziplinen spielt die Entscheidungsforschung eine Rolle, und die Beschäftigung mit dem psychologischen Ansatz kann hier nützlich sein. Genannt seien im ingenieurwissenschaftlichen Bereich u.a. *Arbeitswissenschaften, Systemtechnik, Verkehrswissenschaft, Informatik (KI)* und im sozialwissenschaftlichen Bereich *Soziologie* und *Politologie*.

Da schwierige Entscheidungen in vielen Bereichen zu treffen bzw. zu unterstützen sind, können auch Praktiker, die Entscheidungen vorbereiten, treffen, begründen und erklären müssen, aus dem Buch etwas lernen:

- *Manager*, die (oft unter kurzfristigem Erfolgsdruck und bei hohem Risiko) über Standorte, Produkte, Investitionen oder Personal entscheiden,

- *Mediziner*, die (oft unter hohem Zeitdruck) über diagnostische und therapeutische Maßnahmen entscheiden,

- *Berater* in den unterschiedlichsten Bereichen, die anderen Menschen (Klienten, Patienten, Kunden) helfen, selbstverantwortliche Entscheidungen zu treffen, beispielsweise Anlageberater, Ärzte, bei der genetischen Beratung oder der Schwangerschaftskonfliktberatung,

- und nicht zuletzt *Richter*, die bei Konflikten zwischen Berater und Beratendem zunehmend häufiger klären müssen, ob ein richtiger Rat bzw. ein Rat zur Entscheidung richtig gegeben wurde.

1.6 Lesevorschläge

Als ganz allgemeinen Einstieg in die *psychologische* Perspektive empfehlen wir Howard Gardners (1985) Buch über *The mind's new science. A history of the cognitive revolution* (dt.: *Dem Denken auf der Spur*, 1989). Darin beschreibt er die Wege der Kognitionswissenschaft (so der Untertitel), also ihre Quellen in Philosophie, Linguistik, Psychologie, Informatik, Anthropologie und Neurowissenschaft, und wesentliche Themen und Perspektiven der Kognitionswissenschaft. Kapitel 13 ist der Frage gewidmet, ob der Mensch ein rationales Wesen sei. Beschrieben werden hier vor allem Theorien und Befunde der Entscheidungsforschung. Eine ausführlichere Darstellung der Geschichte der Entscheidungsforschung und insbesondere der psychologischen Entscheidungsforschung und ihrer Beziehung zu anderen psychologischen Forschungsbereichen findet man bei Jungermann (1977), *Entscheidung - in der Theorie*.

Als Einstieg in die *ökonomische* Perspektive empfehlen wir das Heft des *Journal of Business* von 1986, in dem Beiträge zu einer Konferenz über *The behavioral foundations of economic theory* publiziert sind, und hier insbesondere die Einführung von Robin M. Hogarth und Melvin W. Reder, *Editors´ comments: perspectives from economics and psychology.*

Ein Vortrag des Betriebswirtschaftlers Martin Weber (1995) schließlich bietet für Psychologen wie Ökonomen einen guten Einstieg in die Wechselwirkungen zwischen den beiden Perspektiven. Er stellte *Fragen an die Psychologie - die Sicht eines Ökonomen.*

1.7 Neues aus den letzten Jahren

Eine sehr gute historische Darstellung der Entscheidungsforschung haben vor einigen Jahren William Goldstein und Robin Hogarth (1997) als Einleitung zu dem von ihnen herausgegebenen Sammelband mit „Klassikern" vorgelegt.

Nach wie vor wird der Begriff der Rationalität in der Entscheidungsforschung diskutiert - und zwar mit erstaunlich viel Emotionalität. Es geht noch immer oder immer wieder um die gleichen Fragen, insbesondere: Was soll man überhaupt unter rationalem Entscheidungsverhalten verstehen? Welche Bedeutung haben die normativen Modelle rationalen Verhaltens der Ökonomie für Theorie und Praxis, wenn die empirische Forschung zeigt, daß Menschen unter bestimmten Bedingungen sich weder nach diesen Modellen verhalten können noch wollen? Wie kann man den psychologisch relevanten, aber vagen Begriff beschränkter Rationalität theoretisch präzise fassen? Der interessierte Leser sei auf Gigerenzer und Selten (2001), Hastie und Dawes (2001), Shafir und LeBoeuf (2002), Tetlock und Mellers (2002) sowie Kahneman (2003) verwiesen.

Im Jahre 2002 ging ein Nobelpreis zum ersten Mal an einen Psychologen, nämlich Daniel Kahneman. Es war der Nobelpreis für Ökonomie, genauer *The Bank of Sweden Prize in Economic Sciences in Memory of Alfred Nobel.* Die Begründung durch das Nobelpreis-Komitee findet man unter http://www.nobel.se/economics/laureates/2002/. Eine deutschsprachige Würdigung der Person und der Bedeutung der Verleihung des Preises an einen Psychologen gibt es von Strack und Schwarz (2003). Kahneman und sein Kollege Amos Tversky, der 1996 verstarb, haben die Wirtschaftswissenschaften durch ihre psychologische Forschung stark beeinflusst und die Grundlage für *Behavioral Economics* gelegt, ein Forschungsgebiet, welches das tatsächliche wirtschaftliche Verhalten von Menschen im Vergleich zu dem in der Ökonomie postulierten Verhalten des *homo oeconomicus* untersucht. Die wichtigste Arbeit von Kahneman und Tversky, die *Prospect*-Theorie, wird im 6. Kapitel dargestellt.

Amos Tversky war zweifellos einer der klügsten, brilliantesten und einflußreichsten Psychologen der letzten Jahrzehnte. Seine mathematischen Fähigkeiten, seine philosophischen Kenntnisse, sein Interesse an kognitionspsychologischen wie ökonomischen Fragestellungen und nicht zuletzt seine Offenheit, Neugier und Diskussionsfreude machten ihn zu einem der führenden, wenn nicht dem führenden Vertreter der Entscheidungsforschung seit Mitte der 70er Jahre. Durch ihn und Daniel Kahneman gewann die Entscheidungsforschung erheblichen Einfluß nicht nur auf zahlreiche Felder innerhalb der Psychologie, insbesondere die Sozialpsychologie, sondern auch auf andere Disziplinen wie insbesondere Wirtschaftswissenschaft und Medizin. Würdigungen des Lebens und der Leistung von Tversky gibt es u.a. von Fischhoff (2001) und Laibson und Zeckhauser (1998).

Aus: Crasemann, H.: *Warum ausgerechnet Medizin?*, 3.Aufl., Stuttgart (Jungjohann) 1990. Mit freundlicher Genehmigung des Gustav Fischer Verlages Stuttgart.

2 Grundbegriffe

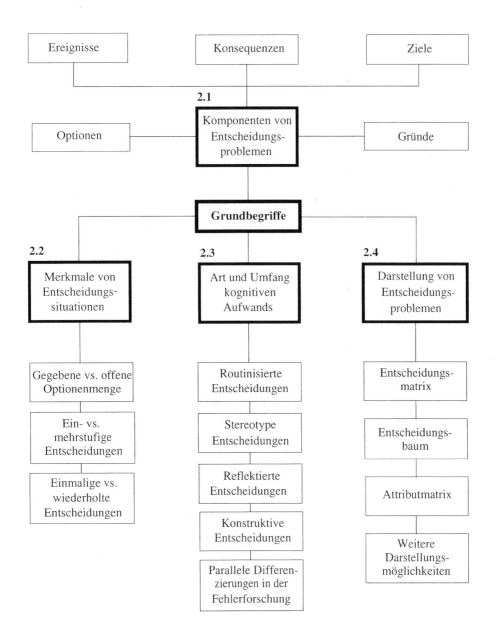

Eine Entscheidungssituation wurde in Kapitel 1 dadurch charakterisiert, daß eine Person mindestens zwei Optionen sieht, zwischen denen sie eine Wahl treffen will (oder soll oder muß). Optionen stellen also die wesentliche Komponente von Entscheidungsproblemen dar. Andere Komponenten von Entscheidungsproblemen sind die vom Entscheider antizipierten Konsequenzen dieser Handlungsoptionen, seine Bewertungsmaßstäbe, seine Werte, Ziele und Gründe, sowie solche Ereignisse in der Umwelt, die durch ihn nicht kontrollierbar sind, aber einen Einfluß darauf haben, welche Konsequenzen sich tatsächlich ergeben. Im *ersten* Abschnitt dieses Kapitels erläutern wir die wichtigsten Komponenten von Entscheidungsproblemen.

Unabhängig von der Art der Komponenten, die ein Entscheidungsproblem ausmachen, sind Entscheidungssituationen selbst nach bestimmten Merkmalen unterscheidbar. Beispielsweise mag es sich um eine einmalige oder eine häufig wiederkehrende Entscheidungssituation handeln, die Optionen mögen vorgegeben sein oder erst generiert werden müssen. Im *zweiten* Abschnitt beschreiben wir einige besonders wichtige Merkmale.

Entscheidungen erfordern je nach Art des Problems, den Gegebenheiten der Situation oder den Erfahrungen des Entscheiders unterschiedlichen kognitiven Aufwand. Wir behandeln im *dritten* Abschnitt vier Stufen des Entscheidungsverhaltens - man könnte auch von Entscheidungstypen sprechen -, und zwar routinisierte, stereotype, reflektierte und konstruktive Entscheidungen.

Es gibt zahlreiche formale und graphische Darstellungsweisen von Entscheidungsproblemen bzw. einzelner Aspekte von Entscheidungsproblemen. Im *vierten* Abschnitt führen wir die bekanntesten Darstellungen ein: Entscheidungsmatrix, Entscheidungsbaum und Attributmatrix.

Die Komponenten, Merkmale und Strukturen, die wir in diesem Kapitel erläutern, sind analytischer Natur. Wir nehmen also nicht an, daß dem Entscheider selbst diese Komponenten und Strukturen notwendigerweise bewußt sind. Zwei Analogien sollen verdeutlichen, was gemeint ist. Die erste Analogie ist der *Denkpsychologie* entnommen: Dort definiert man ein Denkproblem meist dadurch, daß zwischen einem Ausgangszustand und einem Zielzustand eine Barriere liegt, die eine unmittelbare Lösung, also den Übergang vom Ausgangs- zum Zielzustand, erschwert. Wir nehmen aber nicht unbedingt an, daß eine Person, die vor einem Denkproblem steht, dies als eine „Barriere-zwischen-Ausgangszustand-und-Zielzustand"-Situation erlebt. Das zweite Beispiel stammt aus der *Gedächtnispsychologie*: Wenn wir hier zwischen einem Kurz- und einem Langzeitspeicher unterscheiden, dann unterstellen wir nicht, daß Menschen ihr Gedächtnis als eine solche Struktur begreifen - wenngleich man es sich angewöhnen kann, in diesen Begriffen zu denken und zu reden.

2.1 Komponenten von Entscheidungsproblemen

2.1.1 Optionen

Optionen X, Y, Z ... sind diejenigen Objekte, Handlungen, Regeln oder Strategien, zwischen denen gewählt werden kann; manchmal sind Optionen bereits vorgegeben, manchmal müssen sie vom Entscheider erst gesucht oder entwickelt
werden. In der Literatur wird oft der Begriff *Alternative* als Synonym für *Option*
verwendet, jedoch ist dies eigentlich nicht richtig, denn eine Alternative liegt erst
dann vor, wenn es mindestens *zwei* Optionen gibt.

Zum ersten können Optionen Gegenstände bzw. *Objekte* sein, beispielsweise
„Fernsehgeräte", „Fahrräder", „Aktien", „Flughafenstandorte". Kaufentscheidungen und Standortentscheidungen sind typisch für Situationen, in denen es um die
Wahl zwischen Objekten geht. Die Meta-Entscheidung, daß man überhaupt etwas
kaufen oder bauen will, ist dann in der Regel schon gefallen, es geht nun um die
Wahl aus einer bestimmten Menge. Je nachdem kann es darum gehen, das „beste"
oder das „erste beste" oder aber auch einfach „kein schlechtes" Objekt - oder gar
nur „das kleinste Übel" zu finden.

Zum zweiten können Optionen *Handlungen* sein, beispielsweise „lesen" / „fernsehen" / „kochen", „zum Arzt gehen" / „nicht zum Arzt gehen", „ein von Terrori-
sten gekapertes Flugzeug stürmen" / „nicht stürmen", oder „ein Produkt weiter-
entwickeln" / „aus dem Markt nehmen". Handlungen sind meist auf ein konkretes
Ziel gerichtet, das durch die Handlung verwirklicht werden soll. Es wird dabei
vorausgesetzt, daß der Entscheider auch die Fähigkeit besitzt, die Handlung auszuführen (bzw. subjektiv sicher ist, die Handlung ausführen zu können). Nicht
vorausgesetzt werden kann allerdings, daß mit der Handlung das intendierte Ziel
auch erreicht wird. Handlungsoptionen eines abstrakteren Typus liegen dagegen
vor, wenn es darum geht, ob der gegenwärtige Zustand (der *status quo*) beendet
oder fortgesetzt werden soll. Beispielsweise stellt sich manchen Studenten
irgendwann während ihres Studiums die Frage, ob sie ihr Studium abbrechen oder
weitermachen sollen, ohne daß sie genau wissen, was sie denn tun würden, wenn
sie das Studium abbrächen. Diese „Abbrech"-Option ist also nur gegen die Fortsetzung des status quo definiert, hat selbst aber eigentlich keinen Inhalt. Ähnlich
ist der Fall, bei dem es darum geht, „zu handeln" oder „nicht zu handeln". Soll ich
als Wartungsingenieur beispielsweise beim Aufleuchten eines bestimmten Warn-
signals eine Anlage stoppen (was viel Geld kosten kann) oder nicht stoppen (weil
möglicherweise gar kein Systemversagen, sondern nur ein „blinder Alarm" vorliegt)?

Zum dritten können Optionen längerfristige *Strategien* sein, beispielsweise
„sparen" oder „konsumieren". Solche strategischen Optionen sind eher allgemeine Zielrichtungen; sie legen die konkreten Handlungen nicht genau fest, mit

denen diese Strategien umgesetzt werden können - und zwischen denen dann wiederum gewählt werden kann oder muß. Beispielsweise legt eine Entscheidung für die Strategie „sparen" noch nicht fest, wie, wann und woran man spart, und eine Entscheidung für die Strategie „konsumieren" legt nicht fest, was ich wann und wo konsumiere. Da Strategien nicht auf eine *spezifische* Situation oder ein *spezifisches* Ziel bezogen sind, kommen in der Entscheidung oft *allgemeine* Wertvorstellungen, Einstellungen und Persönlichkeitsmerkmale des Entscheiders zum Tragen.

Und schließlich können Optionen *Regeln* sein, nach denen Entscheidungen zu treffen sind. Man kann eine Entscheidung ohne langes Überlegen treffen, beispielsweise eine Münze werfen, man kann alle Aspekte sorgfältig prüfen, einen Computer oder einen Berater heranziehen, oder man kann nach einer Regel mit einem mittleren kognitiven Aufwand entscheiden. Aber man entscheidet, mehr oder weniger bewußt.

Ob der status quo, über den wir oben gesprochen haben, in einer Optionenmenge enthalten ist (d.h. ob der Entscheider den status quo beibehalten kann) oder ob er nicht darin enthalten ist (d.h. ob der Entscheider den status quo also in jedem Fall aufgeben und sich zwischen anderen Optionen entscheiden muß), ist selbst ein interessantes Merkmal von Entscheidungssituationen.

Der erste Fall (Möglichkeit der Beibehaltung des status quo) liegt beispielsweise vor, wenn jemand sich überlegt, ob er sich eine neue Kamera zulegen soll (oder mit seinem alten Apparat weiter fotografieren), ob er sein Studium wechseln soll (oder das begonnene Studium fortführen) oder ob er eine Versicherung abschließen soll (oder sein Leben ohne Versicherung weiterleben). In all diesen Fällen kann der Entscheider zwar seinen status quo aufgeben und eine andere Option wählen, er muß es aber nicht.

Der zweite Fall (Unmöglichkeit der Beibehaltung des status quo) liegt beispielsweise vor, wenn ein Schüler das Abitur macht. Er kann den Status als Schüler nicht beibehalten, er kann und muß sich zwischen Berufs- oder Ausbildungsoptionen entscheiden. Und der Gewinner im Lotto kann ebenfalls nicht der arme Schlucker bleiben, der er vorher war, sondern er muß sich zwischen Optionen der Geldanlage oder -ausgabe entscheiden.

Welcher Fall häufiger ist - eine Entscheidung in Bezug auf den status quo oder eine Entscheidung zwischen neuen Optionen -, ist schwer zu sagen. Im Konsumbereich dürften Entscheidungen zwischen mehreren neuen Optionen häufig zu finden sein, im persönlichen Lebensbereich (Beruf, Partner, usw.) dürften sich Entscheidungen oft um die Frage der Fortführung oder Aufgabe des status quo drehen.

2.1.2 Ereignisse

Als *Ereignisse* E_1, E_2, ... bezeichnen wir alle Vorkommnisse und Sachverhalte, auf die der Entscheider keinen Einfluß hat, welche den Ausgang einer Entscheidung aber beeinflussen können. Wohl hat er meistens Erwartungen bezüglich der Art und Wahrscheinlichkeit dieser Ereignisse. Welchen Ausgang etwa die Entscheidung, ins Kino zu gehen, nimmt, hängt davon ab, ob das Kino bereits ausverkauft ist. Ob das Ereignis „ausverkauft" oder das Ereignis „nicht ausverkauft" eintritt, dürfte u.a. davon abhängen, ob es sich um einen kalten Samstag im November oder einen warmen Samstag im Juli handelt. Das Ereignis (Kino ist „ausverkauft" oder „nicht ausverkauft") ist also für die Entscheidung relevant.

Meist denkt man nur an Ereignisse in der natürlichen oder sozialen Umwelt des Entscheiders, also *externe* Ereignisse, die für die Entscheidung relevant sind, die man aber nicht kontrollieren kann. Aber man kann sich auch in der Person selbst stattfindende, *interne* „Ereignisse" dieser Art vorstellen, etwa Gefühlsregungen, die man nicht gut kontrollieren kann und von deren Eintreten bzw. Nicht-Eintreten die Folgen der Entscheidung abhängen können. So könnte es sein, daß ich verlegen werde, wenn ich ihn/sie direkt anspreche - und dann wäre (vielleicht) alles aus.

Wir haben bisher von Ereignissen immer nur im Sinne von *zukünftigen* Vorkommnissen oder Sachverhalten gesprochen. Wenn die Ereignisse schon eingetreten sind, man sie allerdings (noch) nicht kennt, spricht man von gegebenen *Zuständen*. Diese Situation liegt etwa vor, wenn eine Ärztin eine Entscheidung über eine Magenoperation treffen muß, ohne daß sie Kenntnis darüber hat, ob ein Geschwür in der Magenschleimhaut bösartig ist oder nicht. Da es für die Entscheidung keinen Unterschied macht, *warum* man das relevante Ereignis nicht kennt (also weil es noch nicht eingetreten ist oder weil darüber keine Information vorliegt), kann man die Begriffe „Ereignis" und „Zustand" im allgemeinen synonym verwenden.

Ereignisse, welche die Folgen der Wahl einer Option beeinflussen können, machen die Entscheidungssituation unsicher. Wenn beispielsweise eine Entscheidung zwischen Urlaubsorten getroffen werden soll, dann sind zumindest einige Konsequenzen der Entscheidung unsicher. So wird es u.a. vom Wetter abhängig sein, ob man baden können wird, und von den anderen Hotelgästen, ob man sich langweilen wird. Die Wahrscheinlichkeiten dafür, daß das Wetter gut und/oder die anderen Gäste interessant sind, lassen sich nicht leicht abschätzen. Besser abschätzen kann man schon die Wahrscheinlichkeit, im Spielkasino beim Roulette zu gewinnen, wenn man sein Geld auf „Rot" setzt; ja man braucht diese Wahrscheinlichkeit nicht einmal „abzuschätzen", sie ist ja bekannt bzw. läßt sich logisch bestimmen: 0,50 minus der Wahrscheinlichkeit, daß die Kugel auf die „0" rollt und die Bank alle Einsätze behält.

Bei den meisten Entscheidungsproblemen liegt Unsicherheit vor. Im Prinzip sogar immer, denn die Folgen einer Entscheidung sind dieser logisch wie empirisch nachgeordnet. Auch wenn ich mich zwischen den beiden Optionen Wein oder Bier entscheide, bei denen ich aus Erfahrung weiß, wie sie mir schmecken, kann ich nicht ausschließen, daß mir gerade heute dieses Bier oder dieser Wein anders schmecken wird, beispielsweise weil ich vorher etwas gegessen habe, das den Geschmack von alkoholischen Getränken beeinflußt oder weil sich just in diesem Moment meine Geschmacksvorlieben ändern. Allerdings kann man den Aspekt der Unsicherheit dann vernachlässigen, wenn es keine plausiblen Gründe für die Annahme irgendwelcher Ereignisse gibt, welche die Folgen der Entscheidung beeinflussen könnten. Wenn jemand etwa eine Entscheidung zwischen der Anlage von Geld auf einem Sparbuch mit gesetzlicher Kündigungsfrist oder als Festgeld für drei Monate trifft, dann sind die Konsequenzen ziemlich sicher: Im ersten Fall erhält er 2% Zinsen, im zweiten Fall 2,2% Zinsen.

2.1.3 Konsequenzen

Konsequenzen (oder *Folgen* oder *Ergebnisse*) K_1, K_2, ... (oder auch, wenn direkt optionsbezogen, x, y, z) sind alle diejenigen Zustände, die sich als Folge der Wahl einer Option ergeben können. Meist entscheidet man sich nicht für eine Option um ihrer selbst willen, sondern wegen der Konsequenzen, die bei ihrer Wahl zu erwarten sind. Daß es auch Entscheidungen gibt, die *nicht* durch die erwarteten Konsequenzen, sondern beispielsweise durch die ethische Qualität der Optionen bestimmt sind, wird allerdings seit einiger Zeit in der Entscheidungsforschung lebhaft diskutiert; so mag jemand sich entscheiden, nicht zu lügen, weil er Lügen für unmoralisch hält, obgleich eine Lüge ihm die besseren Konsequenzen verspräche. Aber in der Regel sind Objekte, Handlungen und Strategien *Mittel, um Ziele zu erreichen*, und die Konsequenzen der gewählten Option stellen Realisierungen der Ziele dar. Wenn ein Arzt sich für eine Therapie entscheidet, dann tut er es im allgemeinen der Konsequenzen wegen. Aber was sind die Konsequenzen? Aus der Sicht des Arztes sind es sicherlich primär gesundheitliche Konsequenzen für den Patienten. Doch sind es nur Konsequenzen für die *unmittelbare* Zukunft (Bsp.: Patient bleibt am Leben), oder sind es auch Konsequenzen für die *mittelbare* Zukunft (Bsp.: Lebensqualität unter eingeschränkten Bedingungen)? Es ist offensichtlich, daß die Konsequenzen der Wahl einer Option sehr unterschiedlich detailliert werden können.

Natürlich können Entscheidungen auch zu Konsequenzen führen, die weder gewollt waren noch irgendeine Relevanz für die angestrebten Ziele besitzen, die aber dennoch von großer Bedeutung sein können. Wählt eine Ärztin beispielsweise ein bestimmtes Medikament zur Behandlung einer Herzinsuffizienz aus, so kann eine mögliche Folge sein, daß der Patient Hautausschlag bekommt. Die

Konsequenz „Hautausschlag" war für die Entscheidung der Ärztin unwichtig, da sie die Herzinsuffizienz beheben wollte. Unbeabsichtigte Konsequenzen können natürlich auch positiver Natur sein. So mag jemand als Nebenwirkung eines Medikamentes, das er gegen Kopfschmerzen eingenommen hat, mit geringerer Wahrscheinlichkeit einen Herzinfarkt bekommen.

Manchmal hat die Wahl einer Option für den Entscheider subjektiv nur eine einzelne Konsequenz; wenn jemand etwa mit einem Freund eine Wette eingeht, bei deren Gewinn er eine Crème Caramel bezahlt bekommt, dann ist der Genuß dieses Desserts im allgemeinen die einzige entscheidungsrelevante Konsequenz. Meistens jedoch sind mit Optionen subjektiv mehrere Konsequenzen verbunden; wenn jemand beispielsweise die Wahl zwischen mehreren Wohnungen hat, sind die Konsequenzen bestimmte Ausgaben, Anfahrten zum Arbeitsplatz, Schlafqualität und anderes.

In einigen Entscheidungssituationen erscheinen die unmittelbaren Konsequenzen sehr klar und einfach, und sie können auf einer einzigen Dimensionen bewertet werden. Diese Situation liegt typischerweise dann vor, wenn es sich bei den Konsequenzen um monetäre Beträge handelt. Ein Taxifahrer in Berlin überlegt, ob er sich abends an den Flughafen Tegel stellen und dort auf Kunden warten soll oder ob er über den Kurfürstendamm fahren soll. Die möglichen Konsequenzen (evtl. keine Passagiere mehr, also kein Verdienst, evtl. aber eine volle Ladung mit Gepäck nach Pankow usw.) sind eindeutig in Euro benennbar. Aber meistens geht es nicht nur um Geld. Wir wissen, daß selbst beim einfachen Glücksspiel Geld nur *ein* Faktor ist. Der andere Faktor ist das Vergnügen am Spiel. Oder man denke an Kaufentscheidungen. „Eigentlich" sollte man erwarten, daß Konsumenten das billigere von zwei funktional und ästhetisch identischen Produkten wählen; das tun sie aber oft nicht: Der Aufdruck und der Preis selbst spielen eine Rolle, weil sie Prestige versprechen. Der Einkauf des teureren Produktes signalisiert dem sozialen Umfeld, daß man sich dieses Produkt hat leisten können.

In anderen Entscheidungssituationen sind die Konsequenzen ganz offensichtlich vielfältiger. Der Patient, der vor der Entscheidung steht, eine gefährliche Operation vornehmen zu lassen, denkt vielleicht an die jetzigen Schmerzen, die ihm genommen werden, an die Möglichkeit, bei der Operation zu sterben, an die Kosten des Krankenhausaufenthaltes, an die Einschränkung seiner beruflichen Tätigkeit usw. Die Konsequenzen sind also multidimensional; anders gesagt, das Resultat der Entscheidung hat viele *Attribute*, symbolisiert mit A_1, A_2, ... Ein Attribut ist ein Merkmal, das etwa ein Kaufobjekt in mehr oder weniger starkem Ausmaß besitzen kann. Beispielsweise ist der Preis ein Attribut von Autos; ein Auto kann einen mehr oder weniger hohen Preis haben. Der spezifische Preis ist die *Ausprägung* des Attributes „Preis" für dieses Auto, der genaue Wert auf der Preis-Dimension.

Welche Attribute jemand in einer Entscheidungssituation für relevant hält, hängt von seinen Zielen ab. Besteht das Ziel darin, auf der Autobahn der Schnellste zu sein, wird natürlich das Attribut „Geschwindigkeit" relevant sein, während die Farbe völlig irrelevant sein dürfte. Auch die Vorerfahrung des Entscheiders und bestimmte auffallende Aspekte der Entscheidungssituation können die Auswahl und kognitive Repräsentation der Attribute beeinflussen.

2.1.4 Ziele

Erst durch *Ziele* Z_1, Z_2, ... wird die grundsätzlich unendliche Menge an Optionen, Konsequenzen und Attributen eingeschränkt, die der Entscheider in Betracht ziehen könnte. Durch seine Ziele begrenzt der Entscheider den „Möglichkeitsraum", aus der „*grand world*" *aller* Möglichkeiten wird die „*small world*" der *relevanten* Möglichkeiten. Das Ziel, eine erfolgreiche Rechtsanwältin zu werden, grenzt ein, welche Optionen der Studienwahl und des Studienortes in Betracht gezogen werden (z.B. Jurastudium an einer deutschen oder an einer amerikanischen Universität) und welche nicht (z.B. Psychologiestudium in Berlin), welche Konsequenzen der jeweiligen Optionen antizipiert werden und welche Attribute der Konsequenzen als relevant erachtet werden. Hat ein Entscheider keine Ziele, so kann er auch keine Entscheidungsprobleme haben, da es keine Kriterien für eine Wahl bzw. für die Auflösung eines Konflikts gibt.

Ziele sind mehr oder weniger abstrakt bzw. konkret. Abstrakte Ziele (z.B. „erfolgreich sein") werden auch als *Prinzipien* oder *Werte* bezeichnet. Abstrakte Ziele lassen sich in Teilziele spezifizieren (z.B. mag das Ziel „erfolgreich sein" bedeuten „ein gutes Einkommen haben", „eine interessante Tätigkeit haben", „etwas Nützliches tun"). Konkrete Ziele sind meist mit spezifischen Handlungen verbunden (z.B. „lesen"). Ziele, die nicht mit konkreten Handlungen verbunden sind, können wir als *Wünsche* bezeichnen; konkrete Ziele, die an spezifische Handlungen gebunden sind, können als *Absichten* bezeichnet werden. Mit Wünschen und Absichten in diesem Sinne beschäftigt sich insbesondere die Motivationspsychologie.

Da der Mensch ein vernünftiges Wesen ist und beständig sein Glück verfolgt, das er durch Befriedigung eines Affektes oder einer Neigung zu erlangen hofft, so handelt, spricht oder denkt er selten ohne Vorsatz und Absicht. Immer sieht er einen Zweck vor sich; und wie ungeeignet die Mittel auch sein mögen, die er zur Erreichung seines Endziels wählt, so behält er doch irgendein Ziel im Auge. Nicht einmal seine Gedanken und Überlegungen wird er verschleudern, wo er keinerlei Befriedigung davon zu ernten hofft. David Hume, Untersuchungen über den menschlichen Verstand.

2.1.5 Gründe

In Entscheidungssituationen können *Gründe* in zweifacher Weise für den Entscheider eine Rolle spielen: Zum einen können Gründe die Entscheidung in eine Richtung lenken, die aus der Betrachtung der Ziele und Konsequenzen allein nicht ableitbar ist. Das klarste Beispiel sind Fälle, in denen eine moralische Entscheidung getroffen werden muß - beispielsweise zu lügen oder nicht zu lügen (vgl. Abschnitt 2.1.3). Hier kommt es oft zu dem Dilemma, daß für den Entscheider eine Lüge zwar die besseren Konsequenzen hätte, aber auch einen Verstoß gegen eine individuelle und soziale Norm darstellen würde. Die Entscheidung, nicht zu lügen, kann in solchen und ähnlichen Fällen also besser als Orientierung an bestimmten Gründen des Handelns interpretiert werden denn als Orientierung an den Folgen des Handelns.

Zum anderen können Entscheidungen unter dem Gesichtspunkt getroffen werden, wie leicht und gut sie gegenüber anderen Personen begründet werden können, ob also hinreichend überzeugende Argumente für die Entscheidung geliefert werden können. Für Manager beispielsweise ist dies ein ganz wichtiger Gesichtspunkt: Sie mögen *intuitiv* die Option X für richtig halten, ohne daß sie gut begründen können, weshalb; Gründe dagegen, die für die Vorstandskollegen akzeptabel sind, fallen ihnen nur zur Option Y ein. Nur der Chef kann es sich in solchen Fällen leisten, Option X zu wählen, alle anderen dürften Option Y wählen.

Während Optionen, Ereignisse und Konsequenzen *externe* Komponenten eines Problems sind, welche die Qualität von Reizmaterial haben, das allerdings vom Entscheider unterschiedlich aufgenommen, repräsentiert und genutzt werden kann, stellen Ziele und Gründe rein *interne* Komponenten dar, es sind *hypothetische Konstrukte*. Wir unterstellen, daß ein Entscheider Ziele und Gründe „hat", die seine Sicht des Problems und seinen Umgang mit dem Problem steuern. Welche Ziele eine Person verfolgt und welche Gründe sie für ihr Verhalten hat, läßt sich aus ihren Entscheidungen indirekt erschließen. Kennt man andererseits die Ziele bzw. Gründe einer Person, lassen sich ihre Präferenzen und Entscheidungen prognostizieren.

Alle in den vorangegangenen Abschnitten beschriebenen Komponenten lassen sich in realen Entscheidungssituationen identifizieren. In Box 2.1 wird eine solche Situation, die in einer Katastrophe endete, dargestellt, die wir anschließend aus entscheidungstheoretischer Perspektive interpretieren.

Box 2.1: Eine falsche Entscheidung

Am 13. Januar 1982 startet eine Boeing-737 der Air Florida mit 79 Insassen vom Washington National Airport in Richtung Florida. Wegen heftigen Schneefalls mußte der Flughafen in den letzten zwei Stunden vorübergehend gesperrt werden. Der Betrieb rollt wieder an, nachdem die *runways* (Start- und Landebahnen) und *taxiways* (Rollbahnen) vom Schnee befreit worden sind und der Schneefall ausgesetzt hat. Die Besatzung ist nur wenig erfahren mit winterlichem Luftverkehr (Air Florida!). Während der zweistündigen Wartezeit in der Parkposition am Gate ist das Flugzeug bereits dreimal vom zuständigen Bodenpersonal enteist worden. Es wird nun als erstes Flugzeug in die Abflugreihenfolge eingegliedert und wartet auf einem Rollweg als führendes Flugzeug in einer längeren Warteschlange auf die Startfreigabe der Luftverkehrskontrolle, die wegen anfliegenden Verkehrs noch einige Zeit auf sich warten läßt. Die Crew hat die Enteisungssysteme an Bord des Flugzeuges am Boden nicht aktiviert. Daraufhin bildet sich an den Vorderkanten der Flügel bereits wieder ein Eisansatz, den die Crew vom Cockpit aus nicht erkennen kann, den sie aber ahnt. Zusätzlich vereist das linke engine inlet pressure probe (ein technisches Bauteil, das über die Schubkraft des jeweiligen Triebwerkes informiert, das aber bei Vereisung fehlerhafte Informationen, in der Regel einen zu großen Schub, anzeigt).

Nach der Startfreigabe rollt die B-737 unverzüglich zur Startbahn und beginnt den Startvorgang. Bei der Beschleunigung fallen dem Co-Piloten, der den Start durchführt, größere Unstimmigkeiten zwischen den Triebwerksanzeigen eines Triebwerkes auf. Trotz dieser Unstimmigkeiten wird der Start der B-737 nicht abgebrochen. Der weitere Ablauf ist wie folgt: Nach dem Start baut die Maschine nur ungenügend Geschwindigkeit auf, rotiert mit der Nase leicht nach oben und erleidet unmittelbar danach einen Strömungsabriß an beiden Tragflächen. Das Flugzeug hält sich nicht mehr in der Luft und kollidiert mit einer vielbefahrenen Straßenbrücke, reißt zwei Autos von der Fahrbahn und fällt in den eisigen Fluß unter der Brücke. 75 Menschen sterben (Kayten, 1994).

Die erste **Entscheidung**, die die Besatzung der Boeing getroffen hatte und die bereits die Weiche für das Unglück stellte, war das Nicht-Einschalten der Enteisungssysteme, als das Flugzeug noch am Boden in der Warteschlange stand. Die nachfolgenden **Ereignisse** waren die Vereisung des engine inlet pressure probes und daraus folgend die angezeigten Triebwerksunregelmäßigkeiten beim Start. Hier nun folgte die zweite, fatale Entscheidung zwischen den **Optionen** „Abbruch des Starts" (A) und „Fortsetzen des Starts" (B): der Pilot entscheidet sich für Option B. Die folgenden **Konsequenzen** waren mit diesen Optionen grundsätzlich vorhersehbar verbunden: Ein Abbruch des Starts würde zu weiteren zeitlichen Verzögerungen führen, dafür aber auch die Sicherheit der Passagiere garantieren; die Fortsetzung des Startvorganges würde vielleicht erfolgreich sein und damit eine weitere Verzögerung verhindern, könnte aber auch - wie es dann geschehen ist - weitere Probleme nach sich ziehen (zu geringe Geschwindigkeit, Strömungs-abriß an den Tragflächen usw.) und - wenngleich mit einer sehr geringen Wahr-scheinlichkeit - zum Absturz der Maschine führen. Daß diese denkbare Konse-quenz der Crew im Moment ihrer Entscheidung bewußt gewesen ist, kann man allerdings kaum annehmen. Was waren die *Ziele* der Crew in dieser Entschei-dungssituation? Hätte man die Crew fragen können, hätten sie ganz sicher als wichtigstes Ziel die Sicherheit der Passagiere genannt, andere Ziele mögen die Vermeidung weiterer Verspätungen oder eventueller Probleme beim Startabbruch oder die Kosten eines Abbruchs gewesen sein. Wie dem auch sei, wir wissen, daß der Pilot letztlich eine Entscheidung traf, die nicht dem Erreichen des wichtigsten Ziels, der Flugsicherheit, diente. Welche *Gründe* der Pilot für seine Entscheidung hatte, wissen wir nicht: Vielleicht hatte er schon einmal einen Start abgebrochen und war dafür gerügt worden, vielleicht stand er unter dem sozialen Druck der anderen Mitglieder der Crew? Welcher Faktor für den fatalen Ausgang tatsäch-lich verantwortlich war - eine falsche Abschätzung der Wahrscheinlichkeit tech-nischer Probleme oder die ungenügende Antizipation der Konsequenzen, der Zeitdruck, unter dem die Entscheidung getroffen werden mußte, oder auch nicht vorhersehbare technische oder witterungsbedingte Probleme - dies herauszufin-den war dann Sache der Untersuchungskommission, die dieses Unglück analy-sierte.

2.2 Merkmale von Entscheidungssituationen

2.2.1 Gegebene vs. offene Optionenmenge

Eine erste Unterscheidung bezieht sich darauf, ob die Menge der Optionen, zwi-schen denen eine Wahl zu treffen ist, bereits zu Beginn des Entscheidungsprozes-ses vorliegt oder nicht: Die Menge der Optionen kann *vorgegeben* oder *offen* sein.

Die Entscheidungsforschung hat sich vorwiegend mit Situationen beschäftigt, in denen der Entscheider mit Optionen konfrontiert ist, auf deren Findung und Definition er keinen Einfluß hatte. Man interessierte sich dafür, wie ein Entschei-der mit der gegebenen Information umgeht. Im Experiment werden Versuchsper-sonen beispielsweise aufgefordert, zwischen vier Wohnungen zu entscheiden, die sich auf mehreren Attributen, wie etwa Miete, Größe, Helligkeit, Ausstattung und Lage, unterscheiden. In der Realität außerhalb des Labors hat ein Personalchef zwischen Bewerbern für eine Stelle zu entscheiden, eine Ärztin zwischen verschiedenen Medikamenten zur Behandlung von Bluthochdruck, ein Pilot zwischen Landen und Durchstarten seines Flugzeuges.

Oft ist aber keineswegs von vornherein klar, welche Optionen es gibt oder welche Optionen man entwickeln könnte. Wer seinen Abend nicht alleine zu Hause verbringen möchte, muß zunächst einmal herausfinden, welche Optionen er denn überhaupt an diesem Abend hat, also welche Freunde verfügbar sind, welche Filme, Konzerte usw. es gibt. Er muß also die Optionen erst suchen, zwischen denen er dann wählen kann. Wer dagegen als Architekt ein Haus baut oder wer als Ingenieur eine Maschine konstruiert, der muß Optionen zunächst mit möglichst viel Kreativität entwerfen, erst dann kann er zwischen den Designs wählen. Dazwischen liegen Situationen wie die des Arztes, der Therapiealternativen für einen bestimmten Patienten sucht, oder des Richters bei der Urteilsfindung in einem schwierigen Prozeß. Hier geht es oft darum, von bekannten Optionen ausgehend Varianten dieser Optionen zu entwickeln, die dem speziellen Fall gerecht werden. Und schließlich wird in manchen Situationen die tatsächlich existierende optimale Option gar nicht in Erwägung gezogen, einfach weil der Entscheider nicht daran gedacht hat. Ob, wie und wie lange Optionen gesucht bzw. modifiziert werden, kann natürlich selbst ein Entscheidungsproblem sein. Insbesondere dann, wenn damit monetäre oder andere Kosten verbunden sind. Man wird Zeit und Geld nicht unbegrenzt einsetzen, um Optionen zu identifizieren.

In manchen Situationen allerdings bereitet die Suche nach akzeptablen Optionen auch Vergnügen, und es ärgert, wenn einem diese Suche verweigert wird. In einem guten Restaurant etwa mag es für manchen Gourmet ein besonderes Vergnügen sein, mit dem chef de la cuisine spezielle Kompositionen des Menüs zu diskutieren; und es mag ihn ärgern, wenn ihm die Bestellung des Menüs aus der Hand genommen wird und er keine Entscheidungsmöglichkeit hat - wie in Box 2.2 geschildert.

Mit dem Problem der Generierung von Optionen hat sich die Entscheidungsforschung bislang kaum beschäftigt. Den bislang interessantesten Beitrag hat Keeney (1992) vorgelegt, allerdings aus der präskriptiven Perspektive der Entscheidungsanalyse, nicht aus der deskriptiven psychologischen Perspektive. Dieser Ansatz wird auch bei Eisenführ und Weber (2003, Kap. 4) beschrieben.

Box 2.2: Ärger für einen Gourmet

So schwierig es oft ist, eine Entscheidung zu treffen,- noch unerträglicher kann es manchmal sein, wenn man *keine* Chance zu einer Entscheidung hat, weil die schon von anderen für einen selbst getroffen wurde. Die folgende Passage aus dem Kriminalroman *Endstation Venedig* (1996) von **Donna Leon** über die Gefühle des Commissario Guido Brunetti bei dem Gedanken an das bevorstehende Abendessen mit Freunden mag dies illustrieren:

„... Was ihm dieses Essen vermieste, dieses alljährliche Ritual, das Paola mit in die Ehe gebracht hatte, war unter anderem, daß Dr. Pastore jedesmal schon das Menü bestellt hatte, wenn Brunetti ankam. Natürlich war der Dottore höchst fürsorglich und betonte immer wieder, daß doch hoffentlich niemand etwas dagegen habe, wenn er sich die Freiheit nehme, schon einmal zu bestellen; es sei grade die Saison für dieses oder jenes, Trüffel seien jetzt am besten, die ersten Wiesenchampignons kämen gerade auf den Markt. Und er hatte immer recht, das Mahl war immer köstlich, aber Brunetti konnte es nicht leiden, wenn er nicht bestellen durfte, worauf er Appetit hatte, selbst wenn das sich dann als weniger köstlich herausstellte als das, was man ihm vorsetzte. Und jedes Jahr schimpfte er sich selbst dumm und eigensinnig und konnte doch kaum den Anflug von Ärger überwinden, wenn er jedes Jahr aufs neue feststellen mußte, daß schon alles geplant und bestellt war, ohne daß man ihn gefragt und mit einbezogen hätte. Männliches Ego gegen männliches Ego? Sicher war es nicht mehr als das. Fragen des Gaumens und der Küche hatten nicht das geringste damit zu tun ..." (S. 142)

2.2.2 Einstufige vs. mehrstufige Entscheidungen

Eine zweite Unterscheidung bezieht sich darauf, ob die Entscheidung sich in *einem einzigen Schritt* oder ob sie sich *in mehreren Schritten* vollzieht, bei denen jeder vom Ergebnis des vorherigen abhängig ist (man spricht dann auch von *Szenarios*).

Wenn ein Student sich überlegt, ob er im kommenden Semester seine Diplomvorprüfung ablegen soll oder nicht, dann ist dies im allgemeinen eine einstufige Entscheidung. Die Entscheidung ist für den Studenten abgeschlossen, wenn er sich für die Prüfung angemeldet oder eben nicht angemeldet hat.

Anders die Situation eines Arztes, der sich fragt, ob er einen Patienten, der mit starken Leibschmerzen eingeliefert wird, sofort operieren oder ob er noch zwei Stunden warten, sich neue Untersuchungsergebnisse anschauen und erst in Abhängigkeit davon über eine Operation entscheiden soll. Hier handelt es sich um eine zweistufige Entscheidung, bei der eine zweite Entscheidung vom Ausgang der ersten Entscheidung abhängig ist. Ähnlich verhält es sich beim Schachspieler, der nicht nur den nächsten Zug, sondern auch die weiteren Züge überlegt, die er je nach den Zügen seines Gegners machen könnte.

Die Entscheidungsforschung hat sich in ihren Experimenten primär mit einstufigen oder relativ einfachen zweistufigen Entscheidungen beschäftigt.

2.2.3 Einmalige vs. wiederholte Entscheidungen

Eine dritte Unterscheidung bezieht sich darauf, ob die Entscheidung nur *ein einziges Mal* oder ob sie *mehrfach* bzw. *wiederholt* getroffen wird.

Die Entscheidung für einen Beruf ist in diesem Sinne einmalig. Selbst wenn man sich noch ein weiteres Mal mit der Frage nach dem Beruf auseinandersetzen muß, sind die Umstände doch meistens so verschieden, daß man nicht von einer *Wiederholung* der ersten Entscheidung sprechen kann.

Wenn dagegen der Personalchef einer Firma einen Mitarbeiter einstellt, dann ist dies keine einmalige Entscheidung, sondern er hat dies schon vielfach getan oder wird es noch viele Male tun. Ebenso wie ein Spieler beim Roulette immer wieder die gleichen Entscheidungen trifft, Rouge oder Noir, Pair oder Impair usw.

Es ist in der jüngeren psychologischen Entscheidungsforschung ein viel diskutiertes Thema, ob der *Prozeß* der Entscheidungsfindung in einer bestimmten Situation davon abhängt, ob es sich um eine einmalige oder eine wiederholte Entscheidung handelt (Beach, Vlek & Wagenaar, 1988; Svenson, 1996). Überwiegend allerdings ignoriert die Entscheidungsforschung diesen Aspekt und behandelt jede Entscheidung so, als ob es sich um eine einmalige Entscheidung handele.

Die in den vorangegangenen Abschnitten beschriebenen Entscheidungsprobleme bzw. -situationen sind fast beliebig miteinander kombinierbar. So gibt es die Situation, in der jemand vor mehreren Optionen steht, zu denen der status quo aber nicht gehört, wobei die Konsequenzen unsicher und mehrdimensional sind, und wobei die Entscheidung in mehreren Stufen, aber nur ein einziges Mal getroffen wird. Ein Beispiel: Die Entscheidung eines Schülers nach dem Abitur zwischen verschiedenen Studienfächern. Es ist leicht ersichtlich, daß dies meist keine leichte Entscheidung ist. Auf der anderen Seite gibt es die Situation, in der jemand überlegt, ob er als Dessert Crème Caramel oder Mousse au Chocolat essen soll. Hier gibt es zwei Optionen, deren Konsequenzen relativ sicher und eindimensional sind; es dürfte sich im allgemeinen um eine einstufige Entscheidung handeln, die im Leben immer wieder getroffen werden muß.

Die Beispiele haben deutlich werden lassen, daß Entscheidungen unterschiedlich komplex und folglich schwierig sein können. Die Berufs-Entscheidung hat alle Merkmale einer komplexen Entscheidungssituation, die Dessert-Entscheidung alle Merkmale einer einfachen Entscheidungssituation.

2.3 Art und Umfang kognitiven Aufwandes

Der mit der Bearbeitung eines Entscheidungsproblems verbundene kognitive Aufwand hängt weitgehend davon ab, wie die entscheidungsrelevante Information repräsentiert ist bzw. ob überhaupt mentale Repräsentationen bereits vorliegen oder ob das notwendige Wissen erst angeeignet und strukturiert werden muß. Zwischen weitgehend automatisierten und mühelos ablaufenden Entscheidungen einerseits und ausführliche Informationssuche und -verarbeitung erfordernden Entscheidungen andererseits gibt es ein Kontinuum der kognitiven Anstrengung in der Art und dem Umfang der Nutzung kognitiver Ressourcen. Es können sowohl unterschiedlich viele Informationen herangezogen als auch unterschiedlich aufwendige Verarbeitungsprozesse eingesetzt werden (vgl. Svenson, 1990; Beach, Jungermann & de Bruyn, 1996). Mit dieser Dimension des kognitiven Aufwandes ist das Ausmaß an Reflexion und Bewußtheit korreliert, mit welcher Entscheidungen gefällt werden. In Anlehnung an Svenson (1990, 1996) unterscheiden wir vier Ebenen.

2.3.1 Routinisierte Entscheidungen

Die erste Ebene von Entscheidungen ist dadurch charakterisiert, daß die möglichen Optionen stets gleich sind und zwischen ihnen routinemäßig oder automatisch gewählt wird. In solchen Situationen sprechen wir nur dann von *Entscheidungen*, wenn diese das Resultat früherer, auf „höherer" Ebene angesiedelter Entscheidungen sind, die auf Grund häufiger Wiederholung routinisiert wurden.

Solche Entscheidungen verlangen den geringsten kognitiven Aufwand. Der Aufwand besteht im wesentlichen im Abgleich der gegebenen Situation mit vorgespeicherten Situationen und den in ihnen fixierten Entscheidungen; man spricht hier von einem *Matching*-Prozeß. Die Leichtigkeit dieses Abgleichs, d.h., ob die Situation als „passend" erkannt und damit der Automatismus aktiviert wird, hängt vor allem von der Ähnlichkeit der aktuellen Situation mit den im Gedächtnis gespeicherten Situationsprototypen ab. Bei hinreichend hoher Ähnlichkeit wird das gespeicherte Entscheidungsschema aktiviert und die gewohnte Wahl getroffen. Durch derartige *habituelle Präferenzen* werden aus der Menge von theoretisch möglichen Optionen diejenigen ausgefiltert, die bekannt sind und in ähnlichen Situationen bereits häufig gewählt wurden (vgl. auch Kapitel 10).

Modifikationen in der Wahl zwischen möglichen, im Gedächtnis gespeicherten Optionen werden durch differentielle Hinweisreize der Situation ausgelöst. Stößt die Durchführung des schematischen Ablaufs auf Hindernisse, d.h.: Ist der Normalfall nicht gegeben, wird der Entscheidungsprozeß abgebrochen, ein anderes Schema aktiviert oder auf eine höhere Ebene der Aufmerksamkeit und Reflexion gewechselt.

Eine routinisierte Entscheidungssituation ist die morgendliche Fahrt mit dem Wagen zum Arbeitsplatz. Die Entscheidung, welche Straßen genommen werden, ist fast vollständig habituiert („erst Sophienstraße - dann rechts in die Oranienburger Straße - dann links in die Tucholskystraße ...") und wird lediglich durch feine Unterschiede in der Situationswahrnehmung (*situation awareness*) modifiziert („Wenn der Wagen der Müllabfuhr auf der Tucholskystraße zu sehen ist, dann weiter auf der Oranienburger Straße bis zur Friedrichstraße"). Daß das „Fahrtstreckenschema" ablaufen kann, setzt die hinreichende Ähnlichkeit mit der jeweiligen morgendlichen Situation voraus. Ist die Ähnlichkeit zu gering, beispielsweise beim Aufenthalt in einer weniger vertrauten Stadt, ist die Ausführung des Schemas gestört und die Entscheidungen laufen nicht mehr oder nur noch teilweise automatisch ab; es muß, je nach Kenntnis der Stadt, eine Strecke ganz bewußt gewählt werden.

Die Situation kann das Verhalten allerdings auch so sehr bestimmen, daß inzwischen eingetretene Veränderungen der äußeren Situation nicht oder nur sehr verzögert wahrgenommen werden und das routinisierte Verhalten über längere Zeit hinweg suboptimale Konsequenzen hat. Erst die bewußte Wahrnehmung der Veränderung führt dann dazu, daß die Routine aufgegeben und eine neue Routine entwickelt wird. So fährt man oft noch längere Zeit einen größeren Umweg, bevor man merkt, daß die alte kürzere Strecke wieder befahrbar ist. Analoge Effekte von kognitiven Routinen sind in der Denkpsychologie vielfach untersucht worden (Schönpflug & Schönpflug, 1995, S. 287ff.). Der Vorteil solcher Routinen liegt darin, daß man Entscheidungen nicht stets wieder neu treffen muß und damit kognitive Ressourcen für andere Aktivitäten frei werden, beispielsweise um während der morgendlichen Fahrt im Radio die Lesung eines Romans zu verfolgen. Der Nachteil liegt darin, daß die primäre Aktivität möglicherweise zu wenig Aufmerksamkeit erhält und dadurch Ereignisse nicht wahrgenommen werden, die eine Verhaltensänderung bzw. Umentscheidung verlangen. Mit diesem Problem beschäftigt sich u.a. die *Fehlerforschung*, auf die wir in Abschnitt 2.3.5 kurz eingehen.

2.3.2 Stereotype Entscheidungen

Stereotype Entscheidungen unterscheiden sich von routinisierten Entscheidungen durch zwei Aspekte: Erstens werden sie nicht durch die Gesamtsituation, sondern durch die Art der möglichen Entscheidungsoptionen ausgelöst, und zweitens gibt es einen minimalen Bewertungsprozeß. Dadurch ist ein höherer kognitiver Aufwand erforderlich, weshalb solche Entscheidungen meistens als „bewußte" Entscheidungen erlebt werden.

Stereotype Entscheidungen betreffen bestimmte Entscheidungsbereiche, beispielsweise Konsumentscheidungen („Was will ich im Restaurant essen?" oder „Welchen Wein soll ich kaufen?"). Obwohl die Situation (z.B. das konkrete Restaurant) ganz verschieden sein kann, stammen die Optionen aus klar definierten Bereichen (z.B. Menüs).

Die Bewertungen erfolgen jedoch in hohem Maße stereotyp, d.h. nach erlernten Bewertungsschemata, die nicht mehr neu geprüft werden. Die Bewertung reduziert sich so auf den unmittelbaren Gesamteindruck oder auf wenige hervorstechende Merkmale der Optionen (z.B. bei Menüs: Preis, Art der Nachspeise, Fisch oder Fleisch usw.); Prozesse der Abwägung (*trade-offs*) sind eingeschliffen oder werden, falls die Merkmalskombinationen unvertraut sind, durch einfache Regeln gelöst.

Stereotype Entscheidungen sind durch Erfahrungen oder durch Gefühle (oder beides) bestimmt. Die Präferenz wird nicht durch eine bewußte Analyse der einzelnen Merkmale der Optionen gebildet, sondern durch ein *holistisches, intuitiv* erscheinendes Urteil; man spricht hier von einem holistischen Affekturteil, das so gut wie keine kognitive Verarbeitung voraussetzt. Die Wahrnehmung vieler Objekte, vor allem von Personen, führt zu einem unmittelbaren Eindruck, ob das Objekt oder die Person „gefällt" oder „sympathisch" ist. Möglicherweise ist für solche globalen Bewertungen ein vom kognitiven System unabhängiges Affektsystem verantwortlich. Zajonc (1980) hat postuliert, daß kognitive und affektive Prozesse bei solchen unmittelbaren Präferenzurteilen weitgehend unabhängig funktionieren. Derartige Phänomene werden meistens anhand des *Vertrautheitseffektes* untersucht. Werden einer Versuchsperson (Vp) beliebige neuartige Stimuli (z.B. abstrakte geometrische Figuren) in unterschiedlicher Häufigkeit dargeboten, und wird die Person anschließend gebeten, die Figuren hinsichtlich ihres „Gefallens" zu bewerten, so zeigt sich, daß Figuren, die häufiger dargeboten wurden, den Personen besser gefallen. Stimuli werden allein dadurch, daß man sie oft wahrgenommen hat, stärker präferiert. Dies ist, wie Experimente von Zajonc (1980; Kunst-Wilson & Zajonc, 1980) gezeigt haben, von der bewußten Wiedererkennung von Stimuli weitgehend unabhängig. Mit einer Entscheidung, die auf solchen holistischen Urteilen des unmittelbaren Gefallens beruht, werden Optionen selegiert, die vertraut und bekannt sind.

2.3.3 Reflektierte Entscheidungen

Reflektierte Entscheidungen sind dadurch charakterisiert, daß keine habituellen oder stereotyp abrufbaren Präferenzen für die Optionen vorhanden sind. Der Entscheider denkt explizit über seine Präferenzen nach, er sucht nach Informationen in seinem Gedächtnis und gegebenenfalls auch in seiner Umgebung, und er bildet aus diesen Informationen seine Präferenzen. Dieser Prozeß umfaßt mindestens die Bewertung der Merkmalsausprägungen in Hinblick auf ihre Wünschbarkeit, kann aber auch die Analyse der Optionen auf relevante Merkmale sowie die Integration der Bewertungen einbeziehen. Dies erfordert einen wesentlich höheren kognitiven Aufwand als die bisher beschriebenen routinisierten und stereotypen Entscheidungen.

Reflektierte Entscheidungssituationen stehen im Zentrum der entscheidungspsychologischen Forschung. Meistens wird von vorgegebenen Optionen ausgegangen und untersucht, in welcher Weise die Bewertungsprozesse ablaufen und nach welchen Regeln der Entscheider seine Auswahl trifft.

Die Reflexion einer Entscheidung muß nicht unbedingt zu einer Wahl führen. Entscheidungen können auch abgebrochen oder aufgeschoben werden. Das „Nicht-Fällen" von Entscheidungen kann nach Corbin (1980) mehrere Formen annehmen: Entscheidungen können beispielsweise *verweigert* werden; die Entscheidungssituation wird dann als solche nicht mehr akzeptiert, und man „tut nichts". Entscheidungen können auch *aufgeschoben* werden, oft mit der Hoffnung, daß sich eine Lösung wie von selbst ergibt („aussitzen"). Da reflektierte Entscheidungen sich meistens auf Probleme beziehen, deren Wichtigkeit für den Entscheider relativ hoch ist (z.B. Kaufentscheidungen teurer Objekte), kann der Prozeß zusätzlich stark durch affektive und motivationale Faktoren beeinflußt werden.

Ein Beispiel für eine sehr private Entscheidung, die reflektiert verläuft, wird in Box 2.3 geschildert. Bei diesem Beispiel wird auch deutlich, daß die Charakterisierung einer Entscheidung als *reflektiert* nicht bedeutet, daß emotionale Faktoren keine Rolle spielen, und auch nicht, daß alle Aspekte gründlich bedacht werden oder daß der Prozeß kein Hin und Her der Gefühle und Gedanken zeigt. Es bedeutet lediglich, daß über die Entscheidung bewußt nachgedacht wird, wie unvollständig und schwankend auch immer

---

There are many situations where to be coldly rational is to rely heavily on intuition. Bellmann und Smith, Simulation in Human Systems: Decision-Making in Psychotherapy.

Box 2.3: Pränatale Diagnostik - ja oder nein?

Eine 34jährige schwangere Frau kann testen lassen, ob ihr Kind aller Wahrscheinlichkeit nach gesund sein wird oder am Down Syndrom leiden wird, einem genetisch bedingten Defekt (Trisomie 21). In der Familie der Frau gibt es bislang keinen Fall von Trisomie 21. Der Arzt informiert sie aber darüber, daß die Wahrscheinlichkeit für ein Kind mit dieser Erbkrankheit bei Müttern im Alter von 34 Jahren 1:350 beträgt (während sie bei 20jährigen nur bei 1:1230 liegt). Ein genetischer Test könnte mittels einer Amnioszentese (Entnahme von Fruchtwasser) oder einer Chorionbiopsie (Entnahme von Chorionzellen) vorgenommen werden. Die Wahrscheinlichkeit einer Fehlgeburt als Folge der Amnioszentese liegt zwischen 0,3 und 2,4%, als Folge der Chorionbiopsie zwischen 3,5 und 7,2 Prozent (Hennen, Petermann & Schmitt, 1996).

Die Optionen der Frau sind also: (A) *den genetischen Test vornehmen zu lassen oder* (B) *auf die genetische Diagnostik zu verzichten.* Die Optionen sind gegeben. Die Schwangere muß jedoch explizit und aktiv über ihre Werte und Ziele nachdenken - ebenso wie über die Konsequenzen, die mit der Wahl jeder der Optionen verbunden sind; sie muß sich informieren und sich überlegen, welche Option sie vorzieht. So mag sich die Frau zu allererst fragen, welche Konsequenzen ein positives Testergebnis hätte, d.h., daß bei dem Fötus Trisomie 21 vorliegt; sie wird fragen, welche Folgen es wohl haben würde, wenn sie ein Kind mit Trisomie 21 hätte - für sie selbst, für ihre Ehe und später für das Kind; welche anderen Handlungsmöglichkeiten es für sie bei einem positiven Testergebnis gibt usw. Sie wird prüfen, ob die Konsequenzen der beiden Optionen mit ihren Werten und Zielen übereinstimmen bzw. in welchem Maße sie dies tun (z.B. eigene berufliche Karriere, ethische oder religiöse Einstellungen zum Schwangerschaftsabbruch, soziale und monetäre Kosten usw.). Sie wird die Konsequenzen der Optionen gegeneinander abwägen und sich für eine der beiden entscheiden, wenn sie für sich zu einer eindeutigen Präferenz gelangt ist. Ist dies jedoch nicht möglich, dann kann es sein, daß die Schwangere ihre Entscheidung *abbricht* (z.B. um weitere Informationen einzuholen) oder verschiebt (z.B. um noch Bedenkzeit zu haben) oder *delegiert* (z.B. ihrem Arzt die Entscheidung überläßt).

2.3.4 Konstruktive Entscheidungen

Charakteristisch für konstruktive Entscheidungen sind zwei weitere Aspekte: Erstens sind die Optionen entweder nicht vorgegeben oder nicht hinreichend genau definiert. Zweitens sind die für die Entscheidung relevanten persönlichen Werte entweder unklar oder müssen erst generiert werden. Dadurch verlangen Entscheidungen auf dieser Ebene den höchsten kognitiven Aufwand; es kommen zusätzlich kognitive Prozesse ins Spiel, insbesondere Prozesse der Suche nach Information. Dieser Entscheidungstyp ist in der Entscheidungsforschung bislang kaum behandelt worden (Fischhoff, 1996).

Die Konstruktion von *Optionen* ist charakteristisch für viele Alltagsentscheidungen. Bei klar definiertem Ziel (z.B. „ich will Urlaub machen") müssen die möglichen Optionen erst in einem konstruktiven Prozeß erzeugt werden. Die Informationssuche betrifft dabei sowohl eine Suche nach Optionen als auch eine Suche nach und Generierung von damit verbundenen Konsequenzen. Solche Entscheidungssituationen sind den *synthetischen* Problemen der Denkpsychologie analog (vgl. Dörner, 1976). Daß diese Suchprozesse manchmal auch zu ungewöhnlichen und nicht vorhergesehenen Entscheidungen führen können, ist in Box 2.4 in einem fiktiven Beispiel beschrieben.

Ist in einer Situation nicht nur die Wahl der Option unklar („Was soll ich tun?"), sondern auch die Richtung, in die eine Wahl gehen soll („Was will ich eigentlich?"), ist dem Prozeß der Wahl zwischen Optionen ein Prozeß der Entscheidung über die Ziele vorgeschaltet. Solche Situationen sind den *dialektischen* Problemen analog (vgl. Dörner, 1976).

Sowohl bei konstruktiven als auch bei reflektierten Entscheidungen kommt es häufig vor, daß bereits während des Generierungs- und Repräsentationsprozesses tentative, vorläufige Wahlen stattfinden, ohne also den Entscheidungsprozeß unbedingt zu beenden oder zu unterbrechen. Die Qualität dieser vorläufigen Wahl kann den Umfang und die Art weiterer kognitiver Such- und Konstruktionsprozesse bestimmen (Montgomery, 1983). Bis es also zur *faktischen* oder endgültigen Entscheidung mit einer Festlegung auf eine Option (*commitment*) kommt, können eine ganze Reihe weiterer tentativer Wahlen gefällt und wieder verworfen worden sein.

Ein Mensch erhofft sich fromm und still,
daß er einst das kriegt, was er will.
Bis er dann doch dem Wahn erliegt,
und schließlich das will, was er kriegt.

Eugen Roth

Box 2.4: Ferien in Hawaii - unvorhergesehene Alternativen

Prozesse der Optionengenerierung oder -suche können zuweilen zu sehr über-raschenden Entscheidungen führen. **Ralph Keeney** hat dafür in seinem Buch *Value-focused thinking* (1992) folgendes Beispiel gegeben:

„A professional couple, the Lees, are considering a two-week vacation in Hawaii. After investigating several options through their travel agent, they have tentatively selected a vacation package that includes a week each on Oahu and Maui. But now, just before they sign up, the agent mentions another possibility. The Lees could extend their stay by one week and visit a third island, Kauai, at a good price. Even though their vacations from work are for two weeks, the Lees believe they could get the additional week off without pay. They decide to do it.

With the range of vacation ideas somewhat expanded, the Lees are now dreaming about enjoying the tranquility of the islands. An image comes to mind about the South Seas, which they feel might be more exotic than Hawaii. They have often talked about a big South Seas trip sometime in the future. Maybe the future is now. They call their travel agent and ask about changing their plans to include two weeks in Hawaii and two weeks in Micronesia. And they decide that as long as they are taking their once-in-a-lifetime trip they should do it first class and „not worry about the costs". The travel agent custom-designs such a vacation package, and now the Lees are again ready to sign up.

This alternative is significantly different from the various two-week Hawaiian trips they initially appraised. Four weeks of time, a substantial sum of money, and „good-will chips" needed to obtain four weeks away from their jobs are the resources the Lees will utilize for their vacation. Their investment may well be worth its value. However, it would be reasonable at this point to consider whether the contemplated four-week trip is the best use of those resources. The Lees may ask themselves that they would like to achieve with four weeks of free time and the funds they intend to spend. They may conclude that they wish to learn about other cultures, understand a bit more of their world, and meet people very dissimilar to themselves in background and experience. Thinking about four-week trips that would satisfy these desires, the Lees may come up with alternatives such as an African picture safari, a tour of the Soviet Union, an Amazon cruise, or an intensive German course in Heidelberg. These alternatives are ones they clearly would not have considered in the context of two-week vacations in Hawaii."(pp. 9-10)

Die Lees waren letztendlich zu völlig anderen Urlaubsplänen gelangt als zu Beginn des Entscheidungsprozesses - allein ausgelöst durch die zusätzliche Option einer weiteren Ferienwoche auf Hawaii. Ob sie am Ende ihres Urlau-bes zufrieden sein werden mit ihrer Entscheidung? Ralph Keeney rät jeden-falls: „Before expending these resources, you should consider explicitly what valued consequences you would like to achieve, and create alternatives that will allow you to achieve them." (p. 10)

Es gibt weitere Unterschiede in Art und Umfang des kognitiven Aufwandes bei
Entscheidungsprozessen. Die folgende Übersicht zeigt einige dieser Merkmale
für die vier Entscheidungsebenen.

Ebene:	routinisiert	stereotyp	reflektiert	konstruktiv
Bewußtheit	nein	niedrig	hoch	hoch
Anforderung an Aufmerksamkeit	sehr gering	gering	hoch	sehr hoch
Generierung neuer Informationen	nein	nein	ja	ja
Zeitdauer	schnell	schnell	schnell-lange	lange
Flexibilität	kaum	gering	hoch	sehr hoch
Vorstrukturiertheit	sehr hoch	hoch	hoch-mittel	gering
Gedächtnisrepräsentation	S-R-Assoz./ Gewohnheitshierarchien	Schemata, Skripte	Ziele, Konsequenzen	allgemeines Weltwissen
kognitive Prozesse	Matching	Schemaaktivierung	Bewertung	Konstruktions-/ Inferenzprozesse

2.3.5 Parallele Differenzierungen in der Fehlerforschung

Die im vorherigen Abschnitt beschriebenen Ebenen weisen Parallelen auf zu den
Ebenen der Aufgabenbearbeitung, die in den Modellen von Rasmussen (1986)
und Reason (1994) im Rahmen der kognitionswissenschaftlichen Fehlerforschung
unterschieden werden. So differenziert Rasmussen (Rasmussen & Jensen, 1974;
Rasmussen, 1986) zwischen einer *fertigkeitsbasierten (skill-based) Ebene*, einer
regelbasierten (rule-based) Ebene und einer *wissensbasierten (knowledge-based)
Ebene*. Diese Ausführungsebenen werden, ähnlich wie bei Svenson (1990), hinsichtlich der Art der kognitiven Prozesse, des Grades der Bewußtheit bzw. Auto-
matisiertheit und des Repräsentationsformates im Langzeitgedächtnis unterschieden.

Die *fertigkeitsbasierte Ebene* ist dadurch gekennzeichnet, daß mehr oder weniger automatisiert Handlungsroutinen und -schemata abgerufen werden, die im Langzeitgedächtnis gespeichert sind. Dieses Konzept entspricht dem Konzept der routinisierten Entscheidungen (Abschnitt 2.3.1). Beispiele sind das Tippen eines Textes am PC oder Autofahren. Das versehentliche Löschen anstatt des Speicherns einer Datei oder die Bedienung eines falschen Hebels sind Fehler bei „der Ausführung und/oder Speicherung einer Handlungsfolge ..., ungeachtet der Frage, ob der Plan, dem sie folgen, angemessen war, um das gesetzte Ziel zu erreichen" (Reason, 1994, S. 28). Reason spricht bei *fertigkeitsbasierten Fehlern* auch von *Schnitzern* (*lapses*) oder *Patzern* (*slips*). Im Beispiel des Piloten in Box 2.1 hätte dann ein fertigkeitsbasierter Fehler vorgelegen, wenn der Pilot versehentlich (z.B. durch eine falsche Bewegungsabfolge) den Schubkrafthebel eines Triebwerkes in die falsche Richtung bewegt und damit die Schubkraft des Triebwerkes - statt zu erhöhen - verringert hätte.

Auf der *regelbasierten Ebene* wird mit Hilfe von „Wenn-dann"-Regeln entschieden. Die Anwendung dieser Regeln verlangt Inferenzprozesse, weil geprüft werden muß, ob die Voraussetzungen für die Anwendung der Regel erfüllt sind. Diese Ebene ähnelt der Ebene der stereotypen Entscheidungen (Abschnitt 2.3.2), denn auch dort ist ein Minimum an Bewertungsprozessen nötig, um Entscheidungen zu treffen. *Regelbasierte Fehler* beruhen auf der falschen Einschätzung von Situationen mit der Konsequenz der Auswahl falscher Regeln oder dem Abruf zur Problemlösung ungeeigneter Prozeduren. Unterstellen wir einmal, daß der Pilot in unserem Beispiel wußte, daß bei Frost und längerer Wartezeit vor dem Abflug die Enteisungssysteme an Bord anzuschalten sind. Wenn also kein Mangel an Wissen oder kein fehlerhaftes Wissen vorlag, dann war das Nicht-Einschalten dieser Systeme eine Fehlhandlung auf der regelbasierten Ebene. Die WENN-DANN-Regel war bekannt: <WENN Frost und längere Wartezeit, DANN Einschalten der Enteisungssysteme>. Aber vielleicht hatte der Pilot die Situation, also die WENN-Bedingung, nicht richtig klassifiziert, die Stärke des Frostes oder die Länge der Wartezeit unterschätzt. Und dies führte dann dazu, daß die in dieser Situation korrekte Wenn-Dann-Verknüpfung nicht realisiert, also die Enteisungssysteme nicht eingeschaltet wurden.

Hätte dagegen der - sehr unwahrscheinliche - Fall vorgelegen, daß der Pilot gar nicht über das entsprechende Wissen verfügte, also nicht über die <WENN Frost, DANN Enteisungssysteme einschalten>-Regel verfügt hätte, dann hätte es sich um einen *wissensbasierten* Fehler gehandelt. Auf der *wissensbasierten Ebene* werden Probleme dann gelöst, wenn diese neuartig sind. Hier können nicht einfach gespeicherte Regeln angewendet werden, sondern es müssen neue Problemlösungen konstruiert werden. Dies erfordert die Nutzung sowohl von deklarativem als auch von prozeduralem Wissen. Wissensbasierte Fehler entstehen durch unvollständiges oder fehlerhaftes deklaratives und/oder prozedurales Wissen. Die wissensbasierte Ebene weist Ähnlichkeiten zu den Ebenen der reflektierten und konstruktiven Entscheidungen bei Svenson auf. Auch sie können nur unter Nut-

zung von deklarativem *und* prozeduralem Wissen getroffen werden und erfordern
mehr und umfangreichere kognitive Prozesse als die Entscheidungen auf den
anderen beiden Ebenen. So gibt es bei reflektierten Entscheidungen keine abrufbaren Präferenzen zwischen den Optionen. Die Präferenzen müssen erst gebildet
werden, was die Bewertung der Optionen hinsichtlich ihrer Konsequenzen und
deren Wahrscheinlichkeiten erfordert. Bei den konstruktiven Entscheidungen
müssen darüber hinaus die Optionen selbst erst in einem konstruktiven Prozeß
erzeugt werden.

Trotz dieser Parallelen gibt es bislang kaum Verknüpfungen der theoretischen
Konzepte von Entscheidungspsychologie und Fehlerforschung, obwohl die Nutzung der Modelle der jeweils anderen Disziplin zur Erklärung von Phänomenen
und Befunden aus dem eigenen Gebiet durchaus interessant sein könnte. Ansätze
in dieser Richtung finden sich in dem Bereich, der sich unter der Bezeichnung
naturalistic decison making mit sogenannten *real world problems* beschäftigt; in
einem Band von Klein, Orasanu, Calderwood und Zsambok (1993) findet man
mehrere Arbeiten, u.a. auch von Rasmussen, die Fehlerforschung und Entscheidungsforschung miteinander verbinden.

2.4 Darstellung von Entscheidungsproblemen

2.4.1 Entscheidungsmatrix

Der Zusammenhang zwischen Optionen, Ereignissen und Konsequenzen kann im
einfachsten Fall in Form einer Kreuztabelle dargestellt werden (Abbildung 2.1).
Die Optionen (hier: „einen Schirm mitnehmen" und „nicht mitnehmen") werden
zeilenweise angeordnet, und die möglichen Ereignisse (hier: „es regnet" und „es
regnet nicht") werden spaltenweise angeordnet. In die Zellen der Matrix werden
diejenigen Konsequenzen eingetragen, die sich bei Wahl der jeweiligen Option
und bei Eintreten des jeweiligen Ereignisses ergeben (hier u.a.: „trockene Kleidung", wenn man den Schirm mitnimmt und es regnen sollte).

Wenn es Regenschirme gibt, kann man nicht mehr risikofrei leben: Die Gefahr, daß man
durch Regen naß wird, wird zum Risiko, das man eingeht, wenn man den Regenschirm
nicht mitnimmt. Aber wenn man ihn mitnimmt, läuft man das Risiko, ihn irgendwo
liegenzulassen. Niklas Luhmann, Die Moral des Risikos und das Risiko der Moral.

---

	es regnet	es regnet nicht
Schirm mitnehmen	trocken	lästiger Schirm
Schirm nicht mitnehmen	durchnäßt	trocken und kein lästiger Schirm

Abb. 2.1 Entscheidungsmatrix für das Schirm-Beispiel

Die Form einer solchen Matrix erlaubt, wie man schnell sieht, nur die Darstellung *eines* bestimmten Typs von Problemen: Die Optionen sind gegeben, die Entscheidung ist einstufig, die Konsequenzen sind unsicher.

2.4.2 Entscheidungsbaum

Einfache Entscheidungsprobleme wie das eben beschriebene Problem können auch graphisch in der Form eines sogenannten Entscheidungsbaumes dargestellt werden (Abbildung 2.2).

Diese Darstellung bietet sich an, wenn für das Entscheidungsproblem eine zeitliche Erstreckung der Konsequenzen oder eine Abfolge von Handlungen und Konsequenzen charakteristisch sind.

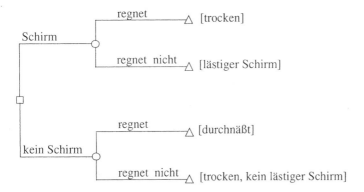

Abb. 2.2 Entscheidungsbaum für das Schirm-Beispiel

Bei der Konstruktion eines Entscheidungsbaumes beginnt man links mit der Festlegung der gegenwärtigen Situation und entwickelt nach rechts, entlang einer vorgestellten Zeitachse, zukünftige Ereignisse und Entscheidungen. Zeitpunkte, an denen eine Wahl zwischen mehreren Optionen zu treffen ist, werden *Entschei-dungsknoten* genannt und durch Quadrate symbolisiert. Zeitpunkte, an denen mit dem Eintreten eines möglichen Ereignisses zu rechnen ist, werden *Ereignisknoten* genannt und durch Kreise symbolisiert. Die von Entscheidungsknoten ausgehen-den Äste symbolisieren die Optionen, die von Ereignisknoten ausgehenden Äste symbolisieren die möglichen Ausgänge eines Ereignisses. Auf diese Weise lassen sich antizipierte Entwicklungen beliebig weit in die Zukunft darstellen. Bei kom-plexeren Problemen wird die Darstellung in einem Entscheidungsbaum allerdings schnell unhandlich.

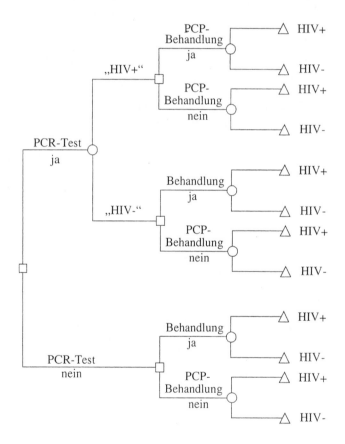

Abb. 2.3 Entscheidungsbaum für das Beispiel HIV-Test und Behandlung

HIV+ = HIV-infiziert, HIV- = HIV-nicht infiziert; das Testergebnis steht in Anführungszeichen („HIV+"), der tatsächliche Zustand steht ohne Anführungs-zeichen (HIV+).

In Abbildung 2.3 ist ein weniger triviales Beispiel (vereinfacht) dargestellt; es stammt von Owens, Shachter und Nease (1997): Die Entscheidung, ein Neugeborenes, dessen Mutter HIV-infiziert ist, mit der sogenannten PC-Methode auf eine HIV-Infektion testen zu lassen und dann gegebenenfalls eine Behandlung (PC-Prophylaxe) zu beginnen. Der oberste Ast des Entscheidungsbaumes beispielsweise ist so zu lesen: (1) Die Eltern entscheiden sich für den PC-Test. (2) Das Testergebnis fällt positiv aus (d.h., das Kind ist mit einer bestimmten Wahrscheinlichkeit HIV-infiziert, allerdings nicht mit Sicherheit, da der Test nicht absolut zuverlässig ist). (3) Die Eltern entscheiden sich für die PC-Behandlung. (4) Trotz Behandlung bleibt das Kind HIV-positiv (wiederum mit einer bestimmten Wahrscheinlichkeit, da die Behandlung nicht immer erfolgreich ist).

2.4.3 Attributmatrix

Multidimensionale Konsequenzen werden meist durch eine Hierarchie der Attribute dargestellt. Einige wichtige Aspekte bei der Wahl eines Notebook etwa lassen sich in einer Hierarchie mit drei Stufen darstellen (Abbildung 2.4). Man sieht, daß hier einzelne Attribute auf der höheren Ebene in spezifischere Attribute aufgesplittet werden. Je nach Art des Problems und nach Interesse des Entscheiders kann eine solche Spezifizierung beliebig weit getrieben werden, d.h. die Hierarchie kann beliebig viele Stufen haben.

STIFTUNG WARENTEST							
NOTEBOOKS							**April 2004**
test www.test.de	Mittlerer Preis in Euro ca.	Leistung	Handhabung	Bild	Akkubetrieb	Vielseitigkeit	Verarbeitung und Umwelteigenschaften	**test**-QUALITÄTS-URTEIL
Gewichtung		25%	20%	15%	15%	15%	10%	
16:10-DISPLAYS (WIDESCREEN)								
Dell Inspiron 8600	1690	O	+	+	+	+	+	GUT (2,2)
Hewlett Packard Pavilion zt3020	1650	O	+	+	+	+	+	GUT (2,2)
Toshiba Satellite P10-554	1800	O	+	+	O	O	+	GUT (2,2)
Acer Aspire 2001 WLCi	1600	+	+	+	+	O	+	GUT (2,3)
Fujitsu Siemens Amilo D1840	1700	+	O	+	⊖*)	O	+	BEFRIED. (2,8)
4:3-DISPLAYS								
Samsung P30 XVM 1500	1600	O	+	+	+	O	+	GUT (2,3)
IBM Thinkpad R40 TR4BDGE	1590	O	+	+	+	⊖	+	BEFRIED. (2,6)
Targa Visionary XP-210	1400	O	O	O	O	+	O	BEFRIED. (2,7)
Gericom Hummer 30660 XL+ DVD+RW	1500	+	O	O	⊖*)	+	+	BEFRIED. (3,0)
Medion/Life AMD-Athlon XP-M 2500+	1350	O	O	O	O	O	+	BEFRIED. (3,1)
Yakumo Q8M Power64 XD	1600	+	O	O	⊖*)	O	+	BEFRIED. (3,3)
Sony Vaio PCG-FR415 S	1600	O	O	+	⊖*)	O	+	BEFRIED. (3,4)
APPLE								
iBook G4 14" 1GHz	1700	O	+	+	+	O	+	GUT (2,5)
PowerBook G4 15" Combo	2320	O	+	+	O	+	+	GUT (2,5)
Bewertungsschlüssel der Prüfergebnisse: ++ = Sehr gut (0,5–1,5), + = Gut (1,6–2,5), O = Befriedigend (2,6–3,5), ⊖ = Ausreichend (3,6–4,5), — = Mangelhaft (4,6–5,5). *) Führt zur Abwertung						Bei gleicher Note Reihenfolge nach Alphabet.		

Abb. 2.4 Attributmatrix aus der Zeitschrift TEST (Stiftung Warentest, test 4/04).

2.4.4 Weitere Darstellungsmöglichkeiten

Es gibt noch andere Möglichkeiten der Darstellung von Entscheidungsproblemen. Dies sind jedoch Darstellungsformen, die nur für die präskriptive Entscheidungsanalyse, nicht jedoch für die deskriptive Entscheidungspsychologie eine Rolle spielen. Wir skizzieren sie daher hier nur sehr kurz und verweisen im übrigen auf Eisenführ und Weber (2003, Kap. 2).

(a) *Einflußdiagramme* (*influence diagrams*) können als eine alternative oder besser komplementäre Form der Darstellung eines Entscheidungsproblems betrachtet werden (vgl. Clemen, 1991). Es ist eine nicht-lineare und kompaktere Form der Darstellung von Entscheidungskomponenten. Handlungsalternativen, Ereignisse und Konsequenzen werden nicht einzeln, sondern nur als Klassen (von Optionen, Ereignissen und Zielvariablen) dargestellt, und es werden die Einflüsse zwischen diesen Klassen dargestellt. Dadurch erhält man eine gröbere, aber die strukturellen Beziehungen gut repräsentierende Darstellung des Problems. Gemeinsamkeiten, Unterschiede sowie Vor- und Nachteile von Entscheidungsbäumen und Einflußdiagrammen werden von Owens et al. (1997) an dem HIV-Test- und Behandlungsbeispiel beschrieben, das wir in Abschnitt 2.4.2 verwendet haben.

(b) *Ereignisbäume* (*event trees*) erlauben eine Darstellung unsicherer Ereignisse in zeitlich-logischer Anordnung. Es lassen sich die verschiedenen Sequenzen des Ablaufs von Ereignissen abbilden, deren Wahrscheinlichkeiten (als Kombinationen der Wahrscheinlichkeiten der einzelnen Ereignisse) häufig besonders interessieren. Beispielsweise im technischen Bereich: Wie wahrscheinlich ist es, daß in einem System ein bestimmtes Material versagt *und* ein Ventil nicht schließt *und* das Notstromaggregat ausfällt usw.

(c) *Fehlerbäume* (*fault trees*) sind Darstellungen möglicher Fehlerursachen für das Versagen eines Systems. Wenn beispielsweise ein Auto nicht anspringt, dann kommen als Ursachen unter anderem in Betracht, daß die Batterie nicht funktioniert, daß der Anlasser defekt ist, daß der Benzintank leer ist usw. Man kann weiter nach den Ursachen dafür fragen, daß die Batterie nicht funktioniert - weil sie leer ist, weil ein Kabel locker ist u.a. Man kann weiter nach den Ursachen für diese Ursachen fragen usw. Fehlerbäume (wie auch Ereignisbäume) wurden zur Analyse von großen technischen Systemen, insbesondere von Kernkraftwerken entwickelt.

2.5 Lesevorschläge

Es gibt einige gute englischsprachige Lehrbücher. Etwas mühsam zu lesen, aber sehr detailreich ist das Buch von Frank Yates (1990), *Judgment and decision making*. Einfachere, aber dadurch auch weniger umfassende Darstellungen gibt es von Max Bazerman (2002, 5. Auflage), *Judgment in managerial decision making*, und Scott Plous (1993), *The psychology of judgment and decision making*. Das umfangreichste, für Psychologen aber auch interessanteste Buch ist *Thinking and deciding*, von Jonathan Baron (2000, 3. Auflage); er integriert in seinem Buch denk- und entscheidungspsychologische Theorien und Befunde, bezieht aber auch viele andere Überlegungen mit ein, insbesondere aus der Ethik.

Die präskriptive Entscheidungstheorie ist von Franz Eisenführ und Martin Weber (2003, 4. Auflage) in ihrem Buch *Rationales Entscheiden* primär für Wirtschaftswissenschaftler, aber auch für andere an der Entscheidungstheorie Interessierte, gut und klar dargestellt worden. Wir verweisen hier auch auf das Kapitel von Katrin Borcherding (1983) über *Entscheidungstheorie und Entscheidungshilfeverfahren für komplexe Entscheidungssituationen*, das man in dem von Martin Irle herausgegebenen Band *Methoden und Anwendungen der Marktpsychologie* in der Enzyklopädie der Psychologie (Bd. D/III/5) findet.

Ein spezielles, aber sehr spannendes Thema behandelt James Reason (1990) in seinem Buch *Human error* (dt.: *Menschliches Versagen. Psychologische Risikofaktoren und moderne Technologien*, 1994). Er nutzt die Theorien und Befunde der Psychologie, um die Zuverlässigkeit bzw. Unzuverlässigkeit moderner technischer Systeme und Technologien zu analysieren und Möglichkeiten ihrer Verbesserung zu entwickeln. Eine wichtige Rolle spielt dabei die Analyse von Unfällen wie beispielsweise der Explosion der Challenger Rakete, der Kernschmelze im Kernkraftwerk Chernobyl und des Sinkens der Fähre *Herald of Free Enterprise* vor Zeebrugge.

Die Erstellung der Repräsentation von Entscheidungsproblemen wird heute durch Software sehr erleichtert. So gibt es Programme zur Erstellung, Integration und Analyse von Entscheidungsbäumen und Einflußdiagrammen wie auch zur Erstellung von Zielhierarchien und zur Bewertung von multiattributen Optionen entsprechend den Zielen des Entscheiders. Die meisten Programme sind aber nicht mit einer psychologisch-deskriptiven Perspektive, sondern aus einer technisch-präskriptiven Perspektive zur Unterstützung von Entscheidungen in der Praxis entwickelt worden. Wir verzichten daher hier auf die Nennung einzelner Programme, geben aber einige Hinweise in Kapitel 10, in dem es einen Abschnitt zur Anwendung der Entscheidungstheorie für die Entscheidungsunterstützung gibt.

2.6 Neues aus den letzten Jahren

Die neueren Entwicklungen in den einzelnen inhaltlichen Bereichen der Entscheidungsforschung skizzieren wir im Anschluß an die einzelnen Kapitel. An dieser Stelle möchten wir nur auf neuere Übersichtsartikel und Bücher hinweisen.

Mellers, Schwartz und Cooke haben 1998 den letzten umfassenden Übersichtsartikel zum Thema *Judgment and decision making* in der *Annual Review of Psychology* geschrieben. Von Hastie gibt es aus dem Jahre 2001, ebenfalls in der *Annual Review of Psychology*, einen für diese Zeitschrift ungewöhnlichen, sehr interessanten Artikel mit dem Titel *Problems for judgment and decision making*. Hastie diskutiert 16 Probleme, die er für zentrale oder jedenfalls wichtige Themen künftiger Forschung hält, wobei er die neuere Literatur zu diesen Themen einarbeitet. Beispielsweise das Thema Emotionen.

Reid Hastie hat auch gemeinsam mit Robyn Dawes dessen erfolgreiches Buch *Rational choice in an uncertain world* aus dem Jahre 1988 neu bearbeitet. Die beiden Autoren haben das alte Buch auf den neuesten Stand gebracht und um viele Themen erweitert (Hastie & Dawes, 2001).

In mehreren Bänden sind theoretische oder empirische Beiträge herausgegeben worden, die zu speziellen Problemen geschrieben wurden, so in dem Band von Schneider und Shanteau (2003), oder die aus einem speziellen Anlaß geschrieben wurden, so in dem von Shanteau, Mellers und Schum (1999) herausgegebenen Band zu Ehren von Ward Edwards, dem Begründer der *Behavioral Decision Theory*.

Und schließlich sind in den letzten Jahren eine Reihe von Sammelwerken mit wichtigen Arbeiten erschienen, die bereits in Zeitschriften veröffentlicht worden waren: Goldstein und Hogarth (1997), Connolly, Arkes und Hammond (2000), Kahneman und Tversky (2000) sowie Gilovich, Griffin und Kahneman (2002).

Man trifft täglich Hunderte von Entscheidungen. Über manche denkt man nach, über manche nicht. Und plötzlich ist da eine, über die zermartert man sich den Kopf. Magnum.

---

3 Nutzen und Präferenz

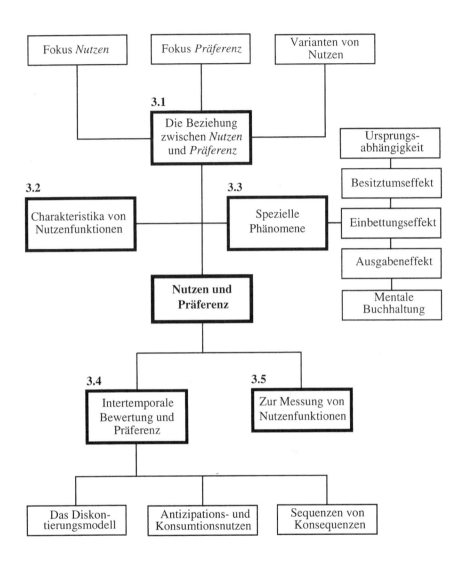

Fokus *Nutzen*

Fokus *Präferenz*

Varianten von Nutzen

3.1
Die Beziehung zwischen *Nutzen* und *Präferenz*

Ursprungs-abhängigkeit

Besitztumseffekt

3.2
Charakteristika von Nutzenfunktionen

3.3
Spezielle Phänomene

Einbettungseffekt

Ausgabeneffekt

Nutzen und Präferenz

Mentale Buchhaltung

3.4
Intertemporale Bewertung und Präferenz

3.5
Zur Messung von Nutzenfunktionen

Das Diskon-tierungsmodell

Antizipations- und Konsumtionsnutzen

Sequenzen von Konsequenzen

Wenn Menschen sich zwischen Optionen entscheiden, so tun sie dies meistens im Hinblick auf die möglichen Konsequenzen, die mit diesen Optionen verbunden sind. Implizit oder explizit bewerten sie diese Konsequenzen, und diese Bewertungen bestimmen die Wahl einer der verfügbaren Optionen. Wenn die Konsequenzen sicher sind, ist die Wahl allein durch die Bewertungen bestimmt; wenn die Konsequenzen unsicher sind, spielen auch ihre Wahrscheinlichkeiten eine Rolle. In diesem und im nächsten Kapitel beschäftigen wir uns mit dem Fall *sicherer* Konsequenzen, im sechsten Kapitel behandeln wir den Fall *unsicherer* Konsequenzen.

Eine Bewertung kann sich auf eine einzelne Konsequenz beziehen. Eine Person bewertet beispielsweise ein „Glas Wein" als „ganz gut", eine andere Person bewertet ein „Glas Wein" als „sehr gut". Bewertung ist also immer subjektiv. Den subjektiven Wert einer Konsequenz bezeichnen wir als *Nutzen (utility)*. Wenn jemand den Nutzen einer einzelnen Konsequenz für sich, also *absolut*, beurteilt, gibt er ein *evaluatives* Urteil über diese Konsequenz ab: ein „Glas Wein ist gut". Wenn jemand dagegen zwei Konsequenzen miteinander vergleicht, gibt er ein *präferentielles* Urteil ab, in dem er den *relativen* Nutzen der beiden Konsequenzen zum Ausdruck bringt: ein „Glas Wein" ist besser als ein „Glas Bier", d.h. der Nutzen von Wein ist größer als der Nutzen von Bier.

Nutzen und *Präferenz* sind nicht beobachtbar; sie werden in evaluativen bzw. präferentiellen Urteilen zum Ausdruck gebracht. Die *Wahl* dagegen ist eine beobachtbare Handlung, durch die sich der Entscheider auf eine Option mit ihren Konsequenzen festlegt. Wir gehen davon aus, daß die Beurteilung des Nutzens von Konsequenzen die Grundlage von Entscheidungen darstellt. Auf dieser Grundlage bilden sich Präferenzen bezüglich mehrerer Konsequenzen. Und Präferenzen wiederum sind die Grundlage für die Wahl einer Option. Der *Nutzen* ist also der Ausgangspunkt der Betrachtung, insbesondere der Vorhersage von Präferenzen. Man kann allerdings auch *Präferenzen* zum Ausgangspunkt machen und daraus Nutzenwerte für die einzelnen Konsequenzen rekonstruieren; dabei kann man offen lassen, ob es *Nutzen* als interne psychische Realität gibt oder nicht.

Im *ersten* Abschnitt dieses Kapitels behandeln wir das Konzept *Nutzen*, dann das Konzept *Präferenz* und dabei insbesondere die Frage, unter welchen Bedingungen man aus präferentiellen Urteilen Nutzenurteile rekonstruieren kann. Abschließend erklären wir Varianten der Interpretation des Nutzen-Begriffs.

Im *zweiten* Abschnitt geht es um *Nutzenfunktionen*, also Charakteristika der Beziehung zwischen subjektiven Bewertungen und „objektiven" Gütern wie etwa Geld oder Gesundheit. Zentral sind hier die beiden Fragen, ob jedem Zuwachs eines „objektiven" Gutes ein gleicher Zuwachs an subjektivem Wert entspricht und ob die Beziehung zwischen subjektiver Bewertung und „objektiven" Gütern im positiven Bereich (Gewinne) und im negativen Bereich (Verluste) symmetrisch ist.

Im *dritten* Abschnitt beschreiben wir spezielle Phänomene: Der Nutzen eines Gutes, das man besitzt, wird oft höher eingeschätzt als der Nutzen des gleichen Gutes, wenn man es nicht besitzt. Die Beurteilung des Nutzens eines Gutes ist davon abhängig, auf welche Weise man zu diesem Gut gekommen ist. Der Nutzen eines Gutes wird davon beeinflußt, welche anderen Güter verfügbar sind. In manchen Situationen ist die Bewertung von Ausgaben abhängig, die man vor der Entscheidung gemacht hat. Und Bewertungen können von der Art und Weise beeinflußt werden, in der Konsequenzen mental zusammengefaßt bzw. getrennt werden.

Im *vierten* Abschnitt geht es um *intertemporale* Bewertungen und Präferenzen, bei denen die Zeitpunkte des Eintretens der Konsequenzen eine Rolle spielen. Insbesondere interessiert hier das Phänomen der Zeitpräferenz, worunter man die Präferenz einer Person für ein früheres oder späteres Eintreten einer Konsequenz versteht. Wir beschäftigen uns mit unterschiedlichen Arten von Zeitpräferenzen, mit den Methoden ihrer Erhebung, mit dem wichtigsten Modell der Beziehung zwischen Bewertung und Zeit (Diskontierungsmodell) sowie mit empirischen Befunden aus Untersuchungen über Zeitpräferenzen und ihrer Erklärung.

3.1 Die Beziehung zwischen *Nutzen* und *Präferenz*

Zunächst eine schematische Darstellung dessen, was mit den Konzepten *Nutzen*, *Präferenz* und *Wahl* gemeint ist:

Konzept	„Nutzen"	„Präferenz"	„Wahl"
	⇓	⇓	⇓
Prozess	absolute Bewertung	relative Bewertung	
	⇓	⇓	⇓
Verhalten	evaluatives Urteil „finde X gut"	präferentielles Urteil „ziehe X (vs. Y) vor"	selegierende Wahl „wähle X"

Wir nehmen an, daß die Beurteilung des Nutzens von Konsequenzen die Präferenz gegenüber Konsequenzen bestimmt und daß diese die Basis für die Wahl einer Option (mit bestimmten sicheren Konsequenzen) ist:

$$\text{Nutzen} \quad \Rightarrow \quad \text{Präferenz} \quad \Rightarrow \quad \text{Wahl}$$

Wir unterstellen *nicht*, daß in einem Entscheidungsprozeß stets der Nutzen der Konsequenzen bewußt und explizit beurteilt wird, bevor eine Präferenz festgestellt werden kann; oder daß stets eine Präferenz bewußt und explizit festgestellt werden muß, bevor eine Wahl getroffen wird. Wir haben in Kapitel 2 darauf verwiesen, daß es unterschiedliche Typen der Entscheidung gibt: routinisierte, stereotype, reflektierte und konstruktive Entscheidungen. Bei einer routinisierten Entscheidung beispielsweise wird eine Wahl aus der Gewohnheit heraus, fast automatisch getroffen, ohne daß Nutzen und Präferenz noch beurteilt werden müssen. Bei einer reflektierten Entscheidung dagegen geht der Wahl ein bewußter Prozeß der Bewertung in der gegebenen Situation voraus.

Falls Bewertungen (seien es evaluative, seien es präferentielle Urteile) im Entscheidungsprozeß eine Rolle spielen, dann können sie auf verschiedene Weise generiert werden: (a) Bewertungen können direkt aus dem Gedächtnis abgerufen werden, wenn beispielsweise entsprechende Erfahrungen vorliegen (z.B. Crème Caramel schmeckt „ungeheuer gut"; ich mag Crème Brulée lieber als Crème Caramel). (b) Sie können auch direkt aus dem Wissensspeicher abgerufen werden, wenn dort traditionale oder moralische Normen gespeichert sind (z.B. Aggression ist „schlecht"). (c) Sie können auch aus gespeichertem Wissen erschlossen werden (z.B. Shrimps, die ich noch nie gegessen habe, werden mir „sehr gut" schmecken, weil ich weiß, daß mir Krabben, Garnelen usw. sehr gut geschmeckt haben). (d) Sie können schließlich kognitiv neu konstruiert oder gedanklich vorgestellt werden; dies ist vor allem dann nötig, wenn weder Vorerfahrungen noch sonstiges Wissen vorliegen (z.B. „geröstete Kakerlaken" zu essen stelle ich mir „ekelhaft" vor). Man kann diese Beispiele für Beurteilungen leicht auf die Feststellung von Präferenzen übertragen.

3.1.1 Fokus *Nutzen*

Der Nutzen, den eine Person mit einer Konsequenz verbindet, wird in einem evaluativen Urteil ausgedrückt. Wir geben verbale Urteile ab („ich finde x gut") oder numerische Urteile („auf einer Skala von 0 bis 10 gebe ich x den Wert 4"). Die wichtigsten direkten und indirekten Möglichkeiten der Erhebung von Beurteilungen des Nutzens sind in Box 3.1 kurz beschrieben.

Wenn wir für alle Konsequenzen auf einer Dimension (wie etwa Einkommen oder Zufriedenheit) evaluative Urteile erfragen (und verbale Urteile in numerische Werte transformieren), erhalten wir eine *Nutzenfunktion* dieser Dimension. Formal können wir schreiben, daß eine Nutzenfunktion u allen Ausprägungen einer Dimension D (allen möglichen Konsequenzen) eine reelle Zahl zuordnet: $u: x \Rightarrow \mathbf{R}$, für alle $x \in D$.

Nutzen ist also ein terminus technicus, dessen Bedeutung nur bedingt mit der Bedeutung des Begriffes in der Alltagssprache übereinstimmt, in der er meistens einen Vorteil oder einen Ertrag oder die Brauchbarkeit bzw. Nützlichkeit einer Sache meint. Daß der entscheidungstheoretische Begriff *Nutzen* eine umfassendere Bedeutung hat, sei an zwei Beispielen noch einmal verdeutlicht:

- Der Gewinn eines Geldbetrages hat einen *positiven* Nutzen; das entspricht der umgangssprachlichen Bedeutung des Begriffs. Aber der Verlust eines Geldbetrages hat - entscheidungstheoretisch gesprochen - ebenfalls einen Nutzen, und zwar einen *negativen* Nutzen.

- Der Spieler in einem Kasino gewinnt oder verliert Geldbeträge, die einen bestimmten positiven bzw. negativen Nutzen für ihn haben. Aber es gibt für den Spieler auch einen „Nutzen des Spielens", d.h. das Spielen „als solches" hat Merkmale, die er mehr oder weniger positiv bewertet.

Box 3.1: Die Erfassung von Nutzenwerten

Bewertung (*rating*): Man fordert eine Person auf, die Konsequenz einer Option oder die Option selbst auf einer numerischen oder einer verbalen Skala zu bewerten. Die Skala kann mono- oder bipolar sein, ordinal oder kardinal. Die Höhe der Bewertung gilt als Indikator des Nutzens der Optionen.

Beispiel: Wie schön bzw. häßlich finden Sie den vor Ihnen stehenden Kaffeebecher? (1) sehr häßlich (2) eher häßlich (3) weder häßlich noch schön (4) eher schön (5) sehr schön

Angabe des maximalen Kaufpreises (*maximum buying price*, MBP): Man fordert eine Person dazu auf, den maximalen Geldbetrag zu nennen, für den sie bereit wäre, die Option zu kaufen (auch *Willingness-To-Pay*, WTP, genannt). Die Höhe des gebotenen Kaufpreises gilt als Indikator für die Größe des Nutzens.

Beispiel: Wieviel würden Sie höchstens für diesen Kaffeebecher bezahlen? € 2,00 2,20 2,40 2,60 2,80 3,00 3,20 3,40 ...

Angabe des minimalen Verkaufspreises (*minimum selling price*, MSP): Man fordert eine Person dazu auf, den minimalen Geldbetrag zu nennen, den sie verlangen würde, um die Option zu verkaufen. Die Höhe des verlangten Verkaufspreises gilt als Indikator für die Größe des Nutzens.

Beispiel: Wieviel würden Sie mindestens für diesen Kaffeebecher verlangen? € 2,00 2,20 2,40 2,60 2,80 3,00 3,20 3,40 ...

Allgemein bezeichnen wir als *Nutzen*, wie wir bereits oben gesagt haben, den Wert, den jemand der möglichen Konsequenz der Wahl einer Option beimißt. Diese Konsequenzen können positiv oder negativ sein, quantitativer oder qualitativer Art sein, externe oder interne Zustände darstellen. *Nutzen* in diesem Sinne

wird in der ökonomischen Literatur, nach Daniel Bernoulli (1738), auch als
Bernoulli-Nutzen bezeichnet (Yates, 1990, S. 266f.). Der Begriff steht hier für
den subjektiven Wert eines Gutes, die Befriedigung, welche die Konsumtion des
Gutes gibt. *Nutzen* hat also eine inhaltliche Bedeutung. Kahneman und Snell
(1992) sprechen von dem Erfahrungs-Nutzen (*experienced utility*); dieser Begriff
wird in Abschnitt 3.1.3 noch näher erläutert.

3.1.2 Fokus *Präferenz*

Wir wollen jetzt annehmen, daß wir keine evaluativen Urteile, sondern (nur) präferentielle Urteile eines Entscheiders bezüglich einer Reihe von Konsequenzen
kennen (d.h. Urteile der Art „ich ziehe die Konsequenz x der Konsequenz y vor").
Diese Urteile können mit einem der Verfahren erhoben worden sein, die in Box
3.2 beschrieben sind.

Können wir auf der Grundlage solcher Urteile den einzelnen Konsequenzen
numerische Größen so zuordnen, daß wir diese als „Nutzenwerte" der Konsequenzen betrachten können? Das heißt, als (erschlossene oder rekonstruierte)
Werte, die uns die beobachteten Präferenzen „erklären" könnten? Ob es diese
Nutzenwerte „wirklich" gibt, d.h. ob es sich nur um Zahlen oder um psychische
Entitäten handelt, können wir offen lassen. Wir kehren also die Richtung um:
Während wir oben von den Nutzenwerten als Grundelementen ausgingen, welche
die Präferenzen bestimmen, gehen wir jetzt von den Präferenzen als Grundele-
menten aus, aus denen wir Nutzenwerte erschließen. Die Beziehung zwischen
Präferenzen und Wahl bleibt unverändert: auf Grund von Präferenzen sagen wir
Wahlen vorher. Die Beziehungen zwischen Nutzen, Präferenz und Wahl stellen
sich also folgendermaßen dar:

$$\text{Nutzen} \quad \Leftarrow \quad \text{Präferenz} \quad \Rightarrow \quad \text{Wahl}$$

Eine einfache Vorgehensweise besteht darin, den Konsequenzen unterschiedliche Zahlen derart zuzuordnen, daß wir aus den Zahlen die Präferenzen direkt
ablesen können. Einfacher ausgedrückt: Wenn eine Konsequenz x gegenüber
einer Konsequenz y präferiert wird, dann ordnen wir x eine größere Zahl als y zu.
Wenn wir diese Zahlen als Nutzenwerte interpretieren, dann können wir sagen,
daß die Konsequenz x, die den höheren Nutzenwert hat, gegenüber der Konsequenz y, die den geringeren Nutzenwert hat, vorgezogen wird.

Box 3.2: Die Erfassung von Präferenzen

Wählen (*choice*): Man fordert eine Person auf, eine der verfügbaren Optionen zu wählen. Dies ist die direkteste Methode der Erfassung von Präferenzen. Sie liefert eine Präferenz auf ordinalem Niveau. Wir bezeichnen im folgenden mit dem Terminus „Wahl" immer das Wählen zwischen Optionen und notieren eine binäre Wahl (also eine Wahl zwischen zwei Optionen) mit dem Präferenzsymbol >.

Beispiel: Sie haben die Wahl zwischen den Parteien CDU, SPD, Grüne, FDP, PDS, NPD. Welche dieser Optionen = Parteien wählen Sie?

Ablehnung (*rejection*): Man fordert die Person dazu auf, von den verfügbaren Optionen diejenige Option zu nennen, die sie ablehnt. Dies ist das zur Wahl inverse Verfahren.

Beispiel: Sie haben die Wahl zwischen den Parteien CDU, SPD, Grüne, FDP, PDS, NPD. Welche dieser Optionen = Parteien wählen Sie nicht?

Rangvergabe (*ranking*): Man fordert eine Person auf, eine Menge von n Optionen nach ihrem Nutzen in eine Rangreihe zu bringen. Dadurch werden die Präferenzen gegenüber den Optionen simultan abgebildet und es wird Transitivität erzwungen. Eine binäre Wahl kann als Rangordnung für n = 2 angesehen werden. Wir notieren Rangordnungen durch eine Liste < a,b,c, ..., n > mit absteigender Präferenz von a nach n. Indifferenz kann durch Vergabe gleicher Rangplätze zum Ausdruck gebracht werden.

Beispiel: Sie haben die Wahl zwischen den Parteien CDU, SPD, Grüne, FDP, PDS, NPD. Bitte bringen Sie diese Optionen / Parteien nach Ihrer persönlichen Wertung in eine Rangreihe. Geben Sie derjenigen Partei den Rang 1, die Sie am besten finden; derjenigen Partei, die Sie am zweitbesten finden, geben Sie den Rang 2 usw.

Nehmen wir als Beispiel einen Psychologen, der eine Therapieausbildung machen will. Er steht vor der Wahl zwischen Psychoanalyse, Verhaltenstherapie und Gestalttherapie. Nehmen wir weiterhin an, daß sich die drei Therapieformen - jedenfalls für diesen Psychologen - hinsichtlich ihrer Konsequenzen nur darin unterscheiden, wie lange die Ausbildung dauern wird:

Option:	Konsequenz:
Psychoanalyse	6 Jahre
Verhaltenstherapie	2 Jahre
Gestalttherapie	4 Jahre

Wir erfragen nun mit einem Paarvergleich die Präferenzen des Psychologen zwischen den Ausbildungszeiten und erhalten folgende Urteile: „lieber 4 Jahre als 2 Jahre", „lieber 4 Jahre als 6 Jahre", „lieber 2 Jahre als 6 Jahre". Wir ordnen jetzt den drei Konsequenzen folgende Zahlen zu, die den präferentiellen Urteilen korrespondieren, und interpretieren sie als Nutzenwerte. Es ergibt sich folgende Rangreihe:

Konsequenz:		Nutzenwert:
4 Jahre	$\Rightarrow$	10
2 Jahre	$\Rightarrow$	5
6 Jahre	$\Rightarrow$	1

Die Nutzenwerte sind hier zunächst beliebige Zahlen, die nur die Rangordnung der Präferenzen widerspiegeln, nicht aber die Differenzen zwischen den Nutzenwerten abbilden sollen (z.B. daß der Nutzen einer 4-jährigen Ausbildung für den Psychologen doppelt so groß sei wie der Nutzen einer 2-jährigen Ausbildung)!

Wir haben mit dieser Zuordnung Nutzenwerte festgelegt, die wir hypothetisch als implizite, die Präferenzen „erklärende" Bewertungen der Konsequenzen durch den Psychologen betrachten können. Wir können die Zahlenwerte aber auch als numerische Größen betrachten, aus denen sich die beobachteten Präferenzen ableiten lassen.

Aber zunächst wollen wir das Beispiel verallgemeinern. Wir verwenden dabei folgende Notation: Eine Präferenz gegenüber zwei Konsequenzen x und y wird als binäre Relation $x \succ y$ geschrieben („x wird y vorgezogen"); zieht jemand weder x gegenüber y noch y gegenüber x vor, dann ist er *indifferent*, geschrieben $x \sim y$. Wir wollen nun einer gegebenen Menge von n Konsequenzen Nutzenwerte so zuordnen, daß diese den Präferenzen bzw. Indifferenzen korrespondieren; d.h. Konsequenzen mit höheren Nutzenwerten sollten gegenüber Konsequenzen mit niedrigeren Werten vorgezogen werden. Um dies zu gewährleisten, müssen die Präferenzen zwischen allen Paaren von Konsequenzen (das sind bei n Konsequenzen $(n-1)n/2$ Paare) drei Bedingungen erfüllen:

(1) sie müssen *asymmetrisch* sein: jemand darf nicht gleichzeitig $x \succ y$ und $y \succ x$ behaupten;

(2) sie müssen *vergleichbar* sein: jemand muß für jedes Paar x,y genau eine Präferenz $x \succ y$ oder $y \succ x$ oder Indifferenz $x \sim y$ angeben können;

(3) sie müssen *transitiv* sein: jemand, der behauptet, daß $x \succ y$ und $y \succ z$ gilt, muß auch behaupten, daß $x \succ z$ gilt.

Die erste Bedingung, *Asymmetrie*, ist unmittelbar plausibel: Man kann nicht sowohl eine 4-jährige Ausbildung einer 2-jährigen Ausbildung als auch eine 2-jährige Ausbildung einer 4-jährigen Ausbildung vorziehen. - *Vergleichbarkeit*, die zweite Bedingung, ist nicht immer so plausibel. Jemand kann durchaus behaupten, zwei Konsequenzen nicht miteinander vergleichen zu können (ohne daß er damit sagen will, er sei indifferent!). Das Hören eines Musikstückes und das Lesen eines Buches mag manchem nicht vergleichbar erscheinen. - Die dritte Bedingung, *Transitivität*, ist logisch plausibel, wird jedoch tatsächlich manchmal verletzt. Daß eine Verletzung der Transitivität, also Intransitivität, für einen Entscheider üble Folgen haben kann, wird gerne an folgendem Beispiel illustriert: Angenommen, Sie präferieren x gegenüber y, y gegenüber z, und z gegenüber x - d.h. Ihre Präferenzen sind intransitiv. Ich gebe Ihnen nun z. Dann biete ich Ihnen an, z für einen bestimmten Betrag (beispielsweise 1 €) zurückzunehmen und Ihnen dafür y zu geben. Da Sie y gegenüber z präferieren, würden Sie das Angebot akzeptieren und die 1 € zahlen (oder irgendeinen anderen beliebig kleinen Geldbetrag). Jetzt besitzen Sie y. Nun biete ich Ihnen an, y zurückzunehmen und Ihnen dafür x zu geben. Da Sie x gegenüber y präferieren, würden Sie das Angebot wiederum akzeptieren und 1 € zahlen. Jetzt besitzen Sie x. Aufgrund Ihrer (intransitiven) Präferenzen kann ich Ihnen jetzt für 1 € die Option z anbieten, - die Sie akzeptieren sollten, da Sie ja z gegenüber x präferieren. Damit sind Sie wieder da, wo Sie am Anfang waren: Sie haben z, sind allerdings um 3 € ärmer. Mit anderen Worten, ich kann Ihre intransitiven Präferenzen als eine „Geldpumpe" ausnutzen (aus uns nicht bekannten Gründen im Englischen Sprachraum als *Dutch Book* bezeichnet). Daher sollte ein rationaler Entscheider auf die Transitivität seiner Präferenzen achten - zumindest dann, wenn jemand ihm solche Spiele anbietet.

Wenn die Präferenzen diesen Bedingungen genügen, so hatten wir gesagt, dann können wir den Konsequenzen Nutzenwerte mit der geforderten Eigenschaft zuordnen (Coombs, Dawes & Tversky, 1975). Und zwar deshalb, weil auch Zahlen diese drei Bedingungen erfüllen. Sie können sich davon überzeugen, indem Sie die Präferenzrelation > durch die Relation „ist größer als" mit dem Symbol „>" ersetzen. Wenn wir allen Konsequenzen auf einer Dimension Nutzenwerte zuordnen, erhalten wir die *Nutzenfunktion*. Die Nutzenfunktion u ordnet allen Ausprägungen einer Dimension D eine reelle Zahl nun so zu, daß der Nutzenwert einer Konsequenz x genau dann größer (bzw. gleich) ist als der einer Konsequenz y, wenn die Konsequenz x der Konsequenz y vorgezogen wird (bzw. Indifferenz herrscht):

$$u(x) > u(y) \Leftrightarrow x > y$$

$$u(x) > u(y) \Leftrightarrow x \sim y$$

Welche konkreten Zahlen können den Konsequenzen zugeordnet werden? In unserem Beispiel wurden die Zahlen beliebig gewählt; viele (genau genommen unendlich viele) andere Zahlen sind genau so richtig in dem Sinne, daß sie die

Ordnung der Präferenzen korrekt abbilden, so daß die Bedingung der Asymmetrie erfüllt ist. Jede streng positiv-monotone Transformation einer Nutzenfunktion bildet die Präferenzen korrekt ab. Formal: Eine Nutzenfunktion u' ist eine streng monotone Transformation einer Nutzenfunktion u, wenn für alle Paare von bewerteten Konsequenzen gilt: $u(x) > u(y) \Leftrightarrow u'(x) > u'(y)$. Solche Nutzenfunktionen bezeichnet man als *ordinale Nutzenfunktionen*, weil sie die Rangordnung der Präferenzen abbilden; die numerischen Abstände zwischen den Nutzenwerten haben keine Bedeutung und können nicht interpretiert werden. Zwei weitere korrekte Nutzenfunktionen u' und u'' für unser Beispiel könnten folgendermaßen aussehen:

Konsequenzen		Nutzenwert u	u'	u''
4 Jahre	⇒	10	0,8	-1
2 Jahre	⇒	5	0,7	-2
6 Jahre	⇒	1	0,6	-1029

Wir gehen nun einen Schritt weiter und erheben von einem Entscheider nicht nur seine Präferenzen gegenüber den Konsequenzen x und y, sondern auch seine Präferenzen in Bezug auf „Austauschraten" der einzelnen Konsequenzen. Nehmen wir als Beispiel den Fall von Konsequenzen, die auf einer kontinuierlichen Dimension mit „natürlicher" Ordnung angesiedelt sind, z.B. die Anzahl von Urlaubstagen pro Jahr (die theoretisch zwischen 0 und 365 liegt). Jeder möchte lieber mehr als weniger Urlaubstage haben, und insofern hat die Dimension eine natürliche Ordnung. Wir stellen nun einer Person die Frage, worüber sie sich mehr freuen würde: Über eine Verbesserung von 30 auf 35 Urlaubstage oder über eine Verbesserung von 10 auf 15 Tage. Wohlgemerkt: Wir fragen nicht, ob ihr 30 Urlaubstage lieber sind als 10 Urlaubstage oder 35 lieber sind als 15, sondern wir fragen, welche Veränderung bzw. welchen „Austausch" sie vorzieht: den Austausch „15 für 10" oder den Austausch „35 für 30". Nehmen wir an, der Austausch „15 für 10" werde präferiert. Dann bringt die befragte Person damit die *relative Stärke ihrer Präferenzen* für Urlaubstage zum Ausdruck.

Wenn der Entscheider in der Lage ist, für alle möglichen Austausch-Paare eine Präferenz anzugeben und wenn alle Bedingungen für eine Nutzenfunktion mit Ordinalskalenniveau erfüllt sind, dann können wir eine Nutzenfunktion mit Intervallskalenqualität bestimmen, bei der die Differenzen zwischen den Nutzenwerten interpretiert werden können und die also die relative Stärke der Präferenzen abbildet. Ökonomen sprechen hier von einer *meßbaren Nutzenfunktion*. Wir legen einen beliebigen Austausch y für x (kurz: (x->y)) als Einheit der Funktion mit der

Größe 1,0 fest. Es lassen sich dann Zahlen so bestimmen, daß der Übergang von x nach y genau dann besser ist als der Übergang von v nach w, wenn die Differenz der Nutzenwerte von y und x größer ist als die Differenz der Nutzenwerte von w und v:

$$(x \rightarrow y) > (v \rightarrow w) \Leftrightarrow u(y) - u(x) > u(w) - u(v)$$

Nutzenfunktionen auf Intervallskalenniveau sind ebenfalls nicht eindeutig, und alle Transformationen $u' = a \cdot u + b$ ($a > 0$) sind mögliche Nutzenfunktionen (Eisenführ & Weber, 2003).

Nutzen in diesem Sinne hat hier grundsätzlich keine inhaltliche Bedeutung, sondern ist rein formal zu verstehen. Kahneman und Snell (1992) nennen diesen Nutzen *Entscheidungs-Nutzen* (*decision utility*).

3.1.3 Varianten von Nutzen

Eng verbunden mit der Unterscheidung zwischen *realem* (direktem) und *formalem* (rekonstruiertem) Nutzen ist eine weitere begriffliche Unterscheidung, die man in der ökonomischen Literatur findet (vgl. etwa Gäfgen, 1968, S. 142; Yates, 1990, S. 266 ff.). Vom *Nutzen* von Konsequenzen wird dort gesprochen, wenn diese Konsequenzen *unsicher* sind; demgegenüber wird vom *Wert* von Konsequenzen gesprochen, wenn die Konsequenzen sicher sind. Diesen Sprachgebrauch findet man vor allem in der entscheidungsanalytischen Literatur; seine Problematik wird u.a. bei von Winterfeldt und Edwards (1986, S. 211 ff) diskutiert.

Es gibt weitere Variationen von *Nutzen*, also Interpretationsunterschiede und Spezifikationen des Begriffs (siehe Abbildung 3.1). Eine vor allem für empirische Forschung wichtige Analyse hat Kahneman mit seinen Mitarbeitern vorgenommen (Kahneman & Snell, 1992; Varey & Kahneman, 1992). Sie verweisen darauf, daß dann, wenn wir eine Entscheidung treffen, die möglichen Konsequenzen ja noch nicht eingetreten sind; wir können uns den Nutzen, der mit einer Konsequenz verbunden ist - die Befriedigung, den Verlust -, nur *vorstellen* und ihn *antizipieren*. Ob dieser vorgestellte Nutzen (*Vorhersage-Nutzen*, *predicted utility*) mit dem Nutzen übereinstimmt, den wir später erleben, wenn die Konsequenz eintritt (*Erfahrungs-Nutzen*, *experienced utility*), ist offen. Mancher fühlt sich nach der Entscheidung zur Scheidung keineswegs wirklich so erleichtert, wie er es sich vorgestellt hatte. Wir müssen also zwischen dem *vorgestellten* oder *antizipierten* und dem *realisierten* oder *erfahrenen* Nutzen unterscheiden.

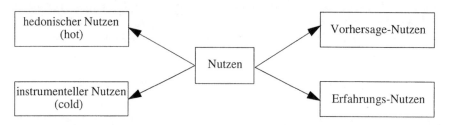

Abb. 3.1 Varianten von Nutzen

Kahneman und seine Mitarbeiter haben sich in mehreren empirischen Arbeiten mit dem Verhältnis zwischen dem *Erfahrungs-Nutzen* und dem *Vorhersage-Nutzen* beschäftigt. Sie diskutieren verschiedene Gründe dafür, daß es eine Diskrepanz zwischen Vorhersage- und Erfahrungs-Nutzen geben kann. Personen können sich beispielsweise unsicher über den Nutzen einer Erfahrung sein, wenn die Erfahrung neu oder noch unvertraut ist. Wenn ich mir überlege, ob ich in zwei Wochen zu einem Rockkonzert gehen oder zu Hause bleiben soll, dann versuche ich mir vielleicht vorzustellen, wie gut oder schlecht ich mich bei dem Konzert fühlen werde. Sind mir die Rockgruppe oder der Ort nur wenig bekannt, werde ich den beim Konzert tatsächlich erfahrenen Nutzen nur mit einer gewissen Unsicherheit vorhersagen können. Der Erfahrungsnutzen bestimmter Objekte kann sich auch über die Zeit verändern, und möglicherweise bin ich mir dieser Veränderung oder der Richtung dieser Veränderung nicht bewußt. Beispielsweise ist man sich des Vertrautheitseffektes (vgl. Abschnitt 2.3.2) kaum bewußt, der darin besteht, daß schon die wiederholte Wahrnehmung eines neutralen Reizes die subjektive Attraktivität des Reizes erhöht. Kahneman und Snell (1990) haben Vpn folgende Frage gestellt:

D. und J. arbeiten beide für die gleiche Firma, die gerade ein neues abstraktes Firmenlogo für ihre Briefköpfe eingeführt hat. D. kommt heute aus dem Urlaub zurück und sieht das neue Logo zum ersten Mal; J. hat Briefe mit dem neuen Logo bereits seit zwei Wochen benutzt. Wem gefällt heute das Logo besser?   D. oder   J. ?

Mehr als die Hälfte der Vpn meinten, daß D. das Logo besser gefalle - im Gegensatz zu dem klaren empirischen Befund, daß Gewöhnung an abstrakte Formen deren Attraktivität erhöht, daß also tatsächlich J. derjenige sein dürfte, dem das Logo besser gefällt.

In einer weiteren Studie haben Kahneman und Snell (1992) Vpn gebeten, den Nutzen von Dingen vorherzusagen, die über einen längeren Zeitraum wiederholt angeboten wurden. Beispielsweise sollten die Vpn vorhersagen, wie gut ihnen eine Portion Joghurt schmecken oder ein kurzes Musikstück gefallen wird, wenn sie den Joghurt bzw. die Musik acht Tage lang einmal täglich essen bzw. hören

(Vorhersage-Nutzen). Bei jeder Präsentation wurden dann Geschmack und Gefallen aktuell beurteilt (Erfahrungs-Nutzen). Die Ergebnisse zeigten, daß die Vpn die Richtung ihrer Geschmacksveränderung zwar annähernd voraussagen konnten, daß jedoch vorhergesagter und erfahrener Nutzen nicht korrelierten.

Zwei weitere Varianten von Nutzen werden als *hot utilities* bzw. *cold utilities* bezeichnet. Von *heißem* Nutzen sprechen wir, wenn es sich bei der Konsequenz um einen affektiven Zustand handelt, d.h. wenn bei der Person direkt durch die erlebte Situation Gefühle wie Freude, Schreck, Ekel, sexuelle oder ästhetische Lustempfindungen ausgelöst werden, die als mehr oder weniger positiv oder negativ bewertet werden. Von *kaltem* Nutzen sprechen wir dagegen, wenn eine Konsequenz danach bewertet wird, inwieweit sie zum Erreichen von persönlichen Zielen beiträgt. Wenn ein Manager eine Entscheidung trifft, auf Grund derer als Konsequenz ein Produkt häufiger verkauft wird, mag ihn dies völlig „ kalt" lassen, sofern nur seinem Ziel, etwa einen weiteren Schritt in seiner Karriere zu machen, gedient ist. Diese Unterscheidung ist der Gegenüberstellung von *hedonischem* und *instrumentellem* Nutzen sehr ähnlich: *Hedonischer* Nutzen bezeichnet einen mental-affektiven Zustand, der als solcher mehr oder weniger angenehm und lustvoll erlebt wird. *Instrumenteller* Nutzen bezeichnet hingegen ein Urteil darüber, in welchem Ausmaß bestimmte Konsequenzen zur Zielerreichung förderlich oder hinderlich sind - wobei es irrelevant ist, welcher Art die Ziele selbst sind.

Die Begriffe des hedonischen bzw. heißen Nutzens sind, wie man sieht, eng verwandt mit den Begriffen des Bernoulli-Nutzens bzw. Erfahrungsnutzens: Jeweils sind reale psychische Zustände gemeint, die mit dem Erleben eines Ereignisses oder der Konsumtion eines Gutes verbunden sind. Man kann nun diesen Nutzen als nicht weiter zerlegbar oder differenzierbar betrachten: Das Erleben oder die Vorstellung des Erlebens einer erfolgreichen Prüfung hat einen bestimmten Nutzen. Dies ist die Annahme der traditionellen Entscheidungsforschung. Man kann aber auch argumentieren, daß Menschen Konsequenzen und Situationen nicht abstrakt als mehr oder weniger „nützlich" erfahren, sondern daß die Erfahrung des Nutzens auf einer Mischung spezifischer und konkreter Emotionen wie Freude, Trauer, Scham oder Ärger beruht (Bell, 1982; Loomes & Sugden, 1987; Pfister & Böhm, 1992; Böhm & Pfister, 1996). Alle Emotionen lassen sich danach klassifizieren, ob sie als positiv (Freude, Stolz) oder als negativ (Angst, Schuld) erlebt werden. Phänomenologisch betrachtet erhält eine Person gerade durch die Emotionen, die sie erlebt, Information darüber, ob eine Situation positiv oder negativ, förderlich oder schädlich, also von positivem oder von negativem Nutzen für sie ist. Dominieren in einer Situation die positiven Emotionen, wird der aggregierte Nutzen als hoch bewertet, dominieren die negativen Emotionen, wird er als niedrig bewertet. Unter welchen situativen und kognitiven Voraussetzungen welche Emotion ausgelöst wird, ist Gegenstand der Emotionspsychologie (Roseman, 1984; Ortony, Clore & Collins, 1988; Lazarus, 1993).

3.2 Charakteristika von Nutzenfunktionen

Eine Nutzenfunktion beschreibt die Beziehung zwischen dem quantitativen Ausmaß einer Konsequenz (z.B. der Höhe des Einkommens) und dem subjektiven Wert, den eine Person diesen Konsequenzen (also verschiedenen Einkommenshöhen) beimißt. Wir haben zwei Möglichkeiten beschrieben, um Nutzenfunktionen zu bestimmen: Direkt über die Erhebung evaluativer Urteile und indirekt über die Erhebung präferentieller Urteile. Verfahren, mit denen man Nutzenfunktionen bestimmen kann, werden im Anhang detailliert beschrieben.

Der Vorteil der Bestimmung einer Nutzenfunktion liegt aber nicht nur darin, daß zu den einzelnen Konsequenzen nun numerische Werte vorliegen, sondern daß wir auf der Grundlage dieser Werte Annahmen über die *allgemeine* Beziehung zwischen dem subjektiven Wert und den Ausprägungen auf der Dimension der Konsequenzen machen können. Ähnlich verfahren wir in der Psychophysik (Stevens, 1959, vgl. auch Lee, 1977, S. 108): Aus Urteilen (beispielsweise über die Lautheit von Tönen oder über Unterschiede der Lautheit von Tönen) gelangen wir zu einer psychophysischen Funktion, welche die allgemeine Beziehung zwischen der physikalischen Lautheit (dezibel) und der psychologischen Lautheit von Tönen beschreibt. Nehmen wir an, wir hätten von einer Person (direkt oder indirekt) für sechs monatliche Einkommensbeträge (in €) die entsprechenden Nutzenwerte erhalten (siehe Abbildung 3.2).

Wenn wir die Punkte miteinander verbinden, erhalten wir die *allgemeine Nutzenfunktion* dieser Person für Einkommensbeträge. Meistens können wir für eine graphisch gewonnene Nutzenfunktion auch eine mathematische Funktionsgleichung angeben. In unserem Beispiel handelt es sich um eine lineare Nutzenfunktion: Jedem Zuwachs an Einkommen entspricht ein gleicher Zuwachs an Nutzen. Daß dies nicht diejenige Nutzenfunktion für Geldbeträge ist, die wir empirisch bei den meisten Menschen finden, wird weiter unten behandelt.

Die Nutzenfunktion ordnet *jedem* Einkommen einen Nutzenwert zu. Wenn wir also die allgemeine Nutzenfunktion einer Person kennen, können wir auch ihre Präferenzen gegenüber solchen Konsequenzen vorhersagen, zu denen wir sie gar nicht befragt haben. Dies bedeutet zweierlei: Zum einen sparen wir uns damit Arbeit, denn wir brauchen oft nur einige wenige Urteile zu erfragen, um die Nutzenfunktion bereits hinreichend gut bestimmen und damit Präferenzen vorhersagen zu können. In unserem Beispiel etwa reichten die sechs Punkte, um eine Funktionsgleichung zu spezifizieren und damit Nutzenwerte für alle zwischen den sechs Einkommensbeträgen liegenden Beträge zu bestimmen. Zum anderen können wir dadurch auch Nutzenwerte für Konsequenzen bestimmen, zu denen sich Bewertungen nicht leicht erfragen lassen. Beispielsweise können wir jemanden vielleicht 10, 15, 20, 25, 30 und 35 Urlaubstage evaluativ oder präferentiell bewerten lassen, aber nicht oder jedenfalls nicht leicht 15,5, 16,5, 17,5 oder gar 15,6 Tage.

Man's rationality extends as far as the bedroom, for „ he would read in bed at night only if the value of reading exceeded the value (to him) of the loss in sleep suffered by his wife". Gary S. Becker.

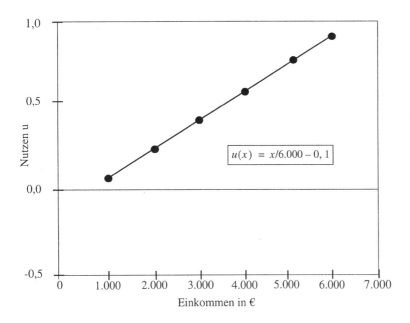

Abb. 3.2 Eine lineare Nutzenfunktion für monatliche Einkommensbeträge

In der Entscheidungsforschung ist die Nutzenfunktion für Geldbeträge am häufigsten untersucht worden. Das hat mehrere Gründe. Zum einen ist Geld im ökonomischen Bereich eine Größe, in die jedes andere Gut „übersetzt" werden kann. Kennt man also die Nutzenfunktion von Geld, dann kennt man prinzipiell auch die Nutzenfunktionen aller anderen käuflichen Güter. Zum anderen ist Geld eine Größe, die eindimensional, kontinuierlich und „natürlich geordnet" ist; jeder will lieber mehr Geld als weniger Geld - oder besser *fast* jeder, denn es gibt Ausnahmen wie Ludwig Wittgenstein (siehe Box 3.3). Diese Eigenschaft erleichtert die Anwendung aller Verfahren zur Bestimmung der Nutzenfunktion; Nutzenfunktionen über qualitative Merkmale, etwa Farben, Schönheit, Gesundheit u.ä. sind wesentlich problematischer zu erstellen.

Geld allein macht nicht unglücklich . Hans Magnus Enzensberger, Politische Brosamen.

Box 3.3: Nicht jeder zieht mehr Geld weniger Geld vor

Ludwig Wittgenstein (1889-1951), der Autor des *Tractatus logico-philoso-phicus*, „konnte und wollte die Privilegien seines ererbten Reichtums nicht in Anspruch nehmen. Nach seiner Rückkehr aus dem Krieg war er - dank der klugen Voraussicht seines Vaters, der das Familienvermögen rechtzeitig in amerikanischen Papieren angelegt hatte - einer der reichsten Männer Europas. Doch innerhalb eines Monats veräußerte er sein gesamtes Erbe. Zur Verwirrung seiner Familie und zum Erstaunen ihres Finanzberaters übertrug er seinen Anteil auf seine Schwestern Helene und Hermine sowie auf seinen Bruder Paul ... Andere Verwandte, darunter sein Onkel Paul, konnten nicht verstehen, warum die Geschwister das Geld annahmen. Hätten sie nicht wenigstens heimlich etwas für ihn beiseite legen können für den Fall, daß er seine Entscheidung später bereute? Aber diese Menschen, schrieb Hermine, konnten ja nicht wissen, daß ihr Bruder gerade diese Möglichkeit ausschließen wollte: ‚... hundertmal wollte er sich vergewissern, daß es ganz ausgeschlossen sei, daß irgendeine Summe in irgendeiner Form ihm gehöre, und zur Verzweiflung des die Schenkung durchführenden Notars kam er immer wieder darauf zurück.‘ Schließlich sah sich der Notar genötigt, Wittgensteins Wünsche wortgetreu zu erfüllen. ‚So wollen Sie also wirklich‘, seufzte er, ‚finanziellen Selbstmord begehen!‘ (Monk, 1992, S. 188f.).

In der Biographie von Ray Monk wird Wittgensteins ungewöhnliche, für uns schwer nachvollziehbare Präferenz mit seiner Erfahrung im 1. Weltkrieg erklärt. „Vier Jahre hatte er im Feld gedient, ein Jahr war er Kriegsgefangener; er hatte dem Tod ins Auge gesehen, sein religiöses Erwachen erlebt, hatte Verantwortung für andere übernommen und längere Zeit eng mit Menschen zusammengelebt, um die er früher einen großen Bogen gemacht hätte. Das alles ließ ihn zu einem anderen Menschen werden - gab ihm eine neue Identität ... Er wollte sich nicht vor dem im Krieg erlebten Elend schützen, denn gerade in ihm hatte sein Leben einen Sinn gefunden. Sich hinter der Behaglichkeit und Sicherheit des elterlichen Reichtums und seiner eigenen Ausbildung zu verstecken, hätte für ihn bedeutet, alles zu opfern, was er im Kampf gegen das Elend errungen hatte - die ‚steilen Steige‘ zu verlassen und im Flachland zu leben. (Monk, 1992, S. 188).

Man könnte meinen, daß die objektive Höhe eines Geldbetrages unmittelbar seinem Nutzen entspricht. Die entsprechende Nutzenfunktion haben wir oben dargestellt. Aber ein bestimmter Geldbetrag hat, wie man weiß, einen *individuellen* subjektiven Wert. Welche Form hat die Nutzenfunktion für Geldbeträge? Ist es eine lineare Funktion oder hat die Funktion eine andere Form? Gibt es eine universelle Funktion oder ist die Funktion je nach Beurteiler verschieden? Am Beispiel des Gutes Geld lassen sich allgemeine Charakteristika von Nutzenfunktionen gut illustrieren.

Box 3.4: Das St. Petersburg Spiel

Wir bieten Ihnen das folgende Spiel an:

Wir werfen eine Münze so oft, bis die Münze bei einem Wurf „Kopf" zeigt. Wir zahlen Ihnen 2 €, wenn die Münze beim ersten Wurf „Kopf" zeigt; 4 €, wenn sie beim zweiten Wurf „Kopf" zeigt; 8 €, wenn sie erst beim dritten Wurf „Kopf" zeigt, usw. Der von uns zu zahlende Betrag verdoppelt sich also mit jedem weiteren Wurf; Sie bekommen von uns also 2^n €, wenn die Münze erst beim n-ten Wurf Kopf zeigt. Wie viel würden Sie zahlen, damit wir mit Ihnen dieses Spiel tatsächlich spielen?

Wären Sie bereit, Ihren gesamten Besitz und alle Ersparnisse für dieses Spiel zu bieten? Warum eigentlich nicht? Möglicherweise zeigt die Münze beim ersten Wurf bereits „Kopf", möglicherweise aber auch erst im n-ten Wurf. Zwar sind die Wahrscheinlichkeiten umso geringer, je größer n ist: Wenn die Münze „fair" ist, beträgt die Wahrscheinlichkeit für „Kopf" bzw. „Zahl" bei jedem Wurf ½. Die Wahrscheinlichkeit von „Kopf" im n-ten Wurf ist gleich der Wahrscheinlichkeit der Sequenz ZZZ ... ZK, und diese beträgt aufgrund der Unabhängigkeit der Würfe p(Z)·p(Z)·p(Z)· ... ·p(Z)·p(K). Die Wahrscheinlichkeit für „Kopf" im 10. Wurf beträgt also $\frac{1}{2}^{10} = 0{,}0009765625$. Aber bei großem n wird auch der Gewinn sehr hoch. Wenn die Münze erst im 10. Wurf „Kopf" zeigt, gewinnen Sie schon 1.024 €! Schauen Sie sich den statistischen Erwartungswert (EV) des Spieles an, der sich nach der Formel EV $=\sum$ $p_i v_i$ berechnet, mit p = Wahrscheinlichkeit und v = Wert des Ereignisses:

$$EV = \sum_{i=1}^{\infty} \left(\frac{1}{2}\right)^i 2^i = \frac{1}{2} \cdot 2 + \frac{1}{4} \cdot 4 + \frac{1}{8} \cdot 8 ... = 1 + 1 + 1 + ... = \infty$$

Der Erwartungswert des Spieles ist also unendlich groß - und Sie könnten eigentlich Ihren ganzen Besitz für die Chance einsetzen, dieses Spiel zu spielen. Aber niemand tut das! Wenn man Studenten das Spiel tatsächlich anbietet, sind sie selten bereit, mehr als 20 € dafür zu zahlen. Daniel Bernoulli postulierte 1738, daß Spieler nicht nach dem statistischen Erwartungswert, sondern nach dem erwarteten Nutzen entscheiden: Je nach individueller Nutzenfunktion ist dieser größer oder kleiner, der Spieler bietet dann mehr oder weniger für das Spiel. Lopes (1981) argumentiert, daß das Verhalten keineswegs auf den abnehmenden Grenznutzen des Geldwertes zurückzuführen sei. Es gehe darum, ob das Spiel nur einmalig oder wiederholt gespielt werde. Nach Lopes bewerten wir solche Spiele nicht danach, welche riesigen Summen wir eventuell gewinnen können, sondern danach, welche Gewinne wir bei einmaligem Spiel wohl meistens bekommen.

Wir kommen hier auf das St. Petersburg-Paradox oder -Spiel zurück, das wir im ersten Kapitel in Abschnitt 1.2 schon kurz beschrieben hatten. Es geht dabei um ein Spiel, an Hand dessen Daniel Bernoulli demonstrierte, daß die meisten Menschen „paradoxerweise" nicht bereit sind, für ein Münzwurfspiel mit unendlich großem objektiven Erwartungswert unendlich viel zu bieten; in Box 3.4 ist das Spiel noch einmal dargestellt. Bernoulli erklärte dieses Verhalten damit, daß der subjektive Wert von Geld keine lineare Funktion des objektiven Betrages sei. Vielmehr stehe der Zuwachs an Nutzen, der einer Zunahme eines Geldbetrags entspreche, in umgekehrt proportionaler Beziehung zu der schon vorhandenen Menge Geldes. Diese Annahme impliziert eine logarithmische Nutzenfunktion:

$$\frac{du}{dx} = \alpha \frac{1}{x} \Rightarrow u(x) = \alpha ln(x)$$

Dabei ist du der Zuwachs an Nutzen, dx der Zuwachs an Geld, und α eine Proportionalitätskonstante. Graphisch stellt sich das als eine negativ beschleunigte Kurve dar, wie sie Abbildung 3.3 zeigt. Dies ist die gleiche funktionale Beziehung, wie sie von Gustav Theodor Fechner (1860) für die Beziehung zwischen subjektiver Empfindungsstärke und physikalischer Energie postuliert worden war. Und diese Korrespondenz ist nicht zufällig, da für Fechner die Arbeit von Bernoulli den Ausgangspunkt seiner eigenen psychophysischen Theorie darstellte.

Der subjektive Wert von Geld ist also (im allgemeinen) keine lineare Funktion des objektiven Wertes. Für die meisten Menschen ist der Nutzen von zwei Millionen Euro *nicht* doppelt so hoch wie der Nutzen von einer Million, der Zuwachs an Nutzen von einer auf zwei Millionen *nicht* so hoch wie der Zuwachs von keiner Million auf eine Million. Mit jedem Zuwachs an Geld wird der Zuwachs an Nutzen geringer, man spricht vom *abnehmenden Grenznutzen* des Gutes Geld. Werden nun beim Münzwurfspiel die Geldbeträge entsprechend der logarithmischen Funktion durch Nutzenwerte ersetzt, so erhält man einen endlichen Erwartungswert bzw. richtiger einen endlichen erwarteten Nutzen. Und aus dieser Perspektive handelt eine Person durchaus vernünftig, wenn sie nur einen begrenzten Preis für das Spiel zu zahlen bereit ist.

Ein positiver oder negativer Zuwachs zum einen oder anderen Reize gibt immer denselben Empfindungszuwachs, wenn sein Verhältnis zum Reize, dem er zuwächst, dasselbe bleibt, wie sich auch seine absolute Größe ändert. Gustav Theodor Fechner.

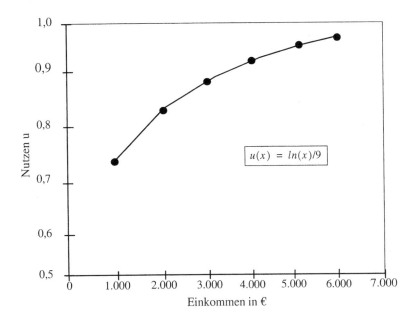

Abb. 3.3 Eine logarithmische Nutzenfunktion für monatliche Einkommensbeträge

Die beschriebene Art der Beziehung wird oft verallgemeinert: Die Beziehung zwischen der Zunahme der Menge eines Gutes und der Zunahme des subjektiven Wertes dieses Gutes, des Nutzens also, sei meist eine Beziehung des abnehmenden Grenznutzens, darstellbar als eine negativ beschleunigte (konkave) Funktion. Je schwieriger eine Größe jedoch in Geldeinheiten ausdrückbar ist, um so problematischer wird die Verallgemeinerung. Wenn beispielsweise durch ein bestimmtes medizinisches Verfahren 10.000 Menschenleben gerettet werden können, durch ein anderes 10.100 Menschenleben, haben dann die 100 zusätzlichen Menschen nur einen marginalen, gegen Null gehenden zusätzlichen Nutzen? Fragen Sie diese hundert Menschen!

Bisher haben wir uns nur mit der Bewertung von Gütern befaßt, die positiv in dem Sinne waren, daß wir implizit von *Gewinn-*, nicht von *Verlust*beträgen gesprochen haben. Eine ähnliche Beziehung - allerdings invers - gilt aber auch für negative Geldbeträge bzw. allgemeiner für Verluste: Wenn ich in einem Restaurant eine Pizza für 10 € esse, erscheint mir ein Dessert für ebenfalls 10 € ziemlich teuer; habe ich dagegen für ein Menü mit einem exzellenten toskanischen Rotwein bereits 100 € ausgegeben, dann erscheint mir ein Betrag von 10 € für ein Dessert nicht mehr so dramatisch. Das heißt, der (negative) Nutzen für die Differenz zwischen -10 € und -20 € ist größer als der (negative) Nutzen zwischen -100 € und -110 €.

Die Funktion zwischen Wert und Nutzen im negativen Bereich ist also ein Spiegelbild der Funktion im positiven Bereich. Eine Untersuchung von Christensen, beschrieben in Box 3.5, illustriert dies am Beispiel des Einkaufs im Supermarkt.

Box 3.5: Die Psychophysik des Geldausgebens

In einer Reihe von Experimenten untersuchte **Caryn Christensen** (1989) das Entscheidungsverhalten von Menschen, wenn es um das Ausgeben von Geld, z.B. bei Kaufentscheidungen oder Spenden, geht. Beispielsweise legte sie (studentischen) Vpn folgende hypothetische Situation vor:

Stellen Sie sich vor, Sie wollen eine Stereoanlage und eine Reihe anderer Geräte der Unterhaltungselektronik kaufen. Sie haben 1.500 $ zur Verfügung. Die Stereoanlage selbst kostet zwischen 950 $ und 1.000 $, dazu gehören ein Empfänger, ein Lautsprecher und ein Tape-Deck. Außerdem benötigen Sie noch Kopfhörer. Darüber hinaus können Sie bis zu dem Gesamtbetrag von 1.500 $ weitere Geräte frei auswählen.

Die Vpn mußten für ihre Kaufentscheidungen einen Warenkatalog nutzen, den sie Seite für Seite durchzublättern hatten; zurückblättern war nicht erlaubt. Die Komponenten der Stereoanlage befanden sich auf der ersten Seite des Katalogs. Nach jedem neuen „Kauf" wurden die Vpn informiert, wieviel Geld sie bereits ausgegeben hatten. Den Vpn wurden in dem Katalog auch mehrere Kopfhörer angeboten, deren Preis zwischen 5 $ und 50 $ variierte.

Das Angebot der Kopfhörer erschien für zwei Vpn-Gruppen jedoch an unterschiedlicher Stelle im Katalog: Bei der einen Gruppe tauchten sie unmittelbar nach der ersten Komponente der Stereoanlage auf, also zu Beginn des Kaufs, bei der anderen Gruppe erschienen sie erst nach der letzten Komponente. Christensen interessierte sich für den Preis, den die beiden Gruppen für die Kopfhörer zu zahlen bereit waren, und fand folgendes Ergebnis: Die erste Gruppe, die das Kopfhörer-Angebot gleich zu Beginn sah, wählte Kopfhörer mit einem durchschnittlichen Preis von 9,25 $; die andere Gruppe, die das Angebot nach der letzten Komponente sah, wählte Kopfhörer mit einem durchschnittlichen Preis von 18,75 $. Die Bereitschaft, Geld für „Extras" auszugeben, hing also offenbar von dem bereits ausgegebenen Geldbetrag ab: Je mehr eine Vp ohnehin schon ausgegeben hatte, desto mehr war sie für ein weiteres Gut zu zahlen bereit. Nach dem Motto: Darauf kommt es jetzt auch nicht mehr an!

In den beschriebenen Fällen ist eindeutig, welche Beträge positiv und welche Beträge negativ sind; daher ist auch eindeutig, wo sich die beiden Funktionen treffen: Im (finanziellen) Nullpunkt. Was als positiv (als Gewinn) und was als negativ (als Verlust) betrachtet wird, ist aber tatsächlich nicht vom absoluten Betrag eines Gutes abhängig. Angenommen, jemand hat einen bestimmten Betrag

in Aktien investiert. Bei normaler wirtschaftlicher Entwicklung kann er damit
rechnen, daß er am Ende des Jahres daraus 1.000 € Gewinn erzielt. Jeden Betrag,
der darüber hinausgeht, wird er als angenehmen Gewinn verbuchen, jeden Betrag
darunter aber als unerfreulichen Verlust - obwohl ein niedrigerer Betrag rein rechnerisch noch immer kein *echter* Verlust ist. Der Betrag von 1.000 € stellt einen
Referenzpunkt für die Bewertung dar: Ereignisse oder Zustände oder Handlungskonsequenzen, die darüber liegen, werden mental als *Gewinne* kodiert und
gespeichert; was darunter liegt, wird mental als *Verlust* kodiert. Der Bezug der
Nutzenfunktion auf den jeweiligen individuellen Referenzpunkt wurde bereits
von Markowitz (1955) eingeführt, aber erst in der *Prospect*-Theorie von Kahneman und Tversky (1979) theoretisch vertieft. In dieser Theorie (die in Kapitel 6
dargestellt wird) wird eine Beziehung zwischen subjektivem Wert und objekti-
vem Wert, oder besser dem Geldwert von Gütern, postuliert, wie sie in Abbildung
3.4 dargestellt ist. (Kahneman und Tversky sprechen übrigens von einer *Wertfunktion*, weil sie sich an von Neumann und Morgenstern und nicht an Bernoulli
orientieren, vgl. unsere Hinweise in Abschnitt 3.1).

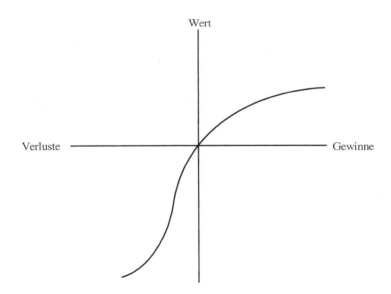

Abb. 3.4 Allgemeine Form der Wertfunktion nach der *Prospect*-Theorie

Die Wertfunktion verläuft über Gewinne konkav, über Verluste konvex; diese
Annahme des abnehmenden Grenznutzens gab es auch schon in früheren Nutzen-
theorien (s.o.). Darüber hinaus aber ist die Funktion der *Prospect*-Theorie für
Verluste steiler als für Gewinne; mit dieser Annahme tragen Kahneman und
Tversky zahlreichen empirischen Befunden der Entscheidungsforschung Rech-
nung. An dieser Stelle geben wir nur ein kleines Beispiel aus dem Alltag, das

jeder Leser kennt und in dem er mit etwas Überlegung diese Annahme bestätigt findet: Ein kluger Geschäftsinhaber zeichnet ein Produkt besser mit einem Preis von 100 € aus und bietet einen Rabatt von 3%, als daß er das Produkt von vornherein mit einem Preis von 97 € auszeichnet.

Es ist aus der Erläuterung des Nutzenbegriffs bereits deutlich geworden, daß der subjektive Wert eines Gutes über Personen (interindividuell) nicht invariant ist. Für den (durchschnittlichen) Studenten haben 100 € einen anderen, nämlich größeren Nutzen als für den (durchschnittlichen) Hochschullehrer. Ebenso sind Bewertungen von Gütern nicht invariant über Situationen (also intraindividuell). Wenn man auf einem Bahnhof gerade einen dringenden telefonischen Anruf machen will, sind 20 Cent „Gold wert". Aber nicht nur der Nutzen einer Konsequenz bzw. eines Gutes, sondern auch die Form der Nutzenfunktion variiert interindividuell wie intraindividuell (Lee, 1977, S. 128). Beispielsweise mag bei dem einen eine logarithmische Funktion und bei dem anderen eine Potenzfunktion die Beziehung zwischen Geld und Nutzen am besten beschreiben. Der intersubjektive Vergleich von Nutzen ist daher immer schwierig.

3.3 Spezielle Phänomene

Wir schildern nun einige der Befunde etwas genauer, in denen sich der Einfluß ganz unterschiedlicher Faktoren auf evaluative und präferentielle Urteile gezeigt hat. Es sind alles insofern irritierende Befunde (daher manchmal als *Anomalien* bezeichnet), als sie mit der einfachen Annahme nicht erklärbar sind, daß wir in Entscheidungssituationen lediglich die Konsequenzen der Wahl der Optionen bewerten.

3.3.1 Ursprungsabhängigkeit

Die Beurteilung des Nutzens einer Konsequenz wird davon beeinflußt, wie es zu der Konsequenz gekommen ist oder was die Konsequenz verursacht hat. Sie können 1.000 € durch pures Glück (z.B. das Ziehen eines Loses) oder durch Leistung (z.B. in einem Fernsehquiz) gewinnen. Welche Konsequenz - Gewinn von 1.000 € durch Los oder 1.000 € durch Leistung - würden Sie höher bewerten? Vermutlich - wie die meisten Menschen - die durch eine besondere Leistung gewonnenen 1.000 €. Loewenstein und Issacharoff (1994) nennen dieses Phänomen *Ursprungsabhängigkeit (source dependence)* und erklären es so: Wird eine Konsequenz oder ein Objekt bewertet, dann ruft die Betrachtung des Objekts automatisch weitere Assoziationen hervor. Darunter sind auch Assoziationen, die mit der

Entstehung oder der Herkunft des Objekts zusammenhängen. Aus der Emotionspsychologie ist bekannt, daß die Attribution von Ereignissen eng mit den Emotionen zusammenhängt, die in bezug auf diese Ereignisse entstehen. Attribuiert man einen Erfolg auf die eigene Leistung, entsteht Stolz, attribuiert man ihn auf Zufall, entsteht nur ein schwächeres Zufriedenheitsgefühl (Weiner, 1986). Und diese Emotionen beeinflussen dann die Bewertung der Objekte.

Im Experiment von Loewenstein und Issacharoff (1994) wurden studentischen Vpn attraktive „coffee mugs" gezeigt, und es wurde ihnen gesagt, daß sie diese Becher später bekommen würden. Die eine Hälfte der Vpn bekam die Information, daß sie die coffee mugs auf Grund ihrer Leistung in einem zuvor absolvierten Test bekommen würden; die andere Hälfte bekam die Information, daß sie die coffee mugs durch Glück bekommen würden. Eine weitere Vpn-Gruppe bekam keine coffee mugs. Die Vpn mußten angeben, für wieviel Geld sie bereit wären, den erhaltenen coffee mug zu verkaufen. Diejenigen Vpn, die keinen Becher bekommen hatten, mußten angeben, für welchen Geldbetrag sie gerade noch einen coffee mug vorziehen würden. Die Ergebnisse zeigt Tabelle 3.1.

Tab. 3.1 Mittlere $-Werte des coffee mug unter den drei Bedingungen

Experimentelle Bedingung	Mittlerer Wert in $
coffee mug durch Leistung	6,35
coffee mug durch Glück	4,71
kein coffee mug	3,23

Personen, die glaubten, sie hätten ihren Becher auf Grund ihrer Leistung bekommen, bewerteten ihn signifikant höher als Personen, die ihren coffee mug nur einem glücklichen Zufall zuschrieben. Dies bestätigt die Hypothese der Ursprungsabhängigkeit der Bewertung und wurde von den Autoren so interpretiert: Der subjektive Wert setzt sich aus zwei Komponenten zusammen: dem Nutzen des coffee mug „als solchem" und dem Nutzen, den das gute Gefühl (z.B. Stolz) erzeugt, eine Leistung erbracht zu haben, die belohnt worden ist. Weiterhin zeigen die Ergebnisse, daß Vpn, die gar keinen coffee mug bekamen, diesen signifikant schlechter bewerteten als die Vpn in den anderen beiden Gruppen! Man beachte, daß diesen Vpn nicht etwa gesagt wurde, daß sie auf Grund schlechter Leistung oder durch Pech leer ausgegangen wären. Allein die Tatsache, daß sie eben keinen coffee mug hatten, führte offenbar dazu, daß für sie das Objekt weniger wert war. Darin zeigt sich der sogenannte Besitztumseffekt, auf den wir im nächsten Abschnitt ausführlicher zu sprechen kommen.

3.3.2 Besitztumseffekt

Nehmen Sie an, Sie haben vor fünf Jahren das Bild eines noch ziemlich unbekannten, aber „kommenden" Malers für 100 € gekauft. Inzwischen ist der Maler berühmt geworden, und das Bild ist jetzt etwa 1.000 € wert. Welches wäre der mindeste Preis, den man Ihnen anbieten müßte, damit Sie Ihr Bild jetzt verkaufen? Und welchen Preis wären Sie bereit, für ein Bild ähnlicher Qualität jetzt zu bezahlen? Die meisten Menschen würden einen deutlich höheren Preis für einen Verkauf des Bildes verlangen als sie für ein ähnliches Bild zu zahlen bereit wären - oder auch sogar für genau dasselbe Bild, wenn sie es nicht schon besäßen! Dieses Phänomen des Auseinanderfallens von Kauf- und Verkaufspreis nennt Thaler (1980) den *Besitztumseffekt* (*endowment-effect*).

Bei jedem Handel muß der Käufer mindestens denjenigen Preis für ein Gut zu zahlen bereit sein, bei dem der Besitzer zum Verkauf bereit ist. Sonst kommt kein Geschäft zustande. Man sollte erwarten, daß die Bewertung eines Gutes in einer solchen Situation sich auf den „wahren" Wert des Gutes gründet. Aber Besitzer bzw. Verkäufer eines Gutes bewerten dieses offenbar oft nicht nur nach seinem „eigentlichen" Wert, sondern auch nach ihrer Bindung oder Gewöhnung an das Gut.

Kahneman, Knetsch und Thaler (1990) demonstrierten den Besitztumseffekt in folgendem Experiment: Einer ersten Gruppe, „den Verkäufern", stellten sie coffee mugs hin und sagten, daß ihnen die Becher jetzt gehörten. Man gebe ihnen aber die Option, ihren coffee mug wieder zu verkaufen, sofern ein Preis - der später festgelegt werde - für sie akzeptabel sei. Dann wurde ihnen eine Liste von möglichen Verkaufspreisen vorgelegt, die bei 0,50 $ begannen und dann in Stufen von 50 Cents bis zu einem Preis von 9,50 $ anstiegen. Bei jedem Preis sollten die Vpn ankreuzen, ob sie ihren coffee mug dafür verkaufen oder ihn lieber behalten würden. - Einer zweiten Gruppe, „den Käufern", wurde gesagt, daß sie einen bestimmten Geldbetrag bekämen. Sie könnten das Geld behalten oder einen coffee mug dafür kaufen. Ihnen wurde ferner die gleiche Liste wie der ersten Gruppe vorgelegt, und sie sollten für jeden Geldbetrag sagen, ob sie diesen oder einen Kaffebecher präferierten. - Einer dritten Gruppe, den „Wählern", wurde lediglich gesagt, ihnen werde die Wahl zwischen einem coffee mug und einem Geldbetrag gegeben. Sie markierten dann auf der gleichen Liste ihre jeweilige Präferenz zwischen coffee mug und Betrag. Allen drei Gruppen wurde zugesichert, daß ihre Antworten keine Bedeutung für die Festlegung des Preises für den coffee mug oder des zu erhaltenden Geldbetrages hätten. „Verkäufer" und „Käufer" waren eigentlich in der gleichen Lage: beide Gruppen hatten die Wahl, einen coffee mug bzw. einen Geldbetrag zu behalten bzw. zu bekommen. Aber die „Verkäufer" verlangten einen durchschnittlichen Preis von 7,12 $ für ihren coffee mug, während der Preis der „Käufer" bei 2,87 $ lag (und der Preis der „Wähler" bei 3,12 $). Bei den „Verkäufern" lag also der subjektive Wert des coffee mug deutlich höher als bei den „Käufern".

Tversky und Kahneman (1991) haben den Besitztumseffekt damit erklärt, daß sich Menschen am status quo als Referenzpunkt orientieren und *Nachteilen* (also einer Verschlechterung gegenüber dem status quo) eine größere Bedeutung beimessen als *Vorteilen* (also einer Verbesserung gegenüber dem status quo) (vgl. Abschnitt 3.2). Für die „Verkäufer" ist die potentielle Aufgabe des coffee mug ein Verlust im Vergleich zur gegebenen Situation, in der sie ja einen Becher besitzen. Für die „Käufer" ist der potentielle Erwerb eines coffee mug ein Gewinn im Vergleich zur gegebenen Situation, in der sie keinen Becher besitzen. Daher ist der coffee mug für die „Verkäufer" wertvoller als für die „Käufer".

3.3.3 Einbettungseffekt

Ein weiteres Phänomen ist im Rahmen von Untersuchungen beobachtet worden, die sich kritisch mit der *contingent valuation method* (Mitchell & Carson, 1989) beschäftigt haben. Diese Methode wurde mit dem Ziel entwickelt, die Werte zu bestimmen, die Bürger nicht-monetären öffentlichen Gütern wie Wasser, Luft oder Sicherheit beimessen; daraus könnte u.a. abgeleitet werden, wie öffentliche Mittel zu verteilen wären. Um die subjektiven Werte zu messen, werden Personen nach ihrer individuellen Zahlungsbereitschaft für eine Erhaltung oder Verbesserung der Qualität bzw. Quantität des Gutes befragt. Wenn man aus den Daten wirklich politische Konsequenzen ableiten will, müssen sie einigermaßen zuverlässig die Bewertungen der Bürger widerspiegeln. Hier nun liegt das Problem der Methode: In mehreren Studien ist gezeigt worden, daß die Bewertungen sehr stark davon abhängig sind, in welcher Weise sie erhoben worden sind.

Kahneman und Knetsch (1992) haben den Effekt der *Einbettung* (*embeddingeffect*) eines Gutes demonstrieren können: Einwohner der kanadischen Stadt Toronto wurden nach ihrer Bereitschaft zur Zahlung höherer Steuern befragt, wenn dadurch der Rückgang an Fischbeständen in Seen der Provinz Ontario verhindert werden könne. Eine Gruppe wurde danach gefragt, wieviel sie für die Verhinderung des Rückgangs in *allen* Seen Ontarios zu zahlen bereit sei. Eine zweite Gruppe danach, wieviel sie für die Verhinderung des Rückgangs in einem Teilbereich von Ontario, dem Muskoka Distrikt, zu zahlen bereit sei. Der durchschnittliche Wert der ersten Gruppe war nur geringfügig höher als der Wert der zweiten Gruppe. Es ist nicht sehr wahrscheinlich, daß die Einwohner Torontos die Rettung von Fischen in dem Distrikt für genauso wertvoll hielten wie die Rettung von Fischen in der ganzen Provinz. Damit ergibt sich ein Problem für die Bestimmung des „wahren" subjektiven Wertes der Befragten: Entweder kann man den Wert der ersten Gruppe als den „wahren" Wert betrachten und dann daraus ableiten, wieviel die Befragten jedem der einzelnen Distrikte zu geben bereit wären. Dann ergäbe sich für den Distrikt Muskoka aber nur ein Bruchteil desjenigen

Wertes, den die Befragten angaben, wenn sie allein ihre Zahlungsbereitschaft für diesen Distrikt angegeben hatten. Oder man kann diesen letzteren als den „wahren" Wert betrachten und dann hochrechnen, wieviel die Befragten insgesamt für die Provinz zu zahlen bereit sein müßten. Jetzt ergäbe sich ein weit höherer Wert für Ontario insgesamt, als die Befragten zu zahlen bereit waren, wenn sie nur nach ihrer Zahlungsbereitschaft für die Provinz befragt wurden. Der Wert ist also davon abhängig, in welchem Kontext die Beurteilung stattfindet: Für das gleiche Gut ergibt sich ein geringerer Wert, wenn die Zahlungsbereitschaft (*Willingness-To-Pay*, WTP) für dieses Gut aus der Zahlungsbereitschaft für ein übergeordnetes Gut abgeleitet wird, als wenn man direkt nach der Zahlungsbereitschaft für das Gut fragt.

Kahneman und Knetsch (1992) berichten auch eine Untersuchung zur temporalen Einbettung von Zahlungen. Hier geht es darum, ob bzw. wie Personen zwischen einer einmaligen Zahlung und der Festlegung auf eine Serie von Zahlungen unterscheiden. Im Rahmen einer Umfrage wurde einer Gruppe folgende Frage gestellt:

Wieviel wären Sie einmalig für einen Fond zu zahlen bereit, aus dem eine Anlage zur Aufbereitung aller chemischen und giftigen Abfallstoffe in British Columbia finanziert werden soll?

Einer zweiten Gruppe wurde folgende Frage gestellt:

Wieviel wären Sie in einem Zeitraum von fünf Jahren jährlich für einen Fond zu zahlen bereit, aus dem eine Anlage zur Aufbereitung aller chemischen und giftigen Abfallstoffe in British Columbia finanziert werden soll?

Der arithmetische Mittelwert der ersten Gruppe betrug 141 $, der Wert der zweiten Gruppe 81 $! Geht man von dem ersten Wert aus, wäre jeder Befragte offenbar jährlich nur zu einer Zahlung von 141 $ / 5 (= 28,2 $) bereit; nimmt man den zweiten Wert, wäre jeder offenbar zu einer einmaligen Zahlung von 81 $ · 5 (= 405 $) bereit.

Auch andere Untersuchungen haben gezeigt, wie abhängig die Angaben bei einer WTP-Umfrage von der Art der Fragestellung sind (z.B. Schkade & Payne, 1994; Baron & Maxwell, 1996). Baron (1997) gibt einen allgemeinen Überblick zu den *biases*, die bei der quantitativen Messung der Bewertungen öffentlicher Güter beobachtet worden sind.

3.3.4 Ausgabeneffekt

Arkes und Blumer (1985) illustrierten diesen Effekt mit mehreren kurzen Szenarios, die sie ihren Vpn zur Beurteilung und Entscheidung vorlegten. Ein Szenario lautete folgendermaßen:

Als Präsident einer Luftfahrtgesellschaft haben Sie 10 Millionen $ in ein Forschungsprojekt investiert. Es sollte ein Flugzeug entwickelt werden, das mit den üblichen Radaranlagen nicht entdeckt werden kann. Als das Projekt zu 90% abgeschlossen und finanziert ist, kommt eine andere Firma schon mit einem neuen Flugzeug auf den Markt, das auch mit Radar nicht entdeckt werden kann! Außerdem ist dieses Flugzeug schneller und billiger als das von Ihrer Gesellschaft entwickelte Flugzeug. Es stellt sich die Frage: Sollten Sie noch die letzten 10% der Forschungsmittel ausgeben, um das Flugzeug fertigzustellen?

85% der Vpn entschieden sich für eine Beendigung des Projektes - obgleich das fertige Flugzeug schlechter als ein bereits auf dem Markt verfügbares Flugzeug sein wird. Einer anderen Gruppe wurde eine Version des Problems vorgelegt, in der es keine Investitionen gab, sondern die Frage war, ob sie als Präsident die letzte Million der Forschungsmittel des Unternehmens zur Entwicklung eines solchen Flugzeuges verwenden würden. Hier entschieden sich nur 17% für das Projekt; ähnliche Ergebnisse gab es, wenn man die eine Million durch zehn Millionen ersetzte. - Die unterschiedlichen Entscheidungen der beiden Gruppen werden von den Autoren damit erklärt, daß für die erste Gruppe die bereits getätigten Investitionen ausschlaggebend waren, während die zweite Gruppe, in deren Szenario von früheren Investitionen nicht die Rede war, ihre Entscheidung ausschließlich an den Folgen orientierte.

Die (hypothetischen) Entscheidungen der ersten Gruppe werden mit einem *Ausgaben-Effekt* (*sunk cost*) erklärt. Weil man bereits Geld (oder Zeit oder Mühe) investiert hat, tut man nicht das, was unter dem Gesichtspunkt der möglichen Folgen richtig erscheint. Man macht weiter, und es kommt möglicherweise zu einer *escalation of commitment*, d.h. man fährt sich immer mehr fest: Je mehr man investiert hat, um so eiserner macht man weiter. Das erscheint aus konsequentialistischer Sicht unverständlich: Wenn man in einer gegebenen Situation die Folgen aller möglichen Alternativen bedacht und bewertet und die beste Alternative bestimmt hat, dann ist alles, was man früher investiert hat, irrelevant. Dieser Aspekt wird noch deutlicher in anderen Beobachtungen, die jeder kennt und die überhaupt nicht mehr konsequentialistisch zu interpretieren sind: Man geht ins Kino, findet den Film nach der Hälfte der Zeit langweilig oder ärgerlich, ist sich sicher, daß es auch nicht mehr besser wird - und bleibt dennoch bis zum Ende sitzen, anstatt mit seiner Zeit etwas Besseres anzufangen. Man hat ja für seine Eintrittskarte bezahlt. Oder: Man hat wöchentlich einen Tennisplatz gemietet und geht zum Spiel, auch wenn man an diesem Tage eigentlich lieber etwas anderes täte - einfach weil man ja bezahlt hat. Oder: Man läßt bei schlechtem Wetter eine Freikarte für ein Konzert, bei dem der Anfahrtsweg lang und unangenehm ist, eher verfallen als eine Karte, für die man viel Geld bezahlt hat (Thaler, 1980). Man *weiß* oft, daß es eigentlich Unsinn ist, was man tut, aber man tut es dennoch - weil man schon etwas investiert hat.

When you find yourself in a hole, the best thing you can do is stop digging. Warren Buffet, ein bekannter Unternehmer in den USA.

Man kann den Befund von Arkes und Blumer allerdings doch noch konsequentialistisch interpretieren. *Eine* Möglichkeit haben die Autoren selbst vorgeschlagen: Die aus rein finanzieller Sicht vielleicht richtige Entscheidung, die Entwicklung des Flugzeuges nicht fortzusetzen, könnte von anderen Menschen als Verschwendung des vorher ausgegebenen Geldes gesehen werden. Man möchte aber nicht als jemand erscheinen, der Geld verschwendet bzw. als einer, der (früher) eine falsche Entscheidung getroffen hat. Für Entscheider könnte der wohl nicht zu Unrecht vermutete Imageverlust bei Einstellung des Projektes eine weitere Folge sein, die er bei seiner Wahl berücksichtigen muß. In Äußerungen von Vertretern von Politik und Wirtschaft, wenn es um die Einstellung oder Fortsetzung von Großprojekten geht, zeigt sich manchmal diese für den Steuerzahler ungünstige, wenngleich aus Sicht der Entscheider nicht unverständliche Problemsicht. Die Orientierung der Entscheidung (auch) an den bereits erfolgten Ausgaben kann man also nur dann als nicht-konsequentialistisches oder gar, wie mache meinen, irrationales Verhalten betrachten, wenn man als Kriterium für die Entscheidung allein die monetären Konsequenzen heranzieht; wenn man auch andere Aspekte berücksichtigt, kann es sich durchaus um das Ergebnis einer vernünftigen Abwägung handeln.

Eine andere Möglichkeit der Interpretation hat Thaler (1980) vorgeschlagen. Er erklärt das Verhalten mit Hilfe der *Prospect*-Theorie von Kahneman und Tversky (1979), genauer gesagt mit der in dieser Theorie postulierten Wert-Funktion (vgl. Abschnitt 3.2). Angewandt auf das Beispiel von Arkes und Blumer (1985) lautet die Erklärung: Wenn jemand schon 9 Millionen $ investiert hat, dann stellt eine Ausgabe von 1 Million $ einen vergleichweise geringen *zusätzlichen* Verlust dar, weil die Wertfunktion für Verluste in diesem Bereich schon ziemlich flach ist. Die zusätzlich auszugebende 1 Million $ wird vom Entscheider also mit den 9 Millionen $ zusammengefaßt. Der mögliche Nutzen (ein wohl schlecht verkaufbares, aber immerhin fertiges Flugzeug) wiegt schwerer als der kleine *zusätzliche* Schaden. Anders gesagt: Der subjektive Wert des Flugzeuges ist größer als die Differenz zwischen dem Wert des Verlustes von 9 Millionen $ und dem Wert des Verlustes von 10 Millionen $. Wenn die 9 Millionen $ *nicht* vorher investiert worden sind, dann ist der subjektive Wert einer Ausgabe von 1 Million $ viel größer, als wenn die Million *zusätzlich* ausgegeben wird, weil die Wertfunktion am Nullpunkt viel steiler ist. Daher kommt es zu einer anderen Entscheidung. Mit dieser Überlegung erklärt Thaler (1980) auch den Befund, daß Besucher von Pferderennen, die im Verlaufe des Tages bei ihren Wetten in vielen Rennen verloren haben, gegen Ende besonders hohe Beträge setzen. Sie scheinen zu denken: „Auf *weitere* 10 € Verlust kommt es jetzt auch nicht mehr an, aber wenn ich gewinne ...".

Daß der Ausgaben-Effekt sogar über längere Zeit anhalten kann, demonstrierten Arkes und Blumer (1985) in einem Experiment, in dem die Wirkung von früheren Ausgaben auf tatsächliches (und nicht nur hypothetisches) Verhalten untersucht wurde. Vpn waren 60 Studenten, die zur Kartenverkaufsstelle des Ohio University Theater kamen, um Abonnements für die Saison zu kaufen. Ohne sie über den Hintergrund zu informieren, wurden drei verschiedene Abonnements ausgegeben: Ein normales Abo für 15 $, ein um 2 $ verbilligtes Abo und ein um 7 $ verbilligtes Abo. Den Personen, die das Glück hatten, verbilligte Abos zu bekommen, wurde gesagt, daß dies eine Werbekampagne des Theaters sei.

Die Karten der drei Abos hatten verschiedene Farben. Dadurch konnten die Versuchsleiter nach jeder Vorstellung an den abgerissenen Abschnitten der Karten feststellen, wie viele Besitzer jedes Abo-Typs die Vorstellung besucht hatten. In der ersten Saisonhälfte besuchten signifikant mehr Studenten, die den vollen Preis bezahlt hatten, die Vorstellungen als solche Studenten, die eine Verbilligung bekommen hatten. Sie gingen - so die Interpretation - häufiger zu den Vorstellungen, *weil* sie mehr bezahlt hatten. Die Studie ist ein gutes Beispiel für den „reinen" Ausgaben-Effekt, weil es ganz offensichtlich ist, daß die antizipierbaren Konsequenzen (Erlebnis der Theateraufführungen) für alle Studenten gleich waren und man den Unterschied zwischen den Gruppen also über die Konsequenzen kaum erklären kann. Plausibel ist dagegen die Erklärung, daß die Studenten, die den vollen Abo-Preis bezahlt hatten, einfach deswegen häufiger die Vorstellungen besuchten, weil sie viel (bzw. mehr als die anderen Studenten) bezahlt hatten. Und sie taten es in der ersten Saisonhälfte häufiger als in der zweiten, weil die Erinnerung an die Ausgaben noch lebendig war.

3.3.5 Mentale Buchhaltung

Die Begriffe *mentale Buchhaltung* oder auch *mentale Kontenführung (mental accounting)* lassen sich leicht mit dem Beispiel verständlich machen, mit dem sie von Tversky und Kahneman (1981) eingeführt wurden. Einer ersten Gruppe legten sie folgendes Problem vor:

Stellen Sie sich vor, Sie haben sich zu einem Theaterbesuch entschlossen; der Eintritt beträgt 10 $. Als Sie zum Theater kommen, bemerken Sie, daß Sie einen Zehndollarschein verloren haben. Würden Sie dennoch 10 $ für eine Eintrittskarte ausgeben?

Die Mehrheit (88%) sagte ja, entschied sich für den Kauf der Eintrittskarte. Einer zweiten Gruppe legten sie folgendes Problem vor:

Stellen Sie sich vor, Sie haben sich zu einem Theaterbesuch entschlossen und eine Eintrittskarte für 10 $ gekauft. Als Sie zum Theater kommen, bemerken Sie, daß Sie die Karte verloren haben. Würden Sie 10 $ für eine neue Eintrittskarte zahlen?

In diesem Falle sagte die Mehrheit (54%) nein, entschied sich gegen den Kauf einer (neuen) Karte. Immerhin entschieden sich auch hier 46% für den Kauf einer Karte, doch darauf geht bei der Diskussion der Daten kaum jemand ein.

Der Befund ist erstaunlich, denn rein monetär sind die beiden Szenarios ja identisch: Entweder man kauft eine Karte für 10 $ und ist damit des verlorenen Scheines bzw. der verlorenen Karte wegen um insgesamt 20 $ ärmer als vorher; oder man kauft keine Karte. Der Unterschied der Szenarios liegt nur in der Art des vorherigen Schadens, Verlust eines Geldscheines oder Verlust der Eintrittskarte. Wenn eine Mehrheit der Befragten also bei der ersten Version eine Karte kauft, dann sollte es auch bei der zweiten Version eine Mehrheit tun.

Die unterschiedlichen Präferenzen werden von Tversky und Kahneman darauf zurückgeführt, daß im zweiten Fall die Ausgabe von 10 $ dem gleichen „mentalen Konto" zugeschlagen wird wie die Ausgabe für die verlorene Karte (einer Art „Kultur-Konto"), so daß eine Eintrittskarte jetzt subjektiv 20 $ kostet. Für die Mehrheit in dieser Gruppe stellt sich das Problem dann also folgendermaßen dar: v(Theaterbesuch) > v(10 $) (denn sonst hätte sie sich nicht zum Theaterbesuch entschlossen), aber v(Theaterbesuch) < v(20 $). Im ersten Fall dagegen wird *keine* Beziehung zwischen dem verlorenen Geldschein und der Eintrittskarte hergestellt, der Verlust von 10 $ also in einem anderen Konto verbucht (vielleicht einem „Pech-Konto", in dem auch die Kosten für ein Strafmandat für falsches Parken u.ä. verbucht werden), so daß diese Karte also subjektiv nur einen Wert von 10 $ hat. Damit stellt sich für die Mehrheit in dieser Gruppe das Problem unverändert so dar: v(Theaterbesuch) > v(10 $); der Verlust des Geldscheines wird ausgeblendet, und man kauft eine Karte.

Unter mentaler Buchhaltung versteht Thaler (1985) den Prozeß der mentalen Kategorisierung von Optionen bzw. ihren Konsequenzen sowie die Art und Weise, in der sie mental zusammengefaßt bzw. getrennt werden. Konsequenzen können mental in einem einzigen oder in verschiedenen Konten geführt werden. Die erste Version des Theaterkartenproblems legt - meint Thaler - die *Segregation* (Aufteilung) der Konsequenzen nahe, die zweite Version dagegen legt eine *Integration* (Zusammenfassung) nahe. Die Art und Weise, in der die Konsequenzen kategorisiert und kombiniert werden, kann aber, wie das Theaterkarten-Beispiel zeigt, die Attraktivität von Optionen beeinflussen. Wenn etwa (wie in der ersten Version des Theaterkarten-Beispiels) Ausgaben unterschiedlichen mentalen Konten zugeordnet werden, dann stehen mental noch Mittel für den Kauf einer Karte zur Verfügung; wenn sie dagegen (wie in der zweiten Version) dem gleichen Konto zugeordnet werden, ist das Konto schon stärker angegriffen oder sogar erschöpft.

Erklärt werden mit diesem Konzept eine Reihe von Befunden, die mit dem üblichen Ansatz nicht gut zu erklären sind, der allein die Konsequenzen in Betracht zieht. Vielmehr werden Bewertungen und Präferenzen offenbar bestimmt durch *Strukturen der kognitiven Repräsentation* des (subjektiven) Wertes von Konsequenzen und *Prozesse der Verarbeitung von Information* über den (subjektiven) Wert von Konsequenzen.

3.3.5.1 Buchung in unterschiedlichen mentalen Konten

An einem anderen Beispiel wollen wir ausführlicher erläutern, wie unterschiedliche Präferenzen gegenüber „an sich" doch gleichen Optionen mit der Annahme erklärt werden können, daß diese Optionen im Rahmen bestimmter „mentaler Kontenstrukturen" eine unterschiedliche Bewertung zur Folge haben. Das Beispiel stammt von Tversky und Kahneman (1981, S. 457).

Stellen Sie sich vor, Sie seien im Begriff, eine Jacke für 125 $ und einen Taschenrechner für 15 $ zu kaufen. Der Verkäufer weist Sie darauf hin, daß es den Taschenrechner, den Sie kaufen wollen, im Augenblick in einer anderen Filiale, 20 Minuten Fahrzeit entfernt, im Sonderangebot für 10 $ gibt. Würden Sie den Weg zu dem anderen Geschäft machen?

Tversky und Kahneman nehmen an, daß dieses Problem, das einen Konflikt zwischen einer zusätzlichen Ausgabe von 5 $ und einem lästigen Weg von 20 Minuten enthält, mental auf drei verschiedene Weisen repräsentiert werden kann: In einem *minimalen* Konto, in einem *topikalen* Konto oder in einem *umfassenden* Konto. Jedes Konto besteht aus einer Liste der Vor- und Nachteile der alternativen Optionen *sowie ihrer Referenzpunkte* - und darin unterscheiden sie sich:

	Preis der Jacke	Preis des Taschenrechners	Fahrzeit
Vorteile (+) und Nachteile (-):	0 (+/-) $	5 (+) $	20 Min. (-)
Referenzpunkte:			
Minimales Konto	0 $	0 $	0 Minuten
Topikales Konto	125 $	15 $	0 Minuten
Umfassendes Konto	140 $	140 $	0 Minuten

Es gibt drei Aspekte in dem Szenario, die für die Entscheidung herangezogen werden können: Den Preis der Jacke, den Preis des Taschenrechners und die Zeit für die Fahrt zu dem anderen Geschäft. Die erste Reihe zeigt eine Liste dieser Aspekte, die jeweils von Vorteil (+), von Nachteil (-) oder weder von Vorteil noch von Nachteil (+/-) sein können: der Preis der Jacke ist unabhängig von der Entscheidung für oder gegen den Weg, stellt also weder einen Vor- noch einen Nachteil dar (also: +/-); der Preis des Taschenrechners dagegen stellt für den Fall, daß man den Weg macht, einen Vorteil von 5 $ dar (also: +); und die Fahrzeit stellt in diesem Fall einen Nachteil dar (also: -). Die Referenzpunkte für die Bewertung dieser Vor- und Nachteile sehen in den drei Konten so aus: (a) *Minimales Konto*: Referenzpunkt ist bei jedem Aspekt der status quo (bezeichnet mit 0); ich bewerte also die Ausgabe für die Jacke zum jetzigen Zeitpunkt, vor der Entscheidung zu fahren oder nicht zu fahren, als einen Verlust von 125 $. Analoges gilt für die anderen beiden Aspekte. (b) *Topikales Konto*: Referenzpunkt für die Bewertung ist bei jedem Aspekt der jeweilige Betrag; bei dem Aspekt Jacke ist der Referenzpunkt der Preis der Jacke, also 125 $; beim Aspekt Taschenrechner ist der Referenzpunkt der Preis des Taschenrechners, also 15 $; und für den Aspekt der Fahrtzeit könnte die Zeit für die Fahrt zum ersten Geschäft den Referenzpunkt bilden; da im Szenario darüber nichts gesagt wird, kann man als Referenzpunkt hier den status quo annehmen, also 0. (c) *Umfassendes Konto*: Referenzpunkt für die Bewertung ist hier der Betrag der gesamten Einkaufsrechnung, also 125 $ + 15 $ = 140 $. In dieser Version des Problems präferierten 68% der Vpn die Fahrt zu dem anderen Geschäft; sie waren zu einer 20-minütigen Fahrt bereit, um bei dem billigeren Objekt (dem Taschenrechner) 5 $ zu sparen. Dieses Ergebnis erlaubt noch keinen Schluß darauf, wie das Problem mental repräsentiert war. Es läßt sich mit jedem mentalen Konto vereinbaren, wenn man weiß, daß die Vpn Studenten waren, und wenn man annimmt, daß sie Geld sparen müssen und außerdem vielleicht gerne Fahrrad fahren.

Tversky und Kahneman gaben jedoch anderen Vpn das folgende, *transformierte* Szenario, das sich „eigentlich" vom ursprünglichen Problem gar nicht unterscheidet:

Stellen Sie sich vor, Sie seien im Begriff, eine Jacke für 15 $ und einen Taschenrechner für 125 $ zu kaufen. Der Verkäufer weist Sie darauf hin, daß es den Taschenrechner, den Sie kaufen wollen, im Augenblick in einer anderen Filiale, 20 Minuten Fahrzeit entfernt, im Sonderangebot für 120 $ gibt. Würden Sie den Weg zu dem anderen Geschäft machen?

	Preis der Jacke	Preis des Taschenrechners	Fahrzeit
Vorteile (+) und Nachteile (-):	0 (+/-) $	5 (+) $	20 Min. (-)
Referenzpunkte:			
Minimales Konto	0 $	0 $	0 Minuten
Topikales Konto	15 $	125 $	0 Minuten
Umfassendes Konto	140 $	140 $	0 Minuten

Bei diesem Problem entschieden sich nur 29% der Vpn für eine Fahrt, um bei dem teureren Objekt (dem Taschenrechner) 5 $ zu sparen! Tversky und Kahneman erklären die unterschiedlichen Präferenzen aus der Unterschiedlichkeit der mentalen Konten, die mit den beiden Szenarios verbunden sind. Das Muster der Vor- und Nachteile ist bei beiden Versionen gleich. Die Referenzpunkte für das *minimale Konto* und für das *umfassende Konto* sind ebenfalls gleich. Aber die *topikalen Konten* sind unterschiedlich: Das relevante Topic in den Szenarios ist die Frage, ob man eine 20-Minuten-Fahrt machen soll, um einen um 5 $ billigeren Taschenrechner zu bekommen. Damit wird der ursprüngliche Taschenrechnerpreis zum Referenzpunkt für die Beurteilung der Vor- und Nachteile der beiden Optionen. Der ursprüngliche Taschenrechnerpreis ist aber in den beiden Szenarios unterschiedlich, im ersten beträgt er 15 $ im zweiten 125 $. Aus dieser Perspektive spart man, wenn man die Fahrt macht, im ersten Szenario 5 / 15 $, also ein Drittel des Preises, im zweiten Szenario aber „nur" 5 / 125 $! Daher, sagen Tversky und Kahneman, nehmen die meisten Personen im ersten Fall die Fahrt auf sich, im zweiten Fall dagegen nicht.

Der Grund für das Verhalten wird also darin gesehen, daß die Problemstellung unterschiedliche mentale Kategorisierungen bzw. „Kontenstrukturen" aktivieren oder induzieren kann. Im Theaterkarten-Beispiel war es eine vielleicht kulturell übliche, gelernte Kontenstruktur (Kultur, Pech), im Jacke-und-Taschenrechner-Beispiel eine von mehreren möglichen, durch problemspezifische Merkmale nahegelegte Kontenstruktur. Die Entscheidung wird dann entsprechend dem subjektiven Wert der Optionen *im Rahmen der kognitiv aktivierten Kontenstruktur* getroffen. Hier wird also ein spezifisches *framing*, eine spezifische kognitive Repräsentation des Entscheidungsproblems durch den Entscheider zur Erklärung herangezogen; wir behandeln die Forschung zu *Framing*-Effekten ausführlicher in Kapitel 6.

Es gibt wenig Überlegungen dazu, unter welchen Bedingungen es zu welcher Kategorisierung bzw. Kontenstruktur kommt, welche Struktur aktiviert oder eingerichtet wird. Ein erster Ansatz wurde von Ranyard (1995) vorgeschlagen; er entwickelt ein Modell zur Beschreibung der kognitiven Konstruktion mentaler Konten mit Hilfe des Operator-Modells von Huber (1989) (vgl. Abschnitt 7.3.4.1). Ein anderer Ansatz stammt von Bonini und Rumiati (1996). Sie zeigten in ihrem Experiment, daß der von Tversky und Kahneman (1981) für das transformierte Szenario berichtete Effekt verschwindet, wenn in dem Szenario Jacke und Taschenrechner in eine Einkaufsliste integriert sind, wenn ein explizites Ausgabenbudget vorgegeben wird und wenn außerdem die Vpn daran erinnert werden, daß sie die Jacke auch in dem anderen Geschäft kaufen können. Bonini und Rumiati erklären den Befund damit, daß durch dieses Szenario die Bildung getrennter Konten erschwert werde und eher ein *umfassendes* (Einkaufs-)Konto gebildet werde, das dann zur Grundlage der Entscheidung werde.

3.3.5.2 Segregation und Integration von Konsequenzen

Wir wollen Ursache und Wirkung von Segregation und Integration von Konsequenzen an einem weiteren Beispiel, das ebenfalls von Kahneman und Tversky (1984) stammt, noch etwas genauer behandeln.

Angenommen, der Inhaber eines Geschäftes für Computer kauft an einem Tag einen Computer für 3.000 $ und verkauft ihn am selben Tag für 4.000 $. Wenn er diese finanziellen Transaktionen in einem einzigen mentalen Konto verbucht, dann stellt sich das Ergebnis für den Geschäftsmann als ein Reingewinn von 1.000 $ dar, also als ein positives Ergebnis. Wenn die Transaktionen dagegen in zwei verschiedenen mentalen Konten verbucht werden, werden sie getrennt bewertet. In diesem Fall stellt sich die Situation für den Geschäftsmann als ein Verlust von 3.000 $ und als ein Gewinn von 4.000 $ dar, also als eine gemischte oder ambivalente Erfahrung an diesem Tag.

Im ersten Fall, sagen Kahneman und Tversky, werden die Konsequenzen mental *integriert*, und bewertet wird das Ergebnis dieser Integration. Dann ist der subjektive Wert v_i zweier integrierter Konsequenzen x und y

$$v_i(x,y) = v(x+y).$$

Die Konsequenzen x und y werden also zunächst integriert, dann wird das Ergebnis (x+y) bewertet (z.B. entsprechend der Wertfunktion der *Prospect*-Theorie). In dem Beispiel führt die Integration zu dem Ergebnis 1.000 $, und dieses Ergebnis wird subjektiv bewertet.

Im zweiten Fall werden die Konsequenzen mental *segregiert*, also getrennt gespeichert und bewertet. Der subjektive Wert v_S zweier getrennter Konsequenzen x und y ist

$$v_S(x,y) = v(x) + v(y).$$

Die Konsequenzen werden einzeln bewertet und diese Bewertungen werden kombiniert. In dem Beispiel bedeutet dies, daß je ein Verlust von 3.000 \$ und ein Gewinn von 4.000 \$ bewertet und dann diese beiden Bewertungen kombiniert werden. Wenn man die Wertfunktion der *Prospect*-Theorie unterstellt, kann es für die Präferenzen eines Entscheiders Folgen haben, ob Konsequenzen integriert oder segregiert werden. Denn da die Wertfunktion nicht-linear und über Verluste steiler ist als über Gewinne, dürfte sich im allgemeinen $v(x+y)$ von $v(x) + v(y)$ unterscheiden.

Ob Konsequenzen segregiert oder integriert werden, hängt nach Thaler und Johnson (1990) u.a. von ihrer zeitlichen Nähe ab. Wir sagen beispielsweise manchmal, daß wir „einen guten Tag" gehabt haben - was darauf hindeutet, daß wir die Ereignisse, die während eines einzelnen Tages passiert sind, integriert haben. Wir integrieren dagegen schwerlich oder jedenfalls selten zwei Ereignisse, die einige Wochen auseinanderliegen. Es sei denn, es gibt eine spezifische inhaltliche Verbindung zwischen diesen Ereignissen. Wenn es sich beispielsweise um finanzielle Gewinne aus Kauf und Verkauf von Aktien handelt, mag diese Gemeinsamkeit eine Integration auch über längere Zeiträume nahelegen; wenn es dagegen keinerlei inhaltliche Gemeinsamkeit gibt, dürfte die zeitliche Nähe im allgemeinen der einzige Faktor sein, der zu einer Integration führen kann.

Es sind zwei komplexere Modelle zu den Bedingungen von Integration bzw. Segregation vorgeschlagen worden, die wir hier nur kurz skizzieren können. Das erste Modell ist das Modell des *hedonic editing* von Thaler und Johnson (1990). Sie nehmen an, daß Menschen Ereignisse in einer solchen Weise mental kombinieren oder trennen, daß die mentale Repräsentation für sie optimal ist, d.h. den höchsten subjektiven Wert hat. Dies sei an einem Beispiel illustriert, bei dem es zwei Ereignisse gibt, ein Geschenk von 500 € und eine Steuerrückzahlung von 100 €. Ist es besser, diese beiden Ereignisse mental zu integrieren oder zu segregieren? Aus der *Prospect*-Theorie ergibt sich, daß bei zwei Gewinnen $v(x) + v(y) > v(x+y)$ ist. Eine mentale Segregation maximiert also den Wert der mentalen Repräsentation. Mit dem *hedonic editing*-Modell würde man also für positive Ereignisse vorhersagen, daß Menschen eine mentale Segregation der Ereignisse einer mentalen Integration vorziehen. Analog kann man Vorhersagen für den Fall negativer Ereignisse und gemischter (also positiver und negativer) Ereignisse ableiten. Wenn jemand den subjektiven Wert der mentalen Repräsentation maximieren will, dann (1) segregiert er Gewinne, (2) integriert er Verluste, (3) integriert er kleine Verluste mit größeren Gewinnen, und (4) segregiert er kleine Gewinne von größeren

Verlusten. Das Modell wird durch empirische Evidenz nur teilweise gestützt. Die Daten widersprechen vor allem der Annahme, daß Verluste integriert werden; auch Verluste werden eher segregiert.

Das zweite Modell ist das Modell der *renewable resources* von Linville und Fischer (1991). Sie legten ihren studentischen Vpn Beschreibungen nicht nur von Ereignissen mit monetären Konsequenzen, sondern auch von Ereignissen mit emotionalen Erlebnissen vor und untersuchten, ob die Vpn eher eine Verteilung dieser Ereignisse über die Zeit oder ihr gleichzeitiges Eintreten an einem Tag vorzogen. Beispielsweise fragten sie, ob die Studenten über die hervorragenden Zensuren für zwei Prüfungen lieber an einem Tag oder an verschiedenen Tagen informiert werden wollten. Linville und Fischer nehmen an, daß Menschen begrenzte physiologische, kognitive und soziale Ressourcen haben, um emotional wichtige Ereignisse zu verarbeiten, und daß sie Ereignisse so zu kombinieren bzw. zu trennen suchen, daß sie diese Ressourcen optimal einsetzen können. So zieht man es nach diesem Modell - wie auch nach dem *hedonic editing* Modell - vor, zwei Gewinne nicht am gleichen Tag, sondern auf zwei Tage verteilt zu bekommen: man kann die beiden Gewinne als einzelne „Gewinnhappen" besser auskosten, weil man für jeden einzelnen Gewinn mehr Ressourcen zur Verfügung hat. Auch zwei Verluste verteilt man nach diesem Modell - anders als nach dem *hedonic editing* Modell - lieber über mehrere Zeitpunkte, weil die Ressourcen dann besser für die Bewältigung jedes einzelnen Verlustes eingesetzt werden können. Die empirische Evidenz von Linville und Fischer stützt diese Annahme (und spricht gegen das *hedonic editing* Modell).

3.4 Intertemporale Bewertung und Präferenz

Wenn Kinder zwischen „2 Bonbons heute" und „2 Bonbons morgen" wählen sollen, entscheiden sie sich meist für die „2 Bonbons heute"; wenn den „2 Bonbons heute" nun „4 Bonbons morgen" gegenübergestellt werden, wählen ältere Kinder eher die 4 Bonbons, während jüngere Kinder immer noch die 2 Bonbons vorziehen. Anders ausgedrückt: „2 Bonbons" haben für jüngere wie ältere Kinder einen größeren Nutzen, wenn sie sie heute als wenn sie sie morgen bekommen, und „2 Bonbons" haben für jüngere Kinder sogar einen größeren Nutzen als „4 Bonbons", wenn es die 2 Bonbons heute und die 4 Bonbons erst morgen gibt. Offenbar hängt die Bewertung der Bonbons von dem *Zeitpunkt* ab, zu dem sie verfügbar sind.

Wenn die Bewertung eines Gutes vom Zeitpunkt des Erhalts oder Verbrauchs abhängig ist, spricht man von *Zeitpräferenzen*: Es werden bestimmte Zeitpunkte für das Eintreten von Konsequenzen gegenüber anderen Zeitpunkten vorgezogen. Eine Zeitpräferenz definieren wir als „das Ergebnis eines kognitiven Prozesses, in welchem der Wert einer Konsequenz einer Option in Relation zu ihrem zeitlichen Auftreten bestimmt wird" (Jungermann & Fleischer, 1988, S. 81).

Nicht nur Kinder haben Zeitpräferenzen! Auch Erwachsene ziehen meist den sofortigen Erhalt von 100 € dem Erhalt von 100 € in einem Jahr vor; wir ziehen 100 € heute vermutlich sogar 101 € in einem Jahr vor. Um wieviel höher muß der Betrag sein, den man in einem Jahr bekommt, damit man diese Option der Option vorzieht, 100 € sofort zu bekommen? Es ist der Zinssatz für die Anlage von 100 € für ein Jahr!

Bisher haben wir über Zeitpräferenzen gesprochen, bei denen eine angenehme Konsequenz x (z.B. 100 € geschenkt bekommen) höher bewertet wird, wenn sie heute als wenn sie morgen eintritt, bzw. daß x zu einem früheren Zeitpunkt gegenüber x zu einem späteren Zeitpunkt vorgezogen wird. Bei unangenehmen Konsequenzen ist oft umgekehrt zu beobachten, daß sie lieber hinausgeschoben werden: Ich erleide den Schmerz beim Bohren des Zahnarztes lieber morgen als heute (und verschiebe daher den Zahnarztbesuch immer wieder). Ich ziehe die unangenehme Konsequenz x zu einem späteren Zeitpunkt gegenüber x zu einem früheren Zeitpunkt vor. Dieses Verhaltensmuster nennt man *positive Zeitpräferenzen*: Angenehmes lieber heute als morgen, Unangenehmes lieber morgen als heute.

Es gibt aber auch *negative Zeitpräferenzen*: Angenehmes lieber später, Unangenehmes lieber sofort. Beispielsweise möchten wir Weihnachtsgeschenke nicht schon Mitte Dezember, sondern wirklich erst Weihnachten bekommen - vielleicht auch der Vorfreude wegen, die ihren eigenen Wert hat (dazu später). Und viele wollen den schmerzhaften Zahnarztbesuch möglichst schnell hinter sich bringen und gehen deshalb lieber heute als morgen zum Zahnarzt. Es gibt vier Kombinationen von Zeitpräferenzen und Konsequenzen:

	positive Zeitpräferenz	**negative Zeitpräferenz**
angenehme Konsequenz	früher (x ist früher besser als später) „Ungeduld"	später (x ist später besser als früher) „Vorfreude"
unangenehme Konsequenz	später (x ist später weniger schlimm als früher) „Hinausschieben"	früher (x ist früher weniger schlimm als später) „Hintersichbringen"

Zeitpräferenzen können sich auf *singuläre* oder *sequentielle* Konsequenzen beziehen. Von einer *singulären* Konsequenz sprechen wir, wenn eine einzelne Konsequenz C zu einem bestimmten zukünftigen Zeitpunkt eintritt. Unsere bisherigen Beispiele galten alle solchen singulären Konsequenzen (100 € heute oder 100 € zu einem späteren Zeitpunkt). Von *sequentiellen* Konsequenzen oder einer Sequenz von Konsequenzen sprechen wir, wenn mehrere Konsequenzen in einer bestimmten zeitlichen Reihenfolge auftreten. Ein Beispiel ist die Sequenz von Gehältern über die Jahre: Die meisten Menschen bevorzugen Sequenzen steigender Gehälter gegenüber Sequenzen fallender Gehälter (bei gleichem Mittelwert der Gehälter); man möchte nicht zunächst viel, dann weniger verdienen, sondern gerade umgekehrt, lieber erst weniger und später dann mehr (Loewenstein & Prelec, 1993). Wir beschäftigen uns zunächst mit singulären Konsequenzen, später dann mit sequentiellen Konsequenzen. Methoden zur Bestimmung sind in Box 3.6 dargestellt.

Box 3.6: Die Erfassung von Zeitpräferenzen

Wahl des Zeitpunktes des Eintretens eines Ereignisses: Die Optionen sind mehrere Zeitpunkte für das Eintreten eines singulären Ereignisses. Eine Person wird nach demjenigen Zeitpunkt des Eintretens gefragt, den sie vorzieht.

Beispiel: Sie gewinnen 100 € in einem Glücksspiel und haben nun die Möglichkeit, diese zu einem der folgenden Zeitpunkte ausgezahlt zu bekommen. Was ziehen Sie vor:
      (a) sofort auszahlen oder
      (b) in vier Wochen auszahlen?

Wahl zwischen Optionen zu verschiedenen Zeitpunkten: Die Optionen sind unterschiedlich hohe Konsequenzen, die zu verschiedenen Zeitpunkten erhältlich sind. Die Person wird nach derjenigen Option gefragt, die sie vorzieht.

Beispiel: Sie gewinnen in einem Glücksspiel und haben nun die Möglichkeit, sich einen der folgenden Beträge auszahlen zu lassen. Was ziehen Sie vor:
      (a) 100 € sofort oder
      (b) 110 € in vier Wochen?

Wahl zwischen verschiedenen Sequenzen: Die Optionen sind unterschiedliche Sequenzen des zeitlichen Eintretens verschieden großer Konsequenzen. Die Person wird nach derjenigen Sequenz gefragt, die sie vorzieht.

Beispiel: Sie nehmen an einem Glücksspiel mit zwei Durchgängen teil. In dem einen Durchgang gewinnen Sie 100 €, in dem anderen verlieren Sie 50 €. Welche Reihenfolge der Durchgänge ziehen Sie vor:
      (a) erst 100 € gewinnen, dann 50 € verlieren oder
      (b) erst 50 € verlieren, dann 100 € gewinnen?

3.4.1 Das Diskontierungsmodell

In der Ökonomie beschäftigt man sich schon seit langem damit, welche Rolle der Faktor Zeit für wirtschaftliches Verhalten, die Wahl zwischen Wirtschaftsgütern, spielt (Loewenstein, 1992). Bereits Bentham (1789) postulierte, daß *die Antizipation einer Konsumtionsmöglichkeit*, ebenso wie die Konsumtion des Gutes selbst, eine wichtige Quelle von *pleasure* und *pain* sei. So führe *pleasure* oft zu einer negativen Zeitpräferenz bezüglich eines angenehmen Gutes; damit meinte er also das, was wir oben als Folge von *Vorfreude* bezeichnet haben. Die meisten Ökonomen haben sich allerdings nur mit positiven Zeitpräferenzen beschäftigt, die sie als weitaus häufiger betrachteten. Von Böhm-Bawerk (1909) beispielsweise postulierte, daß Konsumenten zum einen künftige Bedürfnisse unterschätzen, weil sie sich ihre Bedürfnisse in der Zukunft nicht vorstellen können oder wollen, und daß sie zum andern trotz besseren Wissens im allgemeinen nicht bereit sind, auf ein geringeres Gut zugunsten eines größeren zukünftigen Gutes zu verzichten.

Aus der Ökonomie stammen auch die verschiedenen formalen Modelle zur Beschreibung der Art der Abhängigkeit der Bewertung einer Konsequenz vom Zeitpunkt ihres Eintretens. In allen Modellen wird davon ausgegangen, daß jede Konsequenz x so etwas wie einen „zeitlosen" Nutzen u(x) hat (z.B. der Nutzen von Geld), der dann mit einem Faktor gewichtet wird, der die Bedeutung des Zeitpunktes des Eintritts der Konsequenz repräsentiert. Die Modelle unterscheiden sich vor allem darin, wie man sich diese Gewichtung vorstellt. Das einfachste und lange Zeit dominierende Modell ist das *Diskontierungsmodell* für positive Zeitpräferenzen, das von Samuelson (1937) vorgeschlagen und von Koopmans (1960) formalisiert wurde; wir bezeichnen es im folgenden wie in der Literatur üblich als DU-Modell (von *discounted utility*). Eine ausführliche Darstellung des Modells und seiner Implikationen geben Eisenführ und Weber (2003, Kapitel 11).

Im DU-Modell wird angenommen, daß der Nutzen einer Konsequenz mit zunehmender zeitlicher Entfernung (Aufschub oder Verzögerung) exponentiell abnimmt. Eine Konsequenz, die bei unmittelbarer Realisierung einen Nutzen von u_0 hat (z.B. der Erhalt eines Geldbetrages), wird pro Zeiteinheit mit einer konstanten Rate δ diskontiert („abgewertet"), wobei $0 < \delta < 1$. Der homo oeconomicus wird als ein ungeduldiges Wesen angesehen, das bei gleich großen Konsumtionsalternativen diejenige vorzieht, die er früher erhalten kann.

Wir wollen als Zeiteinheit Tage und als Diskontierungsrate $\delta = 0{,}05$ annehmen. Dann ist der Nutzen von x bei einer um 1 Tag aufgeschobenen Auszahlung 5% geringer; der Nutzen eines Gutes, das ich erst morgen bekomme, beträgt aus *heutiger Sicht* für mich nur $u_0 - 0{,}05u_0 = 0{,}95u_0$. Der heutige Nutzen einer Auszahlung erst nach 2 Tagen beträgt dann $(u_0 - 0{,}05u_0) - 0{,}05(u_0 - 0{,}05u_0) = (1 - 0{,}05)$ $(1 - 0{,}05)\, u_0 = 0{,}95^2\, u_0 = 0{,}9025u_0$ usw. Angenommen, der Geldbetrag betrage 100 €, und wir setzen der Einfachheit halber monetären und subjektiven Wert gleich, der Nutzen u_0 von 100 € *heute* betrage also 100. Dann beträgt der Nutzen von einer um 1 Tag aufgeschobenen Zahlung von 100 €, u_1, 100 - 0,05 · 100 = 95, und der Nutzen einer um 2 Tage aufgeschobenen Zahlung von 100 €, u_2, beträgt (100 - 0,05 · 100) - 0,05 · (100-0,05 ·100) = 90,25. Die Veränderung des Nutzens ist proportional dem Nutzen zum Zeitpunkt t. Eine angenehme Konsequenz wird immer weniger angenehm, je weiter sie in die Zukunft verschoben wird. Eine unangenehme Konsequenz wird um so weniger unangenehm, je weiter sie in der Zukunft liegt.

Der Diskontierungseffekt kann unter zwei verschiedenen Perspektiven interpretiert werden. Sie können sich entweder vorstellen, daß die Auszahlung eines Geldbetrages, etwa 1.000 €, den Sie heute erwartet haben, immer weiter in die Zukunft aufgeschoben wird. Was sind Ihnen heute die 1.000 € wert, die Ihnen erst in zwei, vier, ... oder zehn Jahren ausgezahlt werden? Mancher würde vielleicht sagen: Was interessieren mich 1.000 € in zehn Jahren?

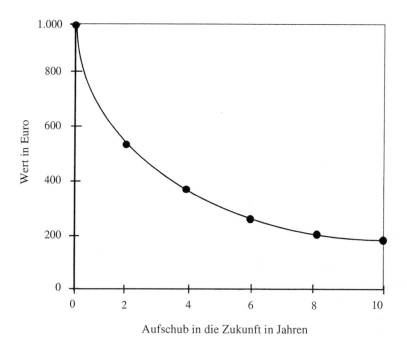

Abb. 3.5a Eine Diskontierungsfunktion aus der *Aufschub*-Perspektive: Abnahme des Wertes von 1.000 € in Abhängigkeit von der *zeitlichen Entfernung* der Auszahlung

Die Darstellung in Abbildung 3.5a zeigt den Diskontierungseffekt genauer (unter der Annahme, daß wir Ihren persönlichen Diskontierungsfaktor δ vorher bestimmt haben): die Abszisse bezeichnet den Aufschub (hier: in Jahren), und auf der Ordinate ist abzulesen, wieviel Ihnen heute 1.000 € wert sind, die Ihnen erst nach den jeweiligen Zeitpunkten ausgezahlt werden. 1.000 € sind Ihnen nicht viel, beispielsweise nur etwa 200 €, wert, wenn Sie den Betrag erst in zehn Jahren bekommen sollen.

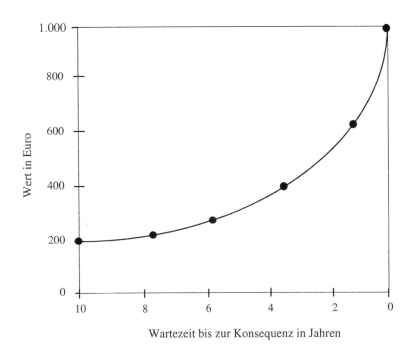

Abb. 3.5b Eine Diskontierungsfunktion aus der *Warte*-Perspektive: Zunahme des Wertes von 1.000 € in Abhängigkeit von der *zeitlichen Nähe* der Auszahlung

Sie können sich aber auch vorstellen, daß Ihnen die Auszahlung von 1.000 € in 10 Jahren versprochen wird. In Abbildung 3.5b bezeichnet die Abszisse dann die Zeit, die Sie noch auf die Auszahlung warten müssen. Wandern Sie auf der Abszisse von links (Gegenwart) nach rechts auf den Auszahlungszeitpunkt zu, können Sie auf der Ordinate die allmähliche Zunahme des Nutzens ablesen. Heute ist Ihnen das für Ihren Geburtstag in drei Monaten versprochene Abendessen noch nicht viel wert, aber je näher der Zeitpunkt rückt, um so mehr freuen Sie sich darauf. - Beide Perspektiven, die *Aufschub*- und die *Warte*-Perspektive, unterscheiden sich in der Sache nicht. In beiden Fällen handelt es sich um positive Zeitpräferenzen mit einer (hier) exponentiellen Diskontierungsfunktion. Welche Perspektive gewählt wird, hängt von der Situation ab.

Wie kann eine allgemeine Diskontierungsfunktion aussehen, die die Eigenschaft hat, daß die Diskontierung, d.h. die Veränderung, proportional dem jeweiligen Aufschub ist? Aus der Differentialrechnung wissen wir, daß die Exponentialfunktion $f(t) = e^t$ die Eigenschaft hat, daß ihre 1. Ableitung (d.h. ihre Veränderung) genau proportional der Funktion selber ist: $f'(t) = e^t$. Daraus ergibt sich, daß eine temporale Nutzenfunktion, bei der der Nutzen über die Zeit wie oben beschrieben konstant diskontiert wird, eine Exponentialfunktion sein muß:

$$u(t) = x\,e^{-\delta t}$$

Hier ist x der aufgeschobene Betrag, t der Aufschub (in beliebiger Zeiteinheit), δ der Diskontierungsfaktor und u(t) der gegenwärtige Nutzen des um t Zeiteinheiten aufgeschobenen Betrags x (French, 1988; Kirby & Marakovic, 1995).

Der Diskontierungsfaktor δ einer Person kann empirisch folgendermaßen bestimmt werden: Man sucht diejenige um eine Zeiteinheit verschobene Konsequenz, bei welcher der Entscheider zwischen dieser zukünftigen und der jetzt unmittelbar verfügbaren Konsequenz indifferent ist. Wenn es sich um Geldbeträge handelt (die zu unterschiedlichen Zeitpunkten ausgezahlt werden), könnten Sie sich beispielsweise fragen, wieviel Sie in einem Monat bekommen müßten, um zwischen einem Geschenk von 100 € sofort oder einem Betrag von X € in einem Monat indifferent zu sein. Angenommen, Ihre Antwort lautet 120 €. Dann gilt u(100) = a u(120). Also ist a = u(100)/u(120) = 0,83 und, unter der vereinfachenden Annahme einer linearen Nutzenfunktion u, δ = (1-a) = 0,17; dies ist Ihr individueller Diskontierungsfaktor.

Positive Zeitpräferenzen, die mit dem DU-Modell vereinbar sind, sind vielfach empirisch nachgewiesen worden. So zeigte Hausman (1979), daß beim Kauf von Klimaanlagen, die in (momentanem) Preis und (verzögerter) Energiesparleistung variierten, die Präferenzen mit einem Diskontierungsfaktor δ von durchschnittlich 0,25 gut beschrieben werden konnten. Es wurden die momentan billigeren, aber mehr Energie verbrauchenden Anlagen gegenüber den momentan teureren, aber längerfristig energiesparenden Anlagen vorgezogen, und zwar in einer Weise, die eine Diskontierung der Energiesparleistung mit 0,25 reflektierte.

Das DU-Modell ist einfach und plausibel, aber - wie schon Samuelson und Koopmans anmerkten - zur Beschreibung des Verhaltens von Entscheidern unzureichend. Empirische Befunde, insbesondere die Beobachtung *negativer* Zeitpräferenzen, verwiesen auf systematische Abweichungen des tatsächlichen Verhaltens vom DU-Modell (Loewenstein & Thaler, 1989; Loewenstein, 1992; Roelofsma, 1996).

Wir haben bisher festgestellt, daß Konsequenzen (z.B. die Auszahlung von Geldbeträgen) in der Regel an Nutzen verlieren, wenn ihre Realisierung aufgeschoben wird (positive Zeitpräferenz). Stellen Sie sich vor, Sie haben die Wahl zwischen 100 € sofort und 110 € in vier Wochen. Angenommen, Sie präferieren 100 € sofort: Die Differenz von vier Wochen ist so lang, daß der höhere Geldbetrag von 110 € so stark diskontiert wird, daß er heute, zum Zeitpunkt der Entscheidung, einen geringeren subjektiven Nutzen aufweist. Stellen Sie sich nun vor, daß beide Konsequenzen um eine konstante Zeitspanne, sagen wir um 6 Monate, in die Zukunft verschoben werden, daß aber die Differenz von vier Wochen erhalten bleibt. Sie hätten also nun die Wahl zwischen 100 € in 24 Wochen und 110 € in 28 Wochen. Ändert sich dadurch Ihre Präferenz? Nach dem oben beschriebenen Diskontierungsmodell mit exponentieller Diskontierungsfunktion sollte dies nicht der Fall sein, da bei exponentiellem Verlauf der heutige Nutzen beider Geldbeträge zwar abnimmt, aber *relativ zueinander* keine Veränderung eintritt, solange die Differenz zwischen der Auszahlung der 100 € und der 110 € unverändert bleibt (nämlich vier Wochen). Diese Annahme wurde von Roelofsma und Keren (1995) überprüft. Sie legten einer Gruppe von Vpn folgende Optionen zur Entscheidung vor:

Option	Auszahlung
X	100 hfl heute
Y	110 hfl in vier Wochen

Einer anderen Gruppe legten sie folgende Optionen vor:

Option	Auszahlung
X'	100 hfl in 26 Wochen
Y'	110 hfl in 30 Wochen

In der ersten Gruppe präferierte die große Mehrheit (82%) einen Gewinn von 100 (hfl) Gulden heute (Option X) gegenüber einem Gewinn von 110 Gulden (hfl) in 4 Wochen (Option Y). Nach dem DU-Modell ist dieses Verhalten so zu interpretieren, daß für diese Vpn der Geldbetrag innerhalb von 4 Wochen um mehr als 10% diskontiert wird. Nimmt man an, daß die (zufällig ausgewählten) Vpn der zweiten Gruppe den gleichen Diskontierungsfaktor anwenden, wäre bei ihnen zu erwarten, daß sie Option X' gegenüber Option Y' vorziehen, da beide Konsequenzen lediglich um den konstanten Zeitraum von $\Delta = 26$ Wochen verschoben sind, aber zwischen beiden Konsequenzen der gleiche zeitliche Abstand von 4 Wochen liegt. Hier aber präferierte eine Mehrheit (63%) die Option Y'.

Präferenzwechsel in Abhängigkeit von der zeitlichen Distanz der Ereignisse sind nicht selten (Strotz, 1955; Kirby & Herrnstein, 1995); man spricht in diesen Fällen von *zeitinkonsistentem Präferenzverhalten* oder auch *dynamischer Inkonsistenz*. Ursache ist fast immer das, was wir als *Ungeduld* oder *Impulsivität* bezeichnen, also eine besonders starke Gewichtung der Unmittelbarkeit angenehmer Konsequenzen (Auszahlung, Belohnung). Man kann das auch aus der Perspektive des Näherrückens zweier zunächst zeitlich entfernter Konsequenzen

sehen: Wenn Sie heute zwischen einem Essen in dem französischen Restaurant
„Moustache" *in 30 Tagen* und einem Hamburger beim McDonald´s-Drive-In *in
29 Tagen* wählen müssen, ziehen Sie vermutlich das Diner dem Fast Food vor
(jedenfalls, wenn Sie ein Gourmet sind), obgleich Sie es erst später bekommen. Je
näher der Zeitpunkt der Realisierung rückt, desto mehr gewinnen die positiven
Konsequenzen der Ereignisse an Attraktivität; steht die Realisierung *unmittelbar
bevor*, dann steigt ihre Attraktivität rapide an. Da zunächst, nach 29 Tagen, der
Hamburger unmittelbar bevorsteht, ist es seine Attraktivität, die jetzt besonders
hoch ist: Sie sehen den Triple-Burger schon vor sich, Sie riechen und schmecken
ihn schon fast, und so übertrifft seine Attraktivität auf einmal die Attraktivität des
noch etwas weiter entfernt liegenden Diners. Sie ziehen heute, am 29. Tag, den
Hamburger bei McDonalds vor und verzichten auf das französische Diner bei
„Moustache" am 30. Tag, obwohl Sie vorher die umgekehrte Präferenz hatten.
Und sobald der Hamburger verschlungen ist, werden Sie sich Ihrer ursprünglichen Präferenz erinnern und sich ärgern, daß Sie so ungeduldig bzw. impulsiv
waren! Der Hamburger hat Ihnen, wie Ainslie (1975) es nennt, eine *trügerische
Belohnung* (*specious reward*) gebracht.

Dynamische Inkonsistenzen können „erklärt" werden, wenn man statt der exponentiellen eine *hyperbolische Diskontierungsfunktion* annimmt. Aus der Auf-
schubperspektive fallen Hyperbelfunktionen zunächst steil ab und gleichen sich
dann sehr einem fast linearen Verlauf an; aus der Warteperspektive steigen sie
erst langsam und dann steil an. Hyperbolische Diskontierungsfunktionen zweier
zeitlich versetzter Konsequenzen können sich kreuzen und so dynamische Inkonsistenzen produzieren. Nehmen wir wieder die Wahl zwischen 100 € sofort und
110 € später und betrachten den heutigen Nutzen einmal bei einer hyperbolischen
und einmal bei einer exponentiellen Diskontierungsfunktion:

$$\text{hyperbolisch: } u_{hyp}(t) = \frac{x_0}{(1 + \delta t)} \qquad \text{exponentiell: } u_{exp}(t) = x_0 e^{-\delta t}$$

wobei $u_{hyp}(t)$ bzw. $u_{exp}(t)$ den gegenwärtigen Nutzen eines Betrags x_0 bei einem
Aufschub von t Zeiteinheiten (z.B. Wochen) und einem Diskontierungsfaktor δ
bedeutet. Sind die Auszahlungen um eine Zeiteinheit (1 Woche) getrennt, präferiert man die 100 €, sofern sie sofort ausgezahlt werden. Tabelle 3.2 zeigt, daß bei
einem konstanten Aufschub beider Beträge um 10 Wochen (100 € nach 10, 110 €
nach 11 Wochen) und noch deutlicher bei 20 Wochen unter einer hyperbolischen
Diskontierung Präferenzwechsel auftreten können. Wird zunächst in beiden Fällen die unmittelbare Auszahlung von 100 € präferiert (Tab. 3.2a), so wird bei
einer Verzögerung um 20 Wochen (Tab. 3.2c) bei hyperbolischer Diskontierung
die Auszahlung von 110 € nach 21 Wochen gegenüber der von 100 € nach 20
Wochen präferiert, während bei exponentieller Diskontierung die Präferenz
immer unverändert bleibt.

Tab. 3.2 Hyperbolische und exponentielle Diskontierung ($\delta = 0{,}8$)

		Aufschub in Wochen	$u_{hyp}(t)$	$u_{exp}(t)$
a)	100 €	$t = 0$	**100**	100
	110 €	$t = 1$	**61,1**	49,4
b)	100 €	$t = 10$	11,1	0,034
	110 €	$t = 11$	11,2	0,017
c)	100 €	$t = 20$	5,8	0,000011
	110 €	$t = 21$	6,2	0,000006

Christensen-Szalanski (1984) hat solche „Inkonsistenzen" in einer interessanten Untersuchung geprüft und bestätigt gefunden. Die Untersuchung ist in Box 3.7 beschrieben; lesen Sie diese zuerst und schauen Sie sich dann Abbildung 3.6 an, die zwei (hypothetische) hyperbolische Funktionen zeigt, mit denen man nach Christensen-Szalanski die Daten erklären könnte.

Box 3.7: Heute so, morgen so, und übermorgen wieder anders(I)

Jay J. Christensen-Szalanski (1984) befragte 18 schwangere Frauen, ob sie ihr Kind lieber mit oder ohne Narkose zur Welt bringen wollten. Eine Narkose bedeutet, daß man keine Schmerzen hat, aber auch, daß man die Geburt nicht bewußt erleben kann; manchmal birgt eine Narkose auch medizinische Risiken. Der Verzicht auf eine Narkose bedeutet das Risiko großer Schmerzen, aber auch die Möglichkeit eines bewußten Erlebens der Geburt.

Einen Monat vor der voraussichtlichen Geburt wurden die Frauen gefragt: „Wie wichtig ist es Ihnen, Ihr Kind ohne eine Narkose zur Welt zu bringen?" Ihr Urteil sollten die Frauen mit einem Kreuz auf einer Skala abgeben, deren Endpunkte 0 = „überhaupt nicht wichtig" und 100 = „außerordentlich wichtig, ich würde die Narkose um jeden Preis vermeiden, es sei denn, sie ist medizinisch absolut erforderlich" waren. Analog sollten die Frauen auf einer zweiten Skala beurteilen, wie wichtig ihnen die Vermeidung starker Schmerzen bei der Geburt sei; diese Skala hatte die Endpunkte 0 = „überhaupt nicht wichtig" und 100 = „Schmerzen um jeden Preis vermeiden." Christensen-Szalanski berechnete dann für jede der Frauen einen Index, indem er den Skalenwert „Vermeidung von Schmerzen" von dem Skalenwert „Vermeidung einer Narkose" subtrahierte. Der Index konnte zwischen +100 (Vermeidung einer Narkose hat absoluten Vorrang, Vermeidung von Schmerzen ist völlig unwichtig) bis -100 (Vermeidung von Schmerzen ist absolut am wichtigsten, Vermeidung einer Narkose ist völlig unwichtig) liegen. Der mittlere Index lag zu diesem Zeitpunkt bei +40, d.h. die Vermeidung einer Narkose wurde für deutlich wichtiger gehalten als die Vermeidung von Schmerzen.

Fortsetzung folgt...

Box 3.7(II)

Ein ähnliches Ergebnis zeigte sich auch noch, als die Frauen *zu Beginn der Geburt* noch einmal befragt wurden. Dann jedoch änderte sich das Bild: *Während der Geburt* befragt, betrug der mittlere Index -50, d.h. die Vermeidung von Schmerzen wurde jetzt deutlich höher bewertet als die Vermeidung einer Narkose. Diese Umkehr der Präferenz zeigte sich auch in der Entscheidung der Frauen: Zu Beginn der Geburt verlangte nur eine Frau eine Narkose, im weiteren Verlauf wurde sie von 10 Frauen verlangt.

Einen Monat *nach der Geburt* zeigten die Frauen wieder die ursprünglichen Präferenzen. Der Index lag nun wieder bei etwa +40. Retrospektiv wurde die Geburt ohne Narkose der Vermeidung von Schmerzen vorgezogen.

Die Abbildung zeigt den Diskontierungsverlauf nach der oben in Abbildung 3.6 beschriebenen (Warte-)Perspektive. Die Frauen befinden sich bei Zeitpunkt t_0 und wissen, daß zu t_2 und t_3 bestimmte Konsequenzen eintreten werden. Je weiter sie sich in der Zeit nach rechts auf diese Konsequenzen zubewegen, um so größer wird der entsprechende Nutzen. Zum Zeitpunkt t_0 (und bis zum Zeitpunkt t_1) wird die Option der Geburt ohne Anästhesie (mit Schmerzen, aber bewußtem Erleben der Geburt) der Option einer Geburt ohne große Schmerzen (mit Anästhesie, aber keinem bewußten Erleben der Geburt) vorgezogen. Dann kreuzen sich die Funktionen, der Wert einer Geburt ohne große Schmerzen ist jetzt und bis zum Zeitpunkt der Geburt (t_2) größer als der Wert einer Geburt mit klarem Bewußtsein. Einige Zeit nach der Geburt (bei t_3) ist der Wert eines klaren Bewußtseins bei der Geburt wieder höher; retrospektiv wünscht man sich, die Schmerzen in Kauf genommen zu haben.

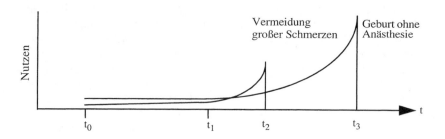

Abb. 3.6 Hyperbolische Diskontierungsfunktion (aus der *Warte*-Perspektive) für zwei Ereignisse zur Erklärung dynamischer Inkonsistenzen (nach Christensen-Szalanski 1984).

Die Abhängigkeit von Präferenzen vom Zeitpunkt des Eintretens der Ereignisse und speziell die Bedeutung der Unmittelbarkeit eines Ereignisses ist natürlich nichts Neues, man kennt sie aus anderen Zusammenhängen und in anderen Begrifflichkeiten; hier ist insbesondere Freuds (1943) Abhandlung über Lust- und Realitätsprinzip zu nennen.

... ich litt unter dem Gegensatz zwischen dem appetitus elicitus intellectivus, in welchem das Reich des Willens sich hätte manifestieren müssen, und dem appetitus elicitus sensitivus, dem spontanen Sinnesdrang, dem die menschlichen Leidenschaften ausgesetzt sind. Umberto Eco, Der Name der Rose.

Loewenstein (1996) hat in einem Artikel mit dem Titel „*Out of control*" dynamische Inkonsistenzen bzw. Präferenzwechsel nicht mit der Annahme hyperbolischer Diskontierungsfunktionen, sondern mit dem Einfluß *vorübergehender Faktoren* (*transient factors*) zu erklären und die Art dieses Einflusses formal zu beschreiben versucht. Er behandelt insbesondere Verhalten „wider besseres Wissen" wie Rauchen oder Drogeneinnahme, aber auch alltägliche „impulsive" Verhaltensweisen, die er auf kurzzeitig oder vorübergehend wirksame Faktoren wie das Bedürfnis nach Schmerzvermeidung, Schlaf, Sexualität u.a. zurückführt, also *transient factors*. Diese drängen nach Befriedigung und lassen weitsichtigere Ziele vergessen.

Ist man sich der Möglichkeit dynamischer Inkonsistenzen in seinem Verhalten bewußt, kann man versuchen, ihnen durch *Strategien der Selbstkontrolle* vorzubeugen (Elster, 1979; Logue, 1988). Im Beispiel: Gehen Sie am 29. Tag mit einem guten Freund durch die Stadt, den Sie beauftragen, Sie am Betreten eines Fast Food Restaurants zu hindern! Ein klassisches Beispiel für eine Strategie der Selbstkontrolle hat Odysseus geliefert: Als sein Schiff sich der Insel der Sirenen näherte, welche Schiffer durch ihren Gesang so sehr betören, daß sie nicht mehr auf die gefährlichen Riffe achten und mit ihrem Schiff untergehen, ließ er sich von seinen Gefährten an den Mast binden. In entscheidungstheoretischen Begriffen: Zeitlich und räumlich noch weit entfernt vom kritischen Moment, zieht es Odysseus natürlich vor, den Sirenen nicht zu verfallen; aber er weiß, daß er in dem Moment, in dem diese zu singen beginnen, nicht mehr rational wird sein können; daß seine Präferenz sich umkehren wird und er nichts lieber wollen wird, als den Sirenen zu verfallen. Also wendet er - auf meta-rationalem Niveau - eine Strategie an, die die Beibehaltung der *eigentlichen*, der langfristig rationalen Präferenz erzwingt. Elster (1979) hat, von diesem Beispiel ausgehend, zahlreiche meta-rationale Strategien der Selbstkontrolle beschrieben und analysiert. Auch psychotherapeutische Ansätze zur Unterstützung der Kontrolle impulsiven Verhaltens setzen solche Strategien ein, beispielsweise in Form von „Verhaltenskontrakten". Hier schließen Therapeut und Klient einen „Vertrag", wonach eine bestimmte Belohnung (etwa ein Geldbetrag) dem Klienten nur dann zur Verfügung gestellt wird, wenn er ein bestimmtes Verhalten (etwa Verzicht auf Rauchen) zeigt, das meist durch „Impulse" dominiert wird (Mahoney & Thoresen, 1974).

3.4.2 Antizipations- und Konsumtionsnutzen

Ein ganz anderer Ansatz zur Erklärung intertemporaler Bewertung und Präferenzen geht von der Überlegung aus, daß eine zeitlich entfernte Option nicht nur einen *Konsumtionsnutzen*, sondern auch einen *Antizipationsnutzen* hat (Loewenstein, 1987; Loewenstein & Thaler, 1989; Elster & Loewenstein, 1992). Der *Konsumtionsnutzen*, mit dem wir uns bislang ausschließlich beschäftigt haben, ist der Nutzen eines Ereignisses beim Eintreten dieses Ereignisses: Der Genuß beim französischen Diner. Der *Antizipationsnutzen* bezieht sich auf die Zeit der Antizipation selbst, die Zeit *vor* der Konsumtion; es ist - wenn es sich um angenehme Dinge handelt - der positive Nutzen, der aus der Antizipation zukünftiger angenehmer Ereignisse resultiert: *Spannung* und *Vorfreude* (z.B. auf das Diner). Loewenstein und Thaler (1989) sprechen von *savoring* (to savor = genießen, etwas erahnen lassen). Wenn es sich um unangenehme Dinge handelt, haben wir es mit einem negativen Antizipationsnutzen zu tun, mit *Angst* und *Bangen*. Loewenstein und Thaler (1989) sprechen hier von *dread* (to dread = sich fürchten, mit Furcht erwarten). Wer Spannung und Vorfreude steigern will, wird den Moment der Konsumtion herauszuschieben suchen; und wer Angst und Bangen so gering wie möglich halten will, wird den Moment der Konsumtion so schnell wie möglich hinter sich zu bringen versuchen. In beiden Fällen bedeutet dies eine *negative Zeitpräferenz*. Abbildung 3.7 veranschaulicht noch einmal die verschiedenen Arten von Nutzen in Abhängigkeit vom Zeitpunkt bzw. Zeitraum der Ereignisse, zu dem sie eintreten bzw. zu dem eine Beurteilung erfolgt.

Der Ansatz postuliert also, daß ein zukünftiges Ereignis in der Gegenwart emotionales Erleben hervorruft, das positiv oder negativ sein kann, und daß dieses emotionale Erleben Bewertung und Präferenz beeinflußt. Wie dies geschehen könnte und wie Antizipations- und Konsumtionsnutzen zusammenwirken, hat Loewenstein (1987) in einem formalen Modell von *savoring-and-dread* zu beschreiben versucht, auf das wir hier nicht näher eingehen.

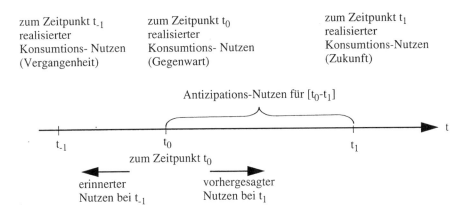

zum Zeitpunkt t_{-1}
realisierter
Konsumtions- Nutzen
(Vergangenheit)

zum Zeitpunkt t_0
realisierter
Konsumtions- Nutzen
(Gegenwart)

zum Zeitpunkt t_1
realisierter
Konsumtions-Nutzen
(Zukunft)

Antizipations-Nutzen für $[t_0\text{-}t_1]$

zum Zeitpunkt t_0

erinnerter
Nutzen bei t_{-1}

vorhergesagter
Nutzen bei t_1

Abb. 3.7 Der Nutzen von Ereignissen je nach dem Zeitpunkt, zu dem sie eintreten bzw. zu dem eine Beurteilung erfolgt.

Loewensteins Ansatz ist schon deshalb interessant, weil er in diesem ökonomisch orientierten Forschungsfeld nach den psychologischen Determinanten von Zeitpräferenzen sucht. Dies gilt auch für den Ansatz von Björkman (1984), doch während Loewenstein in Emotionen die wesentlichen Determinanten sieht, sieht Björkman sie in Merkmalen der (begrenzten) kognitiven Kapazität zur Speicherung und Verarbeitung zeitbezogener Information.

3.4.3 Sequenzen von Konsequenzen

Bisher haben wir nur die Wahl zwischen *singulären* Konsequenzen betrachtet, d.h. die Wahl zwischen einzelnen Konsequenzen, die zu verschiedenen Zeitpunkten realisiert werden. Bestehen die Optionen nicht nur aus einer singulären Konsequenz zum Zeitpunkt t, sondern aus geordneten Sequenzen von mehreren Konsequenzen, so müssen Strukturmerkmale der gesamten Sequenz berücksichtigt werden. Um den Nutzen einer ganzen Sequenz von Konsequenzen zu beschreiben, könnte man einfach die diskontierten Nutzenwerte der einzelnen Konsequenzen addieren. Man erhält dann ein *additives Nutzenmodell*. Ein additives Modell ist aber nur dann angemessen, wenn die Präferenzen des Entscheiders die Forderung nach *Präferenzunabhängigkeit* erfüllen. (Das additive Modell und die Voraussetzung der Präferenzunabhängigkeit werden in Kapitel 4 genauer beschrieben). Das heißt, die Präferenz zwischen zwei Optionen x und y, die eine gemeinsame Konsequenz z zum Zeitpunkt t haben, sollte unabhängig von der Art dieser Konsequenz sein. Diese Annahme wurde von Loewenstein (1987) überprüft. Er legte seinen Vpn verschiedene Möglichkeiten vor, drei aufeinanderfolgende Wochenenden zu verbringen. Die Vpn sollten angeben, welche der beiden Optionen sie präferierten:

Option	1. Wochenende	2. Wochenende	3. Wochenende
X	Französisch essen	zu Hause essen	zu Hause essen
Y	zu Hause essen	Französisch essen	zu Hause essen

Beiden Optionen ist die Konsequenz „zu Hause essen" am 3.Wochenende gemeinsam. Die meisten Vpn (84%) zogen die Option Y gegenüber der Option X vor. Man könnte annehmen, daß sie ein Essen zu Hause am 1.Wochenende, gefolgt von einem Essen in einem französischen Restaurant am 2.Wochenende, als die attraktivere der beiden Optionen betrachten. Diese Präferenz sollte unabhängig davon sein, wo oder was man am 3.Wochenende ißt. Um dies zu testen, legte Loewenstein anderen Vpn folgende Optionen vor:

Option	1. Wochenende	2. Wochenende	3. Wochenende
X′	Französisch essen	zu Hause essen	Hummer essen
Y′	zu Hause essen	Französisch essen	Hummer essen

Jetzt präferierte eine Mehrheit der Vpn (57%) die Option X′ gegenüber der Option Y′. Die Bewertung der einzelnen Konsequenzen in einer bestimmten Zeitperiode ist also nicht unabhängig von der Art der Konsequenzen in einer anderen Zeitperiode.

Aus einer geordneten Menge von Konsequenzen kann durch Permutation eine Vielzahl unterschiedlicher Optionen erzeugt werden. Wenn ich beispielsweise jedes Wochenende ein neues Restaurant besuche und an den nächsten drei Wochenenden Französisch (frz), Chinesisch (chi) und Afrikanisch (afr) essen will, kann ich zwischen sechs möglichen Sequenzen wählen:

    (a) <frz, chi, afr>   (b) <frz, afr, chi>   (c) <chi, frz, afr>
    (d) <chi, afr, frz>   (e) <afr, frz, chi>   (f) <afr, chi, frz>

Welche Merkmale zeichnen diejenigen Sequenzen aus, die präferiert werden? Ein Merkmal wurde oben bereits angesprochen, nämlich die *Verbesserung der Konsequenzen in der Sequenz*. Sequenzen mit steigendem positivem Nutzen werden im allgemeinen bevorzugt. Wenn Sie französisches Essen gegenüber afrikanischem Essen und dieses gegenüber chinesischem Essen vorziehen, dann dürften Sie also die Sequenz (d) <chi, afr, frz> bevorzugen.

Ross und Simonson (1991) haben in ihren Untersuchungen eine Tendenz zu einer *preference for happy endings*, einer Präferenz von Sequenzen mit einem guten Ende, demonstriert. Beispielsweise legten sie ihren Vpn zwei Optionen vor:

Option X	**Option Y**
Du nimmst an zwei Wettbewerben teil.	Du nimmst an zwei Wettbewerben teil.
> im ersten verlierst Du 15 $	> im ersten gewinnst Du 85 $
> im zweiten gewinnst Du 85 $	> im zweiten verlierst Du 15 $
In welcher Situation wärest Du glücklicher, in X oder in Y? Oder wäre es egal?	

73% der Vpn bevorzugten Situation X mit dem *happy ending*, nur 14% bevorzugten Situation Y mit dem *happy beginning*.

Loewenstein und Prelec (1993) haben als ein zweites Merkmal die *Uniformität der Konsequenzen in der Sequenz* eingeführt, d.h. die Gleichmäßigkeit in der Verteilung von positiven und negativen Konsequenzen (bzw. von relativen Verbesserungen und Verschlechterungen) über die Zeit. Personen bevorzugen im allgemeinen Sequenzen, die moderat von einer gleichförmigen Sequenz abweichen. Variatio delectat! Bei einer Präferenz frz > afr > chi sollten Sie also beispielsweise die Sequenz (a) <frz, chi, afr> hoch bewerten, in der es eine relativ große Varianz gibt.

Die Sequenz (f) erfüllt annähernd beide Kriterien: Die Konsequenzen verbessern sich (das französische Diner bei „Moustache" ist der abschließende Höhepunkt), aber es gibt auch gleichmäßig Verbesserungen und Verschlechterungen (vom Afrikaner zum Chinesen). Beide Kriterien sind nicht gleichzeitig optimal zu erfüllen. Je nach Situation und Person können beide Kriterien deshalb unterschiedlich gewichtet werden. Loewenstein und Prelec (1993) haben ein Modell zur Bewertung einer temporalen Sequenz mit n Konsequenzen vorgeschlagen, das drei Komponenten hat:

$$U (u_1 \ldots u_t \ldots u_n) = \sum u_t + \text{ß}V + \sigma G$$

Dabei sind U der Gesamtnutzen der Sequenz, u_t der Nutzen der Konsequenz, die zum Zeitpunkt t eintritt, V die Verbesserung der Sequenz insgesamt, G die globale Gleichverteilung der Sequenz und ß und σ Gewichtungsfaktoren. Die Verfahren zur Bestimmung von V und G findet der Leser bei Loewenstein und Prelec (1993).

3.5 Zur Messung von Nutzenfunktionen

Verfahren zur Erhebung von Nutzenwerten und von Präferenzen haben wir bereits in den Abschnitten 3.1.1 und 3.1.2 beschrieben. In diesem Abschnitt geht es um Nutzen*funktionen*.

Um die *Nutzenfunktion* eines Entscheiders erheben zu können, müssen die möglichen Konsequenzen bzw. die möglichen Attribute zunächst genau definiert und operationalisiert werden. Insbesondere muß der Wertebereich, über den die Nutzenfunktion bestimmt werden soll, festgelegt werden. Das ist bei kontinuierlichen Größen wie Geldbeträgen oder anderen quantitativen Größen einfach; aber bei qualitativen Konsequenzen kann der Bereich manchmal nur sehr beliebig festgelegt werden. Oft kann man sich mit einem einfachen *Ranking*, d.h. einer Rangordnung der Konsequenzen zufrieden geben; man erhält dann eine *ordinale* Nutzenfunktion. Will man jedoch eine *metrische* Nutzenfunktion, müssen die geordneten Konsequenzen bzw. Ausprägungen der Attribute quantifiziert werden. Dazu kann im einfachsten Fall eine numerische Ratingskala verwendet werden. Unmittelbar aus der Definition einer metrischen Nutzenfunktion, daß nämlich Übergänge oder Austauschraten von Konsequenzen hinsichtlich ihrer Präferenz bestimmt werden können, läßt sich die Methode der *Standardsequenzen* ableiten. Dabei wird ein bestimmter Austausch als Einheit verwendet. Zum Beispiel könnte man den Austausch „zwei Jahre länger leben statt ein Jahr länger leben" im Rahmen einer medizinisch-therapeutischen Entscheidung als Einheit verwenden. Nun wird gefragt, welcher Austausch - ausgehend von „zwei Jahren" - den gleichen Nutzen hat bzw. als in gleichem Maße erfreulich erlebt wird (z.B. könnte jemand sagen, daß „vier statt zwei Jahre länger leben" genau so erfreulich ist wie „zwei statt ein Jahr länger leben"). Aus solchen Indifferenzbestimmungen ergeben sich Punkte für die Nutzenfunktion, die als Basis für die Interpolation weiterer Punkte dienen. Da die wiederholte Anwendung eines Verfahrens sowie die Anwendung verschiedener Verfahren meist zu etwas unterschiedlichen Funktionen führen, sollte man bei jeder Messung Konsistenzprüfungen einbauen. Im Anhang werden die wichtigsten Methoden genau beschrieben. Darstellungen geben u.a. auch Lee (1977), von Winterfeldt und Edwards (1986) sowie Eisenführ und Weber (2003).

3.6 Lesevorschläge

Die historische Entwicklung und Veränderung des Nutzenbegriffs seit Bernoulli hat Lola L. Lopes (1995) in einem Artikel *On modeling risky choice: why reasons matter* kurz, aber sehr klar beschrieben. Wer einmal zu den Quellen selbst zurückgehen möchte, dem empfehlen wir Daniel Bernoullis 1738 veröffentlichtes, dann u.a. 1967 in Deutsch und Englisch herausgegebenes Bändchen *Specimen theoriae de mensura sortis*. Eine etwas neuere, wichtige Quelle stellt das Buch *Spieltheorie und wirtschaftliches Verhalten* von John von Neumann und Oskar Morgenstern (1947, dt. 1961) dar.

Die theoretischen Grundlagen der Begriffe *Nutzen* und *Präferenz* und der Beziehung zwischen diesen Begriffen (3.1) sowie die Charakteristika von Nutzenfunktionen (3.2) werden u.a. in dem Buch von Clyde H. Coombs, Robyn M. Dawes und Amos Tversky (1975), *Mathematische Psychologie*, behandelt. Neuere theoretische Ansätze findet man in dem von Ward Edwards (1992) herausgegebenen Band *Utility theories: Measurements and applications*, u.a. von Colin Camerer, Ralph L. Keeney, Robin L. Keller und R. Duncan Luce.

Zu dem Thema intertemporale Bewertung und Präferenz (3.4) empfehlen wir demjenigen, der auch an den historischen, philosophischen, ökonomischen und ethischen Aspekten von Zeitpräferenzen interessiert ist, die beiden Sammelbände *Time preferences: An interdisciplinary approach*, herausgegeben von den Ökonomen Guy Kirsch, Peter Nijkamp und Klaus Zimmermann (1988) und *Choice over time*, herausgegeben von dem Psychologen George Loewenstein und dem Philosophen Jon Elster (1992).

Jon Elster hat auch mit John E. Roemer (1991) einen Band über *Interpersonal comparisons of well-being* herausgegeben, also in anderen Worten den interpersonellen Nutzenvergleich. Zu diesem Thema, das wir hier überhaupt nicht behandelt haben, findet man in diesem Band interessante Beiträge u.a. von Daniel Kahneman und Carol Varey, Dale Griffin, Ken Hammond und Jon Elster selbst.

Schließlich empfehlen wir die Monographie von Jon Elster (1979), *Ulysses and the Sirens* (dt.: *Subversion der Rationalität*), in dem er Probleme der Meta-Rationalität wie beispielsweise Techniken des Selbst-Management, aber auch andere Probleme wie beispielsweise inkonsistente Zeitpräferenzen und endogenen Präferenzwandel analysiert. Elster bietet nicht viel empirische Psychologie, aber ungemein viel Anregungen für empirische Forschung.

Man can be *rational*, in the sense of deliberately sacrificing present gratifications for future gratifications. Man often is not rational, and rather exhibits *weakness of will*. Even when not rational, man knows that he is irrational and can *bind himself* to protect himself against the irrationality. This second-best or imperfect rationality takes care both of reason and passion. What is lost, perhaps, is the sense of adventure. Jon Elster, Ulysses and the Sirens.

3.7 Neues aus den letzten Jahren

Als erstes ist der Ansatz vor allem von Kahneman und seinen Mitarbeitern zu nennen, dem Nutzenbegriff eine inhaltliche psychologische Interpretation zu geben, ihn also nicht mehr oder nicht nur als Parameter zur Rekonstruktion von Wahlen zu betrachten (Kahneman 2000a, 2000b). Der „hedonische" Nutzen eines Zustandes oder eines Ereignisses wird als eine affektive Erfahrung, ein Gefühl, eine Emotion interpretiert. Der Gesamtnutzen (*total utility*) einer Episode, d.h. einer Erfahrung von bestimmter Dauer, wird über die Erfassung von *moment utilities* definiert. Der Gesamtnutzen einer Episode ist damit die Nettosumme der jeweils zu einem Zeitpunkt meßbaren Freude (*pleasure*) und des erlittenen Leides (*pain*). Auf der Basis dieser Konzepte kommt Kahneman zu einem normativen Begriff des „objektiven Glücks". In dem Sammelband von Kahneman, Diener und Schwartz (1999) finden sich die wichtigsten Arbeiten zur *hedonic psychology*, einem Gebiet, das in den letzten Jahren sehr viel Aufmerksamkeit gewonnen hat.

Vergleiche zwischen der *total utility* und dem später erinnerten Nutzen (*remembered utility*) einer Episode zeigen, daß beide Maße kaum zusammenhängen; auch der vorhergesagte Nutzen (*predicted utility*) eines antizipierten Erlebnisses, der vermutlich auf der Basis des erinnerten Nutzens generiert wird, hängt kaum mit der späteren Erfahrung zusammen. Dies kann bedeuten, daß Menschen nicht gut rekonstruieren können, wie angenehm oder unangenehm eine frühere Erfahrung *in toto* war. Es kann aber natürlich auch bedeuten, daß die Konzepte und ihre empirische Bestimmung der tatsächlichen Erfahrung und der Erinnerung der Erfahrung von Menschen nicht gerecht werden. Zwei Beobachtungen sind bemerkenswert (Redelmeier & Kahneman, 1996): Zum einen spielt für die retrospektive Bewertung einer Episode deren Dauer keine Rolle, sondern der erinnerte Nutzen basiert auf einer Bewertung einzelner hervorgehobener Momente (*duration neglect*). Zum anderen läßt sich die Bewertung einer Episode gut als Ergebnis der Bildung des Durchschnitts aus dem intensivsten Moment der Episode und dem Nutzen ihrer Endphase erklären (*peak-end rule*).

Hedonischer Nutzen ist in den genannten Arbeiten ein eindimensionales Konstrukt, ebenso in verwandten Ansätzen wie etwa in der *Decision Affect Theory* (Mellers, 2000) oder im Konzept der *Affect Heuristic* (Slovic, Finucane, Peters & MacGregor, 2002), in denen die Rolle von Emotionen im Entscheidungsprozeß betont wird. Analysen spezifischer Emotionen wie Bedauern und Enttäuschung (Zeelenberg, van Dijk, Manstead & can der Pligt, 2000; Connolly & Zeelenberg, 2002) oder moralischer Emotionen wie Schuld (Böhm & Pfister, 1996, 2000) weisen darauf hin, daß Nutzen je nach Situation als mehrdimensionales Konstrukt verstanden werden muß. Daß Affekte auch bei der Konstruktion von Präferenzen eine bedeutsame Rolle spielen, zeigen Peters, Slovic und Gregory (2003). Scharfsinnige Beiträge aus philosophischer Sicht hat wiederum Jon Elster mit seinem Buch *Alchemies of the mind: Rationality and the emotions* (1999) geliefert.

Ein zweiter Schwerpunkt der letzten Jahre war die vertiefte Analyse intertemporaler Entscheidungen. Es werden mehrere Facetten des Faktors Zeit unterschieden (Ariely & Zakay, 2001): (1) die *zeitliche Perspektive*, wenn zukünftige oder vergangene Konsequenzen einer Diskontierung unterliegen, oder wenn frühere Entscheidungen Hinweise für eigene Präferenzen liefern und zu einer Stabilisierung von Präferenzen beitragen (Hoeffler & Ariely, 1999); (2) Zeit als *Medium* von Entscheidungsprozessen, die selbst Zeit benötigen, was besonders in dynamischen Entscheidungssituationen zu wichtigen Meta-Entscheidungen führt, z.B.: was ist der optimale Zeitpunkt für eine Entscheidung oder für die Revision einer Entscheidung? (Kerstholt & Raaijmakers, 1997); (3) Zeit als *knappe Ressource*, wenn unter Zeitdruck Veränderungen der Informationsverarbeitung zu suboptimalen Entscheidungen führen können, beispielsweise einen ungewollten Rückfall in Routinen (Betsch, Haberstroh, Molter & Glockner, 2004); (4) Zeit als ein *Gut*, das hinsichtlich der Dauer angenehmer oder unangenehmer Erfahrungen bewertet wird (Ariely & Carmon, 2000).

Hinsichtlich der zeitlichen Perspektive hat sich die Erkenntnis durchgesetzt, daß intertemporale Entscheidungen meist gut mit der Annahme einer hyperbolischen Diskontierungsfunktion erklärt werden können, insbesondere wenn es um impulsive Entscheidungen oder um Probleme der Selbst-Kontrolle geht. Mehrere Studien weisen aber darauf hin, daß hyperbolische Diskontierung keine universelle Erklärung sein kann (Read & Roelofsma, 2003), sondern daß auch andere Faktoren und Prozesse einbezogen werden müssen, u.a. die unterschiedliche kognitive Repräsentation naher und ferner Konsequenzen (Ebert, 2001; Trope & Liberman, 2003), die Rolle von Optimismus (Berndsen & van der Pligt, 2001) und Willenskraft (Baumeister & Vohs, 2003), sowie Prozesse der intentionalen und nichtintentionalen Änderung der eigenen Präferenzen (Loewenstein & Angner, 2003).

Viele wichtige Arbeiten zu Problemen intertemporaler Entscheidungen findet man in den *Special Issues* des *Journal of Behavioral Decision Making* (2000, Vol. 13, No. 2) und von *Acta Psychologica* (2001, Vol. 108, No. 2) sowie in dem Sammelband *Time and decision*, herausgegeben von Loewenstein, Read und Baumeister (2003).

4 Zielkonflikte

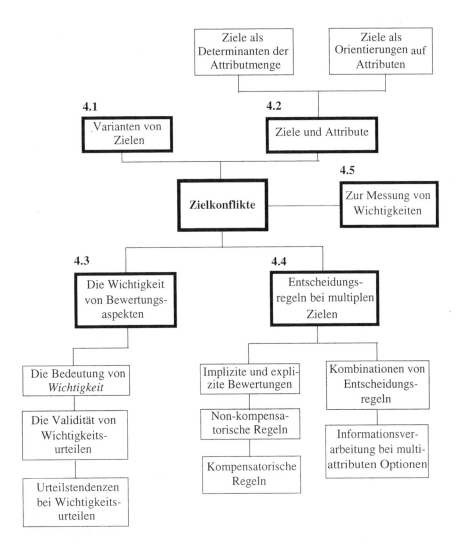

Wir haben die Bewertung von und die Wahl zwischen Optionen bislang so behandelt, als ob es für den Entscheider nur ein einziges Ziel gäbe - einen möglichst großen Nutzen zu erzielen. Es genügte daher sich anzuschauen, wie ein Objekt, ein Gut oder ein Zustand bzw. die mit der Wahl verbundene Konsequenz „in toto" beurteilt wird: Ein Fahrrad, ein Getränk, ein Geldbetrag, Gesundheit u.ä. Bei einem Geldbetrag ist eine solche einfache Bewertung völlig plausibel, denn ein Geldbetrag ist nur durch ein einziges Merkmal definiert, die Höhe des Betrages. Ein Whisky ist, zumindest für den Whisky-Laien, ebenfalls nur durch ein einzelnes Merkmal charakterisiert, die Güte des Geschmacks. Für den Whisky-Experten dagegen ist ein Whisky ein sehr komplexes Objekt der Bewertung: Er beurteilt ihn hinsichtlich seiner Farbe, seiner Nase, seines Körpers, seines Geschmacks und seines Abgangs. Vertrauter ist uns allen, daß ein Fahrrad viele Merkmale hat - Preis, Komfort, Gewicht, Gangzahl, Sicherheit, Farbe u.a. Wenn man also zwischen Whisky-Optionen oder Fahrrad-Optionen entscheiden muß, gibt es fast immer einen Zielkonflikt: Im Fall von Whisky mag es der Konflikt zwischen Geschmack und Abgang sein, oder aber - sicher häufiger - der Konflikt, einen Whisky mit dem besten Geschmack, Abgang, usw. genießen, aber auch nicht gleich 100 € auf den Tisch legen zu wollen. Im Fall des Fahrrades mag es der Konflikt sein, einerseits ein sehr leichtes Rad fahren zu wollen (was für ein teures Carbon-Rad spricht), andererseits die Wahrscheinlichkeit eines Diebstahls minimieren zu wollen (was für ein billiges, aber schwereres Allerweltsrad spricht). Die meisten Entscheidungen bringen uns in Zielkonflikte; technisch gesagt, die Entscheidungen fallen (mehr oder weniger) schwer, weil die Optionen *multiattribut* sind. Die Zeitschrift TEST versucht, ihren Lesern zu helfen, indem sie ihnen die relevanten Attribute von Wirtschaftsgütern liefert und darüber hinaus eine Bewertung der Güter auf diesen Attributen gibt.

Natürlich mag es einmal vorkommen, daß es einen einzigen Whisky gibt, der bessere Eigenschaften als alle anderen Whiskys hat und außerdem noch am billigsten ist; oder daß es ein Fahrrad gibt, das in jeder Hinsicht besser und gleichzeitig billiger als alle anderen Räder ist. In diesen Fällen sprechen wir davon, daß eine Option *dominant* ist, d.h., daß sie alle anderen Optionen hinsichtlich aller Ziele bzw. Eigenschaften dominiert. Es ist klar, daß es selten dominante Optionen gibt. *Wenn* es aber eine dominante Option gibt, fällt die Entscheidung nicht schwer. Die psychologische Untersuchung gilt dann der Frage, ob und wie ein Entscheider die dominante Option als dominant *erkennt*, und nicht der Frage, wie er sich zwischen den Optionen *entscheidet*.

In diesem Kapitel beschäftigen wir uns also mit Entscheidungssituationen, die in dem Sinne komplex sind, daß der Entscheider mehrere Ziele unter einen Hut bringen will oder muß. Im *ersten* Abschnitt unterscheiden wir zunächst einige wichtige Typen von Zielen: instrumentelle, temporale und fundamentale Ziele.

Für die entscheidungstheoretische Analyse sind besonders die fundamentalen Ziele wichtig. Diesen Typ von Zielen sowie die Strukturen der Repräsentation dieser Ziele erörtern wir daher etwas ausführlicher.

Im *zweiten* Abschnitt klären wir den Zusammenhang zwischen *Zielen* und *Attributen*. Beide Begriffe werden in der Literatur teils synonym, teils unterschiedlich gebraucht. In Anknüpfung an Kapitel 2 unterscheiden wir zwischen Zielen im weiteren Sinne, die den Bewertungsraum bzw. die Menge der zur Bewertung herangezogenen Attribute determinieren, und Zielen im engeren Sinne, welche die erwünschten Ausprägungen auf den relevanten Attributen bestimmen.

Im *dritten* Abschnitt geht es um die *Wichtigkeit* von Attributen und Zielen. Meistens sind die einzelnen Attribute bzw. Ziele für den Entscheider unterschiedlich wichtig. Wir erklären, wie der Begriff *Wichtigkeit* interpretiert werden kann, wie hoch die Validität von Wichtigkeitsurteilen ist und auf welche Urteilstendenzen bei der Erhebung von Wichtigkeiten geachtet werden muß.

Im *vierten* Abschnitt schließlich wenden wir uns der zentralen Frage zu, nach welchen Regeln multiattribute Optionen bewertet und ausgewählt werden. Wie werden die Informationen über multiattribute Optionen verarbeitet und so aggregiert, daß eine Wahl getroffen werden kann? Wir beschreiben hier eine Reihe von Regeln, insbesondere auch das „klassische" additive multiattribute Nutzenmodell.

4.1 Varianten von Zielen

„Whenever we talk about a ‚goal', we mix a thousand meanings in one word" (Minsky, 1988, S. 78). Von den tausend Bedeutungen interessieren uns hier nur drei: *instrumentelle, temporale* und *fundamentale* Ziele (Pfister, 1991; Keeney, 1992; Eisenführ & Weber, 2003). *Instrumentelle* Ziele sind in einer Entscheidungssituation Mittel oder Handlungen zum Erreichen anderer, der „eigentlichen" Ziele; es sind Optionen des Entscheiders bzw. Zwischenzustände im Verlaufe eines mehrstufigen Entscheidungsprozesses. Beispielsweise: Sie studieren Psychologie und arbeiten intensiv, um die Klausur im Anschluß an eine Vorlesung zu bestehen; dies ist aber nur ein Zwischenziel, das Sie erreichen müssen, um an einem bestimmten Seminar teilnehmen zu können; diese Teilnahme wiederum ist nur ein Zwischenziel, um sich für die Diplomvorprüfung anmelden zu können. Instrumentelle Ziele sind dadurch definiert, daß sie *mehr oder weniger tauglich* sind, um die eigentlichen Ziele (z.B. einen bestimmten Beruf) zu erreichen. Der Ziel-Begriff der psychologischen Theorien des Problemlösens entspricht dem Begriff der *instrumentellen Ziele* (vgl. Pfister, 1991, S. 67ff.). *Temporale* Ziele sind die Konsequenzen, welche der Entscheider als Folge seiner Wahl von Optionen antizipiert. Beispielsweise: Die Teilnahme an der Klausur zieht *mehr oder weniger wahrscheinlich* als Konsequenz „bestanden" oder „nicht bestanden" nach

sich. Der Ziel-Begriff der psychologischen Handlungsregulationstheorie entspricht weitgehend der Bedeutung des Begriffs *temporale Ziele* (vgl. Pfister,
1991, S. 72ff.). Die *fundamentalen* Ziele schließlich sind die eigentlichen Ziele,
die das Entscheidungsverhalten steuern. Sie sind nicht nur Mittel zum Zweck,
sondern der Zweck, der nicht weiter begründet wird; sie sind nicht nur Folgen des
Handelns, sondern sie markieren den Horizont des Handelns, über den hinaus
nicht weiter gedacht wird. Beispielsweise: „Ein befriedigender Beruf" ist vermutlich für die meisten Studenten ein solches Fundamentalziel. Der Ziel-Begriff
motivationspsychologischer Theorien entspricht der Bedeutung, die hier mit dem
Begriff *fundamentale Ziele* verknüpft wird (vgl. Pfister, 1991, S. 75ff.). *Fundamentale* Ziele sind es, die die Bewertung bzw. Wahl von Optionen steuern und die
wir daher nun genauer betrachten.

Die fundamentalen Ziele sind die Werte, Bedürfnisse, Einstellungen oder Ideale
des Entscheiders. Sie sind im Gegensatz zu instrumentellen oder temporalen Zielen idiosynkratischer und weniger durch situationsspezifische Momente bestimmt. Fundamentale Ziele können semantisch mehr oder weniger allgemein
bzw. konkret sein und entsprechend formuliert werden. Wenn jemand sagt, sein
Ziel sei „ein befriedigender Beruf", dann ist das ein ziemlich allgemeines Ziel.
Die Frage ist: Was bedeutet „ein befriedigender Beruf" für ihn bzw. sie? Vielleicht ein gutes Einkommen, interessante soziale Kontakte, Selbständigkeit, Rei-
semöglichkeiten und mehr. Man kann weiter fragen: Was bedeutet „Selbständigkeit"? Vielleicht Entscheidungskompetenz, Möglichkeit der Arbeitszeitge-
staltung, Chance auf Stellungswechsel und mehr. Die Frage nach der Bedeutung
eines allgemeinen Zieles führt zu einer immer genaueren und konkreteren Bestimmung des Zieles, die sich als *semantische Hierarchie* verstehen läßt. Daher
spricht Pfister (1991) von *semantischen* (und nicht von fundamentalen Zielen).

In einem semantischen Zielsystem gibt es also allgemeinere („höhere") Ziele
(z.B. „Erhöhung der Lebensqualität in der Stadt"), speziellere („tiefere") Ziele
(z.B. „Verbesserung der Verkehrssituation", „Verbesserung der Luftqualität",
„Verringerung der Lärmbelastung") und jeweils noch speziellere Ziele (z.B. bei
dem Ziel „Verbesserung der Verkehrssituation" die Ziele „Weniger Unfälle",
„Weniger Staus in den Hauptverkehrszeiten" usw.) wie in Abbildung 4.1 dargestellt. Es läßt sich nicht sagen, ob solche Strukturen im Wissen des Entscheiders
bereits vor einer Entscheidung existieren oder ob sie in einer Entscheidungssituation jeweils ad hoc entsprechend der situativen Bedingungen gebildet werden,
oder ob - als Kombination beider Vorstellungen - jeweils eine gegebene Grundstruktur aktiviert und modifiziert wird.

In der Wissenspsychologie spielen semantische Hierarchien eine wichtige Rolle
(vgl. Collins & Quillian, 1969; Rosch, 1978; Anderson, 1983). Pitz und Riedel
(1984) haben geprüft, ob die Annahme einer hierarchischen Struktur der mentalen

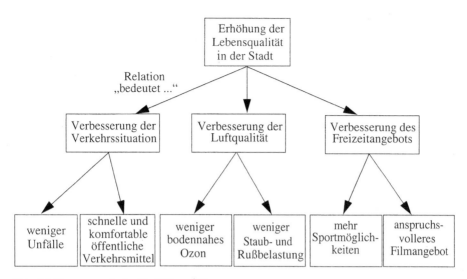

Abb. 4.1 Eine semantische Ziel-Hierarchie

Repräsentation von Zielen gerechtfertigt ist. Sie arbeiteten mit zwei Methoden: Bei der *top-down*-Methode beginnt man mit der allgemeinen Zielvorstellung in der gegebenen Situation (z.B. „eine optimale berufliche Tätigkeit"). Dann zerlegt man dieses Ziel; man fragt etwa, was „eine optimale berufliche Tätigkeit" eigentlich genau bedeute (z.B. „ein Einkommen über X €", „Eigenverantwortung", „interessante Umgebung"). Nun zerlegt man die Ziele der zweiten Stufe und gegebenenfalls weiterer Ebenen. So erhält man eine von oben nach unten entwickelte Hierarchie immer spezifischer werdender Ziele. Auf der untersten Ebene stehen diejenigen Attribute, an Hand derer man zwischen Stellenangeboten entscheiden würde. Bei der *bottom-up*-Methode sammelt man zunächst einfach alle Ziele, die relevant erscheinen. Dann faßt man auf der untersten Ebene diejenigen Komponenten zusammen, die das gleiche Oberziel haben, und gibt diesem einen Namen. So ergibt sich eine höhere Ebene mit allgemeineren Zielen; diese kann man wiederum unter Oberzielen zusammenfassen, bis man bei einem obersten und allgemeinsten Ziel anlangt. So erhält man eine von unten nach oben entwickelte Hierarchie zunehmenden Abstraktionsgrades. Auch hier stehen auf der untersten Ebene die spezifischen entscheidungsrelevanten Attribute. Die Studie selbst ist in Box 4.1 beschrieben. Auf Grund ihrer Ergebnisse meinen Pitz und Riedel (1984), die Modellierung durch hierarchische Strukturen werde den vielfältigen Abhängigkeiten der Ziele vom situationalen Kontext kaum gerecht; insbesondere spiegele eine „saubere" Hierarchie schwerlich die affektiven Merkmale der Situation wider, in der eine Person Ziele aktiviere: je nach Stimmung, Streß, Umfeld würde unterschiedlich auf die in der Wissensstruktur enthaltenen Ziele zugegriffen.

Box 4.1: Sind Wertvorstellungen mental hierarchisch strukturiert?

Gordon F. Pitz und **Sharon Riedel** (1984) untersuchten, wie Ziele intern strukturiert sind. Sie interessierte, ob sich Werte als hierarchische Strukturen modellieren lassen. Ihre Versuchspersonen (Vpn) entwickelten zu mehreren Problemen (Wahl zwischen Stellenangeboten) Zielvorstellungen, einmal *top-down* und einmal *bottom-up*. Die Attribute ordneten Pitz und Riedel in einer Matrix an: Die *top-down* gewonnenen Attribute als Spalten, die *bottom-up* gewonnen als Zeilen, z.B. so:

	Interessantheit	Selbständigkeit	Verantwortung
Entscheidungskompetenz	D	C	D
wenig Routinearbeit	C	E	E
Selbständigkeit	C	A	D

Die Vpn trafen für jede Zelle ein Urteil: A = Spalten- und Zeilenattribut sind identisch (z.B. gilt dies für das *top-down* produzierte Attribut „Selbstständigkeit"); B = Das Zeilenattribut ist ein Spezialfall des Spaltenattributes; C = Das Spaltenattribut ist ein Spezialfall des Zeilenattributes; D = Die Bedeutungen ·von Spalten- und Zeilenattribut überlappen sich; E = Spalten- und Zeilenattribut haben nichts miteinander gemeinsam. Man könnte erwarten, daß die Methoden identische Strukturen liefern: Jedem Attribut in der Spalte entspricht genau ein Attribut in der Zeile, es gilt also für jedes Attribut in Zeile und Spalte ein A-Urteil. Aber die eine Methode könnte auch zu einer präziseren Dekomponierung und Definition der Attribute führen als die andere; einem Attribut in der Zeile könnten beispielsweise mehrere Attribute in der Spalte entsprechen.

Beide Methoden führten zu etwa gleich viel Attributen. Aber viele Attribute, die mit der einen Methode generiert worden waren, hatten keine Entsprechungen zu Attributen, die mit der anderen Methode generiert worden waren. Die Bedeutung vieler Attribute in Zeilen und Spalten überlappte. Dies stimmt nicht mit der Annahme überein, die Wertvorstellungen seien hierarchisch respäsentiert.

Die (verstreuten) kognitionspsychologischen Ansätze zur Struktur und Dynamik der mentalen Repräsentation von Zielen werden ausführlich bei Pfister (1991, S. 83ff.) dargestellt.

4.2 Ziele und Attribute

Fundamentalziele - nur diese sind hier von Interesse - sind in zweierlei Weise für den Entscheidungsprozeß wichtig: Sie bestimmen den Bewertungsraum bzw. die Menge der zur Bewertung herangezogenen Attribute und sie bestimmen die erwünschten Ausprägungen auf den entscheidungsrelevanten Attributen.

4.2.1 Ziele als Determinanten der Attributmenge

In den meisten experimentellen Untersuchungen werden den Vpn die Merkmale, Eigenschaften, Dimensionen oder Attribute, an Hand derer Optionen zu bewerten und auszuwählen sind, vorgegeben. In Situationen jedoch, in denen die Attribute nicht vorgegeben sind oder in denen der Entscheider sie nicht unmittelbar aus dem Gedächtnis abrufen kann - insbesondere also bei neuen oder einmaligen Entscheidungen -, muß der Entscheider die Menge der Attribute, die für ihn persönlich bei der Entscheidung relevant sind, erst einmal generieren.

Wie könnte dieser Prozeß ablaufen? In Anknüpfung an Überlegungen von Jungermann, May, Hageböck, Isermann-Gerke und Pfister (1989) nehmen wir an, daß ein Entscheider zunächst die Konsequenzen der gegebenen Optionen generiert und dann genauer diejenigen Konsequenzen betrachtet, hinsichtlich derer sich die Optionen unterscheiden. Diese Attribute, auf denen sich die Optionen unterscheiden, sind *grundsätzlich* für die Entscheidung relevant. Sind beispielsweise verschiedene Fahrräder die Optionen, dann denkt er vielleicht an ihren unterschiedlichen Komfort. Das Attribut „Komfort" ist also grundsätzlich für die Entscheidung relevant. Ob es aber auch *tatsächlich* für die Entscheidung relevant ist, hängt von den Zielen und Werten des Entscheiders ab. Ein Entscheider wird also prüfen, welche der durch den Vergleich der Konsequenzen generierten Attribute angesichts seiner persönlichen Ziele und Werte relevant sind. Der Komfort mag für alle Fahrradfahrer relevant sein, der Preis ist es vielleicht nicht. Wer genug Geld hat, mag zwar wissen, daß das Carbon-Fahrrad teurer ist als das Allerwelts-Fahrrad, aber wenn ihm Geld egal ist und Minimierung seiner Ausgaben nicht zu seinen Zielen gehört, ist das Attribut Preis für ihn nicht entscheidungsrelevant.

Ziele im weiteren Sinne determinieren also die Menge der bewertungsrelevanten, zwischen den Optionen differenzierenden Attribute. Technisch gesagt: Alle Attribute, die für einen Entscheider aufgrund seines Zielsystems relevant sind, haben für ihn ein Gewicht größer Null; alle anderen Attribute, die möglicherweise für andere Menschen relevant sind, haben für ihn ein Gewicht gleich Null. In Abschnitt 4.3 wird der Aspekt der Gewichtung von Attributen ausführlich behandelt.

Wenn wir es mit einer Menge von *unabhängigen Zielen* zu tun haben, stellen die Attribute eben diejenigen Dimensionen dar, auf denen sich die Optionen unterscheiden können. In diesem Fall stellen wir die Attribute als *Liste* dar und die Ausprägungen der Optionen auf den Attributen in einer *Attributmatrix*, wie wir sie in Kapitel 2 beschrieben haben. Wenn jemand die Ziele hat, möglichst wenig Geld auszugeben, möglichst bequem zu fahren, möglichst sicher zu fahren (während er nicht das Ziel hat, ein möglichst zuverlässiges Fahrrad zu haben, weil er Fahrräder gerne und gut selber repariert), dann sind Preis, Komfort und Sicherheit die zugehörigen Attribute, hinsichtlich derer sich die Räder unterscheiden dürften.

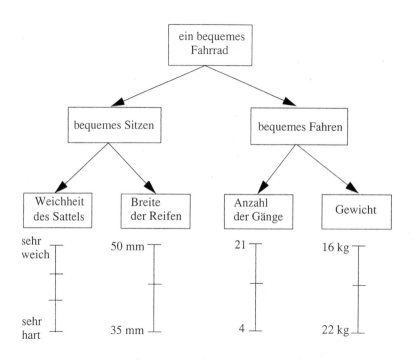

Abb. 4.2 Eine Ziel-Hierarchie und Attribute, auf denen sich die Optionen lokalisieren und auf den Grad ihrer Zielerreichung hin bestimmen lassen. Der Nutzen der Ausprägung von Optionen auf den Attributen nimmt von oben nach unten ab.

Wenn wir es dagegen mit einer *hierarchischen Zielstruktur* zu tun haben, sind die Attribute im allgemeinen mit den Zielen auf der untersten Ebene, also den konkretesten Zielen, verbunden. Denn auf dieser Ebene lassen sich die Optionen am klarsten unterscheiden. Angenommen, Ihr Ziel sei ein möglichst bequemes Fahrrad; und Bequemlichkeit bedeute für Sie „leichter Rahmen", „viele Gänge" und „weicher Sattel", dann würden Sie vermutlich die verschiedenen Räder nicht global hinsichtlich ihrer Bequemlichkeit, sondern konkreter hinsichtlich ihres Gewichts, ihrer Gangzahl und ihrer Sattelqualität unterscheiden und bewerten (vgl. Abbildung 4.2). (In der Literatur werden übrigens die Ziele auf den einzelnen Ebenen oft auch als Attribute dargestellt. Die Begriffe *Ziel-Hierarchie* und *Ziel-Baum*, *Wert-Hierarchie* und *Wert-Baum* sowie *Attribut-Hierarchie* sind im wesentlichen synonym.)

4.2.2 Ziele als Orientierungen auf Attributen

Wenn die entscheidungsrelevanten Attribute vorliegen oder generiert sind, können wir von Zielen in einem engeren Sinne sprechen. *Ziele* definieren dann die Richtung auf einem Attribut, in der das zu bewertende Gut wertvoller und wünschenswerter wird. Wenn ein Attribut zur Bewertung eines Autos die Reparaturanfälligkeit ist, dann besteht das Ziel in einer möglichst geringen Reparaturanfälligkeit. Wir können verschiedene Fälle unterscheiden:

Zum einen kann es für den Entscheider einen *idealen* Ausprägungsgrad geben. Meistens sind die Attribute so definiert, daß das eine Extrem des Attributes auch den idealen Ausprägungsgrad darstellt. Beispielsweise: Autokäufer haben das Ziel, ein möglichst reparaturfreies, preisgünstiges, sicheres usw. Auto zu bekommen. In diesem Fall sind die Ziele einfach zu definieren: je höher der *Ausprägungsgrad des Gutes* auf den Attributen, um so besser. Je nach dem Bereich aber, der durch die Merkmale der einzelnen Optionen aufgespannt wird, kann der ideale Ausprägungsgrad auch ein Ausprägungsgrad *zwischen* den Extremen sein. Beispielsweise: Die meisten Autokäufer wollen weder ein extrem schnelles noch ein extrem langsames Auto; ihr Ziel ist ein Ausprägungsgrad *zwischen* den Extremen des Attributes Geschwindigkeit. Man kann sich alle möglichen Zielfunktionen über Attributen vorstellen: Eine *lineare* Funktion, bei der die Nähe zum angestreben Ziel mit dem Ausprägungsgrad auf dem Attribut linear steigt (z.B. Zuverlässigkeit); eine *unipolare* Funktion, bei der es einen idealen Zielwert etwa in der Mitte des Attributes geben könnte (z.B. Geschwindigkeit); oder auch eine *bipolare* Funktion, bei der es auf einem Attribut also zwei ideale Ausprägungsgrade gibt (z.B. manche Autokäufer wollen entweder ein großes Auto, das sie auch für weite Strecken benutzen können, oder ein kleines Auto, das sie in der Stadt gut benutzen können, nicht aber ein mittelgroßes Auto). Beispiele für diese Zielfunktionen zeigt Abbildung 4.3.

Gewinn und Verlust wäget das sinnige Haupt. Goethe, Hermann und Dorothea.

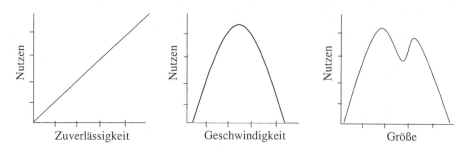

Abb. 4.3 Drei Zielfunktionen mit unterschiedlichen idealen Ausprägungsgraden

Es sei darauf aufmerksam gemacht, daß wir zwar alltagssprachlich sagen, daß wir ein Auto hinsichtlich seiner Geschwindigkeit bewerten, daß wir aber *eigentlich* die mit „Geschwindigkeit" verbundenen *Konsequenzen* der Wahl eines Autos mit einer bestimmten Geschwindigkeit bewerten (z.B. eines mehr oder weniger großen Zeitgewinns und/oder Vergnügens bei schneller Fahrt). Wenn wir sagen, daß wir ein Auto hinsichtlich seiner Geschwindigkeit bewerten, dann sind in dieser Formulierung immer die Konsequenzen „versteckt", die sich bei der Wahl eines Autos mit dieser Geschwindigkeit für uns ergeben. Dieser Hinweis ist keine Spitzfindigkeit, denn man kann sich vorstellen, daß die Bewertung durch Ausmaß und Art der Beschreibung der Konsequenzen ganz erheblich beeinflußt wird (vgl. Abschnitt 5.5.6). Die Werbung macht sich diesen Effekt zu Nutzen.

Zum anderen kann es für den Entscheider einen *minimalen* Ausprägungsgrad geben, den eine Option auf einem bestimmten Attribut mindestens erreichen muß, oder auch einen *maximalen* Ausprägungsgrad, den eine Option auf einem Attribut nicht überschreiten darf. Man spricht hier auch vom *Anspruchsniveau*, das erreicht werden muß, oder von einem *cut-off-Punkt*, was heißen soll, daß Optionen unmittelbar verworfen werden, wenn sie diesen Ausprägungsgrad nicht erreichen bzw. wenn sie ihn überschreiten. Bei der Entscheidung für eine Wohnung könnte beispielsweise die Größe ein *cut-off*-Punkt sein, wenn sie nämlich mindestens 60 qm haben muß; und die Miete könnte ebenfalls ein *cut-off*-Punkt sein, wenn sie nämlich 800 € nicht überschreiten darf. Zwei Zielfunktionen mit unterschiedlichen *cut-off*-Punkten für das Beispiel Wohnung zeigt Abbildung 4.4. Die Größe muß mindestens 60 qm betragen und die Miete darf nicht über 800 € liegen.

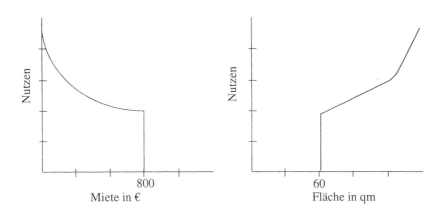

**Abb. 4.4 Zwei Zielfunktionen mit unterschiedlichem maximalen und minimalen Ausprägungs-
grad**

In Abschnitt 4.4 beschäftigen wir uns damit, ob und wie Entscheider Optionen
bewerten und eine Option wählen, wenn mehrere, möglicherweise unterschiedlich
wichtige Ziele vorliegen.

4.3 Die Wichtigkeit von Bewertungsaspekten

Die Ziele sind einem Entscheider im allgemeinen unterschiedlich wichtig. So ein-
leuchtend diese Feststellung ist, so schwierig ist es, den Begriff *Wichtigkeit* eindeutig zu definieren und *Wichtigkeit* zu messen.

4.3.1 Die Bedeutung von *Wichtigkeit*

Zunächst unterscheiden wir zwischen *relativer* und *absoluter* Wichtigkeit. Nehmen Sie das Beispiel der Entscheidung zwischen Stellenangeboten: das Attribut
„Gehalt" ist sicherlich von großer absoluter Wichtigkeit. Die relative Wichtigkeit
kann aber gering sein, wenn sich beispielsweise die Stellenangebote in bezug auf
das Gehalt kaum unterscheiden. Die Wichtigkeit eines Attributs ist immer *relativ*
zum spezifischen Entscheidungsproblem und *relativ* zu den anderen relevanten
Attributen.

Aber auch der Begriff *relative Wichtigkeit* kann unterschiedlich interpretiert werden, als *relative Empfindlichkeit* oder als *relativer Einfluß* (Goldstein & Beattie, 1991). Betrachten wir zuerst die Interpretation im Sinne von *relativer Empfindlichkeit*. Es hat sich gezeigt, daß bei wichtigen Attributen schon eine kleine Veränderung genügt, damit sich die Präferenz zwischen Optionen deutlich verschiebt. Beispielsweise könnte bei einer Urlaubsentscheidung bereits ein Unterschied auf dem Attribut „Wetter" den Ausschlag für den Urlaubsort geben: ändert sich die Bewertung einer Option auf diesem Attribut durch neue Information nur minimal, kann die Präferenz zwischen den Urlaubsorten schon kippen. Bei einem für den Entscheider unwichtigen Attribut, etwa „kulturelles Angebot", müßte dagegen ein größerer Unterschied bestehen, um die Präferenz kippen zu lassen. Präferenzurteile reagieren „empfindlicher" auf Veränderungen in einem wichtigen als auf Veränderungen in einem unwichtigen Merkmal. Wichtigkeit bedeutet hier also das Ausmaß, mit dem sich eine bestimmte Veränderung auf einem Attribut A_1 relativ zur Veränderung auf einem anderen Attribut A_2 im Urteil niederschlägt.

Betrachten wir nun die Interpretation von Wichtigkeit als *relativem Einfluß*. Nehmen wir wieder das Problem der Entscheidung zwischen Autos. Sie wollen zwischen den Autos Honda, VW Golf und Fiat wählen. Relevant sind für Sie die Attribute Preis, Sicherheit, Komfort. Die drei Autos unterscheiden sich auf dem Attribut Preis nur wenig voneinander, auf dem Attribut Sicherheit liegen sie etwas weiter auseinander, und auf dem Attribut Komfort liegen sie sehr weit auseinander. Hier dürfte das Attribut Komfort einen größeren Einfluß auf Ihre Entscheidung haben als das Attribut Preis, der Komfort also von größerer Wichtigkeit für Sie sein als der Preis. Anders gesagt: Ihre Präferenzurteile lassen sich vermutlich in hohem Maße auf das Attribut Komfort zurückführen. Eine Analogie zur Varianzanalyse kann dies (manchem Leser) verdeutlichen: Die Gesamtvarianz der abhängigen Variable (= Präferenzen) wird dekomponiert in einzelne Varianzquellen (= Attribute) mit unterschiedlichem Einfluß. Es wird also, ceteris paribus, derjenige Faktor den größten Einfluß haben, dessen Stufen (= Attributwerte) am stärksten differieren, d.h. die größte Variabilität aufweisen.

4.3.2 Die Validität von Wichtigkeitsurteilen

Sind die Urteile über die Wichtigkeit von Attributen, die jemand abgibt, seine „wahren" Wichtigkeiten, sind sie also valide? Die Bestimmung der Validität stößt auf Schwierigkeiten, denn es gibt verschiedene Darbietungsmöglichkeiten der Attribute, deren Gewichte erhoben werden sollen, und verschiedene Erhebungsmöglichkeiten der Wichtigkeitsurteile (die zudem fast beliebig miteinander kombinierbar sind).

- *Darbietung der Attribute*: Die Attribute können in *hierarchischer* oder in *nicht-hierarchischer* Weise vorliegen bzw. gegeben werden (vgl. Abschnitt 4.1). Eine *nicht-hierarchische* Struktur ist eine (ungeordnete) Liste der relevanten Attribute; eine *hierarchische Struktur* hat auf der obersten Ebene allgemeine Attribute, die dann auf den tieferen Ebenen zunehmend spezifiziert werden.

- *Erhebung der Urteile*: Es gibt mehrere direkte und indirekte Verfahren der Erhebung von Wichtigkeitsurteilen, die in Abschnitt 4.5 kurz und im Anhang ausführlich dargestellt werden. Je nach Methode unterscheiden sich die Wichtigkeitsurteile beträchtlich voneinander. Borcherding, Eppel und von Winterfeldt (1991) fanden Inter-Methoden-Korrelationen, die in der Regel kleiner als 0,5 waren und die oft sogar, auf individuellem Niveau, gegen Null gingen. Welche Methode in welchem Kontext valide Wichtigkeitsurteile liefert, ist in der Forschung noch ungeklärt.

Wie kann man dann zu einer Einschätzung der Validität der Wichtigkeitsurteile kommen? Als Kriterium für die Validität nimmt man im allgemeinen den Vergleich mit denjenigen Attributgewichten, die sich aus den holistischen Präferenzen zwischen Optionen mit verschiedenen Attributausprägungen ableiten lassen; man nimmt an, daß sich in diesen Präferenzen die „wahren" Wichtigkeiten implizit zeigen. Jemand mag bei der Gewichtung von Auto-Attributen explizit dem Attribut Geschwindigkeit ein relativ geringes Gewicht geben, weil er die Reaktion seiner Umgebung fürchtet, aber in seinen Präferenzen gegenüber verschiedenen Autos mag sich zeigen, daß dieses Attribut offenbar doch eine große Rolle spielt, weil er nämlich Autos mit höherer Geschwindigkeit Autos mit geringerer Geschwindigkeit vorzieht. Die Ableitung der „wahren" Gewichte aus den Präferenzen erfolgt mit Hilfe statistischer Verfahren; meist dienen regressionsanalytisch ermittelte β-Gewichte als Validierungskriterien für die direkt erhobenen Wichtigkeiten.

4.3.3 Urteilstendenzen bei Wichtigkeitsurteilen

Da die Interpretation von Wichtigkeit nicht eindeutig ist, überrascht es kaum, daß man bei der Messung von Wichtigkeit systematische Urteilstendenzen (*biases*) feststellen kann, je nachdem welche Methode der Vorgabe der Attribute und der Erhebung der Urteile verwandt wird. Weber und Borcherding (1993) und Borcherding, Schmeer und Weber (1995) haben die wichtigsten *biases* zusammengestellt. Einige schildern wir im folgenden.

① *Insensitivität gegenüber der Bandbreite*: Man würde erwarten, daß Personen einem Attribut eine geringere Wichtigkeit beimessen, wenn die Variationsbreite der Ausprägungen auf diesem Attribut gering ist. Wir greifen noch einmal das Beispiel einer Entscheidung zwischen Stellenangeboten auf: Wenn sich die Stellenangebote in bezug auf das Gehalt kaum unterscheiden, sollte das Attribut „Gehalt" weniger wichtig sein, als wenn sie sich im Gehalt erheblich unterscheiden. In mehreren Untersuchungen wurde jedoch gefunden, daß die Gewichte, die Personen den Attributen geben, nicht auf diese Weise von der Bandbreite abhängen.

In einer Untersuchung von Mellers und Cooke (1994) bewerteten Vpn Beschreibungen von Appartments, die sich nur in bezug auf den Mietpreis und die Entfernung zur Universität unterschieden, beispielsweise ein Appartment mit hoher Miete und geringer Entfernung: {400 $, 10 min}. In einer Versuchsbedingung wurde dieses Appartment zusammen mit anderen Appartments dargeboten, die hinsichtlich der Entfernung eine große und hinsichtlich der Miete eine kleine Bandbreite aufwiesen; in einer anderen Versuchsbedingung waren die Bandbreiten genau umgekehrt. Mellers und Cooke fanden, daß billige Appartments als attraktiver bewertet wurden, wenn die Bandbreite der Mieten klein und die Bandbreite der Entfernungen hoch war; und umgekehrt, daß nahe Appartments als attraktiver bewertet wurden, wenn die Bandbreite der Entfernungen gering und die Bandbreite der Mieten hoch war. Das obige Beispiel, ein teures, aber nahes Appartment (400 $, 10 min) erhielt bei geringer Mieten-Bandbreite eine deutlich schlechtere Bewertung (mittlerer Rang 15) als bei hoher Mieten-Bandbreite (mittlerer Rang 5). Die Insensitivität gegenüber der Bandbreite zeigt sich also darin, daß der Miete offenbar auch dann ein großes Gewicht gegeben wurde, wenn die Unterschiedlichkeit der Mieten sehr gering war.

② *Übergewichtung von Proxy-Attributen*: Unter Proxy-Attributen versteht man Hilfsattribute, die als Indikatoren für ein abstrakteres, aber nicht direkt operationalisierbares Attribut herangezogen werden. Beispielsweise kann beim Autokauf die ADAC-Pannenstatistik als Proxy-Attribut für das eigentlich interessierende Attribut „Zuverlässigkeit" dienen. Da Proxy-Attribute nur Indikatoren für die eigentlichen Attribute darstellen, sind sie oft nur bedingt zuverlässig. Diese eingeschränkte Zuverlässigkeit wird von Entscheidern jedoch kaum berücksichtigt. Proxy-Attribute werden meistens so behandelt wie andere Attribute auch, ihre Wichtigkeit wird nicht in Abhängigkeit von ihrer Zuverlässigkeit reduziert.

③ *Gewichtung nach Augenschein*: Es gibt für hierarchische Strukturen keine „richtige" Darstellung; man kann Ziele, Attribute bzw. Werte in unterschiedlicher Weise konstruieren. Beispielsweise kann ein Ziel in einer Hierarchie auf einem höheren oder auf einem niedrigeren Niveau plaziert sein, und es kann in mehr oder weniger Unterziele aufgespalten sein. Abbildung 4.5 zeigt einige Varianten hierarchischer Zielstrukturen.

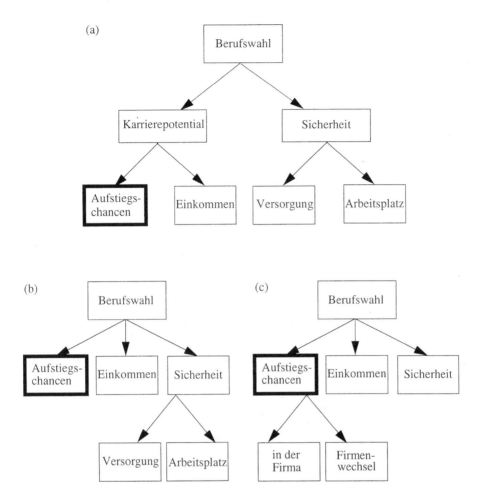

Abb. 4.5 Varianten hierarchischer Zielstrukturen

In einer Untersuchung von Borcherding und von Winterfeldt (1991) wurden Ziele als wichtiger eingeschätzt, wenn sie weiter oben in der Hierarchie plaziert und wenn sie in Unterziele aufgespalten waren (Box 4.2). Borcherding et al. (1995) nennen dies *hierarchy bias*. Weber, Eisenführ und von Winterfeldt (1981) fanden die starke Tendenz, ein in Teilelemente aufgespaltenes Attribut insgesamt höher zu gewichten als das gleiche, nicht aufgespaltene Attribut; sie nannten dies *splitting bias*.

Box 4.2: Wertbäume und Wichtigkeiten

1982 erging eine Anfrage vom US-amerikanischen Kongreß an das *depart-
ment of energy*, einen Standort für eine Atommülldeponie vorzuschlagen.
Fünf Standorte kamen dafür infrage. Wichtige Ziele, die bei der Entscheidung
berücksichtigt werden sollten, waren die Minimierung der schädigenden Einflüsse auf Umwelt und Gesundheit vor und nach dem Verschließen der Depo-
nie und die Kostenminimierung. Dazu wurden hierarchische Zielstrukturen
erstellt und Experten aufgefordert, die Wichtigkeit der Ziele und ihrer Unterziele zu bestimmen.

Diese Zielstrukturen (auch *Wertbäume* genannt) nutzten **Katrin Borcherding**
und **Detlof von Winterfeldt** (1988) als Material für die Untersuchung der
Frage, ob es für die Gewichtung eines Zieles einen Unterschied macht, ob dieses Ziel in Unterziele aufgespalten ist und auf welcher Hierarchie-Ebene dieses Ziel plaziert ist.

Nehmen wir an, eine Person gibt dem Ziel „Gesundheit" eine Gewichtung von 60
(von 100) Punkten. Gibt die Person demselben Ziel das gleiche Gewicht, wenn es
gemeinsam mit den Unterzielen „Gesundheit der Anwohner", „Gesundheit der Depo-
nie-Arbeiter" usw. präsentiert wird? Oder wird das Gewicht möglicherweise durch
die Unterziele höher?

Mit verschiedenen Methoden (z.B. *Swing* und *Trade-off*) ließen Borcherding
und von Winterfeldt ihre Vpn jeweils in unterschiedlich strukturierten Wertbäumen gewichten. Interessant waren dabei zwei Ergebnisse - ein inhaltliches
und ein eher methodisches. Zum einen zeigte sich, daß Ziele dann höhere
Gewichtungen erhielten, wenn sie mit mehreren Unterzielen präsentiert wurden und wenn sie in der Hierarchie höher standen. Offenbar beeinflußt die Art
(hier: die Spezifik) der Darstellung die Gewichtung der Ziele. Zum anderen
waren diese Einflüsse jedoch nicht bei allen verwendeten Gewichtungsmetho-
den gleich stark ausgeprägt. Einige, wie beispielsweise das *Pricing-out*-Ver-
fahren, waren wenig anfällig für Strukturunterschiede, führten also auch bei
unterschiedlichen Wertbäumen zu ähnlichen Gewichtungen der Ziele. Andere
Methoden dagegen, wie beispielsweise das *Swing*- und das *Trade-off*-Verfah-
ren, waren dagegen sehr anfällig für diese Unterschiede.

Borcherding und von Winterfeldt folgerten daraus, daß es sinnvoll ist, standardisierte Kriterien für die Entwicklung von Wertstrukturen zu bestimmen,
um zu verhindern, daß Entscheider nur deshalb zu unterschiedlichen Ergebnissen kommen, weil sie unterschiedlich strukturierte Wertbäume benutzt
haben.

Angenommen, in einer Hierarchie zur Berufswahl sei dem Attribut „Aufstiegs-chancen" das Gewicht 0,24 gegeben worden. Nun spalten wir das Attribut auf in die beiden Teileelemente „Chancen auf Gehaltserhöhung" und „Chancen auf Tätigkeit mit größerer Verantwortung" und lassen die beiden Unterelemente gewichten - dann sollte ihre Summe wiederum 0,24 sein. Tatsächlich aber ist die Summe meistens größer, d.h. aufgespaltene Attribute werden im Vergleich zu nicht aufgespaltenen Attributen übergewichtet. Dieser Effekt ähnelt dem Einbet-tungs-Effekt (vgl. Abschnitt 3.3.3).

4.4 Entscheidungsregeln bei multiplen Zielen

Wir haben bereits am Anfang dieses Kapitels festgestellt, daß Entscheidungen zwischen Optionen, bei denen mehrere Ziele eine Rolle spielen bzw. die durch mehrere Attribute beschrieben werden, schwieriger sind als Entscheidungen zwi-schen eindimensionalen Optionen (vgl. Kapitel 3). Deshalb können von Entschei-dern je nach situativen und individuellen Bedingungen ganz unterschiedliche *Ent-scheidungsregeln* eingesetzt werden, um in solchen komplexen Situationen eine Wahl zu treffen (vgl. auch Kapitel 7.2 und 7.3). Bei einfachen Regeln genügt es, einige wenige Merkmale oder Ausprägungen der Optionen in Betracht zu ziehen, bei komplexeren Regeln müssen die Wichtigkeiten der einzelnen Attribute berücksichtigt werden, und bei noch komplexeren Regeln müssen sogenannte *trade-offs* gemacht werden, d.h. es muß zwischen verschiedenen Zielen abgewo-gen werden. Aus der Forschungsperspektive kann man natürlich dieses Problem auch anders formulieren: In komplexen Entscheidungssituationen - das heißt hier: in Situationen mit multiplen Zielen - können die Wahlen von Personen am besten mit der Annahme erklärt werden, daß jeweils unterschiedliche und vor allem unterschiedlich aufwendige Prozesse der Informationsverarbeitung und Informa-tionsbewertung ablaufen. Diese Prozesse nennen wir *Entscheidungsregeln*; andere Autoren sprechen von Entscheidungs*strategien* oder auch Entscheidungs-*modellen*. Der Begriff *Regel* scheint uns aus kognitionspsychologischer Perspek-tive aber am besten zu passen; Informationsverarbeitungsprozesse der Art, um die es hier geht, ähneln nämlich denjenigen Prozessen, die auch in der Denkpsycholo-gie (z.B. Holland, Holyoak, Nisbett & Thagard, 1986) oder in der Wissenspsy-chologie (z.B. Wender & Strube, 1993) mit dem Begriff *Regel* belegt werden.

Wenn eine Bewertung implizit oder explizit für mehrere Attribute des zu beur-teilenden Objektes, Gutes oder Zustandes vorgenommen wird, spricht man von einer *multiattributen Bewertung. Ob* mehrere Attribute zur Bewertung herangezo-gen werden und wenn ja, *welche Attribute* herangezogen werden, läßt sich ohne empirische Untersuchung meist nicht sagen. Relevant sind für den Entscheider solche Attribute, die (a) mit den Zielen assoziiert sind, die der Entscheider ver-folgt, und die (b) zwischen den Optionen diskriminieren, unter denen gewählt wird (vgl. Abschnitt 4.2).

Wir gehen im folgenden davon aus, daß die einzelnen Parameter, die bei multiattributen Bewertungen eine Rolle spielen können, vom Entscheider bereits
generiert wurden. Die Optionen mit ihren Attributausprägungen sind also bekannt
bzw. kognitiv repräsentiert, ebenso die Wichtigkeiten der Attribute sowie eventu-
elle Ideal- und Schwellenwerte (vgl. Abschnitt 4.2). Es geht bei den folgenden
Entscheidungsregeln „nur" noch darum, wie diese einzelnen Informationen integriert werden, um zu einer Präferenz und Entscheidung für genau eine Option zu
kommen.

4.4.1 Implizite und explizite Bewertungen

Wir haben eben gesagt *„implizit* oder *explizit".* Damit ist folgendes gemeint:
Implizit ist eine multiattribute Bewertung dann, wenn dem Beurteiler zwar klar
ist, daß das Beurteilungsobjekt mehrere Attribute hat - das Objekt ist kognitiv
durch mehrere bewertungsrelevante Merkmale repräsentiert -, aber er nimmt (nur)
eine *holistische, intuitive* Bewertung vor, bei der er die Bewertungen des Objektes
auf den einzelnen Attributen kognitiv „irgendwie" integriert. Er bewertet das
Auto beispielsweise als „gut", ohne daß aus seinem Urteil erkennbar ist, ob er das
Auto auf allen Attributen als gut betrachtet oder aber auf einigen als sehr gut, auf
anderen als befriedigend, im Ganzen jedoch eben als gut. *Explizit* ist eine multiattribute Bewertung, wenn der Beurteiler für das Objekt jeweils eine *partielle,
analytische* Bewertung auf den verschiedenen Attributen durchführt. Ob bzw. wie
diese partiellen Nutzenbeurteilungen zu einem Gesamtwert aggregiert werden, ist
eine Frage der Situation (ob z.B. eine rasche Entscheidung zwischen zwei Objekten getroffen werden soll oder ob die Zeit für eine differenzierte Beurteilung
gegeben ist) und der Strategie des Beurteilers (ob er z.B. für die Entscheidung nur
ein einziges Attribut oder einige wenige Attribute oder aber alle Attribute benutzen will).

4.4.2 Non-kompensatorische Regeln

Eine erste Gruppe von Entscheidungsregeln sind die *non-kompensatorischen*
Regeln (Borcherding, 1983, S. 101ff.; Hogarth, 1987, S. 76ff.): Eine Option wird
nicht gewählt, wenn sie nicht bestimmte Schwellenwerte auf einem oder mehreren Attributen überschreitet oder wenn sie bestimmte Merkmale nicht besitzt, egal
wie gut sie auf den anderen Attributen abschneidet. Beispielsweise kann bei der
Auswahl von Bewerbern für die Pilotenausbildung bei der Lufthansa mangelnde
Sehschärfe durch keine andere Fähigkeit des Bewerbers kompensiert werden.

4.4.2.1 Schwellenregeln

Falls ein Entscheider als Zielfunktion für die Attribute bestimmte Schwellenwerte (*cut-offs*) hat, kann er seine Entscheidung danach treffen, ob und welche Optionen diese Schwellenwerte erfüllen. Beim Kauf eines Fahrrads könnte er beispielsweise folgende *cut-offs* besitzen: der Preis darf höchstens 1.500 € betragen, die Anzahl der Gänge muß mindestens 18 betragen.

Wendet er die *Konjunktionsregel* an, dann wird er das Fahrrad wählen, welches beide *cut-offs* erfüllt; er entscheidet sich für das Fahrrad, das höchstens 1.500 € kostet *und* mindestens 18 Gänge hat. Bei Anwendung der Konjunktionsregel kann es natürlich vorkommen, daß keine der Optionen gewählt wird (weil keine Option beide *cut-offs* erfüllt) oder daß mehr als eine Option gewählt werden könnte. Die Präferenz ist dann nicht eindeutig, und der Entscheider kann eine der möglichen Optionen auswählen, indem er eine andere Regel anwendet, beispielsweise indem er „mental eine Münze wirft", also per Zufall entscheidet.

Dieser Fall kann noch leichter bei der Anwendung der *Disjunktionsregel* eintreten, bei der nach einer Option gesucht wird, die *mindestens einen cut-off* erfüllt. Im Beispiel würde sich unser Fahrradkäufer also für ein Fahrrad entscheiden, welches *entweder* billiger als 1.500 € ist *oder* mindestens 18 Gänge besitzt.

Zu dieser Gruppe von Regeln gehört auch die *Satisficingregel*, die Simon (1955; 1978) beschrieben hat. Sie gilt nicht nur für multidimensionale Optionen, sondern ist auch für eindimensionale Optionen anwendbar. Simon postuliert, daß wir meistens damit zufrieden sind, wenn wir durch unsere Entscheidung eine Situation herbeiführen können, die *befriedigend*, wenngleich vielleicht nicht optimal ist. Man prüft nicht mit maximalem Aufwand an Zeit und Kosten sämtliche denkbaren Optionen, sondern gibt sich zufrieden, wenn man eine *akzeptable* Option gefunden hat. Nach der *Satisficing*regel prüft man also die verfügbaren Optionen eine nach der anderen und entscheidet sich dann nicht für „die erste beste", aber für die erste „relativ beste", nämlich diejenige, welche das Anspruchsniveau erfüllt. Diese Regel erscheint besonders für solche Situationen angemessen, in denen die Optionen nicht gleichzeitig gegeben sind, sondern nacheinander auftauchen. Beispielsweise bei der Suche nach einer Wohnung: Man schaut sich im Verlaufe mehrerer Tage oder Wochen eine Wohnung nach der anderen an und entscheidet sich irgendwann für eine Wohnung, die den Ansprüchen hinreichend genügt; auch wenn man weiß, daß man bei weiterer Suche vielleicht noch eine bessere Wohnung finden könnte. Findet man keine Option, die das Anspruchsniveau erfüllt, wird das Anspruchsniveau angepaßt. Simon hat dieses Konzept der *Befriedigung* bewußt als psychologisch realistischeres Konzept gegen das ökonomisch normative Konzept gesetzt, das bei Entscheidungen die *Maximierung* des Nutzens behauptet bzw. vorschlägt (s.u.). Zu einer Diskussion des Konzeptes siehe auch Beach (1990, S. 105ff.) und Hogarth (1987, S. 65f.).

4.4.2.2 Eliminationsregeln

Bei diesen Regeln werden die Optionen der Reihe nach geprüft, und es wird neben den Ausprägungen auf den Attributen auch deren *Wichtigkeit* in Betracht gezogen.

Im einfachsten Fall ordnet ein Entscheider zunächst alle Attribute nach ihrer Wichtigkeit und wählt dann diejenige Option, die auf dem wichtigsten Attribut die beste Ausprägung besitzt. Beispielsweise kann ein Entscheider die Anzahl der Gänge eines Fahrrades für wichtiger halten als den Kaufpreis; dann wird er lediglich das Attribut „Gangzahl" berücksichtigen und sich für das Fahrrad entscheiden, welches die maximale Anzahl an Gängen besitzt. Angenommen aber, es besitzen drei Fahrräder die maximale Gangzahl von 24 Gängen. Dann wird der Entscheider das zweitwichtigste Attribut betrachten, beispielsweise den Kaufpreis, und sich für das Fahrrad entscheiden, welches unter den drei verbliebenen das billigste ist. Angenommen, von den drei 24-Gang-Rädern kosten zwei jeweils 1.500 € (das dritte wird nicht mehr betrachtet, weil es 3.000 € kostet). Nun wird das drittwichtigste Attribut untersucht, etwa „Komfort", und unter den verbliebenen zwei Rädern das komfortablere gewählt. Diese Regel, nach der diejenige Option gewählt wird, die auf dem wichtigsten Attribut am besten ist, bzw. nach der solange das jeweils nächst-wichtige Attribut betrachtet wird, bis nur noch eine Option übrig bleibt, nennt man *lexikographische Regel* (LEX); sie heißt so, weil ähnlich wie in einem Lexikon die Attribute zwar nicht alphabetisch, aber nach ihrer Wichtigkeit geordnet werden. Natürlich ist auch hier nicht garantiert, daß schließlich genau eine Option übrigbleibt. Möglicherweise können selbst dann, wenn sogar das unwichtigste Attribut in Betracht gezogen wird, noch mehrere Optionen wählbar sein.

Die lexikographische Regel ist eine *deterministische* Regel. Wir haben bereits darauf hingewiesen, daß eine Regel unter Umständen zu mehreren gleich guten Optionen führt, unter denen dann vielleicht „per Zufall" gewählt wird; es kommt hier also ein Zufallsmoment ins Spiel. Bei sogenannten *stochastischen* Regeln (vgl. Abschnitt 4.4.3.2) wird der Zufall systematisch in den Entscheidungsprozeß eingebaut. Beispielsweise kann die lexikographische Regel dahingehend modifiziert werden, daß die Attribute nicht streng in der Reihenfolge ihrer Wichtigkeit betrachtet werden, sondern daß lediglich die Wahrscheinlichkeit, mit der ein Attribut betrachtet wird, proportional seiner Wichtigkeit ist. Dadurch würde im obigen Beispiel zwar meistens, aber eben nicht immer, ein Rad mit maximaler Gangzahl präferiert werden. Stochastische Regeln entsprechen empirisch sicher besser der Labilität und Kontingenz menschlicher kognitiver Prozesse (vgl. Kapitel 7).

Eine Regel, bei der sowohl eine Art Schwellenwert eine Rolle spielt als auch die stochastische Verarbeitung von Wichtigkeiten, ist die *Elimination-by-Aspects*-Regel (EBA), die von Tversky (1972) beschrieben und empirisch getestet wurde (vgl. auch Baron, 2000). Er geht davon aus, daß Optionen durch eine Menge von *Aspekten* beschrieben werden können. In unserer Terminologie handelt es sich dabei um bestimmte Ausprägungen von Attributen, etwa Ideal- oder Schwellenausprägungen; Aspekte in diesem Sinne sind in unserem Fahrrad-Beispiel „hat mindestens 18 Gänge" oder „ ist rot". Jeder Aspekt hat eine bestimmte Wichtigkeit. Nach dieser Regel beginnt der Entscheidungsprozeß mit der Selektion eines ersten Aspektes, und zwar mit einer Wahrscheinlichkeit, die seiner Wichtigkeit proportional ist. Alle Optionen, die diesen Aspekt nicht erfüllen (also z.B. nicht mindestens 18 Gänge haben oder nicht rot sind), werden aus der Menge der betrachteten Optionen eliminiert. Dieser Prozeß - stochastische Selektion eines Aspekts und Elimination nicht-adäquater Optionen - wird solange fortgesetzt, bis nur noch eine Option übrig bleibt. Man sieht, daß die EBA-Regel der LEX-Regel ähnelt. Sie ist allerdings nicht-deterministisch; wiederholte Entscheidungen einer Person über der gleichen Optionenmenge können also zu unterschiedlichen Präferenzen führen. Eine Weiterentwicklung wurde von Tversky und Sattath (1979) mit dem *Preference Tree*-Modell vorgeschlagen; dabei wird angenommen, daß die Aspekte durch eine hierarchische Baumstruktur repräsentiert werden. Bei der Wahl zwischen verschiedenen Menüs in einem Restaurant differenziert sich beispielsweise der Aspekt „hat eine Nachspeise" in die Unteraspekte „hat Mousse au chocolat" und „hat Käse".

4.4.3 Kompensatorische Regeln

Bei *kompensatorischen* Entscheidungsregeln (Borcherding, 1983, S. 103f.; Hogarth, 1987, S. 73ff.) kann die schlechte Ausprägung, die eine Option auf einem Attribut hat, durch eine besonders gute Ausprägung auf einem anderen Attribut grundsätzlich kompensiert, also ausgeglichen werden. Beispielsweise ist für viele in einem gewissen Rahmen jedes negative Merkmal einer Wohnung durch positive Merkmale kompensierbar.

4.4.3.1 Deterministische Regeln

Die bekannteste kompensatorische Regel, die besonders in der präskriptiven Entscheidungstheorie eine zentrale Rolle spielt, ist das *additive multiattribute Nutzen-Modell* (*MAU = Multi-Attribute Utility*); wir sprechen im folgenden aber, wie oben begründet, von der MAU-*Regel*. Angenommen, es liege bei einem Entscheidungsproblem für alle Optionen die vollständige Information vor. Alle Optionen sind auf allen relevanten Attributen präzise beschrieben, und der Entscheider verfügt auch über diese Information. Nehmen wir außerdem an, daß der Entscheider für jedes einzelne Attribut eine sogenannte Partialnutzenfunktion besitzt (vgl. Abschnitt 3.2) und jedem Attribut eine bestimmte Wichtigkeit beimißt (vgl.

Abschnitt 4.3). Die Anwendung der MAU-Regel bedeutet dann folgendes: Der Entscheider bestimmt für jede Option ihren Gesamtnutzenwert als die Summe aus den Produkten der Wichtigkeit mit den Partialnutzenwerten der Ausprägung für alle Attribute. Formal heißt dies:

$$MAU_i = \sum_{j=1}^{n} w_j u_j$$

wobei MAU_i der Gesamtnutzen der Option i, wj die Wichtigkeit von Attribut j, uj der Partialnutzen der Option i auf dem Attribut j und n die Anzahl der Attribute ist. Der Entscheider wählt diejenige Option, die den höchsten Gesamtnutzen hat. Menschen wenden normalerweise keine derartigen linearen Modelle an, um die verfügbaren Optionen zu bewerten. Aber die Anwendung linearer Gleichungen liefert häufig Werte, die menschliche Entscheidungen gut erklären bzw. die gut mit denjenigen Bewertungen übereinstimmen, die wir von Menschen bekommen. Insofern stellen sie recht robuste Modelle des Entscheidungsverhaltens dar.

Betrachten wir als Beispiel einen Fußballtrainer, der einen neuen Stürmer für seine Mannschaft einkaufen will. Drei Kandidaten sind verfügbar, die auf drei Attributen beschrieben werden können: Preis, Torgefährlichkeit und Teamgeist. Um die Torgefährlichkeit abzuschätzen, informiert sich der Trainer über die Zahl erzielter Tore pro Spiel in der letzten Saison; Teamgeist beurteilt er intuitiv auf Basis von Aussagen anderer Trainer. Die Information ist in der folgenden Matrix dargestellt, wobei in Klammern die Nutzenwerte der jeweiligen Ausprägungen stehen (beurteilt auf einer Skala von 0 bis 10):

	Torgefährlichkeit	Teamgeist	Preis
Cheapy	0,2 (3)	gut (9)	120.000 (8)
Selfy	0,5 (5)	schlecht (1)	250.000 (4)
Shooty	0,6 (7)	mäßig (3)	500.000 (2)

Nach einiger Überlegung kommt der Trainer zu folgenden Wichtigkeitsurteilen: Torgefährlichkeit = 0,3, Teamgeist = 0,2, Preis = 0,5. Nach der MAU-Regel berechnen sich die Gesamtnutzenwerte für jeden Stürmer folgendermaßen:

U(Cheapy) $= 0{,}3 \cdot 3 + 0{,}2 \cdot 9 + 0{,}5 \cdot 8 = 6{,}7$

U(Selfy) $= 0{,}3 \cdot 5 + 0{,}2 \cdot 1 + 0{,}5 \cdot 4 = 3{,}7$

U(Shooty) $= 0{,}3 \cdot 7 + 0{,}2 \cdot 3 + 0{,}5 \cdot 2 = 3{,}7$

Der Trainer wird also nach diesem Modell Cheapy kaufen: Der Preis ist am wichtigsten, und Cheapy ist am billigsten; außerdem hat er guten Teamgeist. Durch diese Merkmale wird seine mäßige Torgefährlichkeit kompensiert.

Das Beispiel macht deutlich, inwiefern es sich bei der MAU-Regel um eine *kompensatorische* Regel handelt. Der Entscheider wägt ab, um wieviel ein Attribut A_1 verbessert werden muß, damit eine bestimmte Verschlechterung auf einem Attribut A_2 ausgeglichen wird. Im vorigen Abschnitt wurde bei der Besprechung von Wichtigkeiten bereits dargestellt, daß Abwägungsprozesse (*trade-off*-Prozesse) vor allem in der Festlegung von relativen Wichtigkeiten bestehen. In unserem Fußball-Beispiel ist der Preis für den Trainer zweieinhalb mal so wichtig wie der Teamgeist (0,5/0,2 = 2,5).

Die MAU-Regel verlangt die Verarbeitung der *vollständigen Information.* Fehlt die Information über bestimmte Attribute oder ist der Entscheider nicht in der Lage, alle Information zu berücksichtigen, muß eine andere Regel herangezogen werden. Beispielsweise könnte darauf verzichtet werden, die Attribute zu gewichten bzw. Information über Attributgewichte heranzuziehen. Payne, Bettman und Johnson (1993) sprechen in diesem Fall von einer *Equal Weights*-Regel, nach der also alle Attribute gleich gewichtet werden und diejenige Option gewählt wird, welche die höchste Summe der Ausprägungswerte auf den Attributen hat. Es kann auch, nach der *Additive Differences*-Regel, diejenige von zwei Optionen gewählt werden, die nach der Addition der Differenzen zwischen den Ausprägungen der Optionen pro Attribut durch die Summe favorisiert wird. Einfacher ist die *Majoritätsregel.* Es wird dabei die Option gewählt, die auf den meisten Attributen die jeweils beste Ausprägung besitzt. Optionen, die auf manchen Attributen schlechte Ausprägungen haben, können diesen Nachteil kompensieren, indem sie auf anderen Attributen die optimalen Ausprägungen aufweisen.

Die MAU-Regel setzt die Erfüllung von zwei Bedingungen voraus, die oft verletzt werden, weshalb die Regel als *psychologisches* Modell nur bedingt brauchbar ist (Keeney & Raiffa, 1976; Borcherding, 1983; Eisenführ & Weber, 2003). Die *erste* Bedingung ist die *Vergleichbarkeit aller Attribute* und damit die Kompensierbarkeit zwischen Vor- und Nachteilen. Selbst wenn die Vergleichbarkeit aller Attributwerte abstrakt gegeben ist, so ist der spezifische Abwägungsprozeß doch nicht garantiert. Entscheider können manchmal keine Angaben darüber machen, wieviel von einem Merkmal (z.B. Geschwindigkeit bei einem Auto) sie bereit sind aufzugeben, um bei einem anderen Merkmal (z.B. Benzinverbrauch) eine Verbesserung zu erreichen. Die *zweite* Bedingung ist die *präferentielle Unabhängigkeit* zwischen den Attributen. Damit ist gemeint, daß die Präferenzordnung auf einem Attribut nicht davon abhängen darf, welche Ausprägungen die Optionen auf den anderen Attributen haben. Wenn ich beispielsweise zwischen Menüs in einem Restaurant wähle, dann darf meine Präferenzordnung in bezug auf das Attribut „Nachspeise" (z.B. Mousse au chocolat ≻ Rhabarberkuchen ≻ Vanilleeis) nicht davon abhängen, was auf dem Attribut „Hauptspeise" serviert wird. Daß

diese präferentielle Unabhängigkeit leicht verletzt wird, kann man sich am Beispiel der Getränke bei einem Menü klarmachen: Ob ich lieber Wein oder Bier
trinke, hängt offensichtlich von der Hauptspeise ab.

Ob die MAU-Regel empirisch angemessen ist, kann man dadurch überprüfen,
daß man Personen zunächst *Partialurteile* fällen läßt (also Nutzenbewertungen
und Wichtigkeitsurteile für jedes einzelne Attribut), diese Partialurteile nach der
MAU-Regel zu einem Gesamturteil aggregiert und die so *berechneten* Bewertungen mit *holistischen* Bewertungen der Optionen korreliert. Es gibt zahlreiche Studien, die mit diesem Ansatz das Entscheidungsverhalten bei multiattributen Optionen untersucht haben. In Box 4.3 ist eine Studie skizziert, in der Bürger, die
tatsächlich eine Wohnentscheidung zu treffen hatten, sowohl ihre gegenwärtige
alte Wohnung als auch potentielle neue Wohnungen beurteilten

Box 4.3: Urteilsprozesse bei Wohnentscheidungen

In einer Studie über den „Stellenwert der Umweltqualität bei Wohnentschei-
dungen" ließen **Katrin Borcherding** und **Bernd Rohrmann** (1992) Menschen, die gerade einen Umzug planten bzw. realisierten, ihre alten und neuen
Wohnungen beurteilen. Sie sollten die Wohnlage, die Wohnumgebung und
die Wohnung selbst bewerten und sagen, welche Gesichtspunkte für sie
urteilsbestimmend waren.

Es wurden zunächst *holistische Urteile* über die (alte und neue) Wohnsitua-
tion erfaßt. Dann wurden die Befragten gebeten, *Partialurteile* abzugeben,
d.h. Nutzen- und Wichtigkeitsurteile für einzelne Attribute der Wohnsitua-
tion. Rohrmann und Borcherding hatten dazu auf der Basis eines Wertbaumes
12 Attribute generiert. Die Attribute betrafen die Wohnung selbst (Größe,
Ausstattung, Heizung...), die Wohnlage (Entfernung zum Arbeitsplatz, Ein-
kaufsmöglichkeiten...), die Umweltqualität (Lärm, Naturnähe...), die Kosten
und sogenannte Randbedingungen (Mitbewohner, Mietvertrag...). Für jedes
Attribut j gaben die Befragten an, wie wichtig dieses Attribut ist (w_j), und sie
beurteilten die Güte ihrer Wohnung auf dem jeweiligen Attribut (u_j). Aus diesen Partialurteilen wurden nach der MAU-Regel ($MAU_i = \sum w_j \cdot u_j$) *Gesamtnutzenwerte* für jede Wohnung (= Option i) berechnet.

Die Gesamtnutzenwerte wurden mit den anfangs erhobenen holistischen
Urteilen verglichen. Wenn das MAU-Modell den Entscheidungsprozeß angemessen abbilden kann, dann sollte es eine hohe Übereinstimmung zwischen
den errechneten und den holistischen Urteilen geben. Und tatsächlich war die
Übereinstimmung gut. Die Korrelationen zwischen den holistischen Urteilen
und den MAU-Werten lagen bei 0,7 - und das, obgleich die Befragten weder
Experten im Umgang mit psychometrischen Skalen noch etwa Entschei-
dungsanalytiker waren! Das MAU-Modell, so schließen die Autoren, beschreibt in diesem Fall das menschliche Entscheidungsverhalten angemessen.

Fischer (1979) berichtet einige Untersuchungen, in denen das Korrelationskriterium zur Prüfung der Angemessenheit der MAU-Regel benutzt und Korrelationen zwischen 0,60 und 0,95 gefunden wurden. Die Korrelationen waren um so geringer, je komplexer die Optionen waren, d.h. je mehr Attribute sie besaßen. In einer Untersuchung wurden verschiedene Verfahren zur Erhebung von holistischen Bewertungen miteinander verglichen, und es wurde gezeigt, daß auch bei Verwendung aufwendiger Methoden wie der Lotterie-basierten Nutzenmessung (siehe Kapitel 6) Korrelationen um 0,80 erreicht wurden (Fischer, 1977). Von Winterfeldt und Edwards (1973) fanden bei der Bewertung von (multiattributen) Wohnungen nur eine Korrelation von 0,54; allerdings waren die Wohnungen auf nicht weniger als 14 Dimensionen beschrieben.

Selbst wenn man jedoch hohe Korrelationen zwischen holistischen und nach der MAU-Regel kalkulierten Bewertungen findet, kann man daraus nicht folgern, daß die MAU-Regel die kognitiven Prozesse richtig beschreibt. Mit linearen Modellen lassen sich immer dann befriedigende Modell-anpassungen erzielen, wenn die Variablen plausibel gewählt werden und untereinander korrelieren (Slovic & Lichtenstein, 1971; Dawes, 1979). Um also den zugrunde liegenden kognitiven Prozessen auf die Spur zu kommen, müssen andere Methoden als die lineare Regression angewandt werden, obgleich natürlich eine signifikante statistische Korrelation notwendige Voraussetzung ist, um ein Modell als gültig ansehen zu können. Ein zusätzliches Problem ist, daß in Experimenten die Attribute meist vorgegeben werden. Welche Attribute jedoch in alltagsnahen Entscheidungen intuitiv verwandt werden, bleibt ungeklärt; die MAU-Regel liefert keine Beschreibung oder Erklärung dafür, wie Personen Attribute generieren.

Die MAU-Regel ist insofern die anspruchsvollste Regel, als sie die explizite Auflösung von Zielkonflikten erfordert. Wie immer man sich entscheidet, irgendetwas verliert man bzw. bekommt man nicht, denn jede Option hat Vorteile und Nachteile. Bereits Shepard (1964) und nach ihm viele andere haben daher darauf hingewiesen, daß Menschen die Anwendung einer solchen Regel lieber vermeiden und am liebsten der Entscheidung selbst ausweichen.

4.4.3.2 Stochastische Regeln

Auch kompensatorische Regeln können stochastisch formuliert werden. Aschenbrenner, Albert und Schmalhofer (1984) haben mit dem *Kriteriumsabhängigen Wahlmodell* (*CDC = Criterion Dependent Choice*) für binäre Wahlen eine Regel vorgeschlagen, die sowohl kompensatorisch als auch stochastisch ist und die außerdem nicht (wie die MAU-Regel) eine vollständige simultane Verarbeitung aller verfügbaren Information unterstellt, sondern eine sequentielle Informationsverarbeitung annimmt. Die Regel ist dem EBA-Modell ähnlich, betont aber noch mehr den Prozeßcharakter von Entscheidungsregeln. Es wird angenommen, daß der Entscheider zunächst probabilistisch ein Attribut auswählt, wobei die Selektionswahrscheinlichkeit proportional der Wichtigkeit des Attributs ist. Es wird dann die Nutzendifferenz der beiden Optionen auf diesem Attribut berechnet und gespeichert. Danach wird wiederum probabilistisch ein weiteres Attribut selegiert, die Differenz auf diesem Attribut berechnet und zu der bereits gespeicherten Differenz addiert. Der Zyklus *Attributselektion - Differenzberechnung - Summierung von Attributdifferenzen zu einer Gesamtdifferenz - (neue) Attributselektion* wird solange wiederholt, bis die Gesamtdifferenz zwischen beiden Optionen ein spezifisches *Kriterium* überschreitet. Dieses Kriterium kann als die subjektive Schwelle interpretiert werden, bei der sich der Entscheider seiner Präferenz sicher genug ist, um eine Wahl zu treffen. In der Höhe des Kriteriumswertes zeigt sich, zu welcher mentalen Anstrengung jemand bereit ist (Bockenholt, Albert, Aschenbrenner & Schmalhofer, 1991): Je wichtiger eine Entscheidung ist, um so höher ist der Kriteriumswert, und um so mehr Information wird für den Vergleich der Optionen herangezogen. Mit diesem Modell können nicht nur Wahlen, sondern auch Entscheidungszeiten gut erklärt werden (Albert, Aschenbrenner & Schmalhofer, 1989). Andererseits ist unklar, wie das Modell für den Vergleich von mehr als zwei Optionen verallgemeinert werden könnte.

Ähnliche Konzepte sind in jüngerer Zeit durch Busemeyer und Townsend (1993) im Rahmen der *Decision Field*-Theorie entwickelt worden. Die Theorie wurde ursprünglich für Entscheidungen unter Unsicherheit entwickelt, und wir werden darauf in Kapitel 7 genauer eingehen. Die von Diederich (1995) vorgeschlagene Variante, die *Multiattribute Decision Field*-Theorie (MDFT) bezieht sich nur auf multiattribute Entscheidungssituationen; es handelt sich um einen sowohl stochastischen als auch dynamischen Ansatz. Diederich macht die plausible Annahme, daß die Wichtigkeit eines Attributes nicht konstant, sondern eine Zufallsvariable ist. Unter anderem dürfte die Wichtigkeit in Abhängigkeit von der Aufmerksamkeit variieren, die jemand einem Attribut zu einem bestimmten Zeitpunkt widmet. Dadurch aber können Entscheidungen hinsichtlich der gleichen Optionen zu verschiedenen Zeitpunkten verschieden ausfallen.

Die Konzeption des Entscheidungsprozesses, die dem von Diederich entwickelten formalen Modell zugrunde liegt, läßt sich so beschreiben: Wenn jemand zwischen zwei Optionen (z.B. Autos), entscheidet, dann denkt er an Eigenschaften wie etwa „Sicherheit", „Preis", „Design" und vergleicht die Autos hinsichtlich dieser Eigenschaften. Ein solches Attribut versteht Diederich als einen Abrufhinweis (*memory retrieval cue*) für das Gedächtnis: Ein abstraktes Attribut aktiviert viele assoziierte konkrete Aspekte. Bei dem Attribut „Sicherheit" mag jemand an Air Bags, an Stabilität, oder Bremsleistung denken, und bei dem Attribut „Preis" mag er an Kaufpreis, Wartungskosten, Steuer oder Benzinkosten denken. Der Entscheider sucht diese Aspekte in seinem Wissensspeicher, antizipiert und evaluiert die Konsequenzen der Wahl des einen oder anderen Autos, er vergleicht und integriert die Ergebnisse der Vergleiche. Und er wählt eine Option dann, wenn die Präferenzstärke für sie ein bestimmtes Kriterium überschreitet.

4.4.4 Kombinationen von Entscheidungsregeln

Zunächst eine Liste der bereits genannten und einiger weiterer Entscheidungsregeln:

1. Dominanz (DOM): Es wird diejenige Option gewählt, die auf allen Attributen mindestens so gut wie alle anderen Optionen und auf mindestens einem Attribut besser als die anderen Optionen ist.
2. Konjunktion (CON): Es wird diejenige Option gewählt, die auf allen Attributen den jeweiligen Schwellenwert erfüllt.
3. Disjunktion (DIS): Es wird diejenige Option gewählt, die auf mindestens einem Attribut den Schwellenwert erfüllt.
4. Lexikographische Ordnung (LEX): Es wird diejenige Option gewählt, die auf dem wichtigsten Attribut den besten Wert hat. Sind alle Optionen auf diesem Attribut gleichwertig, wird das zweitwichtigste Attribut betrachtet usw.
5. Elimination by Aspects (EBA): Es wird diejenige Option gewählt, die übrig bleibt, nachdem alle Optionen verworfen worden sind, die den attributspezifischen Schwellenwert nicht erfüllen. Die Reihenfolge, in der die Attribute betrachtet werden, ist durch deren Wichtigkeiten bestimmt.
6. Satisficing (SAT): Es wird diejenige Option gewählt, die, betrachtet man die Optionen in unsystematischer Reihenfolge, als erste das gesetzte Anspruchsniveau erfüllt und insofern befriedigend ist.
7. Majorität (MAJ): Es wird diejenige Option gewählt, die auf den meisten Attributen den maximalen Wert hat.
8. Multiattributer Nutzen (MAU): Es wird diejenige Option gewählt, deren Partialnutzenwerte auf den einzelnen Attributen, jeweils mit den Gewichten der Attribute multipliziert und aufsummiert, den höchsten Gesamtwert ergeben.
9. Equal Weights (EQW): Es wird diejenige Option gewählt, deren Summe aller Partialnutzenwerte den höchsten Wert hat.
10. Additive Differenzen (ADD): Es wird diejenige Option (von zwei Optionen) gewählt, die nach der Addition der Differenzen zwischen den Ausprägungen der Optionen pro Attribut durch die Summe der Differenzen favorisiert wird.
11. Kriteriumsabhängiges Wahlmodell (CDC): Es wird diejenige Option gewählt, deren Summe der Differenzen zwischen den Attributwerten einen Schwellenwert überschreitet. Die Reihenfolge, in der die Attribute betrachtet werden, ist durch deren Wichtigkeiten bestimmt.
12. Multiattribute Decision Field-Theorie (MDFT): Es wird diejenige Option gewählt, deren Summe der gewichteten Differenzen zwischen den Attributwerten ein Schwellenkriterium überschreitet, wobei die Attributgewichte aufmerksamkeitsabhängig fluktuieren.
13. Unwichtigstes Minimum (LIM): Es wird diejenige Option gewählt, deren schlechteste Ausprägung auf dem unwichtigsten Attribut liegt.
14. Geringste Varianz (LVA): Es wird diejenige Option gewählt, deren Partialnutzenwerte die geringste Streuung aufweisen.

Wenn man die Regeln an einem etwas komplexeren Beispiel durchspielt, sieht man leicht, daß nicht jede Regel zum Erfolg, d.h. zur Identifikation genau *einer besten Option* führt - oft sind mehrere Optionen gleich gut. Und natürlich können verschiedene Regeln zu unterschiedlichen Ergebnissen führen. Manche Regeln können oft gar nicht sinnvoll angewandt werden, etwa die DOM-Regel; andere, wie die EBA- oder die LEX-Regel, liefern oft eine Vielzahl nicht weiter differenzierbarer Optionen als Wahlkandidaten.

Es ist daher meist schwierig zu sagen, welche Regel Vpn angewandt haben, von denen Entscheidungen über multiattribute Optionen erfragt wurden. In einer Studie von Jungermann, Engemann, Isermann-Gerke, May, Radtke und Sachs (1987) wurde ein Simulationssystem (HEURISCO) benutzt, um die Erklärungskraft von acht Regeln zu prüfen. HEURISCO wurde entwickelt, um Prozeßmodelle multiattributer Entscheidungen zu formalisieren und simulieren. Es beruht weitgehend auf Hubers (1986) Theorie der Entscheidung als einem Problemlöseprozeß. Eingangsdaten für die Simulation waren Daten, die in einem Experiment erhoben worden waren und ex post vorhergesagt werden sollten: In dem Experiment trafen Vpn hypothetische Entscheidungen über Systeme der Energieversorgung und zwar zunächst ohne längere Überlegung; dann folgte eine Phase der angeleiteten Reflexion über die Ziele, die bei dieser Entscheidung wichtig sind; anschließend wurde erneut eine Entscheidung erfragt. In der Simulationsstudie wurden nun die empirisch erhobenen Prädiktoren (z.B. Nutzenwerte und Attributgewichte) herangezogen, um die Ergebnisse einer Anwendung der verschiedenen Regeln zu berechnen (d.h. zu welchen Entscheidungen jede Regel führen würde), und diese Ergebnisse wurden dann mit den empirisch beobachteten Entscheidungen verglichen. Wie gut schnitten die einzelnen Regeln ab? Zum ersten schnitt die (kompensatorische) MAU-Regel am besten ab, kaum schlechter allerdings die (nonkompensatorische) LEX-Regel. Zum zweiten zeigten diejenigen Regeln, die durch eine bessere Ausnutzung der verfügbaren Information und insbesondere durch die Beachtung der Attributgewichte charakterisiert sind, nach der Zielreflexion eine deutlich bessere Erklärungskraft als die anderen Regeln; dies wurde als Hinweis darauf gewertet, daß eine kognitive Differenzierung in der Problemsicht auch zu einer verstärkten Anwendung differenzierter Entscheidungsregeln führt. Ähnlich Befunde zeigten sich auch in anderen Studien, z.B. von Christensen-Szalanski (1980; vgl. Abschnitt 7.3.3).

In einfachen Situationen wird ein Entscheider nur eine einzige der oben beschriebenen Regeln verwenden. In komplexeren Entscheidungssituationen dagegen werden oft verschiedene Regeln *nacheinander* (manchmal wohl auch *durcheinander*) eingesetzt; man spricht dann von *Phasenmodellen* oder *phased decision strategies* (Wright & Barbour, 1977).

In der *Image*-Theorie von Beach (1990, 1993; Beach & Mitchell, 1987) wird beispielsweise zwischen den beiden Phasen *Screening* und *Choice* unterschieden. In der *Screening*-Phase werden die verfügbaren Optionen zunächst daraufhin geprüft, ob sie die Standards des Entscheiders verletzen. Unter Standards werden die Prinzipien, Werte und Lebensgrundsätze einer Person verstanden. Man kann darunter auch *cut-off*-Punkte verstehen. Beach bezeichnet die Strategie des Entscheiders als *Kompatibilitätstest*: jede Option wird daraufhin geprüft, ob sie mit diesen fundamentalen Prinzipien vereinbar (kompatibel) ist. Der Kompatibilitätstest ist asymmetrisch - er bezieht sich nur auf Verletzungen von Prinzipien - und damit non-kompensatorisch. Falls die Menge der Verletzungen von Prinzipien bzw. Nicht-Erfüllungen von Werten eine Schwelle (*rejection threshold*) überschreitet, wird die Option unwiderruflich verworfen; dies kann durch noch so gute Übereinstimmung mit anderen Prinzipien nicht kompensiert werden. Werden beim *Screening* alle Optionen verworfen, kann keine Entscheidung getroffen werden, d.h. der Entscheider muß die Entscheidungssituation verlassen oder neu definieren. Überlebt mehr als eine Option das *Screening*, geht der Entscheidungsprozeß in eine zweite Phase über, die eigentliche *Wahl*. Hier werden im sogenannten *Profitabilitätstest* Vor- und Nachteile einer Option auf kompensatorische Weise (z.B. nach der MAU-Regel) aggregiert, und es wird die so gefundene beste Option gewählt. Diese Konzeption (besonders der *Screening*-Phase) erinnert an die *Satisficing*-Regel von Simon (1955) und ist dem von Esser (1990) entwickelten *Habit*-Modell ähnlich.

Weitere Kombinationen unterschiedlicher Regeln wurden von Montgomery und Svenson (1976), Svenson (1979) sowie Payne et al. (1993) vorgeschlagen. Sie untersuchten insbesondere die Abhängigkeit der Wahl und Kombination von Entscheidungsregeln von Randbedingungen der Situation wie beispielsweise Zeitdruck und Aufgabenkomplexität. Die wesentliche Erkenntnis dieser Forschung besteht darin, daß Entscheidungsprobleme oft ohne erschöpfende Information oder Suche nach Information über die Optionen gelöst werden; auf diese Untersuchungen gehen wir in Kapitel 7 genauer ein.

Montgomery (1983, 1993) nimmt an, daß Entscheidungsregeln noch in einer anderen Weise und mit einer anderen Funktion kombiniert werden. Eine Entscheidung fällt, so sagt er, wenn man eine *click experience* hat, ein Gefühl der Sicherheit: jetzt weiß ich, was ich will. Und es macht in dem Moment *click*, in dem man hinreichend gute Argumente für die Wahl einer Option hat. Und das ist eigentlich nur dann der Fall, wenn eine Option sich als dominant erweist, also als eine Option, die auf allen Attributen mindestens so gut wie alle anderen Optionen und mindestens auf einem Attribut besser als die anderen Optionen ist. Da es aber zu Beginn eines Entscheidungsprozesses selten eine dominante Option gibt, besteht der eigentliche Entscheidungsprozeß wesentlich darin, eine Struktur des Problems zu finden oder zu konstruieren, in der es eine solche dominante Option gibt. Montgomery nennt sie eine *Dominanzstruktur* (*dominance structure*). Die Suche nach einer Dominanzstruktur verläuft in vier Phasen, in denen jeweils einzelne der oben genannten Regeln zur Anwendung kommen können. In der *ersten* Phase (*pre-editing*) wird eine Vorauswahl unter den Optionen getroffen (*screening*). Dominierte Optionen und solche, die bestimmte Minimalkriterien nicht erfüllen, werden ausgeschlossen; dabei kommen beispielsweise die CON- und die EBA-Regel zur Anwendung. In der *zweiten* Phase (*finding a promising option*) wird eine vielversprechende Option identifiziert. Als vielversprechend gilt eine Option, die durch einfache, schnelle Entscheidungsregeln als beste ausgewählt würde, beispielsweise durch die DIS- oder die LEX-Regel, die beide die Aufmerksamkeit auf die wichtigsten Attribute lenken. Eine Option, die auf dem wichtigsten Attribut gut aussieht, ist ein guter Dominanz-Kandidat. In der *dritten* Phase (*dominance testing*) wird geprüft, ob die nun favorisierte Option dominant ist; hier kommt natürlich die DOM-Regel zur Anwendung. Ist sie tatsächlich dominant, fällt die Entscheidung auf diese Option und der Entscheidungsprozeß ist beendet. Ist die vielversprechende Option jedoch nicht dominant, folgt eine *vierte* Phase (*dominance structuring*), in der die mentale Repräsentation des Problems mit dem Ziel restrukturiert wird, sie zu einer dominanten Option *zu machen*. Dies geschieht dadurch, daß diejenige Information mental eliminiert oder neutralisiert wird, die der Dominanz der favorisierten Option entgegensteht. Die beiden wichtigsten kognitiven Operatoren dafür sind: Erstens eine *Abschwächung* (*de-emphasizing*) von Attributgewichten bzw. genauer der Gewichte derjenigen Attribute, auf denen die favorisierte Option schlecht aussieht. Mit der LEX-Regel kann geprüft werden, welche Attributgewichte abgeschwächt werden müssen, damit die Nachteile der favorisierten Option nicht mehr zum Tragen kommen, denn Differenzen zwischen den Optionen auf weniger wichtigen Attributen können vernachlässigt werden. Zweitens eine *Unterstützung* (*bolstering*) des Favoriten, etwa durch die lebhafte Ausmalung der positiven Konsequenzen der Wahl dieser Option, so daß dann mit Hilfe der DIS-Regel entschieden werden kann, weil sich hier der Favorit nun durch besonders positive Aspekte auszeichnet. Die Phase wird iterativ so lange durchlaufen, bis es *click* macht, sich also eine Option als dominant herausbildet, oder bis die Suche nach einer dominanten Option scheitert und die Entscheidung abgebrochen wird. Montgomerys *Search for Dominance*-Theorie (SDT) hat zahlreiche Gemeinsamkeiten mit den Ansätzen von Janis und Mann (1977), die vor allem die Prozesse der Konstruktion einer Dominanzstruktur (*bolstering, rationalization* u.a.) mit reichem empirischem Material belegen, und dem Ansatz von Beach (1990), den wir zu Beginn dieses Abschnitts skizziert haben (vgl. dazu die Diskussion von Beach und Mitchell (1987), Montgomery (1987) und Vlek (1987)).

4.4.5 Informationsverarbeitung bei multiattributen Optionen

Sowohl in experimentellen Untersuchungen als auch in nicht-experimentellem Informationsmaterial wie etwa der Zeitschrift TEST wird die Information multiattributer Optionen in Matrixform dargeboten (vgl. Abschnitt 2.4.3). Meistens stehen in den Spalten die Attribute, in den Zeilen die Optionen und in den Zellen die Ausprägungen der Optionen auf den Attributen (siehe Abbildung 4.6). Mit solchen *Informationstafeln* (*information display boards*) kann der Einfluß zahlreicher Faktoren auf multiattribute Entscheidungen gut untersucht werden. Payne et al. (1993) haben ein *Mouselab* entwickelt (die Maus ist hier das PC-Zeigegerät und nicht die weiße Maus aus Skinners Labor!), in dem die Informationstafel auf einem Monitor dargestellt wird. Damit kann man bestimmte Informationen, wie beispielsweise Attributausprägungen, verdecken und eine Vp dann auffordern, sich durch Anklicken mit der Maus jede Information zu holen (sie also sichtbar zu machen), die ihr wichtig ist. Man kann sich das Programm im Internet holen: http://www.mouselabweb.org.

	Studiendauer	Studienort	Entfernung von Freund/in	Karriere-Möglichkeiten
Psychologie	10 Semester	Berlin	800 km	schlecht
Jura	13 Semester	▆▆▆▆▆▆▆	———	mittel
Maschinenbau	———	Bochum	▆▆▆▆▆▆▆	gut

Abb. 4.6 Informationstafel für multiattribute Entscheidungen
▆▆▆▆▆▆▆ bedeutet verdeckt, ——— bedeutet fehlende Information

Besonders gut läßt sich untersuchen, nach welcher Regel Informationen in multiattributen Situationen gesammelt und integriert werden. Aus der Reihenfolge, in der bei einem zunächst vollständig verdeckten Informationsangebot die einzelnen Informationen erhoben werden, lassen sich Rückschlüsse auf die kognitive Informationsverarbeitung ziehen. Wir unterscheiden zwischen *optionenweiser* und *attributweiser* Verarbeitung: Bei optionenweiser Verarbeitung werden alle Alternativen nacheinander betrachtet, beispielsweise wird jede Option zunächst auf allen ihren Attributen bewertet, die Nutzenbeurteilungen werden integriert, eine Gesamtbewertung wird gebildet und abgespeichert; man spricht hier auch von einer Verarbeitung der Information *between-attributes*. Bei attributweiser Verarbeitung werden zunächst alle Optionen auf nur einem bestimmten Attribut verglichen, dann auf einem anderen Attribut usw., bis alle Attribute bearbeitet wurden; hier spricht man von einer Verarbeitung *within-attributes*. Ein Beispiel für eine Untersuchung der beiden Verarbeitungsregeln ist in Box 4.4 beschrieben. Meistens findet man Mischregeln, wobei jedoch, je nach Bedingung, die eine oder die andere Verarbeitungsweise dominiert. Unter welchen Bedingungen welche Regeln eingesetzt werden, wird in Kapitel 7 näher erläutert.

Box 4.4: Fernseher oder Kühlschrank

Wenn Konsumenten zwischen Produkten *innerhalb einer Produktkategorie* wählen, dann sind die Optionen meist durch *gleiche* Attribute beschrieben (z.B. Bildschirmgrößen bei Fernsehern). Das ermöglicht einen direkten Vergleich der Optionen. Manchmal muß aber *zwischen Produkten verschiedener Kategorien* gewählt werden, z.B. zwischen einem Fernseher und einem Kühlschrank. Da jede Option „natürlicherweise" durch *andere* Attribute beschrieben ist, ist ein unmittelbarer Vergleich unmöglich. Soll man die Größe des Bildschirmes mit der des Tiefkühlfaches vergleichen? Wohl kaum. Solche Vergleiche sind schwierig, aber auf irgendeiner Basis werden sie gemacht, denn Entscheidungen werden ja getroffen.

Michael Johnson (1989) ließ Vpn hypothetische Kaufentscheidungen treffen. Die Produkte entstammten entweder derselben Produktkategorie (z.B. zwei Fernseher), ähnlichen Kategorien (z.B. Fernseher und Videorecorder) oder sehr unähnlichen Produktkategorien (z.B. Fernseher und Kühlschrank). Mit der Methode des „lauten Denkens" und über die Aufzeichnung von Augenbewegungen wurde erfaßt, wie die Vpn bei ihren Entscheidungen vorgingen. Besonders interessierte dabei, wie die Vpn die eigentlich „unvergleichbaren" Optionen miteinander vergleichen.

Überlegen Sie selbst: Wie gehen Sie vor, wenn Sie zwischen Fernseher und Kühlschrank entscheiden müssen? Zwei Strategien sind möglich. Die erste Strategie besteht darin, daß Sie versuchen, für Fernseher und Kühlschrank gemeinsame Attribute zu finden, z.B. „Leistung" oder „Qualität". Dann vergleichen Sie Ihre beiden Optionen Attribut für Attribut und wählen am Ende die Option, die bei der Mehrzahl der Einzelvergleiche überlegen war. Diese Strategie nennt Johnson die *within-attributes* Strategie. Sie ist einerseits leicht, weil man die Optionen auf gemeinsamen Attributen direkt miteinander vergleichen kann. Sie ist aber auch schwierig, weil solche gemeinsamen Attribute erstmal gefunden werden müssen. Würden Sie zwischen Fernseher und Kühlschrank nach dieser Strategie entscheiden? Die zweite Strategie besteht darin, daß Sie jede Option für sich betrachten und anhand der jeweiligen Attribute bestimmen, wie gut oder schlecht Sie Kühlschrank und Fernseher finden. Dann vergleichen Sie die integrierten Urteile miteinander - etwa: lieber einen guten Fernseher als einen schlechten Kühlschrank. Dies ist eine *between-attributes* Strategie (die Johnson *across-attributes* Strategie nennt). Wenn Sie so vorgegangen sind, dann haben Sie sich wie die meisten Vpn in Johnsons Untersuchung verhalten: Je unähnlicher nämlich die zu vergleichenden Produkte waren, desto eher verwendeten diese die *between-attributes* Strategie.

Man kann auch mit sogenanten *verbalen Protokollen* arbeiten, also die Methode des *lauten Denkens* anwenden. Vpn wird ein Problem vorgegeben, z.B. auf einer Informationstafel, und sie sollen alles laut ausprechen, was ihnen während der Entscheidung durch den Kopf geht. Die Äußerungen werden aufgenommen und nach bestimmten Kategorien ausgezählt. Als unabhängige Variable wird meistens die *Komplexität* des Problems manipuliert, operationalisiert durch die Anzahl verfügbarer Optionen und die Anzahl an Attributen, auf denen die Optionen beschrieben sind (vgl. Kapitel 7). Eine Darstellung der Untersuchungen mit dieser Methode geben Harte, Westenberg und van Someren (1994). Sie zeigen detailliert, wie Prozeßmodelle in der Problemlösepsychologie konstruiert und analysiert werden und wie dieser Ansatz in der Entscheidungspsychologie angewandt werden kann.

Mit den Techniken der Informationstafel und der verbalen Protokolle versucht man, den Prozeß der Informationsaufnahme, -verarbeitung und -nutzung bei Entscheidungen zwischen multiattributen Optionen besser zu verstehen. Man spricht daher von *process tracing methods*. Und man hebt die Arbeit mit diesen Methoden von solchen Untersuchungen ab, in denen lediglich statisch, also zu einem einzigen Zeitpunkt, ein Urteil oder eine Entscheidung erfragt wird, und die mit Hilfe eines algebraischen Modells wie etwa der MAU-Regel oder einer Regression vorhergesagt bzw. erklärt wird. Eine typische *process tracing*-Studie, in der es um die Bewertung von Wohnappartments durch Konsumenten ging, ist in Box 4.5 beschrieben.

Eine Untersuchung zur Personalauswahl wurde von Timmermans (1993) durchgeführt. Ihre Vpn mußten einen fiktiven Bewerber für eine Professoren- und für eine Managerstelle auswählen. Es waren entweder drei, sechs oder neun Bewerber vorgegeben, die auf fünf oder zwölf Attributen (z.B. Alter, Erfahrung, kommunikative Fähigkeiten usw.) beschrieben waren. In den Protokollen des lauten Denkens der Vpn wurden die Urteile ausgewertet, die im Verlauf des Entscheidungsprozesses geäußert wurden. Timmermans unterschied absolute Urteile („X hat viel Erfahrung") und komparative Urteile („X hat mehr Erfahrung als Y"), holistische Urteile („X ist ein guter Kandidat") und dimensionale Urteile („X ist zu alt") sowie positive, negative und neutrale Bewertungen. Aus den Häufigkeiten von Urteilen in diesen Kategorien zog sie Rückschlüsse auf die verwendeten Entscheidungsregeln. Die Ergebnisse stehen weitgehend im Einklang mit anderen Untersuchungen (Svenson, 1974; Payne, 1976; Onken, Hastie & Revelle, 1985; Ford, Schmitt, Schlechtman, Hults & Doherty, 1989): Timmermans fand, daß mit zunehmender Komplexität das Ausmaß aufgenommener und verarbeiteter Information abnimmt. Die am stärksten präferierte Option wird von Anfang an aufmerksamer bearbeitet, und es werden im Verlaufe der Zeit immer mehr positive Urteile dazu generiert. Mit Abstand am häufigsten waren in der Untersuchung Urteile der Kategorie absolut-dimensional; beispielsweise „Die Erfahrung von X ist außerordentlich groß". Nur 4% aller Urteile bezogen sich auf die Wichtigkeit von Attributen. Etwa 50% der Urteile waren evaluativ positiv, jeweils 1/4 waren negativ und neutral. Am häufigsten wurde eine additiv-kompensatorische Regel wie die MAU-Regel gefunden. Je mehr Optionen vorgegeben waren, um so häufiger wurden eliminative Regeln wie die lexikographische Regel benutzt.

Box 4.5: Laut gedacht

John Payne (1976) ließ Vpn über die Entscheidung zwischen Appartments „laut denken". Hier ein Auszug aus einem „verbalen Protokoll":

„Let's just see what the rents are in all appartments first. The rent of A is $ 140. The rent of B is $ 110. The rent of C is $ 170 ... Um, $ 170 is too much. But, if the other ones aren't good, I'll look at them later ... I'm going to look at landlord attitude. In H it's fair. In D it's poor. B it's fair, and A it's good. So, one of them ... is poor. So that's important to me ... So, I'm not going to live any place where it's poor ..."

Carroll und **Johnson** (1990) haben dafür folgende Kodierung vorgeschlagen:

Aussage	Kodierung
Let's just see what the rents are in all appartments first.	GOAL
The rent of A is $ 140.	READ (A, rent)
The rent of B is $ 110.	READ (B, rent)
The rent of C is $ 170.	READ (C, rent)
Um, $170 is too much...	ELIMINATE (C)
(...)	
I'm going to look at landlord attitude.	GOAL
In H it's fair.	READ (H, landlord attitude)
In D it's poor.	READ (D, landlord attitude)
(...)	
So I'm not going to live any place where it´s poor.	GOAL

Die Kategorie **GOAL** umfaßt die Aussagen der Vp, die sich auf Ziele, Pläne oder Vorhaben beziehen, also z.B. das Vorhaben, zunächst alle Mietpreise der Apartments zu prüfen, oder das Ziel, keinesfalls in einer schlechten Gegend zu wohnen. Die Kategorie **READ** steht für Aussagen, in denen Informationen über die Optionen aufgenommen werden. Spezifiziert wird dabei durch Argumente, für welche Option und welches Attribut Information aufgenommen wird, also z.B. der Mietpreis für Appartment A. Und die Kategorie **ELIMI-NATE** erfaßt Aussagen, in denen eine Versuchsperson explizit eine Option verwirft, also eliminiert, wie in diesem Beispiel Appartment C wegen der zu hohen Miete.

Hat man alle Aussagen einer Person auf diese Weise kategorisiert, erhält man Aufschluß darüber, wie der Prozeß der Entscheidungsfindung bei dieser Person ausgesehen hat, und welche Teilprozesse in welcher Sequenz abgelaufen sind.

Im allgemeinen zeigt sich, daß die Komplexität einer multiattributen Entscheidungssituation einen starken Einfluß auf die Art und Weise der Informationsverarbeitung hat. Timmermans' Untersuchung ist ein Beispiel dafür, daß die
Methode des lauten Denkens, die in der Problemlöse- und Denkpsychologie seit
langem etabliert ist (Ericsson & Simon, 1993), auch in der Entscheidungspsychologie mit Erfolg eingesetzt werden kann (Montgomery & Svenson, 1989; Payne,
Bettman & Coupey, 1992; Crutcher, 1994; Payne, 1994; Westenberg & Koele,
1994).

4.5 Zur Messung von Wichtigkeiten

Auch zur Erhebung der *Gewichte* der Attribute in einem multiattributen Entscheidungsproblem stehen verschiedene Methoden zur Verfügung. Am einfachsten ist
die *direkte* Erhebung von Attributgewichten: man läßt die Wichtigkeit eines Attributs auf einer Ratingskala beurteilen oder Punkte zwischen den Attributen verteilen. Direkte Verfahren sind jedoch gegenüber den oben beschriebenen Urteilstendenzen anfällig. Vor allem werden die Relativität und Bandbreitenabhängigkeit
von Gewichtsurteilen meist nicht ausreichend berücksichtigt. Bei *indirekten* Verfahren werden hypothetische Optionen mit unterschiedlichen Ausprägungen auf
den Attributen konstruiert, die der Entscheider präferentiell beurteilen muß; aus
den Präferenzen kann man die subjektive Wichtigkeit der Attribute bestimmen.
Beim *swing-Verfahren* wird beispielsweise zunächst die schlechtestmögliche
Option vorgegeben („schlechtestmöglich" heißt, daß die Option auf allen Attributen die im Rahmen des aktuellen Problems schlechtesten, aber realistischen Ausprägungen aufweist). Der Entscheider muß nun angeben, auf welchem Attribut er
am liebsten eine Veränderung von der schlechtesten zur besten Ausprägung vornehmen würde (den sogenannten *swing*), wenn er genau ein Attribut verändern
dürfte. Dadurch wird das wichtigste Attribut ermittelt und man kann auf diese
Weise alle anderen Attribute ordnen und anschließend numerisch bewerten lassen. Komplizierter sind sogenannte *trade-off-Verfahren*, bei denen der Entscheider die Attributausprägungen von zwei künstlich konstruierten Optionen so verändern muß, daß er indifferent zwischen ihnen wird. Auch hier sind wie bei der
Nutzenmessung Konsistenzprüfungen für eine reliable Messung unerläßlich. Im
Anhang sind diese Methoden genauer dargestellt. Wiederum verweisen wir auf
die ausführlichen Darstellungen und Diskussionen der Verfahren bei von Winterfeldt und Edwards (1986), Borcherding, Schmeer und Weber (1995) sowie Eisenführ und Weber (2003).

4.6 Lesevorschläge

Zur multiattributen Bewertung (4.4) und multiattributen Nutzentheorie (4.4) gibt
es zahlreiche Darstellungen, die sich u.a. im Grad der Formalisierung und des
Anwendungsbezuges unterscheiden. Wir nennen hier zum einen das grundle-
gende Buch von Ralph L. Keeney und Howard Raiffa (1976), *Decisions with multiple objectives: Preferences and value trade-offs*, mit dem die (präskriptive)
Theorie entwickelt wurde; die Darstellung ist stärker formalisiert. Und wir nennen zum anderen das weniger formalisierte Buch *Value-focused thinking* von
Ralph L. Keeney (1992); darin wird dem Leser gezeigt, wie er von seinen persönlichen Zielen ausgehend Entscheidungsoptionen generieren und bewerten kann.
Neuere psychologische Untersuchungen zu verschiedenen Aspekten multiattributer Bewertung werden u.a. in dem von Pieter Koele und Miriam R.M. Westenberg
(1994) herausgegebenen Sonderheft der Zeitschrift *Acta Psychologica* mit dem
Titel *Multi-attribute evaluation processes: Judgment and choice* berichtet.

Sehr interessant ist nach wie vor das Buch von Clyde H. Coombs und George S.
Avrunin (1988), *The structure of conflict*, in dem sie ihre Theorie der *single pea-
ked preferences* darstellen. Diese Theorie geht davon aus, daß es in vielen Fällen
für Optionen eine natürliche Ordnungsdimension gibt (z.B. Temperatur des Kaf-
fees) und daß bei dem Entscheider hier oft eine eingipflige Präferenzfunktion vorliegt (z.B. mit dem Idealpunkt mittlere Temperatur). Es werden die psychologischen Bedingungen für eingipflige Präferenzfunktionen spezifiziert, und es wird
gezeigt, daß Präferenzen im Falle ihrer Geltung durch die Annahme einer einfachen Entscheidungsstrategie erklärt werden können.

Das Buch von Irving L. Janis und Leon Mann (1977), *Decision making. A psychological analysis of conflict, choice and commitment,* ist vor allem für diejenigen interessant, die sich für die Frage interessieren, wie Menschen unter Belastung (Streß) mit Entscheidungsproblemen umgehen. Es geht also nicht darum,
welche Option gewählt wird, sondern welche *coping patterns* Menschen zeigen,
wenn sie in einen Entscheidungskonflikt geraten - beispielsweise *„unconflicted
adherence"* (einfach weitermachen), *„unconflicted change"* (kritiklos etwas anderes machen), *„defensive avoidance"* (Information ignorieren oder umdeuten),
„hypervigilance" (panisch nach Ausweg suchen) und *„vigilance"* (sorgfältig überlegen). Janis und Mann illustrieren ihre Theorie mit Beispielen aus der politischen
und therapeutischen Praxis. Eine kurze Darstellung geben Mann und Janis (1982).

The test of a first-rate intelligence is the ability to hold two opposite ideas in mind at the
same time and still retain the ability to function. F. Scott Fitzgerald.

4.7 Neues aus den letzten Jahren

Die Bedeutung von Zielen für Entscheidungsprozesse ist in den letzten Jahren insbesondere unter dem Aspekt analysiert worden, wie Ziele den Wert oder Nutzen von Optionen oder Objekten beeinflussen. So postulieren Markman und Brendl (2000) in ihrem *compatibility framework*, daß Entscheider Bewertungen spezifisch auf diejenigen Ziele hin vornehmen, die gerade aktiviert sind, und daß sie Optionen oder Objekte danach kategorisieren, wie kompatibel (also verträglich oder vereinbar) sie mit diesen Zielen sind – hierin übrigens der *Image*-Theorie von Beach (1990) ähnlich. Da sich die Aktivierung von Zielen je nach Situation und Person ändert, ändern sich auch die Bewertungen. Der Nutzen von Optionen ist also nicht invariant, wie die klassische Ökonomie unterstellt, sondern variiert mit ihrer Kompatibilität zu den jeweiligen Zielen. Einen anderen Ansatz hat Higgins mit seiner *regulatory-focus*-Theorie vorgelegt (z.B. Higgins, 2000a, 2000b, 2002). Higgins geht davon aus, daß bei der Entscheidung, wie ein bestimmtes Ziel erreicht werden soll, die sogenannte *regulatorische Orientierung* einer Person wichtig ist. Personen mit einer *promotion-focus*-Orientierung zielen auf die Erreichung positiver Konsequenzen, während Personen mit einer *prevention-focus*-Orientierung versuchen, negative Konsequenzen zu verhindern. Handlungsstrategien passen mehr oder weniger gut zu diesen Orientierungen. So paßt eine vorsichtige Strategie („vermeide Fehler") besser zum *prevention-focus* und eine riskante Strategie („probiere Neues aus") besser zum *promotion-focus*. Zentral und für die Entscheidungsforschung wichtig ist das Postulat, daß der Nutzen einer Entscheidung nicht nur davon abhängt, ob die Konsequenzen die Ziele erreichen (*value from outcomes*), sondern auch davon, wie gut die Handlungsstrategien zum regulatorischen Fokus passen (*value from fit*). Die Theorie von Higgins wird durch zahlreiche interessante empirische Studien gestützt. Ganz offenbar werden Entscheidungsprozesse in hohem Maße durch unterschiedliche Kompatibilitäts-Prinzipien reguliert (Slovic, Griffin & Tversky, 2002).

Eine Reihe von Arbeiten hat sich auch wieder mit dem Aspekt der Wichtigkeit von Zielen beschäftigt, also damit, was mit „Wichtigkeit" gemeint sein kann und was Menschen meinen, wenn sie beispielsweise sagen, ein Ziel sei doppelt so wichtig wie ein anderes. Goldstein, Barlas und Beattie (2001) zeigen, daß „Wichtigkeit" je nach Problem und Situation für Entscheider eine andere Bedeutung haben kann, daß es wegen der Vieldeutigkeit leicht zu inkonsistenten Wichtigkeitsurteilen kommen kann und daß man aus Präferenzen Zielwichtigkeiten ableiten kann. Es gibt mehrere Studien zu Faktoren, die die Wichtigkeit von Zielen beeinflussen können, so etwa Normen und Werte (Batra, Homer & Kahle, 2001), aber auch übergeordnete Ziele wie etwa das Meta-Ziel, eine Entscheidung rechtfertigen zu wollen (Barlas, 2003).

Es kann bei einer Entscheidung schwierig sein, Ziele gegeneinander abzuwägen. Solche *trade-offs* können Quelle von inneren Konflikten, von starken Emotionen und von Versuchen sein, eine Entscheidung überhaupt zu vermeiden. Das ist das Thema u.a. der Arbeiten in dem von Weber, Baron und Loomes (2001) herausgegebenen Band *Conflict and tradeoffs in decision making*. Das Phänomen der Entscheidungsschwierigkeit wird dabei zunehmend aus verschiedenen Blickwinkeln untersucht. So zeigen Beattie und Barlas (2001), daß Entscheidungsschwierigkeit vom Typ der Optionen abhängt, also ob es sich zum Beispiel eher um *commodities* (z. B. Videogeräte) oder *non-commodities* (z. B. Freundschaft) handelt: Entscheidungen zwischen Optionen der gleichen Kategorie sind schwieriger als Entscheidungen zwischen Optionen verschiedener Kategorien. In dem kognitiven Prozeß des Abwägens von Zielen und des Aufgebens eines Zieles zu Gunsten eines anderen sehen Baron und Weber (2001) die wesentliche Ursache für Entscheidungsschwierigkeiten (vgl. auch Pfister, 2003). Bei dem trade-off kann es um sehr unterschiedliche Dinge gehen. Abgewogen werden muß beispielsweise zwischen instrumentellem Nutzen und Emotionen (Böhm & Pfister, 1996), zwischen verschiedenen Emotionen (Zeelenberg, van Dijk, Manstead & van der Pligt, 2000), zwischen gemeinsamen und einzigartigen Merkmalen von Optionen (Houston, Sherrill-Mittleman & Weeks, 2001), zwischen der Genauigkeit und dem kognitiven Aufwand beim Entscheiden (Luce, Payne & Bettman, 1999, 2001) oder zwischen kurz- und langfristigen Konsequenzen (Dittmar, 2001). Generell werden Entscheidungen als schwierig und konflikthaft erlebt, wenn negativ korrelierte Attribute vorliegen. Dann werden oft *trade-offs* ganz vermieden, aber manchmal wird versucht, die gegensätzlichen Attribute mit einer kompensatorischen Strategie zu einem Gesamtwert zu aggregieren; entscheidungsunterstützende Systeme treffen bei solchen Problemen durchaus auf Akzeptanz, führen aber ebenfalls zu einer geringen Zufriedenheit mit der getroffenen Entscheidung (Edwards & Fasolo, 2001). Eine besondere Rolle nehmen sogenannte *protected values* ein (z.B. Erhaltung der natürlichen Umwelt), die oft – aber nicht immer - immun gegen trade-offs sind (Baron & Spranca, 1997; Baron & Leshner, 2000).

Manchmal möchte und kann man schwierige Entscheidungen vermeiden (*desicion avoidance*). Man kann Entscheidungen aufschieben, im status quo verharren, oder eine Handlung unterlassen. Eine umfassende Übersicht zum Stand der Forschung zu unterschiedlichen Formen des Vermeidungsverhaltens (*The psychology of doing nothing* ...) bietet Anderson (2003).

5 Unsicherheit

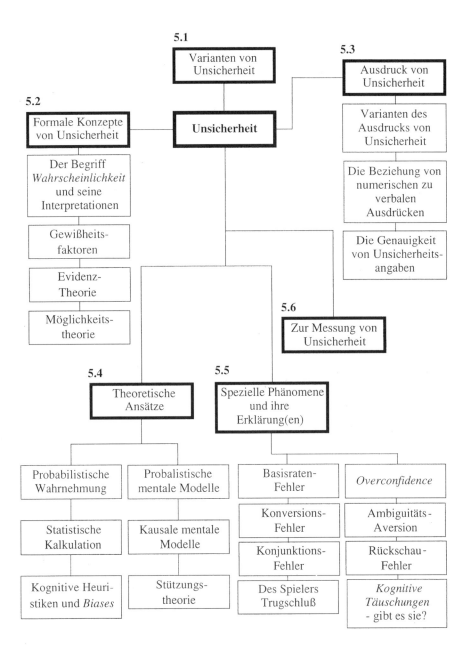

Entscheidungen finden oft „unter Unsicherheit" statt. Im allgemeinen ist damit gemeint, daß für den Entscheider die möglichen Konsequenzen der Optionen unsicher sind, weil die Konsequenzen auch von anderen, von ihm nicht kontrollierbaren Ereignissen abhängig sind. Wie Menschen mit dieser Unsicherheit umgehen, wie sie ihre „subjektiven Wahrscheinlichkeiten" bilden, verändern, direkt zum Ausdruck bringen oder in ihrem Verhalten zeigen, das ist ein zentrales Thema der Entscheidungsforschung. Damit werden wir uns in diesem Kapitel beschäftigen.

Im *ersten* Abschnitt geht es um das psychologische Konzept der *Unsicherheit*. Stand am Anfang der entscheidungstheoretischen Beschäftigung mit Unsicherheit ein Konzept subjektiver Wahrscheinlichkeit, das sich an der mathematischen Wahrscheinlichkeitstheorie orientierte, so hat dieses Konzept inzwischen interessante und wichtige Differenzierungen und Auffächerungen erfahren. Ist die Unsicherheit dadurch bedingt, daß für das Eintreten bestimmter Ereignisse der „Zufall" verantwortlich ist, oder ist es unser Mangel an Wissen? Oder dadurch, daß es sowohl Evidenz für das Eintreten als auch Evidenz gegen das Eintreten eines Ereignisses gibt? Unsicherheit hat viele Varianten.

Im *zweiten* Abschnitt beschäftigen wir uns mit den verschiedenen formalen Konzeptionen zu der Frage, wie Unsicherheit repräsentiert werden kann. Zentral geht es hier um das Konzept der Wahrscheinlichkeit, das der mathematischen Wahrscheinlichkeitstheorie entlehnt wurde und lange Zeit praktisch das einzige Konzept zur Repräsentation und Kodierung von Unsicherheit darstellte. In den letzten Jahren sind jedoch, vor allem im Rahmen der Forschung zur „Künstlichen Intelligenz", eine Reihe anderer Formalisierungen von Unsicherheit vorgeschlagen worden. Sie sind dadurch gekennzeichnet, daß sie sich von einer Reihe von Restriktionen befreit haben, denen das Wahrscheinlichkeitskalkül unterworfen ist.

Im *dritten* Abschnitt behandeln wir die Frage, in welcher Weise Unsicherheit zum Ausdruck gebracht werden kann. Wir unterscheiden verbale Ausdrücke und quantitative Urteile sowie Verhaltensweisen wie beispielsweise Wahlen, aus denen wir Unsicherheiten erschließen können. Wir gehen in diesem Abschnitt genauer auf die Beziehung zwischen verbalen und numerischen Ausdrücken ein.

Im *vierten* Abschnitt stellen wir die wichtigsten theoretischen Ansätze dar, deren Thema Repräsentation und Verarbeitung unsicheren Wissens ist. Diese Ansätze sind außerordentlich unterschiedlich. Ein Ansatz ist wahrnehmungspsychologischer Natur, ein anderer statistischer, und weitere sind kognitionspsychologischer Art. Einige Ansätze orientieren sich am formalen Wahrscheinlichkeitskalkül, andere an Argumentations- und Begründungsstrukturen. Erstaunlicher weise hat sich bislang keine dominante Theorie herauskristallisiert. Ein Grund mag darin liegen, daß die Situationen, in denen Unsicherheit eine Rolle spielt, zu unterschiedlich sind, als daß sie durch eine einzige Theorie abgedeckt werden könnten.

Im *fünften* Abschnitt beschreiben wir einige spezielle, immer wieder in der Forschung beobachtete Phänomene beim Umgang von Menschen mit Unsicherheit. Es sind durchweg Phänomene, die mathematischen oder logischen Regeln widersprechen, und die daher oft als „Denkfehler", als „Urteilsfehler" oder als „kognitive Täuschungen" interpretiert werden. Ob es sich tatsächlich um Fehler im Denken der untersuchten Personen handelt oder ob die Konzepte und Modelle der Forschung nicht angemessen sind, ist in den letzten Jahren kontrovers diskutiert worden.

5.1 Varianten von Unsicherheit

Wenn Menschen in Entscheidungssituationen Unsicherheiten erleben bzw. beurteilen, ohne direkt auf konkrete Wahrscheinlichkeitsangaben bzw. Algorithmen zur Berechnung von Wahrscheinlichkeiten zurückgreifen zu können, dann geschieht dies „intuitiv". Howell und Burnett (1978), Kahneman und Tversky (1982), May (1987a) und Teigen (1994) haben kognitionspsychologische Differenzierungen solcher Intuitionen, also Varianten von Unsicherheit bzw. subjektiver Wahrscheinlichkeit, vorgeschlagen, auf die wir im folgenden zurückgreifen (siehe Abbildung 5.1); vgl. auch Jungermann (1997a).

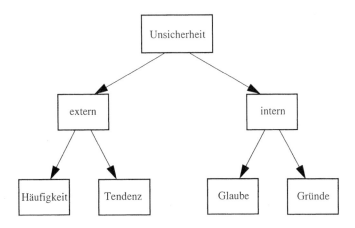

Abb. 5.1 Varianten von Unsicherheit

Eine erste wichtige Unterscheidung bezieht sich darauf, worin wir die Ursache unserer Unsicherheit in einer bestimmten Situation sehen. Manchmal führen wir Unsicherheit auf *externe* Ursachen „in der Welt" zurück, manchmal auf *interne*, in uns selbst begründete Ursachen. Die Unsicherheit bezüglich des Ausgangs der Ziehung der Lottozahlen führen wir auf den Zufallscharakter des Apparates zurück, in dem die Zahlen durcheinander gewirbelt werden. Die Unsicherheit, ob wir einen erholsamen Urlaub in Griechenland verbringen werden, führen wir auf die von uns nicht beeinflußbaren Wetterbedingungen zurück. In beiden Fällen sehen wir also unsere Unsicherheit in *externen* Ursachen begründet. Wenn wir dagegen sagen, New York liege vermutlich nördlich von Paris, dann meinen wir natürlich nicht, daß irgend welche Faktoren in uns unbekannter Weise die momentane Lage beider Städte bestimmen, sondern daß unser geographisches Wissen zu ungenau ist, um uns eine eindeutige Aussage zu erlauben. Und wenn wir überlegen, ob bzw. wie gut wir bestimmte Schmerzen bei einer bevorstehenden Operation ertragen werden können, sehen wir die Ursachen für unsere Unsicherheit in uns selbst, nämlich darin, daß wir unsere Empfindungen und Gefühle nicht gut genug kennen und vorhersagen können. In diesen beiden Fällen also wird die Unsicherheit *internen* Ursachen zugeschrieben. Um im Einzelfall unterscheiden zu können, ob es sich um eine interne oder um eine externe Unsicherheit handelt, empfehlen Kahneman und Tversky, versuchsweise folgendermaßen zu formulieren:

„ *Meine* Wahrscheinlichkeit, daß ..."   -   interne Attribution

„ *Die* Wahrscheinlichkeit, daß ..."   -   externe Attribution

Dieser „sprachliche Test" zeige schnell und unmittelbar, welche Formulierung „paßt", und damit, welche Art von Unsicherheit vorliegt.

Man muß diese Unterscheidung nicht akzeptieren. Aus der Perspektive des erkenntnistheoretischen Determinismus sind alle Ereignisse - auch der Ausgang der Ziehung der Lottozahlen - grundsätzlich durch physikalische und chemische Gesetzmäßigkeiten festgelegt, und daher ist meine Unsicherheit allein darin begründet, daß ich diese Gesetzmäßigkeiten oder die in der spezifischen Situation vorliegenden Bedingungen nicht kenne. Alle Unsicherheit beruht auf dem Mangel an Wissen. Aus psychologischer Perspektive ist die Unterscheidung jedoch gerechtfertigt und sinnvoll, da Menschen je nach Bedingung ihre Unsicherheit in der Tat unterschiedlich attribuieren.

● Wird die Unsicherheit external „lokalisiert", so kann man wiederum zwei Varianten von Unsicherheit unterscheiden. Bei der ersten Art von Unsicherheit wird das Ereignis, um das es geht, als Fall oder Beispiel einer Klasse ähnlicher Ereignisse gesehen, für welche die relativen Häufigkeiten bekannt sind oder geschätzt werden können. Wir nennen sie daher *frequentistische* Unsicherheit.

Ein typisches Beispiel für eine Situation, in der verschiedene Ereignisse möglich sind, deren Eintreten von externen Faktoren abhängt, stellt das „(Glücks-) Spiel" dar: Roulette, Würfeln, Lotto usw. Betrachtungen zum Glücksspiel standen am Anfang aller wahrscheinlichkeitstheoretischen (und entscheidungstheoretischen) Überlegungen, u.a. bei Bernoulli (1738) und Laplace (1820). Die Unsicherheit wird darauf zurückgeführt, daß der Zufall das Eintreten der Ereignisse bestimmt. Allerdings ist keineswegs klar, was unter „Zufall" eigentlich verstanden werden soll; jedenfalls gibt es sehr unterschiedliche Vorstellungen von „Zufall". So finden beispielsweise die meisten Menschen es weniger zufällig, wenn beim Lotto die Zahlen 44, 45, 46, 47, 48, 49 gezogen werden als wenn eine nicht zusammenhängende Gruppe von Zahlen wie etwa 7, 23, 25, 34, 45, 49 gezogen wird. Die Einschätzung dieser Art von Unsicherheit gründet sich meist auf das Wissen um die relative Häufigkeit des Auftretens von Ereignissen bzw. um den Mechanismus, durch den solche Ereignisse erzeugt werden.

Die *zweite* Art external lokalisierter Unsicherheit bezieht sich auf ein einmaliges Ereignis; diese Unsicherheit bzw. ihr Grad ist durch Eigenschaften oder Tendenzen (engl.: *propensity*) des speziellen Falls bestimmt. Beispiele kennen wir alle. Wie sicher sind Sie, daß Gerhard Schröder auch bei der nächsten Bundestagswahl als Kanzler gewählt wird? Oder: Wie sicher sind Sie, daß Borussia Dortmund in diesem Jahr Deutscher Fußballmeister wird? Ein Beispiel von Kahneman und Tversky: „Vermutlich kannst Du John morgen zu Hause erreichen, wenn Du vormittags anrufst; er hat gesagt, daß er lieber zu Hause arbeitet." Wenn man dies sagt, *schließt* man auf die Neigung von John, den nächsten Morgen zu Hause zu verbringen. Unsere Beurteilungen der Wahrscheinlichkeit sind so etwas wie Einschätzungen der „Tendenz" des Ereignisses oder Zustandes, tatsächlich einzutreten. Dies kommt in Formulierungen zum Ausdruck wie beispielsweise „die Krankheit ist wahrscheinlich tödlich".

• Wird die Unsicherheit *internal* lokalisiert, so kann man ebenfalls zwei Varianten von Unsicherheit unterscheiden. *Zum einen* kann Unsicherheit *direkt* entstehen, als unmittelbarer Ausdruck eines nicht weiter auflösbaren Gefühls. Ein Beispiel: „Ich glaube, sie heißt Doris, aber ich bin mir nicht sicher". Tversky und Kahneman nehmen an, daß jemand, der dies sagt, seine Unsicherheit aus dem Gefühl der Stärke der gespeicherten assoziativen Verknüpfung von Name und Person heraus beurteilt. Er müßte Introspektion betreiben, wenn er genauere Aussagen zu seiner subjektiven Sicherheit machen sollte.

Zum anderen kann Unsicherheit aus Gründen *abgeleitet* (*inferiert*) werden. Wir fragen uns, wie stark oder schwach unsere Gründe sind, an das Eintreten dieses Ereignisses oder die Richtigkeit einer Aussage zu glauben. Ein Beispiel: „Ich glaube, New York liegt nördlich von Rom, aber ich bin mir nicht sicher". Kahneman und Tversky nehmen an, daß jemand, der dies sagt, sein Urteil kognitiv argumentativ ableitet, d.h. er prüft sein Wissen und zieht einen Schluß aus diesem Wissen. Ein anderes typisches Beispiel ist die Situation im Strafprozeß, wenn es darum geht, die Evidenz für und gegen die Angeklagte abzuwägen und zu einer hinreichenden Überzeugung hinsichtlich ihrer Schuld zu kommen bzw. zu prüfen, ob es hinreichende Zweifel an der Schuld gibt.

● Zwei weitere Varianten von Unsicherheit sind zu nennen, die mit den bisher beschriebenen Konzepten nicht direkt vergleichbar sind. Die eine Variante ist die vom Entscheider erlebte oder vermutete *Kontrollierbarkeit* oder Beeinflußbarkeit einer Situation. Teigen (1994) meint damit die Wahrnehmung, daß die Wahrscheinlichkeiten externer Ereignisse nicht davon abhängen, was man weiß oder denkt, sondern davon, was man tut; man kann mehr oder weniger Kontrolle über diese Ereignisse oder Zustände haben oder zu haben meinen. Die Unsicherheit kann sich darauf beziehen, daß ich nicht weiß, was ich eigentlich tun soll; sie bezieht sich auf meine Willensbildung, meine Entschiedenheit. Oder sie kann sich darauf beziehen, daß ich nicht weiß, wie ich das, was ich will, tun kann; diese Unsicherheit bezieht sich auf meine Effizienz, meine Handlungsfähigkeit. - Die andere Variante ist die vom Entscheider wahrgenommene *Plausibilität* einer Hypothese oder Behauptung, eines Szenarios oder einer Geschichte. Wir finden das Verhalten eines Agenten in einem Kriminalfilm äußerst unwahrscheinlich, weil unplausibel, oder sehr gut möglich, weil plausibel. Der Grad an Plausibilität bestimmt sich danach, wie vollständig (oder lückenhaft), konsistent (oder widersprüchlich), logisch miteinander verbunden (oder unverbunden), konkret und lebhaft (oder abstrakt und blaß), geläufig (oder ungewöhnlich) eine Story ist. Davon hängt ab, für wie wahrscheinlich wir beispielsweise im Kriminalroman - auch im Kriminalprozeß - den Butler für den Mörder halten.

Wir sind uns nicht nur bestimmter äußerer Ereignisse oder Tatsachen mehr oder weniger unsicher, sondern auch unserer früheren, jetzigen und zukünftigen Bewertungen und Gefühle. Beispielsweise sind wir uns unsicher, wie zufrieden wir in der Vergangenheit mit einzelnen Ereignissen tatsächlich waren (*experienced utilities*) oder wie zufrieden wir in der Zukunft mit den Folgen unserer Entscheidungen tatsächlich sein werden (*predicted utilities*) (vgl. Abschnitt 3.1.3). Wir sind uns auch unserer Ziele und Werte oft nicht sicher: Wir wissen nicht genau, was wir eigentlich wollen oder wie gut oder schlecht wir etwas finden sollen. Diese Art von Unsicherheit ist allerdings in der Entscheidungsforschung bislang noch wenig thematisiert worden.

Unsicherheit kann sich also auf verschiedene „Dinge" beziehen: Auf Ereignisse und Zustände, auf Tatsachen und Informationen, auf Argumente und Gründe, auf Ziele und Werte und sogar - auf zweiter Ebene - auf Unsicherheit selbst. Sie gründet sich auf Wissen über Häufigkeiten und Wahrscheinlichkeiten, über Kausalzusammenhänge und Gegebenheiten in der Welt, über das eigene Wissen und Denken. Sie kann bezüglich bestimmter Dinge gespeichert sein („Wahrscheinlichkeit, eine 6 zu würfeln, ist 1/6") oder muß aus dem gegebenen Wissen abgeleitet werden („Da sie hohes Fieber und Schüttelfrost hat, hat sie wahrscheinlich eine Infektion").

The most important questions of life are, for the most part, really only problems of probability. Piere de Laplace, Théorie analytique des probabilités. 1812.

5.2 Formale Konzepte von Unsicherheit

Der Umgang mit Unsicherheit wird in allen wissenschaftlichen Disziplinen, einschließlich der Psychologie, durch den Begriff „Wahrscheinlichkeit" dominiert. Wir stellen zunächst dar, wie dieser Begriff definiert wird und interpretiert werden kann. In den folgenden Abschnitten skizzieren wir alternative Möglichkeiten der formalen Beschreibung und Repräsentation von Unsicherheit.

5.2.1 Der Begriff Wahrscheinlichkeit und seine Interpretationen

Die Wahrscheinlichkeitstheorie beschreibt, wie Unsicherheit mathematisch formalisiert wird, nämlich durch Zahlen, und wie mit diesen Zahlen gerechnet wird. Dieses formale Kalkül ist völlig unabhängig von der *Interpretation der Bedeutung* dieser Zahlen. Wir stellen zunächst die axiomatische Grundlage der Wahrscheinlichkeitstheorie und anschließend die wichtigsten Interpretationen dar (vgl. auch Bortz, 1993, oder Dawes, 1988); weiterführende Darstellungen findet man beispielsweise bei Stegmüller (1973a, 1973b).

Wenn wir eine bestimmte Handlung oft wiederholen (z.B. den Wurf eines Würfels) und die jeweiligen Ergebnisse beobachten, stellen wir fest, daß die Ergebnisse im allgemeinen unterschiedlich sind und nicht mit Sicherheit vorhergesagt werden können. Eine Handlung (oder ein Vorgang oder ein Prozeß), die zu einer wohldefinierten Menge unterschiedlicher, aber unsicherer Ergebnisse führen kann, nennt man *Zufallsexperiment*. Eine Zusammenstellung, in der alle denkbaren Ergebnisse eines Zufallsexperiments beschrieben werden, nennt man *Ereignisraum* (engl.: *sample space*). Beim Würfeln beschreibt man normalerweise sechs Ergebnisse: „der Würfel zeigt 1", „der Würfel zeigt 2" ... „der Würfel zeigt 6". Der Ereignisraum S ist eine Menge, deren Elemente (die möglichen Ergebnisse) man Elementarereignisse nennt: $S = \{S_1, S_2, ... S_n\}$. Es ist nicht immer so klar wie beim Würfeln, was die Elementarereignisse sind, und selbst dort könnte man theoretisch als siebtes Elementarereignis noch das Ergebnis „Würfel bleibt auf einer Kante stehen" mit aufnehmen. Es ist also eine Frage der Definition, bis

zu welchem Auflösungsgrad man Ergebnisse von Zufallsexperimenten unterscheidet und wie man damit die Menge der Elementarereignisse festlegt. Andere
Beispiele für Zufallsexperimente sind die Zeugung eines Kindes mit den beiden
Elementarereignissen „Mädchen" und „Junge" oder das Ziehen eines Loses mit
den Elementarereignissen „Niete", „Trostpreis" und „Hauptgewinn".

Man interessiert sich im allgemeinen nicht für die Wahrscheinlichkeiten von
Elementarereignissen, sondern für die Wahrscheinlichkeit von *Ereignissen*. Was
sind Ereignisse? Wenn die Menge der Elementarereignisse bekannt ist, lassen
sich alle möglichen Ereignisse einfach definieren: Ein Ereignis E ist eine Teilmenge des Ereignisraums: $E \subseteq S$. Im Würfelbeispiel besteht beispielsweise das
Ereignis „Würfel landet auf einer geraden Zahl" genau aus der Teilmenge
$\{2,4,6\}$, also aus drei Elementarereignissen. Im mathematischen Sinne sind also
Wahrscheinlichkeiten Zahlen, die Ereignissen zugeordnet werden; Ereignisse
wiederum sind Teilmengen von beliebig definierten Ereignisräumen. Drei Spe-
zialfälle sind zu beachten:

(1)   Auch jedes einzelne Elementarereignis ist eine Teilmenge von S, ist damit auch ein
       Ereignis und hat eine Wahrscheinlichkeit.
(2)   Alle Elementarereignisse zusammen bilden ebenfalls eine Teilmenge von S, man
       nennt dies das *sichere Ereignis*.
(3)   Die leere Menge $\varnothing$ ist ebenfalls eine Teilmenge von S, man nennt dies das *unmög-
       liche Ereignis*.

Mit diesen Definitionen können wir definieren: Eine *Wahrscheinlichkeitsfunk-
tion p* ist eine Funktion, die allen Ereignissen E eines Ereignisraums S eine reelle
Zahl p(E), *eine Wahrscheinlichkeit*, zuordnet, und zwar derart, daß

(1) $0 \leq p(E) \leq 1$ für alle E

(2) $p(S) = 1{,}0$

(3) $E_1 \cap E_2 = \varnothing \Rightarrow p(E_1 \cup E_2) = p(E_1) + p(E_2)$

Dies sind die drei *Axiome* der klassischen mathematischen Wahrscheinlichkeitstheorie (Kolmogorov, 1933). Axiom (1) und (2) besagen, daß Wahrscheinlichkeiten Zahlen zwischen 0 und 1 sind und daß sichere Ereignisse immer eine Wahrscheinlichkeit von 1 besitzen. Axiom (3) besagt, daß die Wahrscheinlichkeit, daß
entweder E_1 *oder* E_2 eintritt, genau dann der Summe der beiden Einzelwahrscheinlichkeiten entspricht, wenn die beiden Ereignisse E_1 und E_2 *disjunkt* sind.
Disjunkte Ereignisse sind Ereignisse, die sich wechselseitig ausschließen; z.B.
sind „gerade Zahl" und „ungerade Zahl" beim Würfeln disjunkt, denn ein Würfelwurf resultiert entweder in einer geraden oder in einer ungeraden Zahl, aber nie-

mals in beidem. Die Ereignisse „gerade Zahl" und „größer als 3" sind hingegen nicht disjunkt, denn ein Würfelwurf kann sowohl eine gerade Zahl als auch eine Zahl größer als 3 zeigen (wenn er 4 oder 6 zeigt).

Man beachte, daß es in der Wahrscheinlichkeitstheorie nicht darum geht, wie man einzelne Wahrscheinlichkeiten mißt, wie man also feststellt, daß die Wahrscheinlichkeit dafür, daß ein konkreter Würfel die 4 zeigt, genau 1/6 ist. Und es geht auch nicht darum, was diese Zahlen „eigentlich" bedeuten, sondern nur darum, welche Eigenschaften Zahlen haben müssen, wenn wir sie als Wahrscheinlichkeiten behandeln.

Aus den Axiomen ergeben sich einige wichtige Folgerungen und Definitionen, die für die folgenden Abschnitte relevant sind:

(1) $p(\emptyset) = 0$, d.h. die Wahrscheinlichkeit des *unmöglichen* Ereignisses ist Null;
(2) $p(-E) = 1 - p(E)$, d.h. die Wahrscheinlichkeit des *Komplementärereignisses* von E (daß nämlich E *nicht* eintritt) ist 1 minus der Wahrscheinlichkeit von E;
(3) $E_1 \subseteq E_2 \Rightarrow p(E_1) \leq p(E_2)$, d.h. falls ein Ereignis *Teilmenge* eines anderen Ereignisses ist, kann seine Wahrscheinlichkeit nicht größer sein;
(4) *bedingte Wahrscheinlichkeit*: $p(E_1|E_2) = p(E_1 \cap E_2) / p(E_2)$, das ist die Wahrscheinlichkeit eines Ereignisses E_1 unter der Bedingung, daß ein anderes Ereignis E_2 eingetreten ist (symbolisiert durch einen senkrechten Strich: $E_1|E_2$);
(5) *Multiplikationsregel*: $p(E_1 \cap E_2) = p(E_1|E_2) \, p(E_2)$, d.h. die Wahrscheinlichkeit einer Konjunktion von zwei Ereignissen $p(E_1 \cap E_2)$ ist das Produkt aus bedingter Wahrscheinlichkeit und Wahrscheinlichkeit des bedingenden Ereignisses;
(6) *unabhängige Ereignisse*: zwei Ereignisse E_1 und E_2 sind (stochastisch) unabhängig, wenn $p(E_1 \cap E_2) = p(E_1) \, p(E_2)$.

Wie können wir nun Wahrscheinlichkeiten für reale Ereignisse finden? Dies ist dann recht einfach, wenn man plausiblerweise annehmen kann, daß alle Elementarereignisse des relevanten Ereignisraums gleich wahrscheinlich sind, z.B. beim Würfeln die Zahlen eins bis sechs. Bei n Elementarereignissen ist die Wahrscheinlichkeit eines Elementarereignisses dann 1/n, also beim Würfeln 1/6. Um die Wahrscheinlichkeit eines Ereignisses zu bestimmen, muß man lediglich feststellen, wie viele Elementarereignisse dieses Ereignis ausmachen; besteht ein Ereignis aus m gleich wahrscheinlichen Elementarereignissen, dann ist seine Wahrscheinlichkeit m/n. Im Würfelbeispiel: das Ereignis „gerade Zahl" besteht aus drei Elementarereignissen (2, 4, 6), also ist seine Wahrscheinlichkeit 3/6 = ½.

Meistens können wir aber nicht davon ausgehen, daß die Elementarereignisse gleich wahrscheinlich sind; selbst beim Würfeln kann man sich ja nie ganz sicher sein. Wie also kommen wir dann zu numerischen Größen für Ereignisse? Die Antwort auf diese Frage hängt weitgehend davon ab, was wir unter Wahrscheinlichkeit eigentlich verstehen, wie wir Wahrscheinlichkeiten interpretieren. Kann man überhaupt Wahrscheinlichkeiten wie beispielsweise „Wie wahrscheinlich ist es, daß es morgen regnet?" oder „Wie wahrscheinlich ist es, daß es auf dem Mars Leben gibt?" auf gleiche Art interpretieren, und wie kommt man in diesen Fällen zu numerischen Aussagen? Mit diesen Problemen haben sich die verschiedenen „Schulen" der Wahrscheinlichkeitstheorie beschäftigt. Es wurden verschiedene Interpretationen des Wahrscheinlichkeitsbegriffs vorgeschlagen, die jedoch - das ist wichtig - alle mit den drei oben genannten Axiomen verträglich sind. Das heißt: Damit Zahlen als Wahrscheinlichkeiten gelten können, und damit dann die Regeln der Wahrscheinlichkeitstheorie angewandt werden dürfen, müssen die Axiome erfüllt sein. Aber kann man dem Begriff der Wahrscheinlichkeit unterschiedliche Bedeutung geben, ihn unterschiedlich interpretieren?

Drei Interpretationen sind vorgeschlagen worden - und ihr Bezug zu den im ersten Abschnitt geschilderten intuitiven Konzepten von Unsicherheit ist offensichtlich. Diese Interpretationen können hier nur skizziert werden, ausführlichere Darstellungen geben u.a. May (1987b) aus psychologischer und Stegmüller (1973a, 1973b) aus philosophischer Perspektive. Nach der *objektivistischen* Interpretation ist Wahrscheinlichkeit ein objektives Merkmal von materiellen Prozessen, die unabhängig von einem Beobachter stattfinden. Ein Wahrscheinlichkeitsurteil ist also einem Wahrnehmungsurteil ähnlich und kann mehr oder weniger in Übereinstimmung mit der Realität sein. Nach der *frequentistischen* Interpretation ist Wahrscheinlichkeit eine Beschreibung von Beobachtungen und zwar im Sinne einer Angabe über die relative Häufigkeit eines Ereignisses in bezug auf eine Referenzmenge. Nach der *subjektivistischen* Interpretation ist eine Wahrscheinlichkeitsangabe der Ausdruck eines rein subjektiven „Grades an Gewißheit"; insofern kann ein Wahrscheinlichkeitsurteil auch nicht richtig oder falsch sein. Unterschiedliche Personen können in bezug auf dasselbe Ereignis zu verschiedenen Urteilen kommen. In Box 5.1 finden Sie die drei Interpretationen an einem Beispiel illustriert. Eine ausführliche Darstellung der Axiome, der Interpretationen und ihrer Implikationen geben u.a. Stegmüller (1973a, 1973b), Lee (1977), Dawes (1988), Yates (1990); vgl. auch den Sammelband von Wright und Ayton (1994).

The notion of probability which we have described is without doubt the closest to that of ´the man in the street´; better yet, it is that which he applies every day in practical judgments. Why should science repudiate it? Bruno de Finetti.

Die „Sprache der Wahrscheinlichkeit", wie sie hier skizziert worden ist, stellt eine Möglichkeit dar, Unsicherheit in quantitativen Größen zum Ausdruck zu bringen. Daß sie die richtige, die beste oder auch nur eine angemessene Ausdrucksmöglichkeit darstellt, ist damit nicht gesagt. Beispielsweise kann Unsicherheit sich auf eine Art von Information gründen, die sich der Formulierung in Begriffen wie „Elementarereignis" oder „Zufallsereignis" entzieht, etwa auf qua-

litative Argumente. Es kann auch schwierig sein, um ein anderes Beispiel zu nehmen, Unsicherheit überhaupt in einer einzelnen Zahl auszudrücken; leichter kann
man sie manchmal in gröberen, unscharfen Kategorien oder in Intervallen ausdrücken. Aus der Auseinandersetzung mit dem „klassischen" Konzept der Wahrscheinlichkeit wurden daher in den letzten Jahrzehnten alternative Konzeptionen
entwickelt.

Henri Poincaré, the immortal scientist, whose name this institute honors, and who
brought to life with his ingenious ideas so many branches of mathematics, is without
doubt also the thinker who attributed the greatest domain of application to the theory of
probability and gave it a completely essential role in scientific philosophy. „Predictions",
he said, „can only be probable. However solidly founded a prediction may appear to us,
we are never absolutely sure that experience will not refute it." The calculus of probability rests on „an obscure instinct which we can not do without; without it science would be
impossible, without it we could neither discover a law nor apply it." „On this account, all
the sciences would be but unconscious applications of the calculus of probability; to con-
demn science entirely." Bruno de Finetti.

Wir kommen nun zu einigen anderen Konzeptionen, die sich nicht am Wahr-
scheinlichkeitsbegriff orientieren. Sie wurden vor allem im Bereich der Künstlichen Intelligenz entwickelt und stellen Möglichkeiten der Repräsentation und
Verarbeitung unsicheren Wissens in einem informationsverarbeitenden System
dar. Sie erheben also nicht den Anspruch, reale kognitive Repräsentationen oder
Prozesse zu modellieren, wenngleich es denkbar ist, daß sie die menschliche
Informationsverarbeitung teilweise gut beschreiben können. Diese Ansätze sind
bislang allerdings in der psychologischen Forschung noch wenig genutzt worden,
und wir beschränken uns daher darauf, dem Leser eine Idee von dem jeweiligen
Ansatz zu geben.

Box 5.1: Interpretationen des Wahrscheinlichkeitsbegriffes

Ein Patient kommt zum Arzt und klagt über ein schon längere Zeit anhaltendes leichtes Fieber, Schwäche und Husten. Der Arzt untersucht diesen Patienten und sagt ihm, er habe mit einer *Wahrscheinlichkeit von 0,60* Tuberkulose. Wie ist diese Aussage zu interpretieren?

Objektivistische Interpretation: Es gibt eine objektive Wahrscheinlichkeit dafür, daß ein Mensch mit den Symptomen „länger andauerndes leichtes Fieber + Schwäche + Husten" eine Tuberkulose hat. Diese Wahrscheinlichkeit ist insofern objektiv, als sie unabhängig von der Beobachtung empirischer Verhältnisse existiert. Unser Arzt kann sie nur schätzen, aber das Wahrscheinlichkeitsurteil „0,60" kann mehr oder weniger nahe an dem „wahren Wert" liegen. Von einem erfahrenen Diagnostiker erwarten wir natürlich, daß sein Urteil dem „wahren" Wert nahe kommt, den wir aber „an sich" nicht messen können.

Frequentistische Interpretation: Alle Patienten, die eine TBC haben, leiden unter bestimmten Symptomen: Husten, Auswurf, Fieber, Blutbildveränderungen, Schwäche usw. Ein Teil der Patienten zeigt die drei Symptome „länger andauerndes leichtes Fieber + Schwäche + Husten". Könnte man alle Patienten mit einer TBC untersuchen, wüßte man, wie viele von ihnen genau diese drei Symptome zeigen. Meist jedoch kann man die Grundgesamtheit nicht testen, sondern man muß aus einer Stichprobe von Patienten mit TBC auf die Verteilung der Symptome in der Grundgesamtheit „hochrechnen". Wenn unser Arzt bisher 1000 Patienten mit TBC behandelt hat und 600 davon die drei Symptome gezeigt haben, dann beträgt die relative Häufigkeit der Symptome 60%. Diese relative Häufigkeit ist die Basis des Wahrscheinlichkeitsurteils „0,60".

Subjektivistische Interpretation: Der Arzt drückt damit seine Sicherheit aus, daß sein Patient tatsächlich TBC hat. Er ist sich nicht *völlig sicher*, daß der Patient TBC hat (dann müßte er „1,00" sagen); er glaubt auch nicht, daß der Patient *auf keinen Fall* TBC hat (dann müßte er „0,00" sagen); er hält es auch nicht für *gleich wahrscheinlich,* daß der Patient TBC hat bzw. nicht hat. Er ist sich eben zu 0,60 sicher. Dieser Wert kann nicht als „richtig" oder „falsch" beurteilt werden.

5.2.2 Gewißheitsfaktoren

Das Konzept Gewißheitsfaktoren (*Certainty Factors*, CF) wurde im Rahmen der Konstruktion von regelbasierten Expertensystemen entwickelt und hat sich dort als nützlich erwiesen. Regelbasierte Systeme wie beispielsweise das medizinische Expertensystem MYCIN (Buchanan & Shortliffe, 1984), enthalten Regeln der Art

> WENN (bestimmte Symptome a,b) gegeben,
> DANN Diagnose d, CF = 0,7.

Wenn etwa die Symptome „Fieber > 39°" und „Kopfschmerzen" vorliegen (das ist die Evidenz), dann hat die Diagnose (Hypothese) „Grippe" eine „Gewißheit" von 0,7. Dieser „Gewißheits-Faktor" von 0,7 bezieht sich auf den DANN-Teil der Regel: Er gibt die Änderung in der Gewißheit des DANN-Teils an, falls der WENN-Teil wahr ist. Gewißheitsfaktoren liegen im Intervall [-1,+1]. Sofern CF = 0 ist, steigt oder sinkt die Gewißheit des DANN-Teils in Abhängigkeit von der neuen Evidenz (bzw. bleibt unverändert).

Gewißheitsfaktoren sind *Expertenurteile* über die subjektive Gewißheit, mit der eine Hypothese (DANN-Teil) angenommen wird, sofern eine bestimmte Evidenz (WENN-Teil) vorliegt. Sie werden *nicht* als Wahrscheinlichkeiten interpretiert, vor allem deshalb, weil sie nicht additiv in Bezug auf ihr Komplement sein müssen. In unserem Beispiel muß der Gewißheitsfaktor für die Hypothese „*keine Grippe*" keineswegs 0,3 sein. Eine weitergehende Definition zerlegt Gewißheitsfaktoren in zwei Komponenten: CF = MB - MD. MB heißt *measure of belief* und bezeichnet das Ausmaß, in dem Evidenz eine Hypothese stützt, und entsprechend heißt MD *measure of disbelief* und gibt an, inwieweit die Evidenz die Negation der Hypothese stützt. Die Gewißheit (CF) in eine Hypothese ist nach dieser Definition also das Maß an *belief*, mit dem die Evidenz aus der Expertensicht eher für als gegen die Hypothese spricht.

Der Prozeß der Kombination von Gewißheitsfaktoren stellt gewisse Anforderungen an die einzelnen Regeln des Expertensystems. Sie müssen nämlich *modular* sein, d.h. daß die Gewißheit einer Regel unabhängig davon ist, wie die Evidenz gewonnen wurde und welches sonstige Wissen vorliegt. Folgendes Beispiel (nach Krause & Clark, 1994, S. 505) verdeutlicht jedoch die Problematik dieser Voraussetzungen. Nehmen wir an, Sie wollen vom Zustand Ihres Gartens auf das Wetter schließen. Sie wissen einiges über mögliche Ursachen (beispielsweise daß für einen nassen Rasen Regen die Ursache sein kann) und über mögliche Folgen (beispielsweise daß Ihr Rasen naß wird, wenn Ihr Nachbar seinen Sprenger anstellt). Ihre Wissensbasis enthalte folgende diagnostische Regel: „WENN der Rasen naß ist, DANN regnet es mit einer Gewißheit von 0,80." Und sie enthalte folgende prognostische Regel: „WENN der Sprenger angestellt ist, DANN wird der Rasen mit einer Gewißheit von 0,95 naß." Sie sehen nun, daß der Rasen naß ist. Sie schließen also mit einer Gewißheit von 0,80 auf Regen. Aber wenn Sie darüber hinaus wissen, daß der Sprenger angestellt ist, dann erklärt diese Tatsache (*evidence*) den nassen Rasen (zu 0,95), und Ihre Vermutung (*belief*), daß es regnet, sollte eigentlich sinken. Also: Für die Beurteilung Ihrer Gewißheit bzgl. Regen, bestimmt durch die diagnostische Regel, sollten Sie andere relevante Information (hier: über den Sprenger) berücksichtigen. - Nehmen Sie nun an, Sie wissen nur, daß der Sprenger angestellt ist. Dann „feuert" die zweite Regel und

Sie schließen mit einer Gewißheit von 0,95, daß der Rasen naß ist. In dem Moment aber, in dem Sie diesen Schluß („Rasen ist naß") ziehen, feuert die erste Regel mit dem Ergebnis, daß es für Sie mit einer Gewißheit von 0,76 (0,95 · 0,80) regnet. Der Einfachheit halber wurde der Kombinationswert hier in Analogie zum Wahrscheinlichkeitskalkül als Multiplikation der Gewißheitsfaktoren (daß der Rasen naß ist (0,95), und daß es regnet, wenn der Rasen naß ist (0,80)), bestimmt. Wenn Sie also außer Acht lassen, daß „Rasen ist naß" Ergebnis einer Prognose war und nicht eine Tatsache, die eine Erklärung verlangt, dann kommen Sie zu einer irrigen Schlußfolgerung (CF von 0,76 statt 0,80). Die Verfahren, die zur Kombination von Gewißheitsfaktoren vorgeschlagen wurden, können hier nicht dargestellt werden (vgl. Krause & Clark, 1993); sie sind jedoch nur dann sinnvoll, wenn das Regelsystem modular aufgebaut ist.

Erfahrungen mit Expertensystemen wie MYCIN haben gezeigt, daß ihr Verhalten, beispielsweise bei der Bestimmung von Therapievorschlägen, dem von menschlichen Experten sehr ähnlich ist. Auch die Nicht-Additivität von Gewißheitsfaktoren und die Trennung in unabhängige Maße wie MB und MD scheinen psychologisch plausibel. Die Annahme allerdings, daß menschliches Wissen über einen Gegenstandsbereich durch modulare Regeln repräsentiert ist, ist in der kognitionswissenschaftlichen Forschung zu Recht sehr umstritten.

5.2.3 Evidenz-Theorie

Die klassische Wahrscheinlichkeitstheorie und auch der CF-Ansatz kennzeichnen die Unsicherheit, die man in Bezug auf ein Ereignis oder eine Aussage empfindet (oder allgemein in Bezug auf „eine Proposition"), durch eine einzige numerische Größe. Die Evidenz-Theorie läßt einen größeren Spielraum zu, indem sie Unsicherheit durch ein sogenanntes *Plausibilitätsintervall* beschreibt. Das Ausmaß, mit dem man ein Ereignis für sicher oder eine Aussage für wahr hält, basiert ja immer auf einer bestimmten *Evidenz*. Damit sind alles Wissen und alle Vermutungen gemeint, die für und gegen ein Ereignis oder eine Aussage sprechen. Wichtig ist, daß manche Evidenz sich sinnvoll nur auf bestimmte Kombinationen von Ereignissen beziehen kann. Man kann nun eine intuitiv ganz plausible Unterscheidung zwischen drei Arten von Evidenz treffen. Die erste Art ist die Evidenz, die direkt *für* eine Proposition spricht, d.h. die sie unterstützt; die zweite Art von Evidenz ist die, die eine Proposition *zuläßt*, d.h. die nicht direkt dafür, aber auch nicht dagegen spricht; die dritte Art Evidenz ist schließlich diejenige, die direkt *gegen* eine Proposition spricht. Der sogenannte Glaubensgrad einer Proposition beruht auf der unterstützenden Evidenz. Die *Plausibilität*, die man einer Proposition zuspricht, beruht hingegen auf aller Evidenz, die nicht unmittelbar *gegen* die Proposition spricht. Man erkennt leicht, daß die Plausibilität immer größer als der

Glaubensgrad ist (oder mindestens gleich groß), denn unterstützende Evidenz ist natürlich auch zulassende Evidenz. Wenn wir Glaubensgrade und Plausibilitäten auf das Intervall [0 ... 1] normieren, kommt man zu folgenden Beziehungen

(1) $0 <= Bel(A) <= 1$ — Der Glaubensgrad (Bel) in eine Proposition A liegt zwischen 0 und 1.

(2) $0 <= (Pl(A) = Bel(A) + x) <= 1$ — Die Plausibilität (Pl) einer Proposition liegt ebenfalls zwischen 0 und 1 und ist um einen Betrag x größer als Bel (A).

(3) $Bel(-A) = 1 - Pl(A)$ — Der Glaubensgrad, den man in Bezug auf die Negation von A hat, ist der „Rest", der bleibt, wenn man die Plausibilität von A von 1 subtrahiert.

Die Evidenz-Theorie ist also allgemeiner als die Wahrscheinlichkeitstheorie, denn sie läßt drei Repräsentationen von Unsicherheit zu: den Glaubensgrad, der auf positiver Evidenz beruht, die Plausibilität, die auf nicht widersprechender Evidenz beruht, und den „negativen" Glaubensgrad, der sich auf widersprechende Evidenz bezieht.

Ein kleines Beispiel soll diese Konzepte illustrieren. Stellen Sie sich vor, Sie sind Kriminalkommissar und ermitteln im Mordfall an Graf Kaspar von Evidenzien. Es gibt vier Verdächtige: den Gärtner, den Butler, die Kammerjungfer und die Putzfrau; man weiß, daß es nur genau einen Mörder geben kann und daß dies einer von den Vieren sein muß. Die Blutgruppe, die am Tatort identifiziert wurde, spricht für den Gärtner oder Butler. Außerdem hat der Gärtner ein unglaubwürdiges Alibi. Allerdings haben nur der Butler und die Putzfrau ein Motiv. Und die Kammerjungfer ist etwas verrückt. Man könnte nun folgende vier *Vermutungen* mit unterschiedlichen *Sicherheitsgraden* zusammenstellen:

(1) {Gärtner oder Butler} ist mittelmäßig sicher (0,5), wg. Blutgruppe;
(2) {Gärtner} ist nur wenig sicher (0,2), wg. Alibi;
(3) {Butler oder Putzfrau} ist auch wenig sicher (0,2), wg. Motiv;
(4) {Kammerjungfer} ist recht unsicher (0,1), wg. Verrücktheit.

Wie groß ist der Glaubensgrad bzgl. der ersten Vermutung, daß es entweder der Gärtner oder der Butler waren? Nach den Regeln der Evidenz-Theorie werden zur Berechnung die Sicherheitsgrade von (1) und (2) addiert, weil die Evidenz, die nur für den Gärtner spricht, natürlich auch Evidenz ist, die für die Vermutung „Gärtner *oder* Butler" spricht, also

$$Pl \text{ (Gärtner oder Butler)} = 0{,}5 + 0{,}2 = 0{,}7.$$

Wie groß ist die Plausibilität dieser Vermutung? Die Evidenz-Theorie schreibt vor, daß man dazu noch den Sicherheitsgrad von Vermutung (3), „Butler oder Putzfrau", hinzuaddieren muß. Die Evidenz für Vermutung (3) spricht zwar nicht direkt dafür (es kann ja die Putzfrau gewesen sein), aber eben auch nicht dagegen. Es ergibt sich also:

$$Pl \text{ (Gärtner oder Butler)} = 0{,}5 + 0{,}2 + 0{,}1 = 0{,}8.$$

Wir wollten hier nur einen Eindruck vom Grundgedanken der Evidenz-Theorie vermitteln, die durch die Arbeiten von Dempster (1967) und Shafer (1990) begründet wurde. Um tiefer einzusteigen, sind die Einführungen von Spies (1993) und Krause und Clark (1993) zu empfehlen. Empirische Untersuchungen, in denen überprüft wird, ob Menschen eher den Regeln der Evidenz-Theorie als etwa den Regeln der Wahrscheinlichkeitstheorie folgen, liegen kaum vor, lediglich Spies (1989) berichtet unterstützende Evidenz für die Evidenz-Theorie.

5.2.4 Möglichkeitstheorie

Wie warm ist es, wenn es warm ist? Offensichtlich kann man keine exakte Angabe machen, ab wieviel Grad man etwa einen Sommertag als „warm" bezeichnen würde. Derartige Begriffe bezeichnet man in der *Fuzzy Set*-Theorie (Zadeh, 1978) als *unscharf* (engl.: *fuzzy*). Betrachtet man die Celsius-Temperaturskala, dann kann man für bestimmte Bereiche sagen, daß sie mit Sicherheit nicht warm sind (z.B. Temperaturen < 15°C). Andere Bereiche, etwa ab 25°C, sind eindeutig warm. Von Temperaturen zwischen 15°C und 25°C kann man aber nur sagen, daß sie mehr oder weniger die Eigenschaft „warm" haben. Das Ausmaß, in dem Temperaturen (aus einem Temperaturbereich T) zu dem Begriff „warm" gehören, wird durch eine *Zugehörigkeitsfunktion* μ beschrieben, die Werte zwischen 0 und 1 annehmen kann ($\mu_{warm}(t \in T) \to [0,1]$). Sprachliche Ausdrücke für Unsicherheit können analog als unscharfe Mengen verstanden werden. Begriffe wie „unwahrscheinlich", „möglicherweise" und „mit an Sicherheit grenzender Wahrscheinlichkeit" besitzen Zugehörigkeitsfunktionen auf dem Wahrscheinlichkeitsintervall [0,1]; ein Beispiel zeigt die Abbildung 5.2. Solche Zugehörigkeitsfunktionen sind in hohem Maße subjektiv und kontextspezifisch (Zimmer, 1983).

Ein kluger Mensch ist bestrebt, unter Berücksichtigung aller Umstände Mutmaßungen anzustellen und Schlüsse zu ziehen; aber der kleinste Zwischenfall (und im Gang der Ereignisse kann man unmöglich alles voraussehen) verursacht häufig solche Wendungen und Veränderungen, daß er zu guter Letzt genauso über den Ausgang im Unwissen ist wie der Dümmste und Unerfahrenste. Jonathan Swift, Gedanken über verschiedene Gegenstände.

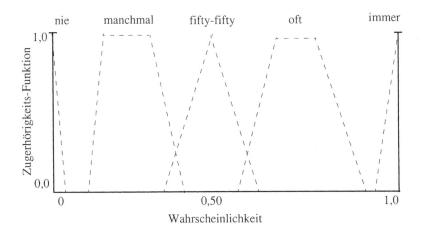

Abb. 5.2 Möglichkeitsintervalle

Aus der *Fuzzy Set*-Theorie entwickelte sich als Alternative zur Wahrscheinlichkeitstheorie die Möglichkeitstheorie (Zadeh, 1978). Angenommen, man hat die Information „auf den Azoren ist es warm", dann macht die Schlußfolgerung „möglicherweise herrschen dort 30°C" als Ausdruck der subjektiven Unsicherheit über die dort herrschende Temperatur intuitiv Sinn. Aber als wie möglich beurteilt man die 30°C - als sehr möglich, als kaum möglich oder wie? Der Grundgedanke der Möglichkeitstheorie besteht darin, daß man die Zugehörigkeitsfunktionen unscharfer Begriffe im Sinne der Verteilung von Möglichkeiten interpretiert: Angenommen, man kennt die Zugehörigkeitsfunktion von „warm"; sie habe für 30°C den Wert 0,6 möglich. Wenn man nun die Information hat, daß es „auf den Azoren warm ist", dann ist eine Temperatur von 30°C im Ausmaß 0,6 möglich. Daß dies natürlich keine Wahrscheinlichkeit sein kann, zeigt sich wieder in der Nicht-Additivität: die Möglichkeit von 25°C könnte ja 1,0 sein (es ist uneingeschränkt und absolut möglich, daß dort 25°C herrschen), und 1,0 + 0,6 > 1,0.

Wir verzichten auch hier auf die Beschreibung des Möglichkeitskalküls, wie also mit solchen Möglichkeiten „gerechnet" wird bzw. Schlußfolgerungen gezogen werden. Eine umfassende Einführung bietet Spies (1993).

5.3 Ausdruck von Unsicherheit

Unsicherheit bringen wir meistens in verbalen Äußerungen, numerischen Feststellungen oder auch in unseren Entscheidungen selbst zum Ausdruck. Manchmal zeigen wir Unsicherheit auch durch unsere Körperhaltung („Schulterzucken" = „weiß nicht") oder unsere Mimik („skeptischer Blick"), doch hier handelt es sich um kommunikative Signale; für die Untersuchung von Entscheidungsverhalten sind diese Ausdrucksformen weniger interessant. Wir erläutern zunächst diese Varianten des Ausdrucks von Unsicherheit etwas genauer. Anschließend stellen wir einige der Forschungsergebnisse aus Untersuchungen dar, die sich mit der Beziehung zwischen verbalen und numerischen Wahrscheinlichkeitsausdrücken beschäftigt haben.

5.3.1 Varianten des Ausdrucks von Unsicherheit

Wenn wir Unsicherheit *verbal*, d.h. qualitativ, zum Ausdruck bringen wollen, stehen uns zahlreiche Worte und Phrasen zur Verfügung: „wahrscheinlich", „vielleicht", „möglicherweise", „sicher" usw. Wir sagen auch, „es könnte sein, daß ...", „ich glaube nicht, daß ...", „ich bin überzeugt, daß ...", „ich bin nicht sicher, daß ...", „man muß damit rechnen, daß ..." usw. Je nach Kontext verwenden wir auch Worte, die sich auf die Häufigkeit beziehen, mit der Ereignisse aufgetreten sind oder mit der wir sie in der Zukunft erwarten: „oft", „gelegentlich", „nie", „häufig", „selten" usw. Man kann an solchen verbalen Äußerungen nicht erkennen, ob der Sprecher sehr präzise oder nur sehr vage Vorstellungen über die Möglichkeit oder Wahrscheinlichkeit eines Ereignisses oder eines Zustandes hat; wenn ein Arzt und ein Patient sagen, daß ein Nahrungsmittel „wahrscheinlich" schädlich ist, dann ist ihr Wissenshintergrund vermutlich sehr verschieden.

Präziser bringen wir Unsicherheit in *numerischen* Feststellungen, d.h. quantitativ, zum Ausdruck. Die wichtigste Möglichkeit ist der Ausdruck in quantitativen Wahrscheinlichkeiten. Dies sind Werte zwischen 0,0 und 1,0; 0,5 bedeutet, daß Eintreten und Nicht-Eintreten des Ereignisses gleich wahrscheinlich sind. Häufiger verwenden wir allerdings numerische Ausdrücke wie „mit einer Wahrscheinlichkeit von 20%", „ich bin mir zu 95% sicher", „die Wahrscheinlichkeit für ein Wiederauftreten der Krankheit liegt zwischen 15% und 30%" usw. Diese Ausdrücke beziehen sich eigentlich auf das beobachtete oder zu erwartende Auftreten eines Ereignisses in hundert (ähnlichen) Fällen oder hundert (ähnlichen) Situationen, aber wir verwenden sie oft (inkorrekt) auch in Situationen, in denen es keine solchen relativen Häufigkeitsdaten gibt, wenn wir etwa sagen „Dortmund wird in diesem Jahr mit 99%iger Wahrscheinlichkeit Deutscher Fußballmeister", „in Kalifornien gibt es mit 1%iger Wahrscheinlichkeit in diesem Jahr ein großes Erdbeben", oder „meine Chancen auf diesen Job stehen fünfzig zu fünfzig". Im angelsächsischen Raum gibt es eine weitere Möglichkeit, Unsicherheit in einem quantitativen Urteil auszudrücken, nämlich in Form sogenannter *odds*, das sind Wettquotienten (siehe Box 5.2). Auch in deutschen Zeitungen lesen wir manchmal davon, wie bei den „Londoner Buchmachern" die Wetten auf den Ausgang einer Wahl oder eines Sportereignisses stehen.

Wir lassen hier offen, ob bzw. unter welchen Bedingungen Unsicherheit tatsächlich mental in einem verbalen oder in einem numerischen Kode gespeichert ist - bzw. ob ein Modell verbaler oder ein Modell numerischer Repräsentation angemessener ist. Wir kommen auf diese Frage aber später zurück.

Schließlich bringen wir Unsicherheit oft nicht durch eine direkte Äußerung zum Ausdruck, sondern durch unser (Entscheidungs-)*Verhalten*. Wenn ich beispielsweise morgens bei ziemlich gutem Wetter einen Regenschirm mitnehme und mich ein Nachbar mit dem Schirm sieht, dann wird er im allgemeinen zu Recht annehmen, daß ich Regen für ziemlich wahrscheinlich halte, sei es, weil ich entsprechende Informationen aus dem Radio habe, sei es, weil ich ein pessimistischer Mensch bin. Ich selbst habe in diesem Fall eine mehr oder weniger genaue Vorstellung von der Wahrscheinlichkeit, daß es regnen wird, aber ein Beobachter kann diese nur aus meinem Verhalten erschließen. Die Möglichkeit, aus dem Verhalten auf die mentale Unsicherheit zu schließen, ist ein wichtiger Ansatzpunkt für die Messung von Unsicherheit.

Was ist wie wahrscheinlich?		*Quote/Chance*
Sechs Richtige im Lotto 6 aus 49	1:	13.983.816
Superklasse im Lotto 6 aus 49	1:	139.838.160
Als Mann aus den alten Bundesländern mind. 100 Jahre alt zu werden	1:	599
Als Mann aus den neuen Bundesländern mind. 100 Jahre alt zu werden	1:	5.556
Als Frau aus den alten Bundesländern mind. 100 Jahre alt zu werden	1:	143
Als Frau aus den neuen Bundesländern mind. 100 Jahre alt zu werden	1:	962
An der Grippe zu sterben	1:	200.000
Im Straßenverkehr ums Leben zu kommen	1:	8.130
Einen 6er-Pasch zu würfeln	1:	36

Statistisches Jahrbuch 1991.

Box 5.2: „Odds"

Wie stehen die Chancen dafür, daß Borussia Dortmund im nächsten Jahr Deutscher Fußballmeister wird? Nehmen wir einmal an, als Dortmund-Fan meinen Sie, Borussia werde mit einer Wahrscheinlichkeit von $p = 0,80$ Deutscher Meister. Sie könnten dann auf die Frage in verschiedener Weise antworten. Sie könnten etwa sagen „Es ist ziemlich wahrscheinlich, daß Dortmund Deutscher Meister wird" oder: „Dortmund wird mit 80%iger Wahrscheinlichkeit Deutscher Meister".

Wenn Sie bei einem Londoner Wettbüro eine Wette abschließen wollten, würden Sie dagegen sagen: „Die Chancen für Dortmund stehen 4:1". Sie drücken dann ihre subjektive Wahrscheinlichkeit in „odds" aus. Mit „odds" bezeichnet man das Verhältnis der Wahrscheinlichkeiten zweier einander ausschließender Ereignisse, in unserem Fall der Ereignisse „Borussia Dortmund wird Deutscher Meister" (E_1) und „Borussia Dortmund wird nicht Deutscher Meister" (E_2). Aus der Angabe „4:1" läßt sich die subjektive Wahrscheinlichkeit für das Ereignis „Dortmund wird Deutscher Meister" (und damit natürlich auch die Gegenwahrscheinlichkeit für das Ereignis „Dortmund wird nicht Deutscher Meister") berechnen:

$$= \frac{4/1}{4/1 + 1} = 0,8$$

oder allgemeiner:

$$p(E_1) = \frac{\text{Odds }(E_1/E_2)}{\text{Odds }(E_1/E_2) + 1}$$

Die Angabe von „*odds*" läßt sich auch als Angabe eines Wett-Quotienten verstehen: Es ist der Quotient aus den Beträgen, die bei einer Wette zwei Wettpartner A und B als Einsatz leisten. Wer gewinnt, erhält den vom Verlierer gesetzten Betrag. Wenn Sie also 4 € auf Dortmund als nächsten Deutschen Meister setzen, Ihr Wettpartner 1 €, stehen die „*odds*" für „Dortmund wird Meister" (E_1) gegenüber „Dortmund wird nicht Meister" (E_2) 4:1. Wird Dortmund tatsächlich Deutscher Meister (tritt also E_1 ein), so gewinnen Sie und bekommen 1 €. Wird Dortmund nicht Meister (tritt also E_2 ein), so gewinnt Ihr Partner und erhält 4 €.

Gott würfelt nicht. Albert Einstein.

5.3.2 Die Beziehung von numerischen zu verbalen Ausdrücken

In zahlreichen Experimenten ist untersucht worden, in welcher Beziehung verbale und numerische Ausdrücke von Unsicherheit zueinander stehen (z.B. Beyth-Marom, 1982; Zimmer, 1984; Brun & Teigen, 1988; Wallsten, Budescu & Erev, 1988; Teigen, 1988; Weber & Hilton, 1990; Wallsten & Budescu, 1995; Fischer & Jungermann, 1996; Wallsten, Budescu & Tsao, 1997). Abbildung 5.3 zeigt eine mögliche Beziehung zwischen verbalen und numerischen Ausdrücken. Was meint beispielsweise ein Arzt, wenn er sagt, der Zustand werde sich „vermutlich" verschlechtern? Meint er, daß bei 30, 50, 70 oder gar 90 Patienten in ähnlicher Lage sich der Zustand verschlechtern wird? Und wenn der Patient die Äußerung „vermutlich" hört, was denkt er sich dabei? Daß sich sein Zustand mit 30%iger oder mit 90%iger Wahrscheinlichkeit verschlechtern wird? Möglicherweise verstehen Arzt und Patient unter „vermutlich" etwas ganz verschiedenes. Von den vielen empirischen Befunden seien nur einige genannt: Erstens interpretieren verschiedene Menschen die gleichen Ausdrücke höchst unterschiedlich; während der eine unter „wahrscheinlich" einen Bereich von 75%-95% versteht, meint der andere mit „wahrscheinlich" einfach eine Wahrscheinlichkeit von über 50%.

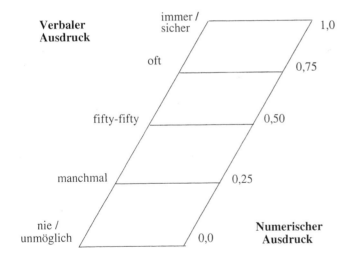

Abb. 5.3 Verbale und numerische Wahrscheinlichkeitsleiter

Zweitens decken die Worte sehr unterschiedlich breite Wahrscheinlichkeitsbereiche ab; während das Wort „möglich" für die meisten Menschen einen ziemlich breiten Bereich abdeckt, wird das Wort „unwahrscheinlich" nur auf einen ziemlich kleinen Bereich angewandt. Drittens spielt der Kontext für die Interpretation eines verbalen Ausdrucks eine große Rolle. Sie lesen den Satz: „Fotomodelle sind häufig sehr schön"; welchen numerischen Wert würden Sie dem Wort „häufig" geben? Vermutlich einen Wert zwischen 75% und 95%. Wenn Sie den Satz lesen: „In Nepal stürzen häufig Flugzeuge ab"; was, meinen Sie, ist hier mit „häufig" gemeint? Schwerlich 75% bis 95%, denn dann würde niemand mehr in Nepal ein Flugzeug besteigen. Eher würde man an einen numerischen Wert von 2% bis 5% denken; das ist ein niedriger numerischer Wert, aber er ist hoch im Vergleich zu den Absturzraten in anderen Ländern oder Gegenden. Eine Untersuchung der Interpretation verbaler Häufigkeitsausdrücke ist in Box 5.3 beschrieben

---

Box 5.3: Ist selten = selten?

Sie lesen in einem Beipackzettel eines Medikamentes, daß das Medikament „gelegentlich" zu Appetitlosigkeit als Nebenwirkung führt. Was denken Sie, ist mit dem Begriff „gelegentlich" gemeint? Tritt die Nebenwirkung in 5% oder 10% oder 20% oder gar 40% der Fälle auf? Im Beipackzettel zu einem anderen Medikament lesen Sie, es komme „gelegentlich" zu schweren Sehstörungen. Welche Häufigkeit des Auftretens der Nebenwirkung ist hier gemeint? Ist „gelegentlich" bei der schweren Nebenwirkung Sehstörungen genauso zu verstehen wie bei der leichten Nebenwirkung Appetitlosigkeit? Wie werden verbale Häufigkeitsausdrücke, wie z.B. „gelegentlich", „selten" oder „häufig", von Menschen interpretiert? Welche numerischen Häufigkeiten werden ihnen zugeordnet, und werden den Begriffen immer dieselben Zahlenwerte zugewiesen?

Katrin Fischer und **Helmut Jungermann** (1996) legten Versuchspersonen fiktive Beipackzettel von Medikamenten vor, in denen die Auftretenshäufigkeit von Nebenwirkungen mit den verbalen Ausdrücken „selten", „gelegentlich" oder „häufig", beschrieben war. Die Vpn sollten angeben, welche numerische Häufigkeit (von 0% bis 100%) ihrer Meinung nach dem jeweiligen verbalen Ausdruck entspricht. Beschrieben wurden entweder sehr schwere oder sehr leichte Nebenwirkungen.

Die Vpn ordneten den gleichen verbalen Ausdrücken sehr viel kleinere numerische Werte zu, wenn es sich um schwere Nebenwirkungen handelte, als wenn es sich um leichte Nebenwirkungen handelte. Bei schweren Nebenwirkungen wurde „selten" im Mittel als 2,3% interpretiert, bei leichten Nebenwirkungen als 8,8%; „gelegentlich" wurde als 6,8% bzw. 9,9% interpretiert und „häufig" als 23,8% bzw. 31,1%. Wenn man Vpn nach ihrer Interpretation von „selten", „gelegentlich" und „häufig" ohne Zusammenhang mit bestimmten Ereignissen (wie Wirkungen von Medikamenten) fragte, lagen die numerischen Werte allgemein höher: „Selten" bedeutete im Mittel eine Häufigkeit von 12,8%, „gelegentlich" bedeutete 27,8%, „häufig" bedeutete 66,8%.

Die Interpretation verbaler Häufigkeitsausdrücke hängt also sehr stark vom Kontext ab, in dem sie auftauchen. Der gleiche Begriff wird ganz unterschiedlich interpretiert. Fragt man Menschen, auf welche Art sie beispielsweise in Beipackzetteln über die Auftretenshäufigkeit von Nebenwirkungen informiert werden möchten, dann bevorzugen die meisten Menschen die Angabe in Zahlenwerten. Auch in der hier beschriebenen Untersuchung wollten fast 80% der Befragten in Beipackzetteln lieber Zahlenangaben als verbale Ausdrücke.

5.3.3 Die Genauigkeit von Unsicherheitsangaben

Wenn man Unsicherheit zum Ausdruck bringt, kann man beispielsweise einen präzisen Punktwert („75%") oder ein Intervall („zwischen 70% und 80%" oder „zwischen 60% und 90%") nennen. In der Größe des Intervalls bzw. der „Grobheit" (*coarseness*) der Angabe zeigt sich, welche Werte man für möglich hält, und damit eine Art von Unsicherheit bezüglich der Unsicherheit. Yaniv und Foster (1992) haben untersucht, in welcher Beziehung die *graininess of judgment*, die *Feinkörnigkeit*, die jemand bei seinen Aussagen wählt, zu seinem Vertrauen in sein Wissen über den Gegenstandsbereich steht. Und sie haben die Beziehung zwischen der *Genauigkeit* einerseits und dem *Informationsgehalt* bei der Kommunikation über Unsicherheit andererseits untersucht. Sie benutzen folgendes Beispiel: Wenn jemand die Inflationsrate im nächsten Jahr vorhersagen soll, würde er nicht sagen „zwischen 1% und 150%", um nur ja nicht falsch zu liegen. Er will dem Frager gegenüber auch möglichst informativ sein. Also wird er ein Intervall wählen, das einerseits als informativ betrachtet wird und in dem andererseits auch vermutlich der wahre Wert liegen wird. Das gewählte Intervall drückt einen trade-off zwischen Genauigkeit und Informationsgehalt aus. Yaniv und Foster fanden interessante Ergebnisse: Wenn beispielsweise die Frage lautete, wieviel Geld die USA im Jahr für die Erziehung ausgeben (und der wahre Wert 22,5 Milliarden $ beträgt), fanden Vpn die Aussage „zwischen 18 und 20 Milliarden $" besser als die Aussage „zwischen 20 und 40 Milliarden $", obwohl nur die zweite Aussage den wahren Wert enthält. Teigen (1990) berichtet, daß Vpn paradoxerweise einer präziseren Aussage (also mit einem schmaleren Intervall) eher glaubten als einer vageren Aussage, sogar wenn die vagere Aussage die präzisere Aussage einschloß und daher mit größerer Wahrscheinlichkeit den wahren Wert enthielt. Im Beispiel: Die Aussage „zwischen 20 und 25 Milliarden $" würde eher für wahr gehalten als die Aussage „zwischen 20 und 40 Milliarden $".

5.4 Theoretische Ansätze

Im vorhergehenden Abschnitt ging es um Probleme der formalen Beschreibung und Repräsentation von Unsicherheit; in diesem Abschnitt nun geht es um die kognitionspsychologischen Probleme der Aufnahme, Speicherung und Verarbeitung derjenigen Information, die zu Unsicherheit bzw. Sicherheit in Bezug auf Ereignisse und Zustände führt. Es gibt dazu eine ganze Reihe theoretischer Ansätze, die zum Teil sehr unterschiedliche Konzepte verwenden und zum Teil auch unterschiedliche Akzente setzen: In einigen geht es beispielsweise um die Entstehung von Unsicherheit aus Informationen - dies können physikalische Umweltreize oder auch Argumente sein. In anderen geht es um die (Weiter-)Verarbeitung von Unsicherheit(en) mit dem Ergebnis neuer, beispielsweise auf Grund weiterer Information revidierter Unsicherheit.

Die Entwicklung in den letzten Jahren ist vor allem dadurch gekennzeichnet, daß man Unsicherheit in Bezug auf ein Ereignis oder eine Aussage nicht mehr (nur) als eine fixe quantitative Größe betrachtet. Eine solche Auffassung ist oft gerechtfertigt, etwa wenn es um die Wahrscheinlichkeit von Kopf und Zahl beim Münzwurf geht; und es gibt viele Probleme dieses Typs. In solchen Situationen jedoch, in denen Häufigkeiten weniger eindeutig und unmittelbar gegeben und mental gespeichert sind, dürfte Unsicherheit sich eher durch einen konstruktiven kognitiven Prozeß herstellen, in dessen Verlauf auf quantitative Information (beispielsweise Häufigkeiten) ebenso wie auf qualitative Informationen (beispielsweise Beschreibungen oder Argumente) zurückgegriffen wird. Das Interesse der Forschung verschiebt sich von *probability-based reasoning* zu *knowledge-based reasoning* (Beach & Braun, 1994).

Wir beschreiben in den folgenden Abschnitten einige der gegenwärtig diskutierten Ansätze in der Entscheidungsforschung. Daneben sind einige Ansätze in der Künstlichen Intelligenz, vor allem in Zusammenhang mit Expertensystemen, entwickelt worden, beispielsweise die Theorie der *symbolischen Argumentation* (Fox, 1994). Dort geht es vor allem darum, Repräsentationssprachen zu entwickeln und anzuwenden, die der Ungenauigkeit und Vagheit von Wissen und Information Rechnung tragen. Darauf wird hier aber nicht eingegangen (vgl. Spies, 1993).

5.4.1 Probabilistische Wahrnehmung

Wir können Objekte, Ereignisse und Zustände in der Welt nie „direkt" erfahren. Die sensorische Information erlaubt nur die Konstruktion einer mentalen Repräsentation von Objekten, Ereignissen und Zuständen. Diese mentale Repräsentation ist die Grundlage für schlußfolgernde Urteile. Die wichtigsten Elemente seiner Theorie, wie wir in einer probabilistischen Welt aus unseren Beobachtungen Schlüsse ziehen, hat Brunswik (1952) mit einem *Linsen-Modell* illustriert, das Abbildung 5.4 (in einer vereinfachten Form) zeigt und das wir mit einem Beispiel erklären wollen: Jemand soll auf Grund seiner Beobachtungen ein Urteil darüber abgeben, mit welcher Sicherheit er morgen mit Regen rechne.

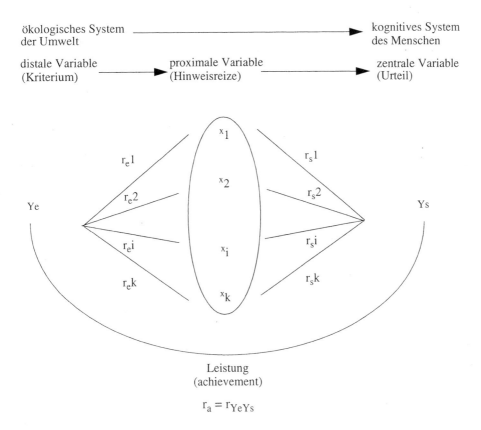

Abb. 5.4 Das Linsenmodel

Auf der *linken* Seite steht die *distale* (für den Beobachter „entfernte") Variable Y_e des „wahren" Zustandes in der Welt, also ob es tatsächlich morgen regnet; das Subskript „e" steht für „*environment*". Unser Mann macht in der Umwelt eine Reihe von Beobachtungen, die Hinweise für Regen sind (z.B. Wolken eines bestimmten Typs, tiefffliegende Schwalben); dies sind die *proximalen* (dem Beobachter „nahen") Hinweisreize (*cues*) X_i. Diese Hinweise stehen objektiv in mehr oder weniger enger Beziehung zu dem distalen Zustand, sind also mehr oder weniger „ökologisch valide"; nach Auftreten dieses Wolkentyps mag es tatsächlich „sehr oft" einige Zeit später regnen, während es vielleicht nur „oft" regnet, wenn die Schwalben niedrig fliegen. Statistisch können wir die Enge der Beziehungen zwischen den proximalen Hinweisreizen und der distalen Variablen als Korrelationen (r_e) ausdrücken. - Auf der *rechten* Seite steht die *zentrale* Variable Y_s, das Urteil des Beobachters; das Subskript „s" steht für „Subjekt". Ein Meteorologe mag die „wahren" Beziehungen zwischen den Hinweisreizen und der distalen Variablen kennen, also die ökologischen Validitäten; aber ein naiver Beobachter wird sie nicht kennen, und die Korrelationen r_s zwischen den proximalen Hinweisreizen und seinem Urteil werden sich von den Korrelationen r_e unterscheiden. Er wird den Hinweisreizen ein Gewicht je nach persönlicher Erfahrung und momentanem Eindruck geben; für den einen Beobachter mag der Schwalbenflug eine große Rolle spielen, für einen anderen Beobachter dagegen nur eine geringe Rolle. Auf der linken Seite der Linse steht also das (ökologische) System der Umwelt, auf der rechten Seite das (kognitive) System der Person. Die proximalen Hinweisreize sind durch die Linse einerseits (von links) mit dem Objekt, Ereignis oder Zustand verbunden, andererseits (nach rechts) mit dem subjektiven Urteil des Beobachters der Hinweisreize.

Wenn wir von unserem Beobachter an vielen Tagen Urteile bekommen und jeweils das Wetter am folgenden Tage feststellen, können wir die Werte von Y_e und Y_s miteinander korrelieren und erhalten den Koeffizienten $r_a = r\,(Y_e\,,\,Y_s)$; in diesem Koeffizienten drückt sich aus, wie gut der Beobachter das Wetter vorhersagen kann, und er wird daher als *achievement coefficient* bezeichnet.

Die Analyse der Urteilsstrategie einer Person (*judgmental policy*) geschieht mit Hilfe der Korrelations- und Regressionsrechnung (vgl. Bortz, 1994). Wir können dies hier nur andeuten; eine ausführliche Darstellung geben Dudycha und Naylor (1966). Schauen wir uns zunächst wieder die linke Seite der Linse an. Wenn wir die Hinweisreize X_i (i = 1 ...k) als unabhängige Variablen (Prädiktoren) und die distale Variable Y_e als abhängige Variable (Kriterium) betrachten, ergibt sich folgende Regressionsgleichung für die Vorhersage von Y_e, also $\hat{Y}_e$:

$$(1) \qquad \hat{Y}_e = a + w_{e1}X_1 + w_{e2}X_2 + ... + w_{ek}X_k$$

Dabei ist a eine Skalierungskonstante, die wir hier vernachlässigen können. Die Koeffizienten w_{ei} sind die Gewichtsfaktoren für die proximalen Variablen bei der (objektiven) Prädiktion der distalen Variablen. Gleichung (1) ist ein statistisches Modell der Umwelt. - Nun schauen wir uns die rechte Seite an: Wir betrachten wiederum die Hinweisreize X_i als unabhängige Variablen (Prädiktoren), jetzt aber das Urteil Y_s des Beobachters als abhängige Variable; es ergibt sich folgende Regressionsgleichung für die Vorhersage von Y_s, also $\hat{Y}_s$:

$$(2) \qquad \hat{Y}_s = a + w_{s1}X_1 + w_{s2}X_2 + ... + w_{sk}X_k$$

Die Koeffizienten w_{si} sind die Gewichte, die der Beobachter den Hinweisreizen in seiner Urteilsstrategie gibt; sie zeigen, inwieweit die Person die gegebenen Hinweisreize nutzt (*cue utilization*). Gleichung (2) ist ein statistisches Modell der (urteilenden) Person. Eine optimale Adaptation, also eine erfolgreiche Nutzung der Hinweisreize, wird oft dadurch erschwert, daß zum einen die Beziehungen zwischen proximalen und distalen Variablen nicht linear, sondern auch kurvilinear sein können, und daß zum anderen die proximalen Variablen selbst unterein-

ander korreliert sein können. Man bestimmt empirisch die Gewichte, indem man
Personen Datensätze (also Mengen von Hinweisreizen) vorlegt und sie dann
abgestufte Urteile abgeben läßt; in unserem Beispiel würde man einer Person
unterschiedliche Daten über Wolkentyp, Schwalbenflug u.a. vorlegen und jeweils
ein Urteil auf einer Skala von 1 bis 7 darüber abgeben lassen, mit welcher Sicherheit sie morgen Regen erwarte. - Unterschiede zwischen der Urteilsstrategie des
Beobachters, Gleichung (2), und der optimalen Strategie, Gleichung (1), zeigen
sich in Unterschieden zwischen den Gewichten w_{si} und w_{ei}.

Das Linsenmodell ist seit seiner ursprünglichen Konzipierung durch Brunswik
weiterentwickelt und spezifiziert worden, und es ist vor allem zur Grundlage
zahlreicher Untersuchungen des menschlichen Urteilsverhaltens in unterschiedlichsten Bereichen verwandt worden. Diesen Forschungsansatz hat - unter der
Bezeichnung *Social Judgment-Theorie* (SJT) - im wesentlichen die Gruppe um
Kenneth Hammond verfolgt. Sehr oft ging es darum, die Urteilsstrategien verschiedener Personen oder Personengruppen - beispielsweise von Experten und
Laien, von Politikern und Bürgern - miteinander zu vergleichen. Man untersuchte
also, ob bzw. wie sich die Gewichtsfaktoren unterscheiden. Die empirischen
Daten können dann zur Grundlage einer Diskussion zwischen den Beteiligten
oder auch eines Trainings für Berufsanfänger verwandt werden (z.B. Brehmer &
Joyce, 1988). Hammond (1996) hat eine umfassende Darstellung und Weiterentwicklung der SJT gegeben. In jüngerer Zeit haben Gigerenzer, Hoffrage und
Kleinbölting (1991) den Ansatz von Brunswik aufgegriffen und davon ausgehend
eine Theorie probabilistischer mentaler Modelle vorgelegt; wir beschreiben diese
Konzeption in Abschnitt 5.4.4.

5.4.2 Statistische Kalkulation

In diesem Ansatz, der auf eine Arbeit des britischen Geistlichen und Mathemati-
kers Thomas Bayes aus dem 18. Jh. zurückgeht, spielen die Zusammenhänge von
Beobachtungen mit der „wahren" Umwelt (die im Linsen-Modell auf der linken
Seite stehen) keine Rolle. Es interessieren nur die Beobachtungen selbst und die
Art und Weise, in der sich jemand auf Grund dieser Beobachtungen eine Meinung
(*belief*) bildet, und insbesondere, wie jemand sein Urteil bei Beobachtung neuer
Evidenz revidiert. Meinung bzw. Urteil werden hier immer als subjektive Wahr-
scheinlichkeiten i.S. der Wahrscheinlichkeitstheorie verstanden.

Wir greifen das Beispiel aus dem vorherigen Abschnitt wieder auf: Jemand soll
die Wahrscheinlichkeit schätzen, daß es morgen regnet. Ohne einen Blick auf den
Himmel zu werfen, hat der Beobachter meistens bereits eine Meinung, beispielsweise weil es November ist oder weil es in den letzten Tagen viel geregnet hat.
Dies ist seine subjektive a priori Wahrscheinlichkeit von Regen. Schaut er nun
aus dem Fenster, dann erhält er neue Evidenz. Er sieht beispielsweise dunkle
Wolken am Himmel. Er wird nun diese Evidenz mit seiner *a priori* Meinung inte-

grieren, seine a priori Wahrscheinlichkeit zu einer *a posteriori* Wahrscheinlichkeit für Regen revidieren. In diesem Fall wird die a posteriori Wahrscheinlichkeit
wohl höher sein als die a priori Wahrscheinlichkeit.

Dieser Prozeß der Urteilsbildung bzw. -revision wird als ein Prozeß der mentalen statistischen Kalkulation modelliert, und zwar mit Hilfe des *Bayes-Theorems,*
das eine Regel der Kombination von Wahrscheinlichkeiten darstellt (vgl. Lee,
1977, S. 68f.; Bortz, 1984, S. 326ff.). Es sei p(H) die *a priori Wahrscheinlichkeit,*
daß eine Hypothese zutreffe, p(D) die Wahrscheinlichkeit der Beobachtung von
Daten D, p(D|H) die *bedingte Wahrscheinlichkeit* (*likelihood*) der Beobachtung
von D unter der Annahme, daß H zutrifft, und p(H|D) die *a posteriori* Wahr-
scheinlichkeit der Hypothese, wenn die Beobachtung D gemacht worden ist.
Dann ist

$$p(H|D) = \frac{p(D|H)p(H)}{p(D)}$$

Die a posteriori Wahrscheinlichkeit der Hypothese H, wenn Daten D vorliegen,
wird durch die a priori Wahrscheinlichkeit der Hypothese sowie die Wahrscheinlichkeit der Daten unter Annahme der Richtigkeit der Hypothese bestimmt.

Wir wollen dies mit Hilfe des Regen-Beispiels verdeutlichen. Es sei H die Hypothese, daß es morgen regnet, ¬H die Alternativhypothese, daß es nicht regnet,
und D die Beobachtung dunkler Wolken. Die a priori Wahrscheinlichkeit unseres
Beobachters für H, p(H), sei 0,70. Seine bedingte Wahrscheinlichkeit (*likelihood*)
p(D|H), also die subjektive Wahrscheinlichkeit, daß es heute dunkle Wolken gibt,
wenn es tatsächlich morgen regnet, sei 0,80; die Wahrscheinlichkeit, daß es heute
dunkle Wolken gibt, wenn es tatsächlich morgen *nicht* regnet, sei für den Beobachter 0,30. Man sieht: die *likelihoods* müssen sich nicht zu 1,0 addieren, deshalb
wählt man im Englischen den Begriff *likelihood* statt *probability*; im Deutschen
gibt es jedoch leider kein anderes Wort für *likelihood* als *Wahrscheinlichkeit*.
Jetzt benötigen wir noch den Wert für p(D), also die Wahrscheinlichkeit, dunkle
Wolken unabhängig davon zu beobachten, ob es morgen regnet oder nicht; diese
Wahrscheinlichkeit errechnet sich als p(D|H) · p(H) + p(D|¬H) · (¬H). In un-
serem Beispiel ist p(D)= 0,80 · 0,70 + 0,30 · 0,30 = 0,65. Dann errechnet sich die
a posteriori Wahrscheinlichkeit unseres Beobachters als

$$p(H|D) = \frac{(0,80 \cdot 0,70)}{(0,80 \cdot 0,70) + (0,30 \cdot 0,30)} = 0,86$$

Die subjektive Wahrscheinlichkeit dafür, daß es morgen regnet, liegt also nach dem Blick aus dem Fenster (angesichts der *likelihoods* des Beobachters plausiblerweise) höher als vorher. Ausführliche Darstellungen des Bayes-Ansatzes als Modell der Urteilsbildung bzw. -revision geben u.a. Borcherding (1983, S. 137-143), Dawes (1988, S. 70f. und S. 247f.) und Baron (2000).

Man hat zunächst angenommen, daß die Art und Weise, in der Menschen ihre Wahrscheinlichkeitsurteile bei Auftreten neuer Evidenz revidieren, mit diesem Theorem angemessen beschreibbar sei, daß also das Urteilsverhalten der wahrscheinlichkeitstheoretischen Norm entspreche. Empirisch wurden jedoch systematische Abweichungen festgestellt, von denen zwei an dieser Stelle kurz beschrieben werden, um das Konzept der „Abweichung" zu verdeutlichen:

Konservatismus: Hat jemand sich einmal ein erstes Urteil über die Wahrscheinlichkeit eines Ereignisses gebildet, so wird die Revision auch bei Vorliegen statistisch valider neuer Information nur unzureichend vorgenommen: man hält stärker an der anfänglichen Meinung fest, als es wahrscheinlichkeitstheoretisch - also nach dem Bayes-Theorem - gerechtfertigt ist. So würde man in unserem Regen-Beispiel von Konservatismus sprechen, wenn der Beobachter nach dem Blick aus dem Fenster als a posteriori Wahrscheinlichkeit nicht 0,86, sondern nur 0,80 angäbe; die Beobachtung der dunklen Wolken hätte ihn zu einer geringeren Revision seiner subjektiven Wahrscheinlichkeit veranlaßt, als es rein statistisch richtig gewesen wäre. In diesem Sinne „konservatives" Verhalten beobachtet man vor allem, wenn man Probanden sukzessiv viele einzelne neue Informationen gibt und sich anschaut, wie sehr bzw. schnell sich ihre Meinung dann ändert (Lee, 1977, S. 265ff.).

Basisraten-Fehler: In gewissem Sinne gegenläufig ist das Phänomen, daß Menschen oft die a priori Wahrscheinlichkeit, die auch als *Basisrate* des in Frage stehenden Ereignisses bezeichnet wird, vernachlässigen. In Situationen, in denen die Beobachtung, die neue Information, besonders auffällig (*salient*) ist, beeinflußt sie das Urteil über die a posteriori Wahrscheinlichkeit in wahrscheinlichkeitstheoretisch nicht gerechtfertigtem Ausmaß. In dem Regen-Beispiel könnte der Blick auf einen strahlend wolkenlosen Himmel etwa den Beobachter so beeindrucken, daß er (fast) vergißt, wie oft es im November im allgemeinen regnet. Seine subjektive (a posteriori) Wahrscheinlichkeit, daß es morgen regnet, wäre dann geringer, als es auf Grund der hohen Basisrate (a priori Wahrscheinlichkeit) richtig wäre. Wir behandeln dieses Phänomen in Abschnitt 5.5.1 noch einmal ausführlich.

5.4.3 Kognitive Heuristiken und *Biases*

Die psychologische Entscheidungsforschung hat sich zu Beginn primär am Konzept der subjektiven Wahrscheinlichkeit orientiert. Es wurden numerische Wahrscheinlichkeitsurteile empirisch erhoben, und es wurde geprüft, ob bzw.

inwieweit diese Urteile den Axiomen der Wahrscheinlichkeitstheorie bzw. daraus abgeleiteten Theoremen wie dem Bayes-Theorem genügten. Die empirischen Befunde führten zu einer Differenzierung zwischen *regel-bestimmten* und *intuitiven* Wahrscheinlichkeitsurteilen (Teigen, 1994, S. 211). Damit ist gemeint, daß Personen unter manchen Bedingungen Urteile nach den Regeln der Wahrscheinlichkeitstheorie abgeben bzw. abgeben können (beispielsweise wenn ihnen die entsprechenden Informationen, Regeln oder Hilfsmittel zur Verfügung stehen), daß sie ihre Urteile aber im Normalfall *intuitiv* abgeben und daß diese Urteile dann oft Regeln der Wahrscheinlichkeitstheorie verletzen.

Aus der Beobachtung der Diskrepanzen zwischen intuitiven Wahrscheinlichkeitsurteilen und Urteilen, wie sie bei Zugrundelegung der Regeln der Wahrscheinlichkeitstheorie zu erwarten wären, entwickelten Tversky und Kahneman das Forschungsprogramm über *heuristics und biases*; viele Arbeiten sind in dem von Kahneman, Slovic und Tversky (1982) herausgegebenen Sammelband publiziert. Es besagt in seinem Kern, daß Menschen *intuitiv* unter bestimmten Bedingungen mentale Heuristiken an Stelle der Algorithmen der Wahrscheinlichkeitstheorie anwenden. Diese Heuristiken führen meist, aber nicht immer zu einer richtigen Einschätzung (wobei „richtig" heißt: nach wahrscheinlichkeitstheoretischer Regel). Dies sind die wichtigsten „kognitiven Daumenregeln", die zur Erklärung empirischer Daten vorgeschlagen worden sind:

5.4.3.1 Repräsentativität

Betrachten Sie folgendes Beispiel: Sie begegnen auf dem Campus der Universität einem Studenten, der Anzug und Krawatte sowie ein schwarzes Aktenköfferchen trägt. Wie wahrscheinlich ist es Ihrer Meinung nach, daß es sich um einen Studenten der Betriebswirtschaft handelt? Und wie wahrscheinlich ist es, daß es sich um einen Studenten der Germanistik handelt? Tversky und Kahneman (1972) postulieren, daß wir die Information, die wir über den Studenten bekommen, mit der in unserem Gedächtnis gespeicherten Information über den *typischen* Studenten der Betriebswirtschaft und der Germanistik vergleichen. In dem Beispiel paßt die Beschreibung eher zu unserem Bild eines Betriebswirtschafts- als eines Germanistikstudenten, sie ist unserem Prototyp eines Betriebswirtschaftsstudenten ähnlicher, sie ist *repräsentativer* für einen Betriebswirtschaftsstudenten. Daher halten wir die Wahrscheinlichkeit, daß es sich um einen Betriebswirtschaftsstudenten handelt, für größer als die Wahrscheinlichkeit, daß es sich um einen Germanistikstudenten handelt. Allgemein formuliert: Die subjektive Wahrscheinlichkeit für ein Ereignis ist um so größer, je repräsentativer das Ereignis für die Population ist, aus der es kommt. Tversky und Kahneman vermuten, daß diese Heuristik bei der Beantwortung von zwei Fragetypen benutzt wird: (I) Mit welcher Wahrscheinlichkeit gehört ein Element a zur Klasse B? (II) Mit welcher Wahrscheinlichkeit wurde Ereignis a durch einen Prozeß B erzeugt?

Die Anwendung der Repräsentativitäts-Heuristik ist oft nützlich und erfolgreich. Aber sie kann, wie die Anwendung aller Heuristiken, auch unter bestimmten Bedingungen systematisch zu Fehlern („biases") führen. Dies sind einige solche Fehler:

① Insensitivität gegenüber der *Basisrate*: Wie schon im vorigen Abschnitt beschrieben wurde, ist damit gemeint, daß von der urteilenden Person nicht berücksichtigt wird, wie oft das Ereignis, dessen Wahrscheinlichkeit zu schätzen ist, a priori überhaupt zu erwarten ist. In dem eben beschriebenen Fall etwa kommen befragte Studenten auch dann zu dem Urteil, daß es sich eher um einen Betriebswirtschafts- als einen Germanistikstudenten handele, wenn der Anteil der Germanistikstudenten an der Universität weit höher ist als der Anteil der Betriebswirtschaftsstudenten und es a priori also *eher* wahrscheinlich ist, daß es sich um einen Germanistikstudenten handelt. Richtig wäre es, die a priori Wahrscheinlichkeit bzw. Basisrate bei der Urteilsbildung miteinzubeziehen. Das Bayes-Theorem (s.o.) liefert dafür einen formalen Algorithmus.

② Insensitivität gegenüber der *Stichprobengröße*: Die Unzuverlässigkeit kleiner Stichproben wird unterschätzt. Anstatt an das Gesetz der *großen* Zahl zu denken, wonach sich Zuverlässigkeit erst in einer großen Stichprobe herstellt, operieren wir subjektiv oft mit einem *Gesetz* der *kleinen* Zahl, halten also auch schon kleine Stichproben für zuverlässig. Ein Beispiel von Tversky und Kahneman: Sie sind ein relativ schwacher Squash-Spieler und wollen mit einem Freund, der ein starker Spieler ist, ein Spiel um Punkte machen. Er fragt Sie, ob Sie lieber um 9 Punkte oder um 15 Punkte spielen wollen. Wofür entscheiden Sie sich - d.h. bei welchem Spiel ist Ihre Gewinnwahrscheinlichkeit größer? Die meisten Probanden meinen, daß es egal sei, also keinen Unterschied mache, ob man um 9 oder 15 Punkte spiele. Tatsächlich wird mit einem kürzeren Spiel eine kleinere Stichprobe an Spielereignissen realisiert als bei einem längeren Spiel; das Spiel um 9 Punkte bringt also eine weniger repräsentative Serie von Spielereignissen als ein Spiel um 15 Punkte, und insofern ist Ihre Gewinnwahrscheinlichkeit hier größer.

③ Falsche Vorstellung von *Zufallsmerkmalen*: Es wird erwartet, daß sich Merkmale eines unendlichen Zufallsprozesses auch in kurzen, endlichen Sequenzen zeigen. Ein Beispiel: Welche Reihenfolge in der Geburt von sechs Kindern halten Sie für wahrscheinlicher: Junge/Junge/Junge/Mädchen/Mädchen/Mädchen oder Junge/Mädchen /Mädchen/Junge/Mädchen/Junge? Die meisten Menschen halten die zweite Folge für wahrscheinlicher als die erste Folge, die einfach nicht „zufällig" aussieht. Man meint, die endliche lokale Stichprobe (aus der unendlichen Zahl von Geburtenfolgen) müsse repräsentativ für die Gesamtheit aller möglichen Geburtenfolgen sein. Tatsächlich sind aber natürlich beide Folgen gleich wahrscheinlich, da die Ereignisse unabhängig voneinander sind, also das Geschlecht eines Kindes unabhängig von dem Geschlecht des vorher geborenen Kindes ist.

④ Außerachtlassung der *Regression zur Mitte*: Extreme Ausgänge eines Zufallsprozesses werden hinsichtlich ihrer Validität und damit Wahrscheinlichkeit überschätzt. Tversky und Kahneman geben hier ein Beispiel, in dem dieser *bias* zu einer *Überschätzung* der Wirkung von Strafe und der *Unterschätzung* der Wirkung von Belohnung führte: Erfahrene Ausbilder von Piloten äußerten, daß ein Lob für eine besonders weiche Landung meistens von einer rauheren Landung beim nächsten Flug gefolgt sei, während auf harte Kritik nach einer rauhen Landung meistens eine bessere Landung folge. Sie schlossen daraus, daß verbales Lob den Lernprozeß eher beeinträchtige, während verbaler Tadel sich eher positiv auswirke. Dabei berücksichtigten sie nicht, daß besonders gute wie auch besonders schlechte Landungen extreme Abweichungen von der „durchschnittlichen" Landung darstellen und die Statistik uns zeigt, daß nach einer besonders guten Landung ohnehin eher mit einer schlechteren, also wieder näher am Durchschnitt liegenden Landung zu rechnen ist (und nach einer besonders schlechten Landung wieder mit einer etwas besseren Landung). So wie im allgemeinen sehr kleine Eltern eher etwas größere und sehr große Eltern eher etwas kleinere Kinder haben. Man glaubt also, künftige Ereignisse (Landungsqualität, Kindergröße) müßten so ähnlich sein wie oder repräsentativ sein für frühere Ereignisse.

⑤ Überschätzung der Wahrscheinlichkeit von *Konjunktionen*: Dieser Fehler wurde von Tversky und Kahneman an einem Beispiel illustriert, das seitdem in zahlreichen weiteren Experimenten unter die Lupe genommen worden ist. Probanden wurde folgende Aufgabe vorgelegt:

Linda ist 31 Jahre alt, sie lebt allein, redet sehr freimütig und ist sehr klug. Sie hat auf einem College Philosophie studiert. Als Studentin war sie außerordentlich engagiert in Fragen sozialer Benachteiligung und anderen sozialen Problemen; sie nahm auch an Anti-Kernkraft-Demonstrationen teil. Welche Aussage halten Sie für wahrscheinlicher?
A: Linda ist eine Bankangestellte.
B: Linda ist eine Bankangestellte und in der Frauenbewegung aktiv.

Die überwiegende Zahl der Probanden hielt die zweite Aussage für wahrscheinlicher als die erste Aussage. Aus statistischer Sicht ist dies ein Fehler, denn die Wahrscheinlichkeit einer Konjunktion von Ereignissen (hier: Bankangestellte *und* Feministin) kann nicht größer sein als die Wahrscheinlichkeit jedes Einzelereignisses (also Bankangestellte *oder* Feministin). Anders gesagt: Die Menge derjenigen Frauen, die Bankangestellte *und* Feministin sind, kann nicht größer sein als die Menge an Bankangestellten überhaupt. Tversky und Kahneman erklären den Konjunktionsfehler damit, daß die Beschreibung von Linda repräsentativer für das Bild einer Feministin *und* Bankangestellten sei und die Konjunktion deshalb wahrscheinlicher erscheine. - Es gibt eine zweite Art von Konjunktionseffekt, wenn nämlich zwischen den beiden einzelnen Ereignissen ein kausaler Zusammenhang gesehen werden kann; darauf gehen wir in Abschnitt 5.5.3 ein.

5.4.3.2 Verfügbarkeit

Diese Heuristik kommt nach Tversky und Kahneman (1973) beispielsweise bei folgender Aufgabe zur Anwendung: Einmal angenommen, man würde aus einem (englischen) Buch ein Wort nehmen, das wenigstens drei Buchstaben hat. Was ist wahrscheinlicher - daß der erste Buchstabe ein „k" ist oder daß der dritte Buchstabe ein „k" ist? Die meisten Probanden halten es für wahrscheinlicher, daß das zufällig gezogene Wort mit einem „k" beginnt, als daß es an dritter Stelle ein „k" hat. Tatsächlich haben (im Englischen) dreimal mehr Wörter ein „k" an dritter als an erster Stelle. Tversky und Kahneman postulieren hier, daß diejenigen Wörter, die mit einem „k" anfangen, kognitiv leichter „verfügbar" seien als Wörter, die erst an dritter Stelle ein „k" haben. Dies kann man gedächtnispsychologisch begründen (Anderson, 2001): Wörter sind stärker mit ihrem Anfangsbuchstaben als mit ihrem dritten Buchstaben assoziiert. Wird nun ein Buchstabe (wie „k") durch die Aufgabenstellung aktiviert, breitet sich die Aktivierung entsprechend den "Gesetzen" der Aktivierungsausbreitung von diesem Buchstaben stärker zu Wörtern aus, die mit dem Buchstaben beginnen, als zu Wörtern, die diesen Buchstaben an dritter Stelle haben. Es sind dann also mehr Wörter mit dem Anfangsbuchstaben „k" aktiviert (bzw. solche Wörter sind stärker aktiviert), und das bedeutet, solche Wörter sind kognitiv besser abrufbar oder *verfügbar*. Dies wird dann heuristisch als Hinweis auf die Wahrscheinlichkeit der Wörter benutzt. Allgemein formuliert: Die subjektive Wahrscheinlichkeit für ein Ereignis ist um so größer, je leichter oder schneller man in der Lage ist, sich Beispiele für das Ereignis vorzustellen oder in Erinnerung zu rufen. Tversky und Kahneman vermuten, daß diese Heuristik bei der Beantwortung folgender Fragetypen benutzt wird: (I) Wie viele Exemplare x vom Typ Y gibt es? (II) Wie häufig ist das Ereignis x (unter der Bedingung Y)?

Auch die Anwendung der Verfügbarkeits-Heuristik ist im allgemeinen sehr effizient. Aber sie kann ebenfalls unter bestimmten Bedingungen systematisch zu *biases* führen. Dies sind einige der Fehler:

① Beeinflussung durch *Lebhaftigkeit* der Darstellung: Das Urteil ist davon bestimmt, wie lebhaft man sich ein Ereignis vorstellen kann oder wie lange es her ist, daß man ein ähnliches Ereignis selbst erlebt hat. Ein Beispiel: Sie haben gerade gestern auf der Autobahn einen schweren Verkehrsunfall miterlebt. Wenn Sie heute gefragt werden, wie wahrscheinlich schwere Verkehrsunfälle auf Autobahnen sind, wird Ihre Schätzung deutlich höher ausfallen als die Schätzung einer Person, die schon lange keinen Unfall mehr selbst gesehen hat.

② Beeinflussung durch *Präsenz* des Ereignisses: Das Urteil ist davon bestimmt, wie häufig man von einem Ereignis gehört hat und vernachlässigt die *relative* Häufigkeit des Ereignisses. Ein Beispiel von Russo und Schoe-maker (1989):

Welches der folgenden Ereignisse verursacht in den USA jährlich mehr Todesfälle?
A: Magenkrebs.
B: Autounfälle.

Die meisten Befragten meinten, daß mehr Menschen durch Autounfälle sterben als durch Magenkrebs. Tatsächlich sterben mehr als doppelt so viele Menschen durch Krebs als durch Unfälle. Die Überschätzung der Wahrscheinlichkeit von Autounfällen wird darauf zurückgeführt, daß die Medien weitaus häufiger über Unfälle berichten als über Fälle von Magenkrebs, über die allenfalls ab und zu eine Gesamtzahl veröffentlicht wird.

③ Beeinflussung durch *Ereignisverknüpfungen*: Das Urteil ist davon bestimmt, welche Kombinationen von Ereignissen man gesehen hat (und man vergißt, welche man nicht gesehen hat). Denken Sie einmal über folgende Fragen nach: Sind Haschisch-Konsum und Straffälligkeit eng miteinander verknüpft? Haben Paare, die bei der Heirat jünger als 20 Jahre sind, eher größere Familien? Tversky und Kahneman vermuten, daß wir leicht die Häufigkeit des gemeinsamen Auftretens von Ereignissen überschätzen, da wir vor allem auf *positive* Kontingenzen achten, *negative* Kontingenzen aber vernachlässigt werden. Man spricht auch von der Tendenz zu einer *illusionären Korrelation*. Im Beispiel bedeutet dies, daß wir uns bei der obigen Frage an Berichte über Haschisch rauchende Straftäter erinnern und daher einen Zusammenhang zwischen den beiden Ereignissen annehmen. Richtigerweise müßte man aber an vier Personengruppen denken: (a) Personen, die straffällig geworden sind und Haschisch rauchen, (b) Personen, die nicht straffällig geworden sind und Haschisch rauchen, (c) Personen, die straffällig geworden sind und kein Haschisch rauchen, und (d) Personen, die nicht straffällig geworden sind und kein Haschisch rauchen. Wir tendieren aber dazu, nur an die erste, *kognitiv verfügbare* Personengruppe zu denken und die anderen Gruppen zu ignorieren und schätzen die Wahrscheinlichkeit des gemeinsamen Auftretens beider Ereignisse daher zu hoch ein.

5.4.3.3 Verankerung und Anpassung

Tversky und Kahneman (1974) geben folgendes einfache Beispiel zur Illustration einer Situation, in der wir diese Heuristik benutzen, die man auch aus der Psychophysik kennt. Man bittet Personen um eine rasche Antwort auf die Frage: Was ist das Produkt der Zahlen 1, 2, 3, 4, 5, 6, 7, 8, 9 und 10? Probanden geben hier im Durchschnitt eine Schätzung von etwa 150 ab. Fragt man aber umgekehrt: Was ist das Produkt von 10, 9, 8, 7, 6, 5, 4, 3, 2 und 1? Dann erhält man im Durchschnitt einen Wert von etwa 900! Erklärt wird dies damit, daß man im ersten Fall einen Startwert von 1 als Anker setzt, dann noch einige Faktoren „herauf"-multipliziert und schließlich grob extrapoliert. Im zweiten Fall dagegen benutzt man „10" als Anker, multipliziert einige Faktoren „herunter" und extrapoliert dann. Der durch die Reizvorgabe induzierte Anker beeinflußt also die Schätzung.

Ähnlich beginnt vermutlich auch der Prozeß der Urteilsbildung in einer unsicheren Situation. Die Heuristik wird eingesetzt, wenn die Reizvorlage explizit oder implizit einen Hinweis für eine erste Approximation gibt. Es wird dann von diesem Anker ausgegangen, und der Schätzwert wird nach oben oder unten adjustiert. Die Anwendung dieser Heuristik scheint besonders dann benutzt zu werden, wenn für die Urteilsbildung wenig Information zur Verfügung steht. Auch sie kann jedoch dann zu Fehlern führen, wenn der Anker, an dem die Anpassung erfolgt, unangemessen ist:

① *Fehleinschätzungen numerischer Größen*: In einer Studie wurden Studenten vor ein Glücksrad gesetzt, das nach dem Drehen „zufällig" auf der Zahl 65 stehenblieb. Dann fragte man sie nach dem Anteil afrikanischer Staaten in der UNO. Der Anteil wurde auf etwa 45% geschätzt. Bei einer anderen Gruppe landete das Glücksrad „zufällig" auf der Zahl 10; von dieser Gruppe wurde der Anteil nur auf 25% geschätzt. Tversky und Kahneman (1974), von denen diese Studie berichtet wird, erklären diesen Befund damit, daß die Studenten die Zufallszahl offenbar als Anker für ihre Schätzung benutzt haben. Sie haben dies vermutlich nicht bewußt getan, aber da sie den tatsächlichen Anteil nicht kannten und auch keine Zeit und Gelegenheit hatten, genauer nachzudenken oder womöglich Information einzuholen, haben sie sich „intuitiv" an dieser Zahl als Anker orientiert.

② *Verzerrungen der Erinnerung*: Stellen Sie sich vor, ein Versuchsleiter fragt Sie in einer Untersuchung nach der Länge des Rheins. Wenn Sie kein Geograph oder Hobby-Heimatkundler sind, werden Sie die genaue Länge des Rheins vermutlich nicht wissen und müssen also eine Schätzung abgeben. Sagen wir, Sie schätzen die Länge auf 1150 km. Nach einer Woche teilt Ihnen der Versuchsleiter die tatsächliche Länge des Rheins mit - 1320 km. Nachdem Ihnen die korrekte Information mitgeteilt wurde, bittet Sie der Versuchsleiter, sich an Ihre Schätzung zu erinnern, die Sie vor einer Woche abgegeben haben. Sie sollen also Ihr erstes Urteil reproduzieren. Möglicherweise erinnern Sie sich nicht mehr genau an Ihre Schätzung. Sie beginnen nachzudenken, was Sie wohl vor einer Woche geschätzt haben *dürften*, und wenn Sie so ähnlich wie viele andere Versuchspersonen denken, dann „erinnern" Sie eine Schätzung von etwa 1250 km! Ihre Erinnerung wird systematisch in Richtung der korrekten Information verzerrt. Und zwar auch dann, wenn man Personen bittet, die richtige Antwort, die ihnen der Versuchsleiter gesagt hat, bei ihrem Erinnerungsversuch außer acht zu lassen. Was geschieht hier, und was hat das mit der Verankerungs- und Anpassungsheuristik zu tun? Auch hier liegt wieder eine unsichere Situation vor. Die Unsicherheit besteht hier darin, daß man sich nicht mehr genau an sein erstes Urteil erinnert. In dieser Si-

tuation wird die unmittelbar vorher gegebene korrekte Information als Anker benutzt, und die Erinnerung wird an diesen Anker angepaßt. Hätte eine Person zum
ersten Zeitpunkt beispielsweise nicht 1150 km, sondern 1730 km geschätzt, dann
wäre zu erwarten, daß sie bei Nutzung der Heuristik nach einer Woche vielleicht
1630 km erinnert. In beiden Fällen führt die Heuristik zu Verzerrungen der Erinnerung in Richtung des Ankers. - Dieser sogenannte *hindsight bias* (*Rückschau-
fehler*) wird in Abschnitt 5.5.7 noch einmal ausführlicher behandelt.

③ *Fehlerhafte* oder *unzureichende Vorstellung*: Wenn man den bestmöglichen
Gewinn eines Wirtschaftsunternehmens unter idealen Bedingungen beschreibt,
dann wird es etwas schwerer, sich den wahrscheinlichen Gewinn dieses Unternehmens unter den gegebenen *realen* Umständen vorzustellen (Plous, 1993, S.
152). Die Vorstellung der idealen Bedingungen und des entsprechenden Gewinns
wird als Anker benutzt und erschwert, sich Szenarios für reale oder schlechtere -
oder gar die schlechtesten Bedingungen überhaupt - vorzustellen. Die mentalen
Simulationen von wirtschaftlichen Prozessen und ihren Resultaten sind hier zwar
an sich nicht falsch, aber doch unvollständig und unzureichend. Reduzierbar sind
solche Ankereffekte manchmal durch die Vorgabe unterschiedlicher Anker, durch
die sich die verzerrenden Einflüsse der einzelnen Anker aufheben oder ausgleichen (Plous, 1993).

In dem Forschungsprogramm *heuristics and biases* lag der Schwerpunkt lange
auf der empirischen Demonstration von Urteilstendenzen, die als Urteilsfehler
oder Urteilsverzerrungen (*biases*) interpretiert wurden, und ihrer *ex post* Erklärung durch im allgemeinen effiziente, unter bestimmten Bedingungen aber ineffi-
ziente mentale Heuristiken wie eben die Nutzung der *Verfügbarkeit*, der *Reprä-
sentativität* oder einer Strategie der *Verankerung und Anpassung* (*heuristics*). *Ex
post* bedeutet, daß die empirischen Beobachtungen nicht aus theoretischen
Annahmen über den Prozeß der Informationsverarbeitung abgeleitet und vorhergesagt, sondern erst nachträglich mit solchen Annahmen erklärt wurden. Ein solches Vorgehen ist unbefriedigend, weil es offen läßt, wie und wann es denn zu
den beschriebenen Urteilstendenzen kommen kann. Inzwischen liegt eine Reihe
kognitionspsychologischer Modelle vor, welche die Einschätzung von Unsicherheit mit mehr oder weniger starkem Bezug zu *heuristics and biases* beschreiben
und auch weitgehend auf den Vergleich von Urteilen mit statistisch-normativen
Wahrscheinlichkeitsberechnungen verzichten. Zwei derartige Ansätze werden wir
im folgenden beschreiben.

5.4.4 Probabilistische mentale Modelle

Diese Konzeption knüpft an den in Abschnitt 5.4.1 erläuterten Ansatz von
Brunswik an. Die Theorie *Probabilistischer Mentaler Modelle* (PMM) von

Gigerenzer, Hoffrage und Kleinbölting (1991) geht davon aus, daß Personen bei der Lösung einer Aufgabe (wie etwa der Aufgabe, ein Unsicherheitsurteil abzugeben) ein mentales Modell der Situation konstruieren, das die relevanten Aspekte der Wirklichkeit abbildet; die Unsicherheit, die mit diesem Abbildungsvorgang verbunden ist, ist selbst Bestandteil des Modells. Wir skizzieren hier eine spezielle PMM-Variante, das Modell der *Cue*-Validitäten.

Die Frage an eine Person laute: „Welche Stadt hat mehr Einwohner? A: Münster, B: Bremen?" Wenn die Person die Antwort eindeutig kennt, also keine Unsicherheit über die jeweiligen Einwohnerzahlen besteht, kann sie direkt eine Antwort geben. Besteht jedoch Unsicherheit, so konstruiert die Person ein PMM. Das PMM enthält eine Referenzklasse und eine Anzahl von Variablen. Die Referenzklasse könnte hier beispielsweise die Klasse aller größeren deutschen Städte sein. Das Wissen über die Elemente der Referenzklasse kann durch eine Anzahl von Variablen mit ihren jeweiligen Ausprägungen beschrieben werden. Im gegebenen Fall wird eine dieser Variablen, die Einwohnerzahl, zur Zielvariablen; die anderen Variablen (wie etwa „Flughafen", „hat Verein in der Bundesliga") können als Hinweisreize (*cues*) herangezogen werden - sofern die Person meint, daß sie mit der Zielvariablen kovariieren. Beispielsweise könnte die Person annehmen, daß Städte, die einen Verein in der Bundesliga haben, meistens größer sind als Städte, die keinen Verein in der Bundesliga haben. In diesem Fall würde sie also das Urteil abgeben, daß die Stadt mit dem Bundesligaverein (Bremen) wohl größer ist als die Stadt ohne Bundesligaverein (Münster).

Die Wahrscheinlichkeit, sich hier zu irren, hängt von der Validität des herangezogenen Hinweisreizes ab, also davon, wie oft tatsächlich eine Stadt mit einem Bundesligaverein mehr Einwohner hat als eine Stadt ohne Bundesligaverein. Gigerenzer et al. nehmen an, daß die Validität eines Hinweisreizes im PMM als eine bedingte Häufigkeit repräsentiert ist. Kombiniert man alle Elemente der Referenzklasse paarweise untereinander und vergleicht die Ausprägungen des Hinweisreizes mit der Zielvariablen, so läßt sich auszählen, in wieviel Prozent der Fälle der Algorithmus „Wähle die Stadt, welche bei diesem Hinweisreiz die größere ist" zu einem richtigen Urteil führt.

Ist die Person mit der Referenzklasse vertraut, sollte sie die bedingten Häufigkeiten gut schätzen können. Diese Annahme stützt auf Ergebnisse aus der Forschung über automatische Verarbeitung von Häufigkeiten sowie der Forschung im Rahmen der *Social Judgment*-Theorie über den Zusammenhang zwischen ökologischer Validität und Nutzung der Hinweisreize (vgl. Abschnitt 5.4.1).

Sofern mehrere Hinweisreize zwischen den zwei Städten differenzieren, werden sie entsprechend ihrer Validitäten hierarchisch geordnet. Es wird dann geprüft, ob sich die Frage mit Hilfe des Hinweisreizes mit der höchsten Validität beantworten läßt. Ist dies nicht der Fall, wird der nächste Hinweisreiz herangezogen usw.

5.4.5 Kausale Mentale Modelle

Ein derartiger Ansatz wurde von Thüring (1991; vgl. auch Jungermann & Thüring, 1993) vorgelegt. Ein Beispiel soll einen Eindruck vermitteln: Sie wissen, daß ein bestimmtes Fieber auftreten kann, wenn man sich mit einem bestimmten Virus infiziert hat. Aber das Fieber tritt nur ein, wenn der Organismus keine Antikörper bildet:

„Virusinfektion" und „keine Antikörper"	→	Fieber
„Keine Virusinfektion"	→	kein Fieber
„Antikörper"	→	kein Fieber

Dies sei also Ihr mentales Modell der kausalen Beziehungen zwischen Virusinfektion, Antikörperbildung und Fieber. Es ist ein einfaches UND-Modell, nach dem das Auftreten zweier Ereignisse, „Virusinfektion" *und* „keine Antikörper", notwendig und hinreichend für das Auftreten des Fiebers ist. Fehlt eines der Ereignisse, so bleibt das Fieber aus.

Wenn Sie nun als Arzt bei einem gerade mit der Viruserkrankung eingelieferten Patienten eine Prognose abgeben sollen, ob er Fieber bekommen wird, spielen nach Thüring (1991) zwei Faktoren eine Rolle: *Validität* und *Ambiguität*:

(1) Validität: Angenommen Sie wissen, daß der Patient Antikörper gegen den Virus entwickelt hat (z.B. weil er den Virus schon einmal gehabt hat). Also sagen Sie vorher, daß Ihr Patient kein Fieber bekommen wird. Ihr Patient bekommt aber Fieber und widerlegt damit Ihre Vorhersage. Ihr Wissen hat sich in diesem Falle nicht bewährt - war nicht valide -, und Sie werden auf Grund dieser Erfahrung beim nächsten Mal vorsichtiger sein. Ihr Urteil wird also durch die Validität Ihres Wissens beeinflußt, und diese ist durch die Erfahrung bestimmt. Formal läßt sich die Validität als die relative Häufigkeit definieren, mit der sich das Wissen - hier: die Annahme, daß die Existenz von Antikörpern das Auftreten von Fieber ausschließt - bewährt hat.

(2) Ambiguität: Angenommen Sie wissen zwar, daß der Patient infiziert ist. Aber Sie haben keine Information darüber, ob sein Organismus Antikörper gebildet hat. Wie sicher sind Sie in diesem Fall, daß er Fieber bekommen wird? Die Datenlage ist nicht eindeutig, weil Ihnen das relevante Wissen fehlt: Die Situation ist *ambigue*. Und diese Ambiguität wird die Sicherheit reduzieren, mit der Sie Fieber erwarten.

Thüring nimmt an, daß für die Einschätzung der Wahrscheinlichkeit eines Ereignisses die Bewährung einer Vorhersage in der Vergangenheit (ihre Validität) als Anker dient. Wenn der Arzt in der Vergangenheit bei 80 von 100 Patienten, die infiziert waren, aber Antikörper entwickelt hatten, mit seiner Prognose „kein Fieber" richtig lag, dann wird er also bei einem neuen Patienten zunächst einmal mit einer Sicherheit von 0,80, daß der Patient kein Fieber entwickeln wird, beginnen. Dieser Anker wird dann in Abhängigkeit von dem jeweiligen Informationsdefizit (der Ambiguität) adjustiert. Wenn der Arzt beispielsweise alle Informationen hat, kann er bei seiner Sicherheit von 0,80 bleiben; wenn ihm einzelne Informationen fehlen, wird er weniger sicher sein; und wenn ihm gar keine Informationen über den Patienten vorliegen, kann er sich bei seiner Fieberprognose nur an der Basisrate orientieren, also der Häufigkeit, mit der überhaupt bei Patienten Fieber auftritt. Das Sicherheitsurteil wird also mit einer Strategie der „Verankerung und Anpassung" (vgl. Abschnitt 5.4.3.3) generiert. Thüring (1991) hat die spezifische Art und Weise, in der die Validität des Wissens und die Ambiguität der Information prognostische wie diagnostische Sicherheitsurteile beeinflussen, in einem regelbasierten Produktionssystem modelliert. Empirische Untersuchungen von Thüring (1991) und Molz (1993) stützen die Annahmen zum Einfluß der Ambiguität, legen aber Modifikationen der Annahmen zum Einfluß der Validität nahe.

5.4.6 Stützungstheorie

Ein zentraler Diskussionspunkt bei der Beschäftigung mit dem Konzept *Unsicherheit* ist seit langem und noch immer, ob ein *Grad des Glaubens* (*degree of belief*) durch das Wahrscheinlichkeitskalkül repräsentiert werden kann bzw. sollte. Die *Bayes-Schule* sagt, der Glaubensgrad könne/solle durch ein additives Wahrscheinlichkeitsmaß repräsentiert werden (vgl. Abschnitt 5.2.1). Dies wird von den *Revisionisten* bezweifelt, die daher alternative Konzepte vorgeschlagen haben; einige davon haben wir oben beschrieben - die *certainty factors* (vgl. Abschnitt 5.2.2), die *belief functions* (Abschnitt 5.2.3) und die *fuzzy concepts* (Abschnitt 5.2.4). Revisionisten kann man die Vertreter dieser Konzepte nennen, weil auch sie *belief* quantifizieren (durch direkte Urteile oder durch präferentielle Entscheidungen); aber sie finden das Wahrscheinlichkeitskalkül zu restriktiv und ersetzen daher das additive Wahrscheinlichkeitsmaß durch eine nicht-additive Funktion, die weniger starke Voraussetzungen macht.

Tversky und Koehler (1994) haben darauf hingewiesen, daß es trotz dieses fundamentalen Unterschiedes auch eine wichtige *Gemeinsamkeit* zwischen beiden Schulen (Bayes und Revisionismus) gibt, nämlich die Annahme des *Prinzips* der *Extensionalität*: Ereignissen der gleichen Extension (des gleichen Geltungsbereiches) werden *gleiche* quantitative Größen (*degrees of belief*) zugeordnet. Dieses Prinzip aber hat sich, sagen Tversky und Koehler, als psychologisch ungültig erwiesen: Verschiedene *Beschreibungen sachlich äquivalenter* Tatsachen oder Ereignisse können zu verschiedenen Urteilen führen - denen also verschiedene Arten oder Grade mentaler Unsicherheit zugrunde liegen dürften. Als Beispiele verweisen sie u.a. auf folgende Befunde:

• Tversky und Kahneman (1983) ließen eine Gruppe die Anzahl von 7-Buchstaben-Wörtern auf vier Seiten eines Romans schätzen, die mit „ing" enden. Eine andere Gruppe schätzte die Anzahl von Wörtern, die mit „_n_" enden, also mit einem „n" an vorletzter Stelle. Der Median der Schätzungen der ersten Gruppe betrug 13,4 und war damit fast dreimal so hoch wie der Median der zweiten Gruppe, der nur bei 4,7 lag. Dies wird damit erklärt, daß es vermutlich leichter ist, sich ein 7-Buchstaben-Wort mit „ing" am Ende zu denken als ein solches Wort mit „n" an der sechsten Stelle. Offenbar haben die Personen in der zweiten Gruppe sich nicht bewußt gemacht, daß die Kategorie der Worte mit „n" an der sechsten Stelle alle Worte mit „ing" am Ende einschließt.

• Johnson, Hershey, Meszaros und Kunreuther (1993) boten Personen (hypothetisch) eine Krankenversicherung an, die Krankenhausaufenthalte *aus Gründen einer Krankheit wie auch eines Unfalls* abdeckt; sie sollten sagen, wieviel sie dafür zu zahlen bereit seien. Anderen Personen wurde eine Krankenversicherung angeboten, die Krankenhausaufenthalte aus *welchem Grund auch immer* abdeckt. Die erste Gruppe war zur Zahlung eines höheren Beitrages bereit als die zweite Gruppe. Offenbar erhöhte die explizite Erwähnung möglicher Ursachen (Krankheit, Unfall) die subjektive Wahrscheinlichkeit eines Krankenhausaufenthaltes und damit die Attraktivität des Versicherungsangebotes.

Zwei Quellen von derartiger *Nicht-Extensionalität* bei der Schätzung einer Wahrscheinlichkeit unterscheiden Tversky und Koehler: Erstens mag das Gedächtnisversagen. Etwa im Fall „ing" vs. „_n_": Man kann nicht alle Beispiele einer Kategorie erinnern, selbst wenn man sie ohne jedes Problem wiedererkennen könnte. Eine explizite Beschreibung könnte den Beurteiler an solche Fälle erinnern, die man sonst leicht vergißt bzw. an die man nicht denkt. *Zweitens* mögen verschiedene Beschreibungen des gleichen Ereignisses die Aufmerksamkeit auf verschiedene Aspekte lenken und dadurch deren relative Auffälligkeit erhöhen (vgl. Abschnitt 5.4.3.2). Solche Effekte können Wahrscheinlichkeitsurteile beeinflussen, auch wenn sie keine neue Evidenz oder neue Beispiele liefern.

Das Versagen des Extensionalitätsprinzips stellt nach Tversky und Koehler keinen Lapsus dar, sondern verweist auf ein wesentliches Merkmal der Urteilsbildung: Wahrscheinlichkeiten werden nicht Ereignissen zugeschrieben, sondern Ereignis*beschreibungen*. Die *Stützungstheorie* (*Support*-Theorie) behandelt, in welcher Weise ein Wahrscheinlichkeitsurteil (bzw. eine Entscheidung) von der Explizitheit der Ereignisbeschreibung abhängig ist. Die zentrale These der Theorie lautet: Die subjektive Wahrscheinlichkeit ist bestimmt durch die relative Stützung (*support*) bzw. Stärke der Evidenz für die jeweilige fokale bzw. alternative Hypothese. *Support* ist additiv für explizite Disjunktionen einander ausschließender (komplementärer) Hypothesen, subadditiv für implizite Disjunktionen. Das heißt: Der *support* für eine implizite, also nicht aufdifferenzierte Hypothese X, ist

geringer als die Summe der *supports* für die einzelnen Unterhypothesen x_1, x_2, ...
dieser Hypothese X. Das *feeling of uncertainty* ist *nicht-extensional* und also in
dem Sinne nicht meßbar, so daß unterschiedliche Beschreibungen des gleichen
Ereignisses zu unterschiedlichen Urteilen und Entscheidungen führen können.
Ein Beispiel: Man frage eine Gruppe von Fußballfans, wie wahrscheinlich es sei,
daß Dortmund das nächste Spiel gegen München gewinnt bzw. daß Dortmund das
Spiel nicht gewinnt. Angenommen, das gemittelte Urteil sei: Mit p = 0,65
gewinnt Dortmund, mit q = 0,35 gewinnt Dortmund das Spiel nicht. Man frage
eine vergleichbare Gruppe, wie wahrscheinlich es sei, daß Dortmund gewinnt,
unentschieden spielt oder verliert. Hier ist nach der Stützungs-Theorie eine Antwort etwa der folgenden Art zu erwarten: Mit p = 0,55 gewinnt Dortmund, mit q =
0,25 spielt Dortmund unentschieden, mit r = 0,20 verliert Dortmund. Bei einer
Aufsplittung des Ereignisses „Dortmund gewinnt nicht" in die beiden Ereignisse
„Dortmund spielt unentschieden" und „Dortmund verliert" ist also die Summe der
Wahrscheinlichkeiten für diese beiden Ereignisse (nämlich 0,45) bei der zweiten
Frage größer als die Wahrscheinlichkeit für das nicht aufgesplittete Ereignis
(0,35) bei der ersten Frage. (Diejenigen Leser, die an der Stützungstheorie *und* an
Fußball interessiert sind, seien auf die Arbeit von Ayton (1997) verwiesen.)
Tversky und Koehler bieten zum Verständnis ihrer These auch diese Analogie an:
So wie die gemessene Länge einer Küste immer größer wird, je detaillierter die
Karte wird, so steigt die wahrgenommene Wahrscheinlichkeit eines Ereignisses,
je spezifischer das Ereignis beschrieben wird.

Die Stützungstheorie verweist auf ein wichtiges Problem von Unsicherheit und
ihrer Messung: Die Notwendigkeit, *Nicht-unmittelbar-Gegebenes* zu bedenken.
Dieses Problem stellt sich insbesondere, wenn neue Hypothesen oder Szenarios
generiert werden müssen. Das Extensionalitätsprinzip ist zwar normativ zwingend, aber praktisch unerfüllbar: Man kann von einem Beurteiler nicht erwarten,
daß er jede implizite Disjunktion völlig elaboriert oder spezifiziert. Man kann
Menschen anregen, eine Kategorie in ihre Komponenten zu zerlegen, aber man
kann nicht von ihnen verlangen, alle relevanten konjunktiven Spezifikationen zu
bedenken oder alle denkbaren Szenarios zukünftiger Ereignisse gedanklich zu
generieren.

5.5 Spezielle Phänomene und ihre Erklärung(en)

Die Forschung über den Umgang mit Unsicherheit hat ihre Impulse immer wieder
aus der Feststellung von *Urteilsfehlern* gewonnen. Gemeint sind damit, wie wohl
deutlich geworden ist, solche Urteile, die mit unserer heutigen Logik und Mathematik nicht (ohne weiteres) vereinbar sind. Eine gute Übersicht der bislang „entdeckten" und untersuchten „Fehler" gibt Hogarth (1987, Kapitel 10). Eine Reihe

solcher Phänomene wurde bereits angesprochen. In diesem Abschnitt werden einige Phänomene etwas ausführlicher dargestellt; es sind solche Phänomene, die besonders interessant und kontrovers sind.

5.5.1 Basisraten-Fehler

Ein Taxi war an einem nächtlichen Verkehrsunfall mit Fahrerflucht beteiligt. In der Stadt, in der der Unfall passierte, gibt es zwei Taxiunternehmen, eines mit grünen und eines mit blauen Fahrzeugen. Folgende Informationen liegen vor:
(i) 85% der Taxis in der Stadt sind grün, und 15% sind blau.
(ii) Ein Unfallzeuge sagte aus, das Taxi sei blau gewesen.

Das Gericht ließ die Fähigkeit des Zeugen untersuchen, unter vergleichbaren Sichtverhältnissen Taxis der beiden Gesellschaften zu identifizieren, d.h. die beiden Farben zu unterscheiden. In einer Versuchsreihe identifizierte der Zeuge bei jeder Farbe in 80% der Fälle die Fahrzeuge richtig, in 20% der Fälle falsch. Wie groß ist die Wahrscheinlichkeit, daß es sich bei dem Unfall um ein blaues und nicht um ein grünes Taxi gehandelt hat?

Überlegen Sie, welche Antwort Sie selbst geben würden, bevor Sie weiter lesen! Die meisten Probanden, denen Kahneman und Tversky (1973) und später viele andere diese Frage gestellt haben, schätzten die Wahrscheinlichkeit, daß es sich um ein blaues Taxi handelte, als etwa 80%. Die statistische Wahrscheinlichkeit, die sich mit Hilfe des Bayes-Theorems errechnen läßt, beträgt aber nur 41%. Und die meisten *verschätzen* sich nicht nur, sie finden die richtige Wahrscheinlichkeit auch intuitiv nicht plausibel. Es handelt sich um ein Beispiel für den in Abschnitt 5.4.2 bereits angesprochenen *Basisraten-Fehler*.

In dem Taxi-Problem stecken zwei Arten von Information: Die eine Information ist, daß 85% der Taxis in der Stadt grün sind; dies ist die Basisrate - d.h. die a priori Wahrscheinlichkeit dafür, daß ein Taxi grün ist (85%) bzw. blau ist (15%). Die andere Information betrifft den speziellen Fall, und zwar die Fähigkeit des Zeugen zur Unterscheidung grüner und blauer Taxis unter den gegebenen Sichtverhältnissen; dies ist das (spezifische) Falldatum. Die statistische Argumentation sagt, man solle die Basisrate entsprechend der spezifischen Fallinformation modifizieren. Man kann sich dies folgendermaßen gut verständlich machen:

Angenommen, Sie haben ausschließlich die Basisraten-Information, also die Information über die relativen Häufigkeiten grüner und blauer Taxis (85% bzw. 15%). Jetzt hören Sie, daß bei einem Unfall ein Taxi beteiligt war. Mit welcher Wahrscheinlichkeit wäre es Ihrer Meinung nach ein blaues Taxi? Die meisten würden sagen „15%". Angenommen nun, Sie bekommen weitere Information über die Farbe des beteiligten Taxis, die allerdings nicht ganz zuverlässig ist. Diese Information sollte ja wohl die (auf der Basisrate beruhende) Schätzung der

Farbe modifizieren, und zwar in Abhängigkeit vom Grad der Zuverlässigkeit. Wenn die Fallinformation von einer völlig unzuverlässigen Quelle käme, sollte sie unberücksichtigt bleiben; wenn sie von einer völlig zuverlässigen Quelle käme, sollte sie die Basisraten-Information dominieren, d.h. die Basisrate sollte ignoriert werden. Wenn die Zuverlässigkeit zwischen diesen beiden Extremen liegt, sollte die Fall-Information entsprechend mit der Basisraten-Information kombiniert werden. Das Bayes-Theorem liefert den Algorithmus.

p (grün)   = 0,85   [a priori Wahrscheinlichkeit, daß das beteiligte Taxi grün war]

p (blau)   = 0,15   [entsprechend die Wahrscheinlichkeit, daß das Taxi blau war]

p (Zg|g)   = 0,80   [Zeuge identifiziert 80% grüner Wagen richtig als grün]

p (Zb|b)   = 0,80   [Zeuge identifiziert 80% blauer Wagen richtig als blau]

Wenn der Zeuge sagt, das Taxi sei blau gewesen, dann ist die Wahrscheinlichkeit, daß das beteiligte Taxi tatsächlich blau war:

$$p(b|Zb)= \frac{p(Zb|b)\ p(b)}{p(Zb|b)\ p(b) + p(Zb|g)\ p(g)} = \frac{0,80 \cdot 0,15}{0,80 \cdot 0,15 + 0,20 \cdot 0,85} = 0,41$$

Intuitiv aber tendieren Menschen dazu, die Basisrate weitgehend zu ignorieren und sich vor allem auf die fallspezifische Information zu stützen. In Abschnitt 5.4.3.1 wurde das Auftreten eines Basisraten-Fehlers an einem Beispiel illustriert, in dem es um die Frage ging, ob es sich bei einem Studenten mit bestimmten Merkmalen um einen Betriebswirtschafts- oder um einen Germanistikstudenten handele; dabei wurde die Basisrate nicht explizit erwähnt und auch offenbar bei der Schätzung nicht berücksichtigt. In dem Taxi-Beispiel dagegen wird die Basisrate ganz explizit genannt - und dennoch wird sie nur unzureichend berücksichtigt.

Inwieweit Basisraten-Information und spezifische Fall-Information berücksichtigt werden, hängt offenbar von mehreren Faktoren ab (vgl. Bar-Hillel, 1980; Scholz, 1987; Gigerenzer, Hell & Blank, 1988; Koehler, 1996). Ein solcher Faktor ist die Salienz, die kognitive und emotionale Bedeutung der Fall-Information. Je größer die Salienz ist, um so stärker wird die Fall-Information berücksichtigt. Ein simples Beispiel zur Illustration: Man frage einen Freund wenige Tage vor seiner Trauung, ob er wisse, wie viele Ehen innerhalb von sieben Jahren geschieden werden; vielleicht wird er sagen „40%". Man frage ihn dann am Tag der Trauung, wie groß er die Wahrscheinlichkeit schätze, daß seine eigene Ehe innerhalb von sieben Jahren geschieden werde. Wird er sagen „40%"? Vermutlich nicht, vermutlich wird seine persönliche Fall-Information sein Wissen um die Basisrate ganz stark dominieren. Und folglich wird er - im Gegensatz zu dem entscheidungstheoretisch sensibilisierten Heiratskandidaten - möglicherweise keinen Ehevertrag abschließen (und dies mit einer Wahrscheinlichkeit von 40% nach sieben Jahren möglicherweise bereuen).

5.5.2 Konversions-Fehler

Angenommen, Sie sind eine Ärztin, die eine Frau auf Brustkrebs untersucht hat. Die Patientin hat einen Knoten in der Brust, aber auf Grund langer Erfahrung schätzen Sie die Wahrscheinlichkeit, daß es sich um eine bösartige Geschwulst handelte, auf 1%. Sie lassen aber dennoch eine Mammographie durchführen; mit dieser Methode werden etwa 80% aller bösartigen Geschwulste richtig identifiziert (also p(positives Testergebnis (+) | Krebs) = 0,80) und etwa 90% aller gutartigen Geschwulste richtig identifiziert (also p (negatives Testergebnis (-) | kein Krebs) = 0,90). Zu Ihrer Überraschung lautet das Untersuchungsergebnis „bösartig", also Krebs. Wie hoch schätzen Sie jetzt die Wahrscheinlichkeit, daß es sich bei der Geschwulst um einen bösartigen Tumor handelt - angesichts Ihrer ersten Schätzung von nur 1% und angesichts der Zuverlässigkeit der Mammographie von 80% bzw. 90%?

Überlegen Sie bitte, bevor Sie weiterlesen! Bei diesem Problem schätzten in einer Untersuchung von Eddy (1982) 95 von 100 Ärzten die Wahrscheinlichkeit von Krebs bei positivem Testergebnis auf etwa 75%. Die Anwendung des Bayes-Theorems zeigt dagegen, daß die Wahrscheinlichkeit nur 0,075 bzw. 7,5% beträgt:

$$p(\text{bösartig}|+) = \frac{p(+|\text{bösartig})\, p(\text{bösartig})}{p(+|\text{bösartig})\, p(\text{bösartig}) + p(+|\text{gutartig})\, p(\text{gutartig})}$$

p(bösartige Geschwulst) = 0,01   [die erste Schätzung von 1% dafür, daß Krebs vorliegt]

p(gutartige Geschwulst) = 0,99   [die komplementäre Wahrscheinlichkeit dafür, daß kein Krebs vorliegt]

p(+ | bösartig) = 0,80   [die Wahrscheinlichkeit eines positiven Testergebnisses, wenn tatsächlich Krebs vorliegt]

p(+ | gutartig) = 0,10   [die Wahrscheinlichkeit eines positiven Tests, wenn tatsächlich *kein* Krebs vorliegt]

Damit ist

$$p(\text{bösartig}|+) = \frac{0,80 \cdot 0,01}{0,80 \cdot 0,15 + 0,10 \cdot 0,99} = \frac{0,008}{0,107} = 0,075 = 7,5\%$$

Die Schätzung der Ärzte scheint auf zwei Fehlern zu beruhen. *Erstens* darauf, daß sie die Basisrate nicht berücksichtigen, also die geringe a priori Wahrscheinlichkeit von 1%. Diesen Fehler kennen wir schon. *Zweitens* aber verwechseln sie offenbar zwei Wahrscheinlichkeiten miteinander. Dies geht aus den Antworten der Ärzte hervor, die sie Eddy gaben, als er sie mit der Diskrepanz zwischen ihren intuitiven Schätzungen und den statistischen Berechnungen konfrontierte. Sie erklärten diese häufig mit ihrer Annahme, daß die Wahrscheinlichkeit einer bösartigen Geschwulst bei positivem Untersuchungsergebnis ungefähr so hoch sei (oder das gleiche sei) wie die Wahrscheinlichkeit eines positiven Untersuchungsergebnisses bei einem Patienten mit Krebs. Das heißt, sie brachten die beiden Wahrscheinlichkeiten $p(positiv|bösartig)$ und $p(bösartig|positiv)$ durcheinander. Als Konversions-Fehler kann man diese Verwechslung oder Gleichsetzung in Analogie zu einem so bezeichneten ähnlichen Fehler bei syllogistischem Schlußfolgern nennen, wo oft die Aussage „Alle A sind B" mit der Aussage „Alle B sind A" gleichgesetzt wird.

Der Fehler bei Ärzten wird vielleicht dadurch verständlich, daß über Ergebnisse klinischer Forschung mit Angaben zu Wahrscheinlichkeiten der ersten Art berichtet wird und solche Werte daher vertraut sind („... the results showed 79,2 percent of 475 malignant lesions were correctly diagnosed and 90,4 percent of 1105 benign lesions were correctly diagnosed"), daß aber für klinische Entscheidungen die Wahrscheinlichkeiten der zweiten Art relevant sind. Die praktischen Implikationen solcher Urteilsfehler, wenn sie auch in der Realität auftreten, sind natürlich ganz beträchtlich (vgl. Eddy, 1982). Insbesondere würden weit mehr Patienten als krank diagnostiziert und dann möglicherweise operiert, als tatsächlich krank sind und operiert werden müßten.

Dieser Urteilsfehler ist von Einhorn und Hogarth (1986) auf bestimmte Merkmale und Folgen kausalen Denkens zurückgeführt worden. Christensen-Szalanski und Beach (1982) dagegen vermuten, es handele sich bei diesem Befund um ein Artefakt (vgl. auch die ausführliche Diskussion des Konversionsfehlers bei Gigerenzer, 1994). Damit meinen sie, daß der „Fehler" zwar dann auftrete, wenn man die Probanden in der Art und Weise frage, wie Tversky und Kahneman dies getan haben - d.h. wenn man ihnen die Information in Form von Wahrscheinlichkeiten präsentiere und sie nach Wahrscheinlichkeiten frage -, daß der Fehler aber „verschwinde", wenn man ihnen die Information vollständig und in Häufigkeitsangaben präsentiere und sie nach relativen Häufigkeiten frage. Dies konnten sie auch empirisch bestätigen. Damit stellt sich also die Frage, unter welchen Bedingungen dieser Fehler auftritt und welche Bedingung der Realität (z.B. von Ärzten) entspricht.

5.5.3 Konjunktions-Fehler

Wie wahrscheinlich ist es Ihrer Meinung nach, daß es im nächsten Jahr in Kalifornien ein schweres Erdbeben geben wird, wobei mehr als 1.000 Menschen umkommen?

Wie wahrscheinlich ist es Ihrer Meinung nach, daß es im nächsten Jahr in Kalifornien ein schweres Erdbeben und eine Flut geben wird, wobei mehr als 1.000 Menschen umkommen?

Bei der ersten Frage lag die durchschnittliche Schätzung einer Gruppe von Probanden von Tversky und Kahneman (1983) bei 2,2%; bei der zweiten Frage lag die Schätzung einer anderen Gruppe signifikant höher, bei 3,1%. Wir haben es hier mit einem *Konjunktionseffekt* zu tun, wie wir ihn bereits oben (Abschnitt 5.4.3.1) in einem anderen Zusammenhang behandelt haben (z.B. Linda - die Bankangestellte und Feministin). Auch hier wird (von zwei verschiedenen Gruppen) die Wahrscheinlichkeit des gemeinsamen Auftretens zweier Ereignisse höher eingeschätzt als die Wahrscheinlichkeit eines der beiden Ereignisse, also gegen die Konjunktionsregel verstoßen. Während aber der Konjunktions-Fehler im Linda-Beispiel (p (Linda = Feministin und Bankangestellte) > p (Linda = Bankangestellte)) darauf zurückgeführt wurde, daß die Beschreibung von Linda besonders repräsentativ oder typisch für eine Feministin sei, wird der Fehler im Erdbeben-Beispiel von Tversky und Kahneman darauf zurückgeführt, daß zwischen den beiden Ereignissen Erdbeben und Flut ein *kausaler Zusammenhang* konstruiert wird: Das eine Ereignis (das Erdbeben) wird als Ursache des anderen Ereignisses (der Flut) interpretiert. Je stärker die angenommene kausale Beziehung, um so plausibler erscheine das gemeinsame Auftreten der Ereignisse. So wie ein Mordfall um so plausibler erscheint, je mehr Details in eine hypothetische Rekonstruktion des Falles durch einen Anwalt hineingebracht und kausal miteinander verknüpft werden.

Auch das Auftreten dieses „Fehlers" scheint sehr bedingungsspezifisch zu sein. So konnten Thüring und Jungermann (1990) - allerdings mit anderem Versuchsmaterial - keinen Effekt der kausalen Beziehung zwischen zwei Ereignissen auf die konjunktive Wahrscheinlichkeit feststellen, die Probanden dem Auftreten beider Ereignisse zuwiesen. Auch sie fanden einen Konjunktions-Fehler, doch nur unter der Bedingung, daß die Wahrscheinlichkeit eines der beiden Ereignisse hoch (z.B. 35%) und die Wahrscheinlichkeit des anderen Ereignisses gering war (z.B. 0,2%). Auch in dieser Untersuchung waren es, wie bei Tversky und Kahneman, verschiedene Gruppen von Probanden, welche die Wahrscheinlichkeit des einzelnen (bzw. nicht-kausalen) und welche die Wahrscheinlichkeit des konjunkten (bzw. kausalen) zusammengesetzten Ereignisses schätzten. Läßt man aber die gleiche Gruppe von Probanden einmal die Wahrscheinlichkeit eines nicht kausal-verknüpften zusammengesetzten Ereignisses und dann auch die Wahrscheinlichkeit eines kausal-verknüpften zusammengesetzten Ereignisses schätzen, tritt wieder ein Effekt der Kausalität auf (Fabre, Caverni & Jungermann, 1995, 1997). Möglicherweise wird den Probanden unter dieser *within*-Bedingung der Aspekt der Kausalität deutlicher bewußt und beeinflußt dann auch stärker ihr Urteil.

Wir haben in diesem Abschnitt darauf verzichtet, das weitaus „populärere" Konjunktionsproblem mit Linda, der Feministin und Bankangestellten, ausführlicher darzustellen, weil die Vielfalt an Überlegungen und Befunden dazu ohnehin nicht in der erforderlichen Kürze zusammenzufassen ist. Wir verweisen aber interessierte Leser auf einige wichtige Quellen: Tversky und Kahneman (1983), Fiedler (1988), Agnoli und Krantz (1989), Bar-Hillel und Neter (1993) und Hertwig (1995).

5.5.4 Des Spielers Trugschluß

Sie sitzen in einer Spielbank am Roulette-Tisch. Bei den letzten 10 Spielen ist die Kugel jedes Mal auf „Rot" liegen geblieben. Setzen Sie Ihr Geld beim nächsten Mal auf „Rot" oder auf „Schwarz"?

Setzen Sie (in Gedanken)! Egal, worauf Sie gesetzt haben, wie sicher sind Sie, daß die Kugel beim nächsten Spiel auf „Schwarz" liegen bleibt?

Wenn Sie so wie die meisten Menschen denken und fühlen, dann fällt es Ihnen schwer, nach 10 Mal „Rot" wieder auf „Rot" zu setzen. Sie finden, jetzt *müsse* einfach wieder „Schwarz" kommen. Aber dies ist ein *Trugschluß des Spielers* (*gambler's fallacy*). Denn tatsächlich ist die Wahrscheinlichkeit von „Rot" und „Schwarz" in jedem Spiel gleich und ist völlig unabhängig von jeder Kombination vorheriger Spielergebnisse. Der Trugschluß des Spielers wird von Tversky und Kahneman (1974) mit der Wirksamkeit der Repräsentativitäts-Heuristik erklärt: Man meint, die Verhältnisse in der unendlichen Grundgesamtheit der Ereignisse (50:50) müßten sich auch bereits in der kleinen, endlichen Stichprobe der beobachteten Ereignisse zeigen; nach 10 mal „Rot" sei „Schwarz" zu erwarten, weil sich ja das Grundverhältnis wiederherstellen müsse. Des Spielers Trugschluß beruht also auf einer falschen Vorstellung von Zufallsmerkmalen (vgl. Abschnitt 5.4.3.1). Mit dieser Annahme ist ein anderer Ansatz vereinbar, der spezifischere Annahmen über die Verarbeitung der Information im Verlaufe eines solchen Spielprozesses macht (Jungermann, 1976). Danach ist die *punktuelle* subjektive Wahrscheinlichkeit des Eintretens des interessierenden Ereignisses im nächsten Spiel (im Beispiel, daß die Kugel auf Rot rollt) die Funktion zweier unterschiedlicher subjektiver Wahrscheinlichkeiten: Einer *generalisierten* subjektiven Wahrscheinlichkeit, die auf der Beobachtung der relativen Häufigkeit des Ereignisses im Spielverlauf beruht (im Beispiel ist Ihr p(Rot) vielleicht 0,50), und einer *lokalen* bedingten subjektiven Wahrscheinlichkeit, die auf Vorstellungen über Länge von Folgen gleicher Ereignisse in einem solchen Spiel beruht, sogenannten „*runs*" (im Beispiel ist nach fünfmal Rot Ihr p(Rot) vielleicht 0,30 und nach zehnmal Rot vielleicht nur noch 0,20). Diese Annahmen lassen sich mit Hilfe des Bayes-Theorems als formales Modell spezifizieren, das (erfolgreich) zweierlei Vorhersagen erlaubt: mit welcher Wahrscheinlichkeit der Spieler das Ereignis (Rot) erwartet und welche Entscheidung der Spieler trifft (ob er auf Rot setzt). Ayton, Hunt and Wright (1989, 1991) berichten zahlreiche Evidenz dafür, daß dieses Phänomen stark von der Vorstellung der Personen abhängig ist, was *Zufall* ist.

Die Erklärung für ein ähnliches Phänomen, das ebenfalls von Tversky und Kahneman (1974) beschrieben wird, ist etwas anders gelagert. Sie fragten ihre Probanden: Welche Sequenz ist beim Münzenwerfen wahrscheinlicher: „Kopf/ Zahl/Kopf/Zahl/Zahl/Kopf" oder aber „Kopf/Kopf/Kopf/Kopf/Kopf/Kopf"? Viele hielten die erste Sequenz für wahrscheinlicher als die zweite Sequenz. Tatsächlich sind beide Sequenzen gleich wahrscheinlich; jede Sequenz hat die Wahrscheinlichkeit von $0,5 \cdot 0,5 \cdot 0,5 \cdot 0,5 \cdot 0,5 \cdot 0,5 = 0,016$. Warum täuschen sich so viele in ihrem Urteil? Vielleicht deshalb, weil die erste Sequenz vielen anderen Sequenzen zu ähneln scheint, zum Beispiel KZKZKZ oder KZZKZK, also anderen *unregelmäßigen* Sequenzen. Es scheint also viele Sequenzen dieser Art zu geben, und daher wird die Wahrscheinlichkeit der Sequenz „KZKZZK" überschätzt. Dagegen ähnelt die Sequenz KKKKKK, in der nur „Kopf" geworfen wird, keiner anderen Sequenz, und ihre Wahrscheinlichkeit wird daher *nicht* überschätzt. Die subjektive Wahrscheinlichkeit eines Ereignisses wird also durch den Grad seiner Ähnlichkeit mit anderen Ereignissen beeinflußt.

Wirklich, es war, als triebe mich das Schicksal selbst. Gerade diesmal aber geschah etwas, das im Spiel übrigens ziemlich oft vorkommt: das Glück heftete sich an Rot und fünfzehnmal nach der Reihe kam Rot heraus. Ich hatte noch zwei Tage vorher gehört, daß Rot plötzlich zweiundzwanzigmal nach der Reihe gewonnen habe, was alle ganz verwundert erzählten, denn daß je ein solcher Fall vorgekommen war, dessen entsann man sich überhaupt nicht. Selbstverständlich wagt nach dem zehntenmal niemand mehr, auf Rot zu setzen. Aber auch auf Schwarz, das Gegenteil von Rot, setzt dann - wenigstens von erfahrenen Spielern - kein einziger. Diese wissen nur zu gut, zu was sich solch ein „Eigensinn des Zufalls" mitunter auswachsen kann. Die Neulinge aber fallen gewöhnlich ausnahmslos herein, indem sie ihre Einsätze auf das Gegenteil - auf Schwarz zum Beispiel - verdoppeln und verdreifachen und dann natürlich riesige Summen verlieren. F. M. Dostojewski, Der Spieler.

5.5.5 Overconfidence

Welche Stadt hat mehr Einwohner?
(a) Islamabad (b) Hyderabad
Wie sicher sind Sie, daß Ihre Antwort richtig ist?
50% 60% 70% 80% 90% 100%

Man legt Probanden zahlreiche Fragen dieser Art vor, die auf Allgemeinwissen
zielen. Der Proband wählt die Alternative, die er für richtig hält, und gibt dann ein
Urteil darüber ab, wie sicher er ist, daß seine Antwort richtig ist. Man zählt dann
aus, wie viele Antworten in jeder der Sicherheitskategorien tatsächlich richtig
waren. Meistens findet man ein Ergebnis dieser Art: In allen Fällen, in denen Probanden sagten „Ich bin zu 100% sicher, daß meine Antwort richtig war", waren
nur etwa 80% der Antworten richtig; und in den Fällen, in denen sie sagten „Ich
bin zu 90% sicher, daß meine Antwort richtig war", waren etwa 75% der Antworten richtig usw. Die Sicherheit bezüglich der Richtigkeit der Antworten ist also
durchweg höher als die relative Häufigkeit der richtigen Antworten. Dies wird als
overconfidence bezeichnet bzw. interpretiert (Lichtenstein, Fischhoff & Phillips,
1975): Menschen sind sich der Richtigkeit ihrer Antworten allzu sicher.

Man sagt auch, es liege eine schlechte *Eichung (Kalibrierung)* vor, wenn die
Güte des eigenen Wissens überschätzt wird. Während sich naive Probanden bei
allgemeinen Wissensfragen meist als in diesem Sinne schlecht kalibriert erweisen, findet man bei Personen, die routinemäßig immer wieder den gleichen Typ
von Urteil treffen, eine ziemlich gute Kalibrierung. Zum Beispiel bei Meteorolo-
gen, die jeden Tag ein Urteil der folgenden Art abgeben: Morgen regnet es, und
zwar mit einer Wahrscheinlichkeit von 80%; oder anders formuliert: Ich bin zu
80% sicher, daß meine Vorhersage von Regen richtig ist. Und in 80% der Fälle, in
denen sie dies sagen, regnet es dann auch!

Zu dem *overconfidence-Phänomen* gibt es eine reiche empirische Forschung
und eine interessante theoretische Diskussion (vgl. May, 1987b; Gigerenzer,
Hoffrage & Kleinbölting, 1991). Die empirische Forschung galt der Frage, unter
welchen Bedingungen und in welcher Weise *overconfidence* auftritt. Die theoretische Diskussion drehte und dreht sich darum, ob es sich um ein „wirkliches" Phänomen oder um ein methodisches Artefakt handelt. Vertreter der ersteren Position
haben den „*bias*" u.a. auf eine Tendenz zur Suche nach bestätigender Information
zurückgeführt (z.B. Koriat, Lichtenstein & Fischhoff, 1980): Zuerst wählt man
eine der alternativen Antworten (z.B. „Islamabad"). Dann, wenn man sich überlegt, wie sicher man sich seiner Antwort ist, sucht man in seinem Wissensspeicher
nach weiterer Information, die die Antwort bestätigt - aber nicht nach Information, die gegen die Antwort spricht. Und diese selektive Informationssuche führt
zu einem überhöhten Vertrauen in die eigene Antwort. Ähnliche Konzepte sind in
der Denkpsychologie (Johnson-Laird & Wason, 1977: *confirmation bias*) und
Sozialpsychologie (Nisbett & Ross, 1980: *theory perseverance*) zur Erklärung
„fehlerhafter" Urteilsbildung diskutiert worden. May (1987b) konnte allerdings

zeigen, daß es von der Art der Aufgabe abhängt, ob es zu *overconfidence* oder *underconfidence* kommt. Gegen die Annahme, daß es sich bei *overconfidence* um eine wirkliche kognitive Täuschung handelt, ist das Argument vorgebracht worden, daß eine Diskrepanz zwischen einer Sicherheit bezüglich der Richtigkeit eines einzelnen Ereignisses und den relativen Häufigkeiten richtiger Antworten zu einer Vielzahl von Fragen nicht als ein „Fehler" interpretiert werden könne, da man sozusagen Äpfel mit Birnen vergleiche - nämlich einzelne Ereignisse und relative Häufigkeiten (Gigerenzer et al., 1991). In ihren eigenen Untersuchungen baten diese Autoren die Probanden zu schätzen, wie viele ihrer Antworten zu 50 Fragen wohl richtig seien. Unter dieser Bedingung „verschwand" der Fehler insofern, als die geschätzte relative Häufigkeit nicht nur nicht *über*, sondern sogar geringfügig *unter* der tatsächlichen relativen Häufigkeit richtiger Antworten lag. Gegenteilige Befunde wurden von Brenner, Koehler, Liberman und Tversky (1996) vorgelegt. Erstens unterschieden sich in ihrer Untersuchung die Konfidenzurteile und die Häufigkeitsschätzungen nicht und zweitens zeigte sich in beiden Datensätzen ein hohes Maß an *overconfidence*.

5.5.6 Ambiguitäts-Aversion

Sie haben die Wahl zwischen zwei Spielen, bei denen Sie jeweils 5 € gewinnen können:

Spiel 1: Sie gewinnen die 5 € , wenn bei einem zufälligen Ziehen einer Kugel aus einer Urne eine weiße Kugel gezogen wird. In der Urne befinden sich zehn Kugeln, und zwar 5 weiße und 5 schwarze Kugeln.

Spiel 2: Auch hier gewinnen Sie 5 €, wenn bei einem zufälligen Ziehen einer Kugel aus einer Urne eine weiße Kugel gezogen wird. Allerdings ist bei dieser Urne unbekannt, wie viele von den zehn Kugeln weiß und wie viele schwarz sind.
Welches Spiel würden Sie lieber spielen?

Die meisten Menschen, denen man diese Frage stellt, bevorzugen das erste Spiel. Das ist nicht leicht erklärbar. Denn die Wahrscheinlichkeit, eine weiße Kugel zu ziehen, ist in beiden Spielen gleich groß, sie beträgt 0,50. Daniel Ellsberg (1961) hat das Verhalten auf die *Ambiguität* des zweiten Spiels zurückgeführt. Ellsberg verstand in seiner Studie darunter die Tatsache, daß die Wahrscheinlichkeiten für die beiden verschiedenfarbigen Kugeln in der zweiten Urne „unklar" sind; man kann im zweiten Spiel allenfalls *vermuten*, daß die Wahrscheinlichkeit 0,5 beträgt, weil es keinen Anhaltspunkt für eine andere, eine höhere oder geringere Wahrscheinlichkeit gibt. Nach Ellsberg suchen wir aber Ambiguität nach Möglichkeit zu vermeiden und bevorzugen daher das erste Spiel.

Wir hatten den Begriff der *Ambiguität* in Abschnitt 5.4.5 bereits eingeführt, in dem es um kausale mentale Modelle ging. Ambiguität meint *Unsicherheit über Unsicherheit*, meint das *kognitive Gefühl*: „Ich weiß, daß ich etwas nicht weiß" oder „Ich weiß nicht, was ich nicht weiß". Der Eindruck von Ambiguität ist um so größer, je weniger man über einen Sachverhalt zu wissen glaubt, je mehr Information fehlt und je undeutlicher oder mehrdeutiger die Information ist, auf Grund derer man urteilen oder entscheiden soll.

Die Tendenz zur Vermeidung von Ambiguität tritt allerdings nicht unter *allen* Bedingungen auf. So konnte gezeigt werden, daß Menschen genauere Information haben wollten, also Ambiguität vermieden, wenn es um *Gewinne* ging, die mit *hoher* Wahrscheinlichkeit zu erwarten waren, und auch wenn es um *Verluste* ging, die mit *geringer* Wahrscheinlichkeit zu erwarten waren; mit anderen Worten, wenn die Aussichten gut waren, wollten die Probanden es durchaus genauer wissen. Die Probanden in dieser Untersuchung *bevorzugten* demgegenüber Ambiguität, wenn es um *Gewinne* mit einer *geringen* Wahrscheinlichkeit und wenn es um *Verluste* mit einer *hohen* Wahrscheinlichkeit ging; mit anderen Worten, wenn die Aussichten schlecht waren, wollten sie es lieber nicht so genau wissen (Camerer & Weber, 1992). Die Frage, unter welchen Bedingungen Ambiguität gemieden oder gesucht wird, ist in den letzten Jahren vielfach theoretisch und empirisch untersucht worden (z.B. Einhorn & Hogarth, 1985, 1987; Heath & Tversky, 1991; Bier & Connell, 1994, Huber, 1995).

5.5.7 Rückschau-Fehler

Wenn wir das Ergebnis von politischen Wahlen, eines Fußballspiels oder einer medizinischen Untersuchung erfahren, dann können wir uns oft kaum noch erinnern oder vorstellen, was wir *ohne* das Wissen um den Ausgang gedacht und erwartet haben. Wir haben es immer schon kommen sehen. Die Interviews mit Trainern *nach* einem Fußballspiel oder mit Politikern *nach* einer Wahl liefern immer wieder Beispiele für diesen *hindsight effect*, der sich auch in zahlreichen Experimenten als sehr robust, d.h. leicht reproduzierbar erwiesen hat. Probanden überschätzen systematisch, was sie gewußt und erwartet haben, bevor sie das Ergebnis erfuhren (vgl. Christensen-Szalanski & Willham, 1991; Pohl, 1992).

In einer der ersten Studien bildete Fischhoff (1975) fünf Gruppen, die alle einen Text über den Krieg im Jahre 1814 zwischen den Briten und einem indischen Bergstamm, den Gurkas, lesen sollten. Einer Gruppe wurde nichts über den Ausgang des Krieges gesagt, nur die vier *möglichen* Ausgänge wurden ihr genannt. Den anderen vier Gruppen wurde je einer dieser Ausgänge als „wahrer" Ausgang genannt. Es wurde entweder gesagt (1) daß die Briten gewannen, (2) daß die Gurkas gewannen, (3) daß es zu einem Waffenstillstand ohne Friedensabkommen kam oder (4) daß es zu einem Waffenstillstand mit einem Friedensabkommen kam. Jeder Proband sollte dann sagen, mit welcher Wahrscheinlichkeit er jeden der vier Ausgänge ohne das Wissen um den (in seinem Text berichteten) Ausgang

erwartet hätte. Jede Gruppe gab demjenigen Ausgang die höchste Wahrscheinlichkeit, der in ihrer Geschichte als „wahrer" Ausgang berichtet worden war! Und
die mittlere Wahrscheinlichkeit jeder Gruppe für „ihren" Ausgang war signifikant
höher als die mittlere Wahrscheinlichkeit für den gleichen Ausgang bei der Kontrollgruppe, der nichts über den Ausgang des Krieges gesagt worden war.

Der Rückschau-Fehler findet sich nicht nur, wenn es - wie in den bisherigen
Beispielen - um tatsächliche oder hypothetische retrospektive Wahrscheinlichkeitsurteile geht. Er zeigt sich auch bei sogenannten Almanachfragen (Wissensfragen) der Art „Wie lang ist der Rhein?" - wir haben dieses Beispiel und die
Erklärung mit Hilfe der Verankerungs- und Anpassungsheuristik in Abschnitt
5.4.3.3 behandelt.

Es gibt *zwei* kognitionspsychologische Erklärungsansätze: Im Ansatz der *mentalen Assimilation* wird postuliert, daß die Enkodierung der neuen Information zu
einer unmittelbaren oder „schleichenden" Verschmelzung mit der Gedächtnisspur
früheren Wissens und früherer Erwartungen führt (Fischhoff, 1975). Die „alte"
Wissensstruktur wird dabei „überschrieben", Wissen und Erwartungen vor der
Information über den Ausgang sollte also im Gedächtnis nicht mehr auffindbar
sein. Im Ansatz *konkurrierender Gedächtnisspuren* wird davon ausgegangen, daß
sowohl das primäre Urteil als auch die neue Information als separate Gedächtnisspuren erhalten bleiben und jeweils unabhängig Vergessensprozessen unterliegen
(Hell, Gigerenzer, Gauggel, Mall & Müller, 1988). Der Rückschau-Fehler resultiert aus einer (gewichteten) Kombination beider Gedächtnisspuren zum Zeitpunkt der Erinnerung. Für den ersten Ansatz spricht die Robustheit des Phänomens: Weder die Aufforderung, die neue Information zu ignorieren, noch die
Aufforderung, sich beim Erinnern anzustrengen, noch die vorherige Aufklärung
über den Rückschau-Fehler selbst helfen, den Fehler zu reduzieren (Pohl & Hell,
1996). Für den zweiten Ansatz sprechen all die Befunde, bei denen durch experimentelle Manipulation die Reproduzierbarkeit des ersten Urteils verbessert und
damit der Rückschau-Fehler reduziert werden konnte. Eine solche Manipulation
kann etwa darin bestehen, daß man Probanden instruiert, Gründe für das erste
Urteil zu generieren, oder aber daß man die neue Information gegenüber den Probanden diskreditiert. Zu einer Verbesserung der Erinnerung und damit zu einer
Reduktion des Rückschau-Fehlers kommt es auch, wenn das erste Urteil nicht von
jeder Vp individuell, sondern nach einer Gruppendiskussion getroffen wird, wie
Stahlberg, Maass und Frey (1995) in ihren Untersuchungen zeigen konnten. Dieser Befund läßt sich im Sinne des Ansatzes der konkurrierenden Gedächtnisspuren interpretieren: Wird das erste Urteil in einer Gruppendiskussion gefällt, wird
in der Regel mehr Zeit auf dieses Urteil verwendet, es werden mehr Begründungen und Argumente generiert, und das Urteil wird stärker elaboriert als Urteile,

die jede Vp individuell trifft. Damit wird die Gedächtnisspur für das erste Urteil verstärkt, die spätere Erinnerung dadurch erleichtert und der Rückschau-Fehler reduziert.

Ein dritter neuerer Erklärungsansatz bezweifelt, daß es überhaupt einen echten *bias* im Sinne einer Verschiebung individueller Urteile gibt. Die Arbeiten von McCloskey und Zaragoza (1985) über Erinnerungsverfälschungen bei Zeugenaussagen haben die Vermutung nahegelegt, daß es sich beim Rückschau-Fehler um ein Artefakt handeln könnte. Nehmen wir den einfachen Fall an, daß sich ein Teil der Probanden einer Stichprobe an ihr erstes Urteil genau erinnert, während der andere Teil sich überhaupt nicht mehr an dieses Urteil erinnert. Die „Nicht-Erinnerer" nehmen die korrekte Information als Anker und schätzen entsprechend, welches Urteil sie zuerst abgegeben haben; ihre Urteile liegen vermutlich um den Wert der korrekten Information verteilt. Der Mittelwert der gesamten Stichprobe („Nicht-Erinnerer" und „Erinnerer") ist nun zwar in Richtung der korrekten Information verschoben, aber kein einziges Individuum war einem *bias* unterlegen: entweder man wußte, wie man urteilte, oder man wußte es nicht! Pohl (1992) hat gezeigt, daß diese Annahme in vielen Fällen die Daten besser erklären kann als die klassischen Ansätze.

Every great scientific truth goes through three stages. First, people say it conflicts with the bible. Next, they say it has been discovered before. Lastly, they say they have always believed it. Louis Agassiz, ein Biologe aus dem 19. Jahrhundert.

Wir haben hier illustrativ nur einige der aus empirischen Untersuchungen berichteten Phänomene behandeln können, und auch diese nicht in der Ausführlichkeit, mit der wir es gerne getan hätten. Einige weitere interessante Phänomene seien aber wenigstens genannt:

● *out of sight, out of mind*: Die Unterschätzung der Wahrscheinlichkeit eines Ereignisses, dessen Konstituenten nicht explizit gegeben (also *out of sight*) sind, verglichen mit der Summe der Schätzungen der Wahrscheinlichkeiten der einzelnen, das Ereignis konstituierenden Ereignisse (Fischhoff, Slovic & Lichtenstein, 1978); zu diesem Phänomen, das in einer Reihe experimenteller Studien bestätigt wurde (u.a. van Schie & van der Pligt, 1990; Russo & Kolzow, 1994; Bonini & Caverni, 1995), gibt es verschiedene Erklärungen, insbesondere den Ansatz der Stützungs-Theorie (vgl. Abschnitt 5.4.6).

● *illusory correlation*: Die Auswahl einer Variablen für eine Prognose, die mit der vorherzusagenden Variablen nicht korreliert; zurückgeführt auf die Annahme einer Kovariation von Ereignissen, die es tatsächlich nicht gibt (Chapman &

Chapman, 1967) (vgl. Abschnitt 5.4.3.2). Eine Übersicht zur Forschung über kognitive Täuschungen bei der Erfassung von Ereigniskontingenzen gibt Fiedler (1993).

- *illusion of control*: Die Über- bzw. Unterschätzung des Eintretens von Ereignissen in Abhängigkeit von eigenen Aktivitäten; zurückgeführt auf die Vorstellung, die unsichere Zukunft beeinflussen zu können, auch wenn die Zukunft von den eigenen Aktivitäten tatsächlich nicht beeinflußbar ist („magisches Denken") (Langer, 1975). Eine Übersicht gibt Pfrang (1993).

- *wishful thinking*: Die Überschätzung der Wahrscheinlichkeit angenehmer bzw. die Unterschätzung der Wahrscheinlichkeit unangenehmer Ereignisse. Eine gute Übersicht geben Bar-Hillel und Budescu (1995).

- *unrealistic optimism* (ein spezieller Fall von *wishful thinking*): Die Einschätzung, daß der eigenen Person negative Ereignisse mit geringerer Wahrscheinlichkeit zustoßen als anderen (vergleichbaren) Menschen; zurückgeführt u.a. auf die Motivation, sich mit potentiell bedrohlichen Ereignissen nicht auseinandersetzen zu müssen, beispielsweise der Gefahr einer Infektion mit dem HI-Virus (Weinstein, 1980).

5.5.8 *Kognitive Täuschungen* - gibt es sie?

Die hier beschriebenen (und weitere) Phänomene sind als *kognitive Täuschungen* charakterisiert worden (vgl. Kahneman, Slovic & Tversky, 1982). Damit ist gemeint, daß wir uns bei komplizierten Problemen, die wir nicht durchschauen oder für die uns im Moment des Urteils keine expliziten algorithmischen Strategien zur Verfügung stehen, auf unsere „Intuition" verlassen oder verlassen müssen: Wir setzen mentale Heuristiken ein, die im allgemeinen erfolgreich und effizient sind, aber unter bestimmten Bedingungen auch systematisch zu *Täuschungen* und als deren Folge zu Urteilsfehlern führen. Der Ausdruck *kognitive Täuschungen* wurde in Analogie zum Begriff der *Wahrnehmungs-Täuschung* geprägt: So wie sich beispielsweise unsere Wahrnehmung bei der Figur von Müller-Lyer täuscht und wir die beiden Strecken mit einwärts bzw. auswärts gerichteten Pfeilen für unterschiedlich lang halten und uns dieses Eindrucks kaum erwehren können, selbst wenn wir die Strecken ausgemessen haben und es besser wissen, so täusche sich auch unser Denken beispielsweise bei der Beurteilung der Wahrscheinlichkeit eines Ereignisses, weil wir durch die Bedeutsamkeit, Typizität oder Bildhaftigkeit dieses Ereignisses beeindruckt sind und darüber beispielsweise die Basisrate des Ereignisses vernachlässigen.

Gegen diese Interpretation der Befunde ist - mit unterschiedlicher Heftigkeit - eine Reihe von Argumenten vorgebracht worden. So haben u.a. Cohen (1977), Beach, Christensen-Szalanski und Barnes (1987) und Gigerenzer (1991) argumentiert, die Klassifizierung der Urteile als Fehler und ihre Zurückführung auf *Täuschungen* gehe davon aus, daß die klassische Logik bzw. Statistik der richtige bzw. der einzige Maßstab sei. Dies sei jedoch fragwürdig. Beispielsweise haben Beach et al. (1987) darauf verwiesen, daß viele Urteile keineswegs „fehlerhaft" seien, wenn man sie im Rahmen einer *epistemischen* an Stelle einer *aleatorischen* Logik interpretiert. Im Wort *aleatorisch* steckt das lateinische Wort *alea*, der Würfel; gemeint ist also eine Logik des Würfelns, des Spielens, des Zufallsereignisses, die die Basis der Wahrscheinlichkeitstheorie darstellt. Im Wort *epistemisch* steckt das griechische Wort *episteme*, das Wissen; gemeint ist hier also, daß ein Urteil sich auf das spezifische Wissen über den Gegenstandsbereich, über die Art der Ereignisse und ihre Beziehungen untereinander gründet. Gigerenzer (1994) sowie Gigerenzer und Hoffrage (1995) haben ebenfalls gegen die Wahrscheinlichkeitstheorie als Maßstab argumentiert und darauf verwiesen, daß Phänomene wie der Basisraten-Fehler nur auftreten, wenn man Probanden nach Wahrscheinlichkeiten fragt, nicht aber, wenn man ihnen die Chance gibt, in relativen Häufigkeiten zu denken und zu antworten.

Die Kontroversen können hier nur angedeutet werden. Wer mehr darüber wissen möchte, sei auf Cohen (1977), Kahneman, Slovic und Tversky (1982), Jungermann (1986), Beach, Christensen-Szalanski und Barnes (1987), Hogarth (1987), Gigerenzer (1991), Hell, Fiedler und Gigerenzer (1993), Gigerenzer (1996) sowie Kahneman und Tversky (1996) verwiesen.

5.6 Zur Messung von Unsicherheit

Wer das Kapitel gelesen hat, wird nicht überrascht sein, daß es nicht die eine richtige Methode zur Messung von Unsicherheit gibt. Da Unsicherheit aus unserer Sicht ein psychologisches Konstrukt ist, das einen internen Zustand bezeichnet, gibt es wie meist in der Psychologie unterschiedliche Möglichkeiten der Messung. Man unterscheidet *direkte* und *indirekte* Methoden: Zu den direkten Verfahren zählen die Abfrage von numerischen Wahrscheinlichkeits- und Häufigkeitsschätzungen wie auch verbale Beurteilungen. Zu den indirekten Verfahren, bei denen aus bestimmten Verhaltensweisen auf den Grad an Unsicherheit geschlossen wird, zählen u.a. Rangordnungverfahren, Entscheidungen und Wetten. Welches Verfahren man anwendet, hängt von der jeweiligen Theorie über die mentale Repräsentation von Unsicherheit sowie von der Zielsetzung ab. Wer davon ausgeht, daß Unsicherheit durch das klassische Wahrscheinlichkeitskalkül repräsentiert werden kann, wird direkt nach numerischen Wahrscheinlichkeiten oder Wetten fragen, aus denen Wahrscheinlichkeiten abgeleitet werden können. Wer von einer unscharfen Repräsentation von Unsicherheit ausgeht, wird vielleicht unterschiedliche numerische und verbale Methoden einsetzen. Und wer das Ziel hat, Unsicherheiten in weiteren Kalkülen etwa der Entscheidungsfindung zu verrechnen, muß quantifizierende Methoden verwenden; wer sich dagegen primär für die Effekte bestimmter Faktoren auf Unsicherheit interessiert, kann auch mit „weicheren" Verfahren arbeiten. Im Anhang werden einzelne Methoden genauer dargestellt. Weitere Beschreibungen kann man u.a. bei Lee (1977), von Winterfeldt und Edwards (1986), Hogarth (1987) sowie Eisenführ und Weber (2003) finden.

Was heißt bei einem Häufigkeitsexperiment „in the long run"? Ein Experiment muß einen Anfang und ein Ende haben. Ludwig Wittgenstein.

5.7 Lesevorschläge

Die Varianten von Unsicherheit (5.1), die formalen Konzepte von Unsicherheit (5.2) und die wichtigsten theoretischen Ansätze (5.4) findet man in einem von George Wright und Peter Ayton (1994) herausgegebenen Band mit dem schlichten Titel *Subjective probability* gut dargestellt. In diesem Buch sind fast alle wichtigen Autoren der Debatte um „Unsicherheit" vertreten, mit einer Ausnahme, für die wir daher einen gesonderten Hinweis geben: Eine repräsentative Auswahl der Arbeiten von Kahneman und Tversky und anderen Forschern, die sich im Rahmen des *„heuristics and biases"* - Ansatzes bewegen (5.4.3), findet man in einem von Daniel Kahneman, Paul Slovic und Amos Tversky (1982) herausgegebenen Band *Judgment under uncertainty: Heuristics and biases*. Wolfgang Hell, Klaus Fiedler und Gerd Gigerenzer (1993) haben ein Buch mit dem Titel *Kognitive Täuschungen* herausgegeben, in dem sich verschiedene Autoren kritisch mit dem von Tversky und Kahneman vertretenen Ansatz auseinandersetzen. Einen guten Überblick über die *Social Judgment*-Theorie erhält man durch das Sonderheft der Zeitschrift *Thinking and Reasoning* aus dem Jahre 1996 (Heft 2). Wer mehr über *fuzzy logic* wissen möchte, der sei auf das rororo science sachbuch von Christoph Drösser (1994) *Fuzzy Logic* verwiesen, der eine gute, (relativ) leicht lesbare „methodische Einführung in krauses Denken" gibt.

Zwei Monographien empfehlen wir, die speziellen Themen gelten. Willem A. Wagenaar (1988) analysiert, auf der Grundlage seiner Beobachtungen in holländischen Spielcasinos, *Paradoxes of gambling behavior*. Jürgen T. Rehm und Volker Gadenne (1990) behandeln *Intuitive predictions and professional forecasts*, also das Problem der Unsicherheit bei Vorhersagen.

Wer sich für historische und philosophische Aspekte von Unsicherheit und Wahrscheinlichkeit interessiert, dem schlagen wir zum einen die Reflexionen von Ludwig Wittgenstein (1971) *Über Gewissheit* vor. Die Entwicklung des Wahrscheinlichkeitsbegriffs wird von Ian Hacking (1975) in seinem Buch *The emergence of probability* und von Gerd Gigerenzer, Zeno Swijtink, Theodor Porter, Lorraine Daston, John Beatty und Lorenz Krüger (1989) in ihrem Buch *The empire of chance: how probability changed science and everyday life* dargestellt.

Zur Unterhaltung und zum Training probabilistischen Denkens empfehlen wir „*Das Ziegenproblem*" von Gero von Randow (1992), in dem der Leiter des Wissenschaftsressort der ZEIT knifflige probabilistische Denkprobleme behandelt - unter anderem eben das Ziegenproblem (das Maya Bar-Hillel (1989) als Cadillac-Problem analysiert):

Bei einer Fernsehshow steht der Kandidat vor drei verschlossenen Türen. Er weiß: Der große Preis, ein Auto, wartet hinter einer der Türen; hinter den beiden anderen steht je eine Ziege. Der Kandidat gewinnt das Auto, wenn er die richtige Tür öffnet. Angenommen, er zeigt auf Tür Nr. 1. Der Quizmaster öffnet jedoch nicht diese, sondern statt dessen Tür Nr. 3; eine Ziege wird sichtbar. Darauf fragt der Quizmaster den Kandidaten, ob er bei seiner Wahl - Tür Nr. 1 - bleiben oder lieber Tür Nr. 2 wählen wolle. Was meinen Sie?

5.8 Neues aus den letzten Jahren

Mitte der neunziger Jahre wurde das Forschungsprogramm *heuristics* and *biases* mit dem Argument kritisiert, daß untersucht werde, wie Menschen Wahrscheinlichkeitsurteile bilden und welche psychologischen Faktoren dabei wirksam sind; für den Menschen sei aber die Repräsentation von Unsicherheit in Form von *Häufigkeiten* „natürlich", und das Verständnis von Häufigkeitsinformationen und der Umgang mit Häufigkeitsinformationen falle daher Menschen auch wesentlich leichter. Die von Tversky, Kahneman und anderen identifizierten *biases* „verschwänden", wenn man die Probleme in Häufigkeiten und nicht in Wahrscheinlichkeiten formuliere, sie seien also kein Indiz für fehlerhaftes Denken und Urteilen. In der Folge wurden dann von der Gruppe um Gigerenzer zahlreiche Studien vorgelegt, in denen gezeigt wurde, daß unter bestimmten Bedingungen in der Tat nicht nur Laien, sondern auch Experten in ihrem Gebiet (wie etwa Ärzte) intuitiv besser mit Häufigkeiten als mit Wahrscheinlichkeiten umgehen können (z.B. Hoffrage & Gigerenzer, 1998). Es ist eine müßige, weil kaum zu klärende Frage, welche Denk- oder Ausdrucksweise „natürlicher" ist, zumal wir heute im privaten wie im beruflichen Leben sowohl Häufigkeits- als auch Wahrscheinlichkeitsaussagen machen und erhalten. Interessanter ist die Klärung der Bedingungen, unter denen wir besser in dem einen oder anderen Format denken und urteilen können (z.B. Lewis & Keren, 1999; Mellers & McGraw, 1999). So gilt – trivialerweise -, daß das Häufigkeitsformat nur dann geeignet ist, wenn präzise Häufigkeitsinformationen verfügbar sind. Dies ist allerdings eher selten der Fall. Meistens haben wir nur unpräzise Informationen, die wir mit einer Aussage wie „ziemlich wahrscheinlich" ausdrücken, oder aber wir haben es mit einmaligen Ereignissen wie beispielsweise Wahlvorhersagen zu tun, in denen es überhaupt keine relevante Häufigkeitsinformation gibt. Bei einem Vergleich von Aussagen im Häufigkeitsformat (über eine Menge) und im Wahrscheinlichkeitsformat (über einen Einzelfall) fanden Griffin und Buehler (1999) keinerlei Unterschiede in den statistischen Merkmalen und der Genauigkeit der Einschätzung. Für manche Bereiche der Praxis allerdings hat sich die Problematisierung und Prüfung des richtigen Repräsentationsformates als ausgesprochen nützlich erwiesen, und zwar insbesondere im Gesundheitsbereich (Hoffrage, Kurzenhäuser & Gigerenzer, 2000). In dem von Sedlmeier und Betsch (2002) herausgebenen Band *Etc. – frequency processing and cognition* gibt es zahlreiche interessante Beiträge (und ein gutes zusammenfassendes Schlußkapitel) zur Verarbeitung von Häufigkeitsinformation - zu den theoretischen Modellen, den empirischen Befunden und den praktischen Implikationen.

Eine neuere Übersicht zur Forschung über verbale Ausdrücke von Unsicherheit und Wahrscheinlichkeit geben Teigen und Brun (2003).

Es hat in den letzten Jahren viele weitere Untersuchungen und Analysen spezieller Phänomene gegeben, so zur Verfügbarkeits-Heuristik (Reber, 2004), zur Repräsentativitäts-Heuristik (Teigen, 2004), zum Konjunktions-Fehler (vgl. Fisk, 2004), zu *overconfidence* (vgl. Hoffrage, 2004), zu Verankerung und Anpassung (Chapman & Johnson, 2002; Mussweiler, Englich & Strack, 2004) und zum Rückschau-Fehler (vgl. Pohl, 2004b). Erstaunlich ist, daß offenbar keine wirklich neuen Phänomene dieses Typs identifiziert worden sind. Die wichtigsten Arbeiten zum *heuristics* and *biases* Programm seit Anfang der 80er Jahre enthält der von Gilovich, Griffin und Kahneman (2002) herausgegebene Band *Heuristics and biases: The psychology of intuitive judgment*. In dem von Pohl (2004a) herausgegebenen Band *Cognitive illusions: A handbook on fallacies and biases in thinking, judgment, and memory* findet man gute Überblicksartikel zu fast allen bisher beschriebenen „Illusionen", und von Pohl selbst in einem einleitenden Kapitel eine sehr gute Darstellung und Diskussion des Standes der Forschung und der Debatte (Pohl 2004c).

Besonderes Interesse findet immer wieder der Konjunktions-Fehler, und hier speziell das Linda-Problem. Fisk (2004) zeigt, daß keine der bislang vorgeschlagenen Erklärungen die Daten befriedigend erklären kann. Von den empirischen Studien hebt sich die theoretische Analyse von Brachinger und Monney (2003) ab, in welcher der Konjunktions-Fehler mit Hilfe der *theory of hints* erklärt wird, einer Variante der Evidenz-Theorie (vgl. Abschnitt 5.2.3). Es wird gezeigt, daß die Theorie ein mathematisches Modell der Repäsentativitäts-Heuristik in dem Sinne liefert, in dem diese Heuristik von Tversky und Kahneman psychologisch interpretiert wurde. Hertwig und Kahneman haben zum Konjunktions-Fehler eine eindrucksvolle *„exercise in adversarial collaboration"*, also eine Art Übung in Kollaboration zwischen Gegnern, unternommen, mit Barbara Mellers als Schieds-richterin (Mellers, Hertwig & Kahneman, 2001). Die Demonstration dieser Zusammenarbeit ist noch interessanter als das Ergebnis. Ausgangspunkt waren die Positionen der beiden Kontrahenten: Hertwig postulierte, daß der Konjunkti-onseffekt verschwindet, wenn das Problem im Häufigkeits- und nicht im Wahr-scheinlichkeitsformat dargestellt wird, und daß der beobachtete Urteilsfehler zum Teil auf die Interpretation des Wortes „und" (in der Phrase „Bankangestellte und Feministin") durch manche Versuchsteilnehmer zurückzuführen ist. Zur Klärung schlug er zwei andere, die Ambiguität von „und" auflösende Konjunktionsphra-sen vor, bei deren Verwendung der Konjunktions-Fehler ebenfalls verschwinden solle. Kahneman postulierte, daß der Fehler bei einer Darstellung im Häufigkeits-format keineswegs verschwindet, und bei der Frage der Konjunktionsphrasen stimmte er in einem Fall Hertwig zu, im anderen nicht. Gemeinsam führten sie dann drei Experimente durch - mit Ergebnissen, die teilweise Hertwigs und teil-weise Kahnemans Position stützten. Beide interpretierten die Ergebnisse unter-schiedlich. Aber alle waren sich darüber einig, daß die gemeinsame Arbeit frucht-bar war, fruchtbarer als die sonst übliche Auseinandersetzung mit jeweils eigenen Studien, separaten Artikeln und Entgegnungen.

Es scheint allerdings, als ob das Interesse an dem Aspekt der Unsicherheit in den letzten Jahren abgenommen habe. Ein möglicher Grund ist, daß sich die Auf-merksamkeit stärker auf den Einfluß von Affekten, Emotionen und Stimmungen auf Entscheidungen verschoben hat (vgl. Loewenstein, Weber, Hsee & Welch, 2001). Ein anderer Grund mag sein, daß viele Forscher (z.B. Huber, 2004) der Wahrscheinlichkeit der Handlungskonsequenzen nicht mehr die Bedeutung für Entscheidungsprozesse einräumen, die man ihr früher zugeschrieben hat (und die sie im präskriptiven Modell auch nach wie vor hat).

6 Entscheiden unter Unsicherheit

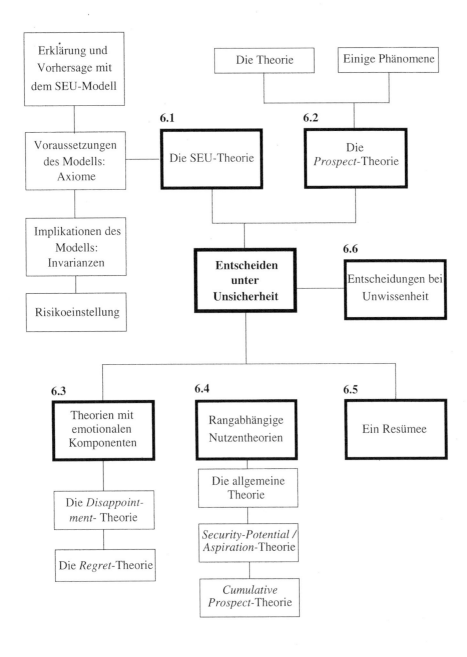

Wir haben in Abschnitt 2.1.2 darauf hingewiesen, daß grundsätzlich *alle* Entscheidungen *unter Unsicherheit* getroffen werden, weil die Konsequenzen jeder Entscheidung immer erst *nach* der Entscheidung eintreten und daher nie in einem absoluten Sinne *sicher* sein können. Dennoch unterscheidet man praktisch und theoretisch Situationen, in denen die Konsequenzen von Entscheidungen als sicher angenommen werden, von Situationen, in denen sie als unsicher gelten und in denen diese Unsicherheit für die Entscheidung eine Rolle spielt. In den Kapiteln 3 und 4 haben wir Entscheidungen *unter Sicherheit* behandelt, ohne also den Grad der Sicherheit bzw. Unsicherheit der Konsequenzen in Betracht zu ziehen; die Wahl zwischen Optionen wurde allein mit dem Nutzen der Konsequenzen erklärt. In Kapitel 5 haben wir dann den Aspekt der *Unsicherheit* behandelt, zunächst weitgehend unabhängig von seiner Bedeutung für Entscheidungen zwischen Optionen. In diesem Kapitel geht es nun um Entscheidungen, in denen *sowohl* der Nutzen *als auch* die Unsicherheit der Konsequenzen relevant sind. In Theorien wird die kognitive Integration der beiden Faktoren Nutzen und Unsicherheit beschrieben, in der Empirie wird geprüft, ob bzw. wie gut sich beobachtbares Entscheidungsverhalten mit diesen Theorien beschreiben läßt. Gemeinsam ist allen Arbeiten, um die es in diesem Kapitel geht, eine *konsequentialistische* Grundannahme: Entscheidungen werden in Hinblick auf ihre *Folgen* getroffen. Auf andere, nicht-konsequentialistische Ansätze gehen wir in Kapitel 8 ein.

Im *ersten* Abschnitt stellen wir die historisch älteste und immer noch wichtigste Theorie dar, die Theorie der Maximierung des subjektiv erwarteten Nutzens, die sogenannte *SEU-Theorie*. Man findet einerseits den Ansatz, beobachtete Wahlen aus hypothetischen Nutzen- bzw. subjektiven Wahrscheinlichkeitsfunktionen zu rekonstruieren und zu prüfen, unter welchen Bedingungen dies möglich ist. Man findet andererseits den Ansatz, Wahlen auf der Grundlage gemessener Nutzenwerte bzw. subjektiver Wahrscheinlichkeiten vorherzusagen und zu prüfen, wie gut die Theorie beobachtete Wahlen vorherzusagen erlaubt. Global kann man heute feststellen, daß sich die Theorie zur Beschreibung und Erklärung realen Entscheidungsverhaltens nur unter sehr eingeschränkten Bedingungen bewährt hat.

Im *zweiten* Abschnitt behandeln wir die wichtigste Fortschreibung der SEU-Theorie, die sogenannte *Prospect-Theorie*. Mit dieser Theorie haben Kahneman und Tversky (1979) versucht, den zahlreichen Befunden in der empirischen Forschung Rechnung zu tragen, die mit der klassischen Theorie der Maximierung des subjektiv erwarteten Nutzens nicht vereinbar sind. Die Theorie zeichnet sich dadurch aus, daß (a) zwischen einer Phase der Repräsentation des Problems und einer Phase der Bewertung der Optionen unterschieden wird und (b) spezifische Annahmen zur Nutzenfunktion und zur Rolle der Sicherheit bzw. Unsicherheit getroffen werden.

Im *dritten* Abschnitt werden Theorien beschrieben, die *emotionale Komponenten* einbeziehen. Das *Bedauern*, wenn man feststellt, daß eine andere Entscheidung möglicherweise zu besseren Konsequenzen geführt hätte; und die *Enttäuschung*, wenn die Entscheidung nicht zu dem erwarteten Ergebnis führt.

Im *vierten* Abschnitt stellen wir in den achtziger Jahren des 20. Jh. entwickelte Ansätze dar, in denen vor allem der Aspekt der Unsicherheit grundsätzlich anders als früher behandelt wird. Dies sind die sogenannten *rangabhängigen Nutzenmodelle*. Diese Modelle beschreiben Situationen, in denen Entscheider die Wahrscheinlichkeiten von Konsequenzen danach gewichten, welchen Wert bzw. Nutzen die möglichen Ergebnisse haben. Ein Optimist etwa mag der geringen Wahrscheinlichkeit eines außergewöhnlich guten Ergebnisses ein großes Gewicht geben, ein Pessimist dagegen der hohen Wahrscheinlichkeit eines mäßig guten, aber eben relativ sicheren Ergebnisses.

Im *fünften* Abschnitt ziehen wir ein kurzes *Resümee* der Bewährung der beschriebenen Modelle. Im *sechsten* Abschnitt behandeln wir *Entscheidungen unter Unwissenheit*, und das heißt in diesem Zusammenhang, daß ein Entscheider über keinerlei Wissen verfügt oder zu verfügen meint, das ihm eine Differenzierung seiner Unsicherheit bezüglich der möglichen Handlungskonsequenzen erlaubt.

6.1 Die SEU-Theorie

Es geht jetzt um Situationen, in denen die Konsequenzen *unsicher* sind. Eine Option führt nicht mit Sicherheit zu einer bestimmten Konsequenz, sondern es sind unterschiedliche Konsequenzen möglich. Im einfachsten Fall gibt es mindestens die Möglichkeit, daß die Konsequenz x eintritt, und die Möglichkeit, daß die Konsequenz x *nicht* eintritt. Wenn ich mich entscheide, in einer Lotterie ein Los zu kaufen, dann bin ich nachher entweder reicher oder ich bin ärmer (wegen des Lospreises). Je nach Lotterie kann der Fall auch komplexer liegen, wenn nämlich die Optionen mit bestimmten Wahrscheinlichkeiten zu verschiedenen Konsequenzen führen. Wenn ich ein Los kaufe, habe ich hinterher mit einer gewissen Wahrscheinlichkeit einen Verlust erlitten, mit einer anderen Wahrscheinlichkeit habe ich einen Lolli gewonnen, mit einer anderen Wahrscheinlichkeit habe ich einen Teddy gewonnen und mit einer weiteren Wahrscheinlichkeit habe ich „Freie Auswahl". In diesem Sinne ist also jede Option mit unsicheren Konsequenzen eine Lotterie (engl.: *lottery*), und wir können jede Entscheidung unter Unsicherheit als eine Entscheidung darstellen, eine Lotterie, ein Spiel (engl.: *gamble*) oder auch eine Wette (engl.: *bet*) einzugehen - sogar die Entscheidung, an Gott zu glauben oder nicht zu glauben (Box 6.1). Wir haben in solchen Situationen Präferenzen in Bezug auf Lotterien, d.h. wir ziehen von zwei Optionen die eine Option mit unsicheren Konsequenzen der anderen Option mit anderen unsicheren Konsequenzen vor.

Box 6.1: Pascals Wette

Vor mehr als 300 Jahren beschäftigte sich der französische Mathematiker und Philosoph **Blaise Pascal** (1623-1662) in seinem Werk „Pensées" (dt. „Gedanken") mit der Frage, ob es „vernünftig" sei, auf die Existenz Gottes zu wetten oder nicht.

„Prüfen wir diesen Punkt", schrieb Pascal dazu, „und sagen wir: Gott ist, oder er ist nicht. Aber welcher Seite werden wir uns zuneigen? Die Vernunft kann hier nichts entscheiden: es ist ein unendliches Chaos da, das uns trennt. Wir spielen am äußersten Ende dieses unendlichen Chaos ein Spiel, bei dem die Vorder- oder Rückseite [einer in die Luft geworfenen Münze] nach oben zu liegen kommt. Was werden Sie wetten? ... Sehen wir zu: da man wählen muß, laßt uns sehen, was Sie am wenigsten angeht. Sie haben zweierlei zu verlieren: das Wahre und das Gute, und zweierlei einzusetzen: Ihre Vernunft und Ihren Willen, Ihre Erkenntnis und Ihre Seligkeit; und Ihre Natur muß sich vor zweierlei hüten: vor Irrtum und Unheil. ... Wägen wir den Gewinn und den Verlust, und das Kreuz [die vordere Seite der Münze] soll bedeuten, daß Gott ist. Schätzen wir diese beiden Möglichkeiten ab: wenn Sie gewinnen, gewinnen Sie alles, wenn Sie verlieren, verlieren Sie nichts. Wetten Sie also ohne zu zögern, daß er ist ..." (Pascal, 1938, S.41f.).

Entscheidungstheoretisch formuliert: Wir haben zwei Optionen - an Gott zu glauben oder nicht an ihn zu glauben. Zwei Ereignisse sind möglich - Gott mag existieren oder auch nicht. Und da wir keinen Anhaltspunkt darüber haben, welches der beiden Ereignisse - Existenz oder Nicht-Existenz Gottes - wahrscheinlicher ist, nehmen wir für beide die gleiche Wahrscheinlichkeit von 0,5 an.

	Gott existiert	Gott existiert nicht
glauben	„Himmel" $= +\infty$	± 0
nicht glauben	„Hölle" $= -\infty$	± 0

Betrachten wir nun die Ausgänge für die beiden Optionen: Glauben wir und Gott existiert, winkt uns das Himmelreich, wir „gewinnen alles". Glauben wir an Gott und er existiert nicht, so haben wir zwar umsonst geglaubt, aber wir verlieren schlußendlich doch nichts. Glauben wir jedoch nicht, aber Gott existiert, dann droht uns die Hölle, wir „verlieren alles". Glauben wir nicht und Gott existiert auch nicht, so haben wir zwar nichts davon, verlieren aber nichts. Der Erwartungswert für die Option „glauben" ist eindeutig größer als für die Option „nicht glauben":

$$E \text{ (glauben)} \qquad = \text{„Himmel"} \cdot 0,5 + 0 \cdot 0,5$$
$$E \text{ (nicht glauben)} \qquad = \text{„Hölle"} \cdot 0,5 + 0 \cdot 0,5$$

Die menschliche Vernunft kann die Existenz Gottes weder beweisen noch widerlegen. Wir sollten jedoch an Gott glauben - denn wenn Gott ist, „gewinnen ... [wir] alles".

In diesem Abschnitt behandeln wir die *Theorie der Maximierung des subjektiv erwarteten Nutzens* und insbesondere das sogenannte SEU-Modell. Hier sind nun zwei kurze Vorbemerkungen erforderlich.

Die erste Bemerkung gilt dem Gebrauch der Begriffe *Theorie* und *Modell*, denn leider werden diese Begriffe in der entscheidungspsychologischen Fachliteratur (und nicht nur dort) oft recht willkürlich verwendet. Manche sprechen von der SEU-Theorie, manche vom SEU-Modell, und manche verwenden mal den einen und dann wieder den anderen Begriff. In diesem Kapitel sprechen wir von einer *Theorie*, wenn es um die Gesamtheit der Annahmen über den Gegenstandsbereich geht, und von einem *Modell*, wenn es sich um die spezifische Formalisierung einer bestimmten Annahme handelt.

Die zweite Bemerkung gilt der SEU-Theorie selbst. Sie stellt die historisch jüngste Form einer Gruppe von Entscheidungstheorien dar, die sich nur in der Bestimmung der beiden Parameter unterscheiden: an Stelle subjektiver Werte (Nutzen) werden den Konsequenzen „objektive" Werte zugeordnet (im allgemeinen monetäre Größen), und/oder an Stelle der subjektiven Wahrscheinlichkeiten werden den Ereignissen „objektive" Wahrscheinlichkeiten (im allgemeinen statistische Größen) zugeordnet. Daraus ergeben sich vier Theorietypen:

| | **Werte der Konsequenzen** | |
	objektiv	**subjektiv**
objektiv **Wahrscheinlichkeiten**	Expected Value	Expected Utility
subjektiv	Subjective Expected Value	Subjective Expected Utility

Gemeinsam ist aber allen Theorietypen das wahrscheinlichkeitstheoretische Konzept des Erwartungswertes als Regel zur Berechnung des Wertes einer Option (vgl. Lee, 1977, S. 52ff.; Yates, 1990). In der psychologischen, aber auch in der ökonomischen Entscheidungstheorie dominiert heute die Interpretation beider Parameter als grundsätzlich subjektive Größen.

6.1.1 Erklärung und Vorhersage mit dem SEU-Modell

Nach diesem Modell wählt ein Entscheider diejenige Option, die den höchsten subjektiv erwarteten Nutzen hat. Auf Englisch: *Subjective Expected Utility*, daher SEU-Modell. Der SEU-Wert einer Option ist die Summe der Nutzenwerte der einzelnen möglichen Konsequenzen, gewichtet mit den Wahrscheinlichkeiten ihres Eintretens. Formal:

$$SEU_i = \sum_{j=1}^{n} p_j u_j$$

SEU_i ist der Gesamtnutzen für Option i, der Index j läuft über alle n möglichen Konsequenzen der Option i; p_j ist die Wahrscheinlichkeit und u_j der Nutzen einer Konsequenz j.

Das SEU-Modell wurde von Edwards (1954) vorgeschlagen. Es unterscheidet sich darin von den prominenteren Vorgängern in der ökonomischen Entscheidungsforschung (vgl. Lee, 1977), daß die beiden Faktoren - Unsicherheit und Nutzen - als subjektive Größen und nicht als „objektive" Werte und „objektive" Wahrscheinlichkeiten behandelt werden.

Stellen Sie sich folgende Situation vor: Ihr Freund hat zwei berufliche Angebote, eines in Hamburg (X) und eines in Dortmund (Y). Beide Angebote sind im wesentlichen gleichwertig (z.B. in Bezug auf Gehalt, Interessantheit, Aufstiegschancen usw.). Ihm ist klar, daß es sich in Hamburg teurer lebt als in Dortmund, er findet Hamburg aber auch schöner als Dortmund. Er spricht davon, daß sein Großvater sich noch nicht entschieden habe, ob er sein Vermögen ihm oder seiner Universität vermacht; der Großvater will aber die Entscheidung bald treffen. Die Situation läßt sich in Matrixform so darstellen:

	E_1 (Erbschaft)	E_2 (keine Erbschaft)
X (Hamburg)	x_1 (reich in Hbg.)	x_2 (arm in Hbg.)
Y (Dortmund)	y_1 (reich in Dtmd.)	y_2 (arm in Dtmd.)

Wir nehmen an, daß Ihr Freund sich zwischen den beiden Angeboten entsprechend dem SEU-Modell entscheidet, also seinen subjektiv erwarteten Nutzen maximieren will. Dann haben wir zwei Möglichkeiten, diese Annahme zu prüfen - analog zu den beiden Perspektiven, die wir in Abschnitt 3.1 dargestellt haben:

6.1.1.1 Focus *Nutzen und Unsicherheit*

Wir betrachten eine Wahl (im Sinne einer Präferenz über Lotterien) als das Ergebnis einer kognitiven Integration von Nutzenwerten und Unsicherheit im Sinne subjektiver Wahrscheinlichkeiten der einzelnen Konsequenzen.

Wir können von Ihrem Freund (mit Hilfe eines der in Kapitel 3 genannten Verfahren) erfragen, welche Nutzenwerte er mit den vier möglichen Konsequenzen x_1, x_2, y_1 und y_2 verbindet. Wir können von ihm ferner (mit Hilfe eines der in Kapitel 5 genannten Verfahren) erfragen, für wie wahrscheinlich er die beiden Ereignisse E_1 und E_2 hält, also daß der Großvater sein Vermögen ihm bzw. der Universität vermacht; dabei ist hier $p(E_2) = 1 - p(E_1)$. Dann können wir die SEU-

Werte für die beiden Optionen X und Y nach dem Modell bestimmen und vorhersagen, daß Ihr Freund diejenige Option wählen wird, die den höheren Wert hat. Und dann können wir schauen, was er tut.

Die Messung der Nutzenwerte und ihre Normierung auf ein Intervall zwischen 0 und 1 sowie die Messung der subjektiven Wahrscheinlichkeiten habe ergeben:

$u(x_1$ = reich in Hbg.)	= 1,0	reich und in der schöneren Stadt, das ist die beste Konsequenz
$u(y_1$ = reich in Dtmd.)	= 0,7	reich in Dortmund ist immer noch besser als arm in Hamburg
$u(y_2$ = arm in Dtmd.)	= 0,3	arm in Dortmund ist besser als arm in Hamburg, weil Hamburg so teuer ist
$u(x_2$ = arm in Hbg.)	= 0,0	arm, aber im teuren Hamburg, das ist die schlechteste Konsequenz
$p(E_1$ = Erbschaft)	= 0,6	Ihr Freund glaubt, daß der Großvater das Vermögen eher ihm vererbt.
$p(E_2$ = keine Erbschaft)	= 0,4	da $p(E_2) = 1 - p(E_1)$

In Matrixform:

	$p(E_1) = 0,6$	$p(E_2) = 0,4$
X (Hamburg)	$u(x_1) = 1,0$	$u(x_2) = 0,0$
Y (Dortmund)	$u(y_1) = 0,7$	$u(y_2) = 0,3$

Dann ist

$$
\begin{aligned}
\text{SEU (X)} &= u(x_1) \cdot p(E_1) + u(x_2) \cdot p(E_2) \\
&= 1,0 \cdot 0,6 + 0,0 \cdot 0,4 \\
&= 0,60 \\
\text{SEU (Y)} &= u(y_1) \cdot p(E_1) + u(y_2) \cdot p(E_2) \\
&= 0,7 \cdot 0,6 + 0,3 \cdot 0,4 \\
&= 0,54
\end{aligned}
$$

Also sagen wir vorher, daß die Wahl auf Hamburg fallen wird. Man kann sich ausrechnen, bei welchen Beurteilungen des Nutzens der einzelnen Konsequenzen bzw. der Wahrscheinlichkeit der Erbschaft durch Ihren Freund eine andere Wahl vorherzusagen wäre. Wäre er etwa bezüglich seiner Erbschaft bzw. seines Großvaters weit skeptischer und glaubte, nur eine 20%ige Chance zu haben, dann wäre SEU (X) = $1,0 \cdot 0,2 + 0,0 \cdot 0,8 = 0,20$, SEU (Y) = $0,7 \cdot 0,2 + 0,3 \cdot 0,8 = 0,38$, und es wäre die Wahl von Dortmund vorherzusagen.

Wenn wir das SEU-Modell in dieser Weise anwenden und prüfen, dann nehmen wir nicht nur an, daß Menschen die Wünschbarkeiten und Wahrscheinlichkeiten der möglichen Konsequenzen gegebener Optionen in einer bestimmten Weise kognitiv integrieren, sondern wir machen darüber hinaus die fundamentale Annahme, daß eine Entscheidung auf bestimmten Vorstellungen über den Nutzen und die Wahrscheinlichkeit der einzelnen Konsequenzen beruht bzw. sich aus ihnen ableitet. Nutzen und Unsicherheit sind die „Primitive", also die Konstituenten, Faktoren, Determinanten einer Entscheidung.

Die empirische Prüfung des Modells besteht darin, daß man unter verschiedenen Bedingungen und für verschiedene Probleme Nutzenfunktionen und Wahrscheinlichkeitsfunktionen erhebt und daraus Entscheidungsverhalten bei identischen, ähnlichen bzw. in spezifischer Weise veränderten Problemen vorhersagt.

6.1.1.2 Focus *Wahl*

Wenn man die zweite Möglichkeit der Prüfung des Modells wählt, ist die Erhebung von Nutzenwerten und/oder subjektiven Wahrscheinlichkeiten nicht erforderlich. Man geht umgekehrt vor: Man bittet also den Entscheider - im Beispiel Ihren Freund - eine Wahl zwischen den beiden Optionen zu treffen, deren Konsequenzen mit den entsprechenden Wahrscheinlichkeiten vorgegeben sind. Und nun prüft man, ob bzw. wie sich diese Wahl aus hypothetischen Nutzen- bzw. subjektiven Wahrscheinlichkeitsfunktionen so rekonstruieren läßt, daß die beobachtete Wahl sich als Entscheidung für die Option mit dem höchsten subjektiv erwarteten Nutzen darstellt; und zwar unabhängig davon, ob es solche Nutzenwerte bei dem Entscheider gibt oder ob der Entscheider sich irgendwelcher Bewertungen bewußt ist. Er braucht nur zu wissen, welche Option (Lotterie) er präferiert.

Nehmen wir im Beispiel an, Ihr Freund habe das Angebot aus Dortmund gewählt. Warum hat er es gewählt? Wir können seine Entscheidung so zu erklären versuchen, *als ob* er die Nutzenwerte und Wahrscheinlichkeiten der Konsequenzen kalkuliert, sie miteinander multipliziert und dann die Option mit dem höchsten Wert gewählt hätte. „Als ob" bedeutet, daß wir nicht wissen und uns auch nicht dafür interessieren, ob Ihr Freund „wirklich" mit den Konsequenzen so etwas wie Nutzenwerte verbindet und mit der Erbschaft so etwas wie Wahrscheinlichkeiten und ob er solche Faktoren miteinander integriert. Wir unterstellen lediglich, daß Menschen im allgemeinen diejenige Entscheidung treffen, von der sie für sich das Beste erwarten. Die Wahl selbst ist das, was wir beobachten können; sie ist das „Primitiv", die Beobachtungseinheit, und wir versuchen, sie mit Hilfe des Modells zu rekonstruieren. Im gegebenen Beispiel würden wir also solche Nutzenwerte und Wahrscheinlichkeitswerte suchen, deren Multiplikation pro Konsequenz und Addition pro Option Werte ergibt, von denen der Wert für

Dortmund der höhere Wert ist. Dies könnten Nutzen- und/oder Wahrscheinlichkeitswerte sein, wie wir sie oben angenommen haben, aber natürlich sind bei dieser einfachen Wahl auch noch viele andere Werte für Nutzen und Wahrscheinlichkeit mit dem Modell vereinbar. Dies wird erst dann schwieriger, wenn mehrere Optionen vorliegen.

6.1.2 Voraussetzungen des Modells: Axiome

Das SEU-Modell - ob man es nun zur Vorhersage oder zur Erklärung von Entscheidungen heranzieht - setzt allerdings voraus, daß der Entscheider bestimmte Voraussetzungen erfüllt. Oder anders gesagt: Nur dann, wenn bestimmte Axiome - also Grundannahmen über präferentielles Verhalten - empirisch erfüllt sind, ist es möglich und berechtigt, beobachtete Wahlen als Ausdruck des Prinzips zu interpretieren und zu rekonstruieren, daß Menschen diejenige Option wählen, welche den höchsten subjektiv erwarteten Nutzen hat. Was sind dies für Axiome? Und sind sie im allgemeinen erfüllt?

Es gibt mehrere Varianten der axiomatischen Fundierung dieses Prinzips. Von Neumann und Morgenstern (1947) und Savage (1954) legten die grundlegenden Ansätze vor (vgl. Luce & Raiffa, 1957; Luce & Krantz, 1971; Coombs, Dawes & Tversky, 1975; Lee, 1977; Keller, 1992). Eine ausgezeichnete Darstellung und Diskussion der Axiome findet man bei Hastie und Dawes (2001), S. 256-275. Vier Axiome gelten heute als zentral. Es sind die folgenden Axiome, wobei X, Y, Z Lotterien sind, p eine Wahrscheinlichkeit, ~ die Indifferenzrelation und ≻ die Präferenzrelation:

(i)   *Vergleichbarkeit*: für alle X, Y gilt entweder X ≺ Y, Y ≺ X oder X ~ Y;
(ii) *Transitivität*: X ≻ Y & Y ≻ Z → X ≻ Z;
(ii) *Unabhängigkeit*: X ≻ Y → [X, p; Z] ≻ [Y, p; Z] {für jedes p und Z};
(iv) *Kontinuität*: für alle X ≻ Y ≻ Z existiert ein p derart, dass Y ~ [X, p; Z, 1-p].

Mit einigen inhaltlichen Beispielen werden die Axiome schnell verständlich und einsichtig:

(i) *Vergleichbarkeit*: Ein Entscheider kann die Optionen miteinander vergleichen, d.h. von zwei Lotterien X und Y präferiert er entweder die Lotterie X gegenüber der Lotterie Y oder die Lotterie Y gegenüber der Lotterie X oder er ist zwischen X und Y indifferent. Beispiel: Ich ziehe eine Stadt, die mit einer Wahrscheinlichkeit p einen guten Fußballverein (z.B. Dortmund) hat, einer Stadt vor, die mit einer Wahrscheinlichkeit q ein gutes Theater hat (z.B. Hamburg), oder umgekehrt, oder ich bin zwischen beiden Städten indifferent.

(ii) *Transitivität*: Wenn ein Entscheider die Lotterie X gegenüber der Lotterie Y und die Lotterie Y gegenüber der Lotterie Z präferiert, dann präferiert er auch die Lotterie X gegenüber der Lotterie Z. Beispiel: Ich ziehe eine Stadt, die mit der

Wahrscheinlichkeit p einen guten Fußballverein hat, einer Stadt vor, die mit der Wahrscheinlichkeit q ein gutes Theater hat. Ferner ziehe ich eine Stadt, die mit der Wahrscheinlichkeit q ein gutes Theater hat, einer Stadt vor, die mit einer Wahrscheinlichkeit r gute Nachtbars hat. Dann ziehe ich auch eine Stadt, die mit der Wahrscheinlichkeit p einen guten Fußballverein hat, einer Stadt vor, die mit der Wahrscheinlichkeit r gute Nachtbars hat.

(iii) *Unabhängigkeit*: Wenn zwei Lotterien X und Y identische und gleich wahrscheinliche Konsequenzen enthalten, dann spielen diese Konsequenzen für die Wahl keine Rolle; anders gesagt: die Wahl zwischen zwei Optionen hängt nur von denjenigen Konsequenzen ab, hinsichtlich derer sich die Optionen unterscheiden - die gemeinsamen Konsequenzen werden ignoriert. Beispiel: Angenommen, ich ziehe eine Stadt mit einem guten Fußballverein einer Stadt mit einem guten Theater vor. Wenn ich nun wählen muß zwischen einer Stadt, in der es mit einer Wahrscheinlichkeit p einen guten Verein und mit der Wahrscheinlichkeit (1-p) gute Nachtbars gibt, und einer anderen Stadt, in der es mit der Wahrscheinlichkeit p ein gutes Theater und mit der Wahrscheinlichkeit (1-p) gute Nachtbars gibt, dann ziehe ich (noch immer) die erste Stadt vor. Und dies gilt unabhängig davon, wie groß p ist und was der dritte, beiden Städten gemeinsame Aspekt ist. [Im Englischen wird dieses Axiom meist als *cancellation axiom* bezeichnet; *cancellation* bedeutet „Streichung": man „streicht mental" die irrelevanten gemeinsamen Konsequenzen].

	p	(1-p)
X	guter Fußballverein	gute Nachtbars
Y	gutes Theater	gute Nachtbars

(iv) *Kontinuität*: Wenn einem Entscheider eine Wahl angeboten wird zwischen einer Lotterie X, bei der er von drei möglichen Konsequenzen die beste Konsequenz mit einer bestimmten Wahrscheinlichkeit p und die schlechteste Konsequenz mit der Wahrscheinlichkeit (1-p) erhält, und einer Lotterie Y, bei der er die mittlere Konsequenz ganz sicher bekommt, dann läßt sich immer ein Wert für die Wahrscheinlichkeit p finden, bei welcher der Entscheider indifferent ist. Beispiel: Ich ziehe eine Stadt mit einem guten Verein einer Stadt mit einem guten Theater vor und eine Stadt mit einem guten Theater einer Stadt mit guten Nachtbars. Die Stadt mit dem guten Verein ist also die beste, die Stadt mit den guten Nachtbars ist die schlechteste Option; die Stadt mit einem guten Theater liegt dazwischen. Jetzt soll ich wählen zwischen der Lotterie „Stadt mit gutem Verein mit einer Wahrscheinlichkeit p oder Stadt mit guten Nachtbars mit der Wahrscheinlichkeit (1-p)" und der Lotterie „Stadt mit gutem Theater". Wenn p = 0,99 ist,

ziehe ich vielleicht die erste Lotterie vor, wenn p = 0,01 dagegen, ziehe ich vielleicht die zweite Lotterie vor; aber es läßt sich ein p finden, bei dem ich indifferent bin.

Auf den ersten Blick erscheinen diese Axiome völlig unproblematisch, ja geradezu trivial. Aber der erste Blick täuscht. Wir betrachten die ersten drei Axiome
genauer.

Zu (i) Kann man wirklich immer alle Optionen miteinander vergleichen und sagen, daß man X gegenüber Y oder Y gegenüber X vorzieht (oder daß man zwischen X und Y indifferent ist)? Mancher Liebhaber klassischer Musik etwa würde
nicht sagen können, was er vorzieht: ein Geschenk, das mit einer gewissen Wahrscheinlichkeit eine CD mit einem Klavierkonzert von Mozart enthält, oder ein
Geschenk, das mit einer gewissen Wahrscheinlichkeit eine CD mit einem Streich-
quartett von Haydn enthält; für ihn wären beide Geschenke (Lotterien) „unver-
gleichbar". Wir sagen in manchen Wahlsituationen: „Man kann doch nicht Äpfel
und Birnen miteinander vergleichen". Axiom (i) ist dann nicht erfüllt.

Zu (ii) Sind die Präferenzen wirklich immer transitiv? Tversky (1969) führte eine
Studie durch, bei der er die folgenden fünf Lotterien verwandte:

Lotterie	Gewinnwahrscheinlichkeit	Gewinnbetrag	Erwartungswert
	p	$	p · $
A	7/24	5,00	1,46
B	8/24	4,75	1,58
C	9/24	4,50	1,69
D	10/24	4,25	1,77
E	11/24	4,00	1,83

Man sieht, daß der Erwartungswert der Lotterien (Gewinnwahrscheinlichkeit ·
Gewinnbetrag) mit steigender Gewinnwahrscheinlichkeit zunimmt und mit steigendem Gewinnbetrag abnimmt. Seinen 18 Vpn legte Tversky in zufälliger Reihenfolge Paare von Lotterien vor (also z.B. A und D), und sie sollten sagen, welche Lotterie sie präferierten (d.h. wirklich spielen wollten). Jede Vp wählte
insgesamt dreimal zwischen allen zehn möglichen Paaren. 8 Vpn zeigten eine
Tendenz zu intransitiven Präferenzen. Diese bat Tversky, für eine 5-Wochen-Stu-
die einmal pro Woche in sein Labor zu kommen. Im Verlaufe dieser Studie zeigten sich bei 6 Vpn tatsächlich stabile Intransitivitäten. Diese sahen so aus: Wenn
zwei Lotterien eine sehr ähnliche Gewinnwahrscheinlichkeit hatten (z.B. Lotterien A und B), dann wählten die Vpn die Lotterie mit dem höheren Gewinnbetrag
(also A). Wenn aber die Gewinnwahrscheinlichkeiten sehr unterschiedlich waren
(z.B. Lotterien A und E), wählten die Vpn die Lotterie mit der höheren Wahr-

scheinlichkeit (also E). Und so kam es dann dazu, daß sie A gegenüber B vorzogen, B gegenüber C, C gegenüber D, D gegenüber E - aber E gegenüber A. Zurückgeführt werden die intransitiven Präferenzen von Tversky auf eine mangelnde Fähigkeit oder Bereitschaft zur Diskrimination zwischen den Gewinnwahrscheinlichkeiten.

Zu (iii) Sind solche Konsequenzen für die Entscheidung zwischen zwei Optionen irrelevant, die diesen Optionen gemeinsam sind? Es erscheint plausibel. Relevant sollten diejenigen Aspekte sein, hinsichtlich derer sich die Optionen unterscheiden. Aber ein französischer Ökonom, Maurice Allais, zeigte 1953, daß das Unabhängigkeitsaxiom unter bestimmten Bedingungen systematisch verletzt wird. Die Ergänzung der Konsequenzen zweier Optionen um eine gemeinsame weitere Konsequenz führt unter bestimmten Bedingungen zu einer Umkehrung der Präferenzen. Dieses sogenannte Allais-Paradox ist in Box 6.2 ausführlich dargestellt. Savage (1954), in dessen Theorie das Axiom der Unabhängigkeit von gemeinsamen Konsequenzen ebenfalls zentral ist, hat sich mit dem Beispiel von Allais auseinandergesetzt. Er räumt ein, daß auch er selbst zunächst zu den Präferenzen tendiert habe, die das Axiom verletzen, aber daß er diese Tendenz bei genauer Überlegung für falsch halte (vgl. Coombs et al., 1975, S. 155f.). Slovic und Tversky (1974) haben die verschiedenen Betrachtungsweisen und Argumente in einem fiktiven Dialog zwischen Allais und Savage einander gegenübergestellt.

Wenn eine der genannten vier Bedingungen nicht erfüllt ist, dann wissen wir sofort, daß diese Person nicht nach dem SEU-Modell entscheidet. Oder umgekehrt: Wenn eine Person diese Axiome *nicht* verletzt, dann verhält sie sich, „als ob" sie ihren SEU-Wert maximiere. Die empirische Forschung hat allerdings gezeigt, daß diese Axiome nicht allgemeine Gültigkeit beanspruchen können und daß auch insofern das SEU-Modell nur unter spezifischen Bedingungen als angemessen gelten kann (vgl. zu einer Kritik und Verteidigung des Modells Kühberger (1994) und Pfister (1994)).

Konsistenz ist die letzte Zuflucht der Phantasielosen. Oscar Wilde.

Box 6.2: Das Allais Paradox I

Welche der beiden Optionen würden Sie wählen?

Option X: 1 Mio € mit p = 1,0 zu gewinnen oder
Option Y: 5 Mio € mit p = 0,10
               1 Mio € mit p = 0,89 und
               0 Mio € mit p = 0,01 zu gewinnen

Und für welche Option würden Sie sich nun entscheiden?

Option X´:   1 Mio € mit p = 0,11 und
               0 Mio € mit p = 0,89 oder
Option Y´:   5 Mio € mit p = 0,10 und
               0 Mio € mit p = 0,90

Haben Sie auch im ersten Fall X und im zweiten Y´ gewählt? Die meisten
Personen entscheiden so! Warum aber spricht man hier von einem *Paradox* -
und warum verstoßen Sie damit gegen das Unabhängigkeitsaxiom der SEU-
Theorie? Wählen wir zur Erklärung eine Darstellung der Spiele in Matrix-
Form:

	p = 0,89	p = 0,10	p = 0,01
Option X	*1 Mio €*	1 Mio €	1 Mio €
Option Y	*1 Mio €*	5 Mio €	0 Mio €

Bei X gewinnen Sie in jedem Fall 1 Mio €, bei Y gibt es die Wahrscheinlichkeit von 0,01, daß Sie leer ausgehen. Für das zweite Spiel ergibt sich:

	p = 0,89	p = 0,10	p = 0,01
Option X´	*0 Mio €*	1 Mio €	1 Mio €
Option Y´	*0 Mio €*	5 Mio €	0 Mio €

Hier haben wir lediglich bei X´ die p = 0,11 aufgespalten in p = 0,10+0,01
und bei Y´ die p = 0,90 in p = 0,89+0,01. Bei beiden Spielen ist die erste Konsequenz (1 Mio bzw. 0 € mit p = 0,89) identisch und sollte deshalb für Ihre
Entscheidung keine Rolle spielen. Das heißt aber, Sie dürften (als „rationaler"
Entscheider) nicht X vor Y und gleichzeitig Y´ vor X´ präferieren. Dennoch
tun dies die meisten und verstoßen damit gegen das Axiom der Unabhängigkeit!

6.1.3 Implikationen des Modells: Invarianzen

Das SEU-Modell beschreibt Entscheidungen unter Unsicherheit als Resultat einer Kombination der Faktoren subjektive Wahrscheinlichkeit und Nutzen der Konsequenzen der gegebenen Optionen. Dies bedeutet natürlich, daß andere, ergebnisirrelevante Faktoren für Entscheidungen *keine* Rolle spielen dürften. Insbesondere bedeutet es, daß für Entscheidungen die Art der Beschreibung der Optionen irrelevant sein müßte. Es hat sich jedoch gezeigt, daß diese Implikation einer sogenannten *deskriptiven Invarianz* (Tversky & Kahneman, 1986) empirisch oft verletzt wird: Menschen sind zwischen *formal äquivalenten, aber unterschiedlich beschriebenen Optionen* nicht indifferent. Wir illustrieren dies an zwei Beispielen.

(a) Eine Lotterie kann als Konsequenzen wiederum Lotterien haben, die auch wieder Lotterien als Konsequenzen haben usw. Beispiel: Gegeben seien zwei Optionen X und Y; die Wahl von X führt mit einer Wahrscheinlichkeit p zu einer Konsequenz x_1 und mit (1-p) zu der Konsequenz x_2; die Konsequenz x_1 bedeutet, daß eine Lotterie ausgespielt wird, bei der mit einer Wahrscheinlichkeit q eine Konsequenz y_1 und mit (1-q) die Konsequenz y_2 eintritt; jede dieser Konsequenzen steht wiederum für eine Lotterie ... usw. Dies ist die *extensive* Form einer Lotterie; man kann eine solche Lotterie am besten in einem Entscheidungsbaum darstellen, wie in Abbildung 6.1 (a). Jede extensive Form läßt sich in eine äquivalente *Normalform* überführen, wie in Abbildung 6.1 (b). In der Normalform gibt es keine Konsequenzen, die selbst wieder Lotterien sind, sondern nur finale Konsequenzen, die sich mit bestimmten Wahrscheinlichkeiten ergeben. Diese Wahrscheinlichkeiten lassen sich aus dem extensiven Entscheidungsbaum berechnen, indem man entlang der Äste des Baumes die Wahrscheinlichkeiten multipliziert, bis man auf eine finale Konsequenz stößt (die Wahrscheinlichkeiten identischer Konsequenzen müssen dann nur noch aufsummiert werden). Im Anhang ist dieses Vorgehen genauer beschrieben. Zwei Lotterien sind dann formal äquivalent, wenn die Wahrscheinlichkeitsverteilung über finale Konsequenzen identisch ist; formal äquivalente Lotterien können durch unendlich viele extensiv unterschiedliche Lotterien dargestellt werden. Da es nun für die Entscheidung nach dem SEU-Modell lediglich auf die Wahrscheinlichkeitsverteilung der finalen Konsequenzen (z.B. Geldauszahlungen) ankommt, müßte eine Person gegenüber Optionen, die sich nur in der Darstellungsform unterscheiden, eigentlich indifferent sein. Drei Faktoren können aber dazu führen, daß die Präferenzen gegenüber der Darstellungsform *nicht* invariant bleiben: Erstens kann bei komplexen Lotterien die Äquivalenz von Lotterien oft nur schwer oder gar nicht mehr erkannt werden, weil damit die Kapazität des kognitiven Systems überfordert wird. Zweitens sind Entscheider oft gegenüber der Reihenfolge, in der Lotterien ausgespielt werden, nicht indifferent. Und drittens schließlich ist zu beachten, daß auch eine extensive Darstellung keine kontinuierliche Zeitindizierung beinhaltet, sondern lediglich eine logische Ordnung. Ein Entscheider interpretiert jedoch die extensive Form oft als eine Aufeinanderfolge entlang einer kontinuierlichen Zeitachse, so daß zusätzlich Zeitpräferenzen und andere temporale Überlegungen in den Entscheidungsprozeß miteinfließen (vgl. dazu Kapitel 3).

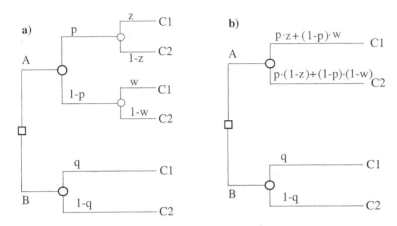

Abb. 6.1 Extensive Form (a) und Normal-Form (b) einer Lotterie

(b) Formal äquivalente Probleme können unterschiedlich beschrieben werden. Beispielsweise können Konsequenzen, die in Bezug auf einen absoluten Maßstab identisch sind, verbal entweder als *relative Gewinne* oder *relative Verluste* beschrieben werden. Hat man etwa beim Autokauf die Wahl zwischen einer Barzahlung von 30.000 € und einer Zahlung mit einem Scheck über 32.000 €, so könnte man die Konsequenzen entweder als „2.000 € Ersparnis bei Barzahlung" oder als „2.000 € Aufpreis bei Scheckzahlung" beschreiben. Es wird angenommen, daß eine objektive Struktur des Entscheidungsproblems existiert, die durch die unterschiedliche Form der Beschreibung nicht verändert wird. Ein Entscheider sollte also - wenn er sich ausschließlich nach dem SEU-Modell verhält - seine Präferenzen nicht ändern, wenn sich die Beschreibung eines Problems ändert.

Empirisch zeigen sich jedoch viele Verletzungen der postulierten Invarianz gegenüber Problembeschreibungen (Tversky & Kahneman, 1981; Levin, Schnittjer & Thee, 1988; Marteau, 1989; van Schie, 1991). Levin et al. (1988) beschrieben ihren Vpn ein neues medizinisches Verfahren zur Behandlung einer spezifischen Krebsart, das in 50% der Fälle *erfolgreich* sei. Eine zweite Gruppe las die gleiche Beschreibung, aber hier wurde davon gesprochen, daß das Verfahren in 50% der Fälle ein *Mißerfolg* sei. Alle Vpn beurteilten, (a) für wie effektiv sie dieses neue Verfahren hielten, (b) mit welcher Wahrscheinlichkeit sie das Verfahren einsetzen würden, wenn sie selbst Ärzte wären, und (c) mit welcher Wahrscheinlichkeit sie das Verfahren einem erkrankten Familienmitglied empfehlen würden. Die erste Gruppe hielt das Verfahren signifikant für effektiver und schätzte auch die beiden Wahrscheinlichkeiten in den Aufgaben (b) und (c) signifikant höher ein als die zweite Gruppe. Die Autoren erklärten diesen Befund damit, daß die unterschiedliche Beschreibung der Information zu den unterschiedlichen Urteilen geführt hatte.

Frisch (1993) untersuchte mögliche Ursachen für solche Verletzungen der deskriptiven Invarianz. Sie ließ ihre Vpn zunächst unterschiedlich beschriebene, aber formal äquivalente Entscheidungsprobleme bearbeiten. Diejenigen Vpn, die in ihren Antworten gegen die Invarianz verstießen, konfrontierte sie anschließend mit ihren Entscheidungen. Die Vpn wurden gefragt, ob sie die Probleme trotz ihrer unterschiedlichen Beschreibung als „eigentlich" äquivalent akzeptierten oder nicht. Nur etwa ein Drittel aller Vpn sah die Problemversionen tatsächlich als äquivalent an. 37% der Vpn dagegen gaben an, daß sich die verschiedenen Beschreibungen in *subjektiven* Charakteristika, wie beispielsweise der antizipierten Reue, unterschieden. 8% der Vpn sahen sogar einen *objektiven* Unterschied in den unterschiedlich beschriebenen Problemen.

6.1.4 Risikoeinstellung

Im dritten Kapitel haben wir einige Charakteristika von Nutzenfunktionen beschrieben, die sich aus den Bewertungen von *sicheren* Konsequenzen erkennen lassen. Am Beispiel monetärer Konsequenzen: Fast jeder Mensch will lieber mehr als weniger (monoton steigende Nutzenfunktion). Und für die meisten Menschen werden die Nutzenunterschiede um so geringer, je höher die Geldbeträge werden (z.B. eine logarithmische Nutzenfunktion).

Wenn die Konsequenzen *unsicher* sind, wird ein weiteres Merkmal von Nutzenfunktionen interessant: die Einstellung des Entscheiders zum *Risiko*. Wie sich die Risikoeinstellung identifizieren läßt, sei an einem Beispiel erläutert: Gegeben sei eine Situation, in der es zu einer Menge von Konsequenzen in Form von Geldbeträgen kommen kann. Die Beträge können vom niedrigsten bis zum höchsten Betrag geordnet werden; wir bezeichnen sie mit $[x_{min}$ (der niedrigste Betrag), ... x_i, ... $x_{max}]$. Wir konstruieren eine Lotterie $[x_{max}, p; x_{min}, 1-p]$, bei der wir also mit einer Wahrscheinlichkeit p den höchsten Betrag und mit der Wahrscheinlichkeit 1-p den niedrigsten Betrag erhalten. Eine solche Lotterie mit p = 0,5 nennen wir die *Basis-Referenz-Lotterie* (BRL) (siehe Anhang). Wir fragen nun, welcher *sichere* Betrag uns genauso viel wert ist wie diese Lotterie. Wenn beispielsweise x_{max} 1.000 € beträgt und x_{min} 0 €, dann wäre uns vielleicht ein sicherer Betrag von 300 € gleich viel wert wie die Möglichkeit, die Lotterie zu spielen. Anders gesagt: Bei diesem Betrag von 300 € sind wir indifferent zwischen der BRL und dem sicheren Betrag:

$$[1.000 \ €, 0,5; 0 \ €, 0,5] \sim 300 \ €$$

Der sichere Betrag, der einem Entscheider so viel wert ist wie die Lotterie mit ihren unsicheren Konsequenzen, wird das *Sicherheitsäquivalent* dieser Lotterie genannt (engl.: *Certainty Equivalent*, CE).

Im Beispiel ist das Sicherheitsäquivalent kleiner als der statistische monetäre Erwartungswert der Lotterie, der $0,5 \cdot 1.000 \, € + 0,5 \cdot 0 \, € = 500 \, €$ beträgt. Die Differenz zwischen dem Erwartungswert (*Expected Value*, EV) einer Lotterie und ihrem Sicherheitsäquivalent nennt man *Risikoprämie* (RP):

$$RP = EV - CE$$

In unserem Beispiel ist die Risikoprämie positiv (500 - 300 = 200). Die Person, der wir die Wahl zwischen dem sicheren Betrag und der Lotterie anbieten, ist also bereit, auf die Chance eines höheren Betrages zu verzichten, wenn sie dafür etwas Sicheres bekommt. Bei den meisten Menschen ist die Risikoprämie positiv, ganz egal, welche Geldbeträge und Wahrscheinlichkeiten man auch nimmt. Man nennt solche Personen *risiko-aversiv* oder spricht von einer *risiko-scheuen* Einstellung (engl.: *risk averse* oder *risk avoiding*).

Je nach Situation oder Persönlichkeit, beträgt für eine andere Person aber das Sicherheitsäquivalent vielleicht 600 €. Nur wenn ihr mehr als dieser Betrag geboten würde, würde sie sich gegen die Lotterie entscheiden; liegt der sichere Betrag darunter, geht sie lieber das Risiko der Lotterie ein. Die Risikoprämie ist in diesem Fall negativ (500 - 600 = -100). Eine Person mit dieser Einstellung nennt man *risiko-geneigt* oder spricht von einer *risiko-freudigen* Einstellung (engl.: *risk prone* oder *risk seeking*).

Schließlich nennen wir die Einstellung einer Person, deren Sicherheitsäquivalent genau dem Erwartungswert der Lotterie entspricht, *risiko-neutral*.

Wie zeigt sich nun die Einstellung eines Entscheiders zum Risiko in der Nutzenfunktion? Nehmen wir wieder das obige Beispiel. Sie sind indifferent zwischen 300 € und der Lotterie [1.000 €, 0,5; 0 €, 0,5]. Nach dem SEU-Modell gilt also:

$$0,5 \, u(1.000) = u(300)$$

Der Nutzen der Lotterie und der Nutzen des Sicherheitsäquivalents sind gleich groß. Wenn eine Nutzenfunktion u Intervallskalenniveau hat, können wir festlegen, daß $u(x_{max}) = 1,0$ und $u(x_{min}) = 0$ ist. Dann kann man aus der Gleichung oben erkennen, daß $u(300) = 0,5$ ist. Trägt man diesen Punkt in einem Diagramm ab, bei dem die Abszisse von 0 € bis 1.000 € und die Ordinate von 0 bis 1 (Nutzeneinheit) läuft, dann sieht man, daß dieser Punkt oberhalb der Diagonale liegt (vgl. Abbildung 6.2). Jetzt fragen wir Sie nach Ihrem Sicherheitsäquivalent für die Lotterie [1.000 €, 0,8; 0 €, 0,2]. Vielleicht geben Sie 700 € an; wir tragen auch diesen Punkt in das Diagramm ein und sehen, daß auch dieser Punkt oberhalb der

Diagonale liegt. Wir können nun die vier Punkte (die extremen und die mittleren Punkte) miteinander verbinden und sehen, daß Ihre Nutzenfunktion eine abflachende Kurve ist, die immer oberhalb der Diagonale liegt. Eine solche Funktion nennt man *konkav*. Sie haben vielleicht bemerkt, daß Sie bei beiden Fragen Sicherheitsäquivalente angegeben haben, die eine positive Risikoprämie implizieren. Sie waren also *risiko-aversiv*.

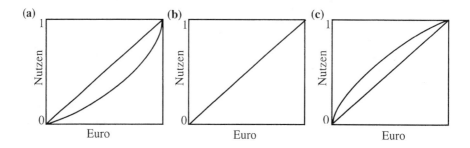

Abb. 6.2 Nutzenfunktionen mit unterschiedlicher Risikoeinstellung: (a) risiko-geneigt, (b) risiko-neutral, (c) risiko-aversiv

Man erkennt leicht, daß ein *risiko-neutraler* Entscheider eine *lineare* Nutzenfunktion erzeugen würde, die mit der Diagonale identisch ist. Und ein *risiko-geneigter* Entscheider würde eine Nutzenfunktion erzeugen, die *konvex* ist. Fassen wir zusammen

Risikoprämie	Nutzenfunktion	Risikoeinstellung
positiv für alle x	konkav	risiko-aversiv
null für alle x	linear	risiko-neutral
negativ für alle x	konvex	risiko-geneigt

Man sieht, daß sich aus der Form der Nutzenfunktion etwas über die Risikoeinstellung aussagen läßt bzw. daß sich die Risikoeinstellung in der Form der Nutzenfunktion niederschlägt. Da die meisten Menschen (zumindest für positive Geldbeträge) risiko-aversiv sind, findet man meistens konkave Nutzenfunktionen (vgl. Kapitel 3). Im Verlustbereich findet man hingegen oft konvexe Funktionen, da Menschen hier oft risiko-suchend sind (vgl. die Wertfunktion der *Prospect-Theorie*, Kapitel 3 sowie weiter unten Abschnitt 6.2). Allerdings können Nutzenfunktionen auch im positiven Bereich über einigen Bereichen konkav, über anderen aber konvex sein; in einigen Bereichen vermeidet der Entscheider das Risiko, in anderen sucht er es. Entsprechend findet man auch im negativen Bereich oft teilweise konvexe und teilweise konkave Funktionen. Wenn man also eine Risikoeinstellung bei einem bestimmten Betrag erhoben hat, kann man eigentlich nur von einer lokalen Risikoeinstellung (bei diesem speziellen Betrag) sprechen. Im Rahmen der präskriptiven Entscheidungstheorie können solche variablen Risikoeinstellungen formal beschrieben werden (vgl. Eisenführ & Weber, 2003, S. 222ff.).

Bei der Interpretation einer Nutzenfunktion, die aus Entscheidungen unter Unsicherheit gewonnen worden ist, gibt es aber ein Problem. Angenommen, jemand habe eine konkave Nutzenfunktion, d.h. er gebe Sicherheitsäquivalente an, die immer niedriger als der Erwartungswert der entsprechenden Lotterien sind. Dann könnte man dies so interpretieren, daß diese Person angesichts der Unsicherheit der Lotterien nervös und ängstlich wird und daher den „Spatz in der Hand" der „Taube auf dem Dach" vorzieht. Diese Person ist im eigentlichen Sinne risikoaversiv. Es kann aber ebenso sein, daß die Nutzenfunktion dieser Person *auch hinsichtlich sicherer Geldbeträge* konkav ist, daß also ihre Freude über den Erhalt von 1.000 € eben nicht doppelt so groß ist wie beim Erhalt von 500 €, auch wenn beide Konsequenzen ganz sicher sind. Diese Person würde in unserem Fall ebenfalls ein Sicherheitsäquivalent von 300 € angeben, aber eben deshalb, weil für sie die Differenz von 0 nach 300 gleich der Differenz von 300 nach 1.000 ist (vgl. Kapitel 3) - und damit der erwartete Nutzen der Lotterie genau 300 € beträgt. Die Person ist also risiko-neutral, trotz der konkaven Form ihrer Nutzenfunktion! Welche der beiden Interpretationen richtig ist, läßt sich allein aus der Nutzenfunktion nicht erkennen; beide Aspekte, die Risikoeinstellung und die Rate des abnehmenden Grenznützens, sind in der Nutzenfunktion konfundiert. Ökonomen unterscheiden wegen dieser Schwierigkeit meistens zwischen einer „Wertfunktion" (bei Entscheidungen unter Sicherheit) und einer „Nutzenfunktion" (bei Entscheidungen unter Unsicherheit); wir haben darauf bereits in Abschnitt 3.1.3 hingewiesen.

Im Konzept der Risikoeinstellung wird die Wahrnehmung von Risiko indirekt über die Form der Nutzenfunktion beschrieben: Wenn Personen lieber eine sichere als eine riskante Option, die den gleichen oder höheren Erwartungswert hat, wählen, dann deshalb, weil ihre Nutzenfunktion konkav ist, aber nicht, weil sie ein spezifisches Urteil über die *Riskantheit* der Lotterie fällen. In mehreren Untersuchungen wurde jedoch gezeigt, daß die Riskantheit einer unsicheren Option ein unabhängiges Merkmal ist, das nicht durch einen globalen Gesamtnutzen im Sinne des SEU-Modells (mit entsprechender Nutzenfunktion) erfaßt werden kann. Läßt man Entscheider sowohl die Attraktivität als auch die Riskantheit von Lotterien beurteilen, so zeigt sich - im Widerspruch zum SEU-Modell - daß beide Aspekte nicht monoton zusammenhängen und auf einer unterschiedlichen Verarbeitung von Nutzen- und Wahrscheinlichkeitskomponenten beruhen. Attraktivität und Riskantheit scheinen danach unabhängige Konstrukte zu sein, die bei Entscheidungen unter Unsicherheit auf individuell unterschiedliche Weise kombiniert werden (Weber, Anderson & Birnbaum, 1992).

Bislang ist aber unklar, welche Merkmale einer Lotterie auf welche Weise aggregiert werden, um die Riskantheit einer Lotterie zu beurteilen. Während Attraktivitätsurteile oft durch das SEU-Modell (bzw. eine seiner Varianten, vgl. Abschnitte 6.2 bis 6.4) gut approximiert werden können, existiert für Riskantheitsurteile eine Vielzahl sehr heterogener Modelle. Nygren (1977) konnte für einfache binäre Lotterien zeigen, daß die beiden Aspekte *Varianz der Konsequenzen* und *Wahrscheinlichkeit einer negativen Konsequenz* unabhängig voneinander in die Beurteilung der Riskantheit eingehen. Brachinger und Weber (1997) geben einen Überblick über die wichtigsten vorgeschlagenen Modelle (z.B. Riskantheit als Wahrscheinlichkeit eines Verlusts, als erwarteter Verlust, als Kombination von Verlust und Varianz u.v.a.). Sie stellen zusammenfassend fest, daß sich bisher kein Modell als empirisch klar überlegen erweisen konnte; als stabiler Befund zeigt sich jedoch, daß Riskantheit ein eigenständiges Merkmal von Lotterien ist, das nicht auf einfache Weise mit Präferenzen in Beziehung steht, und daß Varianz oder Verlust alleine nicht hinreichen, um Riskantheitsurteile zu erklären.

6.2 Die *Prospect*-Theorie

6.2.1 Die Theorie

Die *Prospect*-Theorie (PT) von Kahneman und Tversky (1979) ist die wichtigste Revision der SEU-Theorie. Sie wurde bereits in den Kapiteln 3 und 5 angesprochen; es wurde darauf verwiesen, daß diese Theorie den klassischen entscheidungstheoretischen Ansatz insofern erweitert, als zwei Phasen im Prozeß der Entscheidung zwischen zwei (unsicheren) Optionen unterschieden werden: In einer ersten Phase wird das gegebene Problem *editiert*, d.h. es wird nach bestimmten Regeln enkodiert, transformiert und mental repräsentiert; in der zweiten Phase werden die (editierten) Optionen dann *evaluiert*, d.h. es wird für jede Option ein subjektiver Wert bestimmt, und es wird eine Option gewählt.

In Box 6.3 sind einige Mechanismen beschrieben und illustriert, nach denen Optionen editiert werden. Die Art und Weise, in der Optionen evaluiert werden, erklären wir weiter unten etwas genauer.

Wie die SEU-Theorie, so geht auch die PT davon aus, daß sowohl die Konsequenzen einer Option als auch deren Wahrscheinlichkeiten die Evaluation der Optionen und damit die Entscheidung determinieren. Sie macht aber spezifische bzw. unterschiedliche Annahmen zur Transformation der Konsequenzen und der Wahrscheinlichkeiten in subjektive Größen.

Box 6.3: Editierungsmechanismen in der *Prospect*-Theorie (I)

Kombination   1.

Ein Spiel habe drei mögliche Ausgänge:

(a) ein Gewinn von 100 $ mit einer Wahrscheinlichkeit von p = 0,1,
(b) ein Gewinn von 100 $ mit einer Wahrscheinlichkeit von p = 0,1 und
(c) keinen Gewinn mit einer Wahrscheinlichkeit von p = 0,8.

Im Prozeß der Kombination werden die Konsequenzen (a) und (b) als gleichwertig erkannt und die drei möglichen Ausgänge in der mentalen Repräsentation zu nur noch zwei Konsequenzen zusammengefaßt:

(a) ein Gewinn von 100 $ mit p = 0,2 und
(b) kein Gewinn mit p = 0,8.

Vereinfachung   2.

Welches der folgenden beiden Spiele ist das vielversprechendere?

A: hier gewinne ich mit einer Wahrscheinlichkeit von p = 0,49 101 $
B: hier gewinne ich mit einer Wahrscheinlichkeit von p = 0,5 100 $

Rein rechnerisch ist Spiel B das attraktivere. In der Praxis allerdings wird zwischen beiden Spielen kaum ein Unterschied gemacht, weil einerseits die Wahrscheinlichkeit von p = 0,49 auf 0,5 aufgerundet und andererseits der Gewinn von 101 $ auf 100 $ abgerundet wird.

Fortsetzung folgt...

We always yearn for certainty, but the only thing beyond dispute is that there´s always room for doubt. And doubt is not an enemy that sets constraints on what we know; the real danger to mental growth is perfect faith, doubt´s antidote. Marvin Minsky, The society of mind.

Box 6.3 (II)

Segregation   3.

Man stelle sich ein Spiel vor, das folgende zwei mögliche Ausgänge besitzt:
(a) ein Gewinn von 300 $ mit einer Wahrscheinlichkeit von p = 0,25 und
(b) ein Gewinn von 100 $ mit einer Wahrscheinlichkeit von p = 0,75.

Bei der Segregation erfolgt nun eine Aufspaltung in eine Nutzenkomponente, die garantiert, d.h. sicher ist, und in Komponenten, die nur mit einer bestimmten Wahrscheinlichkeit eintreffen. Die beiden möglichen Ausgänge des Spiels würden in diesem Falle umkodiert zu
(a') einem Gewinn von 200 $ mit einer Wahrscheinlichkeit von p = 0,25 und
(b') einem sicheren Gewinn von 100 $.

Streichung   4.

Man stelle sich ein Spiel vor, das aus zwei aufeinanderfolgenden Phasen besteht.

1. Phase: Hier gibt es zwei mögliche Ausgänge:
(a) das Erreichen der 2. Phase mit einer Wahrscheinlichkeit von p = 0,25 und
(b) die Beendigung des Spiels mit einer Wahrscheinlichkeit von p = 0,75

2. Phase: Hat man diese Phase erreicht, kann man zwischen folgenden zwei Optionen wählen:
(c) ein Gewinn von 4000 $ mit einer Wahrscheinlichkeit von p = 0,8 oder
(d) ein sicherer Gewinn von 3000 $.

Die Wahl zwischen den Optionen (c) und (d) muß jedoch vor Beginn des Spiels getroffen werden.

Nach ihren Präferenzen befragt, zogen in einer Untersuchung von **Daniel Kahneman** und **Amos Tversky** (1979) 78% der Vpn den sicheren Gewinn von 3000 $ (Option (d)) der Option (c) vor. Dieser Prozentsatz entspricht dem Ergebnis, das man erhält, wenn man die Phase 1 im Spiel wegläßt, d.h. die Vpn nur vor die Wahl stellt, ob sie lieber 4000 $ mit einer Wahrscheinlichkeit von p = 0,8 oder einen sicheren Gewinn von 3000 $ hätten. Hier präferierten 80% der Vpn den sicheren Gewinn. Offenbar wird also die erste Phase des Spiels mehr oder weniger ignoriert, weil sie sowohl für (c) als auch für (d) zutrifft und sie somit für die Entscheidung zwischen den beiden Optionen keine Rolle mehr spielt. → gleiche Bed. f. beide

(a) *Die Wertfunktion*: In Kapitel 3 haben wir bereits kurz erläutert, daß in der PT eine unmittelbar plausible, aber folgenreiche spezifische Annahme dazu gemacht wird, wie Konsequenzen einer Option subjektiv transformiert und repräsentiert werden. Sie werden nicht absolut, sondern stets relativ zu einem bestimmten *Referenzpunkt* bewertet. Wenn jemand davon ausgeht, in der Prüfung im Fach Statistik wohl die Note 1 schaffen zu können, wird ihm möglicherweise eine 3 nicht viel wert sein; geht er davon aus, in der Prüfung im Fach Diagnostik allenfalls die Note 4 erreichen zu können, wird er vermutlich über eine 3 hoch erfreut sein. In beiden Fällen bezieht der Student seine Bewertung der Note 3 auf einen unterschiedlichen Punkt, im ersten Fall auf die Note 1, im zweiten Fall auf die Note 4. Die gleiche Konsequenz kann also, je nach Referenzpunkt, einen anderen subjektiven Wert haben (Achtung: Kahneman und Tversky (1979) sprechen vom (subjektiven) *Wert* und nicht vom *Nutzen*, und entsprechend von einer *Wertfunktion* v und nicht von einer *Nutzenfunktion* u). Konsequenzen, die oberhalb des Referenzpunktes liegen, werden, so wird angenommen, als Gewinne kodiert, Konsequenzen, die unterhalb des Referenzpunktes liegen, als Verluste. Auch zur Form der Wertfunktion macht die PT spezifische Annahmen. (1) Die Funktion verläuft über Gewinne konkav, über Verluste konvex. (2) Die Funktion ist für Verluste *steiler* als für Gewinne, d.h. der Wert eines Gewinnes x ist kleiner als der absolute Betrag des Wertes eines Verlustes in gleicher Höhe, $v(x) < |v(-x)|$, bei konstantem Referenzpunkt.

Die *konkave Funktion* (Abbildung 6.3) erklärt, warum man bei Gewinnchancen eher das Risiko scheut. Bei geringen Beträgen steigt die Funktion steil an, der subjektive Wert wächst schneller als die Höhe des Gewinnes. Dann flacht die Kurve ab. Angenommen, man hat die Wahl zwischen einem sicheren Gewinn von 80 € und einer Lotterie, bei der man mit einer Wahrscheinlichkeit von 0,85 100 € und mit einer Wahrscheinlichkeit von 0,15 nichts gewinnt. Der subjektive Wert der Lotterie beträgt $0,85 \cdot v(100\,€) + 0,15 \cdot v(0\,€) = 0,85 \cdot v(100\,€)$. Dieser Wert ist geringer als der subjektive Wert eines Gewinnes von 80 €, also bevorzugt man „den Spatz in der Hand" (vgl. Abschnitt 6.1.4). .

Human life occurs only once, and the reason we cannot determine which of our decisions are good and which are bad is that in a given situation we can take only one decision, we are not granted a second, third, or fourth in which to compare various decisions. Millan Kundera.

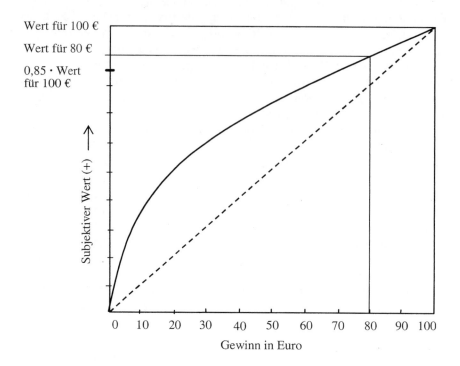

Abb. 6.3 Eine konkave Wertfunktion entsprechend der PT über Gewinne

Die *konvexe Funktion* (Abbildung 6.4) erklärt, warum man bei drohenden Verlusten eher das Risiko sucht. Unterschiede zwischen geringen Verlusten werden subjektiv hoch bewertet, die Kurve fällt bei kleinen Geldbeträgen steil ab. Dann flacht sich auch hier die Kurve ab, zusätzliche Verluste spielen eine immer geringere Rolle. Angenommen, man hat die Wahl zwischen einem sicheren Verlust von 80 € und einer Lotterie, bei der man mit einer Wahrscheinlichkeit von 0,85 100 € verliert und mit einer Wahrscheinlichkeit von 0,15 nichts verliert. Der subjektive Wert der Lotterie beträgt $0,85 \cdot v(-100€) + 0,15 \cdot v(0€) = 0,85 \cdot v(-100€)$ Dieser Wert ist größer („weniger negativ") als der subjektive Wert des sicheren Verlustes, also bevorzugt man die Lotterie.

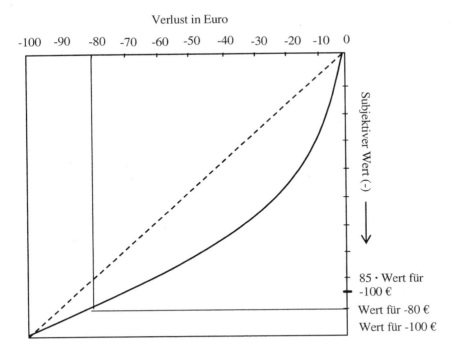

Abb. 6.4 Eine konvexe Wertfunktion entsprechend der PT über Verluste

(b) *Die Entscheidungsgewichtungsfunktion* (vgl. Abschnitt 5.2.3): Eine noch stärkere Modifikation der SEU-Theorie wird in der PT bezüglich der kognitiven Transformation der Wahrscheinlichkeiten derjenigen Ereignisse vorgenommen, die für das Eintreten der Konsequenzen relevant sind. Das Konzept der subjektiven Wahrscheinlichkeit wird aufgegeben zugunsten eines sogenannten Entscheidungsgewichtes. Die (vorgegebenen) Wahrscheinlichkeiten werden so transformiert, daß die resultierenden Gewichte die Bedeutung des Eintretens der Ereignisse für die Entscheidung reflektieren. Kleinen Wahrscheinlichkeiten wird bei Entscheidungen oft ein in gewissem Sinne unproportional großes Gewicht gegeben, beispielsweise der Wahrscheinlichkeit eines Unfalls in einem Kernkraftwerk oder der Wahrscheinlichkeit eines Einbruchs in die eigene Wohnung (davon leben Versicherungen).

Die Funktion π gibt an, welches Gewicht jemand einer Wahrscheinlichkeit p bei seiner Entscheidung gibt. Kahneman und Tversky machen u.a. folgende Annahmen zu dieser Funktion, abgeleitet aus Ergebnissen empirischer Forschung: (1) Die Funktion ist monoton steigend in p, (2) die Funktion ist im Bereich der Endpunkte 0 und 1 nicht definiert, aber $\pi(1)=1$ und $\pi(0)=0$, (3) die Gewichte sind für kleine Wahrscheinlichkeiten größer als p, d.h. $\pi(p)>p$, (4) die Gewichte sind subadditiv für kleine p, d.h. $\pi(p)+\pi(p)>\pi(p+p)$, oder $2\pi(p)>\pi(2p)$. Diese Annahmen implizieren, daß Gewichte nicht den Axiomen der Wahrscheinlichkeitstheorie genügen. Abbildung 6.5 zeigt eine typische Entscheidungsgewichtungsfunktion. Mit diesen Annahmen zur Transformation von Wahrscheinlichkeiten werden zwar einerseits viele Befunde erklärbar, bestimmte Präferenzen können aber andererseits nicht abgebildet werden (vgl. Eisenführ & Weber, 2003, S. 379f.). Daher wurde in der neueren, sogenannten *Cumulative Prospect*-Theorie eine etwas andere Form der Funktion vorgeschlagen (vgl. Abschnitt 6.4.2).

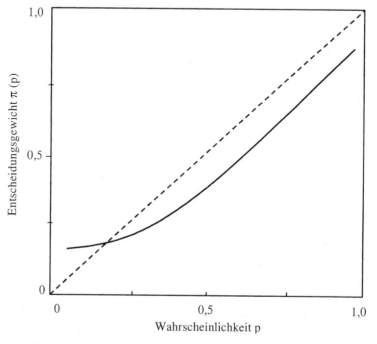

Abb. 6.5 Eine Entscheidungsgewichtungsfunktion entsprechend der PT

An einem zweiten „Paradox" von Allais (1953) demonstrierten Kahneman und Tversky, wie die PT der Beobachtung gerecht werden kann, daß Gewißheit über den Ausgang einer Lotterie mehr ist als nur ein Wert am Ende eines numerischen Wahrscheinlichkeits-Intervalls. Das Paradox ist in Box 6.4 beschrieben. Allais fand, daß die Reduktion der Wahrscheinlichkeit von 1,0 (sicheres Ereignis) auf 0,80 einen größeren Effekt auf die Präferenzen hatte als die Reduktion der Wahrscheinlichkeit von 0,25 auf 0,20. Kahneman und Tversky sprechen hier von einem *Sicherheits-Effekt*. Die Sicherheit eines Ereignisses hat ein besonderes Gewicht; daher $\pi(1)=1$ und $\pi(0)=0$. Multipliziert man daher in den Aufgaben von Allais nicht die Wahrscheinlichkeiten mit den jeweiligen Konsequenzen, sondern die Entscheidungsgewichte, dann löst sich das Paradox auf und die Präferenzen sind jetzt kognitiv konsistent.

Box 6.4: Das Allais Paradox II

Welche der nachfolgenden Optionen würden Sie wählen?

Option A: Gewinn von 4.000 $ mit einer Wahrscheinlichkeit von p=0,8, andernfalls nichts

Option B: Sicherer Gewinn von 3.000 $ (p=1)

Und welche der Optionen würden Sie nun vorziehen?

Option C: Gewinn von 4.000 $ mit einer Wahrscheinlichkeit von p=0,2, andernfalls nichts

Option D: Gewinn von 3.000 $ mit einer Wahrscheinlichkeit von p=0,25, andernfalls nichts

Nun - gehören Sie auch zu denjenigen, die sich im ersten Fall für die Option B und im zweiten Fall für die Option C entschieden haben? Dann haben Sie sich nicht gemäß der SEU-Theorie verhalten, was leicht zu zeigen ist. Angenommen, Sie wären ein Entscheider, dessen Präferenzen der SEU-Theorie folgen. Sie präferieren $B \succ A$, das bedeutet

$$u(3.000\ \$) > 0{,}8 \cdot u(4.000\ \$) + 0{,}2 \cdot u(0)$$

Wir wählen beliebige Einheiten für die Nutzenskala und legen fest, daß u(4000) =1 und u(0) = 0 ist. Dann ergibt sich

$$u(3.000\ \$) > 0{,}8.$$

Bei der zweiten Wahlsituation präferieren Sie $C \succ D$. Als SEU-Gleichung bedeutet das

$$0{,}2 \cdot u(4.000\ \$) + 0{,}8 \cdot u(0) > 0{,}25 \cdot u(3.000\ \$) + 0{,}75 \cdot u(0)$$

Mit den gleichen Einheiten wie im ersten Fall vereinfacht sich das zu

$$0{,}2 > 0{,}25 \cdot u(3.000\ \$) \Rightarrow u(3.000\ \$) < 0{,}8.$$

Das ist ein Widerspruch. Wie immer Ihre persönliche Nutzenfunktion für Geldbeträge ist (das wird vom SEU-Modell nicht vorgeschrieben), sie kann nicht gleichzeitig für 3.000 $ größer und kleiner als 0,8 sein. Diese Umkehrung der Präferenzen ist aus Sicht der SEU-Theorie nicht zulässig. Wer C der Option D vorzieht, müßte auch A der Option B vorziehen. Oder umgekehrt, wer B der Option A vorzieht, müßte auch D der Option C vorziehen. Die beiden Wahlsituationen unterscheiden sich nur darin, daß die Optionen C und D aus Optionen A und B konstruiert werden, indem die Gewinnwahrscheinlichkeit in beiden Fällen mit dem Faktor 1/4 multipliziert wird.

Kahneman und Tversky (1979) illustrieren diesen Sicherheits-Effekt auch mit folgendem Gedankenexperiment: Angenommen, Sie sind zu einem „Russischen Roulette" gezwungen. Aber Sie erhalten die Gelegenheit, eine Kugel aus der geladenen Waffe zu entfernen. Würden Sie genauso viel Geld zahlen, um die Zahl der Kugeln von vier Kugeln auf drei Kugeln zu reduzieren, wie Sie zahlen würden, um die Anzahl von einer Kugel auf null Kugeln zu reduzieren? Die meisten Menschen meinen, sie würden mehr für die Reduzierung der Todeswahrscheinlichkeit von 1/6 auf Null als für die Reduzierung von 4/6 auf 3/6 zahlen. Dies impliziert, daß sie dem gleichen numerischen Wahrscheinlichkeitsintervall (1/6) jeweils ein unterschiedliches Gewicht geben. Rein ökonomische Überlegungen sprechen sogar dafür, für eine Reduktion von 4/6 auf 3/6 mehr zu zahlen als für eine Reduktion von 1/6 auf Null, da bei der ersteren Reduktion der Wert des Geldes durch die Wahrscheinlichkeit sinkt, daß man sterben wird und das Geld ohnehin nicht mehr genutzt werden kann.

(c) Der *Gesamtwert* v einer Option a bestimmt sich nach der Formel:

$$v(a) = \pi(p_1) \cdot v(x_1) + \pi(p_2) \cdot v(x_2)$$

Mit der PT erheben Kahneman und Tversky den Anspruch, vielen empirischen Befunden zum Entscheidungsverhalten Rechnung zu tragen und insofern eine deskriptiv bessere Version der SEU-Theorie vorgelegt zu haben. Die Theorie ist axiomatisch begründet und setzt beim Entscheider neben der Erfüllung der Axiome der Vollständigkeit, Transitivität und Kontinuität lediglich die Erfüllung eines abgeschwächten Unabhängigkeitsaxioms voraus. Die PT kann allerdings nur das Verhalten gegenüber Optionen mit zwei bzw. drei Konsequenzen abbilden; in der erweiterten *Cumulative Prospect*-Theorie ist diese Beschränkung aufgehoben.

6.2.2 Einige Phänomene

In der PT werden Annahmen darüber gemacht, wie Entscheidungsprobleme mental repräsentiert werden. Daraus kann man Erkärungen dafür ableiten, daß Menschen sich in bestimmten Fällen nicht so entscheiden, wie es nach der klassischen SEU-Theorie zu erwarten wäre, bzw. daß sie sich je nach Art der Darstellung eines „objektiv" unveränderten Problems unterschiedlich entscheiden. Hier spielt nun der Begriff des *frame* bzw. *framing* eine zentrale Rolle, für den es leider keine passende deutsche Übersetzung gibt, so daß der englische Begriff (wörtlich: *Rahmen*) auch in der deutschen Fachliteratur benutzt wird. Übrigens wird der Begriff *frame* auch - wenngleich mit etwas anderer Bedeutung - in der Forschung zur Künstlichen Intelligenz verwendet (vgl. Beach, 1990, S. 50ff.). In der PT wird postuliert, daß die Präsentation eines Entscheidungsproblems zu einer mentalen

Repräsentation dieses Problems führt, die Tversky und Kahneman (1981) *decision frame* nennen und als *interne Repräsentation der relevanten Komponenten des spezifischen Entscheidungsproblems* verstehen. Dieser *decision frame* wird vom Entscheider sowohl durch die Wahrnehmung und Verarbeitung von Informationen aus der Umwelt als auch durch die Aktivierung vorhandenen Wissens aufgebaut. Die Art und Weise, in der *decision frames* gebildet werden, wodurch sie beeinflußt werden können und welche Konsequenzen dies für das Entscheidungsverhalten hat, ist Gegenstand zahlreicher Untersuchungen gewesen. Die Ergebnisse waren überraschend und haben erhebliche praktische Bedeutung. Es hat sich gezeigt, daß Variationen in der *Beschreibung eines Entscheidungsproblems* zu irritierenden Variationen im *Entscheidungsverhalten* selbst führen; und dieses Verhalten kann man mit Annahmen darüber erklären, durch welche kognitiven Prozesse die Beschreibungen zu welchen mentalen Repräsentationen geführt haben. Wir werden dies an drei Beispielen illustrieren.

6.2.2.1 Die Kombination von Optionen

Tversky und Kahneman (1981) legten 150 Vpn folgendes Problem vor:

Nehmen Sie an, daß Sie vor den folgenden beiden Entscheidungen stehen. Prüfen Sie beide Probleme und sagen Sie dann, welche zwei Optionen Sie präferieren:

Entscheidung (1): Wählen Sie zwischen:
  (a) einem sicheren Gewinn von 240 $ und
  (b) einer 25%igen Wahrscheinlichkeit, 1.000 $ zu gewinnen,
       und einer 75%igen Wahrscheinlichkeit, nichts zu gewinnen.

Entscheidung (2): Wählen Sie zwischen:
  (c) einem sicheren Verlust von 750 $ und
  (d) einer 75%igen Wahrscheinlichkeit, 1.000 $ zu verlieren,
       und einer 25%igen Wahrscheinlichkeit, nichts zu verlieren.

Bei Entscheidung (1) wählten 84% der Vpn die Option (a), bei Entscheidung (2) wählten 87% die Option (d). Dieses Verhalten kann mit der Wertfunktion der PT erklärt werden: Die meisten Vpn wählen bei Entscheidung (1) den sicheren Gewinn, weil sie risiko-aversiv sind, wenn es um Gewinne geht; und die meisten wählen bei Entscheidung (2) das Spiel, weil sie risiko-geneigt sind, wenn es um Verluste geht. Der subjektive Wert, der einem Gewinn von 240 $ beigemessen wird, ist größer als 25% des Wertes, der einem Gewinn von 1.000 $ beigemessen wird; und der negative subjektive Wert, der einem Verlust von 750 $ beigemessen wird, ist größer als 75% des negativen Wertes, der einem Verlust von 1.000 $ beigemessen wird. 73% der Vpn wählten die Kombination der Optionen (a) und (d) und nur 3% die Kombination der Optionen (b) und (c).

Einer anderen Gruppe von 86 Vpn wurden diese Optionen vorgelegt:

Entscheidung: Wählen Sie zwischen

   (e) einer 25%igen Wahrscheinlichkeit, 240 $ zu gewinnen,
         und einer 75%igen Wahrscheinlichkeit, 760 $ zu verlieren, und
   (f) einer 25%igen Wahrscheinlichkeit, 250 $ zu gewinnen,
         und einer 75%igen Wahrscheinlichkeit, 750 $ zu verlieren.

Es überrascht nicht, daß alle 86 Vpn die Option (f) wählten. Option (f) dominiert Option (e) in jeder Hinsicht: Bei gleichen Wahrscheinlichkeiten ist sie bei den Gewinnen und bei den Verlusten jeweils 10 $ besser. Warum ist dieser Befund interessant? Die erste Vpn-Gruppe mußte sich zweimal entscheiden; die Mehrheit entschied sich für die Optionen (a) und (d). Wenn man diese beiden Optionen kombiniert, ergibt sich die Option (e):

$$
\begin{aligned}
(a) + (d) \quad &= 1,00 \cdot 240 \ \$ + [0,75 \cdot (-1.000 \ \$) + 0,25 \cdot 0 \ \$] \\
&= [0,75 \cdot 240 \ \$ + 0,25 \cdot 240 \ \$] + [0,75 \cdot (-1.000 \ \$) + 0,25 \cdot 0 \ \$] \\
&= 0,75 \cdot (240 \ \$ - 1.000 \ \$) + 0,25 \cdot (240 \ \$ + 0 \ \$) \\
&= 0,75 \cdot (-760 \ \$) + 0,25 \cdot 240 \ \$ \\
&= (e)
\end{aligned}
$$

Und wenn man die beiden Optionen (b) und (c) kombiniert, die nur von ganz wenigen gewählt wurden, ergibt sich die Option (f):

$$
\begin{aligned}
(b) + (c) \quad &= [0,25 \cdot 1.000 \ \$ + (0,75) \cdot 0 \ \$] + 1,00 \cdot (-750 \ \$) \\
&= [0,25 \cdot 1.000 \ \$ + (0,75) \cdot 0 \ \$] + [0,75 \cdot (-750 \ \$) + 0,25 \cdot (-750 \ \$)] \\
&= 0,25 \cdot (1.000 \ \$ - 750 \ \$) + 0,75 \cdot (0 \ \$ - 750 \ \$) \\
&= 0,25 \cdot 250 \ \$ + 0,75 \cdot (-750 \ \$) \\
&= (f)
\end{aligned}
$$

Die Summe der nicht gewählten Optionen *dominiert* also die Summe der gewählten Optionen! Die unterschiedliche Darstellung des Entscheidungsproblems - einmal *getrennt* in zwei Entscheidungen und einmal *kombiniert* als eine einzige Entscheidung - führt zu unterschiedlichen mentalen Repräsentationen der Optionen und damit wiederum - wenn man eine Wertfunktion der Art annimmt, wie sie oben dargestellt worden ist - zu einer unterschiedlichen Bewertung.

Bazerman (2002) hat darauf hingewiesen, daß es in Organisationen eine Vielzahl von Entscheidungen gibt, die von verschiedenen Personen oder in verschiedenen Abteilungen getroffen werden, die also als einzelne und unabhängige Entscheidungen behandelt werden, obgleich das Problem aus dem Gesamtinteresse der Organisation als ein gemeinsames bzw. kombiniertes Entscheidungsproblem zu behandeln wäre. Während die Verkaufsabteilung beispielsweise vor allem an die Steigerung der Unternehmensgewinne denken muß, muß die Kreditabteilung vor allem daran denken, mögliche Unternehmensverluste zu vermeiden.

6.2.2.2 Die Bildung des Referenzpunktes

Ein Versicherungsbeitrag, etwa für eine Unfallversicherung, ist der sichere Verlust eines bestimmten, relativ geringen Geldbetrages, den man dafür in Kauf nimmt, daß man im (unwahrscheinlichen) Falle eines Unfalls keinen großen Verlust erleidet. Slovic, Fischhoff und Lichtenstein (1982) wie auch andere Forscher haben gefunden, daß sichere Verluste eher akzeptiert werden, wenn sie als Versicherungsbeiträge dargestellt sind, als wenn sie ganz einfach als finanzielle Verluste dargestellt werden. In der Untersuchung von Slovic et al. (1982) wurden Optionen mit unterschiedlich hohen sicheren und unsicheren Verlusten konstruiert und Personen zur Wahl vorgelegt; der einen Hälfte wurde der sichere Verlust jeweils als Versicherungsbeitrag, der anderen jeweils als direkter finanzieller Verlust dargestellt. Beispielsweise sollten einige Personen zwischen einem Verlust von 5.000\$ mit einer Wahrscheinlichkeit von 0,001 und einem *Versicherungsbeitrag* von 5\$ wählen, andere zwischen der 5.000\$ / 0,001-Option und einem *finanziellen Verlust* von 5\$ wählen; einige wählten zwischen einem Verlust von 200\$ mit einer Wahrscheinlichkeit von 0,25 und einem *Versicherungsbeitrag* von 50\$, andere zwischen der 200\$ / 0,25-Option und einem *finanziellen Verlust* von 50\$. Tabelle 6.1 zeigt die Ergebnisse:

Tab. 6.1 Prozentzahlen der Personen, die einen sicheren Verlust vorzogen, einmal dargestellt als Versicherungsbeitrag und einmal dargestellt als finanzieller Verlust.

	Darstellung des sicheren Verlustes als	
	Versicherungsbeitrag	Finanzieller Verlust
Wahrscheinlichkeit eines (größeren) Verlustes		
0,001	66%	39%
0,25	65%	20%

Ganz offensichtlich präferierten bei beiden Betragshöhen zwei Drittel der Befragten den sicheren Verlust eher, wenn er als Versicherungsbeitrag dargestellt war. Die PT bietet für dieses Verhalten folgende Erklärung: Wenn die Option des sicheren Verlustes einfach als ein direkter finanzieller Verlust dargestellt ist, stellt für den Entscheider der status quo den Referenzpunkt dar, von dem aus er die (negativen) subjektiven Werte der beiden Optionen bestimmt und miteinander vergleicht. Wenn die Option des sicheren Verlustes aber als Versicherungsbeitrag dargestellt ist, wird dieser Betrag bei der Bewertung der Optionen gar nicht explizit als Verlust mitbedacht; der Versicherungsbeitrag wird nicht als Verlust verbucht, sondern bedeutet nur eine Verschiebung des Referenzpunktes.

Bazerman (2002) verweist darauf, daß sich mit solchen Befunden vielleicht auch erklären läßt, warum sich so viele Menschen beim Kauf von Produkten dafür gewinnen lassen, gegen einen geringen zusätzlichen Betrag eine zusätzliche längerfristige Garantie zu kaufen. In den USA kauft fast die Hälfte aller Käufer eines Neuwagens eine solche Garantie. Dabei hat sich in einem Verfahren gegen den Produzenten Nissan gezeigt, daß von den 795 $, die die zusätzliche Garantie kostet, nur 131 $ tatsächlich für Reparaturen ausgegeben werden, 109 $ für die Verwaltung bezahlt werden und 555 $ als Gewinn beim Händler landen. Mit anderen Worten, der Kauf einer Garantie ist (zumindest in diesem Fall) keine gute Entscheidung. Mit einiger Sicherheit würden die gleichen Menschen eine andere Entscheidung treffen, wenn ihnen die Optionen in einfachen finanziellen Beträgen und ihren Wahrscheinlichkeiten präsentiert würden.

6.2.2.3 Die Kodierung der Konsequenzen

Das bekannteste Beispiel für einen *Framing*-Effekt betrifft die Darstellungsart der Konsequenzen. Das Entscheidungsverhalten wird in erheblichem Maße davon beeinflußt, ob Konsequenzen oder Zustände als Gewinne oder als Verluste beschrieben werden: Je nach Art der Beschreibung kehren sich die Präferenzen sogar um. Man versteht unmittelbar, worum es geht, wenn man daran denkt, daß man ein zur Hälfte mit Wasser gefülltes Glas als „halb voll" oder als „halb leer" beschreiben kann. In Box 6.5 ist das berühmte Problem der „Asiatischen Krankheit" dargestellt, mit dem Tversky und Kahneman (1981) diesen Effekt der Beschreibung von Entscheidungskonsequenzen zum ersten Mal demonstriert haben.

Wer das Niveau heben will, muß die Ansprüche senken. Stanislaw Lem.

Box 6.5: Die Asiatische Krankheit

Stellen Sie sich folgende Situation vor:
Sie sind Gesundheitsminister und wissen, daß eine bisher unbekannte asiatische Krankheit in absehbarer Zeit Ihr Land heimsuchen wird, an der 600 Menschen sterben werden. Gegen diese Krankheit sind jedoch verschiedene Präventionsprogramme entwickelt worden, über deren Anwendung Sie entscheiden sollen. In einer ersten Vorlage werden Ihnen die folgenden Präventionsprogramme vorgeschlagen.

Programm A:
Wenn Programm A eingesetzt wird, werden 200 Menschen gerettet.
Programm B:
Wenn Programm B eingesetzt wird, werden mit einer Wahrscheinlichkeit von 1/3 600 Menschen gerettet, mit einer Wahrscheinlichkeit von 2/3 wird niemand gerettet.

Wird man Ihnen die Programme so offerieren, würden Sie sich vermutlich für Programm A entscheiden. Das jedenfalls tun die meisten „Vpn-Gesundheitsminister".

In einer zweiten Vorlage werden Ihnen dann zwei weitere Präventionsprogramme offeriert.

Programm C:
Wenn Programm C eingesetzt wird, werden 400 Menschen sterben.
Programm D:
Wenn Programm D eingesetzt wird, wird mit einer Wahrscheinlichkeit von 1/3 niemand sterben, mit einer Wahrscheinlichkeit von 2/3 werden 600 Menschen sterben.

Hier nun entscheiden sich die meisten Vpn für Programm D. Wie kommt das? Sind nicht die Programme A und C äquivalent? Warum entscheiden sich Vpn einmal für die sichere Rettung von 200 Menschenleben, das andere Mal für die unsichere Variante, in der mit einer Wahrscheinlichkeit von 1/3 niemand sterben wird? **Amos Tversky** und **Daniel Kahneman** (1981) erklären dies so: Je nachdem, ob davon gesprochen wird, daß „Menschen gerettet" werden (Version 1) oder aber davon, daß „Menschen sterben" werden (Version 2), werden unterschiedliche Referenzpunkte gebildet, wodurch die Konsequenzen der beiden Optionen entweder als Gewinne (Version 1) oder als Verluste (Version 2) interpretiert werden. Da bei einem *framing* der Konsequenzen als Gewinne eher risiko-aversiv entschieden wird, wird auch in diesem Fall die „sichere" Option, Programm A, gewählt. Dagegen wird bei einem *framing* der Konsequenzen als Verluste eher die risikoreiche Option präferiert, also D.

Die Erklärung nach der PT lautet folgendermaßen: Die verbale Beschreibung (*wording*) des Problems in der ersten Version (*in terms of lives saved*) induziert eine mentale Repräsentation mit einem Referenzpunkt von 600 Toten als Folge der Krankheit; die Konsequenzen der beiden Programme erscheinen von diesem Referenzpunkt aus als Gewinne. Die Beschreibung des Problems in der zweiten

Version (*in terms of lives lost*) dagegen induziert einen Referenzpunkt von Null Toten, und die Konsequenzen der beiden Programme erscheinen dann als Verluste. Die Wertfunktion impliziert jedoch unterschiedliche subjektive Werte für Gewinne und Verluste; bei potentiellen Gewinnen vermeiden Menschen Risiken, bei potentiellen Verlusten akzeptieren oder suchen sie sie sogar.

Andere Erklärungen dieses Phänomens sind von Reyna und Brainerd (1991) mit Bezug auf die *Fuzzy-Trace*-Theorie und von Kühberger (1995) unter Bezug auf die Theorie *Probabilistischer Mentaler Modelle* (vgl. Kapitel 5) vorgeschlagen worden.

Der *Framing*-Effekt, wie er bei der „Asiatischen Krankheit" gefunden wurde, wurde später auch mit inhaltlich anderen, aber strukturgleichen Problemen entdeckt, beispielsweise bei medizinischen Problemen, wenn zwischen alternativen Behandlungsformen für eine Krebserkrankung zu entscheiden war (McNeil, Pauker, Sox & Tversky, 1982), oder bei Managementproblemen, wenn zwischen alternativen Stillegungsplänen eines Unternehmens gewählt werden mußte (Bazerman, 1984). Aber die Befunde geben kein einheitliches Bild. Während Fischhoff (1983), Levin, Johnson, Russo und Deldin (1985), Bottom und Studt (1993) und andere Forscher ähnliche Effekte berichten wie Tversky und Kahneman, konnten Fagley und Miller (1987) und andere Forscher den Effekt nicht replizieren. In anderen Untersuchungen wiederum zeigten sich unterschiedliche Effekte; beispielsweise fand Schneider (1992) zwar eine klare Tendenz zur Risikovermeidung, wenn es um Gewinne ging, aber nur eine ganz schwache Tendenz zur Risikosuche, wenn es um Verluste ging. Kühberger (1994) legte einer Gruppe von Vpn das Problem in der originalen Form vor und fand hier den *Framing*-Effekt. Einer anderen Gruppe legte er das Problem in einer Beschreibung vor, in der beispielsweise nicht nur gesagt wurde, daß 200 Leute gerettet werden, sondern auch, daß 400 Leute nicht gerettet werden; in diesem Fall gab es keinen Effekt. Van Schie und van der Pligt (1990) berichten aus ihren Untersuchungen zum einen schwächere Effekte, als Tversky und Kahneman sie fanden, zum anderen im Gegensatz zu Schneider stärkere Effekte unter der Verlust-Bedingung als unter der Gewinn-Bedingung, wo sie nur ganz schwache Effekte fanden. In diesen Untersuchungen wurden den Vpn auch alltagsnahe Probleme vorgelegt, Beschreibungen von Situationen, in denen der Entscheider Zeit verlieren oder gewinnen konnte (z.B. durch einen langweiligen Dozenten oder einen Streik der Bahnen). Bei solchen Problemen hatte die Variation der Beschreibungen kaum einen Effekt, was van der Pligt und van Schie darauf zurückführen, daß hier die Referenzpunkte durch die Erfahrung bereits mehr oder weniger festgelegt sind.

In einer der umfassendsten und aufwendigsten Untersuchungen zur „Asiatischen Krankheit" hat Stocké (1998) nachweisen können, daß die beobachteten Unterschiede darauf zurückgeführt werden können, daß bei den Optionen jeweils qualitativ unterschiedliche Ergebnisaspekte explizit benannt werden oder unbenannt bleiben: Bei der riskanten Option wird die vollständige Information gegeben (z.B. mit $p = 1/3$ werden 600 Menschen gerettet, mit $p = 2/3$ wird niemand gerettet), bei der sicheren Option wird nur unvollständige Information gegeben (200 Menschen werden gerettet - was ist mit den anderen 400 Menschen?). Unter Rückgriff auf den Ambiguitätsansatz von Einhorn und Hogarth (1985) zeigt Stocké, daß sich aus dieser asymmetrischen Ergebnisdarstellung informationsbasierte Attraktivitätsunterschiede zwischen den Optionen ergeben, und daß man das beobachtete Verhalten daraus gut erklären kann, ohne eine Verschiebung des Referenzpunktes annehmen zu müssen. In seinen Experimenten zeigt er, daß man durch die selektive Nennung qualitativ unterschiedlicher Ergebniskomponenten jede Art des Entscheidungsverhaltens erzeugen kann. Er schließt daraus, daß offenbar Entscheider ungenannte (wenngleich erschließbare) Information nicht vollständig ergänzen und daß dadurch explizit genannte Informationen eine größere Entscheidungsrelevanz erhalten. Ob damit die Annahme von Referenzpunktverschiebungen und entsprechend unterschiedlicher Kodierungen obsolet geworden ist, wie Stocké vermutet, oder nur eine bessere Erklärung des Entscheidungsverhaltens bei diesem speziellen Beispiel vorliegt, ist noch offen.

Kurzum: Obgleich der Effekt eindrucksvoll und mit Hilfe der PT auch plausibel erklärbar ist, ist er offenbar nicht so stabil und generalisierbar, wie es zunächst aussah. Insbesondere kann man den Effekt nur, wenn überhaupt, bei Untersuchungen mit einem *between-design* beobachten, d.h. wenn die beiden Versionen eines Problems unterschiedlichen Vpn-Gruppen vorgelegt werden. Bei einem *within-design*, wenn also der Vp beide Versionen vorgelegt werden, verschwindet der Effekt.

Aus dem Marburger Magazin „Express" über das Gießener Kinderherzzentrum: „Bis in die siebziger Jahre starben 20 Prozent der herzkranken Kinder in den ersten Lebenstagen. Fast jede größere Familie hat so ein Kind auf dem Friedhof: Babys, die blau auf die Welt kamen, ein paar Tage nach Luft rangen und dann im Arm der Mutter starben. ,Heute überleben achtzig Prozent', sagt Bauer mit leichtem Stolz."

6.3 Theorien mit emotionalen Komponenten

Nehmen Sie an, Sie haben sich an einem grauen Morgen nach einem Blick aus dem Fenster entschieden, den Regenschirm zu Hause zu lassen; es sah nicht nach

Regen aus. Sie sind später auf dem Weg zu einem wichtigen Gespräch - und es beginnt zu regnen. Es wird Sie jetzt vermutlich ärgern, daß Ihre Kleidung naß wird und Sie bei dem Gespräch im wahrsten Sinne des Wortes nicht gut aussehen; dies hatten Sie am Morgen schon als eine mögliche Konsequenz antizipiert, aber da Ihre subjektive Wahrscheinlichkeit für Regen sehr gering war, hatten Sie sich dennoch gegen den Schirm entschieden (technisch: Der SEU-Wert für „Schirm-Mitnehmen" war geringer als der SEU-Wert für „Schirm-nicht-Mitnehmen"). Darüberhinaus aber werden Sie möglicherweise noch bedauern, sich am Morgen nicht anders, also für die andere Option entschieden zu haben. Hätten Sie sich vielleicht am Morgen anders entschieden, wenn Sie sich bei der Entscheidung auch schon *dieses Bedauern über eine ex post falsche Entscheidung* vorgestellt hätten?

Die *Disappointment*-Theorie und die *Regret*-Theorie beziehen solche emotionalen Faktoren mit ein. Sie ersetzen die SEU-Theorie aber nicht, sondern erweitern sie um „Enttäuschung" und „Bedauern" als Faktoren, die *zusätzlich* zu Wahrscheinlichkeit und Nutzen der Konsequenzen die Entscheidung beeinflussen.

6.3.1 Die *Disappointment*-Theorie

Dieser Ansatz beruht auf der Idee, daß in dem Augenblick, in dem die Konsequenz einer Entscheidung eintritt, für den Entscheider nicht nur der spezifische Nutzen dieser Konsequenz relevant ist, sondern auch eine Vorstellung davon, „was sonst noch möglich gewesen wäre". Die Freude über einen Lottogewinn von 1.000 € hält sich in Grenzen, wenn man mit gleicher Wahrscheinlichkeit 10.000 € oder mehr hätte gewinnen können. Umgekehrt ist die Freude groß, wenn der Gewinn auf einem Los der Form [1.000 €, 0,5; 0 €, 0,5] beruht. Oder: Ein Angestellter, der eine Gehaltserhöhung von 1.000 € erwartet, wird enttäuscht sein, wenn es dann nur 500 € werden, bzw. besonders zufrieden sein, wenn es 1.500 € werden. Umgekehrt wird er sich über 500 € freuen, wenn er nur 100 € erwartet hat.

Es wird also angenommen, daß der Gesamtnutzen, den ein Entscheider bei der Realisierung einer Konsequenz empfindet, nicht nur vom Nutzen der Konsequenz per se, sondern zusätzlich von der Abweichung dieses Nutzens von einer *Erwartung* abhängt. Diese Erwartung dient als Referenzpunkt, mit dem die Konsequenz, die man erhält, verglichen wird. Ist die Abweichung von der Referenz positiv, empfindet man *Freude*, ist sie negativ, *Enttäuschung*. Diese möglichen Abweichungen werden, so wird weiter angenommen, im Moment der Entscheidung antizipiert; es handelt sich also um eine *antizipierte (oder vorgestellte) Emotion*. Natürlich ist der traditionelle Nutzen psychologisch auch nur als antizipierter Nutzen ein sinnvolles Konzept; vgl. den Begriff *predicted utility* (Vorhersage-Nutzen) bei Kahneman und Snell (1992), den wir in Abschnitt 3.1.3 behandelt haben. Diese emotionale Komponente erhöht oder verringert, je nach Vorzeichen, den Nutzen jeder Konsequenz und damit den Gesamtnutzen jeder Option. Der Gesamtnutzen ist also *kontextsensitiv* im Sinne einer Abhängigkeit von der konkreten Menge möglicher Konsequenzen einer Option, von deren Wahrscheinlichkeiten und von der Verteilung ihrer Nutzenwerte.

In der *Disappointment*-Theorie werden diese Annahmen präzisiert. Es gibt zwei Varianten dieser Theorie (Bell, 1985; Loomes & Sugden, 1986), die allerdings in ihren zentralen Annahmen sehr ähnlich sind. Wir beziehen uns hier auf Loomes und Sugden (1986). Neben dem „normalen" Nutzen u(x) einer Konsequenz gibt es eine zweite Komponente, welche die Enttäuschung bzw. die Freude repräsentiert. Enttäuschung bzw. Freude sind eine Funktion der Differenz zwischen dem, was man bekommt, also u(x), und dem, was man erwartet hat:

$$\text{Enttäuschung/Freude} = D(u(x)-E),$$

wobei E die jeweilige Erwartung bedeutet, die mit einer Option verbunden ist. Ist die Differenz positiv, empfindet der Entscheider Freude, ist sie negativ, Enttäuschung. Der *modifizierte Nutzen* einer Konsequenz ist also

$$u_{mod}(x) = u(x) + D(u(x) - E)$$

Im übrigen gleicht die *Disappointment*-Theorie der SEU-Theorie: Es wird angenommen, daß der Entscheider den modifzierten Nutzen maximieren will, also die Option wählt, die den höchsten „erwarteten modifizierten Nutzen" hat. Der erwartete Gesamtnutzen einer Option U_i (mit m möglichen Konsequenzen) berechnet sich daher nach

$$U_i = \sum_{j=1}^{m} p_j[u(x_j) + D(u(x_j) - E_i)]$$

Psychologisch interessant ist nun die Frage, welche Form die „Enttäuschungsfunktion" D(u(x)-E) hat. Zunächst sei angenommen, die *Disappointment*-Funktion D sei linear, d.h. die Enttäuschung steige linear mit der Differenz zwischen Erwartung und Ergebnis: D = E - u(x). Dann reduziert sich das *Disappointment*-Modell auf das SEU-Modell. Dies sei kurz demonstriert: Gegeben sei eine Option Z = [x, p; y, (1-p)].

$$= p\,[u(x) + (E(Z)-u(x))] + (1-p)\,[u(y) + (E(Z)-u(y))]$$
$$= p\,(E(Z)) + (1-p)(E(Z))$$
$$= p\,(E(Z)) + E(Z) - p(E(Z))$$
$$= E(Z)$$

Wenn man aber eine *nicht-lineare* D-Funktion postuliert (beispielsweise kleine Abweichungen werden relativ zu großen Abweichungen untergewichtet), dann können viele Befunde mit dem *Disappointment*-Modell beschrieben werden, die mit dem SEU-Modell nicht vereinbar sind, beispielsweise auch das Allais-Paradox (Loomes & Sugden, 1986).

Der Kern der *Disappointment*-Theorie läßt sich einfacher so verbalisieren: Entscheider wollen Enttäuschung vermeiden (und zusätzliche Freude erzielen). Sie antizipieren die möglichen Emotionen und modifizieren entsprechend die Bewertungen der Konsequenzen. Enttäuschung und Freude hängen allein von den Abweichungen von einem Referenzwert ab. Kleine Abweichungen von der Erwartung sind nicht so schlimm wie große Abweichungen.

6.3.2 Die *Regret*-Theorie

Die Idee dieses Ansatzes ist, daß ein Entscheider nicht nur die Konsequenzen jeder Option antizipiert, sondern auch das Bedauern, das er je nach Ausgang der Entscheidung empfinden wird. Wenn die Unsicherheit aufgelöst und eine Konsequenz realisiert wird, empfindet der Entscheider außer der mit dieser Konsequenz *per se* assoziierten (Un-)Zufriedenheit auch noch Emotionen, die aus dem *Vergleich mit verpaßten Konsequenzen* resultieren: „Was wäre gewesen, hätte ich mich anders entschieden?" Zum Beispiel: „Wie wäre es mir ergangen, wenn ich mich nicht hätte scheiden lassen?" Ist die verpaßte Konsequenz besser als die realisierte, empfindet der Entscheider *Bedauern*; ist dagegen die realisierte Konsequenz besser als eine andere Konsequenz, die hätte eintreten können, empfindet der Entscheider *Freude*. Es findet also ein Vergleich mit den möglichen Ausgängen der anderen Optionen statt, die man hätte wählen können. Auch das Gefühl des Bedauerns kann gedanklich vorweg genommen werden, und diese Antizipation bestimmt, zusätzlich zum Nutzen der Konsequenzen, die Präferenzen. Die Entscheidung ist also wiederum kontextsensitiv, da der Gesamtnutzen einer Option immer auch von den möglichen Konsequenzen der anderen verfügbaren Optionen abhängt.

Um Bedauern in diesem Sinne feststellen zu können, muß man natürlich erst einmal wissen bzw. sich vorstellen können, welche Konsequenz denn eingetreten wäre, wenn man sich anders entschieden hätte. Wenn dies möglich ist, spricht man von einer *zustandskontingenten* Entscheidungssituation. Mit Hilfe einer Entscheidungsmatrix sei dies für ein Beispiel verdeutlicht. Ein Student wählt zwischen zwei Prüfern, Prof. Bright und Prof. Lousy. Die Note, die er bekommt, hängt allein vom Wetter am Prüfungstag ab; jeder Prüfer vergibt jedoch seine

Noten auf eigenwillige Weise je nach Wetter - beispielsweise besteht man bei sonnigem Wetter die Prüfung bei Prof. Bright sehr gut, während man bei Prof. Lousy durchfällt.

	sonnig	wolkig	regnerisch
Prof. Bright	sehr gut	befriedigend	durchgefallen
Prof. Lousy	durchgefallen	gut	gut

„Zustandskontingent" heißt eine Situation, wenn man in einer Situation nicht nur weiß, welche Note man je nach Wetter bei dem gewählten Prüfer bekommt, sondern auch, welche Note man bekommen hätte, hätte man sich für den anderen Prüfer entschieden. Wählt unser Student etwa Prof. Lousy und der Prüfungstag wird sonnig, so wird er nicht nur frustriert sein, weil er durchgefallen ist, sondern er wird zusätzlich starkes Bedauern empfinden, da er ja bei Prof. Bright ein „sehr gut" bekommen hätte.

Die Art und Weise, wie Bedauern die Präferenzen einer Person beeinflußt, hängt ganz davon ab, welche „Bedauerns-Funktion" die Person hat. Nehmen wir einmal an, das Bedauern, das jemand empfindet, wenn er x bekommt und y verpaßt, sei abhängig von der Differenz u(x) - u(y). Ist die Differenz positiv, dann wird *Freude* empfunden (technisch: positiver *regret*), ist die Differenz jedoch negativ, dann wird Bedauern empfunden (negativer *regret*). Genau wie bei der *Disappointment*-Theorie kann man zeigen, daß sich gegenüber der SEU-Theorie nichts ändert, wenn lediglich die einfache Differenz genommen wird. Um also das Modell prüfen zu können, muß eine bestimmte *nicht-lineare Funktionsform* für *regret* angenommen werden. Im *Regret*-Modell wird nicht nur u(x) mit der Wahrscheinlichkeit p multipliziert, wie im SEU-Modell, sondern die Summe von u(x) und R(x,y). R(x,y) ist der antizipierte *regret*, d.h. eine Funktion der Differenz zwischen x (was man erhält) und y (was man verpaßt). Der *erwartete Gesamtnutzen* U_i einer gewählten Option *i* (im Kontrast zur nicht-gewählten Option *k*) ist demnach

$$U_i = \sum_{j=1}^{n} p_j [u_{ij} + R(u_{ij}, u_{kj})]$$

Dabei ist U_i Gesamtnutzen der Option *i*,

                p_j Wahrscheinlichkeit des Ereignisses *j* (über alle *n* Ereignisse),

                u_{ij} Nutzen der Konsequenz, die man erhält, falls Ereignis *j* eintritt und man Option *i* gewählt hat,

                u_{kj} Nutzen der Konsequenz, die man erhält, falls Ereignis *j* eintritt und man Option *k* gewählt hat.

In Matrixform:

	Ereignis _j_	**Ereignis ...**	**Ereignis _n_**
Option _i_	u_{ij}	...	u_{in}
Option _k_	u_{kj}	...	u_{kn}

Stellen Sie sich vor, Sie sind bei einem Pferderennen. „Riskanto" gewinnt immer, es sein denn, er stürzt. Falls Sie auf „Riskanto" setzen und Riskanto stürzt nicht, gewinnen Sie 15 €, bei einem Sturz gewinnen Sie natürlich nichts. Die Wahrscheinlichkeit für einen Sturz schätzen Sie auf 0,7. „Sekuro" hingegen kommt immer ans Ziel, allerdings gewinnen Sie nur 6 €, falls „Riskanto" stürzt, und sogar nur 4 $, falls „Riskanto" nicht stürzt und Sieger wird. Diese Situation läßt sich in einer Entscheidungsmatrix darstellen:

	Sturz von Riskanto (p=0,7)	**kein Sturz (1-p=0,3)**
Riskanto	0	15
Sekuro	6	4

Wenden wir zunächst das SEU-Modell an. Der SEU-Wert für Riskanto ist $0,7 \cdot 0 + 0,3 \cdot 15 = 4,5$; während er für Sekuro $0,7 \cdot 6 + 0,3 \cdot 4 = 5,4$ beträgt. Nach dem SEU-Modell wäre also vorherzusagen, daß Sie auf Sekuro setzen. Nun berechnen wir den Nutzen unter Verwendung einer nicht-linearen _Regret_-Funktion:

$$R(x, y) = (x - y)^2 \text{, falls } x > y,$$
$$R(x, y) = (x - y)^2 \text{, falls } y > x.$$

Der Nutzen für Riskanto ist nach der oben gegebenen Formel für U_i

$$= 0,7 \cdot (0 - (0\text{-}6)^2) + 0,3 \cdot (15 + (15\text{-}4)^2)$$
$$= 0,7 \cdot (-36) + 0,3 \cdot 136$$
$$= 15,6.$$

Und der Nutzen für Sekuro ist

$$= 0,7 \cdot (6 + (6\text{-}0)^2) + 0,3 \cdot (4 - (4 - 15)^2)$$
$$= 0,7 \cdot 42 + 0,3 \cdot (-117)$$
$$= -5,7.$$

Da der Nutzen von Riskanto höher ist, lautet die Vorhersage nach dem _Regret_-Modell, daß Sie auf Riskanto setzen.

Wie ist das zu erklären? Ihr Bedauern bei einem Sturz von Riskanto, falls Sie auf Riskanto gesetzt hätten, wäre nicht sehr hoch (0 statt 6 €). Setzen Sie hingegen auf Sekuro und Riskanto stürzt nicht, dann ist Ihr Bedauern sehr viel stärker (4 € statt 15 €) - denken Sie an die nicht-lineare Nutzenfunktion. Das wird auch durch die geringere Wahrscheinlichkeit, dieses starke Bedauern zu empfinden, nicht ausgeglichen, denn das *Regret*-Modell ist (genau wie das SEU-Modell) linear in p.

Mit dem *Regret*-Modell kann man einige Phänomene erklären, die mit dem SEU-Modell nicht vereinbar sind, beispielsweise Intransitivitäten (vgl. Eisenführ & Weber, 2003, Kapitel 14).

Empirische Prüfungen der Theorie wurden u.a. von Loomes und Sugden (1987), von Loomes (1988), von di Cagno und Hey (1988) und von Camerer (1989) vorgenommen. Die Befunde sind auch hier - wie schon bei der *Disappointment*-Theorie - uneinheitlich und deuten darauf hin, daß die *Regret*-Theorie nur unter sehr eingeschränkten Bedingungen gültig ist.

Eine andere Sache ist, daß in der *Regret*-Theorie von *antizipierten* Emotionen ausgegangen wird, die noch vor der realen Auflösung einer Lotterie die Entscheidung beeinflussen. Das tatsächlich *erlebte* Bedauern bzw. die *erlebte* Erleichterung, die sich einstellen können, wenn man feststellt, „was passiert wäre, wenn man sich anders entschieden hätte", ist eine andere Sache, zu der es nur wenig Untersuchungen gibt (Landman, 1987, 1993).

Für beide Theorien, *Disappointment*- und *Regret*-Theorie, ist die Annahme kontrafaktischer Vergleiche zentral. *Regret* wird durch den Vergleich von Entscheidungen verursacht, *Disappointment* durch den Vergleich von Ereignissen. In beiden Theorien werden jedoch die antizipierten Emotionen nicht direkt gemessen, sondern lediglich postuliert und, sozusagen als hypothetische Konstrukte, zur Erklärung von Entscheidungen herangezogen. Es gibt bislang nur wenige empirische Befunde zur *Disappointment*-Theorie; die von Loomes und Sugden (1987) und Loomes (1988) berichteten Ergebnisse stützen die Theorie nur teilweise. Daher sind solche Versuche besonders interessant, in denen versucht wurde, die mit Entscheidungen verbundenen Emotionen direkt zu messen. Mellers, Schwartz, Ho und Ritov (1997) präsentierten in ihren Experimenten einer Vp nacheinander eine Reihe von Lotterien, bei denen Gewinne bzw. Verluste mit unterschiedlichen Wahrscheinlichkeiten eintreten konnten. Jede Lotterie wurde vor den Augen der Vp mit Hilfe eines Wahrscheinlichkeitsrades ausgespielt. Anschließend beurteilte die Vp ihre Gefühle bezüglich des Ergebnisses auf einer Skala von +50 (sehr erfreut) bis -50 (sehr enttäuscht). Die Emotions-Urteile unterschieden sich deutlich von den Werten der Konsequenzen selbst. Vor allem waren sie stärker, wenn das Ergebnis überraschend war: Die Vpn freuten sich beispielsweise über 31,50 $ mehr, wenn die Wahrscheinlichkeit für diesen Gewinn nur 0,09 betragen hatte, als wenn die Wahrscheinlichkeit 0,94 betragen hatte. Die

Freude war größer, wenn ein Gewinn überraschend war, also eine geringe Wahrscheinlichkeit hatte. Und das gleiche Ergebnis wurde als sehr erfreulich oder sehr enttäuschend beurteilt, je nachdem, mit welchem anderen Ergebnis es verglichen wurde, das auch möglich gewesen wäre. Mellers et al. (1997) diskutieren ausführlich die kritische Frage, ob die antizipierten Emotionen in Bezug auf die Konsequenzen einer Wahl wirklich von den antizipierten Konsequenzen selbst zu unterscheiden sind. Die Autoren postulieren in ihrer *Decision Affect*-Theorie ein *Prinzip der Maximierung der subjektiv erwarteten Emotionen*, das Entscheidungen bestimme oder jedenfalls mitbestimme; die Maximierung der subjektiv erwarteten Freude (*pleasure*) und die Maximierung des subjektiv erwarteten Nutzens (*utility*) könnten zwar zu ähnlichen Entscheidungen führen, aber aus unterschiedlichen Gründen.

6.4 Rangabhängige Nutzentheorien

Um die Grenzen der SEU-Theorie bei der Erklärung vieler empirischer Phänomene zu überwinden, wurde in der PT eine besondere Form der Nutzenfunktion sowie eine besondere Transformation der Wahrscheinlichkeiten in Form einer Gewichtungsfunktion eingeführt. In den Theorien des Bedauerns und der Enttäuschung wurden zusätzliche, kontext-spezifische Komponenten postuliert, die neben der traditionellen Nutzenkomponente in die Bewertung von Optionen eingehen. In den sogenannten *rangabhängigen Nutzenmodellen* (*Rank Dependent Utility models*, oder kurz RDU-Modelle) wird eine zentrale Voraussetzung der SEU-Theorie aufgegeben, daß nämlich die Bewertung des Nutzens und die Beurteilung der Wahrscheinlichkeit von Konsequenzen strikt unabhängig sind. Es wird angenommen, daß die Wahrscheinlichkeiten über- oder untergewichtet werden, je nachdem, ob die assoziierte Konsequenz eher erwünscht oder unerwünscht ist. Diese Abhängigkeit der Wahrscheinlichkeitsgewichtung vom Nutzen der Konsequenzen erfolgt jedoch nicht völlig beliebig, sondern geht von einer bestimmten Repräsentation des Entscheidungsproblems aus.

6.4.1 Die allgemeine Theorie

Wir wollen den allgemeinen Ansatz, der den verschiedenen Modellen gemeinsam ist, an einem Beispiel erläutern. Wir stützen uns bei unserer Darstellung auf Lopes (1990) und Weber (1994). Stellen Sie sich vor, Sie wollen Ihr gebrauchtes Auto verkaufen. Eine Option ist, das Auto Ihrem Händler zu überlassen, der Ihnen dafür noch 5.000 € geben will. Die zweite Option ist, auf einen privaten Gebrauchtwagenmarkt zu fahren und auf einen willigen Käufer zu hoffen. Auf

Grund von Erzählungen von Freunden schätzen Sie die Chancen folgendermaßen ein: Mit einer Wahrscheinlichkeit von 0,05 werden Sie nur 1.000 € bekommen, mit einer Wahrscheinlichkeit von 0,70 5.000 €, mit einer Wahrscheinlichkeit von 0,20 9.000 € und mit einer Wahrscheinlichkeit von 0,05 10.000 €. Die Option ist also eine Lotterie und kann nach dem SEU-Modell bewertet werden: Jede mögliche Konsequenz, d.h. jeder mögliche Verkaufserlös wird mit seiner Wahrscheinlichkeit multipliziert, und diese Produkte werden aufsummiert. Möglicherweise aber denken Sie über das Problem ganz anders, nämlich so:

- mit Sicherheit bekomme ich mindestens 1.000 €,
- mit hoher Wahrscheinlichkeit (0,95) bekomme ich mindestens 4.000 € mehr, also insgesamt mindestens 5.000 €,
- außerdem gibt es eine Chance (0,25), nochmals mindestens 4.000 € mehr zu bekommen, also insgesamt mindestens 9.000 €,
- und mit viel Glück (0,05) bekomme ich weitere 1.000 € dazu, also insgesamt 10.000 €.

Im folgenden sind die Bewertungen nach der SEU- und nach der RDU-Theorie einander gegenübergestellt:

$$SEU = 0,05 \cdot 1.000 + 0,70 \cdot 5.000 + 0,20 \cdot 9.000 + 0,05 \cdot 10.000 = 5.850$$

$$RDU = 1,00 \cdot 1.000 + 0,95 \cdot 4.000 + 0,25 \cdot 4.000 + 0,05 \cdot 1.000 = 5.850$$

Während sich bei der SEU-Bewertung die Wahrscheinlichkeiten auf einzelne disjunkte Konsequenzen beziehen, sind die Wahrscheinlichkeiten bei der RDU-Bewertung *dekumuliert* und beziehen sich auf mehrere Ereignisse („mindestens ... oder mehr"). Man beginnt mit der Konsequenz, die ganz sicher ist (hier: mindestens 1.000 €), die also die Wahrscheinlichkeit 1,0 hat. Man subtrahiert dann davon die Wahrscheinlichkeit, genau 1.000 € zu bekommen (1,0 - 0,05 = 0,95). Man erhält die Wahrscheinlichkeit, mehr als das Minimum von 1.000 € zu bekommen, und das sind mindestens 5.000 € oder 4.000 € mehr als das Minimum. Auf diese Weise berechnet man die nächste Wahrscheinlichkeit $p(\geq 9000) = 0,25$, also die Wahrscheinlichkeit, mindestens 9.000 € zu erhalten. Es wird so, bildlich gesprochen, die gesamte zur Verfügung stehende Wahrscheinlichkeit sukzessive „verbraucht" (dekumuliert), bis man schließlich bei den letzten verbleibenden 0,05 für das Optimum (10.000 €) angekommen ist. Natürlich wird hier nicht behauptet, daß Personen diese Rechnungen bewußt so durchführen; es handelt sich, wie beim SEU-Modell, um eine Formalisierung, mit der die kognitive Repräsentation und Verarbeitung auf möglichst genaue und adäquate Weise abgebildet werden soll.

Wie lautet nun die Gesamtbewertung in unserem Beispiel nach beiden Modellen? Man sieht, daß das Ergebnis für das RDU-Modell identisch ist mit dem Ergebnis des SEU-Modells - in beiden Fällen entscheiden Sie sich, zum Gebrauchtwagenmarkt zu fahren. Wir haben zwar zwei verschiedene Repräsentationen, aber die Bewertung, also auch die Entscheidung, ist identisch. Der Unterschied tritt erst zutage, wenn man nicht-lineare Transformationen einführt, so wie sich auch *Regret*-Theorie und *Disappointment*-Theorie erst von der SEU-Theorie unterscheiden, wenn die *Regret*-Funktion bzw. die *Disappointment*-Funktion nicht linear sind. Was das SEU-Modell psychologisch erklärungskräftig macht, ist die Annahme einer nicht-linearen Transformation der monetären Ausgänge, z.B. durch eine konkave Nutzenfunktion. Risiko-Aversion und -Freude werden durch diese Nutzenfunktion erklärt (siehe Abschnitt 6.1.4). Im RDU-Modell wird hingegen eine nicht-lineare Transformation der Wahrscheinlichkeitsverteilung angenommen. Nicht-lineare Wahrscheinlichkeitstransformationen haben wir schon bei der PT kennengelernt; dort wurden jedoch die Einzelwahrscheinlichkeiten p unabhängig von den damit verbundenen Konsequenzen in ein Entscheidungsgewicht $\pi(p)$ transformiert. In RDU-Modellen wird hingegen die gesamte Wahrscheinlichkeitsverteilung über die nach ihrem Nutzen geordneten Konsequenzen transformiert. Es wird eine Gewichtungsfunktion w angenommen, die als Argumente dekumulierte Wahrscheinlichkeiten p erhält. Dadurch wird eine Abhängigkeit der Wahrscheinlichkeitsgewichtung vom Ort der Konsequenz in der nach Nutzen geordneten Rangreihe aller Konsequenzen eingeführt. Mit solchen nicht-linearen Transformationen können sich die Präferenzen zwischen SEU-Modell und RDU-Modell stark unterscheiden.

Ein Beispiel soll das verdeutlichen. Sehen wir uns dazu die Formel für das *allgemeine* RDU-Modell näher an, sie lautet (Wakker, 1989; Weber, 1994):

$$RDU(X) = \sum_{i=1}^{n} \pi(p_i, X) u(x_i)$$

$$\pi(p_i, X) = w(\sum_{j=i}^{n} p_j) \ - \ w(\sum_{j=i+1}^{n} p_j)$$

Dabei ist RDU(X):   der Gesamtnutzen einer Lotterie X nach dem RDU-Modell,
          n: die Anzahl der Konsequenzen (aufsteigend geordnet nach Nutzen),
       $u(x_i)$:   der Nutzen der Konsequenz x_i,
        p_i: die Wahrscheinlichkeit p der Konsequenz x_i,
         π: die Entscheidungsgewichtungsfunktion für einzelne Konsequenzen,
         w: die Gewichtungsfunktion für dekumulierte Konsequenzen.

Der Unterschied zur PT besteht darin, wie sich das Entscheidungsgewicht π ergibt. Dazu wird eine Differenz zwischen den kumulierten Wahrscheinlichkeiten mehrerer Konsequenzen gebildet, nämlich „die Wahrscheinlichkeit, mindestens x$_i$ oder *mehr* zu bekommen" minus „die Wahrscheinlichkeit, strikt mehr als x$_i$ zu bekommen". In unserem Beispiel stünde für den Fall, daß x$_i$ = 5.000 € ist: „die Wahrscheinlichkeit, 5.000 € oder mehr" minus „strikt mehr als 5.000 €", also

$$p(\geq 5.000) - p(> 5.000) = 0,95 - 0,25 = 0,70.$$

Das entspricht zunächst genau der Wahrscheinlichkeit für die Konsequenz von 5.000 € im SEU-Modell. Ein Unterschied zum SEU-Modell entsteht jedoch dann, wenn wir die oben eingeführte nicht-lineare Gewichtungsfunktion w anwenden; es sei in diesem Beispiel w(p) = p^2. Dann ergeben sich für die vier Verkaufserlöse folgende Entscheidungsgewichte π:

Verkaufserlös (x$_i$)	gewichtete Differenz „x$_i$ oder mehr" minus „mehr als x$_i$"	Entschei-dungsge-wicht π(p$_i$)	p$_i$
1.000 €:	w(1,0) - w(0,95) =1-0,903	= 0,097	(0,05)
5.000 €:	w(0,95)-w(0,25) =0,903-0,0625 = 0,840		(0,70)
9.000 €:	w(0,25)-w(0,05) =0,625-0,0025 = 0,060		(0,20)
10.000 €:	w(0,05) =0,003	= 0,003	(0,05)

Beispielsweise berechnet sich π für den Erlös von 1.000 € dadurch, daß man von der Wahrscheinlichkeit für „1.000 € oder mehr" (= 1,0) die Wahrscheinlichkeit „strikt mehr als 1.000 €" abzieht, nachdem man die beiden Wahrscheinlichkeiten quadriert hat (wegen der nicht-linearen Gewichtungsfunktion w, Spalte 2 in der Matrix). Diese Differenz ergibt das Entscheidungsgewicht (d.h. die rangabhängig transformierte Wahrscheinlichkeit p$_i$), mit der die Konsequenz „Erlös von 1.000 €" gewichtet wird. Im SEU-Modell dagegen wird die Konsequenz mit der vorgegebenen Wahrscheinlichkeit p$_i$ gewichtet (Spalte 4 in der Matrix).

Setzt man diese Gewichte in die allgemeine RDU-Formel ein, ergibt sich ein Gesamtnutzen von 4.868 €, also weniger als nach dem SEU-Modell (= 5.850 €). Jetzt bringen Sie Ihren Wagen lieber zum Händler, von dem Sie ja sicher 5.000 € bekommen. Woran liegt das? Wenn Sie in der Matrix die letzten beiden Spalten vergleichen, dann erkennen Sie, daß die Entscheidungsgewichte π(p) bei den niedrigen Verkaufserlösen höher sind als die entsprechenden Wahrscheinlichkeiten p (0,097 > 0,05 und 0,840 > 0,7), und umgekehrt sind bei den hohen Verkaufserlösen die Entscheidungsgewichte niedriger als die Wahrscheinlichkeiten (0,06 < 0,2 und 0,003 < 0,05). Wenn ihre Gewichtungsfunktion also die nicht-lineare Form w(p) = p^2 hat, dann ist der Effekt, daß Wahrscheinlichkeiten schlechterer Konsequenzen über- und Wahrscheinlichkeiten besserer Konsequenzen untergewichtet werden. Wenn Sie alle π(p$_i$) aufaddieren, sehen Sie, daß die Summe dennoch 1,0 ergibt - es geht also keine Wahrscheinlichkeitsmasse verloren. Die transformierten Gewichte sind deshalb uneingeschränkt als (subjektive) Wahrscheinlichkeiten interpretierbar. Im Gegensatz dazu kann die Entscheidungsgewichtungsfunktion der PT zu subadditiven „Wahrscheinlichkeiten" führen; außerdem würden dort die beste und die schlechteste Konsequenz das gleiche Gewicht erhalten, da ihre Wahrscheinlichkeiten identisch sind (p = 0,05).

Man kann das verallgemeinern: Gewichtungsfunktionen w, die konvex sind, verschieben die Wahrscheinlichkeit in Richtung der schlechteren Konsequenzen. Man kann hier von einem *pessimistischen* Entscheider sprechen. Konkave Gewichtungsfunktionen verschieben die Wahrscheinlichkeiten in Richtung der besseren Konsequenzen, man kann von einem *optimistischen* Entscheider sprechen. Lineare Funktionen lassen die Wahrscheinlichkeiten unverändert und führen so zu Entscheidungen, die der SEU-Theorie äquivalent sind (natürlich unter der Annahme einer identischen Nutzenfunktion). Der pessimistische Entscheider verhält sich analog einem risiko-aversiven, der optimistische analog einem risikogeneigten Entscheider. Im RDU-Modell wird dies jedoch durch eine entsprechende w-Funktion, die die Wahrscheinlichkeitsverteilung transformiert, erreicht, während im SEU-Modell die Nutzenfunktion u Träger der Risikoeinstellung ist. In Abschnitt 6.1.4 haben wir diskutiert, daß in der Nutzenfunktion Risikoeinstellung und abnehmender Grenznutzen konfundiert sind. Im RDU-Modell ist diese Konfundierung aufgehoben: Die Einstellung gegenüber Unsicherheit wird durch eine Transformation der Wahrscheinlichkeitsverteilung modelliert und die Einstellung gegenüber Änderungen im Wert durch die Nutzenfunktion.

Zwei theoretische Ansätze haben den Grundgedanken des RDU-Modells aufgegriffen und empirische Evidenz dafür geliefert; das ist zum einen die *Security-Potential / Aspiration-Theorie* von Lopes (1987, 1990), zum anderen die Weiterentwicklung der PT zur *Cumulative Prospect-Theorie* durch Tversky und Kahneman (1992).

6.4.2 Die *Security-Potential/Aspiration*-Theorie

Lopes (1987; 1995b) postuliert drei Möglichkeiten einer dekumulativen Transformation, die in Abbildung 6.6 graphisch dargestellt sind. Die Abszisse repräsentiert die dekumulierten Wahrscheinlichkeiten (D). Eine Wahrscheinlichkeit von 1,00 (auf der rechten Seite) ist die dekumulierte Wahrscheinlichkeit, die mit dem schlechtesten Ergebnis verbunden ist; d.h.: Sie bekommen zumindest das schlechteste Ergebnis mit Sicherheit. Links davon sind die dekumulierten Wahrscheinlichkeiten für die (immer) besseren Ergebnisse, bis hin zu Null (die Wahrscheinlichkeit, noch etwas Besseres als das beste Ergebnis zu bekommen). Die Ordinate repräsentiert die transformierten Werte h(D).

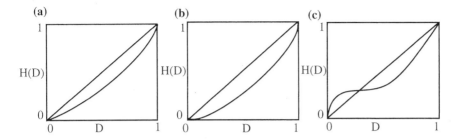

Abb. 6.6 (a) Sicherheits-Orientierung (links), (b) Wagnis-Orientierung (in der Mitte), (c) vorsichtige Hoffnung (rechts)

(a) Die Wahrscheinlichkeiten niedriger Beträge werden relativ zu den Wahrscheinlichkeiten hoher Beträge übergewichtet (die Gewichtungsfunktion ist konvex). Lopes spricht in diesem Fall von einer Sicherheits-Motivation, die Person ist *security minded* (= risikoaversiv / pessimistisch).

(b) Die Wahrscheinlichkeiten hoher Beträge werden relativ zu den Wahrscheinlichkeiten niedriger Beträge übergewichtet (die Gewichtungsfunktion ist konkav). Dies gilt als Wagnis-Motivation, d.h. die Person ist *potential minded* (= risikogeneigt / optimistisch).

(c) Die Wahrscheinlichkeiten niedriger Beträge und hoher Beträge werden relativ zu den Wahrscheinlichkeiten mittlerer Beträge übergewichtet. Dies sind nach Lopes (1990) die typischen Gewichtungen: Personen sind meistens auf Sicherheit hin orientiert, beachten aber auch ganz besonders hohe potentielle Gewinne. Im Entscheidungsverhalten zeigt sich das so: Wenn zwei Lotterien im unteren Bereich (niedrige Ausgänge) sehr verschieden sind, wird nach Sicherheit entschieden, also die Lotterie mit der größeren Wahrscheinlichkeit für niedrige Beträge gewählt. Wenn die Lotterien im unteren Bereich sehr ähnlich sind, verschiebt sich die Aufmerksamkeit zum höheren Bereich, und es wird nach dem Potential entschieden, also die Lotterie mit der größeren Wahrscheinlichkeit für einen hohen Ausgang gewählt.

In einer empirischen Studie demonstrierte Lindemann (1993) die Nützlichkeit der Unterscheidung zwischen Sicherheits- und Wagnis-Orientierung (im Sinne dekumulativer Gewichtungsfunktionen). Sie untersuchte im Staate Iowa die Entscheidungen von Farmern, Getreide schon vor der Ernte zu einem fest vereinbarten Preis zu verkaufen, zum Zeitpunkt der Ernte zum aktuellen Preis zu verkaufen oder noch zurückzuhalten, bis eventuell ein besserer Preis zu erzielen wäre. An Hand verbaler Protokolle von Interviews konnte sie die Farmer gut als sicherheits- oder wagnis-orientiert klassifizieren. Die einen äußerten, „sicher gehen zu wollen", „kein Risiko eingehen zu wollen" u.ä.; die anderen äußerten, „mit besse-

ren Preisen zu rechnen", „eine Gelegenheit wahrnehmen zu wollen" u.ä. Linde-
man berichtet, daß die (Ehe-)Frauen eher sicherheits-orientiert waren, die Männer
dagegen eher wagnis-orientiert.

Lopes führt als weiteren, von Sicherheits- und Wagnis-Orientierung unabhängigen Faktor das Anspruchsniveau ein. Das Anspruchsniveau definiert, was „auf
jeden Fall" erreicht werden soll. Die Entscheidung stellt dann einen Kompromiß
zwischen der Sicherheits- bzw. Wagnis-Orientierung einerseits und dem Anspruchsniveau andererseits dar.

6.4.3 Die *Cumulative Prospect*-Theorie

Mit dieser Theorie (kurz: CPT) entwickelten Tversky und Kahneman (1992) ihre
Prospect-Theorie (Kahneman & Tversky, 1979; vgl. Abschnitt 6.2) weiter. Die
Wertfunktion wird unverändert beibehalten, also die Unterscheidung von Gewinnen und Verlusten als Abweichungen von einem Referenzpunkt, der S-förmige
Funktionsverlauf um den Referenzpunkt sowie die Asymmetrie der Funktion mit
steilerem Verlauf für Verluste. Neu ist die Form der Entscheidungsgewichtungsfunktion für die Wahrscheinlichkeiten (*decision weights*): In der PT werden die
Wahrscheinlichkeiten nicht-linear transformiert; in der CPT werden zwei rangabhängige Gewichtungsfunktionen eingeführt (vgl. Abschnitt 6.4.1), die Gewinne
und Verluste separat gewichten. Das *Prinzip der abnehmenden Sensitivität* (*dimi-
nishing sensitivity*) mit zunehmender Distanz vom Referenzpunkt, das wir von der
Wertfunktion kennen, wird jetzt auch auf die Gewichtungsfunktion übertragen.
Für Wahrscheinlichkeiten existieren zwei „natürliche" Referenzpunkte, nämlich
absolute Sicherheit und Unmöglichkeit. Tversky und Kahneman (1992; vgl. auch
Tversky & Fox, 1995) nehmen an, daß sowohl beim Übergang von der Unmöglichkeit zur bloßen Möglichkeit (und sei die Wahrscheinlichkeit noch so gering)
als auch beim Übergang von der Sicherheit zur bloßen Wahrscheinlichkeit (und
sei sie noch so hoch) starke Änderungen in der Entscheidungsgewichtungsfunktion auftreten. Im mittleren Bereich der Wahrscheinlichkeitsskala, etwa bei Änderungen von 0,40 zu 0,50 oder von 0,50 zu 0,60, ist die Entscheidungsgewichtungsfunktion hingegen relativ flach. Damit ist die Gewichtungsfunktion *umgekehrt S-förmig*; sie ist konkav in der Nähe von p = 0,0 und konvex in der Nähe
von p = 1,0 (Abbildung 6.7). Der asymmetrische Verlauf impliziert, daß kleine
Wahrscheinlichkeiten übergewichtet und mittlere und hohe Wahrscheinlichkeiten
untergewichtet werden. Tversky und Kahneman (1992) interpretieren die Gewichtungsfunktion nicht als eine Art von Glaubensgrad oder *belief function* (Abschnitt 5.2.2), sondern als Ausdruck des relativen Gewichts, mit dem eine dem
Entscheider möglicherweise genau bekannte Ereigniswahrscheinlichkeit in den
Bewertungsprozeß einbezogen wird.

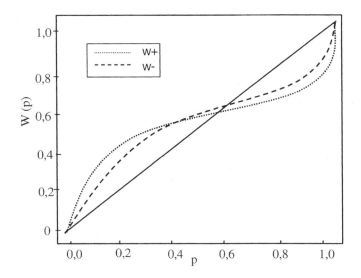

Abb. 6.7 Entscheidungsgewichtungsfunktionen für (a) Gewinne (w⁺) und (b) Verluste (w⁻) entsprechend der CPT

Mit Hilfe dieser Gewichtungsfunktion kann die Risikoeinstellung in verschiedenen Situationen besser erklärt werden als im Rahmen der SEU-Theorie, in der die Risikoeinstellung allein aus der (konkaven bzw. konvexen) Form der Nutzenfunktion abgeleitet wird. Viele Untersuchungen haben nämlich gezeigt, daß die Risikoeinstellung je nach Höhe der möglichen Gewinne oder Verluste verschieden ist (z.B. Cohen, Jaffray & Said, 1987). Der Befund kann in einer Vierfeldertafel dargestellt werden (nach Tversky & Fox, 1995):

	Gewinn	Verlust
Wahrscheinlichkeit:		
niedrig	R-suchend	R-meidend
mittel/hoch	R-meidend	R-suchend

Die Risikoeinstellung (vgl. Abschnitt 6.1.4) ist dadurch definiert, ob bei der Wahl zwischen einer Lotterie und einer sicheren Option (in Höhe des Erwartungswertes der Lotterie) die Lotterie oder die sichere Option vorgezogen wird. Wird die sichere Option präferiert, ist der Entscheider risiko-aversiv (R-vermeidend), andernfalls ist er risiko-geneigt (R-suchend). Bei der Wahl zwischen [100 $, 0,95; 0$, 0,05] und [95 $] entscheiden sich die meisten Personen für die sichere Option [95 $] (als Sicherheitsäquivalent CE für die unsichere Option hatten Tversky und Kahneman (1992) in einer früheren Untersuchung einen Wert von 78 $ (Median) gefunden). Sowohl Wert- als auch Entscheidungsgewichtungsfunktion wirken also in Richtung Risiko-Aversion. Dagegen wählen bei der Wahl zwischen [-100 $, 0,95; 0 $, 0,05] und [-95 $] die meisten Personen die Lotterie

(CE = -84 \$). Auch implizieren sowohl Wert- als auch Entscheidungsgewichtungsfunktion Risikosuche (abnehmende Sensitivität und Untergewichtung von p = 0,95). Risikosuche bei niedrigen Gewinnen kann durch die Übergewichtung kleiner Wahrscheinlichkeiten erklärt werden. So präferieren die meisten Versuchspersonen [100 \$, 0,05; 0 \$, 0,95] vor [5 \$] (CE = 14 \$). Hier wirken Wert- und Gewichtungsfunktion gegensinnig, so daß die Übergewichtung nur in einem begrenzten Bereich von monetären Konsequenzen durchschlägt. Gleiches gilt für die Risiko-Aversion bei der Wahl zwischen [-100 \$, 0,05; 0 \$, 0,95] und [-5 \$] (CE = -8 \$), bei sehr extremen Konsequenzen (z.B. [-1.000.000 \$, 0,05; 0 \$, 0,95] vs. [-50.000 \$]) wird eher Risikosuche auftreten.

In einer empirischen Studie mit einfachen monetären Lotterien konnten Tversky und Kahneman (1992) dieses typische Vierfeldermuster deutlich bestätigen. Von ihren 25 Versuchspersonen waren bei einer Gewinn-/Verlust-Wahrscheinlichkeit größer als 0,50 (im Durchschnitt über mehrere Lotterien mit verschiedenen Gewinnbeträgen) alle risiko-aversiv bei Gewinnen und risiko-suchend bei Verlusten; 22 der 25 Personen verhielten sich vollständig entsprechend dem Vierfeldermuster.

Die psychologisch wichtigsten Annahmen der CPT - in Ergänzung zu den Annahmen der PT - sind: (1) die Gesamtbewertung einer Lotterie als Summe der separaten Bewertung der Gewinne und Verluste, (2) die Gewichtung der Gewinne / Verluste mit verschiedenen Gewichtungsfunktionen, (3) die Definition der Gewichtungsfunktion als rangabhängig (RDU-Theorie, vgl. Abschnitt 6.4.1).

6.5 Ein Resümee

In den vorangegangenen Abschnitten haben wir einige der wichtigsten Theorien zur Entscheidungsfindung unter Unsicherheit vorgestellt: die SEU-Theorie, die *Prospect*-Theorie, die *Disappointment*-Theorie, die *Regret*-Theorie und rangabhängige Nutzentheorien; viele andere in der Literatur vorgeschlagene Theorievarianten blieben unerwähnt (vgl. Weber & Camerer, 1987; Camerer & Weber, 1992). Es wurde gezeigt, daß jede Theorie bestimmte Phänomene erklären kann, die aus Sicht der klassischen SEU-Theorie als Anomalien erscheinen, allerdings mit zum Teil recht unterschiedlichen Annahmen und Konzepten. Welche Theorie ist nun aber insgesamt deskriptiv die „beste", welche kann Wahlen unter Unsicherheit am konsistentesten beschreiben?

Ein abschließendes Urteil ist beim gegenwärtigen Stand der Forschung nicht möglich. Konsens besteht lediglich darin, daß die SEU-Theorie deskriptiv nicht hinreichend ist (Edwards, 1992). Ob allerdings die konkurrierenden Theorien besser abschneiden, ist eine offene Frage, besonders dann, wenn sie mit dem gleichen Universalitätsanspruch auftreten wie ursprünglich die SEU-Theorie. Üblicherweise zentriert sich jedes Modell um ein sehr spezifisches experimentelles Paradigma, das dann auch gut erklärt werden kann (etwa die PT hinsichtlich *Framing*-Effekten oder die *Regret*-Theorie hinsichtlich Intransitivitäten). In den letzten Jahren wurden jedoch einige Studien vorgelegt, die einen simultanen Test verschiedener Theorien vorgenommen haben (Camerer, 1989, 1992; Battalio, Kagel & Jiranyakul, 1990; Harless & Camerer, 1994). Wir wollen hier nicht auf die teilweise komplexen methodischen Einzelheiten eingehen, sondern nur eine Zusammenschau der wichtigsten Ergebnisse geben.

Das methodische Vorgehen dieser Studien bestand in der Regel darin, einer großen Zahl von Vpn eine große Anzahl Lotterien vorzugeben und sie jeweils binäre Wahlen treffen zu lassen. Die einzelnen Lotterien waren so konstruiert, daß monetäre Konsequenzen und Wahrscheinlichkeiten vorgegeben waren und so variiert wurden, daß Übereinstimmungen mit einzelnen Theorien überprüft werden konnten. Lotterien, die analog dem Allais-Paradox konstruiert waren, gaben etwa Aufschluß über Verstöße gegen die SEU-Theorie; Intransitivitäten zeigen Verletzungen der SEU-Theorie und der PT. Aus allen paarweisen Wahlen kann so ausgezählt werden, wie viele davon gegen jede einzelne Theorie verstoßen; dabei ist natürlich zu beachten, daß allgemeinere Theorien mit mehreren Parametern immer mehr erklären können als einfache Theorien mit wenigen Parametern. Zusammenfassend ergeben sich mehrere Schlußfolgerungen (wir beziehen uns hier vor allem auf die Befunde von Camerer, 1992, und Harless und Camerer, 1994):

1. Bei strenger statistischer Testung erweisen sich alle Theorien als „falsch", d.h. die Häufigkeit inkonsistenter Wahlen ist immer signifikant größer als per Zufall erklärt werden kann; keine Theorie kann also in diesem Sinne universelle Geltung beanspruchen.
2. Bei Lotterien mit Wahrscheinlichkeiten, die nicht extrem sind, also nicht nahe 0 oder 1 liegen, erweist sich die SEU-Theorie als fast ebenso erklärungskräftig wie konkurrierende Theorien. Bei extremen Wahrscheinlichkeiten schneiden jedoch Theorien mit nicht-linearen Gewichtungsfunktionen besser ab (z.B. die PT). Als generelles Merkmal von Entscheidungen unter Unsicherheit können die Nicht-Linearität von Wahrscheinlichkeiten und der spezielle Status von völliger Sicherheit und völliger Unmöglichkeit als weitgehend gesichert gelten; Theorien, die dies nicht berücksichtigen, sind höchstens im Bereich mittlerer Wahrscheinlichkeiten anwendbar.
3. Beim Vergleich von Wahlen zwischen Lotterien mit positiven und solchen mit negativen Konsequenzen zeigt sich eine systematische Asymmetrie: nämlich Risiko-Freude bei Verlusten und Risiko-Aversion bei Gewinnen.

Dieser Befund ist kompatibel mit Theorien, die einen Referenzpunkt postulieren, der Konsequenzen in Gewinne und Verluste differenziert (z.B. PT).

4. Theorien mit mehr Parametern (z.B. *Regret*-Theorie mit einer zusätzlichen *Regret*-Funktion, die unterschiedliche Formen haben kann) sind notwendigerweise mit einer größeren Anzahl empirischer Datenmuster vereinbar als Theorien mit wenigen Parametern (z.B. SEU-Theorie mit nur einer Nutzenfunktion). Versucht man einen *trade-off* zwischen Sparsamkeit und Erklärungskraft einer Theorie, kann die PT als momentan beste deskriptive Theorie für Entscheidungen unter Unsicherheit betrachtet werden.

Es gibt aber eine grundsätzlichere Auseinandersetzung um die SEU-Theorie und ihre Varianten. Sie dreht sich darum, ob bzw. inwieweit der Ansatz selbst das Entscheidungsverhalten beschreibt: Entscheiden Menschen immer auf der Basis der Wahrscheinlichkeiten und Werte der Konsequenzen der Optionen? Für welche Entscheidungsprobleme und Entscheidungssituationen und für welche Probleme und Situationen ist die Metapher der *Lotterie* bzw. des *gamble* nicht angemessen? Wir nennen hier die zwei wichtigsten Argumente gegen die SEU-Theorie:

(1) *Decision making in the short vs. in the long run*: Es leuchtet unmittelbar ein, daß der Erwartungswert einer Lotterie dann relevant ist, wenn sie mehrfach gespielt wird, weil man damit rechnen kann, daß dieser Erwartungswert auf lange Sicht (*in the long run*) realisiert wird. Aber die Relevanz des Erwartungswertes für den Fall, daß die Lotterie nur ein einziges Mal gespielt wird, ist weniger klar, denn man kann nicht damit rechnen, daß er in dem einen Spiel, also *in the short run*, realisiert wird, denn in einem einzelnen Spiel ist alles möglich. Zahlreiche Experimente haben denn auch gezeigt, daß Entscheidungen unterschiedlich ausfallen je nachdem, ob beispielsweise eine Lotterie nur *einmal* gespielt wird (*unique case*) oder ob sie *mehrfach* gespielt wird (*repeated case*). Da aber im „wirklichen Leben" Entscheidungen oft nur ein einziges Mal getroffen werden, so lautet das Argument, ist die Validität von Theorien, in denen der Erwartungswert eine Rolle spielt, stark eingeschränkt. Diese Position wird u.a. von Beach (1990), Huber und Kühberger (1996) und Lopes (1996) vertreten (vgl. auch Beach, Vlek & Wagenaar, 1988; Lipshitz, 1994; Luce, 1996; Schoemaker & Hershey, 1996).

(2) *Naturalistic vs. laboratory decision making*: In den typischen Experimenten der Entscheidungsforschung ist die Situation stark eingeschränkt auf grundsätzlich überschaubare Lotterien mit wenigen Faktoren. Aber im „wirklichen Leben" hat man es meist mit komplexen und intransparenten Problemen und Situationen zu tun, denen die SEU-Theorie nicht gerecht wird. Unsicherheiten können kaum spezifiziert werden, weil die Datenlage unübersichtlich ist, non-konsequentialistische Aspekte wie beispielsweise moralische Normen spielen eine Rolle, soziale Beziehungen und Verantwortlichkeiten werden einbezogen, oder der Entscheider

hat nicht genug Zeit oder nicht genug Motivation, alle Optionen in konsequentialistischer Weise zu bewerten. Diese Position wird weitgehend von den gleichen Wissenschaftlern vertreten, die auch das erste Argument vorbringen, insbesondere von Beach und Lipshitz (1993) und Klein (1993) (vgl. auch Klein, Orasanu, Calderwood & Zsambok, 1993).

Kühberger (1994) hat in einer Überblicksarbeit die wichtigsten Einwände gegen die SEU-Theorie zusammengetragen und für ein grundsätzlich neues Paradigma der Entscheidungsforschung plädiert. Unstrittig ist heute, daß die SEU-Theorie keinen Anspruch auf universelle deskriptive Gültigkeit für alle Entscheidungen erheben kann (vgl. auch Edwards, 1992, sowie Kapitel 7 und 8). Der Rückzug der SEU-Theorie vollzieht sich nach Kühberger auf zwei Ebenen. Zum einen hat sich gezeigt, daß Entscheider selbst in jenen eng definierten „Lotterie"-Situationen, in denen das SEU-Modell direkt anwendbar ist, die Axiome systematisch verletzen. Außerdem können bestimmte kognitive Prozesse, beispielsweise der Umgang mit Ambiguität oder selektive Aufmerksamkeit, im Rahmen des SEU-Modells gar nicht beschrieben werden. Das SEU-Modell wäre demnach empirisch weitgehend falsifiziert. Zum anderen fußt die SEU-Theorie auf Rationalitätsprinzipien, von denen angenommen wird, daß sie für alle Situationen gelten und von Entscheidern auch akzeptiert werden (etwa Transitivität). Hingegen argumentieren einige Forscher (Cosmides & Tooby, 1987; Cosmides, 1989), daß der kognitive Apparat des Menschen sich im Laufe der Evolution an viele sehr spezifische Situationen anpassen mußte, daß sich also keine generellen Verarbeitungsmechanismen, sondern viele problemspezifische adaptive Mechanismen herausgebildet haben. Danach macht es keinen Sinn zu erwarten, daß ein allgemeines Modell (SEU) alle (oder die meisten) realen Entscheidungsprobleme abbilden könne, da Menschen, je nach Bereich, in dem sie sich entscheiden, über spezifisch adaptierte kognitive Prozeduren verfügen (sogenannte bereichsspezifische Rationalität).

Pfister (1994) vertritt eine konservativere Position. Er weist darauf hin, daß die SEU-Theorie empirisch keineswegs so eindeutig falsifiziert ist, wie Kühberger behauptet. Systematische Verletzungen der SEU-Axiome finden beispielsweise oft nur statt, wenn Versuchspersonen gezielt „in die Falle" gelockt werden. Untersuchungen von Camerer (1992) und Harless und Camerer (1994) zeigen, daß jedenfalls dann, wenn die Entscheidungssituation dem Lotterie-Paradigma entspricht und die Nutzen- und Wahrscheinlichkeitsurteile nicht extrem sind, das SEU-Modell die Daten gut beschreiben kann. Und Ansätze wie die *Prospect*-Theorie, die deskriptiv besser abschneiden, können in ihren Grundannahmen nach wie vor als direkte Abkömmlinge der SEU-Theorie betrachtet werden. Von einem weitgehenden Scheitern der SEU-Theorie zu sprechen ist auch deshalb verfrüht, weil in neueren Ansätzen wie etwa der *Decision Field*-Theorie (siehe Abschnitt 7.2) das SEU-Modell nicht etwa grundsätzlich aufgegeben, sondern als theoretischer Kern beibehalten und ausdifferenziert wird. So steht bei aller berechtigten Kritik an der SEU-Theorie ein echter Paradigmenwechsel noch bevor. Ein neues

Paradigma müßte, folgt man Kuhn (1967) sowohl alle bisher festgestellten „Anomalien" erklären, als auch gänzlich neue Erklärungen und Vorhersagen ermöglichen. Eine solche Theorie ist heute leider noch nicht in Sicht.

6.6 Entscheidungen bei Unwissenheit

Bisher sind wir davon ausgegangen, daß der Entscheider die Unsicherheit der Konsequenzen in irgendeiner Weise beurteilen kann: Entweder verfügt er direkt über explizite Wahrscheinlichkeitsangaben, oder er verfügt zumindest über Informationen, die ihm die Schätzung von Wahrscheinlichkeiten ermöglichen.

In manchen Fällen jedoch weiß der Entscheider rein gar nichts - oder jedenfalls nicht genug, um die Wahrscheinlichkeiten der möglichen Konsequenzen schätzen zu können. Hier spricht man von Situationen der völligen Unkenntnis oder *Unwissenheit*. Man könnte einwenden, daß es solche Ereignisse gar nicht gibt, da sich selbst über die absurdesten Ereignisse eine Vermutung anstellen läßt. Wie wahrscheinlich ist es, daß morgen auf der Südhalbkugel des Planeten Mars ein Felsbrocken durch einen Meteoriten getroffen wird? Angenommen, man weiß nichts über Astronomie im allgemeinen und über den Planeten Mars im besonderen, wie soll man zu einem Urteil kommen? Andererseits könnte man einwenden, daß auch hier mindestens einige allgemeine Aussagen gemacht werden können, etwa, daß auf dem Mars wahrscheinlich Felsbrocken herumliegen (was sonst?), daß Meteoriten selten etwas treffen (jedenfalls auf der Erde) usw. Wir wollen die philosophische Frage, ob es Fälle radikaler Ignoranz gibt, nicht weiter verfolgen. Wir gehen hier von der psychologischen Beobachtung aus, daß es Fälle gibt, in denen Menschen sich nicht in der Lage sehen, ein Wahrscheinlichkeitsurteil über die entscheidungsrelevanten Ereignisse abzugeben.

Entscheidungen unter Unwissenheit lassen sich genauso wie Entscheidungen unter Unsicherheit in einer Entscheidungsmatrix darstellen, es fehlt lediglich der den Ereignissen zugeordnete Vektor der Wahrscheinlichkeiten. Es gibt kaum empirische Arbeiten dazu, wie Menschen in Situationen der so definierten Unwissenheit entscheiden. Aber es ist eine Reihe von Regeln vorgeschlagen worden, die den Entscheidungsprozeß möglicherweise beschreiben können. Wir beschränken uns hier auf drei dieser Regeln und greifen zu ihrer Illustration auf das folgende (modifizierte) Beispiel von Borcherding (1983) zurück: Gegeben seien die Optionen X, Y und Z, und möglich seien die Ereignisse E_1, E_2, E_3 und E_4, über deren Wahrscheinlichkeiten keinerlei Information vorliegt. Die Wahl jeder Option führt je nach Ereignis zu einem bestimmten Nutzen u.

| | | Ereignisse | | | | Gewählte Option gemäß |
		E_1	E_2	E_3	E_4	
	X	11	8	2	4	Laplace-Regel
Option	Y	3	0	4	12	MaxiMax-Regel
	Z	4	4	8	5	MaxiMin-Regel

(1) *Die MaxiMin-Regel*: Der Entscheider wählt diejenige Option, die *im ungünstigsten Fall* noch das beste Ergebnis bringt. Er betrachtet alle Konsequenzen einer Option und hält das schlechtest mögliche Ergebnis fest. Dies macht er für alle Optionen, so daß er am Schluß von jeder Option weiß, was ihre schlechteste Konsequenz ist, die sie überhaupt bringen kann. Wenn sein Ziel darin besteht, das Schlimmste zu vermeiden, dann wählt er die Option, die noch das *relativ günstigste* der möglichen·schlechtesten Ergebnisse liefert, das *maximale Minimum* also. Im Beispiel ist dies die Option Z, denn sie bringt im ungünstigsten Fall immerhin noch eine Konsequenz von 4, während X dann nur 2 und Y nur 0 bringt. Ein Mensch, der diese Regel benutzt, ist ein Pessimist.

(2) *Die MaxiMax-Regel*: Der Entscheider wählt danach diejenige Option, die *im günstigsten Fall* am besten ist. Er identifiziert für jede Option das bestmögliche Ergebnis, vergleicht die Menge der bestmöglichen Ergebnisse und wählt dann die Option, die das günstigste der möglichen günstigsten Ergebnisse liefert, das *maximale Maximum* also. Im Beispiel ist das die Option Y, denn sie kann als Konsequenz 12 erbringen, während X maximal 11 und Z maximal 8 bringen können. Ein Mensch, der nach dieser Regel entscheidet, ist offensichtlich ein Optimist.

(3) *Laplace-Regel* (oder Prinzip *des unzureichenden Grundes*): Wenn man nichts weiß, dann ist alles gleich wahrscheinlich - es gibt keinen Grund, irgendein Ereignis für wahrscheinlicher als irgendein anderes zu halten. In diesem Fall kann man diejenige Option wählen, deren *durchschnittlicher Nutzen am höchsten* ist. Im Beispiel ist dies die Option X, deren Durchschnittswert 6,25 beträgt, während die Durchschnittswerte für Y 4,75 und für Z 5,25 betragen. Man kann aber auch so argumentieren: Bei n Ereignissen hat jedes Ereignis die Wahrscheinlichkeit 1/n. Damit wird eine Situation radikaler Ignoranz durch ein plausibles Argument in eine Situation mit präzisen Wahrscheinlichkeiten überführt. Man könnte dann nach einer derjenigen Regeln entscheiden, die für Entscheidungen unter Unsicherheit beschrieben wurden.

Eine ausführliche Darstellung der Entscheidungsregeln bei Unwissenheit gibt Borcherding (1983, S. 145ff.).

6.7 Lesevorschläge

Wer sich mit den Anfängen der psychologischen Entscheidungsforschung in den
fünfziger und sechziger Jahren beschäftigen möchte, sei auf das von Ward Edwards und Amos Tversky (1967) herausgegebene Penguin Taschenbuch *Decision
making* verwiesen (sofern es noch aufzutreiben ist). Darin findet man auch den
bahnbrechenden Artikel von Ward Edwards (1954) *The theory of decision making*
aus dem *Psychological Bulletin*, in dem er die SEU-Theorie einführte. Den Nach-
folger der SEU-Theorie, die *Prospect*-Theorie, sollte man nicht nur aus zweiter
Hand kennen, sondern man sollte sich einmal die originale Arbeit von Daniel
Kahneman und Amos Tversky (1979), *Prospect Theory: An analysis of decision
under risk*, publiziert in der Zeitschrift *Econometrica*, anschauen.

Die in diesem Kapitel beschriebenen Theorien und Modelle sind fast alle Varianten der allgemeinen Klasse der Wert-Erwartungs-Theorien, die vor allem in der
Motivationspsychologie eine wichtige Rolle spielen. Um einen Überblick zu
bekommen, empfehlen wir hier das von Norman T. Feather (1982) herausgegebene Buch, *Expectations and actions: Expectancy-value models in psychology*.
Im Zusammenhang mit den emotionalen Aspekten von Entscheidungen, also
Bedauern und Enttäuschung, sind die Arbeiten zum kontrafaktischen Denken
interessant - was wäre, wenn ich mich anders entschieden hätte, wenn ich Glück
bzw. Pech gehabt hätte usw. Neal J. Roese und James M. Olson (1995) haben
einen Band mit dem Titel *What might have been - The social psychology of counterfactual thinking* herausgegeben, in dem zahlreiche wichtige Arbeiten enthalten
sind.

Das konsequentialistische Modell der individuellen Nutzenmaximierung ist
dem Ursprung nach ein ökonomisches Modell, und es spielt nach wie vor in der
Ökonomie eine wichtige Rolle, heute in Form der *Rational Choice*-Theorie. Einer
der wichtigsten Vertreter dieser Theorie ist der Nobelpreisträger Gary S. Becker,
der das Modell u.a. zur Erklärung des Verhaltens in Ehe und Familie heranzog,
und zwar 1981 in seinem Buch *A treatise on the family*.

It is not as important to make the right decision as it is to make the decision right.
Der frühere IBM Präsident T. V. Leason.

6.8 Neues aus den letzten Jahren

Die *Prospect*-Theorie (PT) von Kahneman und Tversky (1979) ist nach wie vor die meist diskutierte psychologische Entscheidungstheorie. Die theoretischen Annahmen werden differenziert und präzisiert, die aus der PT ableitbaren Vorhersagen werden empirisch getestet, und die PT wird vor allem in zunehmendem Maße zur Erklärung von Problemen der „*real world*" herangezogen; so in der Wirtschafts- und der Gesundheitswissenschaft. Wir gehen an dieser Stelle nur auf die neuere psychologische Forschung ein, Anwendungen der PT behandeln wir in Kapitel 9 (verwiesen sei aber an dieser Stelle auf Camerers (2000) Artikel *Prospect in the wild: Evidence from the field*).

Den derzeit wohl besten Überblick zum Stand der Forschung geben Wu, Zhang und Gonzales (in press). Sie zeigen zunächst die Entwicklung von der *Expected Utility* Theorie über die *Subjective Expected Utility* Theorie und die empirische Feststellung zahlreicher Verletzungen der Theorie zur *Prospect*-Theorie, die sie historisch und systematisch sehr klar darstellen. Es folgt dann eine sehr präzise und umfassende Übersicht der Forschung in der „*post-prospect theory era*". Sie sehen mehrere Gründe dafür, daß trotz der Leistung der PT ein Interesse an Erweiterungen und Modifikationen der PT und auch an Alternativen bestand: Für Ökonomen war es u.a. unbefriedigend, daß die PT Verletzungen stochastischer Dominanz zuläßt und daß sie auf Probleme mit zwei Optionen beschränkt ist, und für Psychologen war es unbefriedigend, daß die PT wenig zu den kognitiven und motivationalen Prozessen sagt. Dies führte zu den Theorien mit emotionalen Komponenten und den rangabhängigen Nutzentheorien, und insbesondere zur Entwicklung der *Cumulative Prospect*-Theorie (CPT), die jedoch auch nicht alle Probleme löst. Die rangabhängigen Nutzentheorien werden auch gut bei Eisenführ und Weber (2003, S. 380-387) dargestellt. Weber und Kirsner (1996) haben drei psychologische Gründe für eine rangabhängige Nutzenbewertung beschrieben und in empirischen Studien gezeigt, daß alle drei wirksam zu sein scheinen. Jüngere empirische Untersuchungen skizziert Mellers (2001), die auch auf das Problem der Interaktion zwischen Nutzen und subjektiver Wahrscheinlichkeit eingeht. Die empirische Evidenz ist nach Ansicht von Wu et al. (in press) nicht eindeutig, und eine Reihe von Fragen ist offen, d.h. die gegenwärtigen Theorien werden der Empirie nicht gerecht oder vernachlässigen wichtige Aspekte. Daraus werden künftige Themen der Forschung zur PT und CPT abgeleitet, so u.a. die Wahrnehmung von Entscheidungsproblemen und die Verarbeitung entscheidungsrelevanter Information, die mentale Editierung und Repräsentation von Problemen sowie der Einfluß von Emotionen und Motivationen. Zum dritten Thema sind zwei neue Ansätze zu nennen, in denen die Beziehung zwischen Affekten und der Wahrscheinlichkeitsgewichtungsfunktion untersucht wird: Rottenstreich und Hsee (2001) demonstrierten eine Beziehung zwischen der affektiven Reichhaltigkeit von Konsequenzen (Kuß vs. Geld) und der Funktion, und Brandstätter, Kühberger und Schneider (2002) führen die Übergewichtung kleiner Wahrscheinlichkeiten auf Vorfreude und die Untergewichtung hoher Wahrscheinlichkeiten auf antizipierte Enttäuschung zurück.

Die Befundlage zum *Framing*-Effekt, der vor allem in der Sozialpsychologie besonderes Interesse fand, wurde zunächst immer unklarer, da in den zahlreichen Studien die Darstellung des Entscheidungsproblems in jeder nur möglichen Weise variiert und den Versuchsteilnehmern auch unterschiedliche Fragen gestellt wurden. Klärend wirkten daher die Meta-Analyse der vorliegenden empirischen Studien von Kühberger (1998) sowie die Unterscheidung von drei *framing*-Typen durch Levin, Schneider und Gaeth (1998): Als *risky choice framing* bezeichnen sie das *framing* in der Art, wie es Tversky und Kahneman (1981) ursprünglich mit dem Beispiel der „Asiatischen Krankheit" vorgelegt hatten. Hier werden einmal die positiven Aspekte (*lives saved*) und einmal die negativen Aspekte (*lives lost*) hervorgehoben. Erfragt wird die Präferenz, und man beobachtet im ersten Fall Risiko-Vermeidung und im zweiten Fall Risiko-Suche. Als *attribute framing* bezeichnen sie die unterschiedliche Beschreibung eines einzelnen Objekts oder einer einzelnen Option. Beispielsweise wird ein Fleischprodukt als 75% mager oder als 25% fett ausgewiesen. Erfragt wird die Bewertung des Objektes, und man beobachtet hier im ersten Fall eine bessere Bewertung als im zweiten Fall. Und als *goal framing* bezeichnen sie eine Darstellung, in der entweder die positiven Konsequenzen einer Handlung oder die negativen Konsequenzen des Unterlassens der Handlung beschrieben werden. Erfragt wird die Entscheidung für Handlung oder Unterlassung. Levin, Gaeth und Schreiber (2002) berichten experimentelle Studien zu den drei *Framing*-Typen.

In vielen Experimenten wurde geprüft, wie stabil bzw. wie anfällig der *Framing*-Effekt für Manipulationen des Entscheidungsproblems ist. Dabei zeigte sich u.a.: (1) Eine Rolle spielt ganz offenbar, worum es in dem Problem geht (vgl. Wang, 1996; Kühberger, Schulte-Mecklenbeck & Perner, 1999). Wenn es in dem Problem beispielsweise um Menschenleben geht (wie bei der „Asiatischen Krankheit"), ist die Tendenz zur Risikosuche stärker, als wenn es um Geld oder andere Güter geht, unabhängig von der Art der Problempräsentation, also des *framing*. (2) Hohe Wahrscheinlichkeiten im Gewinnbereich führen zu verstärkter Risikovermeidung, hohe Wahrscheinlichkeiten im Verlustbereich führen zu verstärkter Risikosuche; zu Erklärungen für diese Verhaltenstendenz siehe Shafir, Bechar und Weber (2003) sowie Weber, Shafir und Blais (2004). (3) Das Ausmaß der Konsequenzen spielt eine Rolle: Wenn in der Beschreibung des Problems bei der „Asiatischen Krankheit" von 600 (wie im Original) oder 6.000 Menschen die Rede ist, tritt der *framing*-Effekt auf, er verschwindet jedoch, wenn von 120 Menschen die Rede ist, und bei einer noch kleineren Anzahl wird unabhängig vom *framing* immer die riskante Option vorgezogen. (4) Der Kontext, in dem das Problem beschrieben wird, beeinflußt das Verhalten: Wird die „Asiatische Krankheit" als ein medizinisches Problem charakterisiert, tritt der übliche *framing*-Effekt auf, wird sie aber als statistisches Problem charakterisiert, verschwindet der Effekt (Bless, Betsch & Franzen, 1998). (5) Selbst wenn Versuchsteilnehmer aufgefordert werden, über Entscheidungen, die sie i.S. des *Framing*-Effekts getroffen haben, genauer nachzudenken und sie zu begründen, verringert dies den Effekt nicht (LeBoeuf & Shafir, 2003). Diese Befunde decken sich weitgehend mit den Ergebnissen einer Meta-Analyse von 216 Studien mit Lotterien, in denen zwischen einem *gamble* mit zwei Konsequenzen einem *sure thing* zu entscheiden war (Weber et al., 2004).

Eine ausgezeichnete deutschsprachige Darstellung der PT und insbesondere der empirischen Forschung zu *framing*-Effekten geben Schmook, Bendrien, Frey und Wänke (2002).

7 Kontingenzen

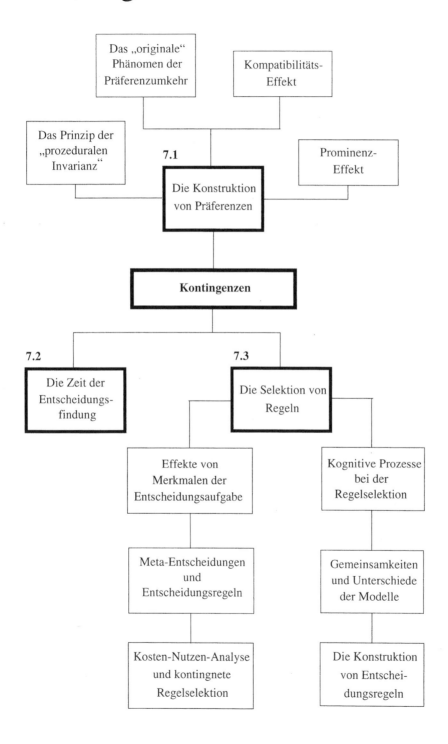

Das „originale" Phänomen der Präferenzumkehr

Kompatibilitäts-Effekt

Das Prinzip der „prozeduralen Invarianz"

Prominenz-Effekt

7.1

Die Konstruktion von Präferenzen

Kontingenzen

7.2

Die Zeit der Entscheidungs-findung

7.3

Die Selektion von Regeln

Effekte von Merkmalen der Entscheidungsaufgabe

Kognitive Prozesse bei der Regelselektion

Meta-Entscheidungen und Entscheidungsregeln

Gemeinsamkeiten und Unterschiede der Modelle

Kosten-Nutzen-Analyse und kontingnete Regelselektion

Die Konstruktion von Entschei-dungsregeln

Die bisherige Darstellung könnte das folgende Bild des entscheidungstheoretischen Ansatzes vermittelt haben: Menschen haben Präferenzen, die sich auf einzelne Attribute bzw. Konsequenzen von Optionen beziehen; wenn eine Option mehr als ein Attribut bzw. mehr als eine Konsequenz hat, ergeben sich die Präferenzen aus einer Auswahl oder Kombination der Präferenzen bezüglich der einzelnen Konsequenzen. Wenn die Konsequenzen unsicher sind, werden die Bewertungen der Konsequenzen mit den Wahrscheinlichkeiten (oder Unsicherheitsfaktoren) gewichtet. Die Forschung entwickelt Modelle zur Erklärung und Verfahren zur Messung der Präferenzen.

Dieses Bild ist nicht falsch, aber zu einfach. Denn es hat sich gezeigt, daß die Präferenzen in Entscheidungssituationen oft nicht a piori gegeben sind, sondern in Abhängigkeit von einer Vielzahl von Faktoren erst gebildet werden. Man sagt, das Entscheidungsverhalten sei *kontingent* (= bedingungsabhängig). Gemeint ist damit folgendes: *Erstens* spielt eine Rolle, in welcher Art und Weise Menschen ihre Präferenzen zum Ausdruck bringen; je nachdem, ob sie eine Option bewerten oder wählen, zeigen sie (manchmal) verschiedene Präferenzen. Und *zweitens* beeinflussen zahlreiche Merkmale des Problems, welche Information aufgenommen und wie sie verarbeitet wird und damit auch, welche Präferenzen gezeigt werden; je nachdem, ob für eine Entscheidung viel oder wenig Zeit zur Verfügung steht, werden (manchmal) verschiedene Präferenzen gezeigt.

Im *ersten* Abschnitt beschäftigen wir uns mit der Abhängigkeit von Präferenzen von der Art und Weise, in der sie zum Ausdruck gebracht bzw. in Untersuchungen erfragt werden. Es geht um die Effekte unterschiedlicher Verfahren, Präferenzen zu erheben (*response modes*). Die naheliegende (und aus präskriptiver Sicht fast notwendige) Annahme *prozeduraler Invarianz* lautet, daß Präferenzen nicht davon abhängen, *wie* man nach ihnen fragt. Die Forschung hat aber gezeigt, daß diese Annahme nicht haltbar ist. Man erklärt dies damit, daß die verschiedenen *response modes* offenbar die Auswahl der entscheidungsrelevanten Information und/oder den Abruf des entscheidungsrelevanten Wissens in unterschiedlicher Weise steuern und so jeweils zu spezifischen *Konstruktionen von Präferenzen* führen. Wir werden einige wichtige Effekte und ihre Erklärungen darstellen.

Im *zweiten* Abschnitt geht es um *dynamische* und *stochastische* Aspekte: Präferenzen können schwanken, wenn die Aufmerksamkeit während des Entscheidungsprozesses schwankt. Je mehr Zeit für Überlegungen zur Verfügung steht und aufgewendet wird, um so häufiger können die Präferenzen schwanken, bis sich *die* letztliche Präferenz herausgebildet hat.

Im *dritten* Abschnitt beschäftigen wir uns damit, wie Menschen zwischen Regeln der Entscheidungsfindung wählen und von welchen Faktoren diese Wahl einer Regel abhängt. Wovon hängt es beispielsweise ab, ob jemand eine non-kompensatorische oder eine kompensatorische Regel wählt? Es geht um die Effekte unterschiedlicher Aufgabenmerkmale (*task features*) vor allem komplexer Probleme. Man erklärt deren Wirkung damit, daß jeweils unterschiedliche Prozesse der Informationsaufnahme und -verarbeitung ermöglicht oder nahegelegt werden. Wir hatten in früheren Kapiteln bereits beschrieben, daß es eine ganze Reihe von Regeln gibt, die unterschiedliche kognitive Prozesse implizieren. Die Forschung hat gezeigt, daß Merkmale des Problems die *Selektion der Entscheidungsregel* beeinflussen, welche sich dann wiederum darauf auswirken kann, welche Präferenzen gezeigt werden. Zunächst beschreiben wir einige Befunde der empirischen Forschung. Dann stellen wir den Ansatz dar, nach dem die Selektion einer Regel auf einer Abwägung von Kosten und Nutzen ihrer Anwendung beruht. Und schließlich stellen wir kognitionspsychologische Analysen der einzelnen Regeln und des mit ihnen verbundenen Aufwandes (also der mentalen Kosten) und Studien zur Validierung dieser theoretischen Konzepte dar.

7.1 Die Konstruktion von Präferenzen

7.1.1 Das Prinzip der „prozeduralen Invarianz"

Nehmen wir an, eine Person habe eine stabile Präferenz in bezug auf Getränke; so mag sie lieber Wein als Bier und Bier lieber als Milch. Nennen wir dies die „wahre" Präferenzordnung der Person. Kommt man bei Verwendung verschiedener Verfahren, diese Präferenzordnung zu erfassen, stets zu den gleichen Resultaten, dann liegt *prozedurale Invarianz* vor, d.h. die Präferenzen sind gegenüber der angewandten Prozedur invariant. Die Situation ist derjenigen eines Physikers analog, der die Temperatur im Innern der Sonne messen will. Er unterstellt, daß dort eine wahre Temperatur herrscht, die in den für ihn relevanten Zeiträumen konstant ist, und er erwartet, daß unterschiedliche Meßmethoden grundsätzlich die gleichen Werte liefern. Wenn die Verfahren valide sind, sollten sie genau die „wahre" Temperatur wiedergeben. Wenn die Verfahren reliabel sind, sollten sie dies möglichst genau tun; schlimmstenfalls sollten sie zufällige Schwankungen um die wahre Temperatur zeigen. Was aber keinesfalls eintreten sollte (und was den Physiker äußerst stutzig machen würde), ist der Fall, daß je nach Verfahren systematisch andere Temperaturen abgelesen werden.

Angenommen, wir stellen Sie vor die Wahl, ein Glas Wein oder ein Glas Bier zu trinken, und Sie wählen das Glas Wein. Dann stellen wir Sie vor die Wahl zwischen Bier und Milch, und Sie wählen das Bier. Wir schließen daraus, daß Ihre Präferenzordnung lautet W≻B≻M: Später bitten wir Sie, uns den €-Betrag zu nennen, den Sie zahlen würden, um uns ein Glas Wein, Bier oder Milch abzukaufen. Sie sagen: Wein = 1 €, Bier = 2 €, Milch = 2,50 €. Wir schließen daraus auf die Präferenzordnung W≺B≺M. Was ist passiert? Möglicherweise haben sich

Ihre Präferenzen zwischen erster und zweiter Erhebung verändert. Also wenden wir die gleichen Verfahren nochmals in gleicher Weise an - und erhalten das gleiche Resultat. Daß sich die Präferenzen immer genau parallel zum eingesetzten Verfahren der Präferenzmessung verändern, ist äußerst unwahrscheinlich. Plausibler ist folgende Annahme: Die Art und Weise, wie wir fragen, beeinflußt systematisch das Ergebnis. Jedes Verfahren aktiviert andere Information im Gedächtnis, und so wird aus dem aktivierten Wissen jeweils eine unterschiedliche Präferenz gebildet. Es liegt gar keine stabile wahre Präferenz vor, sondern sie wird im Verlaufe der Abfrage überhaupt erst gebildet bzw., so der Fachausdruck, *konstruiert.* Die beobachtete Präferenz sagt also einerseits etwas über die Werte der befragten Person aus und andererseits etwas über den Prozeß der Verarbeitung dieser „inneren Werte" zur Konstruktion der Präferenz.

Zahlreiche empirische Untersuchungen haben gezeigt, daß die Feststellung von Präferenzen nicht immer prozedural invariant ist. Erhält man mit dem einen Verfahren eine Präferenz für X gegenüber Y, erhält man mit dem anderen Verfahren eine Präferenz für Y gegenüber X, also eine *Präferenzumkehr (preference reversal).* Es ist aber darauf zu verweisen, daß damit häufig nicht eine Umkehrung der Präferenzen bei der gleichen Person je nach Verfahren gemeint ist; man setzt verschiedene Verfahren im allgemeinen nicht bei den gleichen Personen (*within-subjects*), sondern bei unterschiedlichen Personen (*between-subjects*) ein. Wenn man dann feststellt, daß die (zufällig zusammengesetzten) Gruppen bei dem gleichen Problem unterschiedliche Präferenzen zeigen, dann schließen wir daraus allerdings, daß im Prinzip auch bei einer einzelnen Person eine Präferenzumkehr je nach Verfahren auftreten kann.

In Kapitel 3 wurden die üblichen Verfahren zur Erhebung von Präferenzen bereits beschrieben. Am häufigsten bittet man Vpn, eine der gegebenen Optionen auszuwählen (*choice*) oder aber die gegebenen Optionen zu bewerten (*rating*). Häufig verwendet man auch das Verfahren der Anpassung (*matching*) oder das Verfahren der Angabe des maximalen Kaufpreises bzw. des minimalen Verkaufspreises. Diese vier Verfahren sind in Box 7.1 noch einmal mit einem typischen „Lotterie"-Problem illustriert (nach Payne, Bettman & Johnson, 1993, S. 41).

Box 7.1: Die Erfassung von Nutzenwerten und Präferenzen für ein typisches Lotterie-Problem

Wählen (choice): Man fordert eine Person dazu auf, eine der vorgegebenen Lotterien zu wählen. Wie bereits in Kapitel 3 dargestellt, ist dies die direkteste Methode der Erfassung von Präferenzen - auch zwischen Lotterien.
Bsp.: Sie haben die Wahl zwischen:
Lotterie A: Hier gewinnen Sie mit einer Wahrscheinlichkeit von 32/36 4 €.
Lotterie B: Hier gewinnen Sie mit einer Wahrscheinlichkeit von 4/36 40 €
Welche Lotterie wählen Sie?

Anpassung (matching): Man fordert die Person dazu auf, den Gewinnbetrag x für Lotterie B zu nennen, bei dem die Person indifferent ist zwischen den Lotterien.
Bsp.: Lotterie A: Mit einer Wahrscheinlichkeit von 32/36 gewinnen Sie 4 €.
       Lotterie B: Mit einer Wahrscheinlichkeit von 4/36 gewinnen Sie x €.
Setzen Sie denjenigen Geldbetrag x für Lotterie B ein, bei dem Lotterie A und Lotterie B für Sie gleichwertig sind!

Minimaler Verkaufspreis (minimum selling price, MSP): Man fragt eine Person, für welchen minimalen Geldbetrag sie eine bestimmte Lotterie verkaufen würde (d.h. die Chance verkaufen würde, diese Lotterie zu spielen). Die Höhe der verlangten Preise ist ein Indikator für den Nutzen der Lotterie.
Bsp.: Mit einer Wahrscheinlichkeit von 4/36 gewinnen Sie 40 €.
Wie viel € müßten wir Ihnen mindestens bieten, damit Sie diese Lotterie verkaufen?

Bewertung (rating): Hier wird eine Person gefragt, für wie gut oder attraktiv sie eine Lotterie hält, d.h. wie attraktiv sie es findet, diese Lotterie zu spielen. Die Person muß dies entweder auf einer numerischen oder einer verbalen Skala beurteilen. Die Skala kann mono- oder bipolar, ordinal oder kardinal sein. Die Höhe der Bewertung gilt als der Nutzen der Lotterie für die Person.
Bsp.: Mit einer Wahrscheinlichkeit von 32/36 gewinnen Sie 4 €.
Wie attraktiv finden Sie diese Lotterie?
(1) sehr unattraktiv (2) eher unattraktiv (3) weder unattraktiv noch attraktiv (4) eher attraktiv (5) sehr attraktiv

---

7.1.2 Das „originale" Phänomen der Präferenzumkehr

Lichtenstein und Slovic (1971) stießen auf das Phänomen der Präferenzumkehr zunächst bei Experimenten mit einfachen Lotterien wie beispielsweise „30% Chance, 16 $ zu gewinnen, und 70% Chance, 4 $ zu verlieren". Sie stellten fest, daß die Bewertungen der Attraktivität einer Lotterie und die Wahlen zwischen Paaren von Lotterien in erster Linie durch die Wahrscheinlichkeiten von Gewinn und Verlust bestimmt wurden, während die Kauf- und Verkaufspreise in erster Linie durch die Höhe der zu gewinnenden bzw. zu verlierenden Beträge bestimmt wurden. Die Befunde sprachen also dafür, daß Menschen bei Bewertungen und Wahlen *unterschiedliche Information* oder die *Information unterschiedlich* verarbeiten als bei der Festlegung von Kauf- bzw. Verkaufspreisen. Dann, so vermuteten Lichtenstein und Slovic (1971), müßte man Paare von Lotterien so zusammenstellen können, daß jemand die eine Lotterie des Paares wählt, aber für die andere Lotterie einen höheren Verkaufpreis ansetzt. Dies konnten sie in mehreren Untersuchungen, u.a. in einem Spielcasino in Las Vegas, demonstrieren. Zum Beispiel mit folgenden Lotterien:

P-bet	$-bet
11/12 Chance, $ 3 zu gewinnen	2/12 Chance, $ 19,75 zu gewinnen
1/12 Chance, $ 6 zu verlieren	10/12 Chance, $ 1,25 zu verlieren

Die erste Lotterie hat eine *hohe Chance*, einen *geringen Betrag* zu gewinnen (Lichtenstein und Slovic nannten dies die *P-bet*, für *Probability-bet*, um die hohe Wahrscheinlichkeit eines Gewinns zu betonen). Die zweite Lotterie bietet dagegen eine *geringe Chance*, einen *hohen Betrag* zu bekommen (daher *$-bet*, um den hohen Dollar-Gewinn zu betonen).

Die Tabelle 7.1 zeigt die Ergebnisse: Wenn die Vpn eine *Wahl* treffen sollten, wählten jeweils etwa gleich viele die P- und die $-bet. Wenn sie einen *minimalen Verkaufpreis (MSP)* nennen sollten, gaben jedoch 88% der $-bet einen höheren Preis. Von den Personen, welche die P-bet *wählten* (50%), verlangten sogar 87% für die $-bet den *höheren Preis*! Aus den Verkaufpreisen allein würde man auf einen höheren Nutzen der $-bet schließen und erwarten, daß Vpn *eher diese* Lotterie wählen als die P-bet: MSP($-bet)> MSP(P-bet) $\Leftrightarrow u(\$ - bet) > u(P\text{-}bet) \Leftrightarrow$ $-bet > P-bet.

Tab. 7.1 Die Abhängigkeit der Präferenzen von der Erhebungsmethode

	P-bet	$-bet
Wahl von...	50%	50%
Höherer MSP für...	12%	88%

Die Daten zeigen aber ein anderes Bild: Personen tendieren bei einer *Wahl* dazu, die Option mit den höheren Gewinnchancen zu wählen, während sie für die Option mit dem höheren möglichen Gewinn einen höheren *Preis* ansetzen. Dieses Phänomen der Präferenzumkehr ist außerordentlich robust und wurde vielfach repliziert (vgl. Slovic, 1995, S. 365-367). In einem allgemeinen Sinne ist eine Präferenzumkehr ein Indikator für viele andere Phänomene, beispielsweise für *Framing*-Effekte und für viele der in Abschnitt 8.3 und 8.4 beschriebene Effekte.

Von Präferenzumkehr im engeren Sinne spricht man jedoch aus historischen Gründen nur bei Entscheidungen, die analog der P-bet / $-bet Situation konstruiert wurden.

Nicht immer kommt es zu einer Präferenzumkehr; man findet in experimentellen Untersuchungen meistens etwa 40-50% Fälle von Präferenzumkehr. Aber wie kommt es zur Präferenzumkehr, wenn es denn dazu kommt? Wir können die verschiedenen Erklärungsansätze hier nicht ausführlich behandeln, sondern nur einen Aspekt illustrativ darstellen. Dazu ist die Formulierung des Problems nützlich, die Tversky, Slovic und Kahneman (1990) gewählt haben. Sie definierten Präferenzumkehr durch die folgende Kombination von Antworten:

$$H \succ L \quad \text{und} \quad C_L > C_H$$

H	= high-probability gamble (oben: P-bet)
L	= low-probability gamble (oben: $-bet)
C_H	= cash equivalent für H (also minimaler Verkaufspreis für die P-bet)
C_L	= cash equivalent für L (also minimaler Verkaufspreis für die $-bet)

Man kann zeigen, daß einer Präferenzumkehr entweder ein Verstoß gegen das Prinzip der Transitivität von Präferenzen zugrundeliegt oder ein Verstoß gegen das Prinzip prozeduraler Invarianz oder auch beides.

Angenommen, prozedurale Invarianz sei gewahrt. Dann sollte eine Person zwischen dem angegebenen Verkaufspreis (*cash equivalent*) C und der entsprechenden Lotterie indifferent sein; d.h. es gilt: $C_H \sim H$ und $C_L \sim L$. Präferenzumkehr, wie sie beobachtet wird, impliziert dann den folgenden intransitiven Zyklus:

$$C_H \sim H \succ L \sim C_L > C_H$$

wobei die beiden Äquivalenzen aus der Annahme prozeduraler Invarianz folgen und die beiden Ungleichungen sich aus der beobachteten Präferenzumkehr ergeben.

Nun sei angenommen, das Transitivitätsprinzip sei gewahrt. Dann können zwei Arten eines Verstoßes gegen das Prinzip prozeduraler Invarianz zur Präferenzumkehr führen: Ein zu hoher Preis für L (*overpricing*) oder ein zu geringer Preis für H (*underpricing*). Eine Überbewertung von L liegt vor, wenn der Entscheider den Verkaufspreis gegenüber der Lotterie vorzieht, wenn er zwischen beiden wählen soll (also: $C_L \succ L$). Eine Unterbewertung von H liegt entsprechend vor, wenn $H \succ C_H$. Die Begriffe „zu hoher" bzw. „zu geringer" Preis bezeichnen lediglich das Vorzeichen des Unterschiedes zwischen Nennung des Preises und der Wahl;

damit soll also nicht gesagt werden, daß die Wahl von Personen ihre „wahren" Präferenzen zum Ausdruck bringt und die Nennung von Verkaufspreisen demgegenüber verzerrt ist.

Tversky, Slovic und Kahneman (1990) haben empirisch untersucht, inwieweit sich Fälle von Präferenzumkehr auf Intransitivität, auf eine Überbewertung von L, auf eine Unterbewertung von H oder auf eine gleichzeitige Überbewertung von L und Unterbewertung von H zurückführen lassen. Nur 10% der Fälle verletzten das Transitivitätsprinzip, aber 90% verletzten das Invarianzprinzip. Und bei diesen Fällen wurde von fast zwei Drittel der Vpn die L-Lotterie überbewertet. Auch die Daten der Untersuchung von Lichtenstein und Slovic (1971) können in diesem Sinne interpretiert werden, denn 88% der Vpn gaben für die $-bet (=L) einen höheren MSP an.

Präferenzumkehrungen findet man auch zwischen *Wahl einer Option* und *Bewertung der Attraktivität der Optionen*. In einem Experiment von Kahneman und Miller (1986) wurden zwei Lotterien angeboten, bei denen nur gewonnen werden konnte: (X) „Du gewinnst 3 $ mit einer Wahrscheinlichkeit von 31/36", und (Y) „Du gewinnst 13 $ mit einer Wahrscheinlichkeit von 7/36". Wenn zwischen (X) und (Y) gewählt werden sollte, entschieden sich ungefähr gleich viele Vpn für die beiden Lotterien. Wenn dagegen die Attraktivtität der Lotterien auf einer 20-Punkte-Skala bewertet werden sollte, erhielt (X), die Lotterie mit der höheren Wahrscheinlichkeit, einen Wert von 12,1, (Y), die Lotterie mit dem höheren Gewinn, einen Wert von 6,5. Die Wahrscheinlichkeit, etwas zu gewinnen, und der Betrag, der zu gewinnen ist, werden offenbar (zumindest bei derartigen Entscheidungsproblemen) unterschiedlich gewichtet, je nachdem, ob gewählt oder bewertet werden soll; bei der Bewertung scheint in diesem Experiment die Wahrscheinlichkeit eine größere Rolle gespielt zu haben als bei der Wahl. Kahneman und Miller (1986, S. 142) interpretieren solche Befunde im Rahmen ihrer *Norm*-Theorie.

Bewertung ist insofern „natürlicher", als sie im Alltag eher verlangt wird als Anpassung (im Sinne des Verfahrens!). Man hat sich daher primär mit dieser Art der Präferenzumkehrung beschäftigt, zumal man daraus Konsequenzen für die Interpretation von Umfragen in der Markt- und Meinungsforschung ableiten kann, in der oft Bewertungen (von Produkten oder Parteien), nicht aber Wahlen zwischen den Optionen erfragt werden. Hier muß man also vorsichtig sein, aus den Bewertungen direkt auf die späteren faktischen Entscheidungen zu schließen.

7.1.3 Kompatibilitäts-Effekt

Warum kommt es aber eigentlich bei den verschiedenen Verfahren zu unterschiedlichen Präferenzen? Werden tatsächlich jeweils unterschiedliche Prozesse
der Informationsverarbeitung in Gang gesetzt? Und wenn ja, welche? Warum
etwa kommt es zu einer Überbewertung bzw. Unterbewertung von Lotterien?
Slovic, Griffin und Tversky (1990) haben die Erklärung vorgeschlagen, daß das
Gewicht eines Reizmerkmals dann erhöht wird, wenn das Merkmal mit dem
Reaktionsmodus *kompatibel* ist, wenn Reizskala und Reaktionsskala zueinander
„passen" (*Skalenkompatibilität*). In dem Beispiel aus dem letzten Abschnitt sind -
sagen Slovic et al. - das Merkmal Geldbetrag (in der Lotterie) und die Frage nach
einem minimalen Verkaufspreis (der Lotterie) kompatibel, jeweils geht es um
einen Geldbetrag; sie sind besser kompatibel als das Merkmal Geldbetrag und die
Frage nach einer Wahl zwischen zwei Lotterien. Die Bedeutung der Kompatibilität zwischen Reiz- und Reaktionsformat kennt man nicht nur in der Entscheidungsforschung, man kennt sie schon lange beispielsweise in der Wahrneh-
mungs- und in der Arbeitspsychologie. Die Reaktion bei visueller Darbietung von
Informationen etwa auf einer Instrumententafel ist schneller und genauer, wenn
die Reaktionsstruktur dem Arrangement der Reize entspricht: Die Reaktion auf
ein Paar von Lichtern ist schneller und genauer, wenn auf das linke Licht mit dem
linken Knopf und auf das rechte mit dem rechten Knopf reagiert werden muß.

Aus welchen Gründen könnte Skalenkompatibilität zu einer stärkeren Gewichtung des kompatiblen Merkmals oder Attributs führen? Zwei Gründe lassen sich
denken: Erstens sind dann, wenn keine Kompatibilität gegeben ist, weitere mentale Operationen nötig, um Kompatibilität herzustellen, d.h. die Reizskala ist mit
der Antwortskala so in Beziehung zu setzen, daß eine Antwort gegeben werden
kann. Dies verlangt größere Anstrengung und führt leicht dazu, daß dem Reiz-
merkmal weniger Gewicht gegeben wird. Zweitens wird durch den Reaktionsmodus die Aufmerksamkeit auf das kompatible (entsprechende) Merkmal des Reizes
gerichtet. Wenn von einer Vp verlangt wird, einen minimalen Verkaufspreis zu
nennen, würde eine Vp nach dieser Annahme ihre Aufmerksamkeit eher auf den
Gewinnbetrag richten; wenn eine Wahl verlangt wird, ist dagegen unklar, welches
Merkmal des Reizes es denn sein könnte, das mit diesem Reaktionsmodus kompatibel ist.

Betrachten wir das Experiment von Slovic, Griffin und Tversky (1990). Sie präsentierten ihren Vpn Lotterien, wie sie zur Demonstration der Präferenzumkehr
verwendet wurden, und erzielten das erwartete Resultat: In 63% wurde die P-bet
gewählt; aber nur in 33% wurde für die P-bet ein höherer Verkaufspreis (MSP)
angegeben. Insgesamt gab es 41% Präferenzumkehrungen. Eine zweite Serie von
Entscheidungen bestand aus analogen Lotterien, die jedoch nicht-monetäre Konsequenzen hatten. So konnten die Vpn wählen zwischen „einer 89%igen Chance,

einen Gutschein zum Besuch aller städtischen Kinos mit 1-wöchiger Gültigkeit zu gewinnen", und „einer 33%igen Chance, einen entsprechenden Gutschein mit 1-monatiger Gültigkeit zu gewinnen".

P-bet	$-bet
89 % Chance Wochengutschein	33% Chance Monatsgutschein
11% Chance nichts	67% Chance nichts

Da bei diesen Lotterien mit nicht-monetären Konsequenzen die Kompatibilität zwischen der Verkaufspreis-Antwortskala (Geldbetrag) und dem Gewinn (Kinogutschein) nicht gegeben ist, wurde erwartet, daß dieses Merkmal *nicht* überbewertet wird, also auch weniger häufig die $-bet (d.h. mit geringer Wahrscheinlichkeit einen Monatsgutschein zu gewinnen) einen höheren Verkaufspreis zugeschrieben bekommt als die P-bet. Tatsächlich wählten 66% die P-bet (präferierten also eine hohe Chance, einen Wochengutschein zu bekommen), und fast ebenso viele, nämlich 54%, nannten für die P-bet auch den höheren Verkaufspreis. Die Häufigkeit von Präferenzumkehrungen sank von 41% bei Lotterien mit einer monetären (mit dem Antwortmodus kompatiblen) Konsequenz auf 24% bei Lotterien mit einer nicht-monetären (mit dem Antwortmodus inkompatiblen) Konsequenz.

Eine Untersuchung mit dem *mouselab* (vgl. Abschnitt 4.4.5) von Schkade und Johnson (1989) brachte weitere Evidenz zugunsten der Kompatibilitäts-Annahme. Mit dem *mouselab* kann man messen, wie lange eine Vp auf die einzelnen Komponenten der Lotterien, also Wahrscheinlichkeiten und Gewinne, schaut, während sie die Attraktivität der Lotterien bewertet, Verkaufspreise bestimmt oder zwischen Lotterien wählt. Die Untersuchung zeigte, daß Vpn bei der Bestimmung von Verkaufspreisen für Lotterien signifikant länger als bei einer Wahl zwischen Lotterien auf die Beträge schauten, wenn sie Präferenzumkehrungen produzierten; wenn sie jedoch keine Präferenzumkehr zeigten, gab es auch kaum einen Unterschied in den Zeiten.

7.1.4 Prominenz-Effekt

Stellen Sie sich vor, Sie sind Verkehrsminister und haben die Wahl zwischen zwei Programmen zur Verbesserung der Verkehrssicherheit: Programm A reduziert die erwartete Zahl der jährlichen Todesfälle von 6.000 auf 5.000 und kostet 100 Mio $, Programm B reduziert die Zahl der Verkehrstoten von 6.000 auf 5.700, kostet aber nur 20 Mio $. Das Problem ist unten in der Matrix dargestellt (ignorieren Sie bitte die graphische Hervorhebung des Betrages von 100 Mio $).

Für welches Programm würden Sie sich entscheiden?

	Erwartete Anzahl von Verkehrstoten	Kosten in $
Programm A	5.000	**[100 Mio.]**
Programm B	5.700	20 Mio.

In der Untersuchung von Tversky, Sattath und Slovic (1988) wählten zwei Drittel der Vpn (67%) Programm A, welches bei höheren Kosten zu weniger Verkehrstoten führt. Sie präsentierten dann einer anderen Gruppe das Problem in einer etwas anderen Form: Das Feld in der Matrix, in dem die Kosten für Programm A stehen [100 Mio] war leer. Die Vpn wurden aufgefordert, hier denjenigen Betrag einzusetzen, bei dem sie zwischen den Programmen A und B indifferent wären, bei dem also A und B „gleich gut" wären. Eine Anpassungs-Aufgabe also. Aus der Antwort können wir schließen, wofür sie sich im Falle einer Wahl entschieden *hätten*. Angenommen, eine Vp setze einen Betrag von 35 Mio $ ein. Dann können wir daraus schließen, daß sie Programm B präferiert hätte. Falls A und B „gleich gut" sind, wenn die Kosten von A 35 Mio $ betragen, dann sollte A schlechter als B sein, wenn die Kosten von A höher liegen. Die allermeisten Vpn nannten einen Betrag, der deutlich niedriger war als 100 Mio $; wenn man aus den Angaben der Vpn nach diesem Argument ihre Präferenzen ableitete, hätten nur 4% das Programm A gewählt, 96% aber das Programm B!

Wir finden also unterschiedliche Präferenzen je nachdem, ob wir diese Präferenzen mit einem Wahlverfahren oder mit einem Anpassungsverfahren bestimmen. Die durch das Anpassungsverfahren gewonnene Präferenz widerspricht der Präferenz, die mit dem Wahlverfahren festgestellt wird, denn [5.000 Tote, 35 Mio] ~ [5.700 Tote, 20 Mio] ⇔ [5.700 Tote, 20 Mio] ≻ [5.000 Tote, 100 Mio].

Wie kann man diesen Befund erklären? Tversky, Sattath und Slovic (1988) nehmen folgendes an: Für die meisten Menschen sind Todesfälle wichtiger - prominenter - als monetäre Kosten. Wenn sie zwischen zwei Programmen wählen, stützen sie sich weitgehend oder sogar ausschließlich auf das eine wichtige Attribut, die Anzahl der Todesfälle. Deshalb entschieden sich die meisten Vpn für diejenige Option, die auf diesem Attribut besser war (also Programm A). Wenn Menschen dagegen ein Programm dem anderen anpassen sollen, sind sie gezwungen, beide Attribute zu betrachten und zu bedenken und eine explizite Güterabwägung vorzunehmen. Die Orientierung der Wahl primär oder nur an dem wichtigsten Attribut wird als *Prominenzeffekt* bezeichnet. Die Wortwahl läßt die Annahme erkennen, daß die Prominenz eines Attributes bei Anwendung eines Wahlverfahrens dazu verführt, die anderen Attribute mehr oder weniger zu ignorieren, und daß daher die „wahren" Präferenzen eher bei einem Anpassungsverfahren zum Ausdruck kommen.

Tversky, Sattath und Slovic (1988) meinen, daß bei den Verfahren Wahl und Anpassung unterschiedliche kognitive Strategien eingesetzt werden. Bei einer Wahl eher qualitatives Denken in dem Sinne, wie es etwa die *(non-kompensatorische) lexikogaphische Strategie* verlangt: Man sucht diejenige Option, die den anderen Optionen auf dem wichtigsten Attribut überlegen ist (vgl. Abschnitt 4.4.2). Die Orientierung am wichtigsten Attribut liefert einen „guten Grund" für eine Wahl (vgl. Kapitel 8). Diese Strategie ist einfacher als eine Strategie, bei der Vor- und Nachteile der Optionen miteinander verrechnet werden müssen, und sie ist auch leichter zu rechtfertigen. Eine Anpassung dagegen verlangt eine aufwendigere quantitative Bestimmung, im Grunde die Anwendung einer *kompensatorischen Strategie* (vgl. Abschnitt 4.4.3).

Andere Befunde und Interpretationen zum Prominenzeffekt findet man u.a. auch bei Montgomery, Gärling, Lindberg und Selart (1990), Selart, Montgomery und Gärling (1994), Mellers und Cooke (1996) und Selart (1996).

Die in diesem Abschnitt 7.1 beschriebenen Befunde zur Präferenzumkehr je nach Art der Darbietung der Information und vor allem auch nach der Art der Urteilserhebung zeigen, daß Präferenzen zumindest in experimentellen Situationen nicht sehr stabil sind, sondern von zahlreichen Faktoren beeinflußt werden können, die mit der Substanz des Problems nichts zu tun haben. Bei Westenberg und Koele (1992), Fischer und Hawkins (1993), Slovic (1995) sowie Mellers und Cooke (1996) findet man gute Übersichten zu diesem Thema.

7.2 Die Zeit der Entscheidungsfindung

In den Entscheidungssituationen, die uns hier interessieren, gibt es ein bestimmtes *Zeitintervall*, in dem die Wahl getroffen wird, und das mehr oder weniger groß sein kann. Während dieser Zeit können sich Präferenzen ändern. Mal denkt der Patient, der sich zwischen Behandlungsoptionen entscheiden muß, an seine Schmerzen, mal an die Möglichkeit des Todes, mal an eine Bemerkung des Arztes und dann wieder an seine Schmerzen; und je nachdem, woran er denkt, kann seine Präferenz unterschiedlich ausfallen. In theoretischen Ansätzen wie der SEU-Theorie oder der PT spielt die zeitliche Dauer des Entscheidungsprozesses keine Rolle; man kann sie als *statische* und *deterministische* Ansätze bezeichnen, weil die Präferenzen zwischen gegebenen Optionen „eigentlich" nicht fluktuieren können und weil durch die Bewertung der Optionen eine bestimmte Wahl „eigentlich" festgelegt ist. In *dynamischen* und *stochastischen* Ansätzen dagegen wird eine Fluktuation der Präferenzen während des Entscheidungsprozesses angenommen, beispielsweise auf Grund schwankender Aufmerksamkeit. Solche Ansätze wurden bereits in den fünfziger und sechziger Jahren für *Entscheidungen unter Sicherheit* entwickelt. In *constant utility models* wird angenommen, daß jedes Objekt einen konstanten Nutzenwert hat und daß die Wahrscheinlichkeit der Präferenz einer Option X gegenüber einer Option Y eine Funktion der Nutzendifferenz zwischen X und Y ist (z.B. Luce, 1959). In *random utility models* wird postuliert, daß der Entscheider zwar stets die Option mit dem höheren Nutzen einer Option mit geringerem Nutzen vorzieht, die Nutzenwerte der Optionen jedoch Zufallsvariablen sind (z.B. Coombs, 1958). Während also im ersten Fall Fluktuationen von Präferenzen einer Zufallskomponente im Wahlverhalten zugeschrieben werden, werden sie im zweiten Fall auf zufällige Schwankungen der Nutzenwerte zurückgeführt. Diese Modelle sind durchaus plausibel, aber ihre empirische Prüfung hat sich als schwierig herausgestellt, so daß sie in der Entscheidungstheorie keine große Bedeutung gewonnen haben (vgl. Lee, 1977, S. 116ff.). Ein Grund könnte auch darin liegen, daß keinerlei Versuche unternommen wurden, Art und Verlauf des Zufallsprozesses kognitionspsychologisch zu erklären.

Ein neuer Ansatz ist von Busemeyer und Townsend (1993) mit der *Decision Field*-Theorie (DFT) für *Entscheidungen unter Unsicherheit* vorgelegt. Auch in dieser Theorie wird der dynamische und stochastische Charakter von Entscheidungen betont: Menschen treffen in Situationen, in denen die Optionen überhaupt einen Prozeß der Überlegung auslösen, nicht immer die gleiche Wahl. Die Wahl für eine Option erfolgt nur mit einer gewissen Wahrscheinlichkeit. Je höher diese Wahrscheinlichkeit ist, um so höher ist die Präferenzstärke für die Option. Die Beobachtung inkonsistenter Wahlen in dem Sinne, daß nicht immer die gleiche Wahl getroffen wird, wird also durch Änderungen der Präferenzen im Verlaufe der Entscheidungszeit erklärt. Sie gilt den motivationalen und kognitiven Mechanismen des sich in der Zeit erstreckenden Prozesses der Überlegung (*deliberation*). Anzeichen dieses Überlegungsprozesses, der in den anderen Theorien der Entscheidung kaum thematisiert wird, sind Unentschiedenheit, Widersprüchlichkeiten und eben ein Hin und Her der Präferenzen.

Die DFT bezieht sich zunächst nur auf binäre Wahlen zwischen zwei Lotterien, die durch eine einfache Entscheidungsmatrix dargestellt werden können. Die Idee der DFT ist, daß ein Entscheider zwar Nutzen und Wahrscheinlichkeit der Konsequenzen bewerten kann, aber aus Kapazitätsgründen nie gleichzeitig alle Komponenten verarbeitet und integriert werden. Vielmehr werden einzelne Komponenten nacheinander mit unterschiedlicher Aufmerksamkeit betrachtet, und es wird im Verlaufe dieses Prozesses eine Präferenz generiert. Da zu verschiedenen Zeitpunkten verschiedene Komponenten betrachtet werden und die Aufmerksamkeit, die ihnen gewidmet wird, selbst über die Zeit wechselt, schwanken auch die Präferenzen über die Zeit. Es existiert jeweils ein *aktueller Präferenzzustand*, der angibt, welche Option gewählt werden würde, falls der Entscheidungsprozeß zu diesem Zeitpunkt abgebrochen würde. Ohne externe Zeitvorgabe drückt der Entscheider genau dann eine Präferenz aus (und bricht damit den Entscheidungsprozeß ab), wenn der Präferenzzustand eine spezifische Schwelle überschreitet.

Busemeyer und Townsend (1993) beschreiben die DFT in sieben Stufen mit zunehmender Komplexität der Informationsverarbeitung. Jeder Stufe entspricht ein spezifischer theoretischer Ansatz, der für die Beschreibung der Informationsverarbeitung auf dieser Stufe herangezogen wird und einen (neuen) Parameter für den Entscheidungsprozeß beinhaltet. Auf der ersten Stufe ist dies der bekannte statische und deterministische SEU-Ansatz, in dem die Differenz zwischen den SEU-Werten der Optionen den einzigen relevanten Parameter für die Entscheidung darstellt. Mit jeder weiteren Stufe wird eine neue Annahme über den Entscheidungsprozeß eingeführt. Der Ansatz auf der letzten Stufe ist die vollständige DFT, die Annahmen über den Zeitparameter einführt und damit den gesamten Prozeß (mit sieben Parametern) beschreibt. Wir werden die sieben Stufen im folgenden nur verbal beschreiben; wer sich für die Formalisierungen interessiert, schaue nach bei Busemeyer und Goldstein (1992) sowie Busemeyer und Townsend (1992, 1993).

Mit folgendem Beispiel (symbolisiert in Abbildung 7.1) illustrieren Busemeyer und Townsend (1993) den experimentellen Untersuchungsansatz, mit dem sie gearbeitet und ihre theoretischen Konzepte geprüft haben: In jedem Durchgang muß der Entscheider eine Wahl zwischen zwei Lotterien X und Y treffen, interpretierbar beispielsweise als zwei medizinische Behandlungen. Jedesmal kann eines von zwei Ereignissen eintreten: E_1 bezeichne das Vorliegen einer bestimmten Krankheit und E_2 das Vorliegen einer anderen Krankheit. Je nach Eintreten der Ereignisse haben die Entscheidungen unterschiedliche Konsequenzen; beispielsweise beträgt die Konsequenz der Wahl von X, wenn Ereignis E_1 eintritt, +200. In den Experimenten wurden monetäre Konsequenzen (z.B. 200 €) eingesetzt, aber man kann in diesem Beispiel natürlich auch an andere Konsequenzen denken, etwa die Anzahl schmerzfreier Tage, die Lebenserwartung oder die Einschränkung bisheriger Lebensweisen.

Ich will Ihnen erklären, sagte Joe, wie ein Anti-Präkog im allgemeinen funktioniert. Tatsächlich: funktioniert, in den uns bekannten Fällen. Ein Präkog sieht eine Vielzahl von Möglichkeiten für die Zukunft, nebeneinander gelegt wie die Waben in einem Bienenkorb. Eine davon hat für ihn die größte Leuchtkraft, und die wählt er sich aus. Sobald er sich einmal für diese Möglichkeit entschieden hat, ist ein Anti-Präkog machtlos. Der Anti-Präkog muß zur Stelle sein, wenn der Präkog dabei ist, seine Entscheidung zu treffen, keinen Augenblick später. Ein Anti-Präkog läßt alle Zukunftsmöglichkeiten für einen Präkog gleich erscheinen. Er macht seine Fähigkeit zunichte, sich überhaupt zu entscheiden. Philip Dick, Ubik.

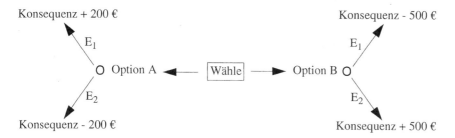

Abb. 7.1 Beispiel für eine Entscheidungssituation aus der Perspektive der DFT

Stufe 1: Deterministisches SEU-Modell: Auf dieser einfachsten Stufe läßt die DFT im wesentlichen das SEU-Modell gelten: Die Optionen werden bewertet, indem die Nutzenwerte der Konsequenzen mit den subjektiven Wahrscheinlichkeiten gewichtet werden, die selbst wieder - ähnlich wie in der PT - entsprechend der aktuellen Aufmerksamkeit des Entscheiders für die Ereignisse gewichtet werden. Richtet sich im Beispiel die Aufmerksamkeit eher auf E_1, wird eher die Lotterie X präferiert, weil sie bei Eintritt von E_1 die bessere Konsequenz hat.

Stufe 2: Random SEU-Modell: Wenn der Entscheider mit dem gleichen Entscheidungsproblem erneut konfrontiert wird, gewichtet er nach dem deterministischen SEU-Modell die Nutzenwerte der Konsequenzen mit den gleichen Entscheidungsgewichten wie beim ersten Mal. In der DFT wird dagegen angenommen, daß die Aufmerksamkeit *zufällig (random)*, also unsystematisch, variieren kann. Während beim ersten Mal die Aufmerksamkeit eher auf E_1 gerichtet ist, ist sie beim zweiten Mal vielleicht eher auf E_2 gerichtet. Als Folge werden die Konsequenzen der Lotterie Y stärker gewichtet, und dies kann dazu führen, daß der Entscheider jetzt Lotterie Y gegenüber Lotterie X vorzieht. Die Variabilität der Gewichte impliziert, daß der SEU-Wert einer Option als eine Zufallsvariable angesehen werden kann (die als *Valenz* bezeichnet wird); es kommt bei wiederholten Durchgängen zu unterschiedlichen SEU-Wert-Differenzen (*Valenz-Differenzen*) zwischen den Optionen, damit zu unterschiedlichen Präferenzstärken und damit schließlich zu unterschiedlichen Wahlen.

Stufe 3: Sequentielles SEU-Modell: Nach dem *Random SEU-Modell* variiert die Aufmerksamkeit von Durchgang zu Durchgang, aber nicht im Verlaufe eines einzelnen Versuchsdurchganges. In der DFT wird nun auf der dritten, abermals erweiterten Stufe angenommen, daß die Aufmerksamkeit *auch innerhalb* eines Durchgangs schwanken kann; auch schon während der Überlegung, ob nun X oder Y die bessere Lotterie ist, richtet sich die Aufmerksamkeit mal auf das eine und mal auf das andere Ereignis. In der DFT wird dies als *Ziehen von Stichproben von Valenzdifferenzen* beschrieben, da sich in jedem Moment der Aufmerksamkeitszuwendung neue Valenzen für die Optionen und damit Valenzdifferenzen ergeben können. Die erste Stichprobe bestimmt die erste Präferenzstärke, die aber nicht unbedingt zu einer Entscheidung führen muß; in diesem Fall wird eine neue Stichprobe gezogen, die zu einer neuen Präferenzstärke führt und die nun zu der ersten Präferenzstärke hinzuaddiert wird - daher die Bezeichnung des Modells auf dieser Stufe als *sequentiell.* So könnte im Beispiel zunächst die Aufmerksamkeit auf E_1 fallen und die Lotterie X stark präferiert werden (z.B. mit Präferenzstärke +5). Kurz danach richtet der Entscheider seine Aufmerksamkeit auf E_2, was zu einer Präferenzstärke von +2 für Lotterie Y führt: addiert zu der ersten Präferenz resultiert dies in einem aktuellen Präferenzzustand von 5 - 2 = 3 für Lotterie X (die Präferenzstärke für Lotterie Y ist negativ kodiert). Im Verlaufe der Zeit - d.h. der Überlegung - kann also die Präferenzstärke steigen und fallen, und die Präferenz zwischen X und Y kann wechseln, bis schließlich ein Schwellenkriterium überschritten wird, bei dem der Entscheider sich festlegt und eine Wahl trifft. Je höher er dieses Kriterium setzt, um so genauer wird seine Wahl sein, da sich dann zufällige Schwankungen der Aufmerksamkeit weniger stark auswirken können.

Stufe 4: Random Walk SEU-Modell: Auf den bisherigen Stufen wurde (implizit) davon ausgegangen, daß der Prozeß der Überlegung von einem neutralen Punkt aus beginnt, also keine Präferenz für die eine oder andere Option a priori vorliegt. In dem Modell auf der vierten Stufe nun wird angenommen, daß der Entscheider aufgrund seines Wissens und seiner Erfahrung den Prozeß bereits mit einer bestimmten, aber beliebigen (*random*) Präferenz beginnt, die als *Ankerpräferenz* den weiteren Verlauf (*walk*) seiner Überlegungen beeinflußt. Durch neue Stichproben von Valenzdifferenzen wird die ursprüngliche Präferenz sukzessiv verändert.

Stufe 5: Linear System SEU-Modell: Auf der fünften Stufe wird nun in Anlehnung an gedächtnispsychologische Befunde angenommen, daß die zeitliche Position einer Valenzdifferenz im Verlaufe eines Überlegungsprozesses nicht irrelevant für ihren Effekt auf die Präferenzstärke ist. Es wird davon ausgegangen, daß kognitive Zustände *zerfallen*, d.h. in ihrer Stärke abnehmen. Es wird eine lineare Abnahme des Effektes einer Valenzdifferenz angenommen. Frühere Präferenzzustände werden im Vergleich zu den jeweils aktuellen Zuständen immer geringer gewichtet und bestimmen damit die Entscheidung immer weniger.

Stufe 6: Approach Avoidance-Theorie. In den Stufen 1 bis 5 wurde die Aufmerksamkeit, mit der eine Konsequenz in die Bewertung eingeht, primär durch die Wahrscheinlichkeit des assoziierten Ereignisses bestimmt. Nun wird, in Anlehnung an die Konflikttheorien von Lewin (1935) und Miller (1944), angenommen, daß die Konsequenzen einer Option um so auffälliger (salienter) werden, je näher der Präferenzzustand sich der Schwelle (dem Punkt der Entscheidung) genähert hat. Dies kann durch einen Zielgradienten ausgedrückt werden, der in Einklang mit traditionellen Befunden für negative Konsequenzen steiler ist als für positive Konsequenzen (Annäherungs-Vermeidungs-Konflikt).

Stufe 7: Decision Field-Theorie: Die Modelle auf den bisherigen Stufen erlauben keine quantitativen Vorhersagen über die Entscheidungszeit. In der DFT wird nun auf der letzten Stufe eine Zeiteinheit eingeführt, die solche Vorhersagen ermöglicht. Diese Zeiteinheit ist diejenige Zeit, die für die Verarbeitung jeder Valenzdifferenz-Stichprobe erforderlich ist. Das ist die Zeit, die ein Entscheider benötigt, um die beiden Konsequenzen einer Lotterie wahrzunehmen, um sie zu verarbeiten und zu speichern, bis andere Konsequenzen betrachtet werden. Die Zeit des Überlegens ergibt sich dann als die Summe der Zeiteinheiten, die für die Stichproben der Valenzdifferenzen gebraucht wurden.

Insgesamt stellt die DFT einen anspruchsvollen Versuch dar, dynamische und stochastische Phänomene bei Entscheidungen unter Unsicherheit zu modellieren. Die Herausbildung einer Präferenz und die Wahl werden als zeitaufwendiger Prozeß begriffen, bei dem kontinuierlich Präferenzzustände generiert und akkumuliert werden, bis eine Schwelle überschritten wird, die vom Entscheider auch willkürlich festgelegt werden kann. Auf Grund kognitiver Kapazitätsbeschränkungen kann sich die Aufmerksamkeit eines Entscheiders zu einem bestimmten Zeitpunkt immer nur auf eine Stichprobe der relevanten Komponenten richten. Dieser Prozeß ist im wesentlichen zufällig, und nur im Mittel erhalten die wahrscheinlicheren Konsequenzen auch die größere Aufmerksamkeit. Mit diesen Annahmen kann die DFT viele der bisher beschriebenen Entscheidungsphänomene erklären (Präferenzwechsel unter Zeitdruck und bei wiederholten Wahlen, Intransitivitäten, u.a.), ohne spezifische Nutzenfunktionen und Gewichtungsfunktionen wie in der PT annehmen zu müssen. Die empirische Überprüfung ist allerdings deutlich schwieriger, und es liegt bislang nur wenig empirische Evidenz vor (Busemeyer & Townsend, 1993; Diederich, 1995).

Ein anderer Aspekt von Zeit wird in der folgenden Geschichte illustriert: wie schnell sich trotz vermeintlicher Indifferenz eine Präferenz herausbilden kann, wenn uns die Entscheidung aus der Hand genommen wird.

Whenever you're called on to make up your mind,
and you're hampered by not having any,
the best way to solve the dilemma, you'll find,
is simply by spinning a penny.

No - not so that chance shall decide the affair,
while you're passively standing there moping;
but the moment the penny is up in the air,
you suddenly know what your're hoping.

Grooks

Eine experimentelle Untersuchung dazu wird in Box 7.2 geschildert.

Box 7.2: A flip of the coin

Stimmt das Gedicht von Grooks? Hilft ein Münzwurf wirklich? Und wenn der Münzwurf eine Wirkung hat, wie kommt sie zustande? Was passiert in der Zeit, in der die Münze in der Luft ist? Diese Frage untersuchten **Helmut Jungermann**, **George Loewenstein** und **Susanne Haberstroh** (1996) in einer Studie, in der tatsächlich Vpn Entscheidungen trafen, während eine Münze für sieben Sekunden in die Luft geworfen wurde - allerdings nur auf einem Bildschirm simuliert. Es gab zwei Optionen: Bargeld oder eine kleine Lufthansa-Reisetasche. Studenten war diese Tasche im Mittel 1,54 DM wert.

Die erste Hypothese lautete: Ohne Münzwurf sollten gleich viele Vpn die Tasche und das Geld (1,54 DM) wählen; wenn Vpn aber ihre Wahl treffen müssen, während „die Münze in der Luft" ist, passiert folgendes: Unter dem Druck, daß in wenige Sekunden eine Münze die Entscheidung trifft, beginnt ein mentaler Prozeß der Vorstellung (*imagery*); man stellt sich die Merkmale der Optionen intensiv vor, *zoomt* die Folgen der Entscheidung aus der Zukunft in die Gegenwart. Da die Tasche „sichtbare" positive Merkmale hat, während Geld eher abstrakte, neutrale Vorstellungen wecken dürfte, sollte sich während des Münzwurfes eine Präferenz für die Tasche bilden. Dies wurde so geprüft: Auf dem Bildschirm flog die Münze in die Luft, aber in dem Moment, in dem sie den oberen Rand erreichte, wurde sie gestoppt, und es wurde der Vpn (für diese unerwartet) die Möglichkeit gegeben, doch selbst zu entscheiden. Zu diesem Zeitpunkt, so wurde angenommen, sollte sich die Präferenz gebildet haben. Die Daten stützten die Hypothese: Ohne Münze wählten nur 48% die Tasche, mit der Münze waren es 68%! Eine zweite Hypothese lautete: Wenn sich tatsächlich während des Münzwurfes eine Präferenz für die Tasche bildet und wenn dann die Münze fällt, dann sollten die Vpn zufriedener sein, wenn die Münze pro Tasche als wenn sie pro Geld fällt. Dies sollte sich zeigen, wenn man ihnen nach dem Fall der Münze die Möglichkeit gibt, deren „Entscheidung" zu akzeptieren oder zurückzuweisen (d.h. sich für den Geldbetrag zu entscheiden). Es gab nun zwei Gruppen, für die beide die Münze die Entscheidung treffen sollte, wobei die Computer-Münze so programmiert war, daß sie bei der einen Gruppe stets pro Tasche und bei der anderen stets pro Geld fiel. Nach der *zooming*-Hypothese sollten die meisten Vpn der ersten Gruppe die Münzentscheidung akzeptieren, diejenigen der zweiten Gruppe sie aber zurückweisen. Tatsächlich entschieden sich für die Tasche in der ersten Gruppe 57% (akzeptierten die Münzentscheidung für die Tasche), in der zweiten Gruppe aber nur 33% (wiesen die Münzentscheidung für Geld zurück). Offenbar waren die Vpn in der ersten Gruppe eher bereit, *compliance* zu zeigen und die jeweilige Entscheidung zu akzeptieren.

7.3 Die Selektion von Regeln

In den Kapiteln 4 und 6 haben wir eine Vielzahl von Entscheidungsregeln vorgestellt. In den Abschnitten 4.4, 4.6.1 und 4.6.2 wurden Regeln beschrieben, die bei Problemen unter Sicherheit anwendbar sind (bei intertemporalen und multiattributen Entscheidungen); in Kapitel 6 wurden Regeln beschrieben, die bei Entscheidungen unter Unsicherheit relevant sind. Die Anzahl denkbarer Entscheidungsregeln wird noch dadurch erhöht, daß die verschiedenen Merkmale von Entscheidungen kombiniert vorkommen können: temporale Konsequenzen sind unsicher und/oder multiattribut, oder die Ausprägungen multiattributer Optionen sind wiederum unsicher. Es ist klar geworden, daß es nicht eine universelle Entscheidungsregel gibt, die für alle Probleme, Situationen und Personen gilt. Es gibt vielmehr ein Repertoire von Regeln, die durch Erfahrung oder Ausbildung erworben sein können. Aus diesem Repertoire wird flexibel und adaptiv eine „passende" Regel je nach Problem und Situation aktiviert und angewandt. Wir sprechen in diesem Buch übrigens immer von *Regeln*, die ausgewählt und eingesetzt werden; manche Autoren sprechen von *Strategien*, insbesondere Payne et al. (1993), auf die wir uns in diesem Abschnitt weitgehend beziehen. In der Literatur werden die Begriffe *Regel* und *Strategie* leider nicht einheitlich verwandt. Wir bezeichnen als eine *Regel* die Art und Weise, in der Information über Optionen verarbeitet wird und in der eine Wahl *zwischen Optionen* getroffen wird; solche Regeln haben wir in früheren Kapiteln behandelt. Wir bezeichnen als *Strategie* die Art und Weise, in der *zwischen solchen Regeln* eine Wahl getroffen wird.

Was ist die „passende" Regel? Eine Antwort findet man, wenn man sich bestimmte Unterschiede zwischen den Regeln anschaut. Einige Regeln vereinfachen beispielsweise die Aufnahme und Verarbeitung der Information und verzichten auf anstrengende Abwägungen oder Gewichtungen, so etwa die EBA-Regel; andere wiederum machen vollen Gebrauch aller verfügbaren Information und integrieren sie in einer spezifischen, optimalen Weise, so etwa die MAU-Regel. Die Regeln unterscheiden sich also hinsichtlich ihres kognitiven Aufwandes. Aber sie unterscheiden sich vermutlich auch in ihrer Qualität, denn die eine Regel macht von mehr Information Gebrauch als die andere. In dem zweiten Teil dieses Kapitels geht es nun darum, wie von einem Entscheider - bewußt oder unbewußt - diejenige Regel ausgewählt wird, mit deren Hilfe er seine Präferenzen identifiziert. Die Selektion der Regel ist einerseits von bestimmten Merkmalen des Problems abhängig (darum geht es in 7.3.1), andererseits von den Charakteristika der Regeln (darum geht es in 7.3.2).

7.3.1 Effekte von Merkmalen der Entscheidungsaufgabe

Entscheidungsaufgaben können auch bei gleicher Grundstruktur und gleichem Inhalt sehr unterschiedlich sein. Die Grundstruktur bezeichnen wir als gleich, wenn wir beispielsweise zwei Aufgaben jeweils als Probleme mit multiattributen, unsicheren Konsequenzen darstellen können; und von einem gleichen Inhalt sprechen wir, wenn es beispielsweise jeweils um Entscheidungen zwischen Wohnungen geht. Die Aufgaben können darüber hinaus in einer Reihe von Merkmalen variieren, insbesondere hinsichtlich ihrer Komplexität und hinsichtlich der Art des Informationsangebotes. Diese Merkmale haben Auswirkungen auf die Art und Weise, in der die Entscheidungen getroffen werden. Darum geht es in den folgenden beiden Abschnitten.

7.3.1.1 Komplexität des Problems

Eine erste wichtige Determinante des Entscheidungsverhaltens ist die Komplexität des Problems. *Komplexität* kann in unterschiedlicher Weise definiert werden. Bei Entscheidungsproblemen, wie wir sie hier betrachten, spielen vor allem die folgenden Momente eine Rolle: Die Anzahl der Optionen, die Anzahl der Attribute der einzelnen Optionen, die Ähnlichkeit der Optionen und der Zeitdruck, unter dem eine Entscheidung getroffen werden muß.

● Anzahl der Optionen: Wenn lediglich zwischen zwei Optionen entschieden werden muß, werden eher kompensatorische Regeln eingesetzt (z.B. die additive MAU-Regel), während eher non-kompensatorische Regeln benutzt werden, wenn mehr als zwei Optionen zur Wahl stehen (z.B. EBA-Regel, Kompatibiltäts-Test, Konjunktionsregel) (vgl. Payne et al., 1993, S. 35f.). Dies ist plausibel, da kompensatorische Regeln höhere Anforderungen an die Informationsverarbeitung stellen als non-kompensatorische Regeln. - Es gibt auch Evidenz dafür, daß mit steigender Anzahl der Optionen die Informationssuche eher attribut- als optionenorientiert wird (vgl. Payne et al., 1993, S. 34f.): Wenn es viele Optionen gibt, sucht man beispielsweise erst Information über *alle* Optionen auf dem wichtigsten, dann auf dem zweitwichtigsten Attribut, usw., und nicht Information über *eine* Option auf *allen* Attributen.

● Anzahl der Attribute: Eine Erhöhung der Zahl der Attribute (a) erhöht die Variabilität der Entscheidungen, (b) beeinträchtigt die Qualität der Wahlen, und (c) erhöht (erstaunlicherweise) das Vertrauen der Entscheider in ihre Urteile und Wahlen (vgl. Payne et al., 1993, S.36f.). Die ersten beiden Effekte dürften auf die mit der Anzahl der Attribute zunehmende Selektivität in der Informationsaufnahme und -verarbeitung bei *kognitiver Überlastung* zurückzuführen sein. Natürlich stellt sich dann sofort die Frage, welche Information denn aufgenommen wird, wenn viele Attribute vorliegen. Wird zunächst Information über das wichtigste Attribut aufgenommen? Wird Information über unwichtige Attribute ausgeblendet? Dies sind allgemeine Probleme der Aufmerksamkeitsforschung, die hier nicht näher verfolgt werden sollen. Interessant ist der Befund, daß nicht-relevante (nicht-diagnostische) Information bei (medizinischen) Experten den Stellenwert relevanter (diagnostischer) Information „verwässern" kann (Nisbett, Zukier & Lemley, 1981).

- Ähnlichkeit der Optionen: Jemandem werden eine Option X und eine Option Y angeboten, und er präferiert X gegenüber Y; werden jedoch die Optionen X und Y sowie zusätzlich eine Option Z angeboten, dann wird unter bestimmten Bedingungen Y gegenüber X präferiert. Und zwar dann, wenn die Option Z der Option X ähnlicher ist als der Option Y. Bsp.: Jemand habe die Wahl zwischen einer CD mit einer Suite von Debussy und einer CD mit einer Symphonie von Beethoven, und er präferiere Beethoven. Nun wird ihm als weitere Möglichkeit eine CD mit einer anderen Aufnahme der gleichen Beethoven-Symphonie angeboten. Dann kann es sein, daß er nun Debussy gegenüber Beethoven präferiert. Die Hinzufügung einer Option zu einer Optionenmenge schadet also derjenigen Option, die der neuen Option ähnlich ist, mehr als der Option, die ihr unähnlich ist (Tversky, 1972) (vgl. Payne et al., 1993, S. 54ff.). Diesen Effekt erklärte Tversky mit der EBA-Regel (vgl. Abschnitt 4.4.2.2). Leider stellte man aber je nach Art der hinzugefügten Option auch gegenteilige Effekte fest. - Der Grad der Ähnlichkeit der Optionen gilt auch als ein Faktor, der die Leichtigkeit des Vergleichs beeinflußt. Eine Hypothese geht dahin, daß der kognitive Aufwand (*cost of thinking*) umgekehrt proportional zur wahrgenommenen Ähnlichkeit ist, d.h. je größer die Ähnlichkeit, um so leichter fällt der Vergleich - weil nämlich nur auf relativ wenigen Dimensionen überhaupt Vergleiche nötig sind. Und dies impliziert, daß um so eher kompensatorische Regeln eingesetzt werden, je größer die Ähnlichkeit ist (Shugan, 1980).

- Zeitdruck: Wenn wenig Zeit für eine Entscheidung zur Verfügung steht (oder auch nur weniger Zeit als üblicherweise), so hat auch dies Auswirkungen auf die Art und Qualität des Entscheidungsprozesses (vgl. Abschnitt 7.2): Die Anforderungen an die kognitive Kapazität steigen. Als Folge wird die Informationsverarbeitung beschleunigt, und es werden eher non-kompensatorische als kompensatorische Entscheidungsregeln angewandt, wodurch die Belastung der Informationsverarbeitung verringert wird (vgl. Payne et al., 1993, S. 37ff.); in Situationen, in denen es um die Vorauswahl von Optionen (*screening*, vgl. Abschnitt 4.4.4) geht, scheinen Entscheider allerdings unter Zeitdruck *nicht* zu einer einfacheren Regel zu wechseln (Lehman Benson III & Beach, 1996). Überraschender ist vielleicht der Befund, daß Probanden unter Zeitdruck Information über *negative* Aspekte der Optionen mehr Bedeutung beimessen als Information über *positive* Aspekte, daß sie ihre Aufmerksamkeit auf die wichtigere Information konzentrieren und unwichtigere Information vernachlässigen und daß sie weniger riskante gegenüber riskanteren Optionen bevorzugen (Ben Zur & Breznitz, 1981; vgl.

Payne et al., 1993, S. 39). - Mann & Janis (1982) haben ein detailliertes und durch reiche empirische Forschung gestütztes Modell des *emergency decision making*, der *Notfall-Entscheidungen* vorgeschlagen, in dem sie die potentiellen Fehler im Ablauf von Entscheidungsprozessen unter Zeitdruck beschreiben.

7.3.1.2 Art des Informationsangebotes

Eine zweite Determinante ist die Art und Weise, in der dem Entscheider Information über das Problem zur Verfügung steht bzw. (im Experiment) zur Verfügung gestellt wird. Information über die Optionen kann explizit oder nur implizit vorliegen; sie mag zwar grundsätzlich verfügbar, aber sehr verstreut und daher unübersichtlich sein; manchmal liegt auch über einige oder sogar alle Optionen unterschiedliche und unvollständige Information vor; und schließlich kann Information in unterschiedlichem Format dargeboten werden. In vielen Studien sind Effekte der Art und Weise nachgewiesen worden, in der Information über die verfügbaren Optionen angeboten oder dargeboten wird (vgl. Payne et al., 1993, S. 48ff.). *Daß* diese Faktoren den Entscheidungsprozeß beeinflussen, ist belegt; in welchem Maße sie es tun und in welcher Weise sie interagieren, ist allerdings im einzelnen noch ungeklärt.

● Konkretheit: Entscheider tendieren offenbar dazu, nur diejenige Information bei ihren Entscheidungen in Betracht zu ziehen, die in der Beschreibung der Optionen explizit gegeben ist, und sie auch direkt oder genau so zu nutzen, wie sie gegeben wird; Slovic (1972) spricht von einem *Konkretheits-Prinzip*. Lediglich implizit gegebene Information, die nur erschlossen werden kann, wird kaum berücksichtigt und die gegebene Information wird nicht transformiert, etwa in finale Konsequenzen. Erklärt werden diese Tendenzen mit dem kognitiven Aufwand, den andere Vorgehensweisen erfordern würden. Aschenbrenner (1978) bot Vpn Lotterien des Typs [x, p; -y, 1-p], bei denen sie also mit der Wahrscheinlichkeit p den Betrag x gewannen und mit der Wahrscheinlichkeit (1-p) den Betrag y verloren; und er bot ihnen auch Lotterien des Typs [x+y, p; 0,1-p] an, bei denen sie vorher einen Betrag y zahlen mußten, um das Spiel spielen zu dürfen, in dem sie mit der Wahrscheinlichkeit p den Betrag x+y gewannen und mit der Wahrscheinlichkeit (1-p) nichts gewannen. Beide Lotterien sind in dem Sinne formal äquivalent, als sie bei gegebenen Werten für x, y und p die gleichen finalen Konsequenzen und Wahrscheinlichkeiten haben. Man sollte also erwarten, daß eine Vp je nach ihrer subjektiven Bewertung der Konsequenzen und ihrer Risikoeinstellung die gleichen Optionen wählt, unabhängig von der Form ihrer Darbietung. Tatsächlich aber gab es kaum eine Beziehung zwischen den Präferenzen für äquivalente Optionen. Aschenbrenner interpretiert die Ergebnisse so, daß die Vpn die

Attribute über die Lotterien so nutzen, wie sie vorgegeben sind, und daß sie die Information nicht transformieren und nicht die letztlichen Konsequenzen ausrechnen.

• Übersichtlichkeit: Wenn Information über Optionen nur verstreut verfügbar ist, wird sie weniger leicht für Entscheidungen verwendet. So fand Russo (1977), daß Käufer in einem Geschäft die Information über die Preise von Produkten häufiger benutzten, wenn der Preis nicht (nur) auf einem Schild unterhalb des jeweiligen Produktes stand, sondern wenn die Preise aller Produkte eines bestimmten Typs übersichtlich auf einer Liste in einer Rangordnung dargestellt waren.

• Vollständigkeit: Auswirkungen auf das Entscheidungsverhalten hat es auch, ob Optionen partiell oder vollständig beschrieben werden. Wenn also beispielsweise ein Produkt auf vielen Attributen gut aussieht, schließt man darauf, daß es auch auf dem Attribut gut aussieht, über das keine Information vorliegt. Und man beachtet weniger, daß die anderen Produkte vielleicht auf diesem Attribut alle schlecht aussehen, und daher ja auch vielleicht das „gute" Produkt auf diesem einen Attribut schlecht aussehen könnte (Ford & Smith, 1987). Auch andere Studien haben gezeigt, daß es erhebliche Effekte haben kann, wenn Information in der Beschreibung eines Problems fehlt. In Kapitel 4 haben wir solche Effekte bei der Gewichtung von Attributen behandelt, in Kapitel 5 bei der Beurteilung von Wahrscheinlichkeiten, und in Kapitel 6 bei der Erklärung von *Framing*-Effekten.

• Darbietungsformat: Vielfach hat sich gezeigt, daß es eine Rolle spielt, ob Informationen über Wahrscheinlichkeiten und Werte in numerischer Form (beispielsweise „0,80" / „3 km") oder in verbaler Form („ziemlich wahrscheinlich" / „ziemlich weit") gegeben werden. Wie in Kapitel 5 ausführlich dargestellt, fanden Fischer und Jungermann (1996) erhebliche Unterschiede in der Beurteilung der Risiken und der Wahl von Medikamenten, je nachdem, ob die Häufigkeit der Nebenwirkungen verbal oder numerisch beschrieben war (vgl. Abschnitt 5.3.2). Stone und Schkade (1991) fanden, daß Vpn bei der Darbietung von Attributausprägungen in verbalem Format die Information häufiger optionenweise erfragten als bei einer Darbietung in numerischem Format.

7.3.2 Meta-Entscheidungen und Entscheidungsregeln

Die Auswahl und Anwendung einer bestimmten Entscheidungsregel kann selbst als eine Entscheidung verstanden werden, genauer: als eine *Meta-Entscheidung:* eine Entscheidung darüber, wie entschieden werden soll. Dann kann man zunächst einmal alles, was bisher über Entscheidungen gesagt worden ist, auch auf den Fall anwenden, daß *die Optionen selbst Entscheidungsregeln sind.* Der Entscheider beurteilt die Merkmale der Regeln, er hat Ziele, denen die Anwendung einer Regel mehr oder weniger dienlich ist, und er bedenkt und bewertet die Konsequenzen, welche die Anwendung einer Regel nach sich ziehen kann. Man kann also von einem multiattributen Problem sprechen.

● Merkmale von Entscheidungsregeln: (a) Ein erstes Merkmal, das Entscheidungsregeln unterscheidet, ist das Ausmaß, in dem zwischen den Ausprägungen auf verschiedenen Attributen abgewogen wird. Man unterscheidet zwischen *kompensatorischen* Regeln, bei denen *trade-offs* gemacht werden, und *non-kompensatorischen* Regeln, bei denen keine *trade-offs* gemacht werden (vgl. Abschnitte 4.4.2 und 4.4.3). Beispielsweise ist die MAU-Regel kompensatorisch, die Majoritätsregel teilweise kompensatorisch und die EBA-Regel non-kompensatorisch. (b) Eng damit zusammen hängt das Merkmal des Ausmaßes, in dem potentiell relevante Information berücksichtigt bzw. ignoriert wird; eine Regel kann eine *erschöpfende* oder nur eine *partielle* Verarbeitung der verfügbaren Information implizieren. So wird mit der MAU-Regel immer alle verfügbare Information verarbeitet, während bei der EBA-Regel das Ausmaß der verarbeiteten Information von der Art der Attributausprägungen abhängt: im Extremfall spielt für Entscheidungen nur ein einziges Attribut eine Rolle, auch wenn es Information über eine Vielzahl weiterer Attribute gibt. - *Kompensatorisch und erschöpfend* sind sowohl die SEU-Regel (vgl. Abschnitt 6.1) als auch die MAU-Regel (vgl. Abschnitt 4.4.3). *Non-kompensatorisch und (im allgemeinen) partiell* ist etwa die lexikographische Regel (LEX). (c) Ein drittes Merkmal besteht darin, daß bei manchen Regeln *ein Gesamtwert* für jede Option gebildet wird (und dann die Option mit dem besten Wert gewählt wird), während bei anderen Regeln eine Option gewählt werden kann, *ohne eine Gesamtbewertung* zu bilden. Ein Beispiel für den ersten Fall ist die MAU-Regel, ein Beispiel für den zweiten Fall sind die EBA-Regel oder die LEX-Regel. (d) Ein viertes Merkmal ist der Grad, in dem *quantitative* und *qualitative* Information verarbeitet wird. Die MAU-Regel beispielsweise verlangt die quantitativen Operationen der Addition und der Multiplikation, während bei der EBA-Regel nur einzelne Attributausprägungen qualitativ miteinander verglichen werden.

Am wichtigsten ist die Unterscheidung zwischen kompensatorischen und non-kompensatorischen Regeln. Kompensatorische Regeln setzen auf Seiten des Entscheiders die Fähigkeit und Bereitschaft voraus, Nachteile auf einem Attribut durch Vorteile auf einem anderen Attribut ausgleichen zu können. Dies kann aber bei dem Entscheider dazu führen, daß er den mit der Entscheidung verbundenen Konflikt als belastend erlebt und eine Entscheidung zu vermeiden sucht. Diese Entscheidungsschwierigkeit hat eine kognitive und eine emotionale Seite. *Kognitiv* kann es als schwierig erlebt werden, die Vor- und Nachteile von mehreren Optionen auf vielen Attributen einigermaßen genau und angemessen gegeneinander abzuwägen. Man braucht sich nur einmal in die Situation zu versetzen, man wolle sich ein Auto kaufen und schaue sich deshalb die (multiattributen) Bewertungen verschiedener Autotypen in einer Fachzeitschrift an (vgl. Kapitel 3). *Emotional* kann eine Tendenz entstehen, auf eine Abwägung ganz zu verzichten und entweder „irgendeine" Wahl zu treffen oder aber, s.o., die Wahl überhaupt zu vermeiden. Man bedauert oder ärgert sich, wenn man auf mögliche positive Folgen einer Entscheidung verzichten soll, selbst wenn diesen andere positive Folgen gegenüberstehen. Schwierigkeiten bei *trade-offs* beruhen darauf, daß im Entscheider Ziele miteinander konfligieren, d.h. daß seine Ziele durch keine der Optionen simultan erfüllt werden können.

● Ziele von Meta-Entscheidungen: Nach welchen Kriterien wird eine Entscheidungsregel ausgewählt? Natürlich wird jemand diejenige Regel wählen, die für ihn in seiner Situation bei dem gegebenen Problem „am besten" ist. Aber was heißt das hier? Erstens heißt es, daß die getroffene Entscheidung möglichst gut ist. Zweitens heißt es, daß der Aufwand für die Entscheidung möglichst gering ist. Obwohl die Definition für eine „gute" Entscheidung und für „geringen" Aufwand je nach Ansatz und Autor schwankt, herrscht Übereinstimmung darin, daß diese beiden Ziele nicht immer verträglich miteinander sind: je mehr Aufwand betrieben wird, um so besser ist oft die Entscheidung. Das macht „Meta - *trade-offs*" notwendig: der Entscheider muß abwägen, wieviel Aufwand er für eine bestimmte Verbesserung des Entscheidungsresultates zu investieren bereit ist.

● Konsequenzen von Entscheidungsregeln: Im engeren Sinn sind die Konsequenzen der Anwendung von Entscheidungsregeln die jeweils gewählten Optionen. Verschiedene Regeln führen oft zu verschiedenen Wahlen und Präferenzordnungen. Angenommen, man könnte jede Präferenzordnung, die sich aus der Anwendung einer Regel ergibt, danach beurteilen, wie nah sie einer in irgendeinem Sinne *optimalen* Präferenzordnung kommt, dann wäre man in der Lage, die „Güte" einer Entscheidungsregel zu beurteilen: Eine Regel wäre nämlich um so besser, je näher die von ihr erzeugte Präferenzordnung am Optimum liegt. Die präskriptive Entscheidungstheorie postuliert, daß bei Entscheidungen unter Unsicherheit die SEU-Regel und bei multiattributen Entscheidungen die MAU-Regel optimale und rationale Präferenzordnungen erzeugen (Keeney & Raiffa, 1976; Eisenführ & Weber, 2003). Wenn man diesen Maßstab akzeptiert (und es ist schwer, einen besseren zu nennen, vgl. Payne et al., 1993, S. 88ff.), dann können die Konsequenzen von Entscheidungsregeln - d.h. die jeweiligen Präferenzordnungen - in bezug auf das Ziel, eine möglichst gute Entscheidung treffen zu wollen, bewertet werden. Wir nennen Entscheidungsregeln *suboptimal*, wenn sie zu Wahlen führen, die nicht mit den SEU- bzw. MAU-Wahlen übereinstimmen. Verwechseln Sie dies nicht mit dem *tatsächlichen* Ausgang einer Entscheidung - auch eine gute Entscheidung kann einen schlechten Ausgang haben! Wenn Sie die Wahl haben zwischen der Lotterie „100 €, wenn die Münze auf Kopf fällt, bei Zahl 0 €", und der Lotterie „50 € bei Kopf, 0 € bei Zahl", dann ist die gute, mit der SEU-Theorie konforme Entscheidung die Wahl der ersten Lotterie. Haben Sie Pech, landet die Münze auf Zahl, aber dadurch wird die Entscheidung „als solche" nicht schlecht.

However beautiful the strategy, you should occasionally look at the results. Winston Churchill.

7.3.3 Kosten-Nutzen-Analyse und kontingente Regelselektion

Eines der ersten und immer noch paradigmatischen Modelle zur Beschreibung und Erklärung von Entscheidungen zwischen Regeln der Entscheidungsfindung wurde von Beach und Mitchell (1978; vgl. auch Beach, 1990, Kapitel 6) vorgelegt, das *Kontingenzmodell*. Sie unterscheiden drei Kategorien von Entscheidungsregeln: (1) Als *unterstützt-analytisch* (*aided-analytic*) bezeichnen sie solche Regeln, bei denen der Entscheider ein analytisches Prinzip anwendet, z.B. die Zerlegung in Konsequenzen und Ereignisse, die Kalkulation von Wahrscheinlichkeiten und Nutzenwerten und die Berechnung eines Gesamtwertes für jede Option (SEU-Regel), und bei denen die Entscheidung durch Hilfsmittel (z.B. Computer) unterstützt wird oder jedenfalls unterstützt werden kann. (2) Als *nichtunterstützt-analytisch* (*unaided-analytic*) bezeichnen sie Regeln, bei denen keine externen Hilfsmittel benutzt werden, aber immer noch ein bestimmtes explizites Prinzip angewandt wird. Da Grenzen der kognitiven Kapazität jetzt aber die Anwendung beispielsweise kompensatorischer Regeln schwierig machen, werden einfachere Regeln eingesetzt; daher fallen in diese Kategorie vor allem Regeln wie die EBA-Regel oder die LEX-Regel. (3) Als *nichtanalytisch* (*nonanalytic*) schließlich bezeichnen sie Regeln, bei denen auf eine Dekomponierung der Optionen verzichtet wird und „intuitiv" Heuristiken, Schemata oder einfache Faustregeln angewandt werden. Die (mentalen, evtl. auch physischen und monetären) *Kosten* sind bei der ersten Kategorie am höchsten und bei der letzten Kategorie am geringsten. Umgekehrt verhält es sich mit dem *Nutzen*: Die Regeln der ersten Kategorie dürften im allgemeinen bzw. „in the long run" zu besseren oder genaueren Entscheidungen führen als die Regeln der letzten Kategorie.

In dem Kontingenzmodell ist die Regelselektion sowohl durch Merkmale der Entscheidungsaufgabe als auch durch Merkmale des Entscheiders bestimmt. *Merkmale der Aufgabe* sind einerseits Merkmale des Entscheidungsproblems (Vertrautheit, Klarheit der Ziele, Komplexität, Stabilität) und andererseits Merkmale des Entscheidungsumfeldes (Reversibilität, Bedeutsamkeit, Verantwortlichkeit, Geld/Zeit-Restriktionen). Durch diese Merkmale werden die Wahrscheinlichkeiten bestimmt, mit denen die verschiedenen Regeln gute Entscheidungen erzeugen (z.B. sinkt die Wahrscheinlichkeit mit zunehmender Unvertrautheit mit der Aufgabe); und es wird durch sie auch der Aufwand bestimmt, der für die Anwendung einer Regel erforderlich ist (z.B. steigt der Aufwand mit der Verantwortlichkeit für die Entscheidungsfolgen). *Merkmale des Entscheiders* sind sein Wissen über Entscheidungsregeln, die Fähigkeit zur Anwendung von Regeln und seine Motivation, vor allem das Motiv, schnell und mit möglichst geringem Aufwand zu einer guten Entscheidung zu kommen.

Daraus ergibt sich die zentrale Annahme des Modells: In Abhängigkeit von den Merkmalen des Problems und des Umfeldes wird diejenige Regel gewählt, die mit den geringsten Kosten zu einer zufriedenstellenden Entscheidung führt. Das Rationale der Entscheidung über die in der gegebenen Situation anzuwendende Regel ist also die Herstellung eines *Kompromisses zwischen Kosten und Nutzen der Regel.* Das formale Prinzip lautet, daß diejenige Regel gewählt wird, die den *erwarteten Nettonutzen* maximiert, wobei der erwartete Nettonutzen durch die Differenz zwischen erwartetem Nutzen und erwarteten Kosten einer Regel bestimmt ist.

Das Kontingenzmodell stellt nur einen allgemeinen theoretischen Rahmen dar, der aber die spezifische Ableitung und Prüfung von Hypothesen über die Effekte bestimmter Merkmale auf die Wahl einer Entscheidungsregel ermöglicht. Dies ist in zahlreichen Untersuchungen geschehen. Inbesondere Christensen-Szalanski (1978, 1980) hat das Modell detaillierter ausformuliert und einzelne Annahmen empirisch überprüft. Er nimmt den in Abbildung 7.2 dargestellten Zusammenhang zwischen erwartetem Nutzen und erwarteten Kosten von Entscheidungsregeln an. p_c ist die (subjektive) Wahrscheinlichkeit, eine korrekte Entscheidung zu treffen, und u_c ist der Nutzen einer korrekten Entscheidung. Eine „korrekte" Entscheidung ist eine „gute", „richtige", „genaue" Entscheidung.

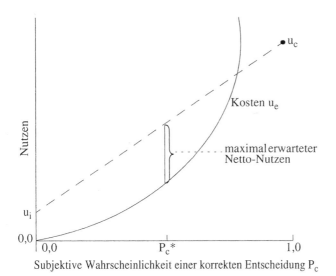

Abb. 7.2 Zusammenhang zwischen erwartetem Nutzen und erwarteten Kosten von Entscheidungsregeln (nach Christensen-Szalanski, 1978)

Je größer der analytische Aufwand einer Regel, um so größer ist p_c, die Wahrscheinlichkeit, daß eine Regel bei der gegebenen Aufgabe zu einer korrekten Lösung führt. Der erwartete Nutzen einer korrekten Entscheidung ist $p_c \cdot u_c$ und steigt linear mit p_c. Die Kosten allerdings, so wird angenommen, steigen nicht-linear mit steigendem p_c, sondern erst sehr langsam und dann sehr schnell. Um den erwarteten Nettonutzen zu maximieren, wird ein Entscheider dann also meistens eine Regel mit mittlerer Erfolgswahrscheinlichkeit wählen.

In einem Experiment ließ Christensen-Szalanski (1978) seine Vpn zunächst mehrere Regeln lernen, die entsprechend der Kategorisierung von Beach und Mitchell (s.o.) unterschiedlich hohen analytischen Charakter hatten. Die Regeln variierten zwischen einer vollständigen Analyse der gegebenen Information (d.h. Kalkulation aller möglichen finalen Konsequenzen der möglichen Entscheidungen), verschiedenen Vereinfachungs-Regeln (z.B. „suche die beiden wahrscheinlichsten Konsequenzen und entscheide danach") und einer reinen RateRegel. Dann sollten die Vpn in einem Börsenspiel hypothetische Entscheidungen über Investitionen treffen, deren mögliche Gewinne und Gewinnwahrscheinlichkeiten variiert waren. Erhoben wurde die Zeit, die für eine Entscheidung benötigt wurde, das Vertrauen, daß eine korrekte Entscheidung getroffen wurde, sowie natürlich die angewandte Entscheidungsregel. Die meisten Ergebnisse bestätigten den Kontingenzansatz: Je höher der mögliche Gewinn war, um so mehr Zeit nahmen sich die Vpn zur Entscheidungsfindung, um so sicherer waren sie sich ihrer Entscheidung und um so analytischer, und das heißt aufwendiger, war die gewählte Regel.

In weiteren Arbeiten konnten auch Effekte von Zeitdruck (Christensen-Szalanski, 1980) und einer Reihe anderer Faktoren nachgewiesen werden; eine seiner Untersuchungen ist in Box 7.3 beschrieben. Allerdings wurde in diesen Untersuchungen nur mit indirekten Indikatoren wie Entscheidungszeiten und Sicherheitsratings gearbeitet. Eine genauere Analyse der kognitiven Prozesse, die bei der Regelselektion eine Rolle spielen, wurde erst durch die Untersuchungen von Huber (1982) und vor allem von Payne et al. (1988, 1990, 1993) möglich

Beach, Barnes und Christensen-Szalanski (1986) haben ihr Modell später auch auf das Problem angewandt, wie Menschen zwischen verschiedenen Regeln wählen, mit denen probabilistische Vorhersagen gemacht werden können. In diesem Zusammenhang modifizieren sie das Modell von Beach und Mitchell (1978). Sie treffen eine Unterscheidung bei den die Selektion beeinflussenden Faktoren: Einige Faktoren wirken sich darauf aus, welche Regel gewählt wird; dies sind im wesentlichen Aufgabencharakteristika. Andere Faktoren wirken sich darauf aus, mit welcher Rigorosität eine Regel angewandt wird; dies sind u.a. die Irreversibilität einer Vorhersage und der Nutzen der Genauigkeit einer Vorhersage..

When it is not necessary to make a decision, it is necessary not to make a decision.
Murphy's Law.

Box 7.3: Zeit und Kompetenz

Jay J. Christensen-Szalanski (1980) untersuchte den Einfluß von Zeitdruck (als externer Variablen) und analytischer Kompetenz (als interner Variablen) auf die Strategieselektion.

In einem Experiment bearbeiteten seine Versuchspersonen - 10 Business-Studenten - sechs Probleme, von denen drei innerhalb von 5 Minuten gelöst werden mußten (Zeitdruck), während für die anderen drei 45 Minuten zur Verfügung standen (kein Zeitdruck). Die Vpn bekamen Bonuspunkte für eine möglichst gute und schnelle Entscheidung. Die Höhe dieser Belohnung wurde als weitere unabhängige Variable manipuliert. Nach der Entscheidung wurden die Vpn gefragt, wie sie selbst die Güte ihrer Entscheidung einschätzten, wie sehr sie der Zeitdruck beeinträchtigt hätte und ob und in welchem Maße sie Strategien mit einem höheren analytischen Aufwand eingesetzt hätten, wenn sie mehr Zeit für die Entscheidung gehabt hätten.

Die Ergebnisse zeigten, daß die eingeschätzte Güte der Entscheidung unter Zeitdruck deutlich geringer war als ohne Zeitdruck. Bei den "5-Minuten-Entscheidungen" fühlten sich die Vpn häufiger durch den Zeitdruck beeinträchtigt als bei den "45-Minuten-Entscheidungen", und alle Vpn hätten in der "5-Minuten-Bedingung" lieber Strategien mit höherem analytischen Aufwand benutzt, wenn sie mehr Zeit gehabt hätten. Ohne Zeitdruck war die selbsteingeschätzte Güte der Entscheidung umso höher, je höher die Belohnung für eine gute Entscheidung war. Dies galt jedoch nicht für die Zeitdruck-Bedingung.

In einem anderen Experiment bearbeiteten Kunst-Studenten, die sich selbst für mathematisch wenig begabt eingeschätzt hatten, d.h. über geringe analytische Fähigkeiten verfügten, dieselben Probleme wie die Business-Studenten im ersten Experiment. Man könnte annehmen, daß die Kosten (i.S. aufgewandter Zeit), für analytische Strategien bei diesen Studenten höher seien als für die Business-Studenten, die gute analytische Fähigkeiten besaßen. Erwartet wurde, daß die Kunst-Studenten weniger analytische Strategien benutzen und zudem unzufriedener mit der Qualität ihrer Entscheidung sein würden. Die Daten bestätigten diese Hypothese: die Studenten mit der geringeren analytischen Kompetenz nutzten häufiger nicht-analytische Strategien als die Studenten mit der hohen analytischen Kompetenz, schätzten die Güte ihrer Entscheidung aber auch als geringer ein. Aber wie die Business-Studenten, so verwendeten auch die Kunst-Studenten in der "45-Minuten-Bedingung" analytische Strategien umso häufiger, je höher die Belohnung für eine gute Entscheidung war.

7.3.4 Kognitive Prozesse bei der Regelselektion

Payne et al. (1993) haben ein kognitionspsychologisches Modell entwickelt, mit dem beschrieben werden kann, unter welchen situativen Bedingungen welche Entscheidungsregel eingesetzt wird. Es ist das jüngste und am prägnantesten ausgearbeitete Modell einer Reihe von Ansätzen und Überlegungen, die vorher schon zu dieser Frage vorgelegt wurden (z.B. Beach & Mitchell, 1978; Payne, 1982; Huber, 1982, 1989; Russo & Dosher, 1983; Payne et al. 1988). Die Grundstruktur ihres Modells des *adaptiv-kontingenten Entscheidens* unterscheidet sich nur wenig von dem Kontingenzmodell von Beach und Mitchell (1978), aber das Modell ist in seinen kognitionspsychologischen Annahmen wesentlich spezifischer.

Zunächst zu der Grundstruktur in der Terminologie der Autoren: Sie nennen das Entscheidungsverhalten *adaptiv-kontingent*, weil auch nach ihrer Auffassung bestimmte Regeln zu bestimmten Merkmalen der aktuellen Entscheidungssituation passen und Regeln in Abhängigkeit von diesen Merkmalen (kontingent) und in Anpassung an die Situation (adaptiv) aktiviert werden. Menschen verfügen über ein Repertoire an Entscheidungsregeln und wählen in der gegebenen Situation eine Regel unter zwei Gesichtspunkten: (1) *Genauigkeit (accuracy):* Die Entscheidung soll möglichst genau sein, d.h. sie soll mit möglichst großer Wahrscheinlichkeit zur Identifikation der besten Option führen. (2) *Aufwand (effort):* Der kognitive Aufwand für die Regel soll möglichst gering sein; jede Regel ist mit einem spezifischen kognitiven Aufwand verbunden (und in der Bestimmung dieses Aufwandes liegt die wesentliche kognitionspsychologische Spezifizierung des Modells). Das Dilemma bei der Regelselektion besteht darin, daß Entscheidungsregeln um so mehr kognitive Anstrengung erfordern, je genauer sie sind - jedenfalls im Durchschnitt und unter normalen Bedingungen. Der Entscheider muß abwägen, ob sich unter den gegebenen Bedingungen der Einsatz einer aufwendigeren Regel lohnt, ob also die höhere Wahrscheinlichkeit, auch wirklich die richtige Entscheidung zu treffen, den damit verbundenen Anstieg der kognitiven Anstrengung rechtfertigt. Erforderlich ist also eine *Genauigkeits-Aufwands-Abwägung (accuracy-effort trade-off)*. Payne et al. (1993, S. 91f.) weisen darauf hin, daß es immer um *antizipierten* Aufwand und *antizipierte* Genauigkeit geht. Jedenfalls dann, wenn man unterstellt, daß die hier angenommene Meta-Entscheidung *a priori*, also vor Beginn des eigentlichen Entscheidungsprozesses getroffen wird; oder anders gesagt, daß dieser Metaentscheidungsprozeß *top-down* gesteuert ist. Es gibt sicher auch *bottom-up* verlaufende Metaentscheidungsprozesse, die also ad hoc durch die jeweiligen situationalen Reize gesteuert sind und mal die eine und mal eine andere Regel wählen lassen (s.u. Abschnitt 7.3.6)

7.3.4.1 Der kognitive Aufwand bei Entscheidungen

● Die Dekomponierung von Regeln in EIP: Was ist nun unter *kognitivem Aufwand* oder *geistiger Anstrengung* zu verstehen? Intuitiv weiß jeder, daß bestimmte Aufgaben einfacher und mit weniger Mühe auszuführen sind als andere. Man braucht aber eine präzise Definition von kognitivem Aufwand, um ein Modell der Genauigkeits-Aufwands-Abwägung empirisch prüfen zu können. Einige Autoren haben vorgeschlagen, kognitiven Aufwand als *Berechnungsaufwand* (*computational effort*) zu definieren (Bettman, 1979; Shugan, 1980). Es wird dabei das kognitionspsychologische Standardmodell zugrunde gelegt, nach dem kognitive Prozesse aller Art (Problemlösen, Deduktion, Urteilen, usw.) durch eine begrenzte Menge sogenannter *Elementarer Informations-Prozesse* (EIPs) beschrieben werden können (z.B. Newell & Simon, 1972; Dörner, 1976). Wenn eine Aufgabe gelöst werden muß, bildet ein kognitives System zunächst eine mentale Repräsentation des Ausgangszustandes sowie des gewünschten Zielzustandes. Mit Hilfe einer bestimmten Sequenz von EIPs wird dann versucht, den Ausgangs- in den Zielzustand zu transformieren. Was sind nun *elementare Informationsprozesse* bei Entscheidungsregeln? Payne et al. (1993) nennen u.a. folgende EIPs:

○ ENKODIERUNG. Dies ist die elementare Input-Operation, bei der eine Informationseinheit (z.B. ein Attributwert) vom kognitiven System eingelesen, im Kurzzeitgedächtnis gespeichert und die Aufmerksamkeit dem nächsten Element zugewandt wird.
○ VERGLEICH. Zwei enkodierte Werte werden in Bezug auf ein Kriterium verglichen, und das Ergebnis wird festgehalten.
○ ADDITION. Zwei Werte werden summiert, und das Ergebnis wird im Arbeitsspeicher (Kurzzeitgedächtnis) festgehalten.
○ DIFFERENZ. Die Differenz zweier Werte wird berechnet, und das Ergebnis wird im Arbeitsspeicher festgehalten.
○ GEWICHTUNG. Ein Wert wird mit einem anderen Wert gewichtet (entspricht einer Multiplikation), und das Ergebnis wird im Arbeitsspeicher festgehalten.
○ ELIMINATION. Ein im Arbeitsspeicher enkodiertes Attribut oder eine Option wird gelöscht.

Mit diesen Annahmen ergibt sich für Entscheidungssituationen folgende Konzeption: (1) Entscheidungsregeln können in separate Operationen dekomponiert und als Sequenzen von EIPs formal dargestellt werden. In einer lexikographischen Regel etwa gibt es eine Reihe von Enkodierungs- und Vergleichsprozessen, aber keine Additions- oder Gewichtungsprozesse; dagegen hat die MAU-Regel Enkodierungs-, Additions-, Gewichtungs- und einige (aber wenige) Vergleichsprozesse. (2) Der Entscheidungsprozeß besteht in der Transformation der Problemrepräsentation (Anfangszustand) in eine Präferenz für eine Option (Zielzustand). Unter der Voraussetzung, daß alle EIPs kognitiv äquivalent in dem Sinne sind, daß jeder einzelne EIP den gleichen Aufwand fordert, kann nun der insgesamt mit einer Entscheidungsregel verbundene Aufwand als *Anzahl der elementaren Informationsprozesse* definiert werden, die bei Anwendung der Regel zur

Lösung des Problems benötigt werden. Es ist zu beachten, daß der Aufwand einer Regel nicht konstant ist, sondern natürlich je nach Komplexität des Problems und je nach spezifischer Ausprägung von Bewertungen (Attributwerten und Gewichten) variieren kann.

Solche Listen von EIPs sind natürlich zunächst reine Theorie, auch wenn sie sich auf umfangreiche Studien aus der Kognitionspsychologie stützen können (z.B. Newell & Simon, 1972; Posner & McLeod, 1982). Ein anderer Vorschlag stammt von Huber (1982), der Entscheiden als Variante eines allgemeinen *Problemlöseprozesses* konzeptualisiert. Er unterscheidet zunächst unspezifische und spezifische Operatoren (*Operatoren* steht bei Huber für EIP). *Unspezifische Operatoren* gehören zum allgemeinen kognitiven Repertoire eines Individuums und werden bei der Bearbeitung unterschiedlichster Aufgaben eingesetzt (z.B. einfache Mengenoperation, Test auf Gleichheit zweier Elemente oder Mengen, usw.). *Spezifische Operatoren* sind hingegen notwendig zur Bearbeitung von Entscheidungsaufgaben, können aber auch bei anderen Aufgaben eingesetzt werden. Wichtige - und bei Payne et al. (1993) nicht genannte - Operatoren sind bei Huber (1982) unter anderem:

o EVAL. Einem Informationsitem wird ein Element einer Bewertungsskala zugeordnet (z.B. wird einer Attributausprägung von „Preis: 5.000 €" die Bewertung „zu teuer" zugeordnet).
o MAX, MIN, GLEICH. Diese Operatoren ordnen eine Menge nach einem Kriterium bzw. liefern als Output Elemente, die größer/kleiner als ein Schwellenwert sind. Sie lassen sich auch durch den VERGLEICH-Operator darstellen.
o KRITERIUM. Dadurch wird für ein Attribut ein Akzeptanzkriterium generiert (z.B. „mindestens 5 Jahre Berufserfahrung" bei der Wahl zwischen Stellenbewerbern); es können auch mehrere generiert werden.

Besonders die Operatoren EVAL und KRITERIUM können als zentral und spezifisch für Entscheidungsregeln angesehen werden, bei denen eine Bewertung der Information vorgenommen werden muß. Klammert man solche Bewertungsprozesse aus der Formulierung einer Entscheidungsregel im engeren Sinne aus, oder liegt die Probleminformation bereits in Form eindeutiger Bewertungen vor, können Entscheidungsregeln als Formalisierungen der bloßen Reihenfolge der Abarbeitung von Information angesehen werden. In jedem Fall lassen sich alle bisher genannten Entscheidungsregeln in solche einfacheren Operatoren dekomponieren.

● Die Validierung des EIP-Ansatzes: Bettman, Johnson und Payne (1990; vgl. auch Payne et al., 1993, S. 83ff.) überprüften experimentell die Hypothese, daß kognitiver Aufwand eine Funktion der Anzahl an EIPs ist. Sie trainierten (sieben) Vpn im Gebrauch von sechs Entscheidungsregeln (vgl. Abschnitt 4.4.4): Weighted Additive (MAU), Equal Weights (EQW), Lexikographische Ordnung (LEX),

Elimination-by-Aspects (EBA), Satisficing (SAT) und Majorität (MAJ). Dann trafen die Vpn nach Instruktion mit jeder Regel Entscheidungen für ein Personalauswahlproblem, dessen Komplexität hinsichtlich der Optionenmenge zwischen 2 bis 6 und hinsichtlich der Attributmenge zwischen 2 bis 4 variierte. Für jede Regel war die Anzahl der mit ihrer Anwendung verbundenen EIPs theoretisch abgeleitet worden. Als empirische Indikatoren zur Messung des kognitiven Aufwandes wurden die Entscheidungszeit und die von der Person selbst eingeschätzte Schwierigkeit bei der Entscheidungsfindung benutzt.

Im Experiment zeigte sich, daß sowohl Entscheidungszeiten als auch Schwierigkeitsschätzungen wie erwartet in engem Zusammenhang mit der Anzahl an EIPs standen. Läßt man eine unterschiedliche Gewichtung der einzelnen EIPs zu, lassen sich in einem Regressionsmodell 84% der Varianz bei den Entscheidungszeiten und 59% der Varianz bei den Schwierigkeitseinschätzungen vorhersagen. Interessant ist auch, daß die mit dem Modell geschätzten Zeiten, die die einzelnen EIPs benötigen, weitgehend mit denjenigen Zeiten übereinstimmen, die man auch sonst in der kognitionspsychologischen Forschung für solche Prozesse beobachtet hat (z.B. Chase, 1978; Weber, Goldstein & Barlas, 1995). Für das Modell ist ferner wichtig, daß die für die einzelnen EIPs geschätzten Gewichte im wesentlichen für alle Regeln gleich waren. Die EIPs sind also von den Regeln selbst unabhängig. Es gab aber große individuelle Unterschiede in dem Aufwand, der mit einzelnen EIPs verbunden war.

Bei Payne et al. (1993, Kapitel 4) werden zahlreiche weitere Studien beschrieben, teils Experimente, teils Simulationen. Eine große Rolle spielt in diesen Studien, wie in ähnlichen Ansätzen der Denkpsychologie, der Einsatz von *process tracing methods*, vor allem die Erfassung der Augenbewegungen bei der Aufnahme von Information und die Erhebung von Protokollen verbaler Äußerungen im Verlaufe des Entscheidungsprozesses (vgl. Abschnitt 4.4.5).

7.3.4.2 Die Genauigkeit von Entscheidungen

Was eine genaue oder gute Entscheidung ist, läßt sich - besonders bei Unsicherheit - nie am realen Ergebnis ablesen, sondern nur an dem *Prozeß* der Entscheidungsfindung. Als „gut" gilt eine Entscheidung dann, wenn möglichst viel Information gesucht und berücksichtigt worden ist und wenn diese Information auf eine Weise integriert worden ist, wie es in den allgemein akzeptierten Theorien optimaler Entscheidung beschrieben wird. Dies sind im Fall von Entscheidungen unter Unsicherheit die SEU-Theorie und im Falle von Entscheidungen zwischen multiattributen Optionen die MAU-Theorie. Wenn Vpn Entscheidungsregeln vorgelegt und erklärt werden und wenn sie dann gefragt werden, welche Regel sie als die „beste" favorisieren würden, wurden diese Regeln auch von den meisten genannt.

Als „schlecht" können wir eine Regel bezeichnen, wenn relevante Information ignoriert wird. Dies ist der Fall, wenn „blind", also rein zufällig, entschieden wird. Ein Münzwurf ist keine gute Regel, wenngleich es Bedingungen gibt, unter denen auch diese Regel nützlich ist, etwa im Falle eines Konfliktes zwischen zwei gleich starken Personen, oder wenn die Entscheidung absolut trivial ist. Wir glauben jedoch auch dann *nicht*, daß eine Zufallsentscheidung wirklich eine bessere Entscheidung herbeiführt als eine die relevante Information berücksichtigende Entscheidung. Payne et al. (1993) definieren nun die *relative Genauigkeit* einer Regel folgendermaßen:

$$\frac{EV(\text{Regel}_i) - EV(\text{Zufallsregel})}{EV(\text{SEU}|\text{MAU}) - EV(\text{Zufallsregel})}$$

EV(Regel) ist der erwartete Wert der Option, die durch die jeweilige Regel selektiert wird. Für die Genauigkeit gibt es eine untere Grenze, das ist die Genauigkeit der Zufallsregel, und eine obere Grenze, das ist die Genauigkeit der optimalen Regel. Das hier vorgeschlagene Maß der *relativen Genauigkeit* gibt an, inwieweit eine Regel genauer ist als eine zufällige Wahl, relativiert an der Differenz zwischen den Erwartungswerten der optimalen und der zufälligen Regel.

I tossed a mental coin. Heads you do, tails you don't. Dick Francis, Rat Race.

7.3.4.3 Die Abwägung zwischen Genauigkeit und Aufwand

Wir haben gesehen, daß jede Entscheidungsregel durch eine Ausprägung auf dem Merkmal *Genauigkeit* und eine Ausprägung auf dem Merkmal *Aufwand* (definiert durch die Anzahl der EIPs) charakterisiert ist. Wie im multiattributen Fall können also Regeln in einem zweidimensionalen Koordinatensystem verortet werden. Abbildung 7.3 zeigt ein Beispiel mit sechs Regeln (Payne et al., 1993, S.93).

Die beiden Grenzfälle sind die *gewichtete additive Regel* (WADD - wir benutzen in diesem Abschnitt die von Payne et al. (1993) verwendeten Abkürzungen) als optimale Regel mit maximaler Genauigkeit und maximalem Aufwand und die *Zufalls-Regel* (RC) mit minimaler Genauigkeit und minimalem Aufwand. Die anderen Regeln sind entsprechend zwischen diesen beiden extremen Regeln lokalisiert. Simulationsstudien und empirische Untersuchungen (Payne et al., 1988, 1993) haben die hier postulierte Beziehung zwischen Genauigkeit und Aufwand bestätigt: Je genauer eine Regel, um so größer ist der benötigte kognitive Aufwand, jedenfalls im Durchschnitt.

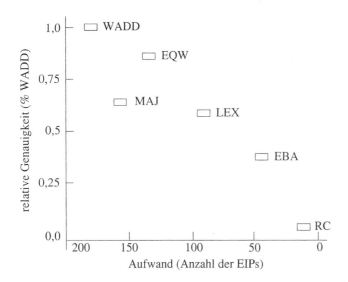

Abb. 7.3 Zusammenhang zwischen Genauigkeit und Aufwand bei sechs Regeln (nach Payne, Bettman & Johnson, 1993, S.93)

Wir haben bereits früher darauf hingewiesen, daß Aufwand und Genauigkeit einer Regel nicht unabhängig von Problem und Situation sind. Kerstholt (1992) ging der Frage nach, ob Vpn tatsächlich bei ansteigender Komplexität des Problems zu non-kompensatorischen Prozessen der Informationssuche übergehen, wie aus den meisten Studien berichtet wird. Sie benutzte Aufgaben, bei denen vollständige Information nicht nötig war, um einen hohen Genauigkeitsgrad zu erreichen, und fand, daß ihre Vpn bei zunehmender Aufgabenkomplexität zwar weniger Information suchten, das Genauigkeitsniveau aber gleich blieb. Kerstholts Fazit lautet, daß bei größerer Komplexität „subjects try to work smarter rather than harder" (S. 185). Im übrigen steigt zwar der Aufwand mit zunehmender Komplexität eines Problems, aber er steigt nicht für alle Regeln im gleichen Maße. Das spezifische Datenmuster, d.h. das Muster der konkreten Attributausprägungen, kann ebenfalls Aufwand und Genauigkeit verändern; gibt es beispielsweise viele dominierte Optionen, die leicht erkennbar und eliminierbar sind, sinkt der Aufwand, während hohe negative Korrelationen zwischen den Attributen viele *trade-offs* notwendig machen und dadurch den Aufwand erhöhen.

Welche Regel wählt nun ein Entscheider, wenn er verschiedene Regeln zur Verfügung hat und in der gegebenen Situation Aufwand und Genauigkeit kennt oder abschätzen kann? Dies hängt davon ab, wie wichtig ihm die beiden Attribute Genauigkeit und Aufwand sind. Legt er großes Gewicht auf Genauigkeit, dann wird er die WADD-Regel wählen; ist ihm dagegen ein geringer Aufwand wichtig, wird er die Zufalls-Stratgie wählen. Eine ungefähre Gleichgewichtung würde in den meisten Fällen zur Selektion der EBA- oder der LEX-Regel führen.

Für die Gewichtung von Genauigkeit und Aufwand dürften alle diejenigen Faktoren relevant sein, die wir im Zusammenhang mit dem Kontingenzmodell von Beach und Mitchell (1978) genannt haben. So dürfte beispielsweise um so mehr Gewicht auf Genauigkeit gelegt werden, je bedeutender das Problem ist, und man wird entsprechend auch zu einem größeren Aufwand bereit sein: die Wahl eines Studienfaches wird in der Regel mit mehr Aufwand erfolgen als die Wahl zwischen verschiedenen Menüs beim abendlichen Restaurantbesuch. Es ist aber zu beachten, daß aus der Tatsache, daß genaue Regeln höheren Aufwand implizieren, nicht folgt, daß man durch mehr Aufwand auch eine bessere Entscheidung erzielt: Viel Schweiß kann auch in dumme Überlegungen fließen.

Situative Faktoren können die Menge verfügbarer Regeln einschränken, indem sie einschränkende Bedingungen für den ausführbaren kognitiven Aufwand setzen oder indem sie minimale Genauigkeitsschwellen einführen. So kann Zeitdruck dazu führen, daß komplexe Regeln gar nicht ausgeführt werden können, da die Zeit - und damit der Aufwand zu ihrer Umsetzung - nicht zur Verfügung steht. Und Begründungs- oder Legitimationszwänge können dazu führen, daß ein minimaler Genauigkeitsanspruch beachtet werden muß.

7.3.5 Gemeinsamkeiten und Unterschiede der Modelle

Das Kontingenzmodell von Beach und Mitchell (1978) und das Modell der adaptiv-kontingenten Regelselektion von Payne et al. (1988) haben die gleiche Grundannahme: Daß nämlich Entscheidungen über die Auswahl von Entscheidungsregeln als Ergebnis einer Kosten-Nutzen-Analyse des kognitiven Systems verstanden werden können. Beide Modelle schreiben ähnlichen, wenngleich nicht völlig identischen Faktoren Wirkungen auf die Regelselektion zu.

In beiden Modellen gibt es übrigens auch die Möglichkeit, Regeln miteinander zu kombinieren, und zwar speziell zwei Regeln nacheinander einzusetzen (*phased strategies*) (vgl. Abschnitt 4.4.4). Denn das Verhalten von Vpn in manchen Entscheidungssituationen (Zeitdruck, hohe Komplexität, unvollständige Information) konnte gut mit der Annahme erklärt werden, daß Entscheider erst eine einfachere und dann eine komplexere Regel anwenden (z.B. Bettman & Park, 1980; Gertzen, 1992; Stokmans, 1993). Die einfachere Regel im ersten Schritt hat beispielsweise den Effekt, von einer großen Optionenmenge zu einer kleinen überschaubaren Menge akzeptabler Optionen zu kommen; so kann mit einer non-kompensatorischen Regel die Optionsmenge reduziert werden, indem alle ein gesetztes Kriterium nicht erfüllenden Optionen ausgesondert werden. In einem zweiten Schritt können die verbliebenen Optionen mit einer komplexeren Regel bearbeitet werden, die mit höherer Wahrscheinlichkeit zu einer guten Entscheidung führt, z.B. mit einer kompensatorischen Regel.

Das Modell von Payne und seinen Mitarbeitern geht jedoch über das Modell von Beach und Mitchell in mehrfacher Weise hinaus: Die Entscheidungsregeln werden kognitionspsychologisch spezifiziert; sie werden als Sequenzen von Operatoren zur Transformation von Problemzuständen definiert. Dadurch kann der mit einer Regel verbundene kognitive Aufwand definiert werden. Und dies erlaubt wiederum eine Konkretisierung und Überprüfung der Annahme einer Genauigkeits-Aufwands-Abwägung. Und schließlich kann mit Hilfe des Modells besser geprüft und erklärt werden, warum unter gegebenen Bedingungen eine bestimmte Regel und keine andere Regel gewählt wurde.

Beide Forschergruppen nehmen übrigens nicht an, daß Meta-Entscheidungen über die Wahl einer Entscheidungsregel im allgemeinen *bewußt kalkuliert* werden. Es wird vielmehr angenommen, daß Beziehungen zwischen Merkmalen von Entscheidungsaufgaben und der Effektivität verschiedener Regeln gelernt werden und - so in der Konzeption von Payne et al. - im Sinne von Produktionen (Newell & Simon, 1972; Anderson, 1983; Holland, Holyoak, Nisbett & Thagard, 1986) automatisiert werden. Beispielsweise mögen die meisten Menschen gelernt haben, daß für ein Problem mit sehr vielen, vielleicht mehr als fünf Optionen die SEU-Regel zu aufwendig ist und eine EBA-Regel im allgemeinen hinreichend effizient ist; es hat sich also eine Produktion der Art „WENN Anzahl der Optionen größer als fünf, DANN setze als Ziel die Elimination von Optionen (nach Aspekten)". Produktionen können dann durch Merkmale des Problems und der Situation direkt aktiviert werden.

Sowohl Beach und Mitchell als auch Payne, Bettman und Johnson vertreten die Auffassung, daß die den Bedingungen von Aufgabe und Situation angepaßte flexible Nutzung von Entscheidungsregeln im allgemeinen funktional und intelligent ist. Im Rahmen seiner begrenzten kognitiven Kapazität zur Informationsverarbeitung verhält sich der Entscheider in diesem Sinne rational; Simon (1990) hat diesen Begriff von Rationalität ausführlich beschrieben und diskutiert.

7.3.6 Die Konstruktion von Entscheidungsregeln

In Abschnitt 7.1 ging es um die *Konstruktion von Präferenzen*. Gemeint war damit, daß Präferenzen besonders dann, wenn sie nicht a priori schon stabil vorliegen und abrufbar sind oder wenn ein Problem nicht ohne weiteres durchschaubar ist, in dem Moment gebildet werden, wenn sie gefordert sind. Dann sind Präferenzen in besonderem Maße gegenüber der Art und Weise anfällig, in der sie erfragt werden. In ähnlicher Weise kann man nun auch von einer *Konstruktion von Regeln* sprechen. Damit ist gemeint, daß Menschen nicht unbedingt von vornherein, *top-down*, mit einer bestimmten Regel an die Lösung eines Problems herangehen, sondern ihre Regel im Verlaufe des Entscheidungsprozesses und in Abhängigkeit von den verfügbaren und gerade aufgenommenen Informationen, also *bottom-up*, entwickeln und gegebenenfalls auch mehrfach ändern.

Payne et al. (1993, S. 171) illustrieren das Konzept u.a. mit folgendem Beispiel: Jemand will eine Menge von Lotterien mit einer optimalen EV-Regel bewerten und danach entscheiden. Er stellt dann während des Prozesses fest, daß es in allen Lotterien *eine* Konsequenz gibt, deren Wahrscheinlichkeit sehr hoch ist, beispielsweise 0,8. Er gibt die EV-Regel nun auf und sucht einfach diejenige Option, bei der diese sehr wahrscheinliche Konsequenz am besten ist - und wählt diese. Hier wechselt also der Entscheider, veranlaßt durch eine neue Information, von einer kompensatorischen zu einer non-kompensatorischen Regel.

Ein anderes Beispiel (Payne et al., 1993, S. 184f.) verknüpft das Konzept mit den Editierungs-Annahmen in der *Prospect*-Theorie von Kahneman & Tversky (1979, vgl. Abschnitt 6.2): Zu Beginn vergleicht vielleicht ein Käufer die gegebenen Produktoptionen hinsichtlich des wichtigsten Attributes. Dabei stellt er fest, daß die Optionen auf diesem Attribut alle ziemlich ähnlich sind und „streicht" das Attribut aus seinen Überlegungen - einer der Editierungs-Mechanismen. Man beachte, daß in diesem Beispiel ein Editierungs-Mechanismus *während* des Entscheidungsprozesses ins Spiel kommt und nicht, wie in der *Prospect*-Theorie angenommen wird, *vor* dem Prozeß der Bewertung der Optionen.

Die Konstruktion einer Regel im Verlaufe des Entscheidungsprozesses wird von Payne et al. (1993) mit einem Begiff von Hayes-Roth und Hayes-Roth (1979) als *opportunistisch* charakterisiert. In diesem Zusammenhang soll der Begriff bedeuten, daß jemand einen Entscheidungsprozeß ohne eine Festlegung auf irgendeine Regel beginnt, sondern vielmehr an Hand der jeweils im Verlaufe des Prozesses aufgenommenen Informationen Komponenten von Regeln benutzt, wie sie gerade „opportun" erscheinen: „vergleiche diese Produkte hinsichtlich des Attributes A und sieh, ob sie sich sehr unterscheiden", „zähle die Attribute zusammen, auf denen das Produkt X besser ist als alle anderen", usw. Derartige opportunistische Konstruktionen von Entscheidungsregeln dürfte man besonders dann erwarten, wenn ein Problem für jemanden neu, komplex oder belastend ist.

Ein Faktor, den wir hier nicht behandelt haben, der aber das Vorgehen bei einer Entscheidung natürlich ebenfalls beeinflussen kann, ist die *Stimmung (mood)*, in der sich der Entscheider befindet. In der Literatur werden die Begriffe Stimmung, Emotion, Gefühl und Affekt nur sehr vage unterschieden. In Abschnitt 6.3 wurden die wichtigsten entscheidungspsychologischen Ansätze behandelt, in denen die Emotionen Bedauern und Enttäuschung eine Rolle spielen. Unter Stimmung versteht man jedoch ein eher allgemeines und diffuses Gefühl, von dem man meist nicht genau sagen kann, durch welche Ereignisse oder Gedanken es verursacht wird. Man fühlt sich dann einfach schlecht, depressiv, melancholisch - oder eben gut, heiter und lebensfroh. Solche Stimmungen färben auf die Wahrnehmung von Situationen und Personen sowie auf die Art der eigenen Gedanken und Motivationen ab. In Entscheidungssituationen können sich Stimmungen auf die Wahl der Entscheidungsstategie, die Bildung von Präferenzen und Nutzenfunktionen, und auf Attributgewichtungen und auf die Risikoeinstellung auswirken. In schlechter Stimmung verwenden viele eher analytische, komplexere Entscheidungsstategien und benötigen länger, um eine Wahl zu treffen (z.B. kompensatorische Stategien wie MAU), während in guter Stimmung eher einfach Strategien verwendet werden (z.B. nicht-kompensatorische Regeln wie die EBA-Regel). Entscheider in guter Stimmung zeigen auch ein größeres Vertrauen in die Richtigkeit der getroffenen Entscheidung als Entscheider in negativer Stimmung. Ebenso zeigen die meisten Entscheider eine größere Risikogeneigtheit, wenn sie sich in positiver Stimmung befinden. Wright und Bower (1992) fanden beispielsweise, daß Personen, die in positive Stimmung versetzt wurden, die Wahrscheinlichkeiten positiver Ereignisse über- und die Wahrscheinlichkeit negativer Ereignisse unterschätzen; umgekehrtes galt für Personen, die in negative Stimmung versetzt wurden.

Hinsichtlich der Form von Nutzenfunktionen konnten Isen, Nygren und Ashby (1988) zeigen, daß nach Induktion positiver Stimmung die Nutzenfunktion für Verluste steiler verläuft als bei einer Kontrollgruppe in neutraler Stimmung. Es gibt also offenbar einige Effekte der Stimmung auf das Entscheidungsverhalten, was auch nicht weiter überrascht. Es gibt aber bislang nur wenig empirische Forschung zu diesem Thema, und die vorliegenden Befunde sind oft widersprüchlich. Eine typische Untersuchung ist in Box 7.4 kurz beschrieben

---

Box 7.4: Der Einfluß der Stimmung auf Entscheidungen (I)

In einer Untersuchung von **Shai Lewinsohn** und **Haim Mano** (1993) hatten Vpn zwischen sechs Reisetaschen zu wählen, die jeweils durch fünf Attribute beschrieben waren (z.B. Verarbeitung, Gewicht, Stoßfestigkeit). Die Informationen wurden den Vpn über ein *information display board* dargeboten, bei dem sich die Vpn die sie interessierenden Attributausprägungen durch mouse-click anzeigen lassen konnten. Erfaßt wurden die Entscheidungszeiten, die Anzahl der betrachteten und der ignorierten Attribute sowie die Häufigkeit, mit der eine Information mehrfach angeschaut wurde. Außerdem erfaßten Lewinsohn und Mano, wie oft jede Vp *attributweise* vorging, d.h. von einer Option zu einer anderen überging, dabei aber innerhalb eines Attributes blieb, bzw. wie oft sie *optionenweise* vorging, also innerhalb einer Option von einem Attribut zum anderen wechselte.

Fortsetzung folgt ...

Box 7.4: (II)

Vor ihren Entscheidungen hatten die Vpn auf Rating-Skalen beurteilt, wie
erregt, ruhig, freudig bzw. unglücklich sie sich gerade fühlten. Die Autoren
prüften dann, ob die Stimmung ihrer Vpn deren Entscheidungsverhalten
beeinflußte und wenn ja, in welcher Weise.

Tatsächlich zeigten die Daten Unterschiede: Vpn in freudigerer Stimmung
brauchten mehr Zeit für ihre Entscheidungen, nutzten mehr Informationen,
schauten sich Informationen mehrfach an und gingen öfter optionenweise vor.
Der Entscheidungsprozeß als solcher, so interpretieren die Autoren, wird von
diesen Personen als eine angenehme Aktivität erlebt, auf die sie gern Zeit auf-
wenden. Deshalb verwenden sie eher zeitintensive Entscheidungsstrategien.
Vpn in einer weniger freudigen Stimmung dagegen erleben das Entscheiden
eher als eine lästige Aktivität, die sie so schnell wie möglich hinter sich bringen wollen. Sehr aufgeregte Vpn nutzten dagegen weniger Informationen,
schauten sich Informationen kaum mehrfach an und ignorierten mehr Attribute. Dies interpretieren die Autoren im Sinne eines Aufmerksamkeits-Allo-
kations-Mechanismus: Je höher das Erregungsniveau ist, desto geringer sind
die zur Verfügung stehenden Aufmerksamkeits-Ressourcen und desto stärker
wird der Entscheidungsprozeß auf die wichtigsten Attribute beschränkt.

7.4 Lesevorschläge

In diesem Kapitel spielten kognitionspsychologische Analysen eine größere
Rolle. Wir empfehlen dem an dieser Perspektive interessierten Leser den von
Jerome Busemeyer, Reid Hastie und Douglas L. Medin (1995) herausgegebenen
Band *Decision making from a cognitive perspective*, u.a. mit einer lesenswerten
Einleitung von Reid Hastie und Nancy Pennington über *Comparative approaches
to judgment and decision making*, und mit Beiträgen von Elke U. Weber, William
M. Goldstein und Sema Barlas mit dem Titel *And let us not forget memory: the
role of memory processes and techniques in the study of judgment and choice*,
John W. Payne, James R. Bettman, Eric J. Johnson und Mary Frances Luce über
An information processing perspective on choice, Lola L. Lopes über *Algebra
and process in the modeling of risky choice*, und Eldar Shafir über *Compatibility
in cognition and decision.*

Der *process-tracing*-Ansatz, durch den vor allem die Methoden der verbalen Protokolle und der Erfassung der Blickbewegungen in die Entscheidungsforschung eingeführt worden sind, wird in den Beiträgen dargestellt, die in dem von Henry Montgomery und Ola Svenson (1989) herausgegebenen Band *Process structure and human decision making* enthalten sind. Dieser Band ist eines der Resultate der Arbeit einer informellen europäischen Gruppe von Forschern, die sich seit längerem schon mit diesem Ansatz zur kognitionspsychologischen Analyse von Entscheidungsprozessen beschäftigen.

Die Bedeutung des Faktors Zeit, insbesondere von Zeitdruck und Streß wird in den kognitionspsychologischen Beiträgen eines anderen Bandes behandelt, der ebenfalls aus dieser Gruppe hervorgegangen ist, dem von Ola Svenson und A. John Maule (1989) herausgegebenen Band *Time pressure and stress in human judgment and decision making*, mit einer sehr guten Einführung von John Maule und Ola Svenson und Beiträgen u.a. von Dan Zakay, Donald MacGregor, Jerome R. Busemeyer, Thomas Wallsten sowie Eric J. Johnson, John W. Payne und James R. Bettman. Eher motivationspsychologisch orientiert ist dagegen das oben schon angesprochene Modell des Entscheidungsverhaltens in zeitlichen Notfallsituationen wie beispielsweise einem Feuerausbruch, das *emergency model of decision making,* das Irving L. Janis und Leon Mann (1977) in ihrem Buch *Decision making* beschreiben und mit vielen Beispielen illustrieren

7.5 Neues aus den letzten Jahren

Eine interessante Erweiterung der Sicht auf Prozesse der Konstruktion von Präferenzen, die zu Präferenzumkehr bzw. inkonsistenten Präferenzen führen können, ist von Hsee (1996) sowie Hsee, Loewenstein, Blount und Bazerman (1999) vorgelegt worden. Sie unterscheiden zwei Modi, in denen (multiattribute) Optionen beurteilt werden können: Im *joint evaluation mode* werden die Optionen simultan betrachtet und im Vergleich miteinander bewertet, im *separate evaluation mode* werden sie isoliert betrachtet und unabhängig voneinander bewertet. Je nach Modus werden Optionen oft unterschiedlich bewertet, und diese Befunde erklären Hsee et al. damit, daß bei simultaner und vergleichender Betrachtung Attribute, die schwieriger zu beurteilen sind, einen stärkeren Einfluß haben als bei einer isolierten und unabhängigen Betrachtung, bei der leicht zu beurteilende Attribute oft für eine Bewertung zu genügen scheinen.

In dem Informationsverarbeitungsansatz von Payne et al. (1993) waren die Maximierung der Genauigkeit und die Minimierung des kognitiven Aufwandes die beiden einzigen Ziele eines Entscheiders bei der Auswahl einer Entscheidungsregel, d.h. einer Strategie der Informationsverarbeitung. Bettman, Luce und Payne (1998) haben diesen Ansatz um zwei Ziele erweitert und den Einfluß dieser Ziele auf die Wahl zwischen Entscheidungsregeln behandelt: Zum einen die

Minimierung negativer Emotionen, zum andern die Maximierung der Leichtigkeit einer Rechtfertigung der Entscheidung. Beispielsweise sollte das Ziel der Minimierung negativer Emotionen, die direkt mit einer Aufgabe verbunden werden, zu einer erhöhten Motivation führen, das Problem so gut wie möglich zu lösen, und dies sollte die Wahl einer Regel favorisieren, die eine aufwendige Informationsverarbeitung verlangt. Und negative Emotionen, die durch schwierige *trade-offs* ausgelöst werden, dürften die Wahl non-kompensatorischer Regeln begünstigen, durch die der Entscheider *trade-offs* vermeiden kann. Empirische Studien liegen von Luce, Bettman und Payne (1997) sowie Luce, Payne und Bettman (1999, 2000) vor. Das Ziel der Maximierung der Leichtigkeit einer Entscheidung kann zur Wahl einer von Bettman et al. (1998) *relational heuristic* genannten Strategie führen, die sich an den Beziehungen der Optionen untereinander orientiert, die mehr oder weniger leicht Gründe für die Entscheidung liefern.

Eine andere Perspektive bieten Weber und Hsee (2000) sowie Weber, Ames und Blais (2004). Danach sind verchiedene Modi der Entscheidungsfindung unterschiedlich gut geeignet, um bestimmte Ziele oder Meta-Ziele zu erreichen. Wenn das Ziel die Erreichung des materiellen Optimums ist, sind kalkulatorische Strategien (mit denen Kosten und Nutzen und ihre Wahrscheinlichkeiten verrechnet werden) am erfolgreichsten. Wenn soziale Zugehörigkeit das Ziel ist, sind Rollen-orientierte Strategien erfolgreich (mit denen sozial erwünschtes Verhalten gezeigt wird. Wenn Autonomie ohne Rechtfertigungsdruck das Ziel ist, ist eine Affekt-basierte Strategie günstig (mit der man etwas tut, weil man es will, ohne es begründen zu müssen). Solche funktionalen Erklärungen erlauben Vorhersagen der Wahl von Entscheidungsstrategien in Abhängigkeit von Kontext (Ames, Flynn & Weber, 2004) oder Kultur (Weber et al., 2004).

In den letzten Jahren ist auch der Ansatz weiterverfolgt und erweitert worden, den Gigerenzer und seine Mitarbeiter entwickelt haben (Gigerenzer, Todd & the ABC Research Group, 1999). Wir hätten darauf im Anschluß an die Kap. 4 oder 5 eingehen können, weil dieser Ansatz dort in den Abschnitten 4.4 und 5.4 bereits behandelt wird. Aber da der zentrale Punkt des Ansatzes wie bei Beach und Mitchell (1978) und Payne et al. (1993) der Gedanke ist, daß Menschen über ein Repertoire an Regeln verfügen, die sie je nach Situation und Aufgabe wählen und erfolgreich anwenden können, paßt der Hinweis auf diese Arbeiten auch an dieser Stelle (also zu Abschnitt 7.3). Nach Gigerenzer et al. (1999) enthält die *adaptive tool box* des Menschen eine Reihe simpler Heuristiken, die in dem Sinne *fast and frugal* sind, als sie wenig Information und daher geringen kognitiven Aufwand erfordern – und dennoch nicht weniger erfolgreich sind als aufwendigere Regeln, wie sie normative Modelle (z.B. das Bayes-Modell) implizieren. Diese Heuristiken sind bei prädiktiven Urteilen und inferentiellen, nicht bei präferentiellen Entscheidungen anwendbar, d.h. nur dann, wenn es ein objektives Kriterium für die Richtigkeit der Lösung des Problems gibt, beispielsweise bei probabilistischen Inferenzen, Größenschätzungen und Kategorisierungsaufgaben.

Illustriert wird der Ansatz meistens mit der *Take-the-best*-Heuristik und der *Cue-Tallying*-Heuristik, die bei der Darstellung der Theorie der Probabilistischen Mentalen Modelle (vgl. Abschnitt 5.4.4) bereits beschrieben, aber nicht so benannt wurden. Zwei weitere Heuristiken sind die *Recognition*-Heuristik, die sich allein auf die Bekanntheit der zu beurteilenden Objekte stützt, und die *QuickEst*-Heuristik, die der EBA-Strategie ähnelt (vgl. Abschnitt 4.4.2). Als Bausteine jeder Heuristik gelten Suchregeln (z.B.: suche Informationen in zufälliger Reihenfolge), Stopregeln (z.B.: beende die Informationssuche, sobald eine Information das eine Objekt gegenüber einem anderen Objekt favorisiert), und Entscheidungsregeln (z.B.: entscheide, sobald ein einziger Grund – wie etwa Bekanntheit des Objektes - gegeben ist). Die Effizienz der simplen Heuristiken wurde vor allem mit Computersimulationsstudien in verschiedenen Umgebungen (*environments*) und formalen Analysen, aber auch empirisch demonstriert. Ob und unter welchen Bedingungen allerdings diese Heuristiken tatsächlich von Menschen verwandt werden, ist umstritten (Bröder, 2001; Hertwig & Hoffrage, 2001b). Bisher nicht geprüft ist außerdem, ob bzw. unter welchen Bedingungen oder bei welchen Personen auch die simplen Heuristiken systematisch zu Fehlern führen.

Die Abhängigkeit von Informationssuche und Entscheidungsverhalten von Situation und Problem hat mit einem ganz anderen Ansatz Huber (2004) in mehreren quasi-experimentellen Studien untersucht. Er konfrontierte seine Versuchsteilnehmer mit realistischen, riskanten Entscheidungsproblemen und erfaßte dann mit Hilfe der 'Methode der Aktiven Informationssuche', welche Fragen die Teilnehmer stellten, d.h. welche Informationen sie vom Versuchsleiter haben wollten. Sobald sie meinten, genug Informationen zu haben, konnten sie ihre Entscheidung treffen. Zwei Befunde sind interessant: Zum einen zeigen die Teilnehmer ein geringes Interesse an Wahrscheinlichkeitsinformation, und zum anderen suchen sie oft nach einer zusätzlichen Handlung, durch die das Risiko reduziert werden kann. Huber nennt solche Handlungen „Risikoentschärfungsoperatoren" (*risk defusing operators*) (vgl. auch Huber & Huber, 2003). Er zieht aus den Daten den Schluß, daß die Annahme der traditionellen Entscheidungsforschung, Entscheidungen seien durch Wert und Wahrscheinlichkeit der Konsequenzen bestimmt, nicht für alle Entscheidungssituationen gilt, vielleicht sogar nur für solche Situationen, die nach der *Gamble*-Metapher strukturiert sind.

8 Gründe

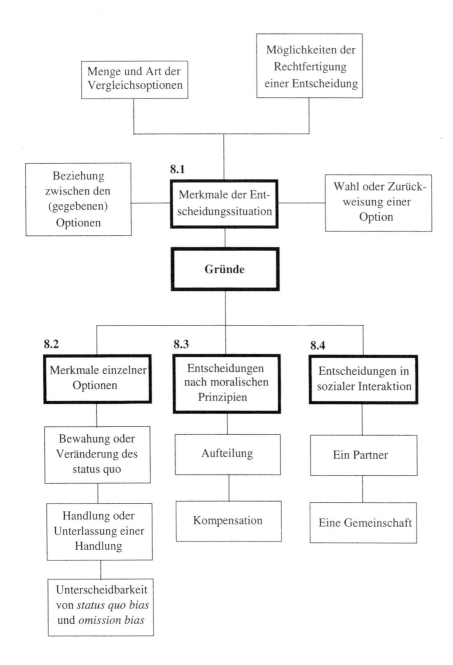

Wir sind bislang davon ausgegangen, daß Präferenzen gegenüber Optionen allein dadurch bestimmt sind, daß diese Optionen bestimmte Konsequenzen (i.S. von Attributausprägungen) haben. Entscheidungstheorie ist in diesem Sinne eine Theorie *konsequentialistischer* Entscheidungen. In den letzten Jahren haben sich viele Forscher aber auch mit solchen Situationen und Phänomenen des Entscheidungsverhaltens beschäftigt, bei denen die Konsequenzen *nicht* die wichtigsten oder einzigen Determinanten der Entscheidung zu sein scheinen. Man spricht hier von *non-konsequentialistischen* Entscheidungen. Damit ist gemeint, daß Entscheidungen für eine Option X getroffen werden, obgleich eine Option Y „eigentlich" die besseren Konsequenzen bietet (und der Entscheider dies auch weiß). In diesem Kapitel behandeln wir einige der Untersuchungen non-konsequentialistischer Entscheidungen und Ansätze zu ihrer Erklärung. Richtiger müssen wir sagen: Wir behandeln in diesem Kapitel solche Entscheidungen, die sich mit anderen Konzepten besser erklären lassen als mit dem Konsequenzenkonzept der klassischen Entscheidungstheorie. Es wird dabei deutlich werden, daß die Lage nicht so klar ist, wie sie nach dieser - vereinfachten - Beschreibung erscheint. Der Grund liegt darin, daß der Konsequenzenbegriff nicht eindeutig zu definieren ist.

Im *ersten* Abschnitt des Kapitels geht es um Merkmale der Entscheidungssituation. Beispielsweise hat sich gezeigt, daß die Präferenz zwischen zwei Optionen X und Y davon beeinflußt wird, welche *weiteren* Optionen vorliegen, und daß es auch eine Rolle spielt, ob diese weiteren Optionen den beiden ursprünglichen Optionen X und Y ähnlich sind. Man kann diese Befunde damit erklären, daß unter bestimmten Bedingungen die Wahl einer Option leichter zu begründen ist als unter anderen Bedingungen (sich selbst oder anderen gegenüber), selbst wenn die beiden Optionen X und Y unter allen Bedingungen gleich sind. Wir behandeln mehrere Faktoren, die offenbar die Möglichkeit oder Leichtigkeit der Begründung von Entscheidungen und damit das Entscheidungsverhalten beeinflussen.

Mit Merkmalen der Optionen selbst beschäftigen wir uns im *zweiten* Abschnitt. Denn Optionen können unterschiedlich sein, auch wenn sie die gleichen Konsequenzen haben. Damit ist gemeint, daß Optionen bestimmte Merkmale haben können, die sich nicht als Aspekte ihrer Konsequenzen beschreiben lassen. *Ein* solches Merkmal besteht darin, daß durch eine Option der status quo - also die gegenwärtige Lage eines Entscheiders - verändert oder aber bewahrt werden kann. Ein anderes Merkmal besteht darin, daß eine Option eine aktive Handlung oder aber die Unterlassung einer Handlung bedeuten kann.

Zu einem direkten Konflikt mit der Orientierung an den Konsequenzen von Optionen kann es dann kommen, wenn ein bestimmter Typ inhaltlicher Gründe für die Wahl von Optionen ins Spiel kommt. Das einfachste Beispiel sind moralische Gründe, bei denen wir oft die moralisch gute Option (z.B. nicht zu lügen) wählen oder zumindest wählen wollen, obgleich die moralisch schlechte Option (also zu lügen) vielleicht die besseren Konsequenzen verspricht. In diesem Fall bestimmen moralische *Prinzipien* die Entscheidung stärker als die antizipierten Konsequenzen. Im *dritten* Abschnitt des Kapitels behandeln wir die Prinzipien der Fairness und der Gerechtigkeit als zwei Prinzipien, die das Entscheidungsverhalten bei der Aufteilung von Gütern und bei der Kompensation für erlittenen Schaden in einer Weise beeinflussen, die aus konsequentialistischer Perspektive nicht ohne weiteres erklärbar ist.

Im *vierten* Abschnitt geht es um *Entscheidungen in sozialer Interaktion.* Menschen entscheiden sich für kooperatives oder destruktives Handeln in Abhängigkeit von dem Entscheidungsverhalten des Partners; wir behandeln hier das sogenannte *Prisoner Dilemma.* Und Menschen können sich primär an ihren individuellen Interessen oder an den Interessen der Gemeinschaft orientieren; hier behandeln wir *Social Dilemmas.*

8.1 Merkmale der Entscheidungssituation

In diesem Abschnitt geht es um Entscheidungen, die nicht allein durch die Konsequenzen der gegebenen Optionen zu erklären sind. Oder anders gesagt: Es sind Situationen, in denen man sich schwer tut, seine Präferenzen aus den Bewertungen der Konsequenzen heraus zu begründen, und in denen man daher auf andere Gründe zurückgreift. Der Gedanke, daß die Möglichkeit oder Notwendigkeit der Begründung und Rechtfertigung einer Entscheidung das Verhalten beeinflussen kann, ist in der Entscheidungsforschung nicht neu. Schon Tversky (1972) hat darauf hingewiesen, daß ein Vorteil der EBA-Regel (vgl. Abschnitt 4.4.2.2) darin liege, daß sie leicht zu erklären und zu rechtfertigen sei. Man muß hinzufügen, daß zumindest die Rechtfertigung nur unter bestimmten Bedingungen leicht ist, nämlich dann, wenn die Optionen sich auf den Attributen nicht allzu sehr unterscheiden und die Attributgewichte ebenfalls nicht allzu sehr variieren oder aber wenn die Entscheidung unter großem Zeitdruck getroffen werden muß. Andernfalls kann es nämlich leicht passieren, daß mit der EBA-Regel die Wahl für eine Option getroffen wird, die bei Anwendung einer die Information voll nutzenden Regel wie der MAU-Regel deutlich schlechter als andere Optionen ist. In den folgenden Abschnitten geht es allerdings nicht um die Begründbarkeit von Entscheidungsregeln, sondern um die mehr oder weniger gute Begründbarkeit von Wahlen selbst auf Grund von Merkmalen der Situation.

8.1.1 Beziehung zwischen den (gegebenen) Optionen

Tversky und Shafir (1992a) konstruierten eine Menge von 12 Optionen, die alle auf zwei Attributen beschrieben waren. Beispielsweise Studentenappartments mit den Attributen Miete pro Monat und Entfernung zur Universität. Ihre Vpn machten sich mit allen zwölf Optionen vertraut und trafen dann zwischen je zwei Optionen eine Wahl. Eine Gruppe mußte zwischen zwei Appartments wählen, bei denen jedes Appartment auf einem der beiden Attribute besser war als das andere Appartment; beispielsweise war Appartment X billiger als Appartment Y, dafür war bei Y die Entfernung zur Universität geringer als bei X. Hier lag also eine *Konfliktsituation* vor. Eine andere Gruppe mußte zwischen zwei Appartments wählen, bei denen eines der beiden Appartments auf einem Attribut besser als das andere Appartment und auf dem anderen Attribut genauso gut war wie dieses; beispielsweise war Appartment X billiger als Appartment Y, aber die Entfernung zur Universität war bei X und Y gleich. Hier gab es also *keinen* Konflikt, denn Option X dominiert eindeutig Option Y, es lag eine *Dominanzsituation* vor. In den Versuchen war die dominante Option in der zweiten Gruppe jeweils identisch mit einer Option in der ersten Gruppe. Ein Beispiel (modifiziert nach Tversky & Shafir, 1992a):

„Wähle eines der beiden Appartments..."

	Konflikt:			*Dominanz:*	
	Miete	**Entfernung**		**Miete**	**Entfernung**
(X)	400 €	25 min	=	400 €	25 min
(Y)	550 €	7 min	**(Y')**	500 €	25 min

   Die Vpn hatten nun die Möglichkeit, entweder eine der beiden Optionen (X oder Y in der *Konflikt*situation, X oder Y' in der *Dominanz*situation) zu wählen, oder gegen einen geringen Preis von 2 € eine neue dritte Option Z zu erhalten, die zufällig aus der zu Anfang der Experimentes gezeigten Optionenmenge gezogen wurde. Das Ergebnis war, daß in der *Konflikt*situation 64%, aber in der *Dominanz*situation nur 40% etwas zahlen wollten, um eine zusätzliche Option sehen zu können. Aus diesem Ergebnis läßt sich ableiten, daß es in den beiden Gruppen (nicht bei allen, aber bei vielen Vpn) unterschiedliche Präferenzen gab. In der *Konflikt*bedingung verlangte die Mehrheit eine zusätzliche Option Z, also: Z>X oder Y. In der *Dominanz*bedingung dagegen wurden die beiden Optionen X und Y einer weiteren Option gegenüber vorgezogen: X >Y > Z.

   Die Tendenz zur Suche nach neuen Optionen war also größer, wenn eine Wahl schwierig zu treffen und zu rechtfertigen war (*Konflikt*situation), als wenn es einen klaren Grund für eine Wahl gab (*Dominanz*situation). Aus der Perspektive einer rationalen Nutzenmaximierung ist dieses Verhalten überraschend. Eine zusätzliche Option sollte nur dann verlangt werden, wenn der erwartete Nutzen einer weiteren Option größer ist als der Nutzen der besten der beiden bereits verfügbaren Optionen. Warum sollten die Vpn der ersten Gruppe aber eher auf eine solche neue Option hoffen als die Vpn der zweiten Gruppe? Beide Gruppen haben eine identische Option (die Option X) zur Auswahl. Warum fällt es schwerer, sich für X zu entscheiden, wenn es eine konkurrierende Option Y gibt, als wenn es keine konkurrierende (sondern nur eine von X dominierte) Option Y' gibt? Der Prozentsatz der Personen, die eine zusätzliche Option sehen wollen, dürfte eigentlich in der Konfliktbedingung nicht größer sein als in der Dominanzbedingung.

Tversky und Shafir erklären die Daten damit, daß sich die Situationen durch die Schwierigkeit unterscheiden, eine Wahl zu treffen bzw. eine Wahl zu rechtfertigen. In der Dominanzsituation gibt es ein eindeutiges Argument für die Wahl von A: „Die Entfernung zur Universität ist gleich, und ich spare 100 €!" Es besteht wenig Anlaß, Geld für die Suche nach einer weiteren Option auszugeben. Jedenfalls gibt es weniger Anlaß als in der Konfliktsituation, in der eine Wahl bzw. Rechtfertigung schwierig ist, da es ja immer einen Aspekt gibt, auf dem die nicht gewählte Option besser gewesen wäre. Anders gesagt: Wenn es keinen offensichtlichen Grund für eine Entscheidung gibt und damit eine Wahl schwieriger zu begründen ist, dann gibt es eine stärkere Tendenz zur Vermeidung des Konfliktes durch die Suche nach weiteren Alternativen.

8.1.2 Menge und Art der Vergleichsoptionen

Sie sind im Computershop und haben die Wahl zwischen zwei konfligierenden Optionen, beispielsweise zwischen einem Computer X mit großem Arbeitsspeicher, aber kleiner Festplatte, und einem Computer Y, mit großer Festplatte und kleinem Speicher (sonst sind beide Computer identisch). Wahrscheinlich schwanken Sie und haben keine klare Präferenz. Der Verkäufer macht Sie auf einen dritten Computer Z aufmerksam, dessen Arbeitsspeicher genauso groß ist wie der Speicher von Computer X, dessen Festplatte aber etwas kleiner ist. Nun haben Sie plötzlich das Gefühl, daß Computer X irgendwie besser ist und entscheiden sich für X. Was ist passiert? Die dritte Option, Computer Z, ist auf jeden Fall schlechter als X, sollte also bei der Entscheidung gar keine Rolle spielen. Dennoch kann man beobachten, daß sich durch Einführung der dritten Option die Präferenzen in Richtung einer Option verschieben. In der Untersuchung von Huber, Payne und Puto (1982) wählten anfangs 50% der Vpn die Option X und 50% die Option Y, während nach Einführung von Z etwa 75% die Option X wählten.

Betrachten wir das Beispiel genauer. Zu zwei Optionen X und Y, von denen jede der anderen auf einem Attribut überlegen ist, tritt eine Option Z. Diese neue Option ist *asymmetrisch dominiert*, nämlich nur von der Option X, aber nicht von Y. X hat die größere Festplatte und den gleichen Arbeitsspeicher, Y hingegen hat zwar die deutlich größere Festplatte, aber einen kleineren Arbeitsspeicher als Z. Die Situation ist in Abbildung 8.1 veranschaulicht. Der gepunktete Bereich bezeichnet die von Option X dominierte Region

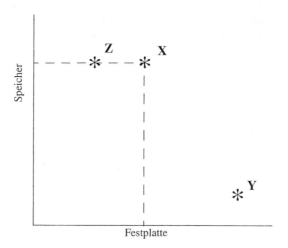

Abb. 8.1 Illustration zur *asymmetrischen Dominanz*

Dominierte Optionen wie Z spielen in allen traditionellen Entscheidungsmodellen keine Rolle. Es gilt das *Prinzip der Unabhängigkeit der Präferenzen von irrelevanten Alternativen* (vgl. Kapitel 6.2.1). Insbesondere ist nicht beschreibbar bzw. erklärbar, warum die Präferenz zwischen zwei Optionen (hier: X und Y) davon abhängig sein sollte, ob noch eine Option Z vorliegt, die eindeutig schlechter ist als eine der beiden Optionen (hier: Option X). Auch hier bietet sich eine Erklärung über die Begründbarkeit der Entscheidung an: Die Wahl von X kann plausibel gerechtfertigt werden, wenn man X in Bezug zur (dominierten) Option Z setzt. Im Vergleich zur Konfliktsituation, in der es nur um X oder Y geht, liefert die neue Situation durch den Kontrast mit Z gute Gründe für die Wahl von X. Da in einem gewissen (relativen) Sinne offenbar die Attraktivität von X erhöht wird, spricht man hier auch von einem *Attraktions-Effekt*. Daß der Effekt in der Tat etwas mit der Begründbarkeit zu tun haben könnte, wird durch die Studie von Simonson (1989) gestützt, in der gezeigt wurde, daß der durch die asymmetrische Dominanz hervorgerufene Attraktions-Effekt verstärkt wird, wenn die Vpn glauben, daß sie ihre Entscheidungen gegenüber anderen Personen rechtfertigen müssen.

Eine andere Variante des Effektes der Hinzufügung neuer Optionen haben Tversky und Shafir (1992a) beschrieben. Angenommen, Sie wollen einen CD-Player kaufen und kommen zufällig an einem Geschäft vorbei, in dem ein solides SONY Gerät zu einem extrem günstigen Preis angeboten wird. Sie können nun entweder den SONY kaufen (Option X) oder den Kauf aufschieben, bis Sie mehr Information über andere Geräte haben (Option Y). Was würden Sie tun? Nehmen

Sie nun an, Sie ständen vor der Wahl zwischen dem SONY Gerät (Option X) und einem ebenfalls günstigen, aber teureren Spitzenmodell von AIWA (Option Z); Sie könnten den Kauf auch aufschieben (Option Y). Was, meinen Sie, würden Sie jetzt tun? Das Experiment ist genauer in Box 8.1 beschrieben.

Box 8.1: SONY oder AIWA?

Stellen Sie sich vor, Sie wollen sich einen CD-Player kaufen, haben sich aber noch nicht für ein spezielles Modell entschieden. In einem Geschäft, an dem Sie vorbeikommen, läuft gerade eine 1-Tages-Aktion, in der ein recht guter CD-Player von SONY zu einem extrem günstigen Preis von 99 $ angeboten wird. Wie entscheiden Sie sich?

Option X: Sie kaufen den SONY-Player.

Option Y: Sie warten, um etwas mehr Informationen über die verschiedenen Modelle zu bekommen.

In einer Untersuchung von **Shafir, Simonson** und **Tversky** (1992) wollten 66% der Vpn den SONY kaufen (Option X), während nur 34% noch warten wollten, sich also für Option Y entschieden. Was aber geschieht, wenn man das Szenario wie folgt verändert?

Stellen Sie sich vor, Sie wollen sich einen CD-Player kaufen, haben sich aber noch nicht für ein spezielles Modell entschieden. In einem Geschäft, an dem Sie vorbeikommen, läuft gerade eine 1-Tages-Aktion, in der ein recht guter CD-Player von SONY zu einem extrem günstigen Preis von 99 $ und ein Spitzenmodell von AIWA zu einem ebenfalls günstigen Preis von 169 $ angeboten werden. Wie entscheiden Sie sich?

Option Z: Sie kaufen den AIWA-Player.

Option X: Sie kaufen den SONY-Player.

Option Y: Sie warten, um etwas mehr Informationen über die verschiedenen Modelle zu bekommen.

Hier nun entschieden sich nur noch 27% der Vpn für den SONY-Player, also Option X. Ebenfalls 27% wählten Option Z, den AIWA-Player, aber fast die Hälfte aller Vpn (46%) wollten lieber warten, um weitere Informationen über die Modelle zu bekommen.

Ganz offensichtlich hat das Hinzufügen einer weiteren Option, hier des AIWA-Players, die Attraktivität des SONY-Gerätes verringert. Aber warum? Der SONY-Player ist doch derselbe geblieben. Die Autoren erklären diesen Befund damit, daß durch das Hinzufügen des (qualitativ besseren) AIWAs ein Vergleich induziert wird, bei dem der SONY schlechter abschneidet. Zu dem (alleinigen) Pro-Argument des besonders günstigen Preises in Situation 1 kommt nun, in Situation 2, ein Contra-Argument, nämlich die schlechtere Qualität des SONYs. Und dies verringert die Attraktivität dieser Option!

Das beobachtete Verhalten verletzt das *Regularitäts*prinzip, demzufolge die Attraktivität einer Option (hier: Aufschub der Entscheidung) nicht dadurch erhöht werden kann, daß man die Menge angebotener Optionen vergrößert.

Eine dritte Variante wurde von Simonson (1989) demonstriert: Es stehen zwei Optionen Y und Z zur Wahl (siehe Abbildung 8.2), wobei Y auf dem Attribut A_2 etwas besser ist als Z und Z auf dem Attribut A_1 etwas besser ist als Y. Bei entsprechender Konstruktion der Optionen kann man dann finden, daß ungefähr die Hälfte der Vpn Y und die andere Hälfte Z wählt. Bietet man aber nicht nur Y und Z, sondern auch noch die Option X an, die auf A_2 *weitaus* besser als Z ist und auf A_1 *weitaus* schlechter als Z, dann verändern sich die Präferenzen: Jetzt wählt die Mehrheit die mittlere Option Y. Ihre Attraktivität ist offenbar erhöht worden. Die Erklärung lautet: Im Kontext der drei Optionen ist Option Y eine Art Kompromißoption und als solche besser zu rechtfertigen als jede der beiden extremen Optionen; sie ist in diesem Kontext daher ebenfalls leichter zu rechtfertigen, als wenn sie allein gegen die Option Z steht, der gegenüber sie einen Vorteil und einen Nachteil hat. Simonson bezeichnet die Tendenz, bei der Wahl aus einer Menge nicht-dominierter Optionen die extremen Optionen zu vermeiden, als *Abneigung gegen Extreme* und spricht von einem *Kompromiß*-Effekt.

Gemeinsam ist diesen Untersuchungen also die Erkenntnis, daß die Präferenz gegenüber Optionen dadurch beeinflußt werden kann, welche sonstigen Optionen vorliegen oder hinzukommen und in welcher Beziehung die Optionen untereinander stehen. Denn diese Beziehungen (wie beispielsweise die *asymmetrische Dominanz*) können gut zur Begründung für Entscheidungen herangezogen werden. In den früher behandelten Modellen spielen aber die Beziehungen zwischen den Optionen für das Verhalten keine Rolle. Eine Ausnahme stellt die *Regret*-Theorie dar, bei der ein Vergleich der Konsequenzen der gewählten Option mit den Konsequenzen der „verpaßten" Option postuliert wird (vgl. Abschnitt 6.3.2).

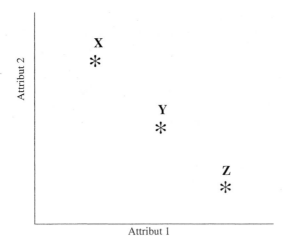

Abb. 8.2 Illustration zur *Abneigung gegen Extreme*

8.1.3 Möglichkeit der Rechtfertigung einer Entscheidung

Stellen Sie sich vor, Sie haben im Herbst gerade eine schwere schriftliche Prüfung hinter sich gebracht. Sie sind erschöpft und kaputt und wissen nicht, ob Sie die Prüfung bestanden haben oder durchgefallen sind. Falls Sie durchgefallen sind, müssen Sie die Prüfung in einigen Monaten wiederholen. Unerwartet haben Sie die Gelegenheit, eine attraktive 5-tägige Reise nach Gomera während der Weihnachtsferien zu machen, zu einem besonders günstigen Preis. Das Angebot läuft morgen aus. Die Prüfungsergebnisse gibt es erst einen Tag später.

Würden Sie:
(a) das Reise-Ticket kaufen
(b) das Reise-Ticket nicht kaufen
(c) eine Gebühr von 10 € zahlen, die nicht zurückerstattet wird, um das Recht auf den Kauf des Reisetickets bis übermorgen zu behalten - also bis Sie wissen, ob Sie bestanden haben oder durchgefallen sind?

Diese Frage (hier leicht adaptiert) stellten Tversky und Shafir (1992b) einer Gruppe von Vpn. 32% würden das Ticket kaufen, 7% würden es nicht kaufen und 61% würden die Entscheidung aufschieben.

Einer anderen Gruppe stellten sie folgende Frage, wobei die eine Hälfte sich vorstellen sollte, „bestanden" zu haben, und die andere Hälfte sich vorstellen sollte, „durchgefallen" zu sein.

Stellen Sie sich vor, Sie haben im Herbst gerade eine schwere schriftliche Prüfung hinter sich gebracht. Sie sind erschöpft und kaputt und erfahren, daß Sie [bestanden haben / durchgefallen sind und die Prüfung in einigen Monaten nach den Weihnachtsferien wiederholen müssen]. Unerwartet haben Sie die Gelegenheit, eine attraktive 5-tägige Reise nach Gomera während der Weihnachtsferien zu machen, zu einem besonders günstigen Preis. Das Angebot läuft morgen aus.

Würden Sie:
(a) das Reise-Ticket kaufen
(b) das Reise-Ticket nicht kaufen
(c) eine Gebühr von 10 € zahlen, die nicht erstattet wird, um das Recht auf den Kauf des Reisetickets bis übermorgen zu behalten.

In diesen beiden Versuchsbedingungen gab es praktisch keinen Unterschied zwischen der „durchgefallen"- und der „bestanden"- Gruppe: Mehr als die Hälfte wählte jeweils die Reise, wenn sie *wußten*, daß sie bestanden hatten bzw. durchgefallen waren (54% bzw. 57%); nur 30% bzw. 31% wählten die Aufschubmöglichkeit.

Worin liegt der Unterschied in den beiden Fragen? In der ersten Version ist der Ausgang der Klausur noch offen, zwei Ausgänge sind möglich. Tversky und Shafir sprechen von *disjunktiven Gründen* (entweder „bestanden" oder „durchgefallen"). In der zweiten Version dagegen steht der Ausgang der Klausur bereits definitiv fest, „bestanden" für die eine Hälfte und „durchgefallen" für die andere Hälfte der Vpn. Wenn das Ergebnis bekannt ist, gibt es keinen Grund für Unsicherheit in der Entscheidung, man hat einen eindeutigen Grund, sich die Ferien zu leisten. Man kann das Ticket kaufen, „weil man bestanden hat", also um sich für eine gute Leistung zu belohnen; oder man kann es kaufen, „weil man durchgefallen ist", also um sich zu trösten. Beides sind plausible Gründe. Wenn das Ergebnis des Examens nicht bekannt ist, gibt es dagegen „unaufgelöste Unsicherheit". Es fehlt ein klarer Grund für die Ferien, und dies hält von der Wahl des Ferienangebotes ab, obgleich *beide* Ergebnisse diese Präferenz favorisieren, d.h. obgleich man fahren würde, egal, ob man bestanden hat oder durchgefallen ist. Man schiebt die Entscheidung lieber auf. Dies nennen Tversky und Shafir den *Disjunktionseffekt*: Man präferiert X gegenüber Y, falls Ereignis E eintritt, und man präferiert ebenfalls X gegenüber Y, falls Ereignis E nicht eintritt. Aber man präferiert Y gegenüber X, wenn nicht bekannt ist, ob Ereignis E eingetreten ist oder nicht eingetreten ist.

In dieser Situation waren die Gründe für die Wahl einer Alternative plausibler oder zwingender, wenn die Unsicherheit über den Ausgang der Klausur aufgelöst war (bestanden oder durchgefallen), als wenn sie noch bestand. Shafir und Tversky (1992b) haben ebenfalls Beispiele für Situationen gefunden, in denen Argumente zwar plausibel oder zwingend sind, solange die Unsicherheit besteht, jedoch an Gewicht verlieren, wenn die Unsicherheit aufgelöst ist: Das *Prisoner's Dilemma* (vgl. Abschnitt 8.4.1), *Newcomb's Problem*, und die *Wason Selection Task*.

8.1.4 Wahl oder Zurückweisung einer Option

Stellen Sie sich vor, Sie sind Scheidungsrichter und müssen in einem komplizierten Fall entscheiden, welchem Elternteil das Sorgerecht für das gemeinsame Kind zugesprochen wird. Der Fall ist etwas kompliziert, weil nicht eindeutig interpretierbare ökonomische, soziale und emotionale Überlegungen im Spiel sind. Sie können Ihre Entscheidung nur auf der Basis von Unterlagen über die Eltern treffen; die wesentlichen Merkmale der Eltern sind unten gegenübergestellt. Shafir (1993) legte das Problem seinen Vpn mit der Frage vor: „Wem würden Sie das Sorgerecht zusprechen?". 64% wählten Elternteil B. Einer anderen Gruppe stellte er die Frage: „Wem würden Sie das Sorgerecht *nicht* zusprechen?". 55% wiesen Elternteil B zurück. Bei prozeduraler Invarianz sollte der Prozentsatz „zugesprochen" plus dem Prozentsatz „nicht zugesprochen" 100% betragen, da beide Antwortmodi komplementär sind.

Elternteil A
- durchschnittliches Einkommen
- normale Gesundheit
- durchschnittliche Arbeitsbelastung
- normale Beziehung zum Kind
- stabiles soziales Leben

Elternteil B
- überdurchschnittliches Einkommen
- kleinere Gesundheitsprobleme
- viele berufliche Reisen
- sehr enge Beziehung zum Kind
- sehr aktives Sozialleben

Beide Optionen werden hier durch eine Menge von Argumenten in Form von *Pro- und Kontra-Argumenten* beschrieben. Elternteil B, die „angereicherte" Option, wird durch viele eindeutige Pros und Cons beschrieben, während für Elternteil A, die „verarmte" Option, nur Argumente genannt werden, die weder klar für noch klar gegen den Elternteil sprechen. In beiden Modi nannte die Mehrheit der Vpn die angereicherte Option (64% bei Akzeptanz, 55% bei Zurückweisung), d.h. das Elternteil mit vielen starken Pros und Cons.

Offenbar orientieren sich Entscheider je nach Response-Modus an unterschiedlichen Argumenten: Geht es um die *Wahl* einer Option (der Option mit dem höheren Nutzen), dann werden primär die Pros betrachtet; geht es um die *Zurückweisung* einer Option (der Option mit dem geringeren Nutzen), dann werden primär die Cons betrachtet. Es wird also kein (invarianter) Gesamtnutzen gebildet, nach dem die Optionen geordnet und aus dem (stabile) Präferenzen abgeleitet werden, sondern es wird diejenige Teilmenge der Argumente herangezogen, die der Fragestellung am besten entspricht. Es ist plausibel, eine Ablehnung oder Zurückweisung einer Option durch ihre negativen Aspekte, also durch das, was gegen sie spricht, zu begründen, und die Akzeptanz einer Option durch die Aspekte, die für sie sprechen. In beiden Fällen liefern „angereicherte" Optionen mehr und bessere Begründungen als „verarmte" Optionen. Man spricht von einer *Begründungs-Kompatibilität* zwischen genutzter Information und Antwortziel (Shafir, 1993; Shafir, Simonson & Tversky, 1993). Die Forschung hat gezeigt, daß Präferenzen bzw. Entscheidungen erheblich davon abhängen, wie man danach fragt. Die oft beobachtete Präferenzumkehr paßt zu dem (kognitionspsychologischen) Bild, daß Menschen Information je nach Kontext, der durch Aufgabe und Situation gestiftet wird, unterschiedlich aufnehmen, verarbeiten und abrufen. Die Feststellung solcher konstruktiven Prozesse der Präferenzbildung stellt für die klassischen Entscheidungstheorien, die das Prinzip der prozeduralen Invarianz zugrundelegen, eine erhebliche Herausforderung dar (Slovic, 1995).

In allen Beispielen in diesem Abschnitt 8.1 ging es um Situationen, in denen Präferenzen in erheblichem Maße davon beeinflußt wurden, ob eine Wahl leicht oder schwer zu begründen oder zu rechtfertigen war, ob man der Situation leicht plausible Pro- oder Contra-Argumente für eine Wahl entnehmen konnte. In diesen Fällen kam es zwar zu Wahlen, die aus den Konsequenzen selbst nicht zu erklären waren; aber durch diese Wahlen wurde nicht eine an den Konsequenzen gemessen schlechte Option einer besseren Option vorgezogen - d.h. das sogenannte *Konse-quentialismus-Prinzip* wurde nicht verletzt. Dies aber geschieht in den Situationen, die wir im folgenden Abschnitt 8.2 behandeln werden.

8.2 Merkmale einzelner Optionen

Optionen unterscheiden sich manchmal nicht nur durch die mit ihrer Wahl verbundenen Konsequenzen, sondern auch durch bestimmte andere Merkmale. Eines dieser Merkmale besteht darin, daß durch eine Option der status quo - also die gegenwärtige Lage eines Entscheiders - verändert oder aber bewahrt bleiben kann. Ein anderes Merkmal besteht darin, daß eine Option eine aktive Handlung oder aber die Unterlassung einer Handlung bedeuten kann. Es gibt weitere Merkmale, aber wir behandeln hier nur diese beiden, empirisch untersuchten Merkmale.

8.2.1 Bewahrung oder Veränderung des status quo

Nach dem Abitur können Schüler den status quo (also das Leben als Schüler) nicht fortsetzen, sondern müssen eine Berufs- oder Studienwahl treffen. Nach einigen Gesprächen und Überlegungen kristallisieren sich vielleicht für eine Abiturientin zwei Optionen heraus, Studium der Psychologie oder Studium der Betriebswirtschaft. Beide Optionen haben für die Abiturientin einige sichere sowie viele mehr oder weniger unsichere Konsequenzen. Ein anderer Abiturient hat ohne langes Zögern das Studium der Psychologie gewählt. Im Verlaufe der ersten zwei Semester stellt er fest, daß ihm vieles nicht gefällt - er findet das Studium reichlich unstrukturiert, die Themen erscheinen ihm diffus, und die Berufsaussichten erweisen sich als ziemlich dubios. Nach einer Beratung steht er vor der Entscheidung: das Studium der Psychologie fortsetzen oder ein anderes Fach (z.B. Betriebswirtschaft) wählen. Er kann, wenn er will, den status quo (also das Leben als Psychologiestudent) fortsetzen. Im ersten Fall spricht Beach (1990) von einem *non-optional change* (man *muß* das Leben ändern), im zweiten Fall von einem *optional change* (man *kann* das Leben ändern). In beiden Fällen gibt es die Option „Psychologiestudium", aber sie hat aus dieser Perspektive jeweils eine andere Bedeutung: Im ersten Fall ist es eine Option, die zu einer Veränderung des status quo des Entscheiders führt, im zweiten Fall ist es eine Option, die den status quo bewahrt. Man könnte auch sagen, daß es im zweiten Fall nicht (nur) um die Wahl zwischen Psychologie und Betriebswirtschaft geht, sondern (auch) um die Wahl zwischen „Weitermachen-wie-bisher" und „Aufbruch-zu-neuen-Ufern".

Ob in einer Entscheidungssituation eine der Optionen die Fortsetzung des status quo impliziert oder nicht, hat einen Einfluß auf das Verhalten. Und zwar auch dann, wenn die Option jeweils mit den gleichen Konsequenzen verbunden ist.

Demonstriert wurde dies beispielsweise in einer Untersuchung von Samuelson und Zeckhauser (1988), die wir hier leicht modifiziert beschreiben. Stellen Sie sich vor, Sie haben überraschend von einem Onkel aus Amerika eine beträchtliche Summe Geld geerbt. Sie erwägen zwei Möglichkeiten, das Geld anzulegen:

(A) Kauf von Aktien der Firma SOLIDO, die mit einer Chance von 50% einen Gewinn von 30% bringen, aber mit einem Risiko von 30% zu einem Verlust von 20% führen;

(B) Kauf von Aktien der Firma RISKO, die mit einer Chance von 40% einen Gewinn von 100% bringen, aber mit einem Risiko von 30% zu einem Verlust von 40% führen.

In einer Untersuchung entschieden sich 60% einer Vpn-Gruppe für den Kauf von Aktien der Firma SOLIDO, 40% für den Kauf von Aktien der Firma RISKO. Daraus könnte man also schließen, daß die SOLIDO-Aktien durchschnittlich als wertvoller eingeschätzt wurden. Einer zweiten Gruppe wurde das Problem mit einer bestimmten Veränderung geschildert. Das geerbte Vermögen *war* bereits durch den Onkel in RISKO-Aktien angelegt, und die Optionen lauteten:

(C) Behalten der RISKO-Aktien,

(D) Verkauf der RISKO-Aktien und Kauf von SOLIDO-Aktien.

Einer dritten Gruppe schließlich wurde das Problem so geschildert, daß das Geld bereits in Aktien der SOLIDO angelegt war, und die Optionen lauteten:

(E) Behalten der SOLIDO-Aktien,

(F) Verkauf der SOLIDO-Aktien und Kauf von RISKO-Aktien.

In der zweiten Version bedeutet die Wahl der Option (C) also die Wahrung des status quo, die Wahl von (D) dagegen bedeutet Veränderung. In der dritten Version bedeutet die Wahl der Option (E) die Wahrung des status quo, die Wahl von (F) dagegen bedeutet Veränderung. Tabelle 8.1 zeigt die Häufigkeiten der Wahlen der einzelnen Optionen in Abhängigkeit davon, ob sie die Bewahrung oder die Veränderung des status quo bedeute.

Tab. 8.1 Häufigkeiten der Wahlen in Abhängigkeit vom status quo

	Wahl von	
	Option RISKO	Option SOLIDO
Geld bereits angelegt in		
Neutral	40% (B)	60% (A)
RISKO	56% (C)	44% (D)
SOLIDO	37% (F)	63% (E)

In der *neutralen* Version, in der das Geld gewissermaßen bar vorhanden war und angelegt werden muß, wählten - wie gesagt - 40% den Kauf von RISKO-Aktien und 60% den Kauf von SOLIDO-Aktien. Wenn das Geld bereits in RISKO-Aktien angelegt war, wollten aber 56% diese Aktie behalten (Option C); d.h. die RISKO-Aktien erscheinen unter dieser Bedingung (man hat sie ja schon - status quo) einer Mehrheit wertvoller als SOLIDO-Aktien! Wenn die SOLIDO-Aktien bereits vorhanden sind, also den status quo repräsentieren, wählten ebenfalls (etwas) mehr Vpn (63%) den Kauf von SOLIDO-Aktien (Option E), als wenn sie ihr Geld neu hätten anlegen können (da waren es nur 60%). Die unterschiedlichen Präferenzen sind übrigens nicht darauf zurückzuführen, daß die Entscheider bei den Verkaufsoptionen etwa sogenannte *Transaktions*kosten (beispielsweise bei Verkauf und Kauf anfallende Bankgebühren) in Rechnung gestellt und *deshalb* die status quo Optionen vorgezogen hätten. Dies kann man daraus schließen, daß Samuelson und Zeckhauser (1988) und auch andere Forscher (vgl. Beach, 1990, S. 53ff.) dieses Präferenzmuster bei vielen analogen Entscheidungsproblemen gefunden haben: Menschen tendieren oft dazu, die Bewahrung des status quo einer Veränderung vorzuziehen, auch wenn die Konsequenzen, einer Veränderung gleich oder sogar besser sind, als die Konsequenzen bei der Aufrechterhaltung des status quo. Sie verhalten sich also in einem bestimmten Sinne *konservativ,* und sie verhalten sich *non-konsequentialistisch.* Tversky und Kahneman (1991) wiesen ähnliche Effekte bei Entscheidungen unter Unsicherheit nach.

Man kann den status quo Effekt im Rahmen der *Prospect*-Theorie (Kahneman & Tversky, 1979; vgl. Kapitel 6) interpretieren, wenn man den status quo eines Entscheiders als den in dieser Theorie postulierten Referenzpunkt betrachtet. Man erinnere sich: Die Wertfunktion fällt im Verlustbereich steiler ab als sie im Gewinnbereich steigt, ein Verlust von 100 € schmerzt uns mehr als uns ein Gewinn von 100 € freut. Dabei sind Gewinne und Verluste jeweils in Bezug auf den Referenzpunkt des Entscheiders definiert. Schauen wir uns nun noch einmal eine der Problemversionen von Samuelson und Zeckhauser an: Es gab die Wahl zwischen der Option (C), dem Behalten der RISKO-Aktien, und der Option (D), dem Verkauf der RISKO-Aktien und Kauf von SOLIDO-Aktien. Der Referenzpunkt für den Entscheider ist der status quo, also das Behalten der RISKO-Aktien, d.h. Option (C). Im Vergleich dazu stellt Option (D) bzgl. der SOLIDO-Aktien einen Gewinn dar (sie werden ja *ge*kauft), bzgl. der RISKO-Aktien aber einen Verlust (sie werden ja *ver*kauft). Da der negative Nutzen eines Verlustes nach der Wert-Funktion aber größer ist als der positive Nutzen eines entsprechenden Gewinnes, sieht Option (D) gegenüber Option (C) schlechter aus, also wird eher (C) gewählt. Oder noch einmal anders gesagt: Der subjektive Wert von (C) ist der Wert des Besitzes der RISKO-Aktien, des Referenzpunktes, und dieser Wert ist gleich Null. Der subjektive Wert von (D) setzt sich zusammen aus dem Wert des

Kaufs von SOLIDO-Aktien (Gewinn) und dem Wert des Verkaufes von RISKO-Aktien (Verlust), und der Gesamtwert ist (s.o.) kleiner Null. Also wird (C) gegenüber (D) vorgezogen.

Kahneman und Tversky (1982a) versuchten noch auf andere Weise, die Bedeutung des status quo zu erfassen. Sie legten ihren Vpn die folgenden zwei Szenarios vor und fragten sie, welcher der beiden Männer den schlechten Ausgang seiner Entscheidung wohl mehr bedauern würde. Man beachte, daß der schlechte Ausgang im ersten Szenario in einer Situation eintritt, in welcher der Entscheider den status quo beibehalten hat; im zweiten Szenario tritt er in einer Situation ein, in welcher der Entscheider den status quo zugunsten einer anderen Option aufgegeben hat. In beiden Szenarios ist aber das Ergebnis, das Verpassen eines bestimmten Gewinnes, das gleiche.

o Paul hat Aktien einer Gesellschaft A. Während des letzten Jahres überlegte er, ob er sie verkaufen und Aktien einer Gesellschaft B kaufen solle; aber er entschied sich dagegen. Jetzt stellt er fest, daß er einen Gewinn von 2.000 € gemacht hätte, wenn er die Aktien der Gesellschaft B gekauft hätte.

o George hatte Aktien der Gesellschaft B. Während des letzten Jahres hat er diese Aktien verkauft und stattdessen Aktien der Gesellschaft A gekauft. Er stellt jetzt fest, daß er einen Gewinn von 2.000 € gemacht hätte, wenn er seine Aktien der Gesellschaft B behalten hätte.

92% meinten, daß George das größte Bedauern empfinden dürfte, also derjenige Entscheider, der den status quo *aufgegeben* hat. Ähnliche Ergebnisse berichtet Landhan (1987) für den „positiven" Fall: Wenn Situationen gut ausgehen, so meinten ihre Vpn, ist die Freude desjenigen, der den status quo verlassen, also etwas verändert hat, größer als die Freude desjenigen, der beim status quo geblieben ist, also nichts unternommen hat. Veränderung, so scheint es, ist in jedem Fall mit stärkeren affektiven Reaktionen verbunden als Verharren. Und dies deshalb, sagen Kahneman und Miller (1986) auf der Basis ihrer *Norm*-Theorie, weil eine Veränderung durch eine Handlung als „norm-abweichend" erlebt wird. Eine Norm wird durch die kognitiven Elemente konstituiert, die durch einen Stimulus mental aktiviert werden können; genauer: der Stimulus, der viele Elemente aktiviert, bildet eher die Norm als der Stimulus, der nur wenige Elemente aktiviert. Was leicht vorstellbar ist, wird als „normal" erlebt, und was schwer vorstellbar ist, als „norm-abweichend". *Zu einer Handlung*, die man ausgeführt hat, sagen Kahneman und Miller, lassen sich meist leicht Vorstellungen über die Unterlassung dieser Handlung generieren; wir können uns gut vorstellen, was wäre, wenn wir dies oder jenes nicht getan hätten. Daher bildet die Handlungsunterlassung die Norm. *Zu einer Unterlassung* dagegen, lassen sich nicht so leicht Vorstellungen über Handlungen generieren, die man hätte ausführen können, aber eben nicht ausgeführt hat; meist sind mehrere Handlungen denkbar und ihre Folgen sind weniger klar vorstellbar. Daher stellt die Handlung eine Normabweichung dar. Und darauf reagieren wir emotional stärker als auf die Norm. Damit ist bereits das Merkmal von Optionen angesprochen, das wir im nächsten Abschnitt 8.2.2 behandeln (Handlung oder Unterlassen einer Handlung) und das von dem Merkmal Bewahrung oder Veränderung des status quo nicht leicht zu trennen ist (worauf wir in Abschnitt 8.2.3 eingehen).

8.2.2 Handlung oder Unterlassung einer Handlung

Das Gesundheitsministerium informiert über den bevorstehenden Ausbruch einer neuartigen Infektionskrankheit, die vor allem Kinder betrifft und an der 10 von 10.000 Kinder sterben werden. Sie können Ihr Kind gegen diese Krankheit impfen lassen. Aber die Impfung selbst birgt ein gewisses Risiko, die Erkrankung auszulösen und damit zum Tode des Kindes zu führen. Wenn Sie Mutter oder Vater wären: Wie hoch darf maximal die Häufigkeit von Todesfällen als Folge der Impfung sein, damit Sie Ihr Kind noch impfen lassen würden? Wenn ohne die Impfung 10 von 10.000 Kindern sterben, dann könnten Sie „eigentlich" jede Häufigkeit akzeptieren, die *unter 10 von 10.000 Fällen* liegt, also alle Häufigkeiten bis zu 9 Todesfällen. Ritov und Baron (1990) legten ihren Vpn dieses Problem vor und fanden, daß sie nur deutlich geringere Häufigkeiten zu akzeptieren bereit waren, im Durchschnitt etwa 5,5 Fälle. Man könnte daraus schließen, daß sie ihr Kind nicht impfen lassen würden, wenn die Impfung (nur) in 6 von 10.000 Fällen zum Tode führt, obgleich dies immer noch eine weit bessere Chance für das Kind bedeutet als ein Verzicht auf die Impfung. Aus einer konsequentialistischen Perspektive ist ein solches Verhalten kaum zu erklären.

Viele Vpn in der Untersuchung von Ritov und Baron sagten, daß sie sich stärker für einen Todesfall verantwortlich fühlen würden, wenn sie ihn durch ihr persönliches Handeln - d.h. die Impfung - verursacht hätten, als wenn er dadurch verursacht sei, daß sie *nichts* getan hätten - d.h. einen Verzicht auf die Impfung. Aber obwohl das Gefühl der Verantwortlichkeit offenbar, wie auch andere Untersuchungen gezeigt haben, eine Rolle spielen kann, so ist es doch nicht allein entscheidend für das Verhalten. Denn in der Studie von Ritov und Baron sollte eine Gruppe das Impfproblem beurteilen, als ob es um die Impfung ihres eigenen Kindes ginge (wobei sie also für *eine einzige andere Person* verantwortlich wären), und eine andere Gruppe, als ob es um eine administrative Entscheidung zur Verabschiedung einer Impfverordnung ginge (wobei sie also für *viele andere Menschen* verantwortlich wären). Es gab keinen Unterschied zwischen beiden Gruppen, beide zeigten das gleiche nicht-konsequentialistische Verhalten. Auch andere Studien haben diese Tendenz gefunden, *negative Konsequenzen* weniger schlimm zu finden, wenn sie durch Unterlassung einer Handlung als wenn sie durch eine bestimmte Handlung verursacht sind. Ritov und Baron sprechen von einem *omission bias*, einer *Tendenz zur Unterlassung*.

Es gibt eine ganze Reihe von Erklärungsversuchen (vgl. Fischer, 1997). Wir nennen hier nur zwei: Die eine Erklärung haben wir schon genannt. Danach beruht die Tendenz zur Unterlassung darauf, daß wir uns eher für das verantwortlich fühlen oder dafür verantwortlich gemacht werden, was wir tun, als für das, was wir nicht tun. Tetlock und Boettger (1994) konnten zeigen, daß die Stärke der Tendenz zur Unterlassung mit der Stärke der wahrgenommenen Verantwortlichkeit variierte. Zu ähnlichen Ergebnissen kam Kordes de Vaal (1996). Ihre Vpn sahen einen stärkeren kausalen Zusammenhang zwischen einer Entscheidung zur *Handlung* und den negativen Konsequenzen als zwischen einer Entscheidung zur *Unterlassung* und den negativen Konsequenzen dieser Unterlassung. Negative Folgen nach einer Handlung hielten sie eher für intendiert und bewußt herbeigeführt als negative Konsequenzen nach einer Unterlassung. Dies entspricht dem *causal discounting principle* der Attributionstheorie (Kelley, 1973): Für die negativen Folgen nach einer Handlung ist eine Ursache offensichtlich, nämlich die Handlung. Das Kind starb nach der Impfung, weil ich es habe impfen lassen. Für dieselben negativen Folgen nach einer Unterlassung dagegen sind meist mehrere Ursachen denkbar. Das Kind starb, weil es nicht genügend Abwehrkräfte hatte, weil es sich bei anderen Kindern angesteckt hat, weil sein Allgemeinzustand schlecht war, weil ich es nicht habe impfen lassen... Sind aber mehrere Ursachen denkbar, reduziert sich die Bedeutung einer einzelnen Ursache (hier der Unterlassung). Die Kausalität wird als geringer wahrgenommen - und ich selbst fühle mich weniger für die Folgen verantwortlich.

Die zweite Erklärung bezieht sich wiederum auf die Wert-Funktion der *Prospect*-Theorie: Die negativen Konsequenzen einer Handlung werden als „verursachte Schäden", d.h. als Verluste, betrachtet; sie liegen unterhalb des Referenzpunktes. Die negativen Konsequenzen als Folge einer Unterlassung dagegen werden als „verpaßte Gewinne" wahrgenommen; sie liegen damit oberhalb des Referenzpunktes. Auf Grund der unterschiedlichen Wertfunktion unterhalb und oberhalb des Referenzpunktes wird die Unterlassung der Handlung gegenüber vorgezogen.

Die Tendenz, „lieber nichts zu tun", kennt man auch in der Fehlerforschung, die sich mit dem Auftreten und der Vermeidung von Fehlern im Umgang mit technischen Systemen beschäftigt (vgl. Abschnitt 2.3.1). Es sind die *too late errors*, bei denen Menschen zu spät handeln oder, in entscheidungstheoretischen Begriffen, bei denen sie die Option „nicht handeln" zu lange der Option „handeln" vorziehen, auch wenn die Konsequenzen der Unterlassung verhängnisvoller sind als die der Handlung.

Man findet jedoch manchmal auch umgekehrt eine *Tendenz zum Handeln*, einen *commission bias*, wenn der Verzicht auf eine Handlung unter konsequentialistischen Gesichtspunkten richtiger wäre. Dies gilt vor allem für Situationen, in denen ein Unheil droht und in denen man dann lieber „irgendetwas" als gar nichts tut - vielleicht um sich nicht den Vorwurf machen zu müssen oder dem Vorwurf von anderen ausgesetzt zu sein, „einfach nichts getan zu haben", obgleich das vielleicht besser gewesen wäre. In Box 8.2 ist der Fall des Kapitäns eines in Seenot geratenen Schiffes beschrieben, dessen *too early error* ihn den Beruf kostete. Staw und Ross (1988) beschreiben „eskalierende" Situationen, in denen Menschen trotz bereits erlittener großer finanzieller Verluste an einer einmal eingeschlagenen Handlungsweise festhalten, obwohl diese erkennbarerweise nur zu immer weiteren Verlusten führt. Rein finanziell wäre es besser, nicht (mehr) zu handeln oder eine Handlung zu stoppen, als (weiter) zu handeln. Auch für dieses Phänomen - das Ähnlichkeiten zu dem in Abschnitt 3.3.4 beschriebenen *Ausgaben*-Effekt aufweist - gibt es mehrere Erklärungsversuche (vgl. Fischer, 1997).

Box 8.2: „Safety first"?

Die fatalen Folgen einer (vermeintlich) „falschen" Entscheidung zum Handeln schildert **Bertolt Brecht** in einer Geschichte.

„Mitchell war Kapitän eines dieser Schiffsgiganten, die zwischen Brasilien und England laufen, eines sogenannten schwimmenden Hotels... Mit ihm passierte nun etwas sehr Merkwürdiges. Gegen das Ende einer Reise zu, nicht sehr weit mehr entfernt von Schottland, stieß das Schiff im Nebel auf einen Fischkutter, übrigens nicht durch die Schuld Mitchells oder seiner Leute. Aber der Riesenkahn, er hieß Astoria, wurde leck und schluckte Wasser. Die Herren im Navigationsraum begutachteten den Schaden und kamen zu dem Entschluß, SOS-Rufe auszuschicken. Sie berechneten die Zeit, die das Schiff sich halten konnte, auf nicht mehr als eine Stunde, und das Schiff hatte vollbesetzte Kabinen.

Die SOS-Rufe wurden gesendet und ein, zwei Schiffe kamen heran. Die Passagiere wurden auf sie verladen. Während sich die Verwandten seiner Passagiere in London vor den Büros der Transatlantik vor Freude um den Hals fielen, erlebte Mitchell böse Stunden. Er war mit seinen Offizieren und der Mannschaft auf der Astoria geblieben, die überraschenderweise, allen Voraussagen zum Trotz, nicht gesunken war. Sie sank auch in den nächsten Stunden nicht und erreichte ohne weitere Zwischenfälle den Hafen.

Mitchell sah dieses Verhalten seines Kahnes mit mehr als gemischten Gefühlen. Er studierte in wahrer Verzweiflung die Lage des Kastens und das Vordringen des Wassers im Schiffsinneren. Es war für ihn sehr unangenehm, daß das Mistschiff nicht sank...

Am nächsten Tag machte er sich auf seinen schweren Weg. Seine Erwartungen waren nicht gerade hoch gespannt, als er in die Büros seiner Gesellschaft, der Transatlantik, kam. Er hatte zu früh, also ohne Not, fremde Hilfe angefordert, sehr teure fremde Hilfe, aber der Empfang, der ihm bereitet wurde, war schlimmer als alles, was er erwartet hatte... Mitchell war entlassen.

Aber was wäre ihm wohl geschehen, hätte er keine SOS-Rufe gesendet und das Schiff wäre - mit all seinen Passagieren an Bord - gesunken...?

Indirekt wird die Tendenz zur Unterlassung auch dort deutlich, wo Personen gebeten werden, die moralische Qualität eines Verhaltens zu beurteilen. So legten Spranca, Minsk und Baron (1991) ihren Vpn folgendes, hier leicht modifiziertes Szenario vor:

Herr J. ist begeisterter Tennisspieler im örtlichen Tennisverein. Zum Jubiläumsturnier hat sich ein prominenter Teilnehmer angesagt, nämlich Boris Becker. Herr J. schafft es, das Finale zu erreichen, in dem er erwartungsgemäß gegen Boris antreten muß. Am Abend vor dem Finale treffen sich alle Spieler zum Abendessen. Herr J. sitzt mit Boris an einem Tisch. Herr J. hat von einem Vertrauten erfahren, daß Boris auf Cayenne-Pfeffer allergisch reagiert. Würde Boris heute abend Cayenne-Pfeffer essen, hätte Herr J. morgen eine echte Chance auf den Finalsieg. Herr J. weiß auch, daß der Chef-Salat, der heute serviert wird, Cayenne-Pfeffer enthält. Der Ober kommt an den Tisch und fragt Boris, ob er lieber den Chef-Salat oder den Salat Nicoise haben will.

Das Ende dieser Geschichte bekamen die Vpn zu verschiedenen Zeitpunkten in drei verschiedenen Versionen erzählt:

Version 1. Noch bevor Boris eine Wahl trifft, empfiehlt Herr J. Boris den vorzüglichen Chef-Salat. Boris bekommt eine heftige Magenverstimmung, und Herr J. gewinnt das Finale.

Version 2. Boris bestellt den Chef-Salat. Herr J. sagt nichts, und Boris bekommt eine heftige Magenverstimmung. Herr J. gewinnt das Finale.

Version 3. Boris bestellt Salat Nicoise. Herr J. empfiehlt ihm dann aber den vorzüglichen Chef-Salat. Boris ändert seine Meinung, bestellt den Chef-Salat und bekommt eine heftige Magenverstimmung. Herr J. gewinnt das Finale.

Für wie moralisch oder unmoralisch halten Sie das Verhalten von Herrn J. in jeder der drei Versionen? Die meisten Personen (65%) in der Studie von Spranca et al. fanden das Verhalten in Version 2 weniger unmoralisch als das Verhalten in den Versionen 1 und 3. Nehmen wir nun einmal an, Boris erfährt, daß Herr J. von seiner Cayenne-Allergie gewußt hat und verklagt ihn auf Schadensersatz. Wie würden Sie als Richter entscheiden? Die meisten Vpn billigten Boris eine geringere Entschädigung zu, wenn sich die Geschichte nach der Version 2 zugetragen hatte.

Was zeichnet Version 2 aus? Die Konsequenzen sind in allen drei Versionen identisch: Boris bekommt die Magenverstimmung, und Herr J. gewinnt das Finale. Aber das Verhalten von Herrn J. in Version 2 stellt eine *Unterlassung* dar, während in den Versionen 1 und 3 Herr J. eine aktive *Handlung* ausgeführt hat. Trotz identischer unerwünschter Konsequenzen gilt ein Verhalten als unmoralischer, durch das diese unerwünschten Konsequenzen herbeigeführt wurden, als ein Verhalten, welches das Eintreten dieser Konsequenzen zugelassen bzw. nicht verhindert hat.

Eine Untersuchung von Fischer (1997) begründet allerdings Zweifel an der bisher in der Literatur vertretenen Annahme, daß es für das Entscheidungsverhalten von Personen relevant sei, ob es um eine Handlung oder um die Unterlassung einer Handlung gehe, und daß es einen stabilen, probleminvarianten *omission bias* bzw. *commission bias* gebe. Sie führt die in der Literatur berichteten Befunde darauf zurück, daß wichtige Variablen nicht kontrolliert wurden, und zwar speziell *die Darstellung der Konsequenzen* in der Problembeschreibung und damit die mentale Repräsentation des Problems. So kann man in dem Impfungs-Beispiel von Ritov und Baron die Konsequenzen der Optionen positiv beschreiben (ein bestimmter Prozentsatz der Kinder wird gerettet), und man kann sie negativ beschreiben (der komplementäre Prozentsatz von Kindern stirbt). Fischer fand in ihren Experimenten, daß immer diejenige Option präferiert wurde, die mit ihren positiven Konsequenzen beschrieben war, *unabhängig davon*, ob es eine Handlung oder eine Handlungsunterlassung war. Tabelle 8.2 zeigt die Daten eines der Experimente. In den Zellen stehen Prozentwerte, die jeweils die relative Abweichung von der (nach dem SEU-Modell) zu erwartenden Antwort abbilden. Ein positiver Wert von +20% bedeutet, daß die Vpn für die Unterlassung eine Todesfallhäufigkeit akzeptieren, die um 20% größer ist als die Todesfallhäufigkeit für die Handlung (also 10 Todesfälle bei der Handlung, aber 12 bei der Unterlassung). Negative Werte bedeuten, daß ein *commission bias* vorliegt; bei der Handlung wird eine höhere Todesfallhäufigkeit akzeptiert als bei der Unterlassung.

Wenn der *omission bias* unabhängig von der Problemdarstellung auftritt, sollte man unter allen Bedingungen einen *omission bias* finden, d.h. in allen Zellen der Tabelle müßten positive Werte stehen. Die Daten zeigen jedoch ein anderes Bild: Einen *omission bias* gibt es immer dann, wenn die Handlung mit ihren negativen Konsequenzen beschrieben war (10 von 10.000 Kindern werden sterben), die Unterlassung dagegen mit ihren positiven Folgen (9.990 von 10.000 Kindern werden gerettet). Umgangssprachlich formuliert war offenbar die Maxime der meisten Vpn: „Du sollst Übles nicht tun und Gutes nicht unterlassen!" War dagegen die Handlung mit ihren positiven Folgen beschrieben und die Unterlassung mit den negativen Konsequenzen, kehrte sich der *omission bias* zu einem *commission bias* um. Als Maxime: „Du sollst Gutes tun und Übles unterlassen!"

Tab. 8.2 Handlung / Unterlassung je nach Problembeschreibung

	Handlung mit positiven Konsequenzen	Handlung mit negativen Konsequenzen
Unterlassung mit positiven Kosequenzen	-5% Indifferenz	42,4% omission bias
Unterlassung mit negativen Konsequenzen	-16,8% commission bias	18% omission bias

Einen ähnlichen (und ähnlich interpretierbaren) Befund erhält man, wenn dieselben negativen Konsequenzen einmal als „verpaßte Gewinne" (10 von 10.000 Kindern *können nicht gerettet werden*) und einmal als „Verluste" (10 von 10.000 Kindern *werden sterben*) dargestellt werden: Wird die Unterlassung mit „verpaßten Gewinnen" beschrieben, die Handlung dagegen mit „Verlusten", finden wir den typischen *omission bias*. Wird dagegen die Unterlassung mit „Verlusten" und die Handlung mit „verpaßten Gewinnen" beschrieben, kehrt sich der Effekt wieder um, und wir finden einen *commission bias*.

Fischer (1997) hat ein Modell vorgeschlagen, in dem die Tendenz zu Handlung bzw. Handlungsunterlassung bei in verschiedener Weise variierten Problemen aus der mentalen Repräsentation der Optionen (und ihrer Bewertung entsprechend der *Prospect*-Theorie) resultiert. Die Repräsentation wird durch die Beschreibung des Problems (*externes framing*) induziert; führt dies nicht zu einer Repräsentation, die eine eindeutige Präferenz und damit eine Entscheidung ermöglicht, wird das Problem mental in einer bestimmten Weise so transformiert (*internes framing*), daß eben eine Entscheidung möglich wird. Die Daten (Anpassungsaufgaben, Entscheidungen, Reaktionszeiten) stützen dieses - konsequentialistische - Modell.

... daß wir die Übel, die wir haben, lieber ertragen als zu unbekannten fliehn. So macht Gewissen Freige aus uns allen; der angeborenen Farbe der Entschließung wird des Gedankens Blässe angekränkelt; und Unternehmungen voll Mark und Nachdruck, durch diese Rücksicht aus der Bahn gelenkt, verlieren so der Handlung Namen. Shakespeare, Hamlet

---

8.2.3 Unterscheidbarkeit von *status quo bias* und *omission bias*

Wir haben zu Beginn dieses Abschnittes gesagt, daß man zwei Merkmale von Optionen unterscheiden könne, „Bewahrung oder Veränderung des status quo" einerseits und „Handlung oder Unterlassung einer Handlung" andererseits. Aber kann man diese Merkmale eindeutig unterscheiden? Schauen wir uns noch einmal das Aktien-Beispiel von Kahneman und Tversky (1982a) an, das wir in Abschnitt 8.2.1 beschrieben haben. Paul und George hatten beide den Verlust von 2.000 € zu beklagen. Die Vpn waren überwiegend der Meinung, daß George den schlechten Ausgang der Entscheidung mehr bedauern würde als Paul. Begründet wurde dies damit, daß George derjenige ist, der den status quo aufgegeben hat. Die beiden Szenarios unterscheiden sich aber auch insofern, als George den status quo durch eine *Handlung* aufgibt, während Paul nichts tut! Die „Bewahrung des status quo" und die „Unterlassung einer Handlung" sind also in diesem Beispiel konfundiert, und der Befund ist keineswegs so eindeutig mit einem Effekt des Merkmals „Bewahrung oder Veränderung des status quo" erklärbar, wie Tversky und Kahneman annahmen.

Ritov und Baron (1992) haben in einer Untersuchung versucht, beide Merkmale voneinander zu trennen. Sie griffen dabei auf die Aktien-Szenarios von Tversky und Kahneman zurück (Paul und George, s.o.), und ergänzten sie um zwei weitere Szenarios (Frank und Henry):

○ Frank hat Aktien einer Gesellschaft B. Während des letzten Jahres fragte ihn sein Finanzberater, ob er etwas dagegen hätte, diese Aktien zu verkaufen und dafür Aktien der Gesellschaft A zu kaufen. Frank hatte nichts dagegen. Jetzt stellt er fest, daß er einen Gewinn von 2.000 € gemacht hätte, wenn er die Aktien der Gesellschaft B behalten hätte.
○ Henry hat Aktien der Gesellschaft A. Während des letzten Jahres fragte ihn sein Finanzberater, ob er etwas dagegen hätte, diese Aktien zu verkaufen und dafür Aktien der Gesellschaft B zu kaufen. Henry widersprach und behielt seine Aktien der Gesellschaft A. Jetzt stellt er fest, daß er einen Gewinn von 2.000 € gemacht hätte, wenn er diese Aktien verkauft und stattdessen Aktien der Gesellschaft B gekauft hätte.

Frank und Henry haben beide die gleichen negativen Konsequenzen erfahren. Frank hat seinen status quo aufgegeben (wie George), aber er hat dies dadurch getan, daß er eine Handlung (nämlich zu widersprechen) unterlassen hat (wie Paul). Henry hat seinen status quo beibehalten (wie Paul), aber er hat dies dadurch getan, daß er gehandelt (nämlich widersprochen) hat (wie George). Damit sind in den vier Szenarios die beiden Merkmale unabhängig voneinander variiert:

	Bewahrung des status quo	Aufgabe des status quo
Handlung	Henry besitzt Aktien von A und widerspricht dem Kauf von B	Georg besitzt Aktien von B und kauft stattdessen A
Unterlassung	Paul besitzt Aktien von A und verwirft den Kauf von B	Frank besitzt Aktien von B und widerspricht dem Kauf von A nicht

Ritov und Baron (1992) legten ihren Vpn diese vier Versionen des Aktien-Szenarios vor. Die Vpn meinten, Henry würde sich am meisten und Paul würde sich am wenigsten ärgern. George und Frank würden sich ungefähr gleich viel ärgern, weniger als Henry aber mehr als Paul. Der Befund, daß George sich mehr als Paul ärgern würde, repliziert den Befund von Kahneman und Tversky (1982a). Der eigentlich interessante Befund aber ist der von den Vpn vermutete unterschiedliche Ärger bei Henry und Paul, denn beide bewahren den status quo und unterscheiden sich nur darin, daß Henry handelt und Paul nicht handelt. Es scheint also, als ob bei der Beurteilung der Situationen von Henry und Paul die Gemeinsamkeit (Bewahrung des status quo) keine Rolle spielt oder jedenfalls durch den *Omission*-Effekt völlig überlagert wird. Wir müßten dann unsere Aussage, die wir im Abschnitt zur Beziehung zwischen status quo und emotionalen Reaktionen gemacht haben, folgendermaßen spezifizieren: Wir scheinen auf Ereignisse, die wir durch eine Handlung herbeigeführt haben, emotional stärker zu reagieren als auf Ereignisse, die als Folge der Unterlassung einer Handlung eingetreten sind. Allerdings scheint es so zu sein, daß ein *error of commission* (also ein durch eigenes Handeln bedingter Fehler, wie er bei Henry vorlag) *kurzfristig* mehr Gefühle, vor allem des *regret*, auslöst: Man bedauert eine finanzielle Investition oder eine romantische Affäre. Aber ein *error of omission* (also ein durch eine Handlungsunterlassung bedingter Fehler) löst *langfristig* mehr regret aus: Man bedauert, das Studium nicht beendet zu haben oder sein Klavierspiel nicht fortgesetzt zu haben (Gilovich & Medvec, 1995).

Ähnliche Befunde gab es auch mit vier inhaltlich anderen Szenarios und auch dann, wenn die Vpn nicht die Gefühle der Beteiligten beurteilen sollten, sondern zwischen zwei Optionen *wählen* sollten oder eine Option der anderen Option *anpassen* sollten (vgl. Abschnitt 8.1.1). Andererseits konnte Schweitzer (1994) auch einen (schwachen) *status quo* Effekt nachweisen. Die empirischen Befunde erlauben im Augenblick keine klare Aussage zur Bedeutung des *status quo* in diesem Kontext.

Mit dem *Omission*-Effekt erklären Ritov und Baron (1992) auch eine Beobachtung „im Feld": In zwei amerikanischen Bundesstaaten wurden die Autobesitzer vor die Wahl zwischen zwei Varianten ihrer Haftpflichtversicherung gestellt. Die eine, bisherige übliche Versicherung sollte künftig teurer sein und vollen Rechtsschutz bieten. Die andere, neue Versicherung wäre billiger und böte nur eingeschränkten Rechtsschutz. In dem einen Bundesstaat bekamen die Autobesitzer die neue Versicherungspolice automatisch zugeschickt - es sei denn, sie erhoben Einspruch. In dem anderen Bundesstaat mußten sie sich brieflich explizit für die neue Form der Versicherung entscheiden. Die Option des status quo war also in beiden Staaten inhaltlich gleich: teurer, aber voller Rechtschutz. Im einen Fall führte jedoch die Unterlassung einer Handlung (Einspruch) zur *Aufgabe*, im anderen Fall zur *Aufrechterhaltung* des status quo.

8.3 Entscheidungen nach moralischen Prinzipien

Der Kontrast zwischen konsequentialistischem und nicht-konsequentialistischem Entscheiden ist dort besonders klar erkennbar, wo die Reflexion der Konsequenzen in direktem Konflikt mit anderen inhaltlichen Gründen gerät: Eine Option ist im Hinblick auf ihre Konsequenzen attraktiv, wir lehnen sie aber aus bestimmten Gründen dennoch ab. Solche Gründe sind oft moralischer Natur: Man will fair sein, gerecht sein, ehrlich sein, niemandem schaden, usw. - auch wenn es dem unmittelbaren eigenen Interesse nicht entspricht. Auch zu diesen Fragen gibt es zahlreiche Untersuchungen in dem Bereich, der im Englischen unter den Begriffen *social justice* und *distributional justice* läuft. Wir können hier nur einige entscheidungstheoretische Arbeiten skizzieren, und auch dies nur zur Illustration des Forschungsansatzes. Viele Arbeiten findet man bei Baron (1994) beschrieben und diskutiert.

Wir greifen hier die Prinzipien der *Fairness* und *Gerechtigkeit* heraus. Es geht darum, wie man andere Menschen behandelt. Zunächst und etwas ausführlicher schildern wir den Einfluß von Fairness und Gerechtigkeit (bzw. der Vorstellungen, die Menschen mit den Begriffen verbinden) als Gründe für Entscheidungen über die *Aufteilung* oder *Verteilung von Gütern*. Anschließend geht es um Entscheidungen über *Kompensationen für erlittenen Schaden*.

8.3.1 Aufteilung

Es gibt mindestens drei Varianten von Fairness und Gerechtigkeit:

- *Equality*: „Gib jedem den gleichen Anteil" (oder die gleiche Chance oder das gleiche Recht). Dies ist die in gewissem Sinne einfachste Variante, weil sie dem Entscheider eine Analyse der Situation bzw. der Individuen, zwischen denen etwas zu verteilen ist, erspart; der kognitive Aufwand ist also minimal, wenn man sich von diesem Prinzip leiten läßt. Der Entscheider läuft auch nicht Gefahr, wegen einer ungleichen Verteilung angegriffen zu werden; er kann seine Verteilung leicht verteidigen und muß keine unangenehmen sozialen Konsequenzen befürchten. Darüber hinaus maximiert eine gleiche Verteilung im allgemeinen auf Grund des abnehmenden Grenznutzens den Gesamtnutzen aller Empfänger. Das Gleichheits-Prinzip läßt sich also konsequentialistisch interpretieren. Aber so wird eine daran orientierte Verteilung selten begründet, zumal es dann auch wiederum mit Verweis auf andere Konsequenzen angreifbar würde. Vielmehr wird es als nicht weiter begründbare Maxime oder als moralische Norm vertreten und determiniert als solche die Verteilungs-Entscheidung absolut. Eine Untersuchung des Verteilungsverhaltens ist in Box 8.3 geschildert.

- *Need*: „Gib jedem nach seinem Bedürfnis". Wenn man davon ausgeht, daß jeder Mensch nicht weniger bekommen oder besitzen will als alle anderen, kann man denjenigen von einem Gut mehr geben, die bislang über weniger davon verfügen. Auch diese Variante läßt sich mit dem Verweis auf die Nutzenfunktion als diejenige Fairness und Gerechtigkeit rechtfertigen, die den Nutzen für die Gesamtheit maximiert, aber auch sie wird im allgemeinen nicht mit diesem Argument vertreten. Baron (1994, S. 460) verweist auf ein interessantes und aktuelles Beispiel, bei dem diese Maxime mit konsequentialistischen Überlegungen konfligieren kann, und zwar die Entscheidung über die Vergabe eines Organs zur Transplantation: Der krankeste Patient ist in einem gewissen Sinne derjenige, der des Organs am dringendsten bedarf; aber seine Chancen zu überleben bzw. zu gesunden sind oft geringer als die Chancen eines anderen, weniger kranken und insofern weniger bedürftigen Patienten.

- *Equity*: „Gib jedem entsprechend seiner Leistung" (oder seinem Beitrag oder seinem Anteil). In Experimenten von Kahneman, Knetsch und Thaler (1986) gaben die meisten Vpn diesem Prinzip den Vorzug gegenüber dem Maximierungsprinzip. Es bleiben hier aber oft die Fragen offen (zumindest außerhalb von ökonomischen Situationen), wie groß der Anteil des einzelnen ist, und wieviel von einem Gut soll der einzelne bekommen? Man kann beispielsweise „gröber" entscheiden (etwa nach der Rangordnung der Empfänger entsprechend ihrem Anteil) oder „feiner" (etwa nach der absoluten Größe ihrer Anteile) (vgl. Mellers, 1986).

Das sind meine Prinzipien, und wenn sie Dir nicht gefallen, habe ich andere für Dich. Groucho Marx.

Box 8.3: Wie soll man 12 Grapefruits gerecht verteilen?

Maya Bar-Hillel und **Menahem Yaari** (1993) untersuchten mit einfachen hypothetischen Problemen, ob bzw. wie Studenten Güter aufteilen. Ein Beispiel:

Ein Korb von 12 Grapefruits muß zwischen Jones und Smith aufgeteilt werden. Jones' Körper hat einen Stoffwechsel, auf Grund dessen er aus jeder Frucht 100 mg Vitamin F gewinnt, während Smith 20 mg aus jeder Frucht gewinnt. Beide, Jones und Smith, sind an den Grapefruits nur des Vitamins wegen interessiert, und beide wollen sie möglichst viel Vitamin. Nach der Verteilung der Früchte kann keiner von ihnen mit den Grapefruits handeln oder sie weitergeben.

Die meisten Vpn gaben Jones 2 Grapefruits und Smith 10 Grapefruits. Sie verteilten also so, daß jeder gleich viel Vitamin F bekam. Sie folgten dem Equality-Prinzip: Gib jedem gleich viel (Vitamin F - denn nur darum ging es Smith und Jones)! Damit handelten sie insofern nicht konsequentialistisch, als bei dieser Verteilung insgesamt nur 2 x 100 mg Vitamin F für Jones und 10 x 20 mg Vitamin F für Smith gewonnen werden konnte, also 400 mg, während beispielsweise eine Verteilung aller 12 Grapefruit an Jones zu einem Gesamtextrakt von 1.200 mg Vitamin F geführt hätte.

Wenn das Problem aber so verändert wurde, daß die Fähigkeit von Smith zum Gewinn von Vitamin F aus einer Grapefruit deutlich geringer war, zeigte sich ein anderes Entscheidungsverhalten: Die meisten Vpn gaben alle Früchte an Jones. Sie folgten also jetzt dem Prinzip der Maximierung der Menge an extrahiertem Vitamin. Oder anders interpretiert: Sie gaben die Früchte demjenigen, der sie am effizientesten nutzen konnte.

Diese *Varianten von Fairness und Gerechtigkeit* können aus konsequentialistischer Perspektive mit Verweis auf die langfristigen sozialen oder politischen Konsequenzen eines Handelns, das sich an ihnen orientiert, gerechtfertigt werden. Aus der entscheidungspsychologischen Perspektive interessiert, daß die Begründung von Aufteilungsentscheidungen sich - jedenfalls bei Studenten - meist nicht auf diese langfristigen und überindividuellen Konsequenzen bezieht, sondern auf moralische Werte, denen man folgt, auch wenn die Konsequenzen (für die eigene Person) negativ sind. Unter welchen Bedingungen welche Variante zur Geltung kommt, hat Deutsch (1975) so spezifiziert: *Equality* ist ausschlaggebend, wenn das Ziel des Entscheiders die Aufrechterhaltung oder Verbesserung sozialer Beziehungen ist. *Need* ist ausschlaggebend, wenn das Ziel die Entwicklung und das Wohlergehen des einzelnen ist. *Equity* ist ausschlaggebend, wenn das Ziel die ökonomische Produktivität ist.

Daß wir uns an dem Prinzip der Fairness auch dann orientieren, wenn es uns selbst nicht nur nicht nützt, sondern wenn es uns sogar schadet, ist experimentell immer wieder demonstriert worden. Typisch sind das *Ultimatum-Spiel* und das *Diktator-Spiel*.

Im *Ultimatum-Spiel* (Güth, Schmittberger & Schwarze, 1982) sollen Sie sich vorstellen, Sie und ein Student aus einem anderen Seminar könnten 10 € unter sich aufteilen. Der andere Student, der Geber, bietet Ihnen einen Teil der 10 € an. Wenn Sie, der Empfänger, das Angebot annehmen, dann bekommen Sie diesen Anteil und der Geber bekommt den Rest. Wenn Sie das Angebot ablehnen, bekommen Sie beide gar nichts. (Das *Ultimatum* besteht darin, daß eine Person einen Betrag festlegen und die andere Person nur zustimmen oder ablehnen kann.) Würden Sie ein Angebot von 5 € annehmen? Ein Angebot von 2 €? Ein Angebot von 1 Cent? In solchen Experimenten werden Angebote, die deutlich unter 5 € liegen, meistens zurückgewiesen; der Empfänger zieht es vor, daß beide nichts bekommen, als daß der Betrag sehr unfair aufgeteilt wird (vgl. u.a. Güth et al., 1982; Kahneman, Knetsch & Thaler, 1986). Der Empfänger ist zu einem Opfer bereit, um Unfairness des Partners zu bestrafen. Baron (1994, S. 453) verweist darauf, daß man hier übrigens auch die negative Seite des Bedürfnisses nach Fairness sehe: Es sei das Bedürfnis, anderen zu schaden, auch wenn es einem selbst schadet, nur um Gleichheit herzustellen.

Wenn die Empfänger in diesem Spiel nur ihr jeweiliges *monetäres* Interesse verfolgten, dann würden sie schon das Angebot von 1 Cent annehmen. Und die Geber, die dies wissen, würden auch nur 1 Cent anbieten. Tatsächlich bieten die meisten Geber 5 € oder nur geringfügig weniger - sei es aus einem Bedürfnis nach Fairness, sei es vielleicht auch aus Angst vor einer Zurückweisung des Angebots (denn dann würden sie selbst ja auch nichts bekommen), oder auch aus beiden Gründen (Thaler, 1988). Während *Fairness* ein Prinzip darstellt, ist *Angst* hier natürlich ein durch die Konsequenzen bestimmtes Argument.

Der Empfänger orientiert sein Verhalten offenbar an dem Prinzip einer fairen Aufteilung, und das heißt hier einer Aufteilung zu gleichen Teilen. Dieses Prinzip führt normalerweise aufgrund des abnehmenden Grenznutzens zu einer Maximierung des Gesamtnutzens: Der Gesamtnutzen, d.h. die Summe der Nutzenwerte von 5 € für jede Person ist normalerweise höher als die Summe des Nutzens von 8 € für die eine und von 2 € für die andere Person. Im Ultimatum-Spiel aber führt die Orientierung am Fairness-Prinzip *nicht* zur Nutzenmaximierung, wenn nämlich das Angebot als unfair zurückgewiesen wird, weil dann beide Personen nichts erhalten. *Beide* wären im ausschließlich eigenen Interesse besser daran, wenn auch ein ganz geringes Angebot akzeptiert würde. Aber das moralische Prinzip der Fairness verhindert bei einem geringen Angebot die „an sich" bessere Entscheidung.

Wie sehr ein „eigentlich" irrelevantes Situationsmerkmal beeinflussen kann, was für fair und was für unfair gehalten wird, zeigt ein Experiment von Boles und Messick (1990). Sie arbeiteten mit einem Ultimatum-Spiel, das sie zwei Gruppen von Vpn jeweils unterschiedlich beschrieben. Einer Gruppe von Empfängern wurde zuerst das Spiel erklärt: Einem fremden Studenten seien 6 $ gegeben worden, die er aufteilen solle (zwischen sich selbst und dem Empfänger-Studenten). Als ihnen zwei Minuten später ein einziger Dollar angeboten wurde, akzeptierte die eine Hälfte der Vpn den Dollar, während die andere Hälfte den Dollar ablehnte. Einer anderen Gruppe wurde zunächst der Dollar gegeben, und zwei Minuten später wurde ihnen das Spiel beschrieben. Jetzt wollten 85% den Dollar behalten, nur 15% lehnten ab. Boles und Messick (1990) erklärten den Unterschied im Verhalten der beiden Gruppen mit dem Standard oder Referenzpunkt, den die Teilnehmer sich gebildet hatten um zu beurteilen, ob der Dollar ein „guter" oder ein „schlechter" Dollar war. Während der zwei Minuten, in denen nur der eine Dollar existierte und noch von keinem Spiel die Rede war, verglichen die Studenten den Dollar mit ihrem status quo und kamen zu dem Schluß, daß es ein guter Dollar war, denn er verbesserte ihre Lage. Wenn dagegen zuerst das Spiel erklärt wurde, entwickelten die Studenten die Erwartung oder Vorstellung einer fairen Teilung, und dies - also 3 $ - wurde ihr Referenzpunkt. Wenn nur ein einziger Dollar kam, lag er 2 $ unter diesem Punkt und war insofern ein schlechter Dollar. Eine genaue Analyse der Gründe, die die Teilnehmer der Studie für ihr Verhalten nannten, konnte zeigen, daß die *Angemessenheit des Verhaltens* ausschlaggebend war und nicht der *Nutzen der Konsequenzen*.

Im *Diktator-Spiel* soll eine Person einen bestimmten Geldbetrag zwischen sich und einer anderen Person aufteilen. Die zweite Person kann das Angebot nicht ablehnen, sie muß es annehmen. Daher die Bezeichnung der ersten Person als „Diktator". In ihrem Experiment forderten Kahneman et al. (1986) jeden Studenten

eines Seminars auf, hypothetisch 20 $ zwischen sich und einem anonym bleiben-
den anderen Teilnehmer des Seminars aufzuteilen. Zwei Optionen der Aufteilung
gab es: Eine ungleiche Aufteilung mit 18 $ für den „Diktator" und 2 $ für den anderen Studenten, und eine gleiche Aufteilung mit 10 $ für jeden der beiden. 76%
der Gruppe teilten das Geld (hypothetisch) in gleiche Anteile auf. Im zweiten Teil
des Experimentes traf jeder Teilnehmer wiederum eine Entscheidung über die
Aufteilung eines Geldbetrages, jetzt zwischen sich selbst und *zwei* anderen Teilnehmern, von denen bekannt war, wie sie in der ersten Runde geteilt hatten: Einer
von diesen beiden hatte im ersten Teil den Betrag gleich aufgeteilt; er sei daher
mit G (für *G*leich) bezeichnet; der andere hatte den Betrag ungleich aufgeteilt,
und sei daher mit U (für *U*ngleich) bezeichnet. Die Vp hatte zwei Optionen: Sie
konnte 5 $ sich selbst, 5 $ an G und nichts an U geben; oder sie konnte 6 $ sich
selbst, nichts an G und 6 $ an U geben. Die Frage war, ob die Vpn 1 $ ihres potentiellen Gewinnes opfern würden, um den Teilnehmer U, der vorher ungleich geteilt hatte, zu bestrafen, und den Teilnehmer G, der fair geteilt hatte, zu belohnen.
74% der Gesamtheit aller Vpn brachten dieses Opfer. Und zwar interessanter-
weise 81% derjenigen, die im ersten Experiment gleich geteilt hatten, aber nur
31% derjenigen, die im ersten Experiment ungleich geteilt hatten.

Die meisten Vpn opferten also ihr Eigeninteresse zugunsten des Prinzips Fairness. Fairness bedeutete hier allerdings auch *Belohnung für vorangegangene
Fairness* und *Bestrafung von vorangegangener Unfairness*. Man könnte daher
argumentieren, daß für diejenigen Vpn, die im zweiten Experiment „fair" handelten, der Nutzen der Bestrafung von Unfairness höher war als der Nutzen eines
zusätzlichen Dollar, und daß ihr Handeln insofern konsequentialistisch war und
ihren Nutzen maximierte. Aber, und das ist der entscheidende Punkt, dieser Nutzen der Bestrafung von Unfairness ergibt sich daraus, daß die Person sich *dem
moralischen Prinzip der Fairness* verpflichtet fühlt. Die Vpn folgen diesem Prinzip, selbst wenn ihnen dadurch ein Gewinn entgeht, und sie handeln insofern
nicht konsequentialistisch. Menschen versuchen also, zumindest in solchen Spiel-
Situationen fair zu sein. Sie versuchen, Fairness herzustellen, auch wenn ihr eigener Nutzen dadurch nicht maximiert wird; und sogar, wenn sie selbst Opfer bringen müssen, um Fairness herzustellen.

8.3.2 Kompensation

Finanzieller Schadensersatz im Schadensfall wird im allgemeinen von Versiche-
rungen geleistet oder durch ein Gericht zugesprochen. Aus konsequentialistischer
Perspektive sollte die Kompensation, d.h. der Ausgleich für den erlittenen Schaden, um so höher sein, je größer der Schaden ist. Und sie sollte *allein* von der Art
bzw. Höhe des Schadens abhängig sein. Studien haben jedoch gezeigt, daß die
Höhe des Schadensersatzes, den Menschen (hypothetisch) leisten bzw. für ange-

messen halten, von weiteren Faktoren abhängig ist, die mit einer rein konsequentialistischen Perspektive nicht zu vereinbaren sind. Beispielsweise davon, wie leicht ein Unglück hätte vermieden werden können.

So hielten Vpn in einer Studie einen höheren Schadensersatz für einen Unfall für angemessen, wenn sich der Unfall unter außergewöhnlichen Bedingungen ereignet hatte (jemand wurde angeschossen, als er ein Geschäft betrat, in das er sonst nie ging), als wenn sich der Unfall im Verlauf einer gewöhnlichen Ereigniskette ereignet hatte (in einem Geschäft, das er regelmäßig aufsuchte) (Miller & McFarland, 1986). Begründet wird der Befund von den Autoren mit der *Norm*-Theorie (vgl. Abschnitt 8.2.1).

Während man hier argumentieren könnte, daß die höhere Kompensation dadurch gerechtfertigt sei, daß der Geschädigte im ersten (außergewöhnlichen) Fall vielleicht stärker geschockt war als im zweiten (gewöhnlichen) Fall, kann diese Erklärung nicht für die Befunde von Ritov und Baron (1994) gelten: In ihren Studien wurde den Vpn gesagt, daß ein Eisenbahnunfall durch einen Baum verursacht worden sei, der auf die Gleise gefallen war. In einer Variante dieser Geschichte war das Opfer dadurch verletzt worden, daß der Zug eine plötzliche Bremsung gemacht hatte, um eine Aufprall mit dem Baum zu verhindern. In einer anderen Variante war die Verletzung dadurch zustandegekommen, daß die Bremsung versagt hatte und der Zug unerwartet auf den Baum geprallt war. Vpn hielten im zweiten (leichter zu vermeidenden) Fall einen höheren Schadensersatz für angemessen als im ersten (schwerer zu vermeidenden) Fall. Und dies war unabhängig davon, ob das Versagen des Bremsvorganges in der Geschichte auf ein menschliches Versagen oder auf das Versagen der Bremsautomatik zurückgeführt wurde.

8.4 Entscheidungen in sozialer Interaktion

Im vorangegangen Abschnitt ging es darum, wie man andere Menschen (bei Aufteilungen und Kompensationen) behandelt. In diesem Abschnitt geht es darum, wie man handelt, wenn man in der Interaktion mit anderen Menschen handelt. Handelt man konsequentialistisch und versucht, den Nutzen zu maximieren? In Box 8.4 ist ein Beispiel für eine Situation beschrieben, in der die Orientierung an den unmittelbaren Konsequenzen und eine nicht-konsequentialistische Orientierung an sozialen Normen ausnahmsweise einmal in einem *wirklichen* Spiel aufeinanderstoßen.

Protagoras (ca. 485 - ca. 415 v. Chr.) war der erste griechische Lehrer, der ein festes Honorar für seinen Unterricht forderte. Ein Schüler der Rhetorik vereinbarte mit Protagoras, daß er sein Lehrgeld erst bezahlen werde, wenn er seinen ersten Fall vor Gericht gewonnen habe; sollte er seinen ersten Fall verlieren, brauchte er nicht zu zahlen. Der Student versuchte, sich um den Vertrag zu drücken, indem er nicht vor Gericht auftrat. Protagoras mußte den Schüler verklagen, um zu seinem Geld zu kommen - und dieser vertrat seinen Fall selbst. Verlor der Schüler, brauchte er nicht zu zahlen, gewann er, brauchte er ebenfalls nicht zu zahlen.

Box 8.4: Darf man Minderjährige schlagen?

Der soziale Kontext und die damit verbundenen Normen und Regeln bestimmen ganz entscheidend unser Denken, unsere Pläne, Vorstellungen und unser Verhalten. Im allgemeinen wissen wir das - und verhalten uns gemeinhin nach den gängig akzeptierten sozialen Normen und Regeln. Zu welch kuriosen Situationen es aber kommen kann, wenn ein bestimmter Kontext nicht als solcher „erkannt" oder nicht richtig „erkannt" und „hidden rules" nicht bemerkt und damit auch nicht befolgt werden, beschreibt **David M. Messick** (1999) in folgendem Beispiel.

„In the mid-1970s, my family and I lived in Bergen, Norway. During the Easter school break, we joined most Norwegians in going to the mountains for cross-country skiing. We stayed in a communal cabin in the mountains in western Norway with six other families. Each family had its own bedroom, but we shared the kitchen facilities and dining area. The atmosphere was friendly and cooperative.

A couple of days before the end of our stay, an announcement was made that there would be a ping-pong tournament for the residents of the cabin. It would be a single elimination tournament, handicapped so that children under 14 got a 10 point bonus when playing against an adult, and women got a 10 point bonus when playing against an adult man. A schedule was presented so that every person knew who they were to play, winners knew who they were to play when they won, and so on.

At the end of the first day of play, I discovered that I was in the final to be played in the following morning. I was to play a 14-year-old girl. I also discovered that all other adults had lost to children early in the tournament. I was the only one who had moved forward. I realized then, of course, that this tournament was designed and intended to have a child as the winner. All of the adults (save me) understood this. I had a different understanding. My incorrect understanding not only influenced how I played (to win) but also my expectations of how others would play (to win), my perception of the rules and norms (everyone will try hard), and my interpretation of outcomes (losers of matches were not good enough players to overcome the handicap), along with the attributions these interpretations supported."

Die Untersuchung sozialer Interaktionen hat zu einem eigenen wissenschaftlichen Zweig geführt, der sogenannten *Spieltheorie* (*game theory*). Wir können auch diesen Ansatz hier nur kurz skizzieren; der interessierte Leser sei auf die einschlägige Literatur verwiesen (Luce & Raiffa, 1957; Dawes & Thaler, 1988; Camerer, 1990; Güth, 1992; Lyons, 1992).

8.4.1 Ein Partner

Die Fragen, die bei der Untersuchung des Verhaltens in der Interaktion mit einem einzigen Partner interessieren, kann man am besten anhand des berühmtesten spieltheoretischen Beispiels verstehen. Das ist das sogenannte *Gefangenendilemma* (Luce & Raiffa, 1957), das in Box 8.5 beschrieben ist. Die *Auszahlungs-* oder *Pay-Off*-Matrix der beiden Gefangenen (hier „Spieler" genannt) sieht so aus:

		Spieler B	
		kooperiert	kooperiert nicht
	kooperiert	-1 / -1	-10 / 0
Spieler A			
	kooperiert nicht	0 / -10	-5 / -5

In den Zeilen stehen die Optionen für Spieler A, in den Spalten entsprechend die Optionen für Spieler B. Die Zahlen in der Matrix bezeichnen die Konsequenzen: die Zahl vor dem Querstrich ist die Konsequenz für Spieler A, die Zahl hinter dem Querstrich die Konsequenz für Spieler B. Wenn beispielsweise Spieler A kooperiert und Spieler B nicht kooperiert, erhält A die Konsequenz -10 und B die Konsequenz 0. B kommt also bei dieser *Strategiekombination* besser weg. Beide Spieler treffen ihre Entscheidung unter *vollständiger Information*, d.h. sie kennen die beiderseitigen Optionen und die beiderseitigen Konsequenzen. Die Information ist aber nicht *perfekt*, denn jeder Spieler muß seine Entscheidung unabhängig von und unter Unkenntnis der Entscheidung des anderen Spielers treffen. Man spricht in diesem Fall von *nicht-kooperativen* Spielen, da sich die Spieler nicht absprechen und auch keine bindenden Verträge eingehen können.

Versetzen Sie sich in Spieler A. Auf den ersten Blick sollte die Entscheidung davon abhängen, für wie wahrscheinlich A es hält, daß B kooperiert oder nicht kooperiert. Auf den zweiten Blick erkennt man, daß die Option „nicht kooperieren" *immer* die bessere Wahl ist, egal wie sich B entscheidet; „nicht kooperieren" ist offensichtlich die *dominante Strategie*, und würde man „gegen die Natur" spielen, wäre das zweifellos auch die einzig vernünftige Wahl. Das besondere an spieltheoretischen Situationen besteht nun darin, daß man die eigenen vernünftigen Überlegungen auch dem Gegenspieler unterstellen sollte. Oder allgemeiner: es kommt darauf an, was man glaubt, was der Gegenspieler denkt (und wählt), und was man glaubt, was der Gegenspieler glaubt, was man selbst denkt (und wählt). Entscheidet sich auch Spieler B für seine dominante Strategie, dann ist die Konsequenz (-5 / -5), was offensichtlich für beide schlechter ist als die Konsequenz (-1 / -1) bei beidseitiger Wahl der Kooperation. Man kommt also zu der paradoxen Erkenntnis, daß beide Spieler, wenn sie jeweils individuell die optimale Wahl treffen, zu einem schlechteren Ergebnis kommen, als wenn jeder die individuell suboptimale Wahl trifft.

Box 8.5: Das Gefangenen-Dilemma

Zwei Gefangene, Stehldieb und Langfinger, werden eines gemeinsamen Diebstahls verdächtigt. Sie werden - jeder einzeln - verhört. Die Strafe, die jedem der beiden droht, ist abhängig davon, wie sich der jeweils andere verhält; sie können sich jedoch nicht absprechen. Wenn Stehldieb gesteht und Langfinger leugnet, kommt Stehldieb ohne Strafe davon und Langfinger bekommt eine hohe Strafe. Gestehen beide, wandern auch beide einige Zeit ins Kittchen - allerdings nicht ganz so lange wie jeder allein. Und umgekehrt: Wenn Langfinger gesteht und Stehldieb leugnet, muß Stehldieb lange ins Kittchen und Langfinger kommt davon. Leugnen jedoch beide die Tat, bekommen beide nur eine geringe Strafe, weil die Polizei ihnen dann nur ein geringes Vergehen nachweisen kann. Beide wissen nicht, wie sich der andere entscheidet! Was würden *Sie* tun - gestehen oder leugnen?

Dies ist das ursprüngliche *Prisoner's Dilemma Game,* PDG, das auf **Merrill M. Flood** von der RAND Corporation zurückgeht (1951), aber erst von **Albert W. Tucker**, einem Mathematiker, mit dieser Story und unter diesem Namen formuliert wurde. Die Spieler können beide leugnen (also kooperieren) oder gestehen (also nicht kooperieren); vgl. Tab. 6.6. Viele Situationen besitzen eine ähnliche Struktur. Beispielsweise militärische Konfliktsituationen: Rüsten beide Gegner auf, verlieren beide; rüstet nur einer auf, verliert der andere, aber am besten, beide rüsten nicht auf. Ein anderes Beispiel ist das *chicken game*, eine „Mutprobe" (zit. nach Poundstone, 1996):

Zwei Kids, jeder in einem Auto, rasen auf einer Landstraße aufeinander zu. Derjenige verliert, der zuerst ausweicht; derjenige, der nicht ausweicht, gewinnt. Weicht keiner aus, kommt es zum Zusammenprall, und beide sterben. Weichen beide gleichzeitig aus, überleben beide, und keiner gewinnt oder verliert. Weicht einer der beiden aus, überleben beide, aber der „Ausweicher" verliert - nicht nur das „Spiel", sondern wahrscheinlich auch Ruf und Ansehen in der Clique. Er ist das *chicken*, der *Angsthase*. Sehen wir uns die Auszahlungsmatrix für die Strategiekombinationen an:

	KING weicht nicht aus	KING weicht aus
DEVIL weicht nicht aus	KING und DEVIL sterben; keiner gewinnt	KING ist das chicken; DEVIL gewinnt
DEVIL weicht aus	KING gewinnt; DEVIL ist das chicken	KING und DEVIL überleben; keiner verliert

Man sieht: Die beste Strategie für beide wäre es, gleichzeitig auszuweichen!

Spieltheoretiker haben genau wie Entscheidungstheoretiker nach rationalen Lösungen für alle Arten von Spielsituationen gesucht. Das wichtigste Konzept ist das sogenannte *Nash-Gleichgewicht* (oder einfach der Gleichgewichtspunkt). Ein Nash-Gleichgewicht ist eine Strategiekombination, bei der kein Spieler, gegeben die Strategie des jeweils anderen Spielers, durch Wechsel zu einer anderen Strategie eine bessere Konsequenz erhalten kann; es ist eine Kombination jeweils wechselseitig bester Antworten. Die Kombination der dominanten Strategien *nicht kooperieren* im Gefangenendilemma ist ein Nash-Gleichgewicht. Da aber gerade dort die für beide bessere Kombination nicht das Nash-Gleichgewicht ist, kann man die normative Rationalität des Gleichgewichtskonzepts durchaus bezweifeln. Es hat sich in der Spieltheorie genau wie in der Entscheidungstheorie gezeigt, daß empirisch oft gegen Rationalitätspostulate systematisch verstoßen wird, und es wurden entsprechend erweiterte Rationalitätskonzepte vorgeschlagen (Selten, 1978; Harsanyi & Selten, 1988).

Es ist wichtig, zwischen *einmaligen* und *wiederholten* Spielen zu unterscheiden. Im einmaligen Spiel spricht durchaus einiges dafür, nicht zu kooperieren, denn wie kann ich wissen, ob mein Gegenspieler ein vertrauenswürdiger Mitspieler ist? Bei wiederholten Spielen hingegen habe ich die Möglichkeit, auf das Verhalten des Gegenspielers zu reagieren, entweder mit Bestrafung (ich kooperiere nicht) oder mit Kooperation zu beiderseitigem Nutzen. Dadurch wird es vernünftiger zu kooperieren, solange der Gegenspieler auch kooperiert. Unter welchen Bedingungen Teilnehmer solcher Spiele kooperieren oder nicht kooperieren, ist Gegenstand zahlreicher theoretischer und empirischer Untersuchungen geworden (Rapoport & Chammah, 1965; Rapoport, 1967; Axelrod, 1984; Dawes, 1988; Shafir & Tversky, 1992; Messick & Liebrand, 1995).

8.4.2 Eine Gemeinschaft

Wenn man die Situation auf mehr als zwei Spieler, im Extremfall auf praktisch unendlich viele Spieler, erweitert, entstehen sogenannte *soziale Dilemmas* (Dawes, 1980, 1988; Elster, 1985), beispielsweise ob man für gemeinnützige Zwecke etwas spenden soll (spenden alle, geht es allen besser, spendet keiner, geht es allen schlechter, aber am besten geht es mir, wenn alle andern spenden und ich nicht!) oder ob man Abfall sortieren soll (mein Beitrag ist ja unmerklich gering, aber was ist, wenn jeder so denkt?). Kurz: Wenn man nur seine individuellen Interessen verfolgt, hat dies für die Gemeinschaft negative Konsequenzen.

Besonders bekannt geworden und untersucht worden ist die sogenannte *tragedy of the commons* (Hardin, 1968), im deutschsprachigen Raum als *Allmende-Klemme* bekannt (Spada & Opwis, 1985). Die *commons* bzw. die *Allmende* (althochdeutsch algimeinida, Allgemeinheit) bezeichnen ein von einer Gemeinde gemeinsam benutztes Stück Land. In der klassischen Version benutzen Rinderzüchter Weideland, das allen gemeinsam gehört, für ihre Rinder. Zu Anfang gibt es keine Probleme, aber langsam erreicht die Anzahl der Rinder die Kapazitätsgrenze des Weidelandes. An diesem Punkt hat der Nutzen, den ein weiteres Rind bringt, zwei Komponenten: Der positive Nutzen entsteht aus dem Gewinn, den ein weiteres Rind eben später bringt; dieser Gewinn geht allein an den Besitzer dieses Rindes. Der negative Nutzen entsteht aus der Überweidung des Bodens; diese Kosten müssen von allen gemeinsam getragen werden und sind für den einzelnen Züchter unerheblich. Das Dilemma ist offenkundig: Jeder Züchter profitiert, wenn er ein weiteres Rind anschafft, aber wenn jeder sich ein weiteres anschafft, werden alle geschädigt. Hardin verglich die *tragedy of the commons* mit struktur-analogen Problemen wie beispielsweise der Überbevölkerung, der Umweltverschmutzung oder dem Verbrauch natürlicher Energievorräte. Jeweils konfligieren individuelles und kollektives Interesse.

Experimentell kann man das Verhalten von Menschen in derartigen Situationen untersuchen, indem man analog zur Situation im *Prisoner's Dilemma Game* mit zwei Personen ein Spiel mit n Personen konstruiert, in dem jeder Teilnehmer in jedem Durchgang zwischen einer *destruktiven* Option, die seinen individuellen Nutzen maximiert, aber für die Gruppe schädlich ist, und einer *kooperativen* Option, die den gemeinsamen Nutzen maximiert, aber den eigenen Nutzen nicht maximiert, entscheiden muß. In zahlreichen Experimenten zeigte sich durchweg, daß die Teilnehmer um so destruktiver agieren, je größer die Gruppe ist, und daß sie um so kooperativer agieren, je offener sie miteinander kommunizieren können und je transparenter das Verhalten jedes einzelnen für die Gruppe ist. Spada und Opwis (1985) haben auf zwei Schwächen der üblichen Experimente aufmerksam gemacht: (1) Die Bedingungen werden von Durchgang zu Durchgang konstant gehalten, d.h. die Konsequenzen sind in jedem Durchgang die gleichen. In vielen Situationen wird jedoch der individuelle Nutzen sofort realisiert, während der Schaden für die Allgemeinheit erst verzögert eintritt. (2) Die Bedingungen sind den Teilnehmern von Beginn an bekannt. In vielen Situationen bemerken Menschen aber erst im Laufe der Zeit, welche Konsequenzen individuell nutzenmaximierendes Verhalten hat. Mit ihrer Konstruktion eines *Fischereikonfliktspiels* haben Spada und Opwis realistischere Bedingungen für experimentelle Untersuchungen geschaffen. In dem Spiel wird das ökologische Problem der langfristigen Nutzung eines Fischbestandes zum Fischfang mit dem sozialen Problem der Gewinnverteilung bzw. -akkumulation verbunden. Drei Spieler versetzen sich in die Lage von Fischern an einem See. Sie verfolgen das Ziel, über eine unbekannte Anzahl von Runden (eine Runde entspricht einer Fangsaison) möglichst viel Fisch zu fangen. Das Ziel der individuellen Nutzenmaximierung ist nur erreichbar, wenn der Fischbestand auf einem Niveau gehalten wird, das eine optimale Vermehrung von Durchgang zu Durchgang (Jahr zu Jahr) ermöglicht. Der Gemeinnutzen nimmt mit zunehmender individueller Übernutzung der Ressourcen ab, die Entscheidung für individuelle Nutzenmaximierung verspricht kurzfristig jeweils einen höheren Gewinn, und der Gewinn ist für einen Spieler geringer, wenn er sich destruktiv verhält, als wenn er und die anderen Spieler sich kooperativ verhalten. Spada und Ernst (1992) arbeiteten mit verschiedenen experimentellen Versionen des Spiels und berichten folgende Ergebnisse: Diejenigen Gruppen, die ökonomisch wie ökologisch erfolgreich waren, verfügten über besseres ökologisches Wissen, über ein besseres Wissen über das Verhalten der anderen Spieler und über eine Zielstruktur, in der das Verhalten sowohl von ökologischen Überlegungen als auch von sozialen Verteilungsprinzipien geleitet war. Ein rein konsequentialistischer Ansatz kann ein derartiges Verhalten nicht abbilden. Das Entscheidungsverhalten ist offenbar durch Gründe bestimmt, die sich auf soziale und ethische Überlegungen stützen. Diese Gründe, die im allgemeinen von Teilnehmern solcher Experimente auch artikuliert werden, sind kaum konsequentialistisch im Sinne einer individuellen Nutzenmaximierung zu beschreiben. Auch in einer anderen Studie, in der ebenfalls Vpn bei einem Fischfangproblem in Form eines sozialen Dilemmas miteinander kooperieren mußten, zeigte sich die Bedeutung moralischer Überlegungen zur Fairness von Aufteilungen der Fangquoten (Wade-Benzoni, Tenbrunsel & Bazerman, 1996).

Wie sich Menschen in sozialen Dilemmas verhalten, ist heute auch ganz besonders für die Analyse des Konsumentenverhaltens wichtig, insofern dadurch die Umwelt geschützt oder geschädigt werden kann (Balderjahn & Will, 1997). Käufer sogenannter umweltverträglicher Produkte leisten zwar einen Beitrag zum Umweltschutz, müssen dafür aber oft höhere Preise oder Qualitätsdefizite in Kauf nehmen. Opportunistische Konsumenten dagegen, die also umweltschädliche Produkte kaufen, beanspruchen die Umwelt zu ihrem eigenen Vorteil und wälzen die Umweltkosten auf die Allgemeinheit ab. Der einzelne Konsument befindet sich in einem Dilemma: Die Kosten umweltverträglichen Verhaltens muß er persönlich tragen, der Nutzen kommt allen zugute, auch denjenigen Konsumenten, die sich (auf seine Kosten) umweltschädlich verhalten. Balderjahn und Will (1997) haben aus einer Analyse dieses Problems Strategien zur Überwindung dieses Dilemmas abgeleitet; die Idee ist in Box 8.6 skizziert. In breiterem Kontext werden Dilemmas angesichts von Umweltproblemen als *survival dilemmas* von Vlek und Keren (1993) diskutiert, die auch die Möglichkeiten der Förderung kooperativen Verhaltens zusammenfassen, soweit es empirische Evidenz dafür gibt..

Nothing is more difficult, and therefore more precious, than to be able to decide.
Napoleon

Box 8.6: Strategien zur Überwindung sozialer Dilemmas

Ingo Balderjahn und **Simone Will** haben aus nutzentheoretischen Überlegungen vier Strategien zur Überwindung sozialer Dilemmas abgeleitetet. Sie stehen in den Zellen der folgenden Tabelle (leicht modifiziert nach Balderjahn & Will, 1997):

	Nutzenanreiz	Kostenanreiz
durch zusätzliche Anreize umweltfreundliches Konsumverhalten fördern	individuellen Nutzen umweltfreundlichen Konsums erhöhen (11)	individuelle Kosten umweltfreundlichen Konsums senken (12)
opportunistisches Konsumstile beschränken	individuellen Nutzen opportunistischen Handelns verringern (21)	individuelle Kosten opportunistischen Handelns erhöhen (22)

Nehmen wir das Beispiel der Nutzung öffentlicher Verkehrsmittel (umweltfreundliches Verhalten) vs. Nutzung des eigenen Autos (umweltschädigendes, opportunistisches Verhalten). Zunächst ist das eigene Auto meistens bequemer und billiger als die öffentlichen Verkehrsmittel. Ein opportunistischer Konsument bleibt also bei seinem Auto und maximiert damit seinen individuellen Nutzen. Um ihn zu veranlassen, auf Bus oder Bahn umzusteigen, kann man folgendes tun:

(11) Man erhöht den individuellen Nutzen umweltfreundlichen Verhaltens für den Konsumenten; z.B. indem man Busse und Bahnen durch kürzere Taktzeiten attraktiver macht.

(12) Man senkt die individuellen Kosten umweltfreundlichen Verhaltens; z.B. indem man billige Umwelt-Tickets für öffentliche Verkehrsmittel einführt.

(21) Man verringert den individuellen Nutzen umweltschädigenden Verhaltens; z.B. indem man mehr autofreie Zonen in der Innenstadt schafft.

(22) Man erhöht die individuellen Kosten umweltschädigenden Verhaltens; z.B. indem man die KFZ-Steuer oder die Benzin-Preise erhöht.

Wichtig ist, daß jeweils der individuelle Nutzen umweltfreundlichen Verhaltens bzw. die individuellen Kosten opportunistischen Verhaltens für den Verbraucher erhöht werden; nur dann hat - nach der SEU-Theorie - der einzelne Veranlassung, sein Verhalten zu ändern.

8.5 Lesevorschläge

Eine interessante und wichtige Diskussion über die Unterscheidung zwischen konsequentialistischen und non-konsequentialistischen Entscheidungen ist 1994 in der Zeitschrift *Behavioral and Brain Sciences* geführt worden. Entsprechend dem Konzept dieser Zeitschrift gibt es einen längeren sogenannten *target article*, in dem eine Position vertreten und begründet wird, und dazu zahlreiche kürzere Kommentare. Der *target article* zu diesem Thema stammt von Jonathan Baron und heißt schlicht *Nonconsequentialist decisions*. Baron argumentiert, daß die meisten scheinbar non-konsequentialistischen Entscheidungen in Übergenerali-sierungen von Regeln begründet sind, die sich durchaus mit konsequentialisti-schen Prinzipien vertragen. Er sieht daher auch keinen Grund, das SEU-Prinzip als normatives Prinzip für unser Handeln aufzugeben. Sein Artikel und die Kom-mentare von Philosophen, Psychologen und anderen Wissenschaftlern sind außer-ordentlich anregend.

Eine anders gelagerte Position gegen den Konsequentialismus vertritt der Orga-nisationstheoretiker James G. March, zuletzt in seinem Buch *A primer on deci-sion making* von 1994. Dem an Konsequenzen orientierten Entscheidungstyp stellt er den an Regeln orientierten Entscheidungstyp gegenüber, der in Organisa-tionen eine wichtige Rolle spiele. Das Entscheidungskriterium seien meist nicht die möglichen Folgen, sondern die Angemessenheit des Handelns im sozialen Kontext.

Das Thema Gerechtigkeit wird in den Beiträgen eines Bandes behandelt, den Barbara A. Mellers und Jonathan Baron 1993 herausgegeben haben, *Psychologi-cal perspectives on justice: Theory and applications*.

Zum Problem sozialer Dilemmas empfehlen wir zum einen das hervorragende Buch des Philosophen Russell Hardin (1982), *Collective action,* in dem Probleme kollektiven Handelns im politischen Raum speziell an Hand spieltheoretischer Konzepte analysiert werden. Und zum andern den von Wim Liebrand, David M. Messick und Hans Wilke 1992 herausgegebenen Band *Social dilemmas: Theore-tical issues and research findings*, in dem man von den führenden Vertretern die-ses Forschungsbereiches einen guten Überblick über den Stand der Forschung bekommt.

Eine gewissermaßen spielerische Einführung in die Spieltheorie schließlich sei zum Abschluß empfohlen, und zwar Alexander Mehlmanns Buch *Wer gewinnt das Spiel? Spieltheorie in Fabeln und Paradoxa* (1997).

8.6 Neues aus den letzten Jahren

Wir möchten hier vor allem auf drei Themen hinweisen: Die Diskussion um den *omission bias*, die Forschung zur Rolle der Verantwortlichkeit für Urteils- und Entscheidungsverhalten sowie die Forschung zu Entscheidungen über Vertrauen und Gegenleistung.

Nachdem Baron und seine Mitarbeiter, aber auch andere Forscher, in vielen Studien empirische Evidenz für einen *omission bias* berichtet hatten, wurde aus verschiedenen Richtungen Kritik und Zweifel an der Generalisierbarkeit der Befunde über die spezifischen Probleme hinaus geäußert, in denen der *bias* beobachtet wurde – meistens das Impfproblem (vgl. Abschnitt 8.2). So haben Connolly und Reb (2003) zahlreiche methodische Kritikpunkte vorgebracht (z.B. zur Art der verwendeten Antwortskalen). Tanner und Medin (in press) berichten aus ihren Experimenten einen *action bias* (*commission bias* – vgl. Abschnitt 8.2.2), ebenso Patt und Zeckhauser (2000); in beiden Experimenten wurden den Versuchsteilnehmern allerdings Probleme vorgelegt, in denen es um Entscheidungen mit Folgen für die Umwelt, nicht menschliches Leben, ging. Es dominierte offenbar das Gefühl einer moralischen Verpflichtung zu handeln. Prentice und Koehler (2003) argumentieren, daß Menschen es oft „normaler" finden, nicht zu handeln als zu handeln, und sprechen von einem *normality bias*. Diesen *bias* finden sie in Situationen, in denen man sich gegen Vorwürfe oder gar Anklage wegen falschen Handelns dadurch schützen kann, daß man das „Normale" oder „Erwartete" tut – und das ist häufig, nicht zu handeln. In ihrer Diskussion des Standes der Forschung kommen Baron und Ritov (2004) zu dem Schluß, daß in manchen Situationen offenbar ein *omission bias*, in anderen Situationen ein *action bias* wahrscheinlicher ist, daß die Bedingungen für das Auftreten des einen oder anderen *bias* aber unklar seien. Beide *biases* führen aber auf ihre Weise zu suboptimalen Entscheidungen.

Verantwortlichkeit (*accountability*) war bislang nur am Rande ein Thema der Entscheidungsforschung. In diesem Kapitel wurde beschrieben, wie Entscheidungen gerechtfertigt werden, und welche Bedeutung es hat, wie leicht Entscheidungen gerechtfertigt werden können, aber die Rechtfertigung war hier nie von den Versuchsteilnehmern explizit gefordert. Lerner und Tetlock (2003) dagegen behandeln in ihrem Übersichtsartikel explizite Verantwortlichkeit in dem Sinne, daß eine Person sich darüber im klaren ist, daß sie ihr Verhalten rechtfertigen muß. Zahlreiche Studien haben untersucht, ob bzw. wie eine solche Verantwortlichkeit kognitive *biases* beeinflußt. Auf der einen Seite führt Verantwortlichkeit zu erhöhter kognitiver Anstrengung und reduziert daher bestimmte *biases*, auf der anderen Seite verstärkt sie aber auch unter bestimmten Bedingungen *biases*. Für die

unterschiedlichen Befunde liefern Lerner und Tetlock ein theoretisches Rahmen-
modell. Sie sehen in der Einbeziehung des Faktors Verantwortlichkeit Chancen
für eine bessere Anwendbarkeit entscheidungstheoretischer Modelle und Konzepte in der *real world*, in der Menschen sehr oft ihre Entscheidungen begründen
und rechtfertigen müssen.

Zum Stand der Forschung der *behavioral game theory* findet man die umfas-
sendste derzeitige Darstellung bei Camerer (2003a) und einen guten Übersichtsartikel bei Gächter (in press). Eine interessante Erweiterung findet man hier in den
Untersuchungen der Beziehung zwischen Vertrauensakten (*trust*) und Gegenleistung (*reciprocity*) in Zwei-Personen-Spielen (Malhotra, 2004). Vertrauen und
Gegenleistung korrelieren positiv miteinander, und das Ausmaß an Gegenleistung
ist vom Grad des Vertrauens abhängig: Je höher das demonstrierte Vertrauen, um
so wahrscheinlicher und substantieller die Gegenleistung. Die Perspektiven derjenigen, die einem anderen Vertrauen entgegenbringen (*trustors*), und derjenigen,
denen Vertrauen entgegengebracht wird (*trusted parties*), unterscheiden sich: Für
die *trustors* sind die mit dem Vertrauen verbundenen Risiken wichtiger als der
Vorteil, den der andere vielleicht aus diesem Vertrauen ziehen kann; das Vertrauen ist daher bei geringem Risiko hoch. Dagegen sind für die *trusted parties*
die Vorteile, die aus dem Vertrauen des anderen zu gewinnen sind, wichtiger als
die Risiken, die der andere eingeht; die Gegenleistung ist daher bei großen Vorteilen hoch.

Sehr neu und interessant ist die Nutzung neurowissenschaftlicher Methoden,
auf die wir auch in Kapitel 10 noch einmal hinweisen. An dieser Stelle nennen
wir beispielhaft zwei Studien, in denen mit der fMRT-Methode (funktionelle
Magnet-Resonanz-Tomographie) gearbeitet wurde. In der einen Studie (Greene,
Sommerville, Nystrom, Darley & Cohen, 2001) wurden Versuchsteilnehmer mit
moralischen Dilemmata konfrontiert; es gab große Unterschiede in den Daten, die
als Unterschiede im Ausmaß der emotionalen Beteiligung interpretiert wurden,
das dann wiederum das moralische Urteil beinflußt. In der anderen Studie
(Sanvey, Rilling, Aronson, Nystrom & Cohen, 2003) spielten die Versuchsteilnehmer das *Ultimatum-Spiel* (s. Abschnitt 8.3.1) und es zeigten sich deutliche
Unterschiede in der Aktivierung je nach der Art des Angebotes, das ihnen
gemacht wurde. Bei einem unfairen Angebot war die bilaterale insula anterior
stärker aktiviert, was als stärkeres negatives Gefühl interpretiert wird. Die Teilnehmer mit der stärksten Aktivierung lehnten unfaire Angebote überporportional
häufig ab.

9 Anwendungsfelder

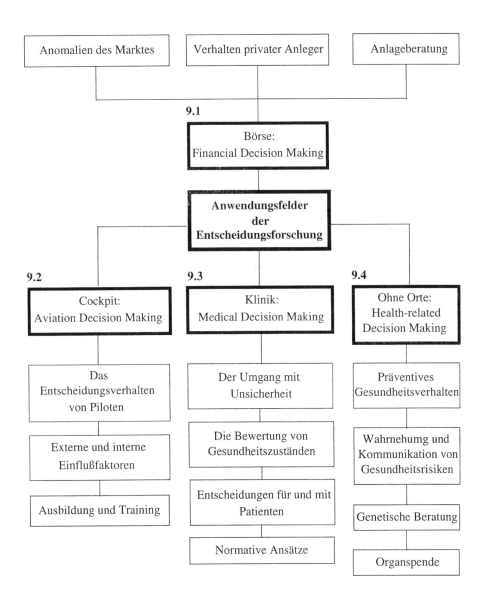

In diesem Kapitel zeigen wir, in welchen Feldern und in welcher Weise die psychologische Entscheidungsforschung, wie sie in diesem Buch dargestellt worden ist, angewandt wird. Wir beschränken uns auf vier wichtige Felder.

Im *ersten* Abschnitt über *Financial Decision Making* geht es um individuelle finanzielle Entscheidungen an der Börse, an der Wertpapiere gehandelt werden; dies ist das Gebiet der *Behavioral Finance*. Wir beschreiben sogenannte Anomalien an der Börse, die die klassische Finanzmarkttheorie nicht erklären kann, für welche die Entscheidungsforschung aber Erklärungen anbieten kann. Wir beschäftigen uns dann mit den Beobachtungen am Verhalten privater Anleger, für die vor allem die *Prospect*-Theorie Erklärungen liefert. Abschließend gehen wir kurz auf die Probleme für eine anlegergerechte Anlageberatung ein, die sich aus diesen Befunden ergeben.

Im Cockpit eines Flugzeuges treffen Piloten permanent Entscheidungen, auch wenn es nicht immer so aussieht. Manchmal tun sie es mit, manchmal ohne Zeitdruck, oft mit dem Risiko eines tödlichen Endes für sie selbst und viele andere Menschen. Das ist das Thema des *zweiten* Abschnitts über *Aviation Decision Making*. Hier wird deutlich, wie sehr das Entscheidungsverhalten von dem jeweiligen Problem, der jeweiligen Situation und der Erfahrung des Entscheiders – des Piloten – abhängig ist, und es wird damit auch deutlich, daß die verschiedenen theoretischen Ansätze der Entscheidungsforschung diesen Bedingungen in unterschiedlicher Weise Rechnung tragen. Wir beschreiben die wichtigsten Ansätze in ihrer Bedeutung für ein Verständnis und eine Verbesserung des Entscheidungsverhaltens von Piloten, externe und interne Einflußfaktoren sowie empirische Befunde und Konzepte zu Ausbildung und Training.

Im *dritten* Abschnitt über *Medical Decision Making* beschäftigen wir uns mit den Urteilen und Entscheidungen, die in einer Klinik oder ärztlichen Praxis getroffen werden – von Ärzten, von Patienten, oder von Ärzten und Patienten gemeinsam. Das eine große Thema ist der Umgang mit Unsicherheit, also wie probabilistische Information aufgenommen und verstanden wird. Man findet hier die gleichen Urteils- und Entscheidungstendenzen (*biases*), die man auch im Experiment beobachtet hat. Das andere große Thema ist die Bewertung von Gesundheitszuständen. Wir beschreiben die derzeit gebräuchlichsten Methoden zur Erhebung der Nutzenfunktionen über Gesundheitszustände und gehen auch auf das Problem der Zeitpräferenzen ein. Ein weiteres wichtiges Thema ist die Frage, ob bzw. wie Ärzte Entscheidungen stellvertretend für Patienten bzw. mit Patienten gemeinsam treffen können oder sollen. Und schließlich behandeln wir noch kurz zwei normative Ansätze zur Entscheidungsfindung, Entscheidungsanalyse und Evidenz-basierte Medizin.

Während finanzielle und medizinische Entscheidungen mehr oder weniger an einem bestimmten Ort lokalisierbar sind (Börse oder Bank, Klinik oder Praxis), treffen wir gesundheitsbezogene Entscheidungen, mit denen wir unsere Gesundheit oder die Gesundheit anderer erhalten oder fördern wollen, an allen möglichen Orten – meist zu Hause oder am Arbeitsplatz. Mit solchen Entscheidungen beschäftigen wir uns im *vierten* Abschnitt über *Health-related Decision Making*. Es geht um präventives Verhalten wie beispielsweise Vorsorgeuntersuchungen, aber auch um die Wahrnehmung und Kommunikation von Gesundheitsrisiken, die das gesundheitsbezogene Verhalten in starkem Maße beeinflussen. Wir beschäftigen uns abschließend mit zwei Themen, bei denen es primär um die Gesundheit anderer geht: Die genetische Beratung hat die gesundheitlichen Risiken zum Thema, denen der Klient selbst oder vielleicht ein Kind ausgesetzt sind, bei der Organspende geht es um die Gesundheit eines anderen Menschen, der nur mit dem Organ eines Spenders überleben kann (dessen eigene Gesundheit natürlich auch betroffen ist).

Natürlich können wir nur einen sehr kursorischen und selektiven Einblick in diese Themen geben. Jedes Thema könnte in einem eigenen Buch dargestellt werden – und es gibt auch zu diesen Themen Spezialwerke und Spezialzeitschriften, auf die wir jeweils hinweisen. Es fällt auf und ist interessant, daß die psychologische Entscheidungsforschung in jedem der vier Bereiche in unterschiedlicher Weise angewandt oder herangezogen wird. Im Bereich *Financial Decision Making* sind *Phänomene* der Ausgangspunkt, die man mit den üblichen Theorien nicht erklären kann – beispielsweise der zu schnelle Verkauf von Gewinneraktien und das zu lange Festhalten an Verliereraktien –, und die Entscheidungsforschung bietet eine solche Erklärung – in diesem Fall mit der Wertfunktion der *Prospect*-Theorie. Im Bereich *Aviation Decision Making* thematisiert man bestimmte *Situationen* im Cockpit – beispielsweise extremer Zeitdruck wegen eines Triebwerkausfalls – und nutzt die entscheidungstheoretischen Konzepte zur Wahl von Strategien der Entscheidungsfindung in Abhängigkeit von Situation, Problem und Person. Im Bereich *Medical Decision Making* betrachtet man bestimmte *Probleme*, die sich für Ärzte und Patienten stellen – beispielsweise der Umgang mit Wahrscheinlichkeiten – und greift zur Beschreibung und Erklärung der Urteilsprozesse auf die Entscheidungsforschung zurück – in diesem Fall auf die Befunde über Urteilstendenzen. Und in dem sehr heterogenen Bereich *Health-related Decision Making* schließlich werden für *unterschiedlichste Fragen* selektiv einzelne Konzepte, Modelle, Befunde und Methoden aus der Entscheidungsforschung herangezogen.

9.1 Börse: Financial Decision Making

Wir gehen hier nicht auf alle Aspekte finanzieller Entscheidungen ein, sondern beschränken uns auf individuelle Entscheidungen über Kauf und Verkauf von Aktien, Devisen und anderen Wertpapieren an Finanzmärkten. Dieses Gebiet, die verhaltenswissenschaftliche Finanzmarkttheorie bzw. *Behavioral Finance*, ist ein Teilgebiet der *Behavioral Economics* und der *Economic Psychology* (Thaler, 1993; Pelzmann, 2000; Shleifer, 2000; Hilton, 2001; Kiehling, 2001; Oehler, 2002; Barberis & Thaler, 2003; Camerer, Loewenstein & Rabin, 2003; Goldberg & von Nitzsch, 2004). *Behavioral Finance* nutzt Erkenntnisse der Psychologie – und speziell der Entscheidungspsychologie –, um Phänomene in den Kapitalmärkten und das Verhalten von Anlegern zu erklären.

Die klassische Theorie der Finanzmärkte geht, wie bei allen wirtschaftlichen Entscheidungen, von einem rationalen Entscheider aus, der (a) rationale Erwartungen, d.h. auf lange Sicht korrekte Erwartungen hinsichtlich der zukünftigen Entwicklung von Wertpapieren formuliert, (b) der alle verfügbare Information in seine Erwartungen integriert und (c) der im Sinne des Erwartungswert-Modells (EU-Modell) eine rationale Entscheidung trifft. Es wird angenommen, daß Finanzmärkte (als Prototyp kann der Aktienmarkt gelten) als Folge rational handelnder Marktakteure „effizient" sind, d.h. daß Preise (Aktienkurse) vollständig die verfügbare Information integrieren und deshalb mindestens mittelfristig den wahren Wert eine Aktie widerspiegeln. Als eine Konsequenz dieser Theorie der effizienten Kapitalmärkte (EMH: *Efficient Market Hypothesis*; Fama, 1970) ergibt sich, daß niemand in der Lage sein kann, systematisch und dauerhaft gegen den Markt zu gewinnen: Ein Informationsvorsprung auf Seiten eines einzelnen Käufers oder Anbieters würde sich, da er nur durch Kauf oder Verkauf realisiert werden kann, unmittelbar in den Preisen wiederfinden, daher als Information für alle Marktakteure zur Verfügung stehen und sich entsprechend selbst aufheben. Irrational handelnde Personen würden demnach schnell durch rational handelnde Akteure vom Markt verdrängt werden. Der ökonomische Mechanismus ist die *Arbitrage*, das Ausnutzen von Preis- bzw. Kursdifferenzen von Wertpapieren auf unterschiedlichen Märkten, die beispielsweise durch irrationale Käufe oder Verkäufe entstehen können. Dadurch sollten sich eigentlich effiziente Märkte herstellen. Dies aber ist nicht der Fall, und hier setzt *Behavioral Finance* an.

Menschen (und Organisationen) handeln mit Aktien und anderen Wertpapieren in der Hoffnung auf (überdurchschnittlichen) Gewinn, Analysten behaupten, durch ihre Expertise Anlegern spezielle Vorteile verschaffen zu können, und Aktienkurse verhalten sich regelmäßig auf eine Weise, die durch rationale Erwartungen und Entscheidungen nicht erklärbar ist. Und: Manchmal sind kurzfristige

Vorhersagen erfolgreich, und manchmal gelingt es, den Markt zu „schlagen". Dadurch entstehen sogenannte Anomalien und „Puzzles", die möglicherweise auf irrationale oder zumindest suboptimale Entscheidungen zurückzuführen sind. *Behavioral Finance* steht damit aber nicht im Gegensatz zur modernen Finanzmarkttheorie, sondern ergänzt sie. Es ist der Versuch, die Phänomene auf Kapitalmärkten, die nicht oder nur unter Mühen im Rahmen ökonomischer Modelle erklärt werden können, psychologisch begreiflich zu machen. Dabei wird auf Befunde der Entscheidungspsychologie zurückgegriffen, wie sie in den vorangegangenen Kapiteln vorgestellt wurden, besonders auf Befunde zu kognitiven Urteilsfehlern (Kapitel 5.5) und auf die *Prospect*-Theorie (Kapitel 6.2). Man geht einerseits von Marktphänomenen aus, die nicht mit der klassischen Finanzmarkttheorie vereinbar sind, und sucht sie psychologisch zu erklären (Abschnitt 9.1.1). Und man geht andererseits von empirischen Befunden der Entscheidungspsychologie aus und prüft ihre Relevanz für die Erklärung und Vorhersage individuellen Anlegerverhaltens (Abschnitt 9.1.2). Abschließend beschäftigen wir uns noch damit, vor welchen Problemen die Beratung von Privatanlegern in Banken und Sparkassen vor dem Hintergrund der dargestellten Befunde steht (Abschnitt 9.1.3).

9.1.1 Anomalien des Marktes

Wir beschreiben im folgenden eine Reihe von Phänomenen, die aus der Sicht des ökonomischen Standardmodells rationaler Entscheidungen (EMH) als Anomalien erscheinen. Vertreter der EMH versuchen, diese Phänomene als unerhebliche Zufallserscheinungen zu charakterisieren oder als Artefakte einer inadäquaten Methodologie aufzufassen. Aus Sicht der *Behavioral Finance* sind sie jedoch Ausdruck psychologischer Prozesse auf Seiten der Marktakteure, die mit dem Modell des rational handelnden Individuums nicht kompatibel sind. Die im folgenden dargestellten Phänomene sind natürlich nicht unabhängig voneinander und erklären oder ergänzen sich teilweise wechselseitig.

① *Excess volatility*: Unter „Volatilität" versteht man das Ausmaß von Preis- bzw. Kursschwankungen, gemessen als Standardabweichung der relativen täglichen Kursschwankungen. Unter der Annahme ökonomisch rational handelnder Akteure lassen sich Kursschwankungen auf Basis der erwarteten Dividenden theoretisch vorhersagen. Die empirisch beobachteten Kursschwankungen stimmen damit jedoch nicht überein; die Volatilität ist größer als nach der EMH zu erwarten. Erklärt wird diese überschießende Volatilität durch Überreaktionen der Anleger. Kleinste und irrelevante Kursschwankungen werden von den Investoren als Signale für längerfristige Kursentwicklungen gedeutet, was zu rational nicht begründbaren Überreaktionen im Handel führt. Der kognitive Mechanismus, der hier eine Rolle spielt, ist vermutlich die Repräsentativitätsheuristik: Schon sehr kurze Ereignisfolgen werden als repräsentativ für den erzeugenden Prozeß angesehen und dementsprechend wird aus wenigen Kursveränderungen, die rein zufällig sind, ein längerfristiger Trend abgeleitet.

② *Equity Premium*: Daß Erträge aus Aktienanlagen die Erträge aus sicheren An-
lagen im Durchschnitt überschreiten, ist theoretisch durch das damit verbundene
Risiko zu erklären. Allerdings ist empirisch zu beobachten, daß die Rendite aus
Aktien beträchtlich höher ist, als sich aus dem damit verbundenen Risiko im
Sinne einer Risikokompensation erklären ließe. Man spricht in der Ökonomie
vom *equity premium puzzle* (Mehra & Prescott, 1985). Eine Erklärung liefert das
Konzept der Verlust-Aversion aus der *Prospect*-Theorie: Menschen sind gegenüber Verlusten weitaus empfindlicher als gegenüber äquivalenten Gewinnen und
erwarten daher eine höhere Risikokompensation, als aus der EU-Theorie ableitbar
wäre. Wenn Investoren außerdem ihr Portfolio in kurzen Zeitabständen überprüfen, werden auch kurzfristige Verluste wahrgenommen und bewertet und beeinflussen so das Anlegerverhalten (Benartzi & Thaler, 1995).

③ *Regression zur Mitte*: Im Gegensatz zur EMH, daß Aktienkurse nicht vorher-
sagbar sind, läßt sich über längere Zeiträume empirisch zeigen, daß die Kurse von
Verlierern, d.h. von Aktien, die überproportional gesunken sind, in nachfolgenden
Zeitperioden überproportional ansteigen; umgekehrt sinken Kurse von Gewinneraktien nach substantiellen Anstiegen überproportional ab (De Bondt & Thaler,
1989). Dies läßt sich möglicherweise aus dem höher eingeschätzten Risiko der
Verliereraktien verstehen, widerspricht aber dennoch der Aussage der EMH, daß
Kurse nicht vorhersagbar sind. Kurzfristig ist die Vorhersage allerdings umgekehrt: Verlierer sinken weiter im Kurs, Gewinner steigen. De Bondt und Thaler
(1989) schlagen als Erklärung vor, daß bei Verliereraktien zunächst deren Risiko
überschätzt wird und darauf auch noch überreagiert wird, so daß kurzfristig die
Kurse sinken. Sobald aber erkannt wird, daß dieser Kursverfall nicht gerechtfertigt ist, wird überreagiert, indem die Aktienkurse stark ansteigen.

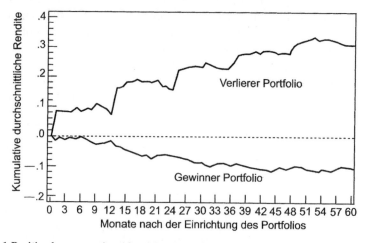

**Abb. 9.1 Positive bzw. negative Abweichungen von Verlierer- bzw. Gewinner-Portfolios vom
Börsendurchschnitt (0-Linie) über 60 Monate (nach De Bondt & Thaler, 1985).**

④ *Closed-End Fund Puzzle*: *Closed-end funds* sind Investmentfonds, die eine begrenzte Anzahl von Anteilsscheinen ausgeben, danach wird der Fonds „geschlossen". Die Anteile können nicht an den Fonds zurück verkauft, sondern müssen an der Börse gehandelt werden. Es ist zu beobachten, daß die Preise der Fondsanteile oft erheblich unter ihrem anteiligen Wert am Fondsvermögen liegen; d.h. daß der Preis eines Anteilsscheins niedriger ist als ihr relativer Nettoinventarwert: Hat etwa das Vermögen eines Fonds einen Nettoinventarwert von 100 Mio € und hat der Fonds 10 Mio Anteile ausgegeben, dann wäre der Wert eines Anteilsscheines 10 €. Wird ein geschlossener Fonds in einen offenen Fonds umgewandelt, gleichen sich die Kurse entsprechend dem Wert an. Warum diese Diskrepanz zwischen Preis und Wert und warum sollte ein Anleger überhaupt solche Anteile kaufen? Daß solche Anteile überhaupt gekauft werden, könnte an Optimismus und *overconfidence* (vgl. Abschnitt 5.5.5) von Personen liegen. Wenn vor allem solche Investoren neu ausgegebene Anteile kaufen, die optimistisch sind, wird der Preis stark fallen, sobald im Markt mit anderen, rationalen Käufern gehandelt wird. Werden als Folge Anteile von geschlossenen Fonds mehrheitlich von Personen gekauft, die „irrational" handeln, also zu optimistisch oder zu pessimistisch sind, kann der Markt für geschlossene Fonds von Akteuren beherrscht werden, die auf irrelevante Information (*noise*) reagieren. Deren Verhalten stellt für „rationale" Akteure eine zusätzliche Risikoquelle dar; sie werden also Fondsanteile nur zu einem entsprechend dem Risiko geringeren Preis kaufen.

9.1.2 Verhalten privater Anleger

① *Dispositionseffekt*: Als Dispositionseffekt wird die Tendenz von Personen bezeichnet, Aktien, deren Kurs seit dem Kauf gestiegen ist (*winner*), unmittelbar oder zu früh zu verkaufen und Aktien, deren Kurs seit dem Kauf gefallen ist (*loser*), zu lange zu behalten (Shefrin & Statman, 1993). „Zu früh" bedeutet, daß hinsichtlich erwarteter Renditen und vor allem steuerlicher Aspekte ein höherer Gewinn erreicht worden wäre, wenn die Aktie länger behalten worden wäre; „zu spät" bedeutet, daß der Verlust geringer gewesen wäre, wenn die Aktie früher verkauft worden wäre – etwa um den Verlust steuerlich mit Gewinnen aufzurechnen. Das Verhalten ist erklärbar, wenn man die Wertfunktion der *Prospect*-Theorie (Kahneman & Tversky, 1979) heranzieht. Für den Anleger ist der Kaufpreis der Aktie der natürliche Referenzpunkt. Ein Kursanstieg löst Stolz aus, und um dieses angenehme Gefühl zu realisieren, muß die Aktie verkauft werden. Sinkt der Kurs, löst das Enttäuschung aus, und eine Realisierung des Verlustes würde zu einem unangenehmen Gefühl führen, also behält man das Papier in der Hoffnung, den Verlust doch noch vermeiden zu können. Dies ist der Referenzpunkteffekt. Hinzu kommt der Reflektionseffekt: Menschen sind im Verlustbereich risiko-geneigt, im Gewinnbereich risiko-aversiv. Eine Verlustaktie wird in der Hoffnung behalten, daß der Verlust geringer wird, auch mit dem Risiko, einen noch stärkeren Verlust zu machen. Eine Gewinnaktie dagegen wird verkauft, um nicht Gefahr zu laufen, den Gewinn wieder zu verlieren. Der Dispositionseffekt kann als das Zusammenwirken von Referenzpunkteffekt und Reflektionseffekt erklärt und er kann auch experimentell nachgewiesen werden – siehe Box 9.1. Bei Oehler (2002) sowie Oehler, Heilmann, Läger und Oberländer (2003) findet man differenzierte Analysen und Diskussionen des Dispositionseffektes.

Box 9.1: Der Dispositionseffekt

In einem Experiment von **Martin Weber** und **Colin Camerer** (1998) konnten die Teilnehmer 14 Runden lang Aktien kaufen und verkaufen und dabei die Entwicklung der Kurse beobachten. Es gab sechs Typen von Aktien: zwei stiegen, drei fielen tendenziell, und eine Aktie hatte keinen Trend. Die Teilnehmer wußten nicht, welche Aktie welchen Trend hatte, aber sie konnten es aus den jeweiligen Kursänderungen ableiten.

Weber und Camerer fanden, daß vor allem „*winner*"-Aktien verkauft wurden, also Aktien, deren aktueller Kurs über dem Kaufpreis liegt (Tabelle Spalte 2). Außerdem wurde dann viel verkauft, wenn der Kurs im Vergleich zur vorangegangenen Runde gestiegen war, während Aktien behalten wurden, wenn der Kurs gefallen war (Spalte 4: G-G bedeutet zwei Kursanstiege in Folge, L-L zwei Kursverluste, entsprechend L-G und G-L). Der Effekt war in einer anderen Versuchsbedingung schwächer, wenn alle Aktien in jeder Runde automatisch verkauft wurden und die Teilnehmer dann zurückkaufen konnten (Spalte 5); eine Aktie, die nicht zurückgekauft wurde, galt als „impliziter Verkauf". Die Teilnehmer waren im übrigen durchaus in der Lage, die Trends der Aktien einzuschätzen.

1	2	3	4	5
	Anzahl verkaufter Aktien in %		**Anzahl verkaufter Aktien in %**	**Implizite Verkäufe nach automatischem Verkauf (in %)**
Winner	59	G - G	29	24
Loser	36	L - G	40	29
		G - L	16	29
		L - L	15	17

Die Autoren liefern zwei Erklärungen: Nach der einen, die sich auf die *Prospect*-Theorie bezieht, verwenden die Teilnehmer den Kaufpreis als Referenzpunkt; sie vermeiden die Realisierung von Verlusten (Verlustaversion) mit dem Risiko, noch mehr zu verlieren (Risikoneigung in der Verlustdomäne). Nach der anderen Erklärung beurteilen die Teilnehmer die Wahrscheinlichkeiten falsch: Sie vermuten eine „Regression zur Mitte", also daß Gewinn- und Verlusttrends sich auf lange Sicht umkehren werden und man deshalb schnell Gewinne realisieren und bei Verlusten einen langen Atem haben muß.

② *Überreaktionen*: Menschen reagieren in der Regel auf Kursänderungen, auf Mitteilungen über Unternehmensgewinne oder -verluste oder auf ganz marginale Informationen in einem Ausmaß, das rational nicht gerechtfertig ist; insbesondere reagieren sie auf kurzfristige und temporäre Kursschwankungen, die rein zufällig und deshalb nicht informativ sind. Keynes hat dies in einem klassischen Zitat ausgedrückt: „... day-to-day fluctuations in the profits of existing investments, which are obviously of an ephemeral and nonsignificant character, tend to have an altogether excessive, and even an absurd, influence on the market" (zit. nach De Bondt & Thaler, 1985). Überreaktion zeigt sich vor allem in der Übergewichtung neuer Information relativ zu bekannter Information im Sinne des Basisraten-Fehlers (vgl. Abschnitt 5.5.1) und in der Benutzung der Repräsentativitätsheuristik, um die Entwicklung kurzer Zeitreihen vorherzusagen (vgl. Abschnitt 5.4.3.1). Damit lassen sich beispielsweise übermäßige Kursschwankungen erklären: Investoren reagieren unmittelbar auf geringe zufällige Kursschwankungen und glauben, daß sich kurzfristige Bewegungen auch langfristig als Trends fortsetzen. Sie messen temporären Änderungen und Informationen eine Bedeutung bei, die diese für die längerfristige Vorhersage von Aktienkursen nicht besitzen. Ein anderes Beispiel ist die sogenannte *price-earnings-ratio* Anomalie. Das *price-earnings-ratio*, dt. Kurs-Gewinn-Verhältnis (KGV), gibt das Verhältnis aus aktuellem Kurs einer Aktie und Unternehmensgewinn je Aktie an. Liegt der Börsenkurs einer Aktie beispielsweise bei 100 € und das Unternehmen macht 20 € Gewinn pro Aktie, dann wäre das KGV = 5. Je geringer das KGV, um so besser, denn um so schneller verdient ein Unternehmen dann theoretisch den aktuellen Aktienkurs. Die Anomalie bezeichnet die Beobachtung, daß Aktien mit geringem KGV überproportionale Renditen liefern, die rational nicht zu rechtfertigen sind. Eine Erklärung besteht in der Überreaktion von Investoren, die glauben, daß Unternehmen mit geringem KGV temporär unterbewertet sind und entsprechend mit einem stark progressiven Kursanstieg rechnen (De Bondt & Thaler, 1985).

③ *Overconfidence*: Investoren gehen von einer zu engen Bandbreite der künftigen Kurse ihrer Aktien aus und passen ihre Erwartungen nur langsam an die Erwartungen anderer Marktteilnehmer an. Sie überschätzen ihr Wissen, sie tendieren zu einem überhöhten Vertrauen in ihre eigene Kompetenz, und sie halten sich oft im Vergleich zu anderen Marktteilnehmern für klüger. Daher kommt es manchmal zu sehr waghalsigen Käufen und Verkäufen. Aber oft täuschen sie sich. Denn wenn ein Investor ein Papier kaufen will, weil er meint, der Kurs werde steigen, dann kommt es nur zum Kauf, wenn es einen anderen Investor gibt, der das Papier verkaufen will, weil er gerade das Gegenteil annimmt – und sich dessen ebenfalls sehr sicher ist. Einer von beiden muß sich täuschen. Mit *overconfidence* werden mehrere Phänomene am Finanzmarkt erklärt. Beispielsweise die Höhe des Handelsvolumens, das weitaus größer ist als aus ökonomischer Sicht gerechtfertigt, denn danach sollte nur gehandelt werden, wenn es neue Information gibt, wenn sich die Risikoeinstellung ändert oder wenn die Vermögensverhältnisse sich ändern – Faktoren, mit denen allein man aber die Häufigkeit des Handels nicht erklären kann. Auch e*xcess volatility* und *equity premium* werden zum Teil auf *overconfidence* zurückgeführt (Glaser, Nöth & Weber, in press).

④ *Home bias*: Private (wie institutionelle) Anleger investieren nicht allein unter Abwägung von Risiko und Rendite der auf dem Markt verfügbaren Aktien, wie es die klassische Finanzmarkttheorie postuliert, sondern ihre Portfolios zeigen Gewichtsverzerrungen zugunsten des jeweiligen Heimatstandortes. Sie bevorzugen Aktien des eigenen Landes und vernachlässigen ausländische Anlagen, verzichten also auf eine angemessene Diversifikation des Portfolios; dadurch entgehen ihnen mögliche Renditen bei gleichzeitig erhöhtem Risiko. Für dieses Verhalten werden mehrere Gründe verantwortlich gemacht, insbesondere das Gefühl der Anleger, über die Unternehmen des eigenen Landes mehr zu wissen und deren Aktien kompetenter beurteilen zu können. Hier gibt es eine offensichtliche Verbindung zum *overconfidence*-Effekt (s.o.). Tatsächlich fanden Kilka und Weber (2000) in einer Studie Schätzungen von Wahrscheinlichkeiten und Renditen, die zu Gunsten heimischer Aktien verzerrt waren. Wenn diese Erklärung des *home bias* stimmt, ist auch plausibel, daß sich ein solcher *bias* nicht allein in Bezug auf das eigene Land findet, sondern daß beispielsweise in den USA Anleger auch überproportional viele Aktien von Unternehmen aus dem eigenen Bundesstaat halten oder daß Belegschaftsaktionäre auch nach Ablauf der Verkaufssperrfrist oft überproportional viele Aktien ihres Unternehmens halten. In allen genannten Fällen dürften auch emotionale Momente der Verbundenheit und Vertrautheit mit dem eigenen Land oder Unternehmen eine Rolle spielen.

⑤ *Vorstellung, Gefühl und Stimmung*: Die Bedeutung affektiver Faktoren wird auch in empirischen Untersuchungen deutlich. So ließen MacGregor, Slovic, Dreman und Berry (2000) die Teilnehmer an ihrer Studie eine Reihe von Unternehmensgruppen unter verschiedenen nicht-ökonomischen Aspekten beurteilen. Zum einen sollten sie drei Bilder (*images*) nennen, die sie mit der Unternehmensgruppe assoziierten, und diese dann bewerten, und zum andern sollten sie die Unternehmensgruppen hinsichtlich bestimmter evaluativer Merkmale (z.B. langweilig, passiv, stark) beurteilen. Anschließend sollten sie angeben, mit welcher Wahrscheinlichkeit sie in Unternehmen dieser Gruppen investieren würden. Die Bewertungen und Beurteilungen korrelierten hoch miteinander und mit der Investitionswahrscheinlichkeit. Der Einfluß affektiver Faktoren auf die Investitionsbereitschaft dürfte besonders groß sein, wenn Unternehmen neu an die Börse gehen (**Initial Public Offerings**, IPO) und daher noch keine historischen und relativ wenig fundamentale Daten vorliegen. Au, Chan, Wang und Vertinsky (2003) manipulierten die Stimmung der Teilnehmer ihres Experimentes (durch Musik, Lektüre und Feedback) und fanden, daß Teilnehmer in guter Stimmung *overconfident* waren, weniger genau arbeiteten und eine schlechtere Leistung zeigten (also

Geld verloren), während Teilnehmer in neutraler oder schlechter Stimmung kon-
servativer handelten, genauer arbeiteten und eine bessere Leistung zeigten (also
Gewinne machten).

Die Börse ist wie ein Schönheitswettbewerb. Die Jury muß nicht urteilen, wer die Schön-
ste ist, sondern abschätzen, wen die meisten Leute am schönsten finden. John Manyard
Keynes.

⑥ *Risikowahrnehmung*: Die Wahrnehmung des Risikos oder der Risiken einer
Kapitalanlage ist zum einen von den Informationen abhängig, die ein Anleger
über die Investitionsalternativen hat, zum anderen aber auch - entgegen der Finanzmarkttheorie - von zahlreichen anderen Faktoren. Holtgrave und Weber
(1993) verglichen in einer Studie die Leistungen des psychometrischen Modells
von Slovic, Fischhoff und Lichtenstein (1986) und des *conjoint expected risk*–
Modells (CER) von Luce und Weber (1986) für die Vorhersage der Wahrnehmung finanzieller (und anderer) Risiken und fanden eine Überlegenheit des CER-
Modells, aber mit relativ geringer Varianzaufklärung. Eine erhebliche Verbesserung der Varianzaufklärung konnte mit einem hybriden Modell mit Prädiktoren
aus beiden Modellen erzielt werden. Die besten Prädiktoren waren die Wahrscheinlichkeit eines Verlustes, das Ausmaß eines möglichen Verlustes (beide aus
dem Luce & Weber-Modell) sowie die Furcht oder Sorge (*dread*) (aus dem Slovic
et al.-Modell) (vgl. auch Weber 2001a).

Ganzach (2000) fand, daß bei *unbekannten* Anlageoptionen die Risikoeinschätzung nicht durch einzelne Faktoren bestimmt war, sondern aus einer allgemeinen
Präferenz abgeleitet wurde, das Risiko also um so geringer eingeschätzt wurde, je
positiver die Anlage bewertet wurde. Dies führt zu einer negativen Korrelation
zwischen Risikoeinschätzung und Gewinnerwartung – im Widerspruch zu der in
der Finanzmarkttheorie postulierten (wenngleich empirisch nicht immer beobachteten) positiven Korrelation zwischen Risiko und Rendite. Ähnliche Befunde
berichtet Shefrin (2001), der sie mit der Repräsentativitäts-Heuristik (Tversky &
Kahneman, 1974) erklärt. Bei *bekannten* Anlageoptionen fand Ganzach (2000)
allerdings eine positive Korrelation.

Interessant und für die Praxis wichtig ist, daß die Risikowahrnehmung von pro-
fessionellen Analysten, Investoren und Portfoliomanagern ebenfalls nicht dem
Bild der Finanzmarkttheorie gerecht wird, sondern eine ähnliche dimensionale
Struktur aufweist wie die Wahrnehmung der privaten Anleger (Olsen, 1997;
McGregor, Slovic, Berry & Evensky, 1999; Ganzach, 2000; Olsen & Cox, 2001).

⑦ *Risikoeinstellung*: Die individuelle Risikoeinstellung des Investors bestimmt
u.a., zu welchem Anteil er in riskante Anlagen investiert. Risiko-scheue Investoren stellen den riskanten Teil ihres Portfolios meist anders zusammen als risiko-
freudige Investoren, was sich beispielsweise im Anteil ausländischer Aktien oder

Aktien aus dem Technologiesektor (TecDax) zeigt. Leider gibt es jedoch keine einheitliche Vorstellung dazu, was man unter der Risikoeinstellung verstehen bzw. wie man Risikoeinstellung messen soll (vgl. Abschnitt 6.4.1). Auf der einen Seite gibt es die Gruppe der Modelle, die Risikoeinstellungen indirekt aus Präferenzen gegenüber Lotterien entsprechend dem EU-Ansatz bzw. der *Prospect*-Theorie ableiten, auf der anderen Seite die Gruppe der Modelle, in denen Risikoeinstellungen i. S. der Bereitschaft, Risiken für mögliche Gewinne in Kauf zu nehmen, direkt durch Befragung erhoben werden. Das zentrale Problem im Rahmen von *Behavioral Finance* ist die Frage, ob Risikoeinstellungen allein durch die aus finanzmarkttheoretischer Sicht relevanten Faktoren (Nutzenfunktion) oder auch durch andere Faktoren wie etwa die Möglichkeit eines Totalverlustes, die Sorge um die Investition oder die Abneigung gegen ambigue Situationen bestimmt sind bzw. bestimmt werden sollten. Eine knappe Übersicht der Modelle gibt Weber (2001b), die auch einen Fragebogen zur Messung von Risikowahrnehmung und Risikoeinstellung (allerdings nicht nur bzgl. finanzieller Entscheidungen) entwickelt hat (Weber, Blais & Betz, 2002).

Die Risikoeinstellung wurde lange als ein relativ stabiles Persönlichkeitsmerkmal betrachtet. Die empirische Forschung hat aber gezeigt, daß die Risikoeinstellung sehr stark kontext-abhängig ist. Zwischen den Einstellungen zu finanziellen, gesundheitlichen und sozialen Risiken beispielsweise sind die Korrelationen gering (etwa 0,25) (vgl. Weber, 2001b). Und die Risikoeinstellung variiert auch innerhalb des Bereichs finanzieller Fragen, so beispielsweise je nach Anlagesumme und Anlagehorizont sowie nach Art der Erfassung (bisheriges Anlageverhalten, *gambles*, Fragebogen u.a.). Die Fragebögen zur Erfassung *der* Risikoeinstellung, die man oft in den Medien findet und in denen ein weites Spektrum von Risikosituationen angesprochen wird, sind daher problematisch, zumal wenn das Ergebnis als Indikator für die Risikoeinstellung in finanziellen Fragen interpretiert wird.

Risikoeinstellungen scheinen auch geschlechtsspezifische Komponenten zu haben. Frauen haben in ihren Portfolios meist weniger Aktien als Männer, und dies wird oft auf die geringere Risikobereitschaft von Frauen zurückgeführt. Experimente zeigen allerdings, daß die Risikobereitschaft von Frauen vom Grad ihres Wissens und ihres Vertrauens in das eigene Wissen abhängig ist und Frauen also nicht per se risiko-scheuer sind als Männer (Gysler, Brown-Kruse & Schubert, 2002).

But in this world nothing can be said to be certain, except death and taxes.
Benjamin Franklin.

---

⑧ *Informations-Präsentation*: Bislang noch wenig untersucht ist der Einfluß der Art und Weise, in der Informationen über Anlagealternativen präsentiert werden. Beispielsweise können Informationen numerisch, graphisch oder verbal bzw. in einer Kombination von Darstellungsformaten gegeben werden, und man weiß aus zahlreichen Untersuchungen in anderen Bereichen, daß dies das Urteils- und Entscheidungsverhalten erheblich beeinflussen kann (vgl. Abschnitt 5.3.2). Ein im Rahmen von *Behavioral Finance* besonders interessantes Thema ist, ob und wie die Präsentation historischer Information über Wertpapiere das Verhalten von Anlegern beeinflußt, denn nach der EMH haben Preise kein Gedächtnis, und Chart-Information hat daher auch wenig Wert. Daß Anleger tatsächlich aber solchen Informationen großen Wert beimessen, ist aus einigen Studien bekannt (z.B. De Bondt, 1993). In einem Experiment mit privaten und professionellen Investoren fanden Mussweiler und Schneller (2003), daß sich die Erwartungen künftiger Kursentwicklungen von Aktien in beiden Gruppen stark an früheren extremen Kursständen der Papiere orientierten, die in Charts präsentiert wurden; Anleger erwarteten eine bessere Kursentwicklung bei Aktien, die in der Vergangenheit einmal einen hohen Wert gehabt hatten, als bei Aktien, die einen niedrigen Wert gehabt hatten. Ein anderes Thema sind die auch bei finanziellen Entscheidungen empirisch gut belegten Ankereffekte, also die Anpassung eines numerischen Urteils an einen ökonomisch irrelevanten numerischen Vergleichswert. Beispielsweise findet man starke Ankereffekte bei Prognosen von Aktienindizes wie DAX oder Dow-Jones, bei der Bewertung der „Günstigkeit" von Aktien anhand von Kennzahlen wie dem KGV und in Verkaufssituationen und Verhandlungen (vgl. Stephan & Willmann, 2002).

9.1.3 Anlageberatung

Die hier geschilderten Befunde sind für die Beratung von privaten Kapitalanlegern relevant, insbesondere wenn es um Wertpapiere geht (vgl. Oehler, 1995; Kahneman & Riepe, 1998; Kaas, Schneider & Zuber, 2002; Jungermann & Belting, 2004). In Deutschland verlangt das Wertpapierhandelsgesetz vom Berater bzw. seinem Unternehmen eine Erfassung der Erfahrungen, Kenntnisse, Ziele und finanziellen Verhältnisse sowie eine umfassende Aufklärung über alle mit einer Anlage verbundenen Risiken, doch die Umsetzung bei Banken und Sparkassen wird diesen Bestimmungen im allgemeinen nur unzureichend gerecht. Dies liegt zumindest teilweise auch daran, daß die Anlageberatung mit kaum lösbaren Problemen konfrontiert ist:

① *Erhebung und Vermittlung von Information*: Dafür gibt es bislang keine empirisch entwickelten Verfahren und bei der wichtigen Frage der Risikoeinstellung gibt es nicht einmal eine klare Vorstellung davon, was darunter genau verstanden werden soll (s.o.). Von Nitzsch und Rouette (2003) beschreiben und diskutieren die Probleme der Messung von Risikoeinstellungen und unterscheiden dabei zwischen (a) Faktoren, die primär *anlage*bezogen sind und bei der Erfassung auf jeden Fall berücksichtigt werden müssen (z.B. Anlagesumme), (b) Faktoren, die primär *anleger*bezogen sind und als individuelle Dispositionen ebenfalls berücksichtigt werden müssen (z.B. Ängstlichkeit), und (c) Faktoren, die als kognitive *biases* im Prozeß der Erfassung „herausgefiltert" werden sollten (z.B. Verzerrungen der Risikowahrnehmung oder *Framing*-Effekte, vgl. Abschnitt 6.2.2.3). Es ist offen, ob ein einziges Erhebungsverfahren bzw. ein einzelnes Einstellungsmaß der Situation in der Anlageberatung gerecht wird. Je nach Kontext mögen sogar unterschiedliche Verfahren angemessen sein. So haben Goldstein, Johnson und Sharpe (in press) eine Technik – den *distribution builder* - vorgeschlagen, die sich (in den USA) für die Beratung bei der Kapitalanlage für die private Altersversorgung (*retirement investments*) eignet.

② *Aufnahme und Nutzung von Information*: Der Umgang mit relevanter und irrelevanter Information durch den Anleger ist durch die Merkmale und Tendenzen gekennzeichnet, die bereits in Abschnitt 9.1.2 und in früheren Kapiteln beschrieben wurden: *loss aversion* – die den Dispositionseffekt verursacht; *ambiguity aversion* – die eine Präferenz von Anlagen mit geringem Risiko verursacht; *home bias* – die Bevorzugung heimischer Papiere; *status quo bias* – die Tendenz zum Festhalten an den erworbenen Papieren; *overconfidence* – das allzugroße Vertrauen in die eigene Urteilskraft; *mental accounting*, *framing* und die anderen kognitiven Mechanismen. Diese Merkmale der Informationsverarbeitung sind aber weder Beratern noch Kunden bewußt und können auch nicht im Rahmen der zur Verfügung stehenden Zeit bewußt gemacht und in die Beratung einbezogen werden.

Angesichts der hier skizzierten (und weiterer) Probleme für die Anlageberatung könnte man erwarten, daß Klienten wie Berater mit der Situation unzufrieden sind. Daß beide Seiten dennoch mehr oder weniger zufrieden sind, ist vielleicht aus der spezifischen Art der Beziehung zwischen Anleger und Berater zu erklären: Es ist eine Interaktion des *als ob*, in der beide so tun, *als ob* sie sich in ihrem Gespräch verstanden hätten. *Als ob* der Berater den Kunden tatsächlich aufgeklärt und der Kunde den Berater tatsächlich verstanden hätte.

Zu einem Aspekt, der in der Anlageberatung noch wenig Beachtung findet, werden in Box 9.2 interessante Befunde berichtet, deren Berücksichtigung dem Gespräch zwischen Berater und Kunden vielleicht eine gewisse persönliche Note geben könnte.

Box 9.2: Sex & Geld

„Geld macht glücklich. Sex auch. Und weil schöne Menschen – Frauen wie Männer – Aussicht auf ein höheres Einkommen haben als häßliche, sind schöne Menschen auch glückliche Menschen. Gerecht ist das nicht. Aber so ist das Leben.

Was klingt wie aus schlechten Werbefilmen…, stammt aus ziemlich seriöser wirtschaftswissenschaftlicher Forschung. Ökonomen schrecken bekanntlich vor nichts zurück. Weit gefehlt, wer immer noch meint, ihr wissenschaftlicher Radius beschränke sich auf die Erforschung von Konjunkturzyklen, Wachstumsbedingungen oder Lohnniveaus. Viel lieber wildert die Zunft neuerdings in den Wäldern der Psychologen und Soziologen. Der „ökonomische Imperialismus" ist schick geworden. Mit besonderer Vorliebe stürzt er sich auf die Erforschung der Bedingungen menschlichen Glücks.

Läßt sich Glück überhaupt messen? Warum nicht, sagen die Psychoökonomen. Fragen wir die Leute einfach nach ihrem subjektiven Glücksgefühl, indem wir sie auf einer Skala zwischen 1 und 10 ihr Wohlbefinden abtragen lassen. Wer, wenn nicht die Menschen selbst, könnte zuverlässig Auskunft geben über ihre Befindlichkeit und die Faktoren, die Glück und Unglück bedingen. Die Empirie beweist: „Geld macht nicht glücklich" ist als Sprichwort so verbreitet wie falsch; es entstammt dem Ressentiment der Armen. Das Gegenteil ist richtig: Geld macht ziemlich glücklich. Irgendwo muss die Gier ja ihre Quelle haben. Freilich - und tröstlich -, daß auch hier das Gesetz vom abnehmenden Grenznutzen gilt: Der Multimillionär steigert sein Wohlbefinden durch eine Einkommensverbesserung um schlappe zwei Millionen weniger als bei der ersten Million.

Kein Wunder, daß Menschen alles daransetzen, ihr Einkommen zu verbessern. Denn sie steigern ja ihr (subjektives) Glücksgefühl. Kein Wunder auch, daß Menschen viel Geld ausgeben, ihren Körper zu verschönern. Denn die Schönen sind nicht nur begehrt, sie haben auch Aussicht auf eine bessere Karriere und ein höheres Einkommen – also auf mehr Glück.

Die Forscher streiten indessen noch darüber, welches der wichtigste Glücksfaktor ist. Für den Schweizer **Bruno S. Frey** kann das (in guter kalvinistischer Tradition) nur die Arbeitszufriedenheit sein. Neue Untersuchungen des israelischen Nobelpreisträgers **Daniel Kahneman** halten dagegen Sex für den wichtigsten Glücksbringer.

Zwei Ökonomen haben im angesehenen „National Bureau of Economic Research" eine Glücksformel mit den sexuellen Aktivitäten von 16000 Amerikanern gespickt. Das Ergebnis: Je aktiver im Bett, um so glücklicher fühlen die Leute sich. Besonders glücksmaximierend wirkt Sex offenbar für die Gebildeten, während es bei den Ungebildeten weniger prickelt."

Auszüge aus dem Artikel „Sex & Geld" von **Rainer Hank**, Frankfurter Allgemeine Sonntagszeitung, Nr. 22, S. 34, 30.5.2004.

9.2 Cockpit: Aviation Decision Making

Es heißt, etwa 70% aller Unfälle in der Luftfahrt seien durch „menschliches Versagen" verursacht. Und damit ist meist ein Versagen der Piloten gemeint. Solche Zahlen sind problematisch, weil sie den Blick verengen. Auch dem technischen Versagen einer Systemkomponente des Flugzeuges gehen oft menschliche Handlungen voraus, die zu diesem Versagen beigetragen haben können, beispielsweise die Unaufmerksamkeit eines Technikers in der Wartung, eines Ingenieurs bei der Konstruktion oder eines Managers bei der Aufgabenverteilung. Und beim letztlich falschen Verhalten eines Piloten, das ihm persönlich angerechnet wird, können auch mangelhafte Kommunikation oder Kooperation zwischen Luft und Boden oder Mitgliedern der Besatzung faktisch entscheidend gewesen sein. Aber auch wir beschränken uns in diesem Abschnitt im wesentlichen auf das Entscheidungsverhalten von Piloten, für das der englische Begriff *Aviation Decision Making* oder auch *Aeronautical Decision Making* (ADM) üblich ist. Hier sind die Theorien und Befunde der Entscheidungsforschung in vielfacher Weise zum Tragen gekommen (vgl. Fuller, Johnston & McDonald, 1995; Wiessmann, 2002; O´Hare, 2003).

Eine Unterscheidung der Situationen, in denen ein Pilot eine Entscheidung treffen muß, ist dabei besonders wichtig: Es gibt Situationen, in denen der Zeitdruck für eine Entscheidung nicht besonders groß ist – wenn beispielsweise während des Fluges auf Grund sich verschlechternden Wetters im Bereich des Zielflughafens ein anderer Flughafen gewählt werden muß, noch genug Treibstoff vorhanden ist und mehrere Alternativen für die Landung zur Verfügung stehen. Und es gibt Situationen, in denen der Zeitdruck sehr groß ist – wenn beispielsweise auf Grund von Funken an einem Triebwerk sofort über das Abschalten des Triebwerkes oder eine Landung entschieden werden muß; großer Zeitdruck ist auch immer dann gegeben, wenn Probleme bei Start oder Landung auftreten. Situationen ohne Zeitdruck und mit Zeitdruck lösen unterschiedliche Strategien der Informationssuche und -verarbeitung und der Entscheidungsfindung aus.

Wir behandeln im folgenden zunächst vier entscheidungstheoretische Ansätze, die insbesondere zur Beschreibung des Pilotenverhaltens herangezogen worden sind (Abschnitt 9.2.1). Dann beschäftigen wir uns mit dem Einfluß von Zeitdruck und anderen Streßfaktoren auf Informationsverarbeitung und Entscheidungsverhalten, mit der Analyse von Fehlern sowie der Bedeutung von Erfahrung bzw. Expertise für die Leistung (Abschnitt 9.2.2). Und schließlich beschreiben wir einige der entscheidungstheoretisch orientierten Konzepte für Ausbildung und Training von Piloten (Abschnitt 9.2.3).

Auf die Forschung zur Arbeit der Flugbegleiter, der Fluglotsen und weiterer Personen, die in der einen oder anderen Weise an den Entscheidungsprozessen in der Luft beteiligt sind, gehen wir hier nicht ein.

9.2.1 Das Entscheidungsverhalten von Piloten

Bis in die 70er Jahre dominierte in der Betrachtung des Pilotenverhaltens ein normatives Modell, wie es in dem Zitat in Box 9.3 zum Ausdruck kommt: Der Pilot sucht und prüft Information zu den verfügbaren Optionen, wägt die Wahrscheinlichkeiten und Konsequenzen dieser Optionen ab und trifft dann eine Entscheidung. Eine „weise" Entscheidung, wie es in dem Zitat heißt. Zwar wird aus dem Zitat der normative Charakter dieses Verhaltensmodells deutlich, aber es galt lange Zeit auch als das einzige brauchbare Modell zur Deskription – zumal es keine Alternativen gab. In Anlehnung an O´Hare (2003) stellen wir hier vier Ansätze mit deskriptiver Intention vor.

Box 9.3: Der ideale Pilot

„... a pilot must first seek and acquire information from whatever sources are available. He must then make some determination regarding the quantity, and the quality, of the information ... Having determined that he has enough information, and that it is reasonably reliable, the pilot must then process these data in predetermined ways in order to reach a wise decision from a limited number of alternatives ... A large part of this process involves the pilot´s judgment of probabilities; he is attempting to make wise decisions, often in the face of uncertainty."

Aus einem Memorandum der National Aeronautics and Space Administration (NASA), zit. nach einem Bericht des National Transportation Safety Board (NTSB), 1986, S. 69.

---

① Der Pilot als *faulty computer*, d.h. als ein Entscheider, der auf Grund des Einsatzes mentaler Heuristiken zu verzerrten Urteilen (*biases*) und dadurch bedingt zu fehlerhaften Entscheidungen kommen kann. Die Arbeiten von Tversky und Kahneman (1974) (siehe Abschnitt 5.4.3) in den 70er Jahren waren der Ausgangspunkt für diese deskriptive Perspektive auf das Pilotenverhalten, wenngleich der Ansatz relativ wenig empirische Forschung zu ADM ausgelöst hat. Wickens und Flach (1988) haben ein Modell der Informationsverarbeitung bei Entscheidungsprozessen von Piloten vorgelegt, in dem spezifiziert wird, an welchen Punkten oder in welchen Phasen des Prozesses die einzelnen Heuristiken wie etwa die Verfügbarkeitsheuristik (*availability*) wirksam werden können. Sie illustrieren das Modell am Beispiel eines Piloten, dessen Instrumente leere Treibstofftanks signalisieren und der sich zwischen einer sofortigen Landung und der Fortsetzung des Fluges entscheiden muß.

Das allgemeine Modell wurde nicht im Zusammenhang mit ADM geprüft, aber Stokes, Belger und Zhang (1990) untersuchten den Effekt der Verfügbarkeitsheuristik in einer Studie mit einem computer-basierten Entscheidungstrainingssystem. Die Teilnehmer mußten (auf dem Bildschirm) Raketen auf bis zu fünf Zielobjekte abschießen, die farblich mehr oder weniger auffällig waren. Außerdem wurde eine Gruppe während des Experimentes durch Lärm (weißes Rauschen) gestört. Teilnehmer feuerten häufiger auf die auffälligen und dadurch besser mental verfügbaren Objekte, und unter Streß geschah dies noch häufiger als ohne Streß. In diesem Zusammenhang ist eine Studie von Mosier, Skitka, Heers und Burdick (1998) interessant, in der sie (in einer Simulation) den Effekt automatisierter Anzeigen auf den Bildschirmen im Cockpit untersuchten. Diese Anzeigen waren manchmal falsch, z.B. wurde eine Richtungsänderung angezeigt, obwohl sie nicht ausgeführt worden war. Die (erfahrenen) Piloten verließen sich erstaunlich oft auf die automatischen Anzeigen und überprüften nicht deren Korrektheit. Die Autoren sprechen von einem *automation bias* im Sinne einer Tendenz, auf Grund der Automatisierung die Situation nicht mehr gründlich zu erfassen und sich zu sehr auf die Hinweise zu verlassen, die das System sichtbar zur Verfügung stellt.

② Der Pilot als *rational calculator*, d.h. als ein Entscheider, der durch einen sorgfältigen Prozeß der Gewichtung und Abwägung von Informationen zu seiner Entscheidung kommt. In Studien mit diesem Ansatz werden meist Methoden der multiplen Regressionsrechnung eingesetzt. So legten beispielsweise Flathers, Giffin und Rockwell (1982) Piloten schriftlich Szenarios vor, in denen nach der Hälfte des Fluges auf Grund des Ausfalls des Drehstromgenerators eine Abweichung vom Flugplan nötig wurde. Es gab 16 Flughäfen zur Auswahl, die auf vier Attributen beschrieben wurden: Einrichtung der Flugsicherung, Wetter am Ort, Entfernung und Möglichkeit des Instrumentenanfluges. Die Piloten bewerteten die Flughäfen in einer Rangordnung von „am besten" bis „am schlechtesten". Mit multipler Regressionstechnik wurden die Gewichte der vier Prädiktoren für die Bewertung (also die Entscheidung für den Ausweichflughafen) geschätzt. 90% der Varianz der Bewertungen konnten durch eine Linearkombination der vier Attribute erklärt werden. Pilotengruppen (Berufspiloten, Geschäfts- und Hobby-Piloten) unterschieden sich vor allem in dem Gewicht, das sie der Flugsicherung gaben. Aus Ergebnissen von Studien mit diesem Ansatz lassen sich Schlüsse auf die Art der Urteilsstrategie ziehen, die Piloten verwenden, beispielsweise ob sie mit einer kompensatorischen oder einer non-kompensatorischen Entscheidungsregel operieren (vgl. O´Hare, 2003, S. 209-210).

③ Der Pilot als *adaptive decision maker*, d.h. als ein Entscheider, der sich auf Grundlage seiner mentalen Repräsentation der Situation und je nach Situation unter den Gesichtspunkten von erforderlicher Genauigkeit und kognitivem Aufwand entscheidet. Man bezieht sich hier auf den Ansatz von Payne et al. (1993) und die

Prospect-Theorie von Kahneman und Tversky (1979). Viele empirische Arbeiten zu ADM gibt es allerdings mit diesen Ansätzen bisher nicht. In einer Studie von O´Hare und Smitheram (1995) konnten 24 aktive Piloten bei einem simulierten Flug alle relevanten Daten (Wetter, Routen usw.) über einen Computer abrufen. An einem bestimmten Punkt wurden sie über schlechte Wetterbedingungen am Zielflughafen informiert, und sie mußten sich zwischen einer Fortsetzung und einem Abbruch des Fluges entscheiden. Der Hälfte der Teilnehmer wurde die Situation *in terms of losses* beschrieben, wobei u.a. die bereits aufgewandte Zeit betont wurde, und der anderen Hälfte wurde sie *in terms of gains* beschrieben, wobei u.a. die zusätzlichen Flugstunden für den Piloten hervorgehoben wurden. Wie auf der Basis der *Prospect*-Theorie vorhergesagt, waren die Piloten in der zweiten Gruppe (*gains*) eher risiko-aversiv, nur 25% wollten den Flug fortsetzen, die Piloten in der ersten Gruppe (*losses*) dagegen risiko-geneigt, 67% wollten den Flug fortsetzen (vgl. Abschnitte 6.2.1 und 6.2.2).

④ Der Pilot als *enquiring expert*, d.h. als ein Entscheider, der eine Situation auf Grund seiner Erfahrung erkennt und daher die dazu am besten passende Handlung in Gang setzen kann, ohne zwischen verschiedenen Alternativen abwägen zu müssen. Dies ist vor allem in Situationen mit hohem Zeitdruck oft die einzig richtige Strategie. Von Klein (1993) ist dafür das Modell des *recognition-primed decision making* (RPD-Modell) vorgeschlagen worden, in dem das Konzept des mentalen *matching* zentral ist, das aus der kognitionspsychologischen Forschung zur Mustererkennung (*pattern recognition*) bekannt ist. Damit ist gemeint, daß diejenige Option gewählt oder diejenige Handlung ausgeführt wird, die zur Situation „paßt", und die „Passung" wird durch den Vergleich einer Situation mit erfahrungsbasierten kognitiven Konfigurationen, Prototypen oder Schemata festgestellt. Ein solcher Ansatz ist plausibel, die empirische Evidenz ist allerdings mager. Dies mag zum einen daran liegen, daß das Modell schon im Labor mit artifiziellem Material nicht leicht zu testen ist, noch weniger aber bei Piloten in realistischen Entscheidungssituationen; es mag zum anderen daran liegen, daß viele dieser Arbeiten für Firmen aus der Luftfahrtindustrie durchgeführt und nicht publiziert werden.

Es zeigt sich, daß verschiedene theoretische Ansätze für verschiedene Situationen und Fragestellungen geeignet sind. Orasanu (1995) hat vor diesem Hintergrund eine Taxonomie von Entscheidungen beschrieben, die zwei Dimensionen hat (siehe Tabelle 9.1): (a) Die Eindeutigkeit der Information (*cue clarity*): Die Information kann eindeutig oder uneindeutig sein, im zweiten Fall ist zusätzlicher kognitiver Aufwand erforderlich, um die Situation korrekt beurteilen zu können. (b) Die Verfügbarkeit von Handlungsoptionen (*availability of options*): Entweder gibt es nur eine vorgeschriebene Handlung, oder es muß eine Handlung unter mehreren möglichen Handlungen ausgewählt werden, oder aber es gibt keine vorgeschriebene oder klar erkennbare Handlungsoption. In den Zellen der Tabelle sind für jeden der 2 x 3 Fälle beispielhafte Entscheidungen aufgeführt. Die Taxonomie bildet die Grundlage für das Modell des Entscheidungsprozesses von

Orasanu, in dem zwei Phasen unterschieden werden: *situational assessment*, also die Einschätzung der Situation (bezogen auf die Eindeutigkeit bzw. Uneindeutigkeit der Information), und *response selection*, also der mentale Abruf, die Wahl oder der Entwurf einer Handlung.

Tabelle 9.1: Taxonomie von Entscheidungstypen (Orasanu, 1995)

	Abruf einer Handlung	**Auswahl einer Handlung**	**Entwurf einer Handlung**
Eindeutige Hinweise	*Landen/ Durchstarten*	*Wahl*	*Management des Vorgehens*
	z.B. Durchführung eines Fehlanflug-Verfahrens	z.B. Triebwerk bei Öl-Leckage abschalten?	z.B. im Umgang mit renitenten Passagieren
Uneindeutige Hinweise	*Bedingung-Handlung*	*Planung*	*Kreative Problemlösung*
	z.B. unkontrolliert weiterlaufende Trimmung des Höhenleitwerks anhalten	z.B. manuelles Ausfahren des Fahrwerks rechtzeitig beenden können	z.B. bei Verlust der Kontrolle über alle Steuerflächen

Eine kognitionspsychologisch interessante Differenzierung der Urteils- und Entscheidungsstrategien beim ADM in Abhängigkeit von den situativen Merkmalen haben Martin, Flin und Skriver (1997) vorgeschlagen, wobei sie auf Konzepte von Hammond (1988) sowie Cannon-Bowers, Salas und Pruitt (1996) zurückgreifen (siehe Tabelle 9.2). Unterschieden werden ein eher *analytisches* Vorgehen, bei dem Optionen miteinander verglichen werden, und ein eher *intuitives* Vorgehen, bei dem auf eine wiedererkannte Situation mit einer bestimmten Handlung fast automatisch reagiert wird. Danach passen Piloten ihre Strategie der jeweiligen Situation an, agieren beispielsweise unter hohem Zeitdruck eher intuitiv, bei geringerem Zeitdruck eher analytisch.

Gutes Urteilsvermögen erhält man durch Erfahrung. Leider erhält man Erfahrung häufig durch eigene Fehler.

Tabelle 9.2: Intuitives und analytisches Vorgehen in Entscheidungssituationen in Abhängigkeit von situativen Merkmalen.

Situationsmerkmale	Intuitives Vorgehen		Analytisches Vorgehen
▪ Unsicherheit, Dynamik	unsicher, schnell	◄──►	klar, langsam
▪ Entscheidungsstruktur	schlecht definiert	◄──►	klar definiert
▪ multiple Ziele	wechselnd / konkurrierend	◄──►	eindeutig / stabil
▪ Zeitdruck	hoch / kurz	◄──►	gering / lang
▪ Anzahl an Informationen	übermäßig	◄──►	angemessen
▪ Entscheidungskomplexität	gering	◄──►	hoch
▪ Rückkopplungsschleifen	──►	Auswirkung noch nicht bestimmbar	◄──
▪ Risiko	hoch	◄──►	variabel
▪ Anzahl beteiligter Personen	──►	Auswirkung noch nicht bestimmbar	◄──

9.2.2 Externe und interne Einflußfaktoren

Für die Qualität des Urteils- und Entscheidungsverhaltens von Piloten sind zwei Faktoren von besonderer Bedeutung: Die zur Verfügung stehende Zeit als externer Faktor und die Erfahrung des Piloten als interner Faktor. Beide seien kurz erläutert.

① *Zeitdruck*: Zeitdruck reduziert die Qualität des Entscheidungsprozesses des Piloten, denn unter Zeitdruck wird weniger Information gesucht, werden weniger Optionen geprüft und werden einfachere Entscheidungsstrategien gewählt (Orasanu & Strauch, 1994; vgl. auch Abschnitt 7.3.1). Die Wahrscheinlichkeit, Hinweise auf ein Problem zu entdecken, ist verringert, und es werden mehr Fehler gemacht. Bei einer Analyse von 37 Unfällen war in der Mehrzahl der Fälle Zeitdruck ein entscheidender Faktor (NTSB, 1994). Andere Stressoren für Piloten können die geringe Luftfeuchtigkeit, eine Überlastung mit Information, kritische Flugereignisse oder auch Konflikte innerhalb der Crew sein. Eine systematische und aussagekräftige Untersuchung der Wirkung von Streß ist allerdings bei Piloten so schwierig wie bei Chirurgen, Feuerwehrleuten und anderen Gruppen, die unter ähnlichen Bedingungen arbeiten. Man arbeitet mit experimentellen Studien unter kontrollierten Bedingungen oder führt computer-basierte Simulationsstudien durch, in denen Piloten mit realistischen Situationen und Entscheidungsproblemen konfrontiert werden, muß dann aber die externe Validität und

Übertragbarkeit der Befunde in Frage stellen, oder man analysiert die Berichte über Unfälle und befragt retrospektiv die Beteiligten und muß sich mit unvollständigen und möglicherweise verzerrten Daten begnügen.

Eine relativ realitätsnahe Studie hat Wiessmann (2002) mit 44 Piloten im Rahmen eines LOFT (*Line Oriented Flight Training*) an einem *full-motion*-Flugsimulator (A320/321) durchführen können. Sie untersuchte die Wirkung von Zeitdruck und Teamworking sowie der Kooperation zwischen *Pilot Crew* und *Cabin Crew* sowie der Flugsicherung (ATC = *Air Traffic Control*). In der Bedingung ohne Zeitdruck gab es als sicherheitskritischen Vorfall, auf den die Teilnehmer zu reagieren hatten, eine Überhitzung der Bremsen; die Piloten mußten hier eine Entscheidung über den weiteren Flugverlauf treffen. In der Bedingung mit Zeitdruck war der sicherheitskritische Vorfall die Meldung eines Feuers im hinteren Frachtbereich; hier mußten die Piloten über die Vorbereitung einer sofortigen Landung entscheiden. Als erschwerende Bedingungen gab es kreuzende Flugzeuge, Anrufe der Flugbegleiter im Cockpit u.a. Zwei Beobachter füllten ein Beobachtungsprotokoll aus, es gab eine Videoaufzeichnung, und die Teilnehmer wurden 10 Minuten nach dem Versuch mündlich und schriftlich befragt. Wiessmann fand u.a. unter der Bedingung Zeitdruck die erwartete Strategie verkürzter Entscheidungsfindung, aber keinen Einfluß auf die Anzahl der geprüften Optionen. Streß beeinflußte die Schnelligkeit der Entscheidungsfindung, nicht aber die Leistung.

Interessanter noch als die Ergebnisse ist ein Modell von Wiessmann zur Wahl der Entscheidungsstrategie bei sicherheitskritischen Flugsituationen. Sie unterscheidet eine *options*weise und eine *attribut*weise Strategie (vgl. Abschnitt 4.4.5). Steht hinreichend Zeit zur Verfügung, kann die optionsweise Strategie gewählt werden, bei der alle möglichen Optionen auf ihre Risiken und Vorzüge hin geprüft werden und dann die beste Option ausgewählt wird. Hier kann der Pilot fragen: Was *können* wir tun? Steht wenig Zeit zur Verfügung, werden die Minimalanforderungen an eine Option geklärt, d.h. diejenigen Attribute identifiziert, an Hand derer man die unter den gegebenen Umständen beste, also eine befriedigende Option finden kann. Hier fragt der Pilot: Was *müssen* wir tun? Die von Orasanu (1994) berichteten Befunde über die Informationsverarbeitung unter Zeitdruck stützen dieses Modell.

Im allgemeinen wird Zeitdruck als ein externer Faktor behandelt, der durch Bedingungen des technischen Systems (z.B. Aussetzen eines Triebwerks) oder der physischen Umwelt (z.B. Orkan) bestimmt ist. Neben diesem *externally-induced time pressure* gibt es aber, so Orasanu und Strauch (1994), auch einen *crew-generated time pressure*. Dieser entsteht, (a) wenn mögliche Ereignisse, die eine Änderung der Planung erfordern könnten, nicht antizipiert werden, wodurch der spätere Entscheidungsspielraum eingeschränkt werden kann, und (b) wenn die Leistungs- und Belastungsfähigkeit in einer Situation unter Zeitdruck falsch eingeschätzt werden. Orasanu und Strauch analysierten den Einfluß beider Arten von Zeitdruck in drei Unfällen und in zwei Studien in einem Flugsimulator und leiteten daraus Folgerungen für Ausbildung und Training ab.

② *Erfahrung und Expertise*: Bei Piloten kann man besser als in vielen anderen Bereichen untersuchen, welche Rolle Erfahrung und Expertise für ihr Urteils- und Entscheidungsverhalten spielen. Zum einen kann man Erfahrung und Expertise gut definieren, beispielsweise durch die Anzahl von Flugstunden oder Jahren der Berufstätigkeit als Pilot bzw. durch das Wissen in relevanten Bereichen. Zum anderen hat man gute Maße zur Bestimmung der Urteils- und Entscheidungsqualität, beispielsweise die Menge erfaßter Informationen oder die Schnelligkeit einer richtigen Entscheidung.

Mit zunehmender Erfahrung und Expertise sollte ein Pilot kritische Hinweise klarer erkennen können und die Verbindung zwischen Hinweisen und der richtigen Reaktion sollte gestärkt werden. Es gibt sehr viele empirische Studien zu dieser Thematik (siehe O´Hare, 2003, S. 223ff.), von denen wir nur zwei exemplarisch beschreiben. In der bereits oben genannten Untersuchung von Stokes et al. (1990) wurden die Teilnehmer auch auf ihr bereichsspezifisches Wissen getestet (Handbuch der FAA, Federal Aviation Association) und darauf, wie gut sie von der Flugsicherung eingegangene Meldungen erinnern konnten. Es gab eine Gruppe wenig erfahrener Privatpiloten (im Durchschnitt 177 Flugstunden) und eine Gruppe erfahrener Fluglehrer (im Durchschnitt 1089 Flugstunden). Im Experiment wurden auch Lärm, Zeitdruck und andere Stressoren eingesetzt. Das in diesem Zusammenhang interessante Ergebnis war, daß es keine globalen Unterschiede in der Leistung der Teilnehmer in Abhängigkeit von ihrer Expertise gab; ähnliche Ergebnisse haben auch andere Studien erbracht. Es erscheint danach wenig sinnvoll, die Qualifikation eines Piloten durch die Anzahl seiner Flugstunden zu definieren, wie es häufig geschieht. Unter Streß allerdings war die Leistung der unerfahrenen Piloten signifikant schlechter als die Leistung der erfahrenen Piloten. In einer anderen Studie fanden Stokes, Kemper und Marsh (1992), daß die erfahrenen Piloten signifikant mehr kritische Hinweise entdeckten und mehr Reaktionsalternativen generierten als die unerfahrenen Piloten. Die erfahrenen Piloten wählten aber in 71% der Fälle bereits die erste generierte Alternative, unerfahrene Piloten nur in 53% der Fälle. Diese Befunde passen zu dem oben erwähnten RPD-Modell von Klein (1993): Experten erkennen schnell die kritischen Hinweise und können schnell die dazu passende Reaktion, aber gegebenenfalls auch alternative Reaktionen generieren. Wichtiger noch als die allgemeine Erfahrung, gemessen durch Flugstunden oder Alter, ist die spezifische Erfahrung mit bestimmten Flugsituationen oder -aufgaben (vgl. O`Hare, 2003).

9.2.3 Ausbildung und Training

Es gibt eine Reihe von Konzepten für Ausbildung und Training von Piloten. Sie werden an realitätsnahen Beispielen durchgesprochen und durchgespielt. Dabei lassen sich zwei Typen unterscheiden. Der eine Typ orientiert sich an dem Modell eines Entscheidungsprozesses in mehreren Phasen der Generierung und Evaluation von Optionen, der andere Typ orientiert sich an dem Modell eines Prozesses, in dem die Situation schnell erkannt und die passende Reaktion abgerufen wird.

① *Evaluation von Optionen*: In den meisten Konzepten dieses Typs finden sich die gleichen Schritte. Exemplarisch sei das FOR-DEC Konzept genannt, das von Hörmann (1995) am Deutschen Zentrum für Luft- und Raumfahrt (DLR) entwickelt und getestet und inzwischen vielfach für Ausbildung und Training der Piloten zahlreicher Fluggesellschaften eingesetzt wird. FOR-DEC ist ein Acronym und steht für sechs Schritte, drei Schritte der Vorbereitung der Entscheidung (FOR) und drei Schritte der Umsetzung der Entscheidung (DEC) (siehe Box 9.4).

Box 9.4: FOR-DEC

FACTS - „Was ist Sache"?
- Entscheidungsbedarf wird erkannt
- Situationsanalyse
- Zielkriterien und Prioritäten festlegen

OPTIONS - „Welche Möglichkeiten haben wir"?
- Sichtung anwendbarer Verfahren
- Sammlung von Handlungsmöglichkeiten

RISKS & BENEFITS - „Was spricht wofür"?
- Abschätzung von Erfolgsaussichten
- Abschätzung von Risiken
- Abschätzung von Unsicherheitsfaktoren

DECISION - „Was tun wir also"?
- Auswahl der Option mit den geringsten Risiken und besten Erfolgsaussichten
- Auswahl einer Backup-Option
- Re-Check: Ist die Situationsanalyse noch gültig?

EXECUTION - „Wer macht wann was und wie"?
- Konkrete Planung und koordinierte Durchführung der Option

CHECK - „Ist alles noch richtig"?
- Monitoring der ausgeführten Aktionen
- Kritischer Abgleich tatsächlicher und erwarteter Wirkungen
- Haben sich die Umstände inzwischen außerplanmäßig verändert?
- Ist unser Plan wirklich der richtige? Rückkehr zu FACTS.

Andere Modelle dieser Art sind u.a. DECIDE (Benner, 1975), das vor allem in den USA bekannt ist, DESIDE (Murray, 1997) und DODAR (British Airways).

② *Erkennen der Situation*: Von Vertretern dieses Typs wird an Konzepten wie DECIDE oder FOR-DEC kritisiert, daß sie das Problem auf die Wahl einer Handlungsalternative reduzieren und damit vernachlässigen, welche Rolle die Einschätzung bzw. Wiedererkennung der Situation für die Entscheidung spielt (Orasanu, Dismukes & Fischer, 1993). Im Training sollten die kognitiven Prozesse des Wiedererkennens einer Situation (*feature matching*) und der mentalen Simulation (*mental simulation*) thematisiert und geschult werden. Mit *feature matching* ist der Vergleich der erfahrenen Situation bzw. der wahrgenommen Hinweisreize mit den im Langzeitgedächtnis gespeicherten Situationsmodellen gemeint, mit *mental simulation* das Durchspielen möglicher Veränderungen der Situation und Wirkungen von Handlungen. Im Training wird die Analyse von Situationen an Hand von Fallbeispielen geübt, und der Pilot baut sich damit langsam eine kognitive Modell-Bibliothek auf (Kaempf & Klein, 1994).

Natürlich bestehen Ausbildung und Training von Piloten für Entscheidungssituationen nicht allein aus der Schulung mit solchen Modellen, sondern es werden auch Entscheidungsprozesse in einer Crew und die damit zusammenhängenden Probleme der Kommunikation und Kooperation behandelt, Fragen der Risikowahrnehmung und -einstellung, der Situationsbewußtheit und -einschätzung (*situation awareness / assessment*) sowie Urteils- und Entscheidungs-*biases* behandelt. Die Arbeit mit Fallbeispielen und Szenarios sowie die Übung im Flugsimulator spielen dabei eine große Rolle. Eine Diskussion der verschiedenen Konzepte und ihrer Vor- und Nachteile findet man bei Wiessmann (2002) und O´Hare (2003).

9.3 Klinik: Medical Decision Making

Im medizinischen Bereich gibt es eine Vielzahl von wichtigen Entscheidungen. Beispielsweise muß eine Ärztin entscheiden, welche diagnostischen Verfahren sie einsetzt, mit welcher Wahrscheinlichkeit eine bestimmte Diagnose zutrifft oder welche von mehreren möglichen Behandlungsmethoden für den Patienten am besten ist. Ein Patient muß entscheiden, bei welchen Symptomen er zum Arzt geht, und manchmal, wenn es Alternativen gibt, entscheiden, welche Therapie er vorzieht. Und viele Beurteilungen und Entscheidungen müssen von Ärzten, Patienten und häufig noch weiteren Personen gemeinsam getroffen werden. Die Fortschritte in der Medizin machen es aber immer komplizierter herauszufinden, welche Krankheit vorliegt oder welche Behandlungsmethode für den einzelnen Patienten am besten ist; zudem müssen Ärzte immer häufiger ihre Entscheidungen rechtfertigen und Patienten wollen immer häufiger an der Entscheidung beteiligt werden. Konzepte, Theorien und Methoden der Entscheidungsforschung werden daher im medizinischen Bereich vielfältig für Forschung wie Praxis genutzt (Dowie & Elstein, 1988; Llewellyn-Thomas, 1995; Chapman & Elstein, 2003; Chapman, in press). Einen breiten Überblick gewinnt man aus den Beiträgen zu dem von Chapman und Sonnenberg (2003) herausgegebenen Sammelband. Wir verwenden hier übrigens den englischen Begriff *Medical Decision Making*, da dieser auch im deutschsprachigen Raum vorherrscht.

Zur Illustration seien einige Typen von Urteils- und Entscheidungsproblemen im medizinischen Kontext genannt, die Gegenstand der Forschung in Experimenten wie in der Praxis gewesen sind: Die Interpretation von medizinischer Information durch den Arzt (z.B. von Röntgenbildern) und durch den Patienten (z.B. von Testzuverlässigkeiten – *false positives* und *false negatives* - bei einer Amnioszentese). Die Entscheidung für oder gegen ein diagnostisches Verfahren durch den Arzt (z.B. Computertomographie) und den Patienten (z.B. Test auf Huntington-Gen). Die Wahl einer Behandlungsmethode durch den Arzt (z.B. Cortison-Präparate mit unterschiedlichen Nebenwirkungen) und durch den Patienten (z.B. Chemotherapie oder Operation). Es gibt eine Reihe anderer Probleme, bei denen die Entscheidungsforschung einen Beitrag leisten könnte, so das Problem der Patientenverfügung, in der man Präferenzen bzw. Entscheidungen zur Behandlung für den Fall dokumentiert, daß man sie nicht mehr äußern kann (z.B. nach einem Unfall oder Schlaganfall). Oder auch das Problem der (passiven/aktiven) Sterbehilfe durch einen Arzt, gegebenenfalls unter Beteiligung von Angehörigen. Wir beschäftigen uns im folgenden zunächst mit den beiden großen Themen der Urteilsfindung, dem Umgang mit Unsicherheit (Abschnitt 9.3.1) und der Bewertung von Gesundheitszuständen (Abschnitt 9.3.2), dann mit der Art der Entscheidungsfindung für und mit Patienten (Abschnitt 9.3.3) und abschließend mit normativen Ansätzen der Entscheidungsfindung (Abschnitt 9.3.4).

9.3.1 Der Umgang mit Unsicherheit

Entscheidungen in der Medizin sind immer Entscheidungen unter Unsicherheit. Ein Symptom deutet mit einer gewissen Wahrscheinlichkeit auf eine Erkrankung hin, ein Diagnoseverfahren besitzt eine bestimmte Testsicherheit (und damit auch eine Test*unsicherheit*), und nach einer Behandlung kommt es mit einer bestimmten Wahrscheinlichkeit zu einer Besserung der Erkrankung oder auch zu Nebenwirkungen. Vielfältige Arten von Unsicherheit sind zu bedenken, zu integrieren und in den Entscheidungsprozeß einzubeziehen.

① *Urteils- und Entscheidungstendenzen*: Empirische Studien zeigen, daß der Umgang von Ärzten wie Patienten mit Unsicherheit durch die gleichen Urteils- und Entscheidungstendenzen (*biases*) geprägt ist, wie sie auch in anderen Bereichen und in Laborexperimenten gefunden wurden (Dawson & Arkes, 1987;

Chapman & Elstein, 2003). Ärzte zeigen beispielsweise in ähnlicher Weise wie Teilnehmer von Laborexperimenten *Framing*-Effekte, werden also durch die Art der Darstellung des Problems beeinflußt (vgl. Abschnitt 6.2.2.3; McNeil et al., 1982; Marteau, 1989; O´Conner, Pennie & Dales, 1996). Demonstriert wurden ferner u.a. der *omission bias* (vgl. Abschnitt 8.2.2), der *hindsight bias* (vgl. Abschnitt 5.5.7), der *certainty effect* (vgl. Abschnitt 6.2.1), *preference reversals* (vgl. Abschnitt 7.1.2), *base rate fallacy* und *conservatism* (vgl. Abschnitt 5.4.2 und die Literaturübersicht von Hoffrage, 2003).

Besonders relevant im medizinischen Kontext ist ein *bias*, der durchaus praktische Implikationen für das Handeln eines Arztes hat (Chapman, in press): Das Hinzufügen einer Option zu einer gegebenen Optionenmenge kann die ursprünglichen Präferenzen ändern (vgl. Abschnitt 7.3.1.1). In einer Untersuchung von Redelmeier und Shafir (1995) wurde Ärzten ein Szenario vorgelegt, in dem sie über die Behandlung eines Arthritis-Patienten entscheiden sollten, bei dem die herkömmliche Medikation nicht angeschlagen hatte. In der einen Bedingung mußten Ärzte zwischen zwei Optionen entscheiden: Option A: Keine weitere Medikation, Überweisung zu einem Spezialisten, um eine Operation zu prüfen; Option B: Überweisung zu einem Spezialisten und außerdem Medikation mit einem bisher unerprobten entzündungshemmenden Medikament X. In der anderen Bedingung gab es für die Teilnehmer an der Studie noch eine dritte Option C, Überweisung und ein anderes bisher nicht erprobtes entzündungshemmendes Medikament Y. Erstaunlicherweise wurde Option A, Überweisung ohne weitere Medikation, in der Bedingung mit drei Optionen häufiger gewählt als in der Bedingung mit zwei Optionen. Die Hinzufügung einer weiteren Option C, vergleichbar mit Option B, erhöhte also die Präferenz für die Option A. Dieser aus der Entscheidungsforschung bekannte Effekt wurde in einer anderen Untersuchung noch verstärkt, wenn die Ärzte ihre Entscheidungen explizit rechtfertigen und sich dadurch verantwortlich fühlen mußten (Schwartz, Chapman, Brewer & Bergus, 2004). Die Unterschiedlichkeit der Präferenzen läßt sich so erklären, daß es in der Drei-Optionen Bedingung kein Kriterium für die Differenzierung zwischen Option B und C gibt und diese Schwierigkeit dazu führt, daß als Ausweg häufiger Option A gewählt wird. Der Befund zur Wirkung der Stärkung der Verantwortlichkeit ist von praktischer Bedeutung, weil im allgemeinen angenommen wird, explizite Rechtfertigung und Verantwortlichkeit verbessere die Leistung von Ärzten. Hier aber verstärkte sie eine eigentlich unerwünschte Verhaltenstendenz.

② *Schätzung und Verständnis von Wahrscheinlichkeiten*: Die Beurteilung von Wahrscheinlichkeitsinformation und die Kombination oder Integration solcher Informationen bereitet Ärzten wie Patienten oft große Schwierigkeiten und kann zu erheblichen Fehlbeurteilungen führen. Ärzte verschätzen sich leicht, wenn es um die Beurteilung von bedingten Wahrscheinlichkeiten geht. Bei der Einschätzung der Wahrscheinlichkeit für das Vorliegen einer bestimmten Erkrankung bei einer Patientin müssen die Prävalenz der Krankheit (z.B. Brustkrebs) und die

Güte des medizinischen Tests (z.B. Mammographie) berücksichtigt werden. In einer Reihe von Untersuchungen (vgl. Hoffrage, 2003) zeigte sich, daß viele Ärzte mit den statistischen Begriffen und Informationen nicht so umgehen können, wie man es erwarten sollte. Sie kommen oft zu groben Fehleinschätzungen, die zu falschen diagnostischen Maßnahmen und therapeutischen Entscheidungen sowie zu großer Beunruhigung von Patienten führen können (siehe Box 9.5).

Box 9.5: 1% oder 1 von Hundert – das kann Folgen haben!

Wir haben in Kapitel 5 (Abschnitt 5.5.2) eine Studie von Eddy (1982) beschrieben, in der amerikanische Ärzte die Auftretenswahrscheinlichkeit von Brustkrebs bei Vorliegen eines positiven Mammographie-Befundes schätzen sollten. Wichtigstes Ergebnis war, dass die Ärzte mehrheitlich eine Wahrscheinlichkeit von etwa 75% schätzten, wohingegen sich mit dem Bayes-Theorem nur eine Wahrscheinlichkeit von 7,5% errechnet. Eine Überschätzung, die fatale Folgen für die Betroffenen haben kann!

In einer neuen Studie untersuchten **Ulrich Hoffrage, Samual Lindsey, Ralph Hertwig** und **Gerd Gigerenzer** (2000), ob sich diese Schätzungen dadurch verbessern ließen, daß den Ärzten nicht Wahrscheinlichkeiten (1%), sondern „natürliche" Häufigkeiten (1 Patient von 100) gegeben wurden. In ihrer Studie präsentierten sie 48 Ärzten aus Kliniken und Privatpraxen vier medizinisch-diagnostische Szenarien ähnlich wie bei Eddy, und wieder mussten die Ärzte eine Schätzung der Wahrscheinlichkeit für das Vorliegen einer bestimmten Erkrankung abgeben. Bei zwei der vier Aufgaben wurden ihnen die relevanten Informationen als Wahrscheinlichkeiten gegeben, bei den anderen zwei Szenarien als Häufigkeiten. Ähnlich den Befunden von Eddy stimmten nur 10% der Schätzungen der Ärzte mit dem Bayes-Theorem überein, wenn es sich um die Aufgaben mit den Wahrscheinlichkeiten handelte. Wurde die Information jedoch als natürliche Häufigkeit gegeben, erhöhte sich dieser Anteil immerhin auf 46%. (Daß das natürlich immer noch weniger als 50% sind, bleibt bedenklich!) Diese Ergebnisse wurden in einer Studie mit Medizinstudenten repliziert. Bei 96 Befragten stieg der Anteil Bayes'scher Lösungen von 18% bei einem Wahrscheinlichkeitsformat auf 56% bei einem Häufigkeitsformat der relevanten Information

---

Bei Patienten und Ärzten zeigen sich ebenfalls ähnliche Schwierigkeiten im Umgang mit Wahrscheinlichkeitsinformation, wie man sie auch außerhalb des medizinischen Bereiches findet (vgl. Kapitel 5). So überschätzen Patienten beispielsweise leicht die Auftretenswahrscheinlichkeiten seltener Nebenwirkungen ($p < 0,01$) von Medikamenten – manchmal um das 400fache, wie eine englische

Studie an 750 Patienten zeigte (Berry, Knapp & Raynor, 2002). Man findet bei Patienten auch häufig – im Widerspruch zu entscheidungstheoretischen Modellen – eine Abhängigkeit zwischen der subjektiven Wahrscheinlichkeit, mit der beispielsweise eine Krankheitsfolge erwartet wird, und der Schwere dieser Folge: Bei schweren Folgen wird eine sehr geringe Wahrscheinlichkeit nicht mehr als möglicherweise extrem gering wahrgenommen, sondern es wird nur noch gesehen, *daß* es zu dieser Folge kommen kann. Die Wahrscheinlichkeit wird dann gar nicht mehr als separate Informationseinheit wahrgenommen und kann von Ärzten auch nicht mehr als solche vermittelt werden (Shiloh, 1996).

Wie die Schwierigkeiten im Umgang mit Unsicherheit im medizinischen Bereich psychologisch zu erklären sind und wie dieser Umgang sich möglicherweise verbessern läßt, ist Gegenstand u.a. der Arbeiten von Shiloh und Sagi (1989), Gigerenzer und Hoffrage (1995), Hoffrage und Gigerenzer (1998), Fischhoff und Bruine de Bruin (1999), Schapira, Nattinger und McHorney (2001) sowie Timmermans, van Bockel und Kievit (2001).

9.3.2 Die Bewertung von Gesundheitszuständen

Entscheidungen von Ärzten und Patienten oder auch ihren Angehörigen sind immer mit einer impliziten oder expliziten Bewertung der Folgen diagnostischer oder therapeutischer Maßnahmen, und das heißt des Zustandes von Patienten nach einer Maßnahme, verbunden. Ein Arzt muß beispielsweise wissen, wie ein Patient die Nebenwirkung eines chirurgischen Eingriffs oder die Nebenwirkungen einer langfristigen starken Cortisonbehandlung bewertet, um zwischen verschiedenen therapeutischen Optionen im Sinne des Patienten entscheiden zu können. Eine möglichst valide und reliable Messung der Bewertung von Gesundheitszuständen ist daher ein wichtiges Thema der Anwendung von Methoden der Entscheidungsforschung. Chapman und Elstein (1998) geben einen Überblick zu den *utility assessment* Methoden; vgl. auch Stiggelbout (2003) sowie Goldstein und Tsevat (2003, die vor allem das Thema der Erhebung von Nutzenwerten „am Bett" behandeln. Wir beschreiben hier kurz nur zwei Methoden, das *standard gamble* (SG) und das *time trade-off* (TTO), die – im Gegensatz zu einigen anderen Methoden – entscheidungstheoretisch begründet sind.

① *Standard-Gamble:* Bei der SG-Methode vergleicht der Patient die Aussicht, einen bestimmten Gesundheitszustand mit Sicherheit zu erleben (*sure thing*), mit einem *gamble*, bei dem er mit einer Wahrscheinlichkeit p völlig gesund wird und mit der Wahrscheinlichkeit 1-p stirbt (vgl. auch Anhang, Teil (D)). Der Patient wird dann mit Hilfe einer Serie von Paarvergleichen gebeten, den Wert p zu bestimmen, bei dem er zwischen dem *gamble* und dem *sure thing* indifferent wäre. Wenn die Werte für perfekte Gesundheit gleich 1,0 bzw. für den Tod auf 0,0 gesetzt werden, ist der Nutzen des Gesundheitszustandes, um den es geht, gleich p. Angenommen eine Patientin sagt, sie sei indifferent zwischen einerseits einem Leben, bei dem sie mit Sicherheit an Diabetes leiden werde, und andererseits einer Behandlung, bei der sie mit einer Wahrscheinlichkeit von 0,85 völlig gesund werde, aber mit einer Wahrscheinlichkeit von 0,15 in kurzer Zeit sterbe. Dann würde man sagen, daß der Nutzenwert der Patientin für ein Leben mit Diabetes auf einer Skala von 0,0 bis 1,0 bei 0,85 liegt.

② *Time Trade-Off*: Die TTO-Methode wurde speziell für die Messung der Nutzenwerte chronischer Zustände entwickelt (Torrance, 1986). Der Patient vergleicht die Aussicht, in einem bestimmten Gesundheitszustand eine Zeitspanne von y Jahren zu leben, mit der Aussicht auf einen perfekten Gesundheitszustand für eine kürzere Spanne von x Jahren. Der Patient wird dann gebeten, die Zahl x so zu bestimmen, daß er zwischen beiden Alternativen indifferent wäre. Der Nutzen des Gesundheitszustandes, um den es geht, wird durch die Größe x/y definiert. Angenommen ein Patient sagt, ein weiteres Leben von 10 Jahren mit Diabetes sei so viel wert wie ein Leben von 8,5 Jahren in perfekter Gesundheit. Dann würde man sagen, daß der Nutzenwert des Lebens mit Diabetes auf einer wie oben definierten Skala von 0,0 bis 1,0 bei 0,85 liegt. Bei dieser Methode muß also eine Abwägung zwischen der Qualität des Lebens in einem bestimmten Gesundheitszustand und der Anzahl von weiteren Lebensjahren getroffen werden. Ein Vorteil der TTO-Methode ist, daß kein Verständnis für Wahrscheinlichkeiten erforderlich ist.

③ *SG- und TTO-Methode in der Praxis*: Beide Methoden verlangen von den Patienten eine Abwägung (*trade-off*) (vgl. Abschnitt 4.4). Bei der SG-Methode ist es eine Abwägung zwischen einem bestimmten Gesundheitszustand und dem Risiko zu sterben, bei der TTO-Methode ist es eine Abwägung zwischen einem bestimmten Gesundheitszustand und der Länge des Lebens. Nicht alle Patienten können oder wollen solche Abwägungen vornehmen, wie beispielsweise Chapman, Elstein, Kuzel, Sharifi, Nadler, Andrews und Bennett (1998) in einer Studie mit Prostata-Patienten zeigten (Box 9.6). Beide Methoden setzen auch voraus, daß der Patient seine Wertung durch Angabe einer Zahl auszudrücken fähig und bereit ist. In einer Untersuchung von Woloshin, Schwartz, Moncur, Gabriel und Tosteson (2001) zeigte sich aber, daß Patienten mit geringer Fähigkeit im Umgang mit Zahlen oft keine validen Urteile abgaben, d.h. daß bessere Gesundheitszustände nicht auch höhere Nutzenwerte erhielten, und zwar sowohl bei Verwendung der SG- als auch bei Verwendung der TTO-Methode. In der Zeitschrift *Medical Decision Making* werden regelmäßig Arbeiten zur Messung von Nutzenwerten aus methodischer und psychologischer Sicht sowie zu Erfahrungen mit der Verwendung der einzelnen Verfahren in der Praxis publiziert.

**Box 9.6: Die TTO-Methode in der Praxis: Lebenserwartung
und Lebensqualität bei Prostata-Krebs**

In einer großen Untersuchung legten **Gretchen Chapman** und ihre Mitarbeiter (Chapman et al., 1998) Patienten mit Prostata-Krebs drei Szenarien A, B und C vor, in denen jeweils ein Gesundheits-Status beschrieben war unter Einbeziehung derjenigen Aspekte, die durch eine Prostatakrebs-Erkrankung beeinflußt werden (u.a. Müdigkeit, sexuelle Inappetenz, Inkontinenz). Die Szenarien waren so konstruiert, daß der gesundheitliche Status in Szenario A den Status in B dominierte, und dieser wiederum dominierte den Status in C. Die korrekte Rangreihe der Nutzenwerte der drei Szenarien war also A > B > C. Die Patienten wurden dann gefragt, wie viele Jahre an Lebenserwartung sie aufgeben würden, um den jeweils beschriebenen Gesundheitsstatus in einen Status perfekter Gesundheit zu verbessern. In dieser Studie weigerten sich 18 von 31 Patienten (das sind 58%), diesen *trade-off* zwischen Lebenserwartung und Lebensqualität für die drei Szenarien vorzunehmen. Sie wiesen diese Aufgabe zurück.

Bei einer anderen Darstellung des Problems zeigte sich allerdings ein anderes Entscheidungsverhalten. Denn einer anderen Gruppe wurden in einem Szenario zwei Freunde beschrieben, Mr. Smith und Mr. Jones. Mr. Smith hat einen Gesundheitszustand, der dem Status in Szenario A (bzw. B oder C) entspricht, und er lebt noch 10 Jahre. Mr. Jones hat eine perfekte Gesundheit, aber er lebt einige Jahre weniger als Mr. Smith (die Zahl der Jahre wurde in der Studie variiert). Die Teilnehmer wurden gefragt, welcher der beiden Freunde sie selbst lieber wären, Mr. Smith oder Mr. Jones. So gefragt wiesen nur 9 von 28 (also 32%) den *trade-off* zwischen Lebenserwartung und Lebensqualität zurück, obgleich auch hier eine zumindest implizite „Verrechnung" von Lebenszeit und -qualität für die Entscheidung notwendig war. Und auch die auf diese Weise erhobenen TTO-Nutzenwerte entsprachen jetzt bei 68% der Befragten der korrekten Rangreihe der Szenarien, nämlich u(A) > u(B) > u(C).

Dennoch gab es auch bei dieser Gruppe einen Teil an Personen, der solche Abwägungen offenbar nicht vornehmen kann oder will. Das Gut „Leben" – hier erfaßt als Lebenserwartung – ist für viele Menschen ein sogenannter *protected value*, ein geschützter Wert, den sie nicht gegen andere Güter verrechnen, auch nicht gegen das Gut „Lebensqualität" – jedenfalls nicht explizit.

---

④ *Quality-Adjusted Life Years*: Die Bewertung eines Gesundheitszustandes, also sein Nutzen, spielt für das QALY-Modell eine Rolle, das in Kosten/Nutzen-Analysen im Gesundheitswesen und in vielen Entscheidungsanalysen benutzt wird (Gold, Siegel, Russell & Weinstein, 1996). Die Größe QALY ist das standardisierte Maß für den gesundheitlichen Gewinn durch eine Behandlungsmaßnahme. Beispielsweise wird der erwartete Nutzen einer By-pass-Operation am Herzen als Anzahl der dadurch gewonnenen zusätzlichen Lebensjahre quantifiziert, relativiert um die Lebensqualität in diesen Jahren. Eine Behandlung, durch die die Lebensspanne zwar verkürzt, die Lebensqualität in diesen Jahren aber erheblich verbessert wird, könnte ebenso einen positiven QALY-Wert haben wie eine Behandlung, durch die die Lebenserwartung verlängert wird, wenngleich bei einer deutlich verringerten Lebensqualität. Ein QALY-Wert wird als die Anzahl von Lebensjahren bestimmt, wobei jede Zeiteinheit mit der Qualität des Lebens in dieser Zeit gewichtet wird. Die Lebensqualität aber kann grundsätzlich nur von den Patienten selbst beurteilt werden, die SG- und TTO-Methode sollen ihnen diese Beurteilung erleichtern und Ärzten oder auch der Gesundheitspolitik quantitative Maße für Entscheidungen zur Verfügung stellen.

Der Wert des Lebens liegt nicht in der Länge der Tage, die man lebt, sondern darin, wie man sie nutzt. Michel de Montaigne.

---

⑤ *Zeitpräferenzen*: Die Nutzenwerte der Patienten können sich von denen der Ärzte deutlich unterscheiden. Es überrascht daher nicht, daß sich bei der Vorhersage der Entscheidungen zwischen Behandlungsalternativen nach dem EU-Modell die Präferenzen von Patienten besser vorhersagen lassen, wenn man ihre Nutzenwerte und nicht diejenigen der Ärzte einsetzt (Holmes, Rovner, Rothert, Elstein, Holzman, Hoppe, Metheny & Ravitch, 1987; Boyd, Sutherland, Heasman, Tritchler & Cummings, 1990; Heckerling, Verp & Hadro, 1994; Hekkerling, Verp & Albert, 1999). Es könnte allerdings sein, daß die von Patienten antizipierten Erfahrungen von Behandlungsfolgen (*predicted utilitiy*) und ihre späteren tatsächlichen Erfahrungen (*experienced utility*) sehr unterschiedlich sind (z.B. weil sich die Patienten Illusionen machen), während sich die Einschätzungen von erfahrenen Ärzten mit den späteren Erfahrungen der Patienten decken. Dies ist für die Information des Patienten durch den Arzt ein wichtiger Punkt. Die Forschungsergebnisse zeigen kein homogenes Bild, der Grad der „Verschätzung" scheint problemabhängig zu sein (vgl. Loewenstein & Schkade, 1999). Während beispielsweise in mehreren Studien Patienten die Schmerzen, die sie bei einer Zahnbehandlung leiden würden, stark überschätzten, unterschätzten Patienten bei anderen medizinischen Behandlungen die späteren Schmerzen.

In diesem Zusammenhang spielen natürlich die Zeitpräferenzen von Patienten eine große Rolle (vgl. Abschnitt 3.4). Die Unterschiede und Gemeinsamkeiten der Zeitpräferenzen für Gesundheitszustände und der Zeitpräferenzen für ökonomische Zustände (Einkommen, Vermögen) haben Chapman (1996), Chapman, Nelson und Hier (1999) und Chapman und Coups (1999) untersucht.

9.3.3 Entscheidungen für und mit Patienten

Es gibt zum einen den Fall, daß ein Arzt oder ein Verwandter eine Entscheidung stellvertretend für einen Patienten trifft und treffen muß (*surrogate decision making*). Beispielsweise in einem Notfall, während einer Operation, oder weil der Patient sich selbst nicht äußern kann. Zum anderen gibt es Situationen, in denen Ärzte, Patienten, Angehörige oder auch Gesundheitsbehörden gemeinsam zu einer Entscheidung finden und diese dann auch gemeinsam tragen müssen (*shared decision making*). Im diesem Fall ist es wichtig, daß bzw. ob der Patient über seine Situation richtig und umfassend informiert ist und einer vorgeschlagenen Maßnahme zustimmt (*informed consent*).

① *Stellvertretende Entscheidungen*: Wenn solche Entscheidungen erforderlich sind, sollten sie natürlich im Sinne des Betroffenen fallen. Damit stellt sich die Frage, wie gut Ärzte, Berater oder Familienangehörige die Präferenzen derjenigen erkennen, erfassen oder vorhersagen können, für die sie die Entscheidung treffen. In einer Studie von Ditto und Mitarbeitern lasen Patienten ein Krankheitsszenario und sollten sagen, für welche der angebotenen Behandlungsalternativen sie sich entscheiden würden (Coppola, Ditto, Danks & Smucker, 2001; Ditto, Danks, Smucker, Bookwala, Coppola, Dresser, Fagerlin, Gready, Houts, Lockhard & Zyganski, 2001; Fagerlin, Ditto, Danks, Houts & Smucker, 2001). Man fragte auch Ärzte und Familienangehörige danach, welche Präferenzen sie bei den Patienten vermuteten. Alle potentiellen „stellvertretenden Entscheider" konnten die Präferenzen der Patienten bzw. Angehörigen nur mäßig gut vorhersagen. Am schlechtesten waren die Vorhersagen von Krankenhausärzten, die die Patienten kaum kannten, am relativ besten konnten die Familienangehörigen die Präferenzen vorhersagen, dazwischen lagen die Hausärzte, die die Patienten besser kannten. Zu ähnlichen Befunden kamen auch Covinsky und Mitarbeiter in einer groß angelegten Studie zu medizinischen Entscheidungen am Lebensende (Covinsky, Fuller, Yaffe, Johnston, Hamel, Lynn, Teno & Phillips, 2000).

In der Studie von Ditto und Mitarbeitern gab es noch einen anderen interessanten Befund: Die Vorhersagen der Präferenzen der Patienten durch die Familienangehörigen korrelierten höher mit ihren eigenen Präferenzen als mit den tatsächlichen Präferenzen der Patienten. Fagerlin et al. (2001) sprechen von einer *projection heuristic* – die Präferenzen anderer werden auf der Basis oder mit Hilfe der eigenen Präferenzen vorhergesagt, wenn über die Präferenzen der anderen Unklarheit oder Unsicherheit besteht.

„Stellvertretende Entscheidungen" sind nicht erforderlich oder werden jedenfalls erleichtert, wenn eine Patientenverfügung (*advance directive*) vorliegt. In den genannten Studien verbesserten vorliegende Patientenverfügungen zwar die Genauigkeit der Vorhersage der Präferenzen durch Krankenhausärzte, die sonst nichts über die Patienten wußten, überraschenderweise aber nicht die Vorhersagen der Familienangehörigen. Ob dies daran liegt, daß die Patienten ihre Präferenzen nicht richtig oder nicht genau genug ausgedrückt hatten, oder daran, daß die Angehörigen die Verfügungen nicht oder nicht richtig zur Kenntnis genommen hatten, ist unklar.

② *Gemeinsame Entscheidungen*: *Shared decision making* meint den Prozeß der Entscheidungsfindung, wenn mehrere Partner an der Entscheidung beteiligt sind und diese Entscheidung auch gemeinsam tragen. Zumeist sind dies der Arzt und der Patient, häufig kommen aber noch Angehörige, andere Spezialisten, Betreuungspersonen oder sogar die Öffentlichkeit hinzu, wenn es um medizinische Entscheidungen im größeren Kontext und mit öffentlichem Interesse geht (z.B. bei Impfkampagnen). Die Schwierigkeiten gemeinsamer Entscheidungen liegen in den unterschiedlichen Ausgangspositionen der Beteiligten. Arzt und Patient haben unterschiedliches Wissen über medizinische Zusammenhänge, Erkrankungen und Behandlungsmöglichkeiten. Es gibt in der Regel eine große Informationsasymmetrie zwischen den Beteiligten. Dennoch soll der Patient eine Entscheidung treffen oder doch zumindest der Entscheidung des Arztes „informiert zustimmen" (oder sie informiert ablehnen). *Shared decision making* beinhaltet mehrere Ziele (Ernst, Schwarz & Krauß, 2004): (a) den Patienten zu befähigen und zu ermutigen, an den sie betreffenden medizinischen Entscheidungsprozessen aktiv teilzunehmen; (b) Materialien zur Entscheidungshilfe für Patienten zu erproben; (c) Ärzte und medizinisches Personal zu schulen, Patientenbedürfnisse und Präferenzen zu erkennen und sie bei Therapieentscheidungen zu berücksichtigen. Fragen für die empirische Forschung sind u.a. (Ernst et al., 2004): In welchem Umfang und in welchen Bereichen *möchten* Patienten überhaupt an der medizinischen Entscheidung mitwirken? In welchem Verhältnis stehen die gewünschte und die tatsächliche Mitwirkung? Lassen sich (längerfristige) Wirkungseffekte des *shared decision making* auf die gesundheitsbezogene Lebensqualität und -zufriedenheit nachweisen?

③ *Informierte Zustimmung*: Eine wichtige und auch rechtlich zwingende Voraussetzung für zahlreiche medizinische Maßnahmen ist die informierte Zustimmung (*informed consent*) des Patienten. Der Patient soll bzw. muß so über seine Situation aufgeklärt werden, daß er selbst entscheiden kann, welche Maßnahme nach seiner Meinung für ihn am besten ist; im allgemeinen heißt dies, daß er entscheidet, ob er einer vom Arzt vorgeschlagenen Maßnahme zustimmt oder sie ablehnt. Aus kognitions- und entscheidungspsychologischer Sicht wirft dieses Konzept viele Fragen auf, beispielsweise: Welche Information muß vermittelt werden, wie kann sie angesichts der engen zeitlichen Rahmenbedingungen, des unterschiedlichen Vorwissens eines Patienten und der begrenzten Belastbarkeit eines Kranken dargestellt werden? Wie kann festgestellt werden, ob der Patient die Informationen richtig versteht und interpretiert? Kann der Patient nach seiner Aufklärung tatsächlich frei zwischen Behandlungsalternativen entscheiden oder spielt der Vorschlag des Arztes nicht eine letztlich entscheidende Rolle? Die theoretischen,

methodischen und praktischen Schwierigkeiten, die mit dem Konzept der infor-
mierten Zustimmung verbunden sind, sind in zahlreichen Arbeiten untersucht und
diskutiert worden (vgl. Fischhoff, 1985; Ubel & Loewenstein, 1997; Jimison &
Sher, 2003).

9.3.4 Normative Ansätze

Wir gehen im folgenden kurz auf einige Ansätze ein, die aus psychologischer
Sicht auf den ersten Blick weniger interessant sind. Es sind Ansätze, mit deren
Hilfe medizinische Entscheidungen bzw. Entscheidungsprozesse verbessert wer-
den sollen.

① *Entscheidungsanalyse*: Dies sind die analytischen Methoden zur Abbildung
von medizinischen Entscheidungsprozessen, die Verfahren der computergestütz-
ten Entscheidungsunterstützung für Ärzte und Patienten sowie andere Computer-
anwendungen (z.B. Expertensysteme) zur Unterstützung einer evidenz-basierten
Medizin (s.u.). Formale Methoden und Modelle, wie z.B. Entscheidungsbäume,
Ursachenbäume, Einflußdiagramme oder komplexere Modelle wie Markov-Ket-
ten oder Bayes-Netze, dienen zur Unterstützung bei der Bewertung unsicheren
Wissens, der Bewertung diagnostischer Verfahren, der Berechnung und Revision
von Diagnosewahrscheinlichkeiten sowie der Anwendung auf die Therapiepla-
nung. Entscheidungsprozesse sollen auf diese Weise transparent gemacht und
präzisiert werden, und Konsequenzen von Entscheidungen unter Unsicherheit sollen normativ bewertbar gemacht werden (Sox, Blatt, Higgins & Marton, 1988;
Spreckelsen & Spitzer, 2002). Ein Tutorial *How to perform a decision analysis*
mit einer ausführlichen Beschreibung der einzelnen Schritte einer Entscheidungsanalyse wurde in der Zeitschrift *Medical Decision Making*, 1997, Vol. 17, No. 2
publiziert.

Das entscheidungsanalytische Konzept liegt auch dem Ansatz zur Beratung von
Patienten zugrunde, der von vielen entscheidungstheoretisch orientierten Ärzten
vertreten wird. Das zentrale Postulat dieses Ansatzes ist, daß der Arzt den Patienten über die relevanten Sachverhalte aufklären muß (also Optionen, ihre Konsequenzen und deren Wahrscheinlichkeiten), daß der Patient (mit Hilfe des Arztes)
diese Konsequenzen bewerten muß, und daß dann der Arzt (gegebenenfalls mit
Hilfe eines Computers) die objektiven Wahrscheinlichkeiten und die subjektiven
Bewertungen entsprechend dem *Expected-Utility*-Modell integriert. Das Ergebnis
– eine Präferenzordnung – kann dem Patienten vorgestellt, mit ihm diskutiert und
von ihm revidiert werden. Als eines von vielen in der Literatur beschriebenen
Beispielen sei die Arbeit von Levine, Gafni, Markham und MacFarlane (1992)
genannt, in der die Entwicklung und Anwendung einer Entscheidungshilfe für
Frauen beschrieben wird, die sich zwischen Behandlungsalternativen für Brustkrebs entscheiden mußten. Obwohl dieses Konzept wichtige Vorteile hat (z.B.

eine Objektivierung und Standardisierung des Beratungsprozesses), hat es auch eine Reihe von problematischen Eigenschaften (vgl. Ubel & Loewenstein, 1997; Jungermann, 1999).

② *Evidenz-basierte Medizin*: Gemeint ist damit ein Handeln, das sich auf den aktuell besten Stand der wissenschaftlichen Erkenntnis für Entscheidungen in der medizinischen Versorgung individueller Patienten stützt. Dies soll dadurch ermöglicht oder zumindest erleichtert werden, daß der Arzt (auf dem PC) zur jeweiligen Symptomatik die derzeit nachgewiesenermaßen besten Maßnahmen und ihre jeweilige Wirksamkeit abfragen kann (vgl. Ioannidis & Lau, 2003). Die Daten beruhen auf einer Aufarbeitung der medizinischen Fachliteratur durch ein wissenschaftliches Institut (COCHRANE-Institut). Evidenz-basierte Medizin (*evidence-based medicine*) findet ihren Einsatz in Diagnostik, Therapie, Prävention, Prognose, Screening und der Bewertung von Nebenwirkungen. Der Arzt ist allerdings in seiner Entscheidung frei, d.h. er muß sich nicht an dieser Information und dadurch oft implizierten Empfehlung orientieren; in manchen Institutionen muß er allerdings im Falle einer abweichenden Entscheidung diese begründen. Damit tauchen auch psychologisch bedeutsame Fragen auf, die aber bislang noch nicht untersucht worden sind.

In Anlehnung an das Konzept der *evidence-based medicine* gibt es seit einigen Jahren auch das Konzept einer *evidence-based patient choice*. Darin sollen der evidenz-basierte Ansatz und die Wahlperspektive des Patienten als Konsument medizinischer Angebote miteinander verbunden werden (vgl. Elwyn & Edwards, 2001).

9.4 Ohne Orte: Health-related Decision Making

Entscheidungen zur Erhaltung und Förderung der Gesundheit bzw. zur Vorbeugung von Krankheit werden von uns immer wieder und nicht nur an bestimmten Orten getroffen. Solche individuellen Entscheidungen sind Gegenstand der *Gesundheitspsychologie* (*Health Psychology*). Es geht in diesem Gebiet um die Identifikation und Analyse *individueller* kognitiver, emotionaler, motivationaler und Verhaltens-Faktoren, die das gesundheitsbezogene Verhalten beeinflussen (Schwarzer, 1996). Im Unterschied dazu befaßt sich *Public Health* mit Gesundheitsförderung und Krankheitsverhütung auf gesellschaftlicher Ebene und vermittels gemeindebezogener Maßnahmen. Gesundheitspsychologie will einen Beitrag leisten zur Erhaltung und Förderung von Gesundheit, zur Verhütung von Krankheiten, zur Erkennung von Risikofaktoren im Verhalten, zu Diagnose und Ursachenbestimmung von Erkrankungen, zur Rehabilitation sowie zur Verbesserung des Systems der gesundheitlichen Versorgung. Wir behandeln zum einen Beiträge der Entscheidungsforschung zu Fragen präventiven Verhaltens (Abschnitt 9.4.1) und zum anderen Beiträge zu Fragen der Risikowahrnehmung und Risikokommunikation (Abschnitt 9.4.2). Am Ende dieses Abschnitts gehen wir noch kurz auf entscheidungspsychologische Aspekte der genetischen Beratung (Abschnitt 9.4.3) und der Organspende (Abschnitt 9.4.4) ein.

9.4.1 Präventives Gesundheitsverhalten

Vorsorgeuntersuchungen zu Brustkrebs oder Darmkrebs, Zahnprophylaxe und Impfungen haben keine unmittelbaren positiven Konsequenzen. Sie kosten im Moment nur Zeit und eventuell Geld. Positive Wirkungen treten, wenn es sie denn gibt, erst später ein und sind oft nicht einmal direkt dem präventiven Verhalten zuschreibbar. Damit werden die Modelle und Befunde der Entscheidungsforschung zu Zeitpräferenzen und Diskontierungsraten interessant (vgl. Abschnitt 3.4). Beispielsweise wäre der Verzicht auf die Zahnprophylaxe oder ihre Verzögerung danach als Manifestation einer positiven Zeitpräferenz zu charakterisieren: Eine unangenehme Erfahrung zu einem späteren Zeitpunkt erscheint weniger schlimm als eine unangenehme Erfahrung zu einem früheren Zeitpunkt – daher schiebt man sie hinaus. Und das geringfügige unmittelbare Wohlgefühl durch eine Zigarette erscheint attraktiver als Gesundheit in einigen Jahren. Man könnte dann annehmen, daß die Diskontierungsraten derjenigen, die kein präventives Gesundheitsverhalten zeigen, höher sind als die Diskontierungsraten der Gesundheitsbewußten: Sie verlangen mehr (z.B. an Geld) für eine Verzögerung des Erhalts (des Geldes), oder anders gesagt, sie sind weniger zu einem Verzicht auf einen unmittelbaren Erhalt (des Geldes) bereit.

In einer Reihe von Studien ist der Zusammenhang zwischen individuellen Diskontierungsraten und präventivem Gesundheitsverhalten untersucht worden (vgl. Literaturübersicht bei Chapman, in press). Insbesondere bei Sucht (Alkohol, Nikotin, Heroin) zeigten sich positive Zusammenhänge zwischen empirisch erhobenen Diskontierungsraten und Suchtverhalten. In einigen Experimenten sollten Personen Entscheidungen zwischen Optionen treffen, bei denen ihnen Geld entweder sofort oder mit zeitlicher Verzögerung ausgezahlt wurde. Aus diesen Ergebnissen wurden die individuellen Diskontierungsraten bestimmt. Bei einer Gruppe von Heroinabhängigen zeigten sich deutlich höhere Diskontierungsraten als bei einer Vergleichsgruppe nicht-drogenabhängiger Personen (Madden, Petry, Badger & Bickel, 1997; Kirby, Petry & Bickel, 1999). Bei Rauchern waren die Diskontierungsraten ebenfalls höher als bei Ex-Rauchern und Nichtrauchern (Bickel, Odum & Madden, 1999), und sie waren bei *heavy social drinkers* höher als bei *light social drinkers* (Vuchinich & Simpson, 1998). Solche Befunde bieten Ansatzpunkte für gesundheitliche Aufklärung und Verhaltensbeeinflussung.

Menschen, die von Alkohol, Zigaretten oder Drogen abhängig sind oder an keinem Spielautomaten vorbeigehen können, versuchen oft, wenn sie in einem „kalten" Zustand sind, ihr Verhalten in einem „heißen" Zustand vorherzusagen – der frühere Alkoholiker beispielsweise, der sich überlegt, ob er zu einer Feier gehen soll, auf der bekanntermaßen viel Alkohol getrunken wird. Die Forschung bestätigt die Alltagserfahrung: Menschen überschätzen ihre Willenskraft – und sie unterschätzen den Einfluß körperlicher, mentaler und sozialer Faktoren im „heißen" Zustand. Dies zeigt sich in Verhaltensdaten wie auch in der Diskrepanz zwischen *predicted* und *experienced utilities*, also den vorhergesagten und den tatsächlich erfahrenen Gefühlen (vgl. Loewenstein & Schkade, 1999).

Das ist eine Versuchung, sagte der Hofprediger, und erlag ihr. Bertolt Brecht, Mutter Courage.

Für den Effekt einer Kommunikation, die gesundheitsbezogenes Verhalten zum Gegenstand hat, kann ihr *framing* von Bedeutung sein – also ob die Information *in terms of benefits* (*gains*) oder *in terms of costs* (*losses*) gegeben wird (vgl. Abschnitt 6.2.2.3). Rothman und Salovey (1997) haben die Befunde einschlägiger Studien aus der Perspektive der *Prospect*-Theorie und unter Berücksichtigung der empirischen Befunde aus der Entscheidungsforschung zusammengefaßt, verglichen und diskutiert. Dabei kommen sie u.a. zu dem Ergebnis, daß der Effekt der Kommunikation partiell davon abhängig ist, ob das fragliche gesundheitsbezogene Verhalten darauf zielt, eine Krankheit zu entdecken, oder ob es darauf zielt, die Gesundheit zu stärken.

Was motiviert Personen überhaupt zu gesundheitsförderndem Verhalten? Schwarzer und Renner (2000) schlagen ein Prozeßmodell vor, das eine initiale Motivationsphase und eine sich daran anschließende volitionale Phase unterscheidet. In der motivationalen Phase wird das Ziel des gesundheitsbezogenen Verhaltens durch das Individuum festgelegt. Diese Zieldefinition erfolgt auf der Basis (1) der individuellen Risikowahrnehmung, (2) der wahrgenommenen Selbsteffizienz und (3) der Folge-Erwartungen. In der anschließenden volitionalen Phase werden dann die zur Zielerreichung notwendigen Handlungen geplant, vorbereitet, umgesetzt und kontrolliert. Gesundheitsförderndes Verhalten kann nun sowohl gefördert als auch gehemmt werden dadurch, daß einzelne Prozesse in den beiden Phasen unterstützt oder behindert werden. So könnte beispielsweise eine niedrige wahrgenommene Selbsteffizienz gesundheitsbezogenes Verhalten behindern, auch wenn die Risikowahrnehmung und die Folge-Erwartungen durchaus realistisch sind.

9.4.2 Wahrnehmung und Kommunikation von Gesundheitsrisiken

Es geht zum einen um die Frage, welche Informationen und welche Mechanismen der Informationsverarbeitung die Wahrnehmung und Einschätzung gesundheitlicher Risiken bestimmen, und zum andern um die Frage, wie die Kommunikation von Risikoinformationen zwischen Arzt und Patient oder zwischen Ärzten und der Öffentlichkeit korrekt, verständlich und effektiv gestaltet werden kann. In einem von Renner editierten Themenheft der *Zeitschrift für Gesundheitspsychologie* (2003, 11. Jg.) finden sich mehrere einschlägige Arbeiten zu diesen Fragen.

Es gibt eine Vielzahl von Untersuchungen zur Risikowahrnehmung, die durchweg auf die Analyse der zugrundeliegenden kognitiven Prozesse und die Erklärung von Charakteristika, Fehlern oder Urteilstendenzen abzielen, die bei der Wahrnehmung und Bewertung von Gesundheitsrisiken zu beobachten sind. Dabei geht es in diesem Zusammenhang weniger um die allgemeine Wahrnehmung von Lebensrisiken als um die persönliche, selbstbezogene Risikowahrnehmung. Denn diese wird als eine wichtige Determinante gesundheitsbezogenen Verhaltens gesehen. Erst wenn eine persönliche Gefährdung für möglich oder wahrscheinlich gehalten wird, entsteht eine Motivation für gesundheitsfördernde oder –schützende Verhaltensweisen. Auf einen besonders wichtigen Befund bei der selbstbezogenen Risikowahrnehmung haben wir bereits in Abschnitt 5.5.7 hingewiesen, den von Weinstein (1980) beschriebenen so genannten „unrealistischen Optimismus": Viele halten ihr persönliches Risiko, beispielsweise für eine Erkrankung oder einen Unfall, für geringer als das Risiko einer vergleichbaren Population. Der 50-jährige Manager meint, er selbst sei weniger durch einen Herzinfarkt gefährdet als (im Durchschnitt) die Population der anderen 50-jährigen. In mehr als 200 Studien wurde der Befund eines unrealistischen Optimismus hinsichtlich zahlreicher Krankheiten repliziert (Weinstein, in press).

Meist findet man unrealistischen Optimismus in Bereichen, in denen Personen tatsächlich ein gewisses Maß an Kontrolle über das kritische Verhalten haben (z.B. Autofahren, Sexualverkehr und Rauchen). In einer Untersuchung von Rauchern und Nichtrauchern zeigte sich, daß besonders kurzfristige Risiken (Gesundheitsbeeinträchtigungen durch das Rauchen innerhalb der ersten Jahre des Rauchens) und Risiken einzelner Ereignisse (Gesundheitsbeeinträchtigungen durch die unmittelbar nächste gerauchte einzelne Zigarette) von den Rauchern deutlich geringer eingeschätzt wurden als von den Nichtrauchern, während sich die beiden Gruppen nicht unterschieden in der Beurteilung der Langzeitrisiken des Rauchens. Die Studie zeigte auch, daß 70% der Raucher sich zwar über die Verkürzung der Lebenszeit durch jahrelanges Rauchen im klaren sind, daß sie aber unterschätzen, um wie viele Jahre Raucher früher sterben (Slovic, 1998). Zum Verhältnis von Risikowahrnehmung und Risikoverhalten sowie dem unrealistischen Optimismus im Zusammenhang mit HIV verweisen wir auf die Arbeiten von van der Pligt, Otten, Richard und Velde (1993) sowie Renner und Schwarzer (2003).

Aber selbst bei der Beurteilung des eigenen genetischen Risikos, das außerhalb der eigenen Kontrolle und unbeeinflußbar durch das eigene Verhalten ist, findet man einen solchen unrealistischen Optimismus, wie eine Untersuchung von Welkenhuysen, Evers-Kiebooms, Decruyenaere und van den Berghe (1996) zeigt, die in Box 9.7 beschrieben wird. Medizinische Laien schätzen ihr persönliches Risiko für eine genetisch bedingte Erkrankung häufig falsch ein, Risiken werden entweder über- oder unterschätzt, und selbst nach einer humangenetischen Beratung bleibt die Risikobeurteilung häufig inadäquat (Meiser & Halliday, 2002). Auch hier finden wir den schon erwähnten Effekt, daß die Schwere der Konsequenz (hier eines genetischen Defektes) mit seiner Wahrscheinlichkeit konfundiert ist (Lippman-Hand & Fraser, 1979; Shiloh, 1996).

Box 9.7: *Mein* genetische Risiko ist sicher nicht so groß ...

Mirijam Welkenhuysen und ihre Mitarbeiter (1996) befragten 169 erwachsene Frauen nach dem Risiko, das für ein gesundes Paar besteht, ein Kind mit einem genetischen Defekt zu bekommen. Sie mußten dann ihr eigenes Risiko einschätzen, ein Kind mit einem solchen Defekt zu bekommen. Es waren jeweils sieben Kategorien vorgegeben: „< 1%", „1-2%", „3-5%" usw.

43% der Frauen schätzten ihr eigenes Risiko geringer ein als das Risiko für andere Paare (Optimisten), 42% beurteilten die Risiken als gleich groß (Realisten), und nur 15% schätzten das eigene Risiko höher ein als das Risiko für andere Paare (Pessimisten).

In einer zweiten Studie wurden Jugendliche direkt um einen Vergleich gebeten: „Wenn ich mein eigenes genetisches Risiko mit dem Risiko anderer Personen meines Alters vergleiche, schätze ich mein Risiko sehr viel geringer, geringer, gleich groß, etwas größer, sehr viel größer ein." Hier schätzten nur 18% der Befragten ihr eigenes Risiko geringer ein als das Risiko für eine andere Person gleichen Alters (Optimisten), 77% beurteilten das Risiko als gleich groß (Realisten), und 5% schätzten das eigene Risiko höher ein als das Risiko für eine andere Person (Pessimisten). Bei direkter Messung verringerte sich also der prozentuale Anteil der unrealistischen Optimisten, es verringerte sich auch der Anteil der unrealistischen Pessimisten, und es erhöhte sich der Anteil der realistischen Beurteilungen. Dennoch blieb auch bei der direkten Messung der Anteil der unrealistisch optimistischen Personen größer als der Prozentsatz an unrealistisch pessimistischen Personen.

Das Ausmaß an unrealistischem Optimismus korrelierte weder mit der persönlichen Erfahrung, dem Wissen über genetische Erkrankungen, der wahrgenommenen Schwere des genetischen Defektes noch der wahrgenommenen Häufigkeit. Lediglich ein Zusammenhang zeigte sich bei der direkten Messung: Je ängstlicher eine Person im allgemeinen ist, desto weniger zeigt sie einen unrealistischen Optimismus bei der Beurteilung ihres genetischen Risikos.

Die Kommunikation gesundheitlicher Risiken ist ein für Ärzte und Gesundheits-
politiker wichtiges Thema (vgl. Fischhoff, 1995; Fischer & Jungermann, 2003).
Zunächst ging man davon aus, nur die Fakten (z.B. Erkrankungsrisiken) darstellen zu müssen. Man kann aber Risiken in unterschiedlicher Weise darstellen
(etwa als Wahrscheinlichkeiten oder als Häufigkeiten) und kann damit ganz
unterschiedliche Beurteilungen und Verhaltensweisen auslösen, wie empirische
Studien gezeigt haben. Daraus ergab sich die Überlegung, die Fakten nicht nur
darstellen, sondern auch erklären zu müssen; man kann beispielsweise Risikovergleiche einführen, um die Bedeutung von Risiken verständlich zu machen. Aber
auch Risikovergleiche stoßen, wie sich gezeigt hat, oft auf Probleme und sogar
Ablehnung bei den Adressaten.

Als gutes Beispiel für Probleme bei der Risikokommunikation kann die Frage
gelten, ob man Risiken besser in einem Wahrscheinlichkeitsformat (z.B. „3%")
oder in einem Häufigkeitsformat (z.B. „3 von 100") darstellt. Damit hat sich insbesondere Hoffrage beschäftigt, der diese Frage u.a. am Beispiel der Brustkrebsfrüherkennung und der Hormonersatztherapie untersucht hat (Hoffrage, 2003).
Ein anderes Beispiel ist die Frage, ob man über Risiken besser in Zahlen (z.B.
„3%") oder mit Worten (z.B. „selten") informiert. Es hat sich gezeigt, daß numerische Größen oft nicht verstanden werden, das Verständnis verbaler Beschreibungen aber vom Kontext abhängig ist, insbesondere von der Schwere der
Risiken (Weber & Hilton, 1990; Fischer & Jungermann 1996; vgl. auch Abschnitt
5.3.2). Die Adressaten von Information wollen diese lieber in numerischer Form
bekommen, aber selbst lieber in verbaler Form geben (*communication mode paradox*, Wallsten, Budescu, Zwick & Kemp, 1993; Fischer & Jungermann, 2003).
Vor allem aber kommen Personen zu unterschiedlichen Präferenzen und Entscheidungen, je nachdem wie die Risikoinformation dargeboten wird (Stone,
Yates & Parker, 1997; Timmermans, 2003). Es gibt aber kein Kriterium dafür,
welche Art der Risikokommunikation die „richtige" oder „beste" ist.

Bei der Aufklärung über gesundheitliche Risiken können sich daraus Probleme
für Arzt oder Berater ergeben, weil es manchmal keine Form der Darstellung der
Information gibt, die nicht ethische Prinzipien in der einen oder anderen Weise
verletzt. So mag der eine Arzt mit einer schwangeren Klientin, bei der es um die
Möglichkeit der Erkrankung des Kindes an Mukoviszidose geht, in eher allgemeiner und abstrakter Weise über die Wahrscheinlichkeit der Erkrankung, die statistische Lebenserwartung und die Einschränkung der Lebensqualität der
Erkrankten sowie die auf die Eltern zukommenden Kosten sprechen; ein anderer
Arzt mag seiner Klientin ausführliche Szenarios oder Berichte über das Leben
von und das Leben mit an Mukoviszidose erkrankten Menschen vorlegen oder gar
mit ihr Familien aufsuchen, in denen Menschen mit dieser Krankheit leben. Jede
Form der Aufklärung ist in gewissem Sinne korrekt, jede aber hat unterschiedliche Wirkungen auf die Klientin. Die eine Darstellung mag dadurch die Autonomie der Klientin beeinträchtigen, daß sie nicht so detailliert und konkret wie
möglich informiert, die andere Darstellung mag sie aber gerade durch ihre Detail-

liertheit und Konkretheit beeinträchtigen, weil diese die Klientin in eine bestimmte Richtung der Entscheidung beeinflussen dürfte. Solche ethischen
Dilemmata der Aufklärung gibt es auf der individuellen Ebene (Berater – Klient),
auf der institutionellen Ebene (Beratungsinstitution – Klientel) und auf der gesell-
schaftlichen Ebene (Politik, Medien, Wissenschaft – Bürger); Jungermann
(1997b) diskutiert sie aus entscheidungspsychologischer Perspektive.

9.4.3 Genetische Beratung

Die Fortschritte in der Entschlüsselung des menschlichen Genoms und die Entwicklung der Gentechnologie bringen eine Vielzahl neuer Probleme für die genetische Beratung. Die humangenetische Beratung versteht sich als ein Angebot an
Klienten, die Informationen über ein spezifisches, genetisch bedingtes Erkrankungsrisiko für sich selbst bzw. ihre potentiellen Nachkommen wünschen. Die
genetische Beratung und Diagnose umfaßt folgende Bereiche: (a) Die genetische
Diagnostik bei Eltern mit Kinderwunsch, bei der das Erbmaterial der Eltern auf
einen genetischen Defekt hin untersucht wird. (b) Die pränatale genetische Diagnostik (PD), bei der Zellen eines Embryos entnommen werden. (c) Die postna-
tale genetische Diagnostik, bei der Zellen des Neugeborenen untersucht werden.
Die Präimplantations-Diagnostik, bei der ein im Reagenzglas gezeugter Keim
noch vor der Übertragung in den Mutterleib auf bestimmte Krankheiten überprüft
werden kann, ist derzeit (noch) kein Thema der genetischen Beratung in Deutschland. Das genetische Beratungsgespräch beinhaltet: (a) Informationen über medizinische Zusammenhänge genetisch bedingter oder mitbedingter Erkrankungen
und Behinderungen (Entstehung, Prognose, Prävention, Therapie); (b) Informationen über die Bedeutung genetischer Faktoren und ihre Auswirkungen auf ein
Erkrankungsrisiko für die Klienten und evtl. ihre Angehörigen; (c) im Falle exo-
gener Belastungen Informationen über teratogene (Mißbildungen am Foetus aus-
lösend) und/oder mutagene (DNA-verändernde) Risiken sowie über Möglichkeiten von Prävention, Therapie und pränataler Diagnostik. Die Mehrzahl der Klienten – Frauen oder Paare – kommt ambivalent zur Beratung und erwartet Entscheidungshilfe, oft auch einen Rat. Fast alle kommen mit einem großen Informations-
bedürfnis. Gefragt wird insbesondere nach dem Fehlgeburtsrisiko bei einer inva-
siven PD, der Zuverlässigkeit der Testergebnisse, den Krankheitsbildern und Ursachen von Chromosomenstörungen und der Prognose bei bestimmten Krankheitsbildern.

Diese kurze Schilderung zeigt, daß die Entscheidungsforschung für die genetische Beratung von großer Bedeutung ist oder zumindest sein kann. In den Nieder-
landen, Belgien und Großbritannien wird dies auch so gesehen, in Deutschland
wird dieser Ansatz bisher allerdings noch wenig rezipiert. Das wichtigste Thema
ist bislang die Aufklärung der Klienten über die Wahrscheinlichkeiten der mögli-

chen diagnostischen Ergebnisse und der möglichen Folgen der einen oder anderen Entscheidung. Hier gibt es zahlreiche Untersuchungen (z.B. Timmermans, 1994; Stiggelbout & Timmermans, 1995; Timmermans 1999; Welkenhuysen, Evers-Kiebooms & d´Ydewalle, 2001; Timmermans, 2003). Sie zeigen u.a., daß die Art der Information über Risiken (numerisch, verbal, graphisch) einen Einfluß auf die Entscheidungen der Klienten hat, wenngleich unklar ist, wie dieser Einfluß zu bewerten ist, d.h. welche Entscheidung als besser zu betrachten ist. Die Studien zeigen weiter, daß Informationen über die Risiken – wie auch immer vermittelt – schlecht verstanden werden, also nach der Information unter- oder überschätzt werden. Manche Studie zeigt auch, daß die Wahrscheinlichkeitsinformation oft für die Entscheidung keine große Rolle spielt; wichtig ist nicht der genaue Wahrscheinlichkeitswert, sondern die Tatsache, *daß* es die Möglichkeit bestimmter negativer Folgen gibt (Shiloh, 1996). Es ist auch nicht klar, mit welchem Argument man einen Klienten von der Bedeutung eines Wahrscheinlichkeitswertes für seine Entscheidung überzeugen soll, da dieser Wert sich auf eine Population bezieht und keine Prognose im Einzelfall erlaubt.

In zahlreichen Studien wurde der Zusammenhang zwischen objektiven Wahrscheinlichkeiten, individueller Risikowahrnehmung und der Bereitschaft zur Einwilligung in diagnostische Maßnahmen (z.B. Amnioszentese) und therapeutische Maßnahmen (z.B. prophylaktische Mastektomie) untersucht (u.a. van Dijk, Otten, Zoeteweij, Timmermans, van Asperen, Breuning, Tollenaar & Kievit, 2003). Speziell zur Beratung bei onkologischen Problemen (z.B. Brustkrebs) liegen ebenfalls Studien vor (u.a. Evers-Kiebooms, Welkenhuysen, Claes, Decruyenaere & Denayer, 2000; Welkenhuysen & Evers-Kiebooms, 2002; van Dijk, Otten, van Asperen, Timmermans, Tibben, Zoeteweij, Silberg, Breuning & Kievit, in press).

9.4.4 Organspende

Ein weiteres Thema, bei dem die Entscheidungsforschung interessant ist, ist die Organspende. Hier sind zwei Fälle zu unterscheiden: (a) Die Bereitschaft von Menschen, im Falle ihres Todes ihren Körper für eine Organspende zur Verfügung zu stellen; (b) die Bereitschaft von Menschen, einem anderen Menschen, dem sie nahe verbunden sind, eine Niere oder einen Teil ihrer Leber zu spenden (sog. Lebendspende).

Im zweiten Fall, der Lebendspende, steht die Frage der Genese und der Freiwilligkeit der Entscheidung im Mittelpunkt sowie die Interpretation der Spender-Empfänger-Beziehung (vgl. Fateh-Moghadam, Schroth, Gross & Gutman, 2004a, b). Diskutiert wird auch das entscheidungstheoretisch natürlich interessante Problem, ob oder in welcher Form es erlaubt werden sollte, eine Lebendspende monetär zu vergüten, um damit die Bereitschaft zur Lebendspende zu erhöhen.

Im ersten Fall hat die Feststellung Interesse geweckt, daß in den USA die bei
Umfragen geäußerte Zustimmung zu einer Organspende bei 85% liegt, aber nur
28% einen Spenderausweis ausgefüllt haben. Noch interessanter ist die Feststellung, daß die Häufigkeit von Organspenden in den einzelnen Ländern der Europäischen Union extrem unterschiedlich ist. In Deutschland warten derzeit mehr
als 11.500 Menschen auf ein Organ, aber nur etwa 3.000 Organe werden jährlich
nach dem Tod gespendet. Schaut man sich andere europäische Länder an, liegt
Deutschland auf einem der hintersten Plätze, was die Organspenderate (Spender
pro Mio Einwohner pro Jahr) angeht. Spanien beispielsweise hat eine dreifach
höhere Spenderate; die Raten von Österreich, Belgien und Frankreich übertreffen
Deutschland immerhin noch um das 1½-fache (Deutsche Stiftung Organtrans-
plantation; www.dso.de). Wie sind diese Diskrepanzen zu erklären? Unterscheiden sich die Bevölkerungen der einzelnen Staaten so sehr in ihrer „wahren" Spendebereitschaft?

Schauen wir uns die gesetzlichen Regelungen an. In Deutschland gilt seit 1997
nach dem neuen Transplantationsgesetz eine „erweiterte Zustimmungsregelung":
Ein Verstorbener gilt zunächst einmal nicht als Organspender. Hat er seinen Willen zur Organspende durch eine schriftliche Erklärung (z.B. Organspendeaus-
weis) dokumentiert, wird er Spender. Liegt keine Erklärung vor, werden gegebenenfalls die Angehörigen gefragt, die dann entsprechend dem mutmaßlichen
Willen des Verstorbenen entscheiden. In Spanien, Österreich und Belgien dagegen gilt eine „Widerspruchsregelung": Jeder Verstorbene ist automatisch ein
potentieller Spender, es sei denn, er hat vor seinem Tod in einer Erklärung dagegen Widerspruch eingelegt. In entscheidungstheoretischer Terminologie lassen
sich die beiden Regelungen so formulieren: Ausgangspunkt oder status quo des
Entscheiders bei einer Zustimmungsregelung ist eine Situation, in der er zunächst
einmal kein Spender ist. Diesen Status zu ändern, also potentieller Organspender
zu werden, „kostet" etwas – eine gewisse gedankliche und emotionale Auseinandersetzung mit dem Thema, eventuell die Begründung gegenüber Angehörigen
sowie die Anforderung und das Ausfüllen eines Formulars. Ausgangspunkt bei
einer Widerspruchsregelung dagegen ist eine Situation, in der man automatisch
Spender ist. Hier kostet es etwas, diesen Status durch expliziten Widerspruch zu
verändern. Johnson und Goldstein (2003) haben in einer Untersuchung gezeigt,
wie groß der Einfluß der Ausgangssituation auf die erklärte Bereitschaft zur
Organspende ist; das zentrale Ergebnis ist in Box 9.8 beschrieben. Auf dem Hintergrund dieses Befundes sind die Unterschiede zwischen den europäischen Ländern nun erklärbar: In Deutschland gilt eine Zustimmungsregelung (*opting-in*)
mit der Folge einer geringen erklärten Spendehäufigkeit, in Spanien, Österreich
und Belgien dagegen eine Widerspruchsregelung (*opting-out*) mit der Folge einer
hohen Spendehäufigkeit. Die Abhängigkeit der Spendehäufigkeit von der Aus-

gangssituation wirft psychologische, ethische und ökonomische Fragen auf –
wenn man beispielsweise daran denkt, daß durch einen Spender im Durchschnitt
drei Transplantationen für andere Menschen ermöglicht werden.

Box 9.8: Gibt es eine „wahre" Bereitschaft zur Organspende?

In den USA befragten **Eric J. Johnson** und **Daniel Goldstein** (2003) 161 Personen nach ihrer Bereitschaft zur Organspende. In einem Internet-Experiment
sollte sich eine Gruppe von Probanden vorstellen, sie seien in einen Bundesstaat umgezogen, in dem sie zunächst *nicht* als Spender registriert sind; sie
haben aber die Möglichkeit, diesen Status zu bestätigen oder zu ändern (sog.
opt-in-Bedingung, d.h. Zustimmungsregelung). Einer zweiten Gruppe wurde
gesagt, in ihrem Bundesstaat sei jeder automatisch Spender, könnte sich aber
per Widerspruch dagegen entscheiden (sog. *opt-out*-Bedingung, d.h. Widerspruchsregelung). Eine dritte Gruppe sollte sich für oder gegen die Organspende entscheiden, ohne daß ein bestimmter Status vorgegeben war (*neutral*-Bedingung). Die Art des Ausgangs-Status in der Schilderung des Problem
(des sog. *default*) hatte einen starken Effekt, wie die Graphik zeigt:

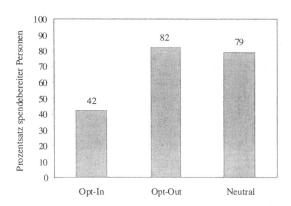

In der *opt-in*-Bedingung waren nur 42% der Befragten zur Organspende
bereit, in der *opt-out*-Bedingung waren es dagegen 82%. Interessant ist die
neutrale Bedingung, weil man hier unterstellen kann, daß sie die „wahren"
Präferenzen der Personen - ohne Beeinflussung durch den Ausgangs-Status -
abbildet: 79% der Befragten, also fast genauso viele wie in der *opt-out*-Bedingung, waren hier zum Spenden bereit. Ein hoher Prozentsatz an - potentiell! -
Spendebereiten, ähnlich dem Prozentsatz an Personen, die in Umfragen ihre
Spendebereitschaft erklären.

9.5 Lesevorschläge

Zu jedem der vier Bereiche, die wir in diesem Kapitel unter entscheidungspsychologischer Perspektive geschrieben haben, schlagen wir ein etwas anderes Buch
zur Lektüre vor.

In seinem Buch *Arts and Economics* hat der Schweizer Ökonom Bruno S. Frey
(2000) eine Reihe von Aufsätzen herausgebracht, die sich mit ökonomischen
Aspekten der Kunst und des Kunstlebens beschäftigen. Aus entscheidungstheoretischer Sicht ist der Kunstmarkt natürlich vor allem deswegen interessant, weil
die Bewertung des Gutes Kunst durch Kunstliebhaber und Kunsthändler oft nur
schwer ökonomisch greifbar ist. Warum, beispielsweise, erwirbt jemand ein Bild
für eine Million Euro, anstatt es für 4.000 Euro im Monat zu mieten – obwohl das
bei einem Zinssatz von 5% im Jahr ökonomisch auf dieselbe Ausgabe hinaus-
liefe? Darum geht es in Aufsätzen zu *Art investment returns* und *Evaluating cultural property*. Andere Themen sind die Museen und Festivals, die öffentliche
und private Förderung von Kunst.

Flugzeugunfälle ziehen immer große Aufmerksamkeit auf sich. Die Gründe
kennen wir aus der Forschung zur Risikowahrnehmung: Das Ereignis fordert
viele Menschenleben auf einmal, die Bilder sind schrecklich, kein Mensch hat
mehr wirklich Kontrolle über die Situation. In dem Roman *Airframe* hat Michael
Crichton (1996) den katastrophalen Unfall eines Großraumflugzeuges und die
Untersuchung seiner Genese beschrieben. Nüchterner, aber nicht weniger eindrucksvoll lesen sich die Beschreibungen der *Jet-Airliner-Unfälle seit 1952*, die
Jan-Arwed Richter und Christian Wolf (1997) herausgegeben haben und in denen
das Verhalten der Piloten im Mittelpunkt steht.

Wir haben in dem Abschnitt über *Medical Decision Making* nichts zur Situation
im Operationssaal gesagt, in dem Chirurgen oft unter Zeitdruck riskante Entscheidungen treffen müssen. Charles M. Abernathy, ein Chirurg, und Robert M.
Hamm, ein Entscheidungsforscher, haben gemeinsam ein Buch darüber geschrieben, mit welchen Problemen der Urteils- und Entscheidungsfindung ein Chirurg
es zu tun hat und wie man zu einem Experten wird – und damit ist gemeint, wie
man zu einem „intuitiven Chirurgen" wird. Der Titel des Buches: *Surgical intuition*.

Das Thema Rauchen ist Gegenstand vieler Disziplinen. In dem von Paul Slovic
herausgegebenen Band *Smoking* sind Beiträge versammelt, in denen es unter
anderem um die Wahrnehmung der Risiken des Rauchens bei Jugendlichen wie

Erwachsenen geht, um die Einschätzung der eigenen persönlichen Betroffenheit, um den Einfluß der Medien auf das Rauchverhalten, den Suchtcharakter des Rauchens und auch um politische und rechtliche Aspekte.

10 Seitensprünge auf Nebenschauplätze

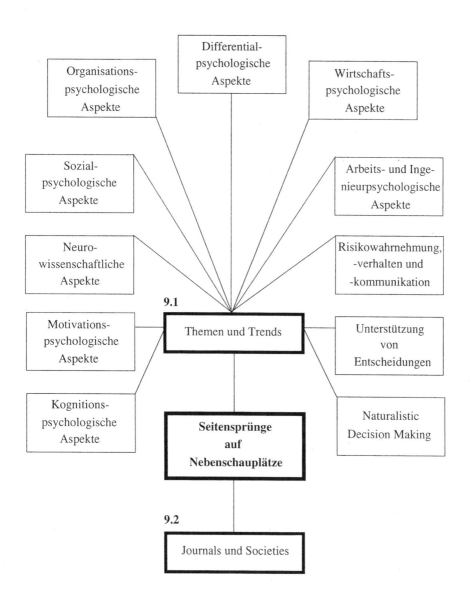

Mit einer Variation von Bertolt Brecht (bzw. Marcel Reich-Ranicki) könnten wir nun sagen: Nun also sehen Sie betroffen, das Lehrbuch zu und viele Fragen offen... Einige der Fragen, die Sie in dem Buch nicht beantwortet fanden, wollen wir zumindest benennen.

Wir wollten in diesem Buch eine Einführung in die Grundlagen der gegenwärtigen Psychologie der Entscheidung geben. Dieses Ziel verlangte eine Konzentration auf die wesentlichen, von der *community* weitgehend akzeptierten oder jedenfalls in ihr vorherrschenden Theorien und Befunde. Und für diese stellt nach wie vor diejenige Konzeption den wichtigsten Orientierungspunkt dar, nach der Entscheidungen (1) mit Blick auf ihre möglichen Konsequenzen getroffen werden, (2) auf einer Kombination der Wünschbarkeit und der Erwartung dieser Konsequenzen beruhen, und (3) ihre Optimalitätsgrenzen in der beschränkten kognitiven Kapazität des Menschen haben. Man muß jedoch sagen, daß der Entscheidungsforschung die lange Zeit bewahrte Hoffnung abhanden gekommen ist, mit dieser Konzeption über eine *unified theory* zu verfügen. Dies hat mindestens zwei Gründe: *Zum einen* gibt es immer mehr Befunde, die im Rahmen dieser Konzeption nur mühsam oder gar nicht erklärbar sind; das ist der Normalfall, so geht es allen Theorien. *Zum andern* aber ist der Gegenstandsbereich der Entscheidungsforschung immer mehr erweitert worden, und es ist kaum verwunderlich, daß die ursprünglich für einen viel kleineren Gegenstandsbereich entworfene Konzeption hier scheiterte. Die Frage ist, ob irgendwann eine neue *unified theory* zu erwarten ist oder ob man diese Hoffnung aufgeben sollte.

Aus unserer Sicht spricht die Entwicklung der Entscheidungsforschung in den letzten Jahrzehnten eher gegen die Suche nach der *einen besten Theorie* für alle Situationen, die als Entscheidungssituationen zu bezeichnen sind. Die Entscheidung eines Piloten, die Maschine durchzustarten, die Entscheidung eines Managers, ein Produkt auf den Markt zu bringen, die Entscheidung einer Frau, eine genetische Analyse durchführen zu lassen, und die Entscheidung eines Konsumenten zwischen verschiedenen Telefongesellschaften haben möglicherweise zu wenig gemeinsam, um von *einer* Theorie abgedeckt werden zu können. Die Probleme haben unterschiedliche Komponenten, deren kognitive und affektive Verarbeitung unterschiedliche Anforderungen stellt. Die zur Verfügung stehende Zeit verlangt einen fast automatischen systematischen Informationsverarbeitungsprozeß oder aber sie erlaubt einen umfassenden, langfristigen Prozeß. Die Entscheidung ist mehr oder weniger in Phasen der Entscheidungsvorbereitung und Entscheidungsverarbeitung eingebettet. Realistischer als die Suche nach der *einen* Theorie ist die Bemühung um eine andere Konzeption: Man muß in einer Aufgabenanalyse die Gemeinsamkeiten und Unterschiede der interessierenden Entscheidungsprobleme und -situationen bestimmen und prüfen, welche Theorie(n)

für welche Klasse an Problemen und Situationen am erfolgreichsten das Entscheidungsverhalten erklären und vorhersagen kann. Daß die bereichsspezifischen
Theorien gemeinsame Module haben können, ist selbstverständlich.

Im *ersten* Abschnitt geht es um das, was wir im Buch *nicht* behandelt haben.
Bei einem Lehrbuch muß man immer zwischen dem Ziel der *Genauigkeit* der
Darstellung einerseits und dem Ziel der *Vollständigkeit* der Darstellung von
Theorien und Befunden andererseits abwägen. Wenn man einzelne interessante
Arbeiten etwas detaillierter darstellt, kann man viele interessante Arbeiten nicht
darstellen. Wir nennen und skizzieren hier solche Themen und Bereiche, die wir
entweder gar nicht behandelt oder jedenfalls nicht so ausführlich behandelt
haben, wie man es auch hätte tun können. Manchmal handelt es sich dabei um
sehr spezielle Fragestellungen, manchmal um Ansätze, mit denen ausgesprochene
Trends verbunden sind. Dazu geben wir jeweils einschlägige Literaturhinweise.

Im *zweiten* Abschnitt geben wir Hinweise auf Zeitschriften und Gesellschaften,
in denen sich interessierte Leser noch weitergehend über die Aktivität der Entscheidungsforscher und -forscherinnen informieren können.

10.1 Themen und Trends

• Kognitionspsychologische Aspekte

- *Strukturkonzept der mentalen Modelle*: Das Konzept spielt in denjenigen Ansätzen eine Rolle, in denen die Struktur der kognitiven Repräsentation von
Entscheidungsproblemen interessiert. Zu nennen sind hier beispielsweise der
explanation-based decision making-Ansatz (Pennington & Hastie, 1993) und
der *focusing*-Ansatz (Legrenzi, Johnson-Laird & Girotto, 1993; Cherubini,
Mazzocco & Rumiati, 2003). Legrenzi und Girotto (1996) haben die Theorie
von Johnson-Laird zum Ausgangspunkt genommen, jedoch handelt es sich
hier um einen eher denk- als entscheidungspsychologischen Ansatz. Hastie
(1991) vermutet sogar in seiner allgemeinen Diskussion der *images of the decision maker* in den verschiedenen Theorien, daß die psychologische Entscheidungsforschung in zunehmendem Maße zu einer Psychologie der mentalen
Modelle werden wird.

- *Postdezisionale Prozesse der Informationsverarbeitung*: Dieses Thema hat
eine lange Tradition in der Sozialpsychologie, die mit der Dissonanztheorie
von Festinger (1964) begann. Es ist aber auch spezifischer aus handlungs- und
entscheidungstheoretischer Perspektive bearbeitet worden, beispielsweise von
Beckmann und Irle (1985), May und Jungermann (1991), Svenson (1992, *differentiation and consolidation theory*) und Montgomery (1983, *search for dominance theory*).

- *Entscheidungsverhalten in dynamischen Situationen (dynamic decision making)*: Man spricht von „dynamischen" Situationen oder Aufgaben, wenn diese eine Serie von Entscheidungen erfordern, wenn diese Entscheidungen nicht unabhängig voneinander sind, wenn sich der Zustand der Umgebung teils abhängig, teils unabhängig von den Entscheidungen verändert, wenn der Entscheider die Rückmeldung über den Effekt seiner Entscheidungen sehr verzögert erhält und wenn die Effekte sehr komplex sind (Omodei & Wearing, 1995a, b). Brehmer (1996) gibt, in Anknüpfung an Brunswik und die *Social Judgment* -Theorie (vgl. Abschnitt 5.4.1), einen Überblick zu diesem Bereich. Vgl. auch Busemeyer (2001), der die theoretischen Konzepte und Modelle sowie empirische Befunde und methodische Probleme darstellt.

- *Erfahrung, Gewohnheit und Routine:* Es gibt verschiedene Ansätze, die sich mit der Rolle des Lernens für das Urteils- und Entscheidungsverhalten beschäftigen (vgl. Hastie, 2001). Ein Ansatz vergleicht Entscheidungen in Situationen, in denen Konsequenzen und ihre Wahrscheinlichkeiten im Verlauf von wiederholten Entscheidungen gelernt wurden (*decisions from experience*), mit Entscheidungen in Situationen, in denen Konsequenzen und Wahrscheinlichkeiten numerisch oder graphisch präsentiert werden (*decisions from description*) (Hertwig, Barron, Weber & Erev, 2004a, b; Weber, Shafir & Blais, 2004). Ein anderer Ansatz befaßt sich mit dem Einfluß von Erfahrung auf den Erwerb und die Wahl von Entscheidungsregeln und -strategien (z.B. Aarts, Verplanken & van Knippenberg, 1998). Betsch, Haberstroh und Höhle (2002) haben verschiedene Theorien unter dem Gesichtspunkt verglichen, wie gut sie routinisiertes Entscheidungsverhalten erklären und vorhersagen können. Ein von Betsch und Haberstroh herausgegebener Sammelband mit einer großen Breite theoretischer und empirischer Beiträge zum Thema ist *im Druck*.

- *Beziehung zwischen Gedächtnisprozessen und Phänomenen des Urteils- und Entscheidungsverhaltens:* Natürlich gibt es eine Reihe von Bezügen, die aber bisher nur vereinzelt diskutiert worden sind (z.B. Weber, Goldstein & Barlas, 1995). Ein interessantes Thema ist die Bedeutung von *priming*, also Manipulation von Urteilen und Handlungen durch Voraktivierung assoziierter Konzepte (Gollwitzer & Bargh, 1996; Erb, Bioy & Hilton 2002). Andere Themen sind Interferenzphänomene, die Reaktivität des Gedächtnisses, also die Veränderung der Wissensbasis mit jeder „Befragung", sowie die Konstruktion von Präferenzen im Moment der Entscheidung (Dougherty, Gettys & Ogden, 1999; Mandel & Johnson, 2002; Dougherty, Ogden, Gettys & Gronlund, 2003; Reyna, Lloyd & Brainerd, 2003; Weber & Johnson, in press).

• Motivationspsychologische Aspekte

- *Einfluß von Affekten und Impulsen*: Es geht hier um Entscheidungen, die oft „wider besseres Wissen" getroffen werden und manchmal bereits kurze Zeit später bedauert werden. Man bestraft andere aus Rache (Gilhooly, 1996), aus Neid oder Ärger (Baron, 2000). Es sind ferner Entscheidungen etwa beim Kauf von Konsumgütern, die des Selbstwertgefühls wegen und nicht der mit den Gütern verbundenen Konsequenzen wegen getroffen werden (Dittmar, Beattie & Friese, 1996).

- *Einfluß von Stimmungen auf Urteilsprozesse*: In der „*social cognition*" Forschung hat dieses Thema große Aufmerksamkeit gefunden, besonders der Einfluß von Stimmungen (*moods*) im Sinne diffuser allgemeiner Gefühlszustände (Schwarz, 1990, 2002; Schwarz & Clore, 1983, 2003). Wenn Personen ihre aktuelle Stimmung nicht anders erklären können, wird sie als Information für die momentan geforderte Bewertung herangezogen; Schwarz (1990) nennt dieses Prinzip *Stimmung als Information* (vgl. auch Forgas & Bower, 1988; Abele & Hermer, 1993). Einen entsprechenden Einfluß auf Wahrscheinlichkeitsurteile fanden Wright und Bower (1992) und auf Nutzenurteile Isen, Nygren und Ashby (1988). Ein integrierendes Modell, in dem sowohl die Rolle von Kognitionen als auch die Rolle von unspezifischen Stimmungen beschrieben wird, hat Strack (1992) mit der *experiential / informational strategy* entwickelt. Auch bei entscheidungsrelevanten Bewertungen scheinen diffuse aktuelle Stimmungen eine Rolle zu spielen.

- *Schwierigkeit der Umsetzung (Implementation) einer mental getroffenen Entscheidung in tatsächliches Handeln*: Zu nennen sind hier beispielsweise Loewenstein (1996), der sich mit dem Einfluß viszeraler Faktoren wie physiologischer Entzugserscheinungen (Schlaf, Drogen oder Sexualität) beschäftigt, durch den auch beste Vorsätze gebrochen werden; Kuhl (1983, 1986), der eine dynamische Theorie der Handlungskontrolle entwickelt hat; und Gollwitzer (1993, 1999), der theoretische und empirische Analysen der Bedeutung von Intentionen für die Erreichung von Zielen vorgelegt hat. Der von Gollwitzer und Bargh (1996) herausgegebene Sammelband enthält zahlreiche interessante Beiträge zum Thema.

- *Selbst-Kontrolle und Selbst-Management* (eng verknüpft mit den beiden vorher genannten Themen): Damit sind alle Techniken gemeint, die Menschen für sich selbst oder (z.B. als Therapeuten) für andere einsetzen, um Meta-Entscheidungen zu stabilisieren und sich gegen Versuchungen zu schützen; anders gesagt: Techniken, die helfen, „lokale Minima" zugunsten „globaler Maxima" zu ertragen (Elster, 1979): Verhaltenskontrakte, öffentliche Festlegungen u.ä. (Thaler & Shefrin, 1981; Prelec & Herrnstein, 1991; Bazerman, 2002, Kap. 6).

• Neurowissenschaftliche Aspekte

- *Theorie der somatischen Marker*: Mit dieser Theorie, die sich auf neuroanato-
mische Evidenz stützt, hat Damasio (1994) sehr viel Aufmerksamkeit erregt.
Danach verarbeiten kognitive Prozesse *images*, die perzeptuelle wie symboli-
sche Repräsentationen umfassen. Im Verlaufe des Lebens werden diese *images*
durch positive und negative Gefühle „markiert", die direkt oder indirekt mit
somatischen Zuständen verbunden sind. Wenn also beispielsweise das *image*
einer Handlungskonsequenz mit einem positiven Marker versehen ist, wird
diese Konsequenz zu einem Handlungsziel. Somatische Marker erhöhen nach
dieser Theorie die Effizienz und Genauigkeit von Entscheidungsprozessen,
und ihre Abwesenheit, etwa auf Grund von Unfällen oder pathologischen Veränderungen, erschwert Entscheidungen (vgl. auch Bechara, Damasio & Damasio, 2000).

- *Biologische Substrate von Gewinn- und Verlusterleben*: Mit den neuen Methoden der Hirnforschung wie PET (**P**ositronen-**E**missions-**T**omographie),
fMRT (funktionelle **M**agnet-**R**esonanz-**T**omographie) und ERP (*Event-Rela-
ted Potentials*) können inzwischen Aktivierungsmuster im Gehirn erfaßt werden, die im Verlaufe von Entscheidungsprozessen auftreten. Erste Ergebnisse
lassen vermuten, daß die Instanzen für Lust und Schmerz oder Gewinn und
Verlust in verschiedenen Hemisphären sitzen: Angenehme Gefühle im linken,
unangenehme Gefühle im rechten präfrontalen Cortex (Davidson & Irwin,
1999). ERP-Signale mit unterschiedlicher Amplitude für Gewinne und Verluste deuten ebenfalls auf eine biologische Basis einer unterschiedlichen mentalen Kodierung hin, wie es in der *Prospect*-Theorie postuliert wird (Gehring &
Willoughby, 2002). Einen ersten Überblick erhält man bei Camerer (2003b),
eine umfassende Darstellung bei Glimcher (2003).

• Sozialpsychologische Aspekte

- *Diskrepanz zwischen Einstellungen und Verhalten*: Dieses Thema ist eng verwandt mit dem bereits oben genannten Thema der Umsetzung von Entscheidungen in Handlungen. Einstellungen sind jedoch, im Gegensatz zu
Entscheidungen, stärker situationsunabhängig. Wir verweisen hier nur auf die
Meta-Analysen von Eckes und Six (1994) und Six und Eckes (1996) sowie die
wichtigen theoretischen Ansätze zu dem Thema, die *theory of reasoned action*
(Fishbein & Ajzen, 1975; Ajzen & Fishbein, 1980) und die *theory of planned
behavior* (Ajzen, 1991).

- *Entscheidungen in Gruppen von direkt interagierenden Personen*: Hier gibt
es zahlreiche Phänomene der Informationsverarbeitung und Entscheidungsfin-

dung, die nicht allein aus dem Verhalten der einzelnen Mitglieder heraus erklärbar sind (Schultz-Hardt, Frey & Lüthgens, 1995; Frey, Schultz-Hardt &
Stahlberg, 1996), für die theoretische Konzeptionen fehlen (Liebrand, 1993)
und die in der Praxis, beispielsweise in Unternehmen, eine große Rolle spielen
(Huber, 1980). Interessant sind auch die Situationen, in denen Personen geo-
graphisch voneinander entfernt über Kommunikationsmedien interagieren
(*distributed decision making*) (Rasmussen, Brehmer & Leplat, 1990); solche
Entscheidungssituationen sind beispielsweise von Brehmer und Svenmarck
(1995) untersucht worden. Übersichten zum Stand der Forschung findet man
bei Hogg (2001) sowie aus eher kognitionspsychologischer Perspektive bei
Kameda, Tindale und Davis (2003) und Kerr und Tindale (2004) .

- *Entscheidungen in Situationen konfligierender Interessen*: Solche Situationen
wurden in Kapitel 8 schon angesprochen, aber dieser Forschungsbereich ist
sehr breit und wird nicht nur von der Psychologie untersucht. In Ergänzung
verweisen wir hier noch auf den von Vlek und Cvetkovich (1989) herausgegebenen Band zu Fragen *sozialer Dilemmas* in Bezug auf heutige technologische
Entwicklungen, den von Liebrand und Messick (1996) herausgegeben Band
über neue Entwicklungen in der Forschung über soziale Dilemmas sowie auf
die Einführungen in die *Spieltheorie* von Holler und Illing (1991) und Güth
(1992). Eine Erweiterung der Entscheidungsanalyse für Interessengruppen mit
konfligierenden Interessen hat von Winterfeldt (2001) in Form der *Stakeholder
Decision Analysis* entwickelt.

- *Entscheidungen im Rahmen von Verhandlungen (negotiations)*: Das Problem
der Auseinandersetzung zwischen Personen mit dem Ziel einer für alle Seiten
akzeptablen Entscheidung findet zunehmend Aufmerksamkeit. Zu nennen sind
hier zunächst Raiffa (1982), der das Thema aus der Perspektive der Management Science eingeführt hat, sowie die Sammelbände von Sheppard, Bazerman und Lewicki (1989), Kramer und Messick (1995) und Neale und
Bazerman (1991), in denen die organisations-, sozial- und kognitionspsychologische Perspektive im Vordergrund steht. Bazerman, Curhan, Moore und Valley (2000) geben in der *Annual Review of Psychology* einen Überblick über
den Stand der Forschung. Ein dreibändiges Werk mit Beiträgen zu *Negotiation, decision making, and conflict resolution* wird von Bazerman herausgegeben (in press).

• Organisationspsychologische Aspekte

- *Theoretische Ansätze*: Ausgangspunkt waren die Arbeiten von Simon (1955)
über Entscheidungen in Organisationen, die den Ansatz der sogenannten Car-
negie-Schule begründeten, für den insbesondere auch die Arbeiten von March
(March & Simon, 1958; Cyert & March, 1963) stehen. Simon und March arbeiteten damals beide an der Carnegie-Mellon Universität in Pittsburgh. Wäh-

rend Simons Arbeiten immer einen engen Bezug zur Entscheidungstheorie hatten, entwickelte March andere theoretische Konzepte, von denen vor allem das *garbage can model of organizational choice* bekannt geworden ist, das Entscheidungen in Organisationen als mehr oder weniger zufällig beschreibt (Cohen, March & Olsen, 1972). Andere theoretische Ansätze werden in dem von Shapira (1997) herausgegebenen Sammelband sowie in dem Handbuchartikel von Koopman, Broekhuijsen und Wierdsma (1998) dargestellt. Die Relevanz der psychologischen Urteils- und Entscheidungsforschung für Organisationen wird bei Highhouse (2001) sowie Connolly und Ordónez (2003) aufgezeigt.

- *Regelbasierte Entscheidungen*: Dieses Konzept hat March (1994) dem konsequentialistischen Konzept der klassischen Entscheidungsforschung gegenübergestellt; er argumentiert, daß in Organisationen Entscheidungen eher nach ihrer *Angemessenheit (appropriateness)* mit Blick auf die personale und organisationale Identität als mit Blick auf ihre Folgen getroffen werden. Dieses Konzept berührt Themen, die wir in Abschnitt 8.3 behandelt haben, in dem es um Entscheidungen nach moralischen Prinzipien ging.

- *Entscheidungsprozesse*: Der Ablauf von Entscheidungen in organisationalem Kontext wird nie als eine simple Sequenz von Entscheidungen einzelner Personen beschrieben. Charakteristika realer Abläufe und Ursachen für Fehlschläge sind Gegenstand sowohl theoretischer Untersuchungen als auch praktischer Studien in Unternehmen gewesen. Beispielsweise hat Staw (1981, 1997) das Phänomen der *escalation of commitment* beschrieben (vgl. Abschnitt 8.2.2) und Garud und Shapira (1997) haben analysiert, welche Faktoren die Risikobereitschaft in Organisationen bestimmen.

- *Ethische Probleme für Unternehmen und Manager*: Die Relevanz psychologischer entscheidungstheoretischer Forschung für die Analyse ethischer Probleme ist erst seit einigen Jahren deutlich geworden und in empirischen Studien demonstriert worden. Die Themen reichen von Entscheidungen im Personalbereich bis hin zu Entscheidungen im Risiko- und Sicherheitsmanagement (Messick & Tenbrunsel, 1996).

• Differentialpsychologische Aspekte

- *Experten und Laien*: Dieses Thema wird in der Kognitionspsychologie mit dem Interesse untersucht, allgemeine Erkenntnisse über den Aufbau und die Nutzung von Wissen zu gewinnen (Ericsson & Smith, 1991). Aber es ist auch spezifisch mit der Frage nach Unterschieden in Urteils- und Entscheidungsstrategien zwischen Experten und Laien bearbeitet worden (Mumpower,

Phillips, Renn & Uppuluri, 1987; Shanteau, 1988; Camerer & Johnson, 1991; Sowarka, 1991; Shanteau, 1992, 1995; Shanteau, Weiss, Thomas & Pounds, 2003). Unter dem Begriff *Kompetenz* haben Smith, Shanteau und Johnson (2004) Studien zum Entscheidungsverhalten in Situationen gesammelt, in denen es kein externes Kriterium für richtiges oder optimales Verhalten gibt. Expertise ist ein zentrales Thema in denjenigen Ansätzen geworden, die unter dem Label *Naturalistic Decision Making* laufen (s.u.).

- *Männer und Frauen*: Es gibt inzwischen mehrere Untersuchungen über geschlechtsspezifische Unterschiede im Urteils- und Entscheidungsverhalten. So beispielsweise Studien zum Verhalten im Managementbereich (z.B. Johnson & Powell, 1994) und vor allem bei finanziellen Entscheidungen (Schubert, 1996; Powell & Ansic, 1997; Olsen & Cox, 2001). Schubert (1996) berichtet Unterschiede in der Risikowahrnehmung und im Entscheidungsverhalten, aber es spielen offenbar weitere Faktoren eine Rolle, vor allem Konfidenz und Ambiguitätsaversion (Schubert, Brown, Gysler & Brachinger, 1999; Barber & Odean, 2001). Und Schubert, Powell und Gysler (2001) analysieren, welche Parameter in fünf wichtigen Entscheidungstheorien für die Identifikation von Geschlechtsunterschieden in der Risikoeinstellung relevant sind.

- *Altersgruppen*: Angesichts der demographischen Entwicklung in den Industrienationen gewinnt seit einigen Jahren die Frage an Interesse, ob bzw. wie sich Urteils- und Entscheidungsverhalten mit zunehmendem Alter verändern. Übersichten zum Stand der Forschung geben Yates und Patalano (1999), Sanfey und Hastie (2000) sowie Peters, Finucane, MacGregor und Slovic (2000).

- *Interkulturelle Unterschiede*: Es gibt inzwischen eine Reihe von Untersuchungen zu interkulturellen Unterschieden im Urteils- und Entscheidungsverhalten, beispielsweise über Unterschiede zwischen Chinesen und Amerikanern im Entscheidungsverhalten (Yates & Lee, 1996), zwischen Japanern und Amerikanern bei Vertragsverhandlungen (Buchan, Croson & Johnson, 2004), im Ausdruck von und Umgang mit Unsicherheit (Wright & Phillips, 1980), und in der Wahrnehmung von Risiken und der Einstellung gegenüber Risiken (Bontempo, Bottom & Weber, 1997; Weber & Hsee, 1998; Johnson, Wilke & Weber, in press). Allgemein zur Bedeutung der Kultur für individuelles Entscheidungsverhalten siehe Weber und Hsee (2000) und Choi, Choi und Norenzayan (in press).

• Wirtschaftspsychologische Aspekte

- *Allgemeine Wirtschaftspsychologie*: Ihr Thema sind die grundlegenden Verhaltensweisen und Entscheidungen wirtschaftlicher Akteure. Dazu gehört der Bereich der *Behavioral Finance* (siehe Abschnitt 9.1), aber auch allgemeiner der Bereich der *Economic Psychology* und *Behavioral Economics*: die Psychologie des Umgangs mit Geld, z.B. hinsichtlich des Zahlens von Steuern, des Sparens, des Abschließens von Versicherungen und der Entscheidungen bei Auktionen; diese Aspekte der Finanzpsychologie werden von Fischer, Kutsch und Stephan (1999) und Pelzmann (2000) ausführlich dargestellt. Wirtschaftspsychologische Theorien rekurrieren stark auf Befunde der deskriptiven Entscheidungsforschung, vor allem die *Prospect*-Theorie. Einen ausführlichen Überblick geben Wiswede (1995) und Werth (2004), den Bereich der *Experimental Economics* behandeln umfassend Kagel und Roth (1995). In der Zeitschrift *Wirtschaftspsychologie*, im *Journal of Economic Psychology* und auch im *Journal of Applied Psychology* findet man regelmäßig empirische Untersuchungen aus diesem Bereich.

- *Markt- und Konsumpsychologie:* Entscheidungspsychologische Ansätze finden, neben sozial- und motivationspsychologischen Theorien, breite Umsetzung in allen Bereichen der Markt- und Konsumpsychologie. Von Seiten der Unternehmen geht es dabei vor allem um Marketing-Entscheidungen hinsichtlich Produkteinführung und –design, um Preisgestaltung sowie um Werbemaßnahmen (Werbepsychologie, Werbewirkungsforschung, vgl. Felser, 2002; Wänke, 2002). Von Seiten der Konsumenten geht es vor allem um Kaufentscheidungen, um die „Psychologie des Preises", die Bewertung von Waren und um Verfügbarkeit bzw. Knappheit von Produkten. Einen aktuellen Überblick liefern Moser (1999) und Felser (2004); empirische Arbeiten finden sich in den Zeitschriften *Journal of Consumer Research* und *Journal of Marketing Research*.

- *Personal- und Organisationspsychologie:* Eines der zentralen Felder der Personalpsychologie ist die Personalauswahl, sowohl die Selektion von Kandidaten für eine bestimmte berufliche Position als auch die Auswahl von Führungskräften oder die Auswahl von besonders geeigneten Mitarbeitern für Personalentwicklungsmaßnahmen. Neben der traditionellen Testdiagnostik spielen entscheidungstheoretische Überlegungen, insbesondere multiattribute Kosten/Nutzenaspekte, eine tragende Rolle. Zunehmend wird versucht, die Effekte von Weiterbildungs- und anderen „weichen" Personalmaßnahmen im Rahmen der Nutzentheorie messbar zu machen. Überblicke geben Anderson et al. (2001) und Schuler (2001), wichtige Zeitschriften sind die *Zeitschrift für Personalpsychologie* und das *International Journal of Selection and Assessment*.

• Arbeits- und Ingenieurpsychologische Aspekte

- *Arbeitsplatzgestaltung*: In der Arbeitspsychologie werden zunehmend entscheidungspsychologische Ansätze einbezogen. Insbesondere bei Fragen der

Gestaltung von Arbeitsplätzen, z. B. dem ergonomischen Design von Bedie-nelementen, werden multiattribute Ansätze sowie Modelle des Umgangs mit Unsicherheit zunehmend berücksichtigt.

- *Entscheidungen in Mensch-Maschine-Systemen*: Die kognitiven Anforderun-gen an den Entscheidungsprozeß werden angesichts der zunehmenden Auto-mation der Kontrollfunktionen, verglichen mit perzeptuellen-motorischen Anforderungen, immer wichtiger; beispielsweise bei der Steuerung von Fahr-zeugen, Flugzeugen und Schiffen oder auch für Operateure bei der Bedienung von Warten in Kraftwerken (Kraiss, 1990). Vor allem in den Arbeitswissen-schaften werden daher entscheidungstheoretische Befunde zunehmend rezi-piert (Hoyos & Zimolong, 1990). Überblicke geben Frieling und Sonntag (1999) sowie Wickens und Hollands (2000). Relevante Zeitschriften sind die *Zeitschrift für Arbeits- und Organisationspsychologie* und *Human Factors*.

- *Unfallträchtige Entscheidungen*: Ein eigener Forschungsbereich ist aus der Untersuchung industrieller Unfälle entstanden. In Kapitel 2 haben wir bereits die „Fehlerforschung" angesprochen. Unfälle werden als letzte Konsequenzen langer Ketten von Ereignissen gesehen, die mit Entscheidungen auf der Mana-gementebene beginnen (Wagenaar & Hudson, 1990; Dörner, 1992; Rasmus-sen, 1997).

• Risikowahrnehmung, -verhalten und -kommunikation

- *Wahrnehmung von Risiken*: Die Forschung zur Beurteilung und Bewertung insbesondere von Technologie-, Gesundheits- und Umweltrisiken ist zu einem großen, mit der Entscheidungsforschung eng verbundenen Bereich geworden. Es geht darum, welche Aspekte solche Risiken charakterisieren und die Ein-schätzung von Risiken determinieren; untersucht wurde dieses Problem vor al-lem mit psychometrischen Verfahren (Slovic, 1987; Jungermann & Slovic, 1993). In dem von Slovic (2000) herausgegebenen Band *The perception of risk* findet man fast alle wichtigen Arbeiten zum Thema von Slovic selbst und sei-nen Mitarbeitern. Den Einfluß von Vertrauen (*trust*) auf die Wahrnehmung von Risiken haben in den letzten Jahren Siegrist, Gutscher und Cvetkovich in einer Reihe von Studien untersucht (z.B. Siegrist, 2000; Siegrist & Cvetko-vich, 2000; Siegrist, Cvetkovich & Gutscher, 2001). Der von Renn und Rohr-mann (2000) herausgegebene Band *Cross-cultural risk perception* bietet eine sehr gute Auswahl und Synthese von kulturvergleichenden Studien.

- *Verhalten gegenüber Risiken*: Ob Menschen in ihrem Gesundheitsverhalten, im Sport oder im Verkehr Risiken eingehen oder vermeiden, ob sie Versiche-rungen abschließen und in Aktien spekulieren, ob sie *Novel Food* kaufen und ob sie *Safer Sex* praktizieren, all dies hängt nur teilweise von ihrer Einschät-zung der Risiken ab. Die Untersuchung des Verhaltens gegenüber und in riskanten Situationen ist daher wiederum ein eigener Forschungsbereich geworden, der auch andere Faktoren als nur die Risikowahrnehmung einbezieht (Yates, 1992; Schwarzer, 1996).

- *Kommunikation über Risiken*: Die Feststellung großer Unterschiede insbesondere zwischen Experten und Laien in der Wahrnehmung von Risiken führte dazu, Möglichkeiten und Schwierigkeiten der Kommunikation über Risiken zu untersuchen, sei es in direkten Gesprächen, in den öffentlichen Medien oder in Informationsmaterialien (Covello, von Winterfeldt & Slovic, 1986; Fischhoff, 1987; Jungermann, Rohrmann & Wiedemann, 1990; Renn, 1992; National Research Council, 1996).

• Unterstützung von Entscheidungen

- *Formen und Bereiche von Beratung*: Die Nutzung entscheidungstheoretischer Konzepte und Befunde für die Beratung von einzelnen Personen und Organisationen reicht von den stark formalisierten, quantitativen Verfahren der Entscheidungsanalyse (*decision analysis*) (z.B. Keeney & Raiffa, 1976; Watson & Buede, 1987; Eisenführ & Weber, 2003) bis hin zu verbalen, qualitativen Verfahren der Entscheidungsberatung (*decision counseling*) (z.B. Janis & Mann, 1977); vgl. auch Jungermann (1981). Zum Einsatz kommen diese Verfahren unter anderem im ökonomischen Bereich in der Beratung von Unternehmen bei Investitionsentscheidungen, Produktionsentscheidungen und Standortentscheidungen sowie im medizinischen Bereich in der Beratung von Patienten bei Entscheidungen über Behandlungsalternativen; aber auch bei der Berufsberatung, Familienberatung und Konsumentenberatung können solche Verfahren benutzt werden.

- *Beratung in dyadischen Situationen*: Eine Situation, in der jemand bei einem Entscheidungsproblem einen Experten um Rat bittet wird oft als *Judge-Advisor-System* bezeichnet (Sniezek & Buckley, 1995). Der *judge* (Klient) ist derjenige, der ein Urteil oder eine Entscheidung trifft; der *advisor* (Berater) ist derjenige, der Informationen, Meinungen oder Empfehlungen anbietet. Beispiele sind die Beziehung zwischen Arzt und Patient oder zwischen Privatanleger und Anlageberater. Dyadische Beratungssituationen waren Gegenstand von Experimenten und Analysen u.a. von Sniezek und Buckley (1995), Jungermann (1999), Harvey, Harries und Fischer (2000), Kray (2000), Yaniv und Kleinberger (2000). Untersucht wurde beispielsweise auch, welche Informationen Ratgeber suchen, je nachdem ob sie eine Entscheidung für sich selbst oder andere Personen treffen (Jonas & Frey, 2003) und welchen Einfluß der Expertenstatus des Ratgebers auf die Informationsverarbeitung derjenigen hat, die einen Rat bekommen (Jungermann & Fischer, in press).

- *Entscheidungsunterstützungssysteme*: Gemeint sind alle diejenigen Techniken und Systeme, die Entscheider bei der Wahrnehmung und Strukturierung von Problemen, bei Informationsverarbeitung und Urteilsbildung, bei der Bewertung und Auswahl von Maßnahmen sowie bei der Steuerung von Prozessen unterstützen und entlasten. Zu unterscheiden ist dabei zwischen Experten-Systemen, Management-Informations-Systemen und Entscheidungshilfe-Systemen im engeren Sinne, d.h. Systemen auf entscheidungstheoretischer Basis. Über Techniken der Entscheidungshilfe geben Zimolong und Rohrmann (1988) einen Überblick; eine entscheidungstheoretisch orientierte Anleitung geben Edwards und Fasolo (2001). Yates, Veinott und Patalano (2003) zeigen und diskutieren, warum Entscheidungshilfen oft abgelehnt werden oder mißlingen – sie treffen nicht die Wünsche der potentiellen Nutzer.

- *Computer-Unterstützung*: Das spezielle Thema computer-unterstützter Entscheidungshilfe wird in dem von Nagel (1993) herausgegebenen Band behandelt; Probleme der Nutzung von Computerprogrammen zur Unterstützung bei persönlichen Entscheidungen diskutieren Jungermann und Schütz (1992). Eine neuere detaillierte Beschreibung und vergleichende Bewertung von 27 Computerprogrammen zur Entscheidungsunterstützung gibt Maxwell (2002). Auf der *homepage* der *Decision Analysis Society* (s.u.) findet man ausführliche Hinweise auf Software, die bei Entscheidungsanalysen eingesetzt werden kann (z.B. zur Konstruktion von Entscheidungsbäumen oder zur Erhebung von Nutzenfunktionen).

- *Szenario-Technik*: Szenarios stellen mögliche „Zukünfte" in Abhängigkeit von Aktionen und Ereignissen dar, also Pfade in einem Entscheidungsbaum. Sie werden im politischen und wirtschaftlichen Raum zur Findung und Bewertung von Handlungsoptionen entwickelt. Es gibt verschiedene Techniken zur Generierung von Szenarios, u.a. die von Schoemaker (1995; in press) vorgeschlagene Technik. Den Einsatz der Methode der Szenario-Analyse für die Entscheidungsfindung bei komplexen Umweltproblemen beschreibt Scholz (1997). Kognitive Strategien bei der Konstruktion von Szenarios und ihre Probleme diskutiert Jungermann (1985).

- *Anleitung zur Verbesserung des Entscheidungsverhaltens*: Es gibt eine Reihe von mehr oder weniger streng an entscheidungstheoretischen Konzepten orientierten Anleitungen, dazu, wie man sich über seine Präferenzen klar werden kann (Payne, Bettman & Schkade, 1999) und wie man Urteilsfehler vermeiden und Entscheidungen besser treffen kann (Hammond, Keeney & Raiffa, 1998; Kahneman & Riepe, 1998; Mintzberg & Westley, 2001). Ein Trainingsprogramm für die Beratung bei der Berufswahl wurde von Teuschner (2003) entwickelt und mit Erfolg eingesetzt.

• Naturalistic Decision Making

- *Geschichte:* Ende der 80er Jahre bildete sich, initiiert von Gary A. Klein, eine sozusagen alternative Gruppierung von Forschern, die sich für einen anderen Typ von Entscheidungsproblemen und -situationen interessierten als die „klassische", in diesem Buch dargestellte Entscheidungsforschung, nämlich für *naturalistic decision making*; in Abschnitt 2.3.5 haben wir bereits kurz darauf hingewiesen. Das Interesse der NDM-Bewegung gilt dem Entscheidungsverhalten in Situationen, in denen Menschen in komplexen und dynamischen *real-world environments* mit hohem Risiko unter Rückgriff auf ihre Kompetenz, Erfahrung bzw. Expertise und oft unter Zeitdruck Entscheidungen treffen müssen. Beispielsweise Piloten, Anästhesisten, oder Feuerwehrleute.

- *Forschungsansatz*: Man will keine Vorhersagen von Entscheidungen treffen, sondern die kognitiven Prozesse der Entscheider erfassen (meist direkt durch Befragung oder Aufzeichnung von Informationssuche); man sieht Entscheidungen nicht als Ergebnis der vergleichenden Prüfung mehrerer Optionen, sondern als Ergebnis einer schnellen Prüfung der Situation und der Ausführung der dafür angemessenen Handlung; man hält kontext-unabhängige Modelle des Entscheidungsverhaltens für wenig nützlich und bevorzugt kontextgebundene Modelle, die der jeweiligen Expertise der Entscheider Rechnung tragen.

- *Theorie*: Sehr bekannt geworden ist das *Recognition Primed Decision*-Modell, das Klein (1989, 1993a) auf der Grundlage seiner Untersuchungen bei Feuerwehrleuten im Einsatz entwickelt hat. Danach wird die gegebene Situation fast automatisch erfaßt (d.h. mit Vorbildern im Gedächtnis abgeglichen), die Einschätzung bezüglich situationsspezifischer Merkmale adjustiert und dann diejenige Handlung ausgeführt, die der Situation entspricht. Eine Variante des Modells gilt für Situationen, die unklar und nicht einschätzbar sind (Klein & Crandall, 1995).

- *Methoden*: Das Laborexperiment spielt keine große Rolle, weil sich einerseits die Entscheidungsprobleme nach Ansicht der NDM-Forscher dort nicht abbilden lassen und andererseits die im Labor gewonnenen Befunde daher auch nicht auf die *real world* übertragen lassen. Man arbeitet mit Feldstudien und hier u.a. besonders mit der *cognitive task analysis* (vgl. Gordon & Gill, 1997) oder der *critical decision method* (Hoffman, Crandell & Shadbolt, 1998), bei der der Entscheider nach einem Vorfall oder Unfall im Rückblick zu seinen Kognitionen befragt wird. Der methodische Ansatz ist von anderen Forschern besonders heftig kritisiert worden.

- *Expertise und Kompetenz*: Der Ansatz betont die Bedeutung der Erfahrung für den Entscheidungsprozeß jedenfalls in den Situationen, die sich schnell ändern und die wenig Zeit für Überlegungen lassen. Da sich die NDM-Forscher – die häufig nicht in Universitäten, sondern für Firmen oder öffentliche Auftraggeber forschen – nur mit solchen Situationen beschäftigen, spielt das Konzept der Expertise in diesem Ansatz eine zentrale Rolle (Salas & Klein, 2001).

- *Literatur*: Viele Arbeiten der NDM-Forscher sind in den Bänden publiziert worden, die aus den Konferenzen dieser Gruppe hervorgegangen sind, so Klein, Orasanu, Calderwood und Zsambok (1993), Flin, Salas, Strub und Martin (1997), Zsambok und Klein (1997), Salas und Klein (2001). Für einen knappen Überblick siehe Orasanu (2001) oder Pliske und Klein (2003). Eine Ausgabe des *Journal of Behavioral Decision Making*, *14* (4) im Jahre 2001 war ausschließlich einem *Forum on Naturalistic Decision Making* gewidmet: Lipshitz, Klein, Orasanu und Salas stellten die NDM-Forschung dar, und 16 Forscher aus dem Bereich der „anderen" Entscheidungsforschung kommentierten den Ansatz - meist kritisch.

10.2 Journals und Societies

• Journals

Da die Entscheidungsforschung so viele Facetten hat, finden sich die Publikationen auch in ganz unterschiedlichen wissenschaftlichen Zeitschriften. Zwei Journals enthalten ausschließlich Arbeiten aus dem Bereich der psychologischen Entscheidungsforschung:

- *Journal of Behavioral Decision Making*
- *Organizational Behavior and Human Decision Processes*

Die folgenden psychologischen Zeitschriften veröffentlichen gelegentlich, aber nur unter anderem, Arbeiten zur Entscheidungsforschung:

- *Psychological Review*
- *Psychological Bulletin*
- *Psychological Science*
- *Journal of Experimental Psychology: General*
- *Journal of Experimental Psychology: Human Perception and Performance*
- *Journal of Experimental Psychology: Learning, Memory, and Cognition*
- *Cognitive Psychology*
- *Acta Psychologica*
- *Thinking and Reasoning*

Andere Zeitschriften haben einen mehr oder weniger starken Anteil entscheidungstheoretisch orientierter Arbeiten mit philosophischem, betriebswirtschaftlichem, medizinischem und technischem Hintergrund; beispielsweise:

- *Journal of Risk and Uncertainty*
- *Theory and Decision*
- *Management Science*
- *Decision Analysis*
- *Journal of Consumer Research*
- *Journal of Behavioral Finance* (früher *Journal of Psychology and Financial Markets*)
- *Wirtschaftspsychologie*
- *Journal of Risk Research*
- *Risk, Decision and Policy*
- *Risk Analysis*
- *Risk: Health, Safety, Environment*
- *Medical Decision Making*
- *Journal of Economic Psychology*
- *Journal of Environmental Psychology*

- Societies

Es gibt zwei internationale wissenschaftliche Gesellschaften, deren Thema die primär psychologische Entscheidungsforschung ist:

- Die *European Association for Decision Making* (EADM) mit ihren alle zwei Jahre stattfindenden Konferenzen (http://www2.fmg.uva.nl/eadm/home.html).

- Die *Society for Judgment and Decision Making* (SJDM), deren Schwerpunkt in den USA liegt und die alljährlich eine Tagung in Kombination mit der Konferenz der *Psychonomic Society* organisiert (http://www.sjdm.org/)

In den *homepages* dieser Gesellschaften findet man *links* zu weiteren Gesellschaften, in denen entscheidungstheoretische Forschung zwar eine Rolle spielt, aber nur partiell mit psychologischer Orientierung. Dies gilt beispielsweise für

- die *Society for Medical Decision Making* (http://www.smsm.org),
- die *Decision Analysis Society* (http://faculty.fuqua.duke.edu/daweb/) und
- die *Society for Risk Analysis* (http://www.sra.org/) und
  die europäische Tochter, die *SRA-Europe* (http://www.sraeurope.com/).

Dies war das wirkliche Buch. Aber nicht das einzig mögliche Buch.

Wenn es aber Wirklichkeitssinn gibt..., dann muß es auch etwas geben, das man Möglich-
keitssinn nennen kann. - Wer ihn besitzt, sagt beispielsweise nicht: Hier ist dies oder das
geschehen, wird geschehen, muß geschehen; sondern er erfindet: Hier könnte, sollte, oder
müßte geschehen, und wenn man ihm von irgendetwas erklärt, daß es so sei, wie es sei,
dann denkt er: Nun, es könnte wahrscheinlich auch anders sein. So ließe sich der Mögli-
chkeitssinn geradezu als die Fähigkeit definieren, alles, was ebensogut sein könnte, zu
denken und das, was ist, nicht wichtiger zu nehmen als das, was nicht ist. Man sieht, daß
die Folgen solcher schöpferischen Anlage bemerkenswert sein können, und bedauerli-
cherweise lassen sie nicht selten das, was die Menschen bewundern, falsch erscheinen
und das, was sie verbieten, als erlaubt oder wohl auch beides als gleichgültig. Musil, Der
Mann ohne Eigenschaften.

Anhang

Der Anhang gibt einen Überblick über Methoden der Entscheidungsforschung, insbesondere über Methoden zur Erhebung von Nutzenfunktionen, Wichtigkeiten und Wahrscheinlichkeiten. Genauere Darstellungen und weitere Methoden findet man u.a. bei von Winterfeldt und Edwards, 1986; Hogarth, 1987; French, 1988; Clemen, 1991; Eisenführ und Weber, 2003.

Notation:	
$X,Y,Z ... X_1,X_2$	Optionen, Lotterien
$x,y,z ...$ oder $x_1,x_2,$	Konsequenzen
$E_1,E_2, ...$	Ereignisse
$A,B,C ...$ oder $A_1,A_2, ...$	Attribute
$a_x, ...$	Ausprägung von Option X auf Attribut A

(A) Erhebung von Nutzenfunktionen unter Sicherheit (Kapitel 3)

Der Einfachheit halber wird im folgenden angenommen, daß die Konsequenzen, die bewertet werden sollen, durch kontinuierliche Werte beschrieben werden können (z.B. Geldbeträge) und eine natürliche monotone Präferenzordnung bilden (z.B. mehr Geld wird weniger Geld vorgezogen). Ziel ist immer die Konstruktion einer Nutzenfunktion auf Intervallskalenniveau. Alle folgenden Methoden werden Schritt für Schritt erläutert, so daß eine entsprechende Erhebung leicht durchgeführt werden kann.

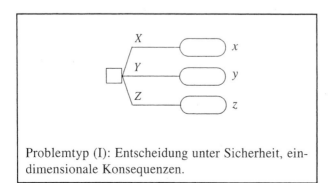

Problemtyp (I): Entscheidung unter Sicherheit, eindimensionale Konsequenzen.

Es wird vorausgesetzt, daß der Entscheider eine *schwache Präferenzordnung* über der Menge der Konsequenzen {x, y, ...} und über der Menge der Konsequenzdifferenzen (Austauschraten $x_i \Rightarrow x_j$) angeben kann. Eine schwache Präferenzordnung bedeutet, daß alle betrachteten Konsequenzen hinsichtlich ihrer Präferenz geordnet werden können, wobei Indifferenz zugelassen ist.

(1) *Rating-Methode (Punktvergabe)*
1. Es werden die schlechteste Konsequenz x- und die beste Konsequenz x+ bestimmt;
2. es wird eine Rangreihe aller Konsequenzen bestimmt: {x- ... x_i ... x+};
3. es werden Rating-Punkte zugewiesen: für x- = 0 und für x+ = 100;
4. allen Konsequenzen zwischen x- und x+ werden Punkte $P(x_i)$ zugewiesen (entsprechend höhere Punktzahl für höheren Platz in der Rangreihe);
5. die Punkte werden auf das Intervall [0 ... 1] normiert, indem jeder vergebene Punktwert durch 100 geteilt wird: $u(x_i) = P(x_i)/100$. Die so normierten Werte ergeben die *Nutzenfunktionswerte*; die Nutzenfunktion kann graphisch dargestellt werden.
6. Konsistenzprüfung: Teilmengen der Konsequenzen werden bewertet und die resultierenden Nutzenwerte werden mit den ursprünglichen Werten verglichen; Konsistenzkriterium ist die Gleichheit der Differenzverhältnisse aus beiden Messungen.

(2) *Standard-Sequenz-Methode (Methode der Wertdifferenzen,* vgl. Beispiel 1)
1. Bestimmung der schlechtesten Konsequenz x- und numerische Festsetzung auf den Wert W(x-) = 0;
2. Definition einer *(Nutzen-) Einheit* x* (wobei x*≻x-); die Einheit kann beliebig gewählt werden, beispielsweise der Zuwachs von der schlechtesten Konsequenz x- zur nächstbesseren Konsequenz (will man etwa die Nutzenfunktion über die Geldbeträge von 100 € bis 1.000 € erheben, kann beispielsweise der Zuwachs von 100 € auf 200 € als Einheit definiert werden);
3. der Austausch x- $\Rightarrow$ x* wird als Nutzendifferenz von 1 fixiert; daraus ergibt sich für x* der Wert W(x*) = 1;
4. Bestimmung des *Indifferenzpunktes* für (x- $\Rightarrow$ x*) ~ (x* $\Rightarrow$ z), d.h. der Entscheider gibt eine Konsequenz z an (wobei z ≻ x*), deren Austausch für x* ihm genausoviel wert ist wie der als Einheit definierte Austausch von x* für x-; daraus ergibt sich ein Wert von W (z) = 2;
5. Schritt 4 wird wiederholt für ein z': (x- $\Rightarrow$ x*)~(z $\Rightarrow$ z'), W (z') = 3; mit zunehmend höheren z', bis z' = x+ erreicht ist;
6. Berechnung der *Nutzenfunktion* u(x) durch Normierung auf das Intervall [0 ... 1], indem jeder Wert von x durch den maximal erreichten Wert geteilt wird: $u(x_i) 0 W (x_i)/W_{max}$; die Nutzenfunktion kann graphisch dargestellt werden;
7. Konsistenzprüfung: z. B. durch Erhebung mit anderer Einheit x*.

Beispiel 1, *Standard-Sequenz-Methode:* Erhebung der Nutzenfunktion der Beträge zwischen 0 € und 2.000 €.

- Als Einheit wird der Betrag 500 € definiert, damit hat der Austausch von 0 € $\Rightarrow$ 500 € (also der Erhalt von 500 €, wenn man zunächst „nichts" hat) einen Nutzen von 1,0, also $u(500) = 1$.
- Es wird nun ein Geldbetrag z gesucht, bei dessen Austausch für 500 € (500 € $\Rightarrow$ z) man den gleichen Nutzen empfindet wie für den Austausch 0 $\Rightarrow$ 500 €; hier ist beispielsweise z = 1.000 €.
- Daraus ergibt sich ein Nutzenwert von 2,0 für 1.000 €, d.h. $u(1.000) = 2$.
- Es wird nun der Betrag gesucht, dessen Erhalt im Austausch für 1.000 € als genauso nützlich empfunden wird wie der Austausch von 500 € für 0 €. Angenommen, dies sei 2.000 €, dann ist der Nutzen von 2.000 € = 3,0.
- Die Nutzenwerte werden normiert, indem der aktuelle Wert durch den maximalen Wert geteilt wird, d.h. $u_{normiert}(x) = u(x)/3$. Der normierte Nutzen von 1.000 € ist jetzt also $u(1.000) = 0.667$.
- Die Nutzenfunktion kann nun graphisch dargestellt werden. In der linken Abbildung sind die erhobenen Punkte einfach durch Geraden verbunden, in der rechten Abbildung wurde versucht, eine Funktionskurve anzupassen.

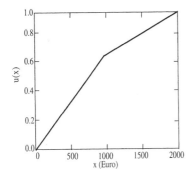 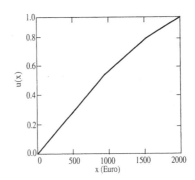

- Nutzenwerte von Geldbeträgen, die nicht direkt erhoben wurden, können aus der Graphik in Näherung abgelesen werden.

---

(3) *Bisektions-Methode (Halbierungsmethode)*

1. Bestimmung der schlechtesten und besten Konsequenz x- und x+;
2. Bestimmung der Konsequenz $x_{0,5}$, die subjektiv als *Mittelpunkt* beurteilt wird: $(x- \Rightarrow x_{0,5}) - (x_{0,5} \Rightarrow x+)$,
   $x_{0,5}$ ist der Punkt, bei dem der Entscheider indifferent ist zwischen einem Austausch des Mittelpunktes $x_{0,5}$ für die schlechteste Konsequenz x- und dem Austausch der besten Konsequenz x+ für den Mittelpunkt $x_{0,5}$, d.h. eine Verbesserung von x- nach $x_{0,5}$ wird als ebenso attraktiv empfunden wie eine Verbesserung von $x_{0,5}$ nach x+; der Punkt $x_{0,5}$ erhält den Nutzenwert $u(x_{0,5})$ = 0,5;

3. Für die entstandenen Intervalle [x- ... $x_{0,5}$] und [$x_{0,5}$ ... x+] wird wiederum entsprechend Schritt 2 der Mittelpunkt bestimmt, die Nutzenwerte dieser Mittelpunkte sind $u(x_{0,25}) = 0,25$ bzw. $u(x_{0,75}) = 0,75$; dieser Schritt kann, je nach gewünschtem Auflösungsgrad, beliebig oft wiederholt werden. Man bildet dazu ein neues Intervall mit einer unteren Grenze x_u und einer oberen Grenze x_o und bestimmt dafür den Mittelpunkt. Der Index des Mittelpunktes berechnet sich durch i = u+1/2(o-u); beispielsweise für u = 0,5 und o = 0,75 ergibt sich i = 0,625 bzw. $x_i = x_{0,625}$ und $u(x_{0,625}) = 0,625$;

4. Die Funktion wird auf das Intervall [0 ... 1] normiert durch $u(x_i) = i$, also z.B. $u(x_{0,75}) = 0,75$, und kann graphisch dargestellt werden.

5. Gegebenenfalls Konsistenzprüfung, z.B. durch Prüfung der Mittelpunkte nicht direkt erhobener Intervalle; so sollte der Mittelpunkt des Intervalls [$x_{0,25}$ ... $x_{0,75}$] dem Punkt $x_{0,5}$ entsprechen.

(B) Erhebung von Wichtigkeiten (Kapitel 4)

Die Erhebung von Wichtigkeiten (oder Gewichtungskoeffizienten) ist dann notwendig, wenn die Konsequenzen eines Entscheidungsproblems eine multiattribute Struktur aufweisen und die Nutzenfunktionen der einzelnen Attribute zu einem Gesamtnutzen integriert werden müssen (vgl. Kapitel 4). Die Messung der Nutzenfunktionen der einzelnen Attribute kann nach einer der unter (A) beschriebenen Methoden erfolgen. Bei den Methoden zur Erhebung von Wichtigkeiten kann zwischen *direkten* und *indirekten* Methoden unterschieden werden. Als direkte Methode wird unten die Rangbildungsmethode, als indirekte Methoden werden die Trade-off-Methode und die Swing-Methode beschrieben.

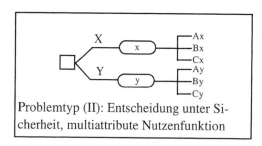

Problemtyp (II): Entscheidung unter Sicherheit, multiattribute Nutzenfunktion

Für jedes einzelne Attribut gelten die gleichen Voraussetzungen wie bei Problemtyp (I), so daß für jedes Attribut j eine eigene *Partialnutzenfunktion* u_j erhoben werden kann. Werden die Partialnutzenfunktionen durch eine *additiv-gewichtete Nutzenfunktion* zusammengefaßt (MAU-Modell), müssen weiterhin zwei Bedingungen erfüllt sein: *(i) wechselseitige Präferenzunabhängigkeit* und *(ii) Differenzunabhängigkeit* der Attribute.

(i) *Präferenzunabhängigkeit*:
Angenommen es existieren zwei Optionen X und Y (oder Konsequenzen), die durch drei Attribute A, B und C beschrieben werden können. Beide Optionen unterscheiden sich nur auf dem Attribut B, haben aber auf A und C identische Ausprägungen, z.B.

$$X := (a_x, b_{1x}, c_x) \qquad \text{und} \qquad Y := (a_y, b_{2y}, c_y)$$

und es gilt die Präferenz $X \succ Y$. Dann darf sich für beliebige andere Ausprägungen der Attribute A und C die Präferenz zwischen X und Y nicht ändern, solange der Unterschied auf Attribut B unverändert bleibt, also bei

$$X' := (a_x', b_{1x}, c_x') \qquad \text{und} \qquad Y' := (a_y', b_{2y}, c_y')$$

gilt die Präferenz $X' \succ Y'$. Mit anderen Worten: die Ausprägung b_{1x} wird der Ausprägung b_{2y} vorgezogen, egal welche Ausprägungen die anderen Attribute A und C haben, solange sie für beide Optionen identisch sind. Attribut B ist dann präferenzunabhängig von A und C.

Beispiel: Ein Entscheider präferiert ein Auto, das durch die Attribute Preis, Geschwindigkeit und Farbe beschrieben ist und z.B. die Ausprägungen (40.000 €, 160 km/h, rot) hat, gegenüber einem Auto mit den Ausprägungen (40.000 €, 160 km/h, blau). Er muß nun ein Auto mit den Ausprägungen (60.000 €, 220 km/h, rot) auch einem Auto mit den Ausprägungen (60.000 €, 220 km/h, blau) vorziehen. D.h. daß die Präferenz „rot $\succ$ blau" für alle Ausprägungen des Preises und der Geschwindigkeit gelten muß (er darf also etwa nicht bei sehr schnellen Flitzern die Farbe blau präferieren!).

(ii) *Differenzunabhängigkeit*:
Differenzunabhängigkeit ist eine Verschärfung der Präferenzunabhängigkeit. Es wird gefordert, daß die Differenz in den Präferenzen, wie sie beispielsweise über die Präferenz von Austauschraten ermittelt werden kann, unabhängig von der Ausprägung aller anderen Attribute ist. In dem Beispiel muß also gelten, daß $(Y \Rightarrow X) \sim (Y' \Rightarrow X')$,

wobei   Y: Auto mit (40.000 €, 160 km/h, blau),
          X: Auto mit (40.000 €, 160 km/h, rot),
          Y′: Auto mit (60.000 €, 220 km/h, blau),
          X′: Auto mit (60.000 €, 220 km/h, rot),

d.h. daß ich mich genau so freue, wenn ich Auto Y habe und dafür Auto X bekomme, wie wenn ich Auto Y' habe und dafür Auto X' bekomme.

Die *Überprüfung beider Unabhängigkeitsbedingungen* kann in der Regel nur partiell erfolgen, da bei vielen Attributen mit möglicherweise unendlich vielen Ausprägungen (kontinuierliche Attribute) eine vollständige Prüfung der Unabhängigkeit für alle Kombinationen von Ausprägungen nicht durchführbar ist. Kann Präferenz- bzw. Differenzunabhängigkeit plausiblerweise unterstellt werden, müssen die Wichtigkeiten der einzelnen Attribute erhoben werden.

(1) *Rangbildungs-Methode*
1. Alle verfügbaren Attribute werden in eine Rangreihe geordnet, vom wichtigsten Attribut A+ zum unwichtigsten Attribut A-;
2. Zuordnung von Rangzahlen R_i: das wichtigste Attribut erhält den Rang $R_i = 1$, das zweitwichtigste den Rang 2, bis zum unwichtigsten Attribut mit Rang m (bei m Attributen); bei gleichen Rängen wird der mittlere Rang gebildet (falls z.B. zwei Attribute auf Rang 2 positioniert sind, erhalten beide die Rangzahl 2,5);
3. für jede Rangzahl wird der Reziprokwert gebildet: $R'_i = 1/R_i$;
4. die Wichtigkeit w_i eines Attributs i ergibt sich durch Normierung auf das Intervall [0 ... 1] mit $\sum w_i = 1$; Reziprokwertbildung und Normierung lassen sich simultan durch folgende Formel durchführen:

$$w_i = \frac{1}{R_i \cdot \sum\limits_{j=1}^{m} \dfrac{1}{R_j}}$$

wobei w_i die resultierende Wichtigkeit von Attribut i darstellt.

(2) *Trade-off-Methode*
1. Für alle m Attribute werden die Partialnutzenfunktionen erstellt;
2. zwei beliebige Attribute i und j werden ausgewählt, und es werden zwei *hypothetische* Optionen konstruiert:
$$X := (x_i- , x_j+ , ...) \text{ und } Y := (x_i+ , x_j- , ...),$$
d.h. daß eine Option auf dem Attribut i die beste und auf Attribut j die schlechteste Ausprägung hat und daß die andere Option genau die umgekehrten Ausprägungen auf den Attributen i und j hat; auf allen anderen Attributen haben die beiden Optionen identische Ausprägungen;
3. Ermittlung der Präferenz zwischen X und Y;
4. Herstellung von *Indifferenz* zwischen den beiden hypothetischen Optionen, indem man beispielsweise das schlechteste Attribut der weniger präferierten Option so lange erhöht, bis beide Optionen als gleich gut beurteilt werden.
    Falls also $X \succ Y$, dann wird x_i- von Option X erhöht, bis etwa bei x_i die Indifferenz erfüllt ist:
$$(x_i , x_j+ , ...) \sim (x_i+, x_j- , ...) ;$$

5. Einsetzen der Partialnutzenfunktionen $u(x_i)$ und $u(x_j)$ in das *additive MAU-Modell* jeder Option (Gesamtnutzen der Option A ist $U_A = \sum_i w_i u(x_i)$); unter der Annahme, daß bei Indifferenz die Gesamtnutzenwerte von Optionen gleich sind, kann die Gleichung:

$$w_i u(x_i) + w_j u(x_j) = w_i u(x_i+) + w_j u(x_j+)$$

aufgelöst werden nach

$$w_i = w_j / (1 - u(x_i))$$

da $u(x+) = 1$ und $u(x-) = 0$.

6. die Schritte 2 bis 5 werden für $m-1$ paarweise verschiedenen Attributpaare durchgeführt;

7. man erhält ein Gleichungssystem aus $m-1$ Gleichungen, wobei jede Gleichung die Beziehung zwischen je zwei Attributwichtigkeiten beschreibt; durch Beachtung der Normierungsrestriktion $\sum_i w_i = 1{,}0$ kann dieses Gleichungssystem gelöst werden;

8. gegebenenfalls Konsistenzprüfung: z.B. mit einer anderen Teilmenge hypothetischer Optionen.

(3) *Swing-Methode*

1. Festlegung der schlechtestmöglichen und bestmöglichen Ausprägung x- und x+ für jedes der m Attribute;

2. Konstruktion der *schlechtestmöglichen hypothetischen Option*:
$$X_0 := (x_1 -, \dots x_i -, \dots x_m -);$$

3. vom Entscheider wird erfragt, welches Attribut er am liebsten von der schlechtesten auf die beste Ausprägung setzen würde (maximaler "Swing" der Ausprägung); daraus ergibt sich die Option
$$X_1 := (\dots, x_i +, \dots), \text{ wobei } x_i \text{ das „geswingte" Attribut ist;}$$

4. entsprechend Schritt 3 wird erfragt, welches Attribut am liebsten als nächstes auf den besten Wert gesetzt werden soll, es ergibt sich die Option X_2; dies wird fortgesetzt, bis schließlich alle Attribute auf ihrem besten Wert stehen, wodurch die optimale Option X_m beschrieben wird;

5. die Optionen X_0 bis X_m bilden eine Rangreihe; für jede Option X_i wird erhoben, wie stark die *relative Verbesserung* t_i durch den Swing von x_i- nach x_i+ auf einer Skala von 0 bis 100 beurteilt wird;

6. Normierung auf das Intervall $[0 \dots 1]$: $w_i = t_i / \sum_j t_j$;

7. gegebenenfalls Konsistenzprüfung: z.B. durch Erhebung der Wichtigkeiten von Teilmengen von Attributen.

(4) *Methode zur Konstruktion und Auswertung einer multiattributen Zielhierarchie*
Konstruktion:

1. Definition des *Oberziels* in der Entscheidungssituation;

2. Ausgehend vom Oberziel (Ebene 0) werden *Unterziele* generiert, zunächst auf der ersten Ebene für das Oberziel, dann auf der zweiten Ebene für jedes Ziel der ersten Ebene, usw.; man fragt: „was bedeutet das *Oberziel* genau?";

3. Dieser Prozeß wird solange fortgesetzt, bis die Ziele nicht weiter detaillierbar
    sind; diese Ebene wird *Attributebene* genannt. Die Attribute sollen so konkret
    sein, daß ihre *Nutzenfunktion* bestimmbar ist;

4. Die Zielhierarchie wird solange überarbeitet, bis sie den Kriterien der *Redun-*
    danzfreiheit (keine Ziele doppelt), *Vollständigkeit* (keine Ziele vergessen)
    und *Operationalisierbarkeit* (Attribute sind meßbar) genügt.

Auswertung:

1. Für jede Zielgruppe, die einem Oberziel untergeordnet ist, werden die Wich-
    tigkeiten separat erhoben (siehe oben); es sind die *relativen* Wichtigkeiten;.

2. *Durchmultiplikation:* Beginnend mit der Wurzel der Hierarchie (Oberziel mit
    Wichtigkeit = 1,0), werden alle Wichtigkeiten entlang jeden einzelnen Astes
    der Hierarchie bis zur untersten, der Attributebene, durchmultipliziert. Das
    Produkt ergibt die *absolute* Wichtigkeit des jeweiligen Attributs. Diese Wich-
    tigkeiten gehen in ein multiattributes Nutzenmodell ein.

Beispiel 2, *Swing-Methode*: Erhebung der Wichtigkeiten von vier Attributen
bei der Wahl eines PC (Geschwindigkeit, Festplattenkapazität, Größe des
Arbeitsspeichers, Monitorgröße).

- aus den Attributausprägungen der verfügbaren Optionen wird eine hypothetische
  schlechteste Option konstruiert, beispielweise
  (133 MHz, 200 MB, 4 MB, 14");
  (die besten Ausprägungen wären 200 Mhz, 4 GB, 32 MB, 20");

- angenommen, man könnte eine Ausprägung vom schlechtesten auf den besten
  Wert setzen, welche würde das sein? Beispielsweise
  (133 MHz, *2 GB*, 4 MB, 14"),
  d.h. für den Entscheider ist die Festplattenkapazität das wichtigste Attribut eines
  PC;

- die folgenden Swings ergeben die folgende Rangreihe der Wichtigkeiten:
  1. Festplattenkapazität
  2. Arbeitsspeicher
  3. Monitorgröße
  4. Geschwindigkeit;

- die Punktbewertung (zwischen 0 und 100) für die relative Verbesserung der
  Option für jeden Swing ergibt folgende Werte:
  1. Festplattenkapazität $\Rightarrow$ 40 Punkte
  2. Arbeitsspeicher $\Rightarrow$ 35 Punkte
  3. Monitorgröße $\Rightarrow$ 20 Punkte
  4. Geschwindigkeit $\Rightarrow$ 10 Punkte;

- die Normierung der Punkte ergibt folgende Wichtigkeiten w_i:
  1. Festplattenkapazität: $w = 0{,}381$
  2. Arbeitsspeicher: $w = 0{,}333$
  3. Monitorgröße: $w = 0{,}191$
  4. Geschwindigkeit: $w = 0{,}095$

(C) Erhebung von Wahrscheinlichkeiten (Kapitel 5)

Man kann subjektive Wahrscheinlichkeiten *direkt* erheben oder *indirekt* über Wetten ableiten (vgl. Abschnitt 5.6). Ein *direktes* Wahrscheinlichkeitsurteil setzt auf Seiten des Entscheiders eine gewisse Vertrautheit mit dem Wahrscheinlichkeitskonzept sowie Kompetenz im Umgang mit numerischen Größen voraus. Es kann dabei einfach nach der Wahrscheinlichkeit, d.h. nach einem Wert zwischen 0,0 und 1,0 gefragt werden oder nach einem Prozentwert („mit 60% Wahrscheinlichkeit wird es heute regnen") oder nach Odds (z.B. „die Chancen, daß es heute regnet, stehen 2 zu 1"). Die einfachste direkte Methode besteht darin zu fragen: „Wie wahrscheinlich ist es, daß Ereignis E eintritt?". Als Antwort erfragt man eine Zahl zwischen 0 und 1 oder einen Prozentwert zwischen 0% und 100%. Bei der *indirekten* Methode wird eine Wettsituation konstruiert und die subjektive Wahrscheinlichkeit aus dem Wettverhalten abgeleitet (siehe unten, BRL-Methode). Müssen viele Einzelwahrscheinlichkeiten oder muß eine vollständige Wahrscheinlichkeitsverteilung erhoben werden, greift man auf die ökonomischeren direkten Methoden zurück. Wir beschreiben im folgenden eine Methode zur Erhebung einer Verteilungsfunktion und eine Methode zur Messung der subjektiven Wahrscheinlichkeit diskreter Ereignisse, die Glücksrad-Methode.

(1) *Methode zur direkten Erhebung einer Verteilungsfunktion*

1. Man definiert eine kontinuierliche oder kategoriale *Variable* x, deren Verteilungsfunktion F(x) erhoben werden soll, z.B. „Niederschlagsmenge in Berlin zwischen 0 und 24 Uhr". x symbolisiert hier eine Variable, die die möglichen Ausprägungen eines Ereignisses angibt;

2. dann definiert man die *Ober-* und *Untergrenze* x- und x+ sowie die Anzahl und Ausprägung der *Meßpunkte* x_i, z.B. die Niederschlagsmengen 0, 50, 100, 150, und 200 ml. Statt einzelner Meßpunkte können auch *Intervalle* definiert werden, z.B. von 50 bis 100 ml;

3. für jeden Meßpunkt x_i, vom kleinsten aufsteigend zum größten, wird gefragt: „Wie hoch ist die Wahrscheinlichkeit, daß die Variable x einen Wert kleiner oder höchstens gleich x_i erreichen wird?", z.B. „ ... daß der Niederschlag geringer als oder höchstens gleich 50 ml ist?". Dabei müssen die erhobenen Wahrscheinlichkeiten mit aufsteigenden Meßpunkten monoton steigen. Der maximale Messpunkt erhält die Wahrscheinlichkeit 1,0;

4. gegebenenfalls graphische Darstellung der Funktion F(*x*) und Interpolation durch Verbindung der Meßpunkte.

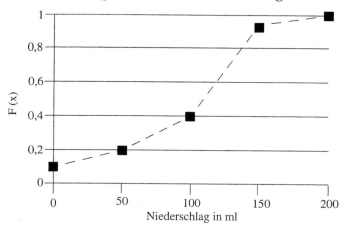

(2) *Glücksrad-Methode*

1. Man definiert das *Ereignis E*, dessen subjektive Wahrscheinlichkeit erhoben werden soll. Das Ereignis muß so konkret beschrieben werden, daß sein Eintreten oder Nicht-Eintreten eindeutig festgestellt werden kann; z.B. „morgen fällt zwischen 0 und 24 Uhr eine Regenmenge von mindestens 100 mm/m^2", und nicht „morgen wird es regnen";

2. dann stellt man das *Glücksrad* auf einen Winkel von $\alpha=180°$; ein Glücksrad (vielen aus dem Fernsehen bekannt) ist eine frei drehbare Scheibe mit einem fixierten Zeiger, deren Gesamtfläche kontinuierlich in zwei verschiedenfarbige Anteile aufgeteilt werden kann;

3. es wird ein *Wettbetrag* X festgelegt;

4. der Entscheider muß sich festlegen, worauf er setzen will, um den Betrag X zu gewinnen: darauf, daß das Ereignis „E" eintritt (z.B. eine Regenmenge von 100 ml), oder darauf, daß das Glücksrad auf der farbigen Fläche stehen bliebe, wenn man es drehen würde;

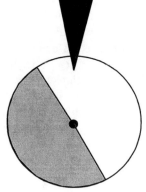

5. wählt der Entscheider das Ereignis, wird die Fläche des Glücksrades vergrößert; setzt er auf das Glücksrad, wird die Fläche verkleinert. Dies wird so lange wiederholt, bis der Entscheider zwischen dem Ereignis E und dem Glücksrad indifferent ist;

6. die *subjektive Wahrscheinlichkeit* des Entscheiders für das Ereignis E läßt sich jetzt über den Winkel α, den die Gewinnfläche des Glücksrads bildet, bestimmen: $p(E) = \alpha/(360°)$.

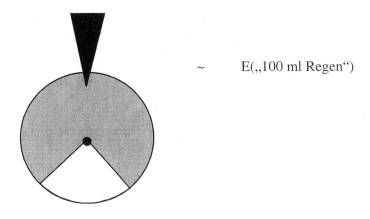

~   E(„100 ml Regen")

(D) Erhebung von Nutzenfunktionen unter Unsicherheit (Kapitel 6)

Vorausgesetzt wird die Gültigkeit der Axiome der SEU-Theorie (vgl. Abschnitt 6.1.2).

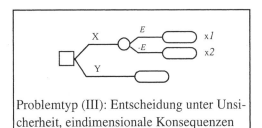

Problemtyp (III): Entscheidung unter Unsicherheit, eindimensionale Konsequenzen

(1) *BRL-Methode (auch BRLT-Methode: Basic-Reference-Lottery-Ticket)*
1. Man bestimmt die schlechteste und die beste Konsequenz, x- und x+, und definiert deren Nutzenwerte mit u(x-) = 0 und u(x+) = 1;
2. dann konstruiert man eine binäre Lotterie, deren Ausgang entweder die beste Konsequenz mit der Wahrscheinlichkeit p oder die schlechteste Konsequenz mit der Wahrscheinlichkeit 1-p ist: [x+,p; x-,1-p]; diese Lotterie wird als *Basic Reference Lottery (BRL)* bezeichnet;
3. man hat nun zwei Möglichkeiten des weiteren Vorgehens:

(a) *Sicherheitsäquivalenzmethode*: Für die BRL wird eine bestimmte Wahrscheinlichkeit festgelegt, z.B. $p = 0,5$; gesucht wird nun nach der sicheren Konsequenz CE (für *Certainty Equivalent*), bei der der Entscheider zwischen der BRL und CE indifferent ($\sim$) ist:

$$CE \sim [x+ , p; x- , 1\text{-}p]$$

der Nutzenwert des CE ist daher 0,5 (bei Indifferenz nach dem SEU-Modell $u(CE) = pu(x+) + (1\text{-}p) u (x-) \Rightarrow u(CE) = p$);

(b) *Wahrscheinlichkeitsäquivalenzmethode*: Es wird eine beliebige sichere Konsequenz x festgelegt ($x+ > x > x-$) und für die BRL jene Wahrscheinlichkeit PE (für *Probability Equivalent*) gesucht, bei der der Entscheider zwischen der BRL und x indifferent ist:

$$x \sim [x+ , PE; x- , 1\text{-}PE]$$

der Nutzenwert von x ist daher PE;

4. Schritt 3 wird beliebig oft wiederholt (sowohl bei CE- als auch bei PE-Methode), je nachdem, wie genau die Nutzenfunktion gemessen werden soll;
5. die Funktion kann graphisch dargestellt werden;
6. gegebenenfalls Konsistenzprüfung: z.B. durch Festlegung anderer Wahrscheinlichkeiten oder sicherer Konsequenzen, oder durch Vergleich der Nutzenfunktionen, die mittels CE- und PE-Methode erhoben wurden.

(2) *Halbierungs-Methode*

1. Bestimmung der schlechtesten und besten Konsequenzen, x- und x+;
2. Bestimmung des Sicherheitsäquivalents $CE_{0,5}$ nach der Sicherheitsäquivalenzmethode (siehe oben):

$$CE_{0,5} \sim [x+ , 0,5; x- , 0,5];$$

3. mit $CE_{0,5}$ können zwei neue Intervalle, nämlich $CE_{0,5}$ bis x- und x+ konstruiert werden; dafür wird wiederum jeweils das Sicherheitsäquivalent bestimmt, dessen Nutzenwert die Intervalle halbiert:

$$CE_{0, 25} \sim [CE_{0,5}, 0,5; x- , 0,5],$$
$$CE_{0, 75} \sim [x+ , 0,5; CE_{0,5} , 0,5];$$

4. Schritt 3 kann beliebig oft, je nach gewünschter Auflösung der Nutzenfunktion, wiederholt werden; anschließend kann die Funktion graphisch dargestellt werden;
5. gegebenenfalls Konsistenzprüfung; z.B. durch Bestimmung der Sicherheitsäquivalente abgeleiteter Intervalle (siehe oben).

Beispiel 3, *BRL-Methode (Sicherheitsäquivalenz-Methode)*: Erhebung der Nutzenfunktion der monetären Beträge zwischen 0 € und 1.000 €.

- als Basis-Lotterie (BRL) wird definiert:
  BRL := [1.000 €, 0,5; 0 €, 0,5];
- es wird ein €-Betrag x gesucht, für den der Entscheider indifferent ist zwischen dem Erhalt des Betrags x und dem Spielen der Basis-Lotterie, z.B. 300 €;
- daraus ergibt sich der Nutzenwert u(300 €) = 0,5;
- es wird eine neue Wahrscheinlichkeit für die Basis-Lotterie festgelegt, z.B. p = 0,75, so daß
  BRL := [1.000 €, 0,75; 0 €, 0,25];
- es wird ein neues Sicherheitsäquivalent für die modifizierte Basis-Lotterie gesucht, z.B. sei dies jetzt 600 €;
- die Bestimmung von Sicherheitsäquivalenten wird für andere Wahrscheinlichkeiten wiederholt:

p	CE	
(0,0	0	per def.)
0,1	30	
0,2	70	
0,3	120	
0,5	300	
0,75	600	
(1,0	1.000	per def.)

- eine graphische Darstellung zeigt, daß die Nutzenfunktion konkav ist und es sich demnach um einen risikoaversiven Entscheider handelt.

(3) *Methode zur Konstruktion und Auswertung eines Entscheidungsbaums*
Konstruktion (vgl. Abschnitt 2.4.2):
1. Der Aufbau erfolgt von links nach rechts. Die *Wurzel* des Baums bildet die zeitlich erste Entscheidung. Die terminalen *Blätter* des Baums bilden die jeweils resultierenden Konsequenzen. Zwischen Wurzel und Konsequenzen können weitere Entscheidungen und Ereignisse in beliebiger Abfolge auftreten. Folgende Symbole werden beim Aufbau verwendet:
   - ein Quadrat steht für eine *Entscheidung*,
   - ein Kreis steht für ein *Ereignis*,
   - ein abgerundetes Rechteck (oder Oval oder Dreieck) steht für eine *Konsequenz*.
2. Der (Wurzel-)Entscheidungsknoten wird mit so vielen Ästen versehen, wie Optionen an diesem Punkt verfügbar sind; die Optionen werden gekennzeichnet. An jeden Optionenast wird entweder ein Ereignis- oder ein neuer Entscheidungsknoten angehängt. Jeder Ereignisknoten wird mit so vielen Ästen versehen, wie unterschiedliche unsichere Ereignisse an diesem Punkt auftre-

ten können; die Ereignisse werden gekennzeichnet.

3. Dies wird für alle Äste solange fortgesetzt, bis terminale Konsequenzen beschrieben werden können:

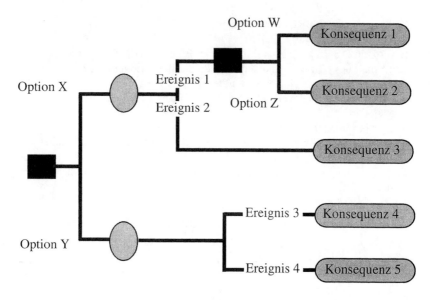

Konsequenzen gibt es nur am rechten Ende jeden Astes.

Auswertung:

1. Für alle Ereignisse an allen Ereignisknoten werden die Wahrscheinlichkeiten $p(E_j)$ und für alle terminalen Konsequenzen die Nutzenwerte $u(x_k)$ erhoben (zu den Methoden siehe oben).

2. *Roll-Back-Methode*: Von den Konsequenzen ausgehend, wird der Baum nach links bis zur Wurzel ausgewertet. Dabei wird
    - von rechts kommend für jeden Entscheidungsknoten, auf den man entlang der Äste trifft, die Option mit dem maximalen erwarteten Nutzen markiert (bzw. die anderen Optionen werden gestrichen);
    - trifft man dabei auf einen Ereignisknoten, wird für diesen Knoten der erwartete Nutzen berechnet: entweder direkt über den Nutzen der Konsequenzen (sofern man sich am rechten Rand des Baums befindet), oder über den Nutzen der optimalen Optionen, in die die Ereignisse münden, sofern ein Ereignisknoten nicht direkt in Konsequenzen, sondern in weitere Entscheidungsknoten mündet,
    - dieses Vorgehen wird bis zur linken Wurzel des Entscheidungsbaums durchgeführt; die Option, die an der Wurzel den maximalen erwarteten Nutzen erhält, ist die zu wählende Option.

Literatur

Aarts, H., Verplanken, B., & van Knippenberg, A. (1998). Predicting behavior from actions in the past: Repeated decision making or a matter of habit? *Journal of Applied Social Psychology, 28*, 1355-1374.

Abele, A., & Hermer, P. (1993). Mood influences on health-related judgments: Appraisal of own health versus appraisal of unhealthy behaviours. *European Journal of Social Psychology, 23*, 613-625.

Abernathy, C. M., & Hamm, R. M. (1995). *Surgical intuition.* Philadelphia, PA: Hanley & Belfus.

Agnoli, F., & Krantz, D. H. (1989). Suppressing natural heuristics by formal instruction: The case of conjunction fallacy. *Cognitive Psychology, 21*, 515-550.

Ainslie, G. (1975). Specious reward: A behavioral theory of impulsiveness and impulse control. *Psychological Bulletin, 82*, 463-509.

Ajzen, I. (1991). The theory of planned behavior. *Organizational Behavior and Human Decision Processes, 50*, 179-211.

Ajzen, I., & Fishbein, M. (1980). *Understanding attitudes and predicting social behavior.* Englewood Cliffs, NJ: Prentice-Hall.

Albert, D., Aschenbrenner, K. M., & Schmalhofer, F. (1989). Cognitive choice processes and the attitude-behavior relation. In A. Upmeyer (Ed.), *Attitudes and behavioral decisions* (pp. 61-99). New York: Springer.

Allais, M. (1953). Le comportement de l'homme rationnel devant le risque: Critique des postulats et axiomes de l'ecole Americaine. *Econometrica, 21*, 503-546.

Ames, D. R., Flynn, F. J., & Weber, E. U. (2004). It's the thought that counts: On perceiving how helpers decide to lend a hand. *Personality and Social Psychology Bulletin, 30*, 461-474.

Anderson, C. J. (2003). The psychology of doing nothing: Forms of decision avoidance result from reasons and emotion. *Psychological Bulletin, 129*, 139-167.

Anderson, J. R. (1983). *The architecture of cognition.* Cambridge, MA: Harvard University Press.

Anderson, J. R. (2001). *Kognitive Psychologie: Eine Einführung* (3rd ed.). Heidelberg: Spektrum Akademischer Verlag.

Anderson, N., Ones, D., Sinangil, H. K., & Viswesvaran, C. (Eds.) (2001). *Handbook of Industrial, Work and Organizational Psychology* (Vol. 1 & 2). London: Sage Publications.

Ariely, D., & Carmon, Z. (2000). Gestalt characteristics of experienced profiles. *Journal of Behavioral Decision Making, 13*, 191-201.

Ariely, D., & Zakay, D. (2001). A timely account of the role of duration in decision making. *Acta Psychologica, 108*, 187-207.

Arkes, H. R., & Blumer, C. (1985). The psychology of sunk cost. *Organizational Behavior and Human Decision Processes, 35*, 124-140.

Aschenbrenner, K. M. (1978). Single-peaked risk preferences and their dependability on the gambles' presentation mode. *Journal of Experimental Psychology: Human Perception and Performance, 4*, 513-520.

Aschenbrenner, K. M., Albert, D., & Schmalhofer, F. (1984). Stochastic choice heuristics. *Acta Psychologica, 56*, 153-166.

Au, K., Chan, Forrest, Wang, D., & Vertinsky, I. (2003). Mood in foreign exchange trading: Cognitive processes and performance. *Organizational Behavior and Human Decision Processes, 91*, 322-338.

Axelrod, R. (1984). *The evolution of cooperation.* New York: Basic Books.

Ayton, P. (1997). How to be incoherent *and* seductive: Bookmaker's odds and support theory. *Organizational Behavior and Human Decision Processes, 72*, 99-115.

Ayton, P., Hunt, A. J., & Wright, G. (1989). Psychological conceptions of randomness. *Journal of Behavioral Decision Making*, *2*, 221-238.

Ayton, P., Hunt, A. J., & Wright, G. (1991). Commentaries on 'psychological concepts of randomness'. *Journal of Behavioral Decision Making*, *4*, 215-226.

Balderjahn, I., & Will, S. (1997). Umweltverträgliches Konsumentenverhalten - Wege aus einem sozialen Dilemma. *M & M - Marktforschung und Management*, *41*, 140-145.

Barber, B., & Odean, T. (2001). Boys will be boys: Gender, overconfidence, and common stock investment. *Quarterly Journal of Economics*, *116*, 261-292.

Barberis, N., & Thaler, R. H. (2003). A Survey of Behavioral Finance. In G. M. Constantinides, M. Harris & R. M. Stulz (Eds.), *Handbook of the economics of finance* (Vol. 1B, pp. 4-66). St. Louis, MO: Elsevier.

Bar-Hillel, M. (1980). What features make samples seem representative? *Journal of Experimental Psychology: Human Perception and Performance*, *6*, 578-589.

Bar-Hillel, M. (1989). How to solve probability teasers. *Philosophy of Science*, *56*, 348-358.

Bar-Hillel, M., & Budescu, D. (1995). The elusive wishful thinking effect. *Thinking and Reasoning*, *1*, 71-103.

Bar-Hillel, M., & Neter, E. (1993). How alike is it versus how likely is it: A disjunction fallacy in probability judgments. *Journal of Personality and Social Psychology*, *65*, 1119-1131.

Bar-Hillel, M, & Yaari, M. (1993). Judgments of distributive justice. In B. A. Mellers & J. Baron (Eds.), *Psychological perspectives on justice: Theory and applications* (pp. 55-84). Cambridge, MA: Cambridge University Press.

Barlas, S. (2003). When choices give into temptations: Explaining the disagreement among importance measures. *Organizational Behavior & Human Decision Processes*, *91*, 310-321.

Baron, J. (1994). Nonconsequentialist decisions. *Behavioral and Brain Sciences*, *17*, 1-42.

Baron, J. (1997). Biases in the quantitative measurement of values for public decisions. *Psychological Bulletin*, *122*, 72-88.

Baron, J. (2000). *Thinking and deciding* (3rd ed.). Cambridge, MA: Cambridge University Press.

Baron, J., & Leshner, S. (2000). How serious are expressions of protected values? *Journal of Experimental Psychology: Applied*, *6*, 183-194.

Baron, J., & Maxwell, N. P. (1996). Cost of public goods effects willingness to pay for them. *Journal of Behavioral Decision Making*, *9*, 173-183.

Baron, J., & Ritov, I. (2004). Omission bias, individual differences, and normality. *Organizational Behavior and Human Decision Processes*, *94*, 74-85.

Baron, J., & Spranca, M. (1997). Protected values. *Organizational Behavior & Human Decision Processes*, *70*, 1-16.

Baron, J., & Weber, E. U. (2001). Introduction. In E. U. Weber, J. Baron & G. Loomes (Eds.), *Conflict and tradeoffs in decision making* (pp. 1-24). Cambridge, UK: Cambridge University Press.

Batra, R., Homer, P. M., & Kahle, L. R. (2001). Values, susceptibility to normative influence, and attribute importance weights: A nomological analysis. *Journal of Consumer Psychology*, *11*, 115-128.

Battalio, R. C., Kagel, J. H., & Jiranyakul, K. (1990). Testing between alternative models of choice under uncertainty: Some initial results. *Journal of Risk and Uncertainty*, *3*, 25-50.

Baumeister, R., & Vohs, K. D. (2003). Willpower, choice, and self-control. In G. Loewenstein, D. Read & R. Baumeister (Eds.), *Time and decision: Economic and psychological perspectives on intertemporal choice* (pp. 201-216). New York: Russell Sage Foundation.

Bazerman, M. (1984). The relevance of Kahneman and Tversky's concept of framing to organizational behavior. *Journal of Management*, *10*, 333-343.

Bazerman, M. (2002). *Judgment in managerial decision making* (5th ed.). New York: John Wiley & Sons.

Bazerman, M. (Ed.) (in press). *Negotiation, decision making, and conflict resolution.* Vol. 1-3. North-hampton, MA: Edward Elgar Publishing.

Bazerman, M., Curhan, J. R., Moore, D. A. & Valley, K. A. (2000). Negotiation. *Annual Review of Psychology, 51,* 279-314.

Bazerman, M., & Lewicki, R. J. (Eds.) (1983). *Negotiating in organizations.* Beverly Hills, CA: Sage.

Beach, L. R. (1990). *Image theory: Decision making in personal and organizational contexts.* Chichester: John Wiley & Sons.

Beach, L. R. (1993). Image theory: Personal and organizational decisions. In G. A. Klein, J. Orasanu, R. Calderwood & C. E. Zsambok (Eds.), *Decision making in action: Models and methods* (pp. 148-157). Norwood, NJ: Ablex.

Beach, L. R., Barnes, V. E., & Christensen-Szalanski, J. J. J. (1986). Beyond heuristics and biases: A contingency model of judgemental forecasting. *Journal of Forecasting, 5,* 143-157.

Beach, L. R., & Braun, G. P. (1994). Laboratory studies of subjective probability: A status report. In G. Wright & P. Ayton (Eds.), *Subjective probability* (pp. 107-127). Chichester: John Wiley & Sons.

Beach, L. R., Christensen-Szalanski, J. J. J., & Barnes, V. (1987). Assessing human judgment: Has it been done, can it be done, should it be done? In G. Wright & P. Ayton (Eds.), *Judgmental forecasting* (pp. 49-62). Chichester: John Wiley & Sons.

Beach, L. R., Jungermann, H., & de Bruyn, E. E. J. (1996). Imagination and planning. In L. R. Beach (Ed.), *Decision making in the workplace. A unified perspective* (pp. 143-154). Mahwah, NJ: Lawrence Erlbaum Associates.

Beach, L. R., & Lipshitz, R. (1993). Why classical decision theory is an inappropriate standard for evaluating and aiding most human decision making. In G. A. Klein, J. Orasanu, R. Calderwood & C. E. Zsambok (Eds.), *Decision making in action: Models and methods* (pp. 21-35). Norwood, NJ: Ablex.

Beach, L. R., & Mitchell, T. R. (1978). A contingency model for the selection of decision strategies. *Academy of Management Review, 3,* 439-449.

Beach, L. R., & Mitchell, T. R. (1987). Image theory: Principles, goals, and plans in decision making. *Acta Psychologica, 66,* 201-220.

Beach, L. R., Vlek, C., & Wagenaar, W. A. (1988). *Models and methods for unique versus repeated decision making* (Technical Report). Leiden: Leiden University, Dept. of Psychology.

Beattie, J., & Barlas, S. (2001). Predicting perceived differences in tradeoff difficulty. In E. U. Weber, J. Baron & G. Loomes (Eds.), *Conflict and tradeoffs in decision making* (pp. 25-64). Cambridge, UK: Cambridge University Press.

Bechara, A., Damasio, H., & Damasio, A. R. (2000). Emotion, decision making and the orbitofrontal cortex. *Cerebral Cortex, 10,* 295-307.

Becker, G. S. (1981). *A treatise on the family.* Cambridge, MA: Harvard University Press.

Beckmann, J., & Irle, M. (1985). Dissonance and action control. In J. Kuhl & J. Beckmann (Eds.), *Action control: From cognition to behavior* (pp. 129-150). Berlin: Springer.

Bell, D. E. (1982). Regret in decision making under uncertainty. *Operations Research, 30,* 961-981.

Bell, D. E. (1985). Disappointment in decision making under uncertainty. *Operations Research, 33,* 1-27.

Benartzi, S., & Thaler, R. H. (1995). Myopic loss aversion and the equity premium puzzle. *Quarterly Journal of Economics, 110,* 73-92.

Benner, L. (1975). D.E.C.I.D.E in hazardous materials emergencies. *Fire Journal, 69,* 13-18.

Benson, Lehman, III., & Beach L. R. (1996). The effects of time constraints on the prechoice screening of decision options. *Organizational Behavior and Human Decision Processes,67,* 222-228.

Bentham, J. (1789/1948). *An introduction to the principles of morals and legislation,* wiederaufgelegt als: *A fragment on government and an introduction to the principles of morals and legislation.* Oxford.

Ben Zur, H., & Breznitz, S. J. (1981). The effects of time pressure on risky choice behavior. *Acta Psychologica, 47,* 89-104.

Berndsen, M., & van der Pligt, J. (2001). Time is on my side: Optimism in intertemporal choice. *Acta Psychologica, 108,* 173-186.

Bernoulli, D. (1738). *Speciman theoriae novae de mensura sortis*. Translated into German (A. Prings-heim) and English (L. Sommer). Westmead: Gregg Press, 1967.

Berry, D. C., Knapp, P., & Raynor, D. K. (2002). Provision of information about drug side-effects to patients. *Lancet, 359*, 853-854.

Betsch, T., & Haberstroh, S. (Eds.) (in press). *The routines of decision making*. Mahwah, NJ: Lawrence Erlbaum Associates.

Betsch, T., Haberstroh, S., & Höhle, C. (2002). Explaining routinized decision making. *Theory and Psychology, 12*, 453-488.

Betsch, T., Haberstroh, S., Molter, B., & Glockner, A. (2004). Oops, I did it again--relapse errors in routinized decision making. *Organizational Behavior & Human Decision Processes, 93*, 62-74.

Bettman, J. R. (1979). *An information processing theory of consumer choice*. London: Addison-Wes-ley.

Bettman, J. R., Johnson, E. J., & Payne, J. W. (1990). A componential analysis of cognitive effort in choice. *Organizational Behavior and Human Decision Processes, 45*, 111-139.

Bettman, J. R., Luce, M. F., & Payne, J. W. (1998). Constructive consumer choice processes. *Journal of Consumer Research, 25*,187-217.

Bettman, J. R., & Park, C. W. (1980). Effects of prior knowledge and experience and phase of the choice process on consumer decision processes: A protocol analysis. *Journal of Consumer Rese-arch, 7*, 234-248.

Beyth-Marom, R. (1982). How probable is probable? Numerical translation of verbal probability expressions. *Journal of Forecasting, 1*, 257-269.

Bickel, W. K., Odum, A. L., & Madden, G. J. (1999). Impulsivity and cigarette smoking: Delay dis-counting in current, never, and ex-smokers. *Psychopharmacology, 146,* 447-454.

Bier, V. M., & Connell, B. L. (1994). Ambiguity seeking in multi-attribute decisions: Effects of opti-mism and message framing. *Journal of Behavioral Decision Making, 7*, 169-182.

Bless, H. Betsch, T., & Franzen, A. (1998). Framing the framing effect: The impact of context cues on solutions to the ´Asian disease´ problem. *European Journal of Social Psychology, 28*, 287-291.

Björkman, M. (1984). Decision making, risk taking and psychological time: Review of empirical find-ings and psychological theory. *Scandinavian Journal of Psychology, 25*, 31-49.

Bockenholt, U., Albert, D., Aschenbrenner, M., & Schmalhofer, G. (1991). The effects of attractive-ness, dominance, and attribute differences on information acquisition in multiattribute binary choice. *Organizational Behavior and Human Decision Processes, 49*, 258-281.

Böhm, G., & Pfister, H.-R. (1996). Instrumental or emotional evaluations: What determines prefer-ences? *Acta Psychologica, 93*, 135-148.

Böhm, G., & Pfister, H.-R. (2000). Action tendencies and characteristics of environmental risks. *Acta Psychologica, 104*, 317-337.

Boles, T. M., & Messick, D. M. (1990). Accepting unfairness: Temporal influences on choice. In K. Borcherding, O. I. Larichev & D. M. Messick (Eds.), *Contemporary issues in decision making* (pp. 375-390). Amsterdam: North-Holland.

Bonini, N., & Caverni, J.-P. (1995). The "catch-all underestimation bias": Availability hypothesis vs. category redefinition hypothesis. *Cahiers de Psychologie Cognitive/Current Psychology of Cogni-tion, 14*, 301-321.

Bonini, N., & Rumiati, R. (1996). Mental accounting and acceptance of a price discount. *Acta Psycho-logica, 93*, 149-160.

Bontempo, R. N., Bottom, W. P., & Weber, E. U. (1997). Cross-cultural differences in risk perception: A model-based approach. *Risk Analysis, 17*, 479-488.

Borcherding, K. (1983). Entscheidungstheorie und Entscheidungshilfeverfahren für komplexe Entscheidungssituationen. In M. Irle (Ed.), *Methoden und Anwendungen der Marktpsychologie. Enzyklopädie der Psychologie, Bd. D/III/5* (pp. 64-173). Göttingen: Hogrefe.

Borcherding, K., Eppel, T., & von Winterfeldt, D. (1991). Comparison of weighting judgment in multiattribute utility measurement. *Management Science, 37*, 1603-1619.

Borcherding, K., & Rohrmann, B. (1990). An analysis of multi-attribute utility models using longitudinal field data. In K. Borcherding, O. I. Larichev & D. M. Messick (Eds.), *Contemporary issues in decision making* (pp. 223-244). Amsterdam: North-Holland.

Borcherding, K., & Rohrmann, B. (1992). Urteils- und Entscheidungsprozesse zur Wohnumwelt. In K. Pawlik & K. Stapf (Eds.), *Umwelt und Verhalten* (pp. 217-244). Bern: Huber.

Borcherding, K., Schmeer, S., & Weber, M. (1995). Biases in multiattribute weight elicitation. In J.-P. Caverni, M. Bar-Hillel, F. Hutton Barron & H. Jungermann (Eds.), *Contributions to decision making* (pp. 3-28). Amsterdam: Elsevier Science.

Borcherding, K., & von Winterfeldt, D. (1988). The effect of varying value trees on multiattribute evaluations. *Acta Psychologica, 68,* 153-170.

Bortz, J. (1984). *Lehrbuch der empirischen Forschung.* Berlin: Springer.

Bortz, J. (1993). *Lehrbuch der Statistik* (5th ed.). Berlin: Springer.

Bottom, W. P., & Studt, A. (1993). Framing effects and the distributive aspect of integrative bargaining. *Organizational Behavior and Human Decision Processes, 56,* 459-474.

Boyd, N. F., Sutherland, H. J., Heasman, K. Z., Tritchler, D. L., & Cummings, B. J. (1990). Whose utilities for decision analysis? *Medical Decision Making, 10,* 58-67.

Brachinger, W., & Monney, P.-A. (2003). The conjunction fallacy: Explanations of the Linda-Problem by the theory of hints. *International Journal of Intelligent Systems, 18,* 75-91.

Brachinger, H. W., & Weber, M. (1997). Risk as a primitive: A survey of measures of perceived risk. *OR Spektrum, 19,* 235-250.

Brandstätter, E., Kühberger, A., & Schneider, F. (2002). A cognitive-emotional account of the shape of the probability weighting function. *Journal of Behavioral Decision Making, 15,* 79-100.

Brehmer, B. (1996). Man as a stabiliser of systems: From static snapshots to judgment processes to dynamic decision making. *Thinking and Reasoning, 2,* 225-238.

Brehmer, B., & Joyce, C. B. R. (Eds.) (1988). *Human judgment: The SJT view.* Amsterdam: North-Holland.

Brehmer, B., & Svenmarck, P. (1995). Distributed decision making in dynamic environments: Time scales and architecture of decision making. In J.-P. Caverni, M. Bar-Hillel, F. Hutton Baron & H. Jungermann (Eds.), *Contributions to decision making* (pp. 155-174). Amsterdam: Elsevier Science.

Brenner, L. A., Koehler, D. J., Liberman, V., & Tversky, A. (1996). Overconfidence in probability and frequency judgments: A critical examination. *Organizational Behavior and Human Decision Processes, 65,* 212-219.

Bröder, A. (2000a). Assessing the empirical validity of the „Take-The-Best" heuristic as a model of human probabilistic inference. *Journal of Experimental Psychology: Learning, Memory, and Cognition, 26,* 1332-1346.

Bröder, A. (2000b). „*Take The Best – Ignore the Rest". Wann entscheiden Menschen begrenzt rational?* Lengerich: Pabst.

Bröder, A. (2001). Die eingeschränkte Fruchtbarkeit eines unvollständigen Forschungsprogramms. *Psychologische Rundschau, 52,* 159-162.

Brun, W., & Teigen, K. H. (1988). Verbal probabilities: Ambiguous, context-dependent, or both? *Organizational Behavior and Human Decision Processes, 41,* 390-404.

Brunswik, E. (1952). The conceptual framework of psychology. In *International Encyclopedia of Unified Science* (Vol. 1 (10)). Chicago, IL: The University of Chicago Press.

Buchan, N. R., Croson, R., & E. J. Johnson, (2004). When do fair beliefs influence bargaining behavior? Experimental bargaining in Japan and the United States. *Journal of Consumer Research, 31,* 181-190.

Buchanan, B., & Shortliffe, E. (1984). *Rule-based Expert-systems.* Reading, MA: Addison Wesley.

Budescu, D. V., & Wallsten, T. S. (1995). Processing linguistic probabilities: General principles and empirical evidence. In J. Busemeyer, R. Hastie & D. L. Medin (Eds.), *Decision making from a cognitive perspective* (pp. 275-318). San Diego: Academic Press.

Busemeyer, J. R. (2001). Dynamic decision making. In N. J. Smelser & P. B. Baltes (Eds.), *International Encyclopedia of the Social & Behavioral Sciences* (pp.3903-3908). Amsterdam: Elsevier Science Ltd.

Busemeyer, J. R., & Goldstein, W. M. (1992). Linking together different measures of preference: A dynamic model of matching derived from decision field theory. *Organizational Behavior and Human Decision Processes, 52*, 370-396.

Busemeyer, J., Hastie, R., & Medin, D. L. (Eds.) (1995). *Decision making from a cognitive perspective*. San Diego: Academic Press.

Busemeyer, J. R., & Townsend, J. T. (1992). Fundamental derivations for decision field theory. *Mathematical Social Sciences, 23*, 255-282.

Busemeyer, J. R., & Townsend, J. T. (1993). Decision field theory: A dynamic-cognitive approach to decision making in an uncertain environment. *Psychological Review, 100*, 432-459.

Camerer, C. (1989). An experimental test of several generalized utility theories. *Journal of Risk and Uncertainty, 2*, 61-104.

Camerer, C. (1990). Behavioral game theory. In R. M. Hogarth (Ed.), *Insights in decision making: A tribute to Hillel J. Einhorn* (pp. 311-336). Chicago: The University of Chicago Press.

Camerer, C. (1992). Recent tests of generalizations of expected utility theory. In W. Edwards (Ed.), *Utility theories: Measurements and applications* (pp. 207-251). Boston: Kluwer.

Camerer, C. F. (2000). Prospect theory in the wild: Evidence from the field. In D. Kahneman & A. Tversky (Eds.), *Choices, values, and frames* (pp. 288-300). Cambridge, UK: Cambridge University Press.

Camerer, C. (2003a). *Behavioral game theory: Experiments in strategic interaction*. Princeton: Princeton University Press.

Camerer, C. (2003b). Strategizing in the brain. *Science, 300*, 1673-1674.

Camerer, C., & Johnson, E. (1991). The process-performance paradox in expert judgment: How can experts know so much and predict so badly? In K. A. Ericsson & J. Smith (Eds.), *Towards a general theory of expertise: Prospects and limits* (pp. 195-217). Cambridge, MA: Cambridge University Press.

Camerer, C., Loewenstein, G., & Rabin, M. (Eds.) (2003). *Advances in behavioral economics*. Princeton, NJ: Princeton University Press.

Camerer, C., & Weber, M. (1992). Recent developments in modelling preferences: Uncertainty and ambiguity. *Journal of Risk and Uncertainty, 5*, 325-370.

Cannon-Bowers, J., Salas, E., & Pruitt, J. (1996). Establishing the boundaries of a paradigm for decision-making research. *Human Factors, 38*, 193-205.

Carroll, J. S., & Johnson, E. J. (1990). Decision Research: A field guide. In *Applied Social Research Methods Series* (Vol. 22). Newbury Park, CA: Sage Publications.

Chapman, G. (1996). Expectations and preferences for sequences of health and money. *Organizational Behavior and Human Decision Processes, 67*, 59-75.

Chapman, G. (in press). The psychology of medical decision making. In D. J. Koehler & N. Harvey (Eds.), *Blackwell Handbook of judgment and decision making*. Cambridge, UK: Blackwell.

Chapman, G., & Coups, E. J. (1999). Time preferences and preventive health behavior: Acceptance of the influenca vaccine. *Medical Decision Making, 19*, 307-314.

Chapman, G., & Elstein, A. S. (1998). Utility assessment: Methods and research. In C. L. Bennett & T. J. Stinson (Eds.), *Cancer Policy: Research and Methods* (pp. 13-24). Boston: Kluwer Academic Publishers.

Chapman, G., Elstein, A. S., Kuzel, T. M., Sharifi, R., Nadler, R. B., Andrews, A., & Bennett, C. L. (1998). Prostata cancer patient's utilities for health states: How it looks depends on where you stand. *Medical Decision Making, 18*, 278-286.

Chapman, G., & Elstein, A. S. (2003). Cognitive processes and biases in medical decision making. In G. Chapman & F. A. Sonnenberg (Eds.). *Decision Making in Health Care. Theory, Psychology, and Applications* (pp. 183-210). Cambridge, MA: Cambridge University Press.

Chapman, G., & Johnson, E. J. (2002). Incorporating the irrelevant: Anchors in judgments of belief and value. In T. Gilovich, D. Griffin & D. Kahneman (Eds.), *Heuristics and biases: The psychology of intuitive judgment* (pp. 120-138). Cambridge, UK: Cambridge University Press.

Chapman, G., Nelson, R., & Hier, D. (1999). Familiarity and time preferences: decision making about treatments for migraine headaches and Crohn´s disease. *Journal of Experimental Psychology: Applied. 5*, 1-18.

Chapman, G., & Sonnenberg, F. A. (Eds.) (2003). *Decision Making in Health Care. Theory, Psychology, and Applications.* Cambridge, MA: Cambridge University Press.

Chapman, L. J., & Chapman, J. P. (1967). Genesis of popular but erroneoes psychodiagnostic observations. *Journal of Abnormal Psychology, 72*, 193-204.

Chase, G. W. (1978). Elementary information processes. In W. K. Estes (Ed.), *Handbook of learning and cognitive processes. Human information processing* (Vol. 5, pp. 19-20). Hillsdale, NJ: Lawrence Erlbaum Associates.

Cherubini, P., Mazzocco, K., & Rumiati, R. (2003). Rethinking the focusing effect in decision-making. *Acta Psychologica, 113*, 67-81.

Choi, I., Choi, J. A., & Norenzayan, A. (in press). Culture and decisions. In D. J. Koehler & N. Harvey (Eds.), *Blackwell Handbook of judgment and decision making*. Cambridge, UK: Blackwell.

Christensen, C. (1989). The psychophysics of spending. *Journal of Behavioral Decision Making, 2*, 69-80.

Christensen-Szalanski, J. J. J. (1978). Problem solving strategies: A selection mechanism, some implications, and some data. *Organizational Behavior and Human Performance, 22*, 307-323.

Christensen-Szalanski, J. J. J. (1980). A further examination of the selection of problem-solving strategies: The effects of deadlines and analytic aptitudes. *Organizational Behavior and Human Performance, 25*, 107-122.

Christensen-Szalanski, J. J. J. (1984). Discount functions and the measurement of patients' values: Woman's decisions during childbirth. *Medical Decision Making, 4*, 47-58.

Christensen-Szalanski, J. J. J., & Beach, L. R. (1982). Experience and base-rate fallacy. *Organizational Behavior and Human Performance, 29*, 270-278.

Christensen-Szalanski, J. J. J., & Willham, C. F. (1991). The hindsight bias: A meta-analysis. *Organizational Behavior and Human Decision Processes, 48*, 147-168.

Clemen, R. T. (1991). *Making hard decisions.* Boston: PWS-Kent Publishing Company.

Cohen, L. J. (1977). *The probable and the provable.* Oxford: Clarendon Press.

Cohen, M., Jaffray, J.-Y., & Said, T. (1987). Experimental comparison of individual behavior under risk and under uncertainty for gains and for losses. *Organizational Behavior and Human Decision Processes, 39*, 1-22.

Cohen, M., March, J. G., & Olsen, J. (1972). A garbage can model of organizational choice. *Administrative Science Quarterly*, 17, 1-25.

Collins, A. M., & Quillian, M. R. (1969). Retrieval time from semantic memory. *Journal of Verbal Learning and Verbal Behavior, 8*, 240-247.

Connolly, T., Arkes, H. R., & Hammond, K. R. (Eds.) (2000). *Judgment and decision making: An interdisciplinary reader.* Cambridge, UK: Cambridge University Press.

Connolly, T., & Ordónez, L. (2003). Judgment and decision making. In W. C. Borman, D. R. Ilgen, & R. J. Klimoski (Eds.), *Comprehensive handbook of psychology*. Vol. 12 (pp. 493-518). New York: Wiley.

Connolly, T., & Reb, J. (2003). Omission bias in vaccination decisions: Where´s the "omission"? Where´s the "bias"? *Organizational Behavior and Human Decision Processes, 91*, 186-202.

Connolly, T., & Zeelenberg, M. (2002). Regret in decision making. *Current Directions in Psychological Science, 11*, 212-216.

Coombs, C. H. (1958). On the use of inconsistency of preferences in psychological measurement. *Journal of Experimental Psychology, 55*, 1-7.

Coombs, C. H., & Avrunin, G. S. (1988). *The structure of conflict.* Hillsdale, NJ: Lawrence Erlbaum Associates.

Coombs, C. H., Dawes, R. M., & Tversky, A. (1975). *Mathematische Psychologie.* Weinheim: Beltz.

Coppola, K. M., Ditto, P. H., Danks, J. H., & Smucker, W. D. (2001). Accuracy of primary care and hospital-based physicians' predictions of elderly outpatients' treatment preferences with and without advance directives. *Archives of Internal Medicine, 161,* 431-440.

Corbin, R. M. (1980). Decisions that might not get made. In T. S. Wallsten (Ed.), *Cognitive processes in choice and decision behavior* (pp. 47-67). Hillsdale, NJ: Lawrence Erlbaum Associates.

Cosmides, L. (1989). The logic of social exchange: Has natural selection shaped how humans reason? Studies with the Wason selection task. *Cognition, 31,* 187-276.

Cosmides, L., & Tooby, J. (1987). From evolution to behavior: Evolutionary psychology as the missing link. In J. Dupre (Ed.), *The latest on the best: Essays on evolution and optimality* (pp. 277-306). Cambrige, MA: MIT Press.

Covello, V. T., von Winterfeldt, D., & Slovic, P. (1986). Risk communication: A review of the literature. *Risk Abstracts, 3,* 171-182.

Covinsky, K. E., Fuller, J. D., Yaffe, K., Johnston, C. B., Hamel, M. B., Lynn, J., Teno, J. M., & Phillips, R. S. (2000). Communication and Decision-Making in Seriously Ill Patients: Findings of the SUPPORT Project. *Journal of American Geriatrics Society, 48,* 187-193.

Crichton, M. (1996). *Airframe.* New York: Alfred A. Knopf.

Crutcher, R. J. (1994). Telling what we know: The use of verbal report methodologies in psychological research. *Psychological Science, 5,* 241-244.

Cyert, R., & March, J. G. (1963). *A behavioral theory of the firm.* Englewood Cliffs, NJ: Prentice-Hall.

Damasio, A. R. (1994). *Descartes' error: emotion, reason, and the human brain.* New York: Grosset/Putnam. Dt: *Descartes' Irrtum.* München: Paul List Verlag, 1995.

Davidson, R., & Irwin, W. (1999). The functional neuroanatomy of emotion and affective style. *Trends in Cognitive Science, 3,* 11-21.

Dawes, R. M. (1979). The robust beauty of improper linear models in decision making. *American Psychologist, 34,* 571-582.

Dawes, R. M. (1980). Social dilemmas. *Annual Review of Psychology, 31,* 169-193.

Dawes, R. M. (1988). *Rational choice in an uncertain world.* San Diego: Harcourt Brace Jovanovich.

Dawes, R., & Thaler, R. (1988). Anomalies: Cooperation. *Journal of Economic Perspectives, 2,* 187-189.

Dawson, N. V., & Arkes, H. R. (1987). Systematic errors in medical decision making: Judgment limitations. *Journal of General Internal Medicine, 2,* 183-187.

De Bondt, W. F. M. (1993). Betting on trends: Intuitive forecasts of financial risk and return. *International Journal of Forecasting, 9,* 355-371.

De Bondt, W. F. M., & Thaler, R. H. (1985). Does the stock market overreact? *The Journal of Finance, 40,* 793-808.

De Bondt, W. F. M., & Thaler, R. H. (1989). A mean-reverting walk down Wall Street. *Journal of Economic Perspectives, 3,* 189-202.

de Finetti, B. (1937). *La prévision: Ses lois logiques, ses sources subjectives.* Ann. Inst. Henri Poincaré, Bd. 7. (Engl.: *Foresight: Its logical laws, its subjective sources.* In H. E. Kyburg & H. E. Smokler (Eds.) (1964), *Studies in subjective probability* (pp. 94-158). New York: John Wiley & Sons.

Dempster, A. (1967). Upper and lower probabilities induced by a multivalued mapping. *The Annals of Mathematical Statistics, 38,* 325-339.

Deutsch, M. (1975). Equity, equality, and need: What determines which value will be used as the basis of distributive justice? *Journal of Social Issues, 31,* 137-149.

di Cagno, D., & Hey, J. D. (1988). A direct test of the original version of regret theory. *Journal of Behavioral Decision Making, 1,* 43-56.

Diederich, A. (1995). A dynamic model for multi-attribute decision problems. In J.-P. Caverni, M. Bar-Hillel, F. Hutton Barron & H. Jungermann (Eds.), *Contributions to decision making* (pp. 175-191). Amsterdam: North-Holland.

Dittmar, H. (2001). Impulse buying in ordinary and „compulsive" consumers. In E. U. Weber, J. Baron & G. Loomes (Eds.), *Conflict and tradeoffs in decision making* (pp. 110-135). Cambridge, UK: Cambridge University Press.

Dittmar, H., Beattie, J., & Friese, S. (1996). Objects, decision considerations and self-image in men's and women's impuls purchases. *Acta Psychologica, 93,* 187-206.

Ditto, P. H., Danks, J. H., Smucker, W. D., Bookwala, J., Coppola, K. M., Dresser, R., Fagerlin, A., Gready, R. M., Houts, R. M., Lockhard, L. K., & Zyganski, S. (2001). Advances directives as acts of communication: A randomized controlled trial. *Archives of Internal Medicine, 161,* 421-430.

Dörner, D. (1976). *Problemlösen als Informationsverarbeitung.* Stuttgart: Kohlhammer.

Dörner, D. (1992). *Die Logik des Mißlingens.* Reinbek bei Hamburg: Rowohlt.

Dougherty, M. R. P., Gettys, C. F., & Ogden, E. E. (1999). MINERVA-DM: A memory processes model for judgments of likelihood. *Psychological Review, 106,* 180-209.

Dougherty, M. R. P., Ogden, E. E., Gettys, C. F., & Gronlund, S. D. (2002). Memory as a fundamental heuristic for decision making. In S. L. Schneider & J. Shanteau (Eds.), *Emerging perspectives in judgment and decision research* (pp. 125-164). Cambridge, UK: Cambridge University Press.

Dowie, J., & Elstein, A. S. (Eds.) (1988). *Professional judgment. A reader in clinical decision making.* Cambridge, UK: Cambridge University Press.

Drösser, C. (1995). *Fuzzy Logic: Methodische Einführung in krauses Denken.* Reinbek bei Hamburg: Rowohlt.

Dudycha, L. W., & Naylor, J. C. (1966). Characteristics of the human inference process in complex choice behavior situations. *Organizational Behavior and Human Performance, 1,* 110-128.

Ebert, J. (2001). The role of cognitive resources in the valuation of near and far future events. *Acta Psychologica, 108,* 155-171.

Eckes, T., & Six, B. (1994). Fakten und Fiktionen in der Einstellungs-Verhaltens-Forschung: Eine Meta-Analyse. *Zeitschrift für Sozialpsychologie, 25,* 253-271.

Eddy, D. M. (1982). Probabilistic reasoning in clinical medicine: Problems and opportunities. In D. Kahneman, P. Slovic & A. Tversky (Eds.), *Judgment under uncertainty: Heuristics and biases* (pp. 249-267). Cambridge, MA: Cambridge University Press.

Edwards, W. (1954). The theory of decision making. *Psychological Bulletin, 51,* 380-417.

Edwards, W. (Ed.) (1992). *Utility theories: Measurement and applications.* Boston: Kluwer.

Edwards, W., & Fasolo, B. (2001). Decision technology. *Annual Review of Psychology, 52,* 581-606.

Edwards, W., & Tversky, A. (Eds.) (1967). *Decision making.* Harmondsworth: Penguin.

Einhorn, H. J., & Hogarth, R. M. (1985). Ambiguity and uncertainty in probabilistic inference. *Psychological Review, 92,* 433-461.

Einhorn, H. J., & Hogarth, R. M. (1986). Judging probable cause. *Psychological Bulletin, 99,* 3-19.

Einhorn, H. J., & Hogarth, R. M. (1987). Decision making under ambiguity. In R. M. Hogarth & M. W. Reder (Eds.), *Rational choice. The contrast between economics and psychology* (pp. 41-66). Chicago: The University of Chicago Press.

Eisenführ, F., & Weber, M. (2003). *Rationales Entscheiden (4th ed.).* Berlin: Springer.

Ellsberg, D. (1961). Risk, ambiguity and the Savage axioms. *Quarterly Journal of Economics, 75,* 643-669.

Elster, J. (1979). *Ulysses and the sirens: Studies in rationality and irrationality.* Cambridge, MA: Cambridge University Press. (*Dt.: Subversion der Rationalität* (1987), Frankfurt a. M.: Campus).

Elster, J. (1985). Weakness of will and the free-rider problem. *Economics and Philosophy, 1,* 231-265.

Elster, J. (1992). *Local justice: How institutions allocate scarce goods and necessary burdens.* New York: Russell Sage Foundation.

Elster, J. (1999). *Alchemies of the mind. Rationality and the emotions.* Cambridge, UK: Cambridge University Press.

Elster, J., & Loewenstein, G. (1992). Utility from memory and anticipation. In G. Loewenstein & J. Elster (Eds.), *Choice over time* (pp. 213-234). New York: Russel Sage Foundation.

Elster, J., & Roemer, J. E. (Eds.) (1991). *Interpersonal comparisons of well-being.* Cambridge, MA: Cambridge University Press.

Elwyn, G., & Edwards, A. (Eds.) (2001). *Evidence-based patient choice.* Oxford: Oxford University Press.

Erb, H.-P., Bioy, A., & Hilton, D. J. (2002). Choice preferences without inferences: subconscious priming of risk attitudes. *Journal of Behavioral Decision Making, 15,* 251-262.

Ericsson, K. A., & Simon, H. A. (1993). *Protocol Analysis: Verbal reports as data (rev. ed.).* Cambridge, MA: MIT Press.

Ericsson, K. A., & Smith, J. (Eds.) (1991). *Towards a general theory of expertise: Propects and limits.* Cambridge, MA: Cambridge University Press.

Ernst, J., Schwarz, R., & Krauß, O. (2004). Shared decision making bei Tumorpatienten. Ergebnisse einer empirischen Studie. *Journal of Public Health, 12,* 123-131.

Esser, H. (1990). "Habits", "Frames" und "Rational Choice". *Zeitschrift für Soziologie, 19,* 231-247.

Evers-Kiebooms, G., & van den Berghe, H. (1979). Impact of genetic counseling: A review of published follow-up studies. *Clinical Genetics, 15,* 465-474.

Evers-Kiebooms, G., Welkenhuysen, M., Claes, E., Decruyenaere, M., & Denayer, L. (2000). The psychological complexity of predicitve testing for late onset neurogenic diseases and hereditary cancers: implications for multidisciplinary counselling and for genetic education. *Social Science & Medicine, 54,* 1463-1470.

Fabre, J. M., Caverni, J.- P., & Jungermann, H. (1995). Causality does influence conjunctive probability judgments if context and design allow for it. *Organizational Behavior and Human Decision Processes, 63,* 1-5.

Fabre, J. M., Caverni, J.- P., Jungermann, H. (1997). Effects of event probability and causality on the conjunction fallacy. *Swiss Journal of Psychology, 56,* 106-111.

Fagerlin, A., Ditto, P. H., Danks, J. H., Houts, R. M., & Smucker, W. D. (2001). Projection in surrogate decisions about life-sustaining medical treatments. *Health Psychology, 20,* 166-175.

Fagley, N. S., & Miller, P. M. (1987). The effects of decision framing on choice of risky vs. certain options. *Organizational Behavior and Human Decision Processes, 39,* 264-277.

Fama, E. F. (1970). Efficient capital markets: A review of theory and empirical work. *Journal of Finance, 25,* 383-417.

Fateh-Moghadam, B., Schroth, U., Gross, C., & Gutman, T. (2004a). Die Praxis der Lebendspendekommissionen – Eine empirische Untersuchung zur Implementierung prozeduraler Modelle der Absicherung von Autonomiebedingungen im Transplantationswesen. Teil 1: Freiwilligkeit. *Medizinrecht, 22,* 19-34.

Fateh-Moghadam, B., Schroth, U., Gross, C., & Gutman, T. (2004b). Die Praxis der Lebendspendekommissionen – Eine empirische Untersuchung zur Implementierung prozeduraler Modelle der Absicherung von Autonomiebedingungen im Transplantationswesen. Teil 2: Spender-Empfänger-Beziehung, Organhandel, Verfahren. *Medizinrecht, 22,* 82-90.

Feather, N. T. (Ed.) (1982). *Expectations and actions: Expectancy-value models in psychology.* Hillsdale, NJ: Lawrence Erlbaum Associates.

Fechner, G. T. (1860). *Elemente der Psychophysik.* Leipzig: Breitkopf & Hartel.

Felser, G. (2001). *Werbe- und Konsumentenpsychologie (2nd ed.).* Heidelberg: Spektrum Akademischer Verlag.

Felser, G. (2002). Werbung wirkt auch im Vorübergehen. Verarbeitung von Werbebotschaften ohne Aufmerksamkeit. In A. Mattenklott & A. Schimansky (Eds.), *Werbung. Strategien und Konzepte für die Zukunft* (S. 504-525). München: Verlag Franz Vahlen.

Festinger, L. (1964). *Conflict, decision, and dissonance.* Stanford: Stanford University Press.

Fiedler, K. (1988). The dependence of the conjunction fallacy on subtle linguistic factors. *Psychological Research, 50,* 123-129.

Fiedler, K. (1993). Kognitive Täuschungen bei der Erfassung von Ereigniskontingenzen. In W. Hell, K. Fiedler & G. Gigerenzer (Eds.), *Kognitive Täuschungen* (pp. 213-242). Heidelberg: Spektrum Akademischer Verlag.

Fischer, G. W. (1977). Convergent validation of decomposed multi-attribute utility assessment procedures for risky and riskless decisions. *Organizational Behavior and Human Performance, 18,* 295-315.

Fischer, G. W. (1979). Utility models for multiple objective decisions: Do they accurately represent human preferences? *Decision Sciences, 10,* 451-479.

Fischer, G., & Hawkins, S. (1993). Strategy compatibility, scale compatibility, and the prominence effect. *Journal of Experimental Psychology: Human Perception and Performance, 19,* 580-597.

Fischer, K. (1997). *Tun oder lassen? Die Rolle von framing-Prozessen für die Wahl von Handlung oder Unterlassung in Entscheidungssituationen.* Frankfurt a. M.: Lang.

Fischer, K., & Jungermann, H. (1996). Rarely occurring headaches and rarely occurring blindness: Is rarely = rarely? The meaning of verbal frequentistic labels in specific medical contexts. *Journal of Behavioral Decision Making, 9,* 153-172.

Fischer, K., & Jungermann, H. (2003). „Zu Risiken und Nebenwirkungen fragen Sie Ihren Arzt oder Apotheker": Kommunikation von Unsicherheit im medizinischen Kontext. *Zeitschrift für Gesundheitspsychologie, 3,* 87-98.

Fischer, L., Kutsch, T., & Stephan, E. (Eds.) (1999). *Finanzpsychologie.* München und Wien: R. Oldenbourg Verlag.

Fischhoff, B. (1975). Hindsight # foresight: The effect of outcome knowledge on judgment under uncertainty. *Journal of Experimental Psychology: Human Perception and Performance, 1,* 288-299.

Fischhoff, B. (1983). Predicting frames. *Journal of Experimental Psychology: Learning, Memory, and Cognition, 9,* 103-116.

Fischhoff, B. (1985). Cognitive and institutional barriers to "informed consent". In M. Gibson (Ed.), *To breathe freely* (pp. 169-185). Totowa, NJ: Rowan & Allanheld.

Fischhoff, B. (1987). Treating the public with risk communications: A public health perspective. *Science, Technology, and Human Values, 12,* 3-19.

Fischhoff, B. (1995). Risk perception and communication unplugged: Twenty years of process. *Risk Analysis, 15,* 137-145.

Fischhoff, B. (1996). The real world: What good is it? *Organizational Behavior and Human Decision Processes, 65,* 232-248.

Fischhoff, B. (2001). Tversky, Amos (1937-96). In N. J. Smelser & P. B. Baltes (Eds.), *International Encyclopedia of the Social & Behavioral Sciences* (pp. 15937-15941). Amsterdam: Elsevier Science Ltd.

Fischhoff, B., & Bruine de Bruin, W. (1999). Fifty-fifty = 50%? *Journal of Behavioral Decision Making, 12,* 149-163.

Fischhoff, B., Slovic, P., & Lichtenstein, S. (1978). Fault trees: Sensitivity of estimated failure probabilities to problem representation. *Journal of Experimental Psychology: Human Perception and Performance, 4,* 330-344.

Fishbein, M., & Ajzen, I. (1975). *Belief, attitude, intentions and behavior: An introduction to theory and research.* Boston: Addison-Wesley.

Fisk, J. E. (2004). Conjunction fallacy. In R. F. Pohl (Ed.), *Cognitive Illusions: A handbook on fallacies and biases in thinking, judgment, and memory* (pp. 23-42). Hove, UK: Psychology Press.

Flathers, G. W., Giffin, W. C., & Rockwell, T. (1982). A study of decision-making behavior of aircraft pilots deviating from a planned flight. *Aviation, Space, and Environmental Medicine, 53,* 958-963.

Flin, R., Salas, E., Strub, M., & Martin, L. (Eds.) (1997). *Decision making under stress.* Aldershoet etc.: Ashgate.

Ford, G. T., & Smith, R. A. (1987). Inferential beliefs in consumer evaluations: An assessment of alternative processing strategies. *Journal of Consumer Research, 14,* 363-371.

Ford, J. K., Schmitt, N., Schlechtman, S. L., Hults, B., & Doherty, M. L. (1989). Process tracing methods: Contributions, problems, and neglected research questions. *Organizational Behavior and Human Decision Processes, 43,* 75-117.

Forgas, J. P., & Bower, G. H. (1988). Affect in social and personal judgments. In K. Fiedler & J. P. Forgas (Eds.), *Affect, cognition, and social behavior. New evidence and integrative attempts* (pp. 183-209). Toronto: Hogrefe.

Fox, J. (1994). On the necessity of probability: Reasons to believe and grounds for doubt. In G. Wright & P. Ayton (Eds.), *Subjective probability* (pp. 75-104). Chichester: John Wiley & Sons.

French, S. (1988). *Decision theory. An introduction to the mathematics of rationality.* Chichester: Ellis Horwood Limited.

Freud, S. (1943). Formulierungen über die zwei Prinzipien des psychischen Geschehens. In *Gesammelte Werke* (Vol. 8). London: Imago.

Frey, B. S. (2000). *Arts & Economics.* Heidelberg: Springer.

Frey, D., Schulz-Hardt, S., & Stahlberg, D. (1996). Information seeking among individuals and groups and possible consequences for decision making in business and politics. In E. H. Witte & H. Davis (Eds.), *Understanding group behavior - small group processes and interpersonal relations* (pp. 211-225). Mahwah, NJ: Lawrence Erlbaum Associates.

Frieling, E., & Sonntag, K. (1999). *Lehrbuch Arbeitspsychologie (2nd ed.).* Bern: Huber.

Frisch, D. (1993). Reasons for framing effects. *Organizational Behavior and Human Decision Processes, 54*, 399-429.

Fuller, R., Johnston, N., & McDonald, N. (Eds.) (1995). *Human factors in aviation operations.* Aldershot: Ashgate.

Gächter, S. (in press). Behavioral game theory. In D. J. Koehler & N. Harvey (Eds.), *Blackwell Handbook of judgment and decision making.* Cambridge, UK: Blackwell.

Gäfgen, G. (1968). *Theorie der wirtschaftlichen Entscheidung (2nd ed.).* Tübingen: J. C. B. Mohr (Paul Siebeck).

Ganzach, Y. (2000). Judging risk and return of financial assets. *Organizational Behavior and Human Decision Processes, 83*, 353-370.

Gardner, H. (1985). *Dem Denken auf der Spur.* Stuttgart: Ernst Klett Verlag.

Garud, R., & Shapira, Z. (1997). Aligning the residuals: Risk, return, responsibility, and authority. Z. Shapira (Ed.), *Organizational decision making* (pp. 238-256). Cambridge, UK: Cambridge University Press.

Gehring, W. J., & Willoughby, A. (2002). The medial frontal cortex and the rapid processing of monetary gains and losses. *Science, 292*, 2279-2282.

Gertzen, H. (1992). Component processes of phased decision strategies. *Acta Psychologica, 80*, 229-246.

Gigerenzer, G. (1991). How to make cognitive illusions disappear: Beyond "heuristics and biases". *European Review of Social Psychology, 2*, 83-115.

Gigerenzer, G. (1994). Why the distinction between single-event probabilities and frequencies is important for psychology (and vice versa). In G. Wright & P. Ayton (Eds.), *Subjective probability* (pp. 129-161). Chichester: John Wiley & Sons.

Gigerenzer, G. (1996). On narrow norms and vague heuristics: A reply to Kahneman and Tversky (1996). *Psychological Review, 103*, 592-596.

Gigerenzer, G. (in press). Fast and frugal heuristics: The tools of bounded rationality. In D. J. Koehler & N. Harvey (Eds.), *Blackwell Handbook of judgment and decision making.* Cambridge, UK: Blackwell.

Gigerenzer, G., Hell, W., & Blank, H. (1988). Presentation and content: The use of base rates as a continuous variable. *Journal of Experimental Psychology: Human Perception and Performance, 14*, 513-525.

Gigerenzer, G., & Hoffrage, U. (1995). How to improve Bayesian reasoning without instruction: Frequency formats. *Psychological Review, 102*, 684-704.

Gigerenzer, G., Hoffrage, U., & Kleinbölting, H. (1991). Probabilistic mental models: A Brunswikian theory of confidence. *Psychological Review, 98*, 506-528.

Gigerenzer, G., & Murray, D. J. (1987). *Cognition as intuitive statistics.* Hillsdale, NJ.: Lawrence Erlbaum Associates.

Gigerenzer, G., & Selten, R. (Eds.) (2002). *Bounded rationality. The adaptive toolbox.* Cambridge, MA: MIT Press.

Gigerenzer, G., Swijtink, Z., Porter, T., Daston, L., Beatty, J., & Krüger, L. (1989). *The empire of chance. How probability changed science and everyday life.* Cambridge, MA: Cambridge University Press.

Gigerenzer, G., Todd, P. M., & the ABC Research Group (1999). *Simple heuristics that make us smart.* New York: Oxford University Press.

Gilhooly, K. J. (1996). *Thinking. Directed, undirected and creative.* London: Academic Press Limited.

Gilovich, T., Griffin, D., & Kahneman, D. (Eds.) (2002). *Heuristics and biases: The psychology of intuitive judgment.* Cambridge, UK: Cambridge University Press.

Gilovich, T., & Medvec, V. H. (1995). The experience of regret: What, when and why. *Psychological Review, 102*, 379-395.

Glaser, M., Nöth, M., & Weber, M. (in press). Behavioral finance. In D. J. Koehler & N. Harvey (Eds.), *Blackwell Handbook of judgment and decision making.* Cambridge, UK: Blackwell.

Glimcher, P. (2003). *Decisions, uncertainty, and the brain: The science of neuroeconomics.* Cambridge, MA: MIT Press.

Gold, M. R., Siegel, J. E., Russell, L. B., & Weinstein, M. C. (1996). *Cost-effectiveness in health and medicine.* New York: Oxford University Press.

Goldberg, J., & von Nitzsch, R. (2004). *Behavioral Finance (4th ed.).* München: Finanzbuch Verlag.

Goldstein, D., Johnson, E. J., & Sharpe, W. F. (in press). Measuring consumer risk-return tradeoffs. *Journal of Marketing.*

Goldstein, M. K., & Tsevat, J. (2003). Applying utility assessment at the ′bedside′. In G. Chapman & F. A. Sonnenberg (Eds.), *Decision making in health care. Theory, Psychology, and Applications.* Cambridge, UK: Cambridge University Press.

Goldstein, W. M., Barlas, S., & Beattie, J. (2001). Talk about tradeoffs: Judgements of relative importance and contingent decision behavior. In E. U. Weber, J. Baron & G. Loomes (Eds.), *Conflict and tradeoffs in decision making* (pp. 175-204). Cambridge, UK: Cambridge University Press.

Goldstein, W. M., & Beattie, J. (1991). Judgments of relative importance in decision making: The importance of interpretation and the interpretation of importance. In D. R. Brown & J. E. K. Smith (Eds.), *Frontiers in mathematical psychology.* New York: Springer.

Goldstein, W. M., & Hogarth, R. M. (Eds.) (1997). *Research on judgment and decision making: Current, connections, and controversies.* Cambridge UK: Cambridge University Press.

Gollwitzer, P. M. (1993). Goal achievement: The role of intentions. *European Review of Social Psychology, 4*, 141-185.

Gollwitzer, P. M. (1999). Implementation intentions: Strong effects of simple plans. *American Psychologist, 54*, 493-503.

Gollwitzer, P. M., & Bargh, J. A. (Eds.) (1996). *The psychology of action: Linking cognition and motivation to behaviour.* New York: Guilford Press.

Gordon, S. E., & Gill, R. T. (1997). Cognitive task analysis. In Zsambok, C. E. & G. Klein (Eds.), *Naturalistic decision making* (pp. 131-140). Mahwah, NJ: Lawrence Erlbaum Associates.

Greene, J. D., Sommerville, R. B., Nystrom, L. E., Darley, J. M., & Cohen, J. D. (2001). An fMRI investigation of emotional engagement in moral judgment. *Science, 293*, 2105-2108.

Griffin, D., & Buehler, R. (1999). Frequency, probability, and prediction: Easy solutions to cognitive illusions? *Cognitive Psychology, 38*, 48-78.

Güth, W. (1992). *Spieltheorie und ökonomische (Bei)Spiele.* Berlin: Springer.

Güth, W., Schmittberger, R., & Schwarze, B. (1982). An experimental analysis of ultimatum bargaining. *Journal of Economic Behavior and Organization, 3*, 367-388.

Gysler, M., Brown-Kruse, J., & Schubert, R. (2002). Ambiguity and gender differences in financial decision making: An experimental examination of competence and confidence effects. Discussion Paper 02/23. Zürich: Center for Economic Research, Swiss Federal Institute of Technology.

Hacking, I. (1975). *The emergence of probability.* Cambridge, MA: Cambridge University Press.
Hammond, J. S., Keeney, R. L., & Raiffa, H. (1998). The hidden traps in decision making. *Harvard Business Review, September-October,* 3-9.
Hammond, K. R. (1988). Judgement and decision making in dynamic tasks. *Information and Decision Technologies, 14,* 3-14.
Hammond, K. R. (1996). *Human judgment and social policy.* New York: Oxford University Press.
Hardin, G. R. (1968). The tragedy of the commons. *Science, 162,* 1243-1248.
Hardin, R. (1982). *Collective action. A book from resources for the future.* Baltimore: The John Hopkins University Press.
Hardman, D., & Macchi, L. (Eds.) (2003). *Thinking: Psychological perspectives in reasoning, judgment and decision making.* Chichester: John Wiley & Sons.
Harless, D. W., & Camerer, C. (1994). The predictive utility of generalized expected utility theories. *Ecometrica, 62,* 1251-1289.
Harsanyi, J., & Selten, R. (1988). *A general theory of equilibrium selection in games.* Cambridge, MA: MIT-Press.
Harte, J. M., Westenberg, M. R. M., & van Someren, M. (1994). Process models of decision making. *Acta Psychologica, 87,* 95-120.
Harvey, N., Harries, C., & Fischer, I. (2000). Using advice and assessing its quality. *Organizational Behavior and Human Decision Processes, 81,* 252-273.
Hastie, R. (1991). A review from a high place: The field of judgment and decision making as revealed in its current textbooks. *Psychological Science, 2,* 135-138.
Hastie, R. (2001). Problems for judgment and decision making. *Annual Review of Psychology, 52,* 653-683.
Hastie, R., & Dawes, R. M. (2001). *Rational choice in an uncertain world.* Thousand Oaks etc.: Sage.
Hausman, J. A. (1979). Individual discount rates and the purchase and utilization of energy-using durables. *The Bell Journal of Economics, 10,* 33-54.
Hayes-Roth, B., & Hayes-Roth, F. (1979). A cognitive model of planning. *Cognitive Science, 3,* 275-310.
Heath, C., & Tversky, A. (1991). Preference and belief: Ambiguity and competence in choice under uncertainty. *Journal of Risk and Uncertainty, 4,* 5-28.
Heckerling, P. S., Verp, M. S., & Albert, N. (1999). Patient or Physician Preferences of Decision Analysis: The Prenatal Genetic Testing Decision. *Medical Decision Making, 19,* 66-77.
Heckerling, P. S., Verp, M. S., & Hadro, T. A. (1994). Preferences of pregnant women for amniocentesis or chorionic villus sampling for prenatal testing: comparison of patients' choices and those of a decision-analytic model. *Journal of Clinical Epidemiology. 47,* 1215-1228.
Hell, W., Fiedler, K., & Gigerenzer, G. (Eds.) (1993). *Kognitive Täuschungen.* Heidelberg: Spektrum Akademischer Verlag.
Hell, W., Gigerenzer, G., Gauggel, S., Mall, M., & Müller, M. (1988). Hindsight bias: An interaction of automatic and motivational factors? *Memory and Cognition, 16,* 533-538.
Hennen, L., Petermann, T., & Schmitt, J. J. (1996). *Genetische Diagnostik - Chancen und Risiken: Der Bericht des Büros für Technikfolgen-Abschätzung zur Genomanalyse.* Berlin: Ed. Sigma.
Hertwig, R. (1995). Die "Conjunction fallacy": Eine Dekade später. In K. Pawlik (Ed.), *Bericht über den 39. Kongreß der Deutschen Gesellschaft für Psychologie in Hamburg 1994* (pp. 318-323). Göttingen: Hogrefe.
Hertwig, R., Barron, G., Weber, E. U., & Erev, I. (2004 a). Decisions from experience and the effect of rare events. *Psychological Science, 15,* 534-539.

Hertwig, R., Barron, G., Weber, E. U., & Erev, I. (2004 b). Rare risky prospects: Different when valued through a window of sampled experiences. In K. Fiedler & P. Juslin (Eds.), *Information sampling as a key to understanding adaptive cognition in an uncertain environment*. Cambridge, UK: Cambridge University Press.

Hertwig, R. & Chase, V. M. (1998), Many reasons or just one: How response mode affects reasoning in the conjunction problem. *Thinking and Reasoning, 4*, 319-352.

Hertwig, R., & Gigerenzer, G. (1999). The "conjunction fallacy" revisited: How intelligent inferences look like reasoning errors. *Journal of Behavioral Decision Making, 12*, 275-305.

Hertwig, R., & Hoffrage, U. (2001a). Eingeschränkte und ökologische Rationalität: Ein Forschungsprogramm. *Psychologische Rundschau, 52*, 11-19.

Hertwig, R., & Hoffrage, U. (2001b). Empirische Evidenz für einfache Heuristiken. *Psychologische Rundschau, 52*, 162-165.

Higgins, E. T. (2000a). Beyond pleasure & pain. In E. T. Higgins & A. W. Kruglanski (Eds.), *Motivational science: Social and personality perspectives* (pp. 231-255). Philadelphia: Psychology Press.

Higgins, E. T. (2000b). Making a good decision: Value from fit. *American Psychologist, 55*, 1217-1230.

Higgins, E. T. (2002). How self-regulation creates distinct values: The case of promotion and prevention decision making. *Journal of Consumer Psychology, 12*, 177-191.

Höffe, O. (1985). *Strategien der Humanität. Zur Ethik öffentlicher Entscheidungsprozesse*. Frankfurt a. M.: Suhrkamp.

Highhouse, S. (2001). Judgment and decision making research: Relevance to industrial and organizational psychology. In N. Anderson, D. S. Ones, H. K. Sinangil, & C. Viswesvaran (Eds.), *Handbook of industrial, work and organizational psychology*. Vol. 1 (pp. 314-331). London etc.: Sage Publications.

Hilton, D. J. (2001). The psychology of financial decision-making: Applications to trading, dealing, and investment analysis. *Journal of Psychology and Financial Markets, 2*, 37-53.

Hilton, D. J. (2003). Psychology and the financial markets: Applications to understanding and remedying irrational decision-making. In I. Brocas & J. D. Carrillo (Eds.) (2003), *The psychology of economic decisions. Vol. 1: Rationality and well-being* (pp. 273-298). Oxford, UK: Oxford University Press.

Hoeffler, S., & Ariely, D. (1999). Constructing stable preferences: A look into dimensions of experience and their impact on preference stability. *Journal of Consumer Psychology, 8,* 113-139.

Hörmann, H.-J. (1995). FOR-DEC: A presriptive model for aeronatical deicison making. In R. Fuller, N. Johnston & N. McDonald (Eds.), *Human factors for Human Operations* (pp. 17-23). Brookfield: Ashgate.

Hoffman, R.R., Crandell, B., & Shadbolt, N. (1998). Use of critical decision method to elicit expert knowledge: A case study in the methodology of expert task analysis. *Human Factors, 40*, 254-276.

Hoffrage, U. (2003). Risikokommunikation bei Brustkrebsfrüherkennung und Hormonersatztherapie. *Zeitschrift für Gesundheitspsychologie, 3*, 76-86.

Hoffrage, U. (2004). Overconfidence. In R. F. Pohl (Ed.), *Cognitive illusions: A handbook on fallacies and biases in thinking, judgment, and memory* (pp. 235-254). Hove, UK: Psychology Press.

Hoffrage, U., & Gigerenzer, G. (1998). Using natural frequencies to improve diagnostic inferences. *Academic Medicine, 73*, 538-540.

Hoffrage, U., Kurzenhäuser, S., & Gigerenzer, G. (2000). Wie kann man die Bedeutung medizinischer Testbefunde besser verstehen und kommunizieren? *Zeitschrift für ärztliche Fortbildung und Qualitätssicherung, 94*, 713-719.

Hoffrage, U., Lindsey, S., Hertwig, R., & Gigerenzer, G. (2000). Communicating statistical information. *Science, 290*, 2261-2262.

Hogarth, R. M. (1987). *Judgement and choice: The psychology of decision*. Chichester: John Wiley & Sons.

Hogarth, R. M. (2001). *Educating intuition*. Chicago: University of Chicago Press.Hogarth, R. M., & Reder, M. W. (Eds.) (1986). The behavioral foundations of economic theory. *The Journal of Business (Vol. 59)*. The University of Chicago Press.

Hogg, M. A. (2001). Social psychology of group decision making. In N. J. Smelser & P. B. Baltes (Eds.), *International Encyclopedia of the Social & Behavioral Sciences*. Amsterdam: Elsevier Science Ltd.

Holland, J. H., Holyoak, K. J., Nisbett, R. E., & Thagard, P. R. (1986). *Induction. Processes of inference, learning, and discovery*. Cambridge, MA: MIT Press.

Holler, M. J., & Illing, G. (1991). *Einführung in die Spieltheorie*. Berlin: Springer.

Holmes, M. M., Rovner, D. R., Rothert, M. L., Elstein, A. S., Holzman, G. B., Hoppe, R. B., Metheny, W. P., & Ravitch, M. M. (1987). Women's and physicians' utilities for health outcomes in estrogen replacement therapy. *Journal of General Internal Medicine, 2*, 178-182.

Holtgrave, D. R., & Weber, E. U. (1993). Dimensions of risk perception for financial and health risks. *Risk Analysis, 13*, 553-558.

Houston, D. A., Sherrill-Mittleman, D., & Weeks, M. (2001). The enhancement of feature salience in dichotomous choice dilemmas. In E. U. Weber, J. Baron & G. Loomes (Eds.), *Conflict and tradeoffs in decision making* (pp. 65-85). Cambridge, UK: Cambridge University Press.

Howell, W. C., & Burnett, S. A. (1978). Uncertainty measurement: A cognitive taxonomy. *Organizational Behavior and Human Performance, 22*, 45-68.

Hoyos, C. Graf, & Zimolong, B. (Eds.) (1990). *Ingenieurpsychologie. Enzyklopädie der Psychologie, Bd. D/III/2*. Göttingen: Hogrefe.

Hsee, C. K. (1996). The evaluability hypothesis: An explanation of preferece reversals between joint and separate evaluations of alternatives. *Organizational Behavior and Human Decision Processes, 46*, 247-257.

Hsee, C. K., Loewenstein, G. F., Blount, S., & Bazerman, M.H. (1999). Preference reversals between joint andf separate evaluation of options: A review and theoretical analysis. *Psychological Bulletin, 125*, 576-590.

Huber, G. P. (1980). *Managerial decision making*. Glenview, IL: Scott, Foresman and Company.

Huber, O. (1982). *Entscheiden als Problemlösen*. Bern: Huber.

Huber, O. (1986). Decision making as a problem solving process. In B. Brehmer, H. Jungermann, P. Lourens & G. Sèvon (Eds.), *New directions in research on decision making* (pp. 109-138). Amsterdam: North-Holland.

Huber, O. (1989). Information-processing operators in decision making. In H. Montgomery & O. Svenson (Eds.), *Process and structure in human decision making*. Chichester: John Wiley & Sons.

Huber, O. (1995). Ambiguity and perceived control. *Swiss Journal of Psychology, 54*, 200-210.

Huber, O. (2004). Entscheiden unter Risiko: Aktive Risiko-Entschärfung. *Psychologische Rundschau, 55*, 127-134.

Huber, O., Beutter, C., Montoya, J. & Huber, O. W. (2001). Risk-defusing behaviour: Towards an understanding of risky decision making. *European Journal of Cognitive Psychology, 13*, 409-426.

Huber, O., & Huber, O. W. (2003). Detectability of the negative event: effect on the acceptance of pre- and post-event risk-defusing actions. *Acta Psychologica, 113*, 1-21.

Huber, O., & Kühberger, A. (1996). Decision processes and decision trees in gambles and more natural decision tasks. *Journal of Psychology, 130*, 229-236.

Huber, J., Payne, J. W., & Puto, C. (1982). Adding asymmetrically dominated alternatives: Violations of regularity and the similarity hypothesis. *Journal of Consumer Research, 9*, 90-98.

Ioannidis, J. P. A., & Lau, J. (2003). Evidence-based medicine. In G. Chapman & F. A. Sonnenberg (Eds.), *Decision making in health care. Theory, Psychology, and Applications*. Cambridge, MA: Cambridge University Press.

Isen, A. M., Nygren, T. E., & Ashby, F. G. (1988). Influence of positive affect on the subjective utility of gains and losses: It is just not worth the risk. *Journal of Personality and Social Psychology, 55*, 710-717.

Janis, I. L., & Mann, L. (1977). *Decision making: A psychological analysis of conflict, choice, and commitment.* New York: The Free Press.

Jimison, H. B., & Sher, P. P. (2003). Advances in presenting health information to patients. In G. Chapman & F. A. Sonnenberg (Eds.), *Decision making in health care. Theory, Psychology, and Applications.* Cambridge, UK: Cambridge University Press.

Johnson, E., Hershey, J., Meszaros, J., & Kunreuther, H. (1993). Framing, probability distortions, and insurance decisions. *Journal of Risk and Uncertainty, 7,* 35-51.

Johnson E., & Goldstein, D. (2003). Do defaults save lives? *Science, 302,* 1338-1339.

Johnson, J. E. V., & Powell, P. L. (1994). Decision making, risk and gender: Are managers different? *British Journal of Management, 5,* 123-138.

Johnson, J. G., Wilke, A., & Weber, E. U. (in press). Beyond a trait view of risk-taking: A domain-specific scale measuring risk perceptions, expected benefits, and perceived-risk attitude in German-speaking populations. *Polish Psychological Bulletin.*

Johnson, M. D. (1989). The differential processing of product category and noncomparable choice alternatives. *Journal of Consumer Research, 16,* 300-309.

Johnson-Laird, P. N., & Wason, P. C. (Eds.) (1977). *Thinking. Readings in Cognitive Science.* Cambridge, MA: Cambridge University Press.

Jonas, E., & Frey, D. (2003). Information search and presentation in advisor-client interactions. *Organizational Behavior and Human Decision Processes, 91,* 154-168.

Jünemann, B., & Schellenberger, D. (Eds.) (1997). *Psychologie für Börsenprofis. Die Macht der Gefühle bei der Geldanlage.* Stuttgart: Schäffer-Poeschel Verlag.

Jungermann, H. (1976). *Rationale Entscheidungen.* Bern: Huber.

Jungermann, H. (1977). Entscheidung - in der Theorie. In W. Lee, *Psychologische Entscheidungstheorie* (pp. 9-37). Weinheim: Beltz.

Jungermann, H. (1981). Entscheidungshilfe: Ansätze zur Therapie, Beratung und Analyse unter dem Aspekt der Entscheidung. In W. Michaelis (Ed.), *Bericht über den 32. Kongreß der Deutschen Gesellschaft für Psychologie in Zürich 1980* (Vol. 2, pp. 465-471). Göttingen: Hogrefe.

Jungermann, H. (1985). Inferential processes in the construction of scenarios. *Journal of Forecasting, 4,* 321-328.

Jungermann, H. (2000). The two camps on rationality. In T. Connoly, H. R. Arkes, & K. R. Hammond (Eds.), *Judgment and decision making. An interdisciplinary reader* (pp. 575-591). Cambridge, MA: Cambridge University Press.

Jungermann, H. (1997a). Reasons for uncertainty: From frequencies to stories. *Psychologische Beiträge, 39,* 126-139.

Jungermann, H. (1997b). When you can't do it right: Ethical dilemmas of informing people about risks. *Risk, Decision and Policy, 2,* 131-145.

Jungermann, H. (1999). Advice giving and taking. *Proceedings of the 32nd Hawaii International Conference on System Science* (HICSS-32). Maui, Hawaii: Institute of Electronics Engineers, Inc. (IEEE).

Jungermann, H., & Belting, J. (2004). Interaktion des *als ob*: Privatanleger und Anlageberater. *Gruppendynamik und Organisationsberatung, 35,* 239-257.

Jungermann, H., Engemann, A., Isermann-Gerke, M., May, R. S., Radtke, M., & Sachs, S. (1987). Die Erklärungskraft verschiedener Entscheidungs-Heuristiken im Vergleich: Ein Experiment und eine Simulation. *Zeitschrift für experimentelle und angewandte Psychologie, 34,* 228-243.

Jungermann, H., & Fleischer, F. (1988). As time goes by: Psychological determinants of time preference. In G. Kirsch, P. Nijkamp & K. Zimmermann (Eds.), *Time preferences: An interdisciplinary approach* (pp. 81-98). Aldershot: Gower.

Jungermann, H., Loewenstein, G., & Haberstroh, S. (1996). *When a coin is in the air* (Bericht 72-96). Berlin: Technische Universität Berlin, Institut für Psychologie.

Jungermann, H., May, R. S., Hageböck, J., Isermann-Gerke, M., & Pfister, H.-R. (1989). Changing choices: Why and how, if at all. In A. Upmeyer (Ed.), *Attitudes and behavioral decisions* (pp. 101-124). New York: Springer.

Jungermann, H., Rohrmann, B., & Wiedemann, P. M. (Eds.) (1991). *Risiko-Kontroversen. Konzepte, Konflikte, Kommunikation.* Berlin: Springer.

Jungermann, H., & Schütz, H. (1992). Personal decision counseling: Counselors without clients. *Applied Psychology: An International Review, 41,* 185-200.

Jungermann, H., & Slovic, P. (1993). Charakteristika individueller Risikowahrnehmung. In Bayerische Rück (Ed.), *Risiko ist ein Konstrukt* (pp. 89-107). München: Knesebeck.

Jungermann, H., & Thüring, M. (1993). Causal knowledge and the expression of uncertainty. In G. Strube & K. F. Wender (Eds.), *The cognitive psychology of knowledge* (pp. 53-73). Amsterdam: Elsevier.

Kaas, K. P., Schneider, T., & Zuber, M. (2002). Ansätze einer Online-Beratung für Kapitalanleger. In M. Bruhn & B. Strauss (Eds.), *Jahrbuch Dienstleistungsmanagement 2002* (pp. 639-668). Wiesbaden: Gabler.

Kaempf, G. L., & Klein, G. (1994). Aeronautical decision making: The next generation. In N. Johnston, N. McDonald & R. Fuller (Eds.), *Aviation psychology in practice* (pp. 223-254). Aldershot: Ashgate.

Kagel, J. H., & Roth, A. E. (Eds.) (1995). *Handbook of experimental economics.* Princeton, NJ: Princeton University Press.

Kahneman, D. (2000a). Evaluation by moments. In D. Kahneman & A. Tversky (Eds.), *Choices, values, and frames* (pp. 693-708). Cambridge: Cambridge University Press.

Kahneman, D. (2000b). Experienced utility and objective happiness: A moment-based approach. In D. Kahneman & A. Tversky (Eds.), *Choices, values, and frames* (pp. 673-692). Cambridge: Cambridge University Press.

Kahneman, D. (2003). A perspective on judgment and choice. Mapping bounded rationality. *American Psychologist, 58,* 697-720.

Kahneman, D., Diener, E. & Schwarz, N. (Eds.) (1999). *Well-Being. The foundations of hedonic psychology.* New York: Russell Sage Foundation.

Kahneman, D., & Knetsch, J. L. (1992). Valuing public goods: The purchase of moral satisfaction. *Journal of Environmental Economics and Management, 22,* 57-70.

Kahneman, D., Knetsch, J. L., & Thaler, R. H. (1986). Fairness as a constraint on profit-seeking: Entitlements in the market. *The American Economic Review, 76,* 728-741.

Kahneman, D., Knetsch, J. L., & Thaler, R. H. (1990). Experimental tests of the endowment effect and the Coase theorem. *Journal of Political Economy, 98,* 1325-1348.

Kahneman, D., & Miller, D. T. (1986). Norm theory: Comparing reality to its alternatives. *Psychological Review, 93,* 136-153.

Kahneman, D. & Riepe, M. W. (1998). Aspects of investor psychology. *Journal of Portfolio Management, 24,* 52-64.

Kahneman, D., Slovic, P., & Tversky, A. (Eds.) (1982). *Judgment under uncertainty: Heuristics and biases.* Cambridge, MA: Cambridge University Press.

Kahneman, D., & Snell, J. (1990). Predicting utility. In R. M. Hogarth (Ed.), *Insights in decision making: A tribute to Hillel J. Einhorn* (pp. 295-310). Chicago/London: The University Press of Chicago.

Kahneman, D., & Snell, J. (1992). Predicting a changing taste: Do people know what they will like? *Journal of Behavioral Decision Making, 5,* 187-200.

Kahneman, D., & Tversky, A. (1972). Subjective probability: A judgment of representativeness. *Cognitive Psychology, 3,* 430-454.

Kahneman, D., & Tversky, A. (1973). On the psychology of prediction. *Psychological Review, 80,* 237-251.

Kahneman, D., & Tversky, A. (1979). Prospect theory: An analysis of decision under risk. *Econometrica, 47,* 263-291.

Kahneman, D., & Tversky, A. (1982a). The psychology of preferences. *Scientific American, 146*, 160-173.

Kahneman, D., & Tversky, A. (1982b). The simulation heuristic. In D. Kahneman, P. Slovic & A. Tversky (Eds.), *Judgment under uncertainty: Heuristics and biases* (pp. 201-208).Cambridge, MA: Cambridge University Press.

Kahneman, D., & Tversky, A. (1982c). Variants of uncertainty. In D. Kahneman, P. Slovic & A. Tversky (Eds.), *Judgment under uncertainty: Heuristics and Biases*. Cambridge, MA: Cambridge University Press.

Kahneman, D., & Tversky, A. (1984). Choices, values, and frames. *American Psychologist, 39*, 341-350.

Kahneman, D., & Tversky, A. (1996). On the reality of cognitive illusions. *Psychological Review, 103*, 582-591.

Kahneman, D., & Tversky, A. (2000). *Choices, values, and frames*. Cambridge, UK: Cambridge University Press.

Kayten, P. J. (1994). The accident investigator' s perspective. In Earl L. Wiener, H. Foushee & H. Clayton (Eds.), *Cockpit resource management*. New York: Academic Press.

Kameda, T., Tindale, R. S., & Davis, J. H. (2003). Cognitions, preferences, and social sharedness: Past, present, and future directions in group decision making. In S. L. Schneider & J. Shanteau (Eds.), *Emerging perspectives in judgment and decision research* (pp. 458-485). Cambridge, UK: Cambridge University Press.

Keeney, R. L. (1992). *Value-focused thinking. A path to creative decision making*. Cambridge, MA: Harvard University Press.

Keeney, R. L., & Raiffa, H. (1976). *Decisions with multiple objectives: Preferences and value-trade-offs*. New York: John Wiley & Sons.

Keller, R. L. (1992). Properties of utility theories and related empirical phenomena. In W. Edwards (Ed.), *Utility theories: Measurement and applications* (pp. 3-23). Boston: Kluwer.

Kelley, H. H. (1973). The process of causal attribution. *American Psychologist, 28*, 107-128.

Keren, G., & Teigen, K. H. (in press). Yet another look at the heuristics and biases approach. In D. Koehler & N. Harvey (Eds.), *Blackwell Handbook of judgment and decision making*. Cambridge, UK: Blackwell.

Kerstholt, J. H. (1992). Information search and choice accuracy as a function of task complexity and task structure. *Acta Psychologica, 80*, 185-197.

Kerr, N. L., & Tindale, R. S. (2004). Group performance and decision making. *Annual Review of Psychology, 55*, 623-655.

Kerstholt, J., & Raaijmakers, J. G. W. (1997). Decision making in dynamic task environments. In R. Ranyard, W. R. Crozier & O. Svenson (Eds.), *Decision making: Cognitive models and explanations* (pp. 205-217). London: Routledge.

Kiehling, H. (2001). *Börsenpsychologie und Behavioral Finance*. München: Vahlen.

Kilka, M., & Weber, M. (1997). Home bias in international stock return expectation. *Journal of Psychology and Financial Markets, 1*, 176-193.

Kirby, K. N., & Herrnstein, R. J. (1995). Preference reversals due to myopic discounting of delayed reward. *Psychological Science, 6*, 83-89.

Kirby, K. N., & Marakovic, N. N. (1995). Modeling myopic decisions: Evidence for hyperbolic delay-discounting within subjects and amounts. *Organizational Behavior and Human Decision Processes, 64*, 22-30.

Kirby, K. N., Petry, N. M., & Bickel, W. K. (1999). Heroin addicts have higher discount rates for delayed rewards than non-drug-using controls. *Journal of Experimental Psychology: General, 128*, 78-87.

Kirsch, G. P., Nijkamp, P., & Zimmermann, K. (Eds.) (1988). *Time preferences: An interdisciplinary approach*. Aldeshot: Gower.

Klein, G. A. (1989). Recognition-primed decisions. In W. B. Rouse (Ed.), *Advances in man-machine system research* (Vol. 5, pp. 47-92). Greenwich, CT: JAI Press.

Klein, G. A. (1993a). A recognition-primed decision (RPD) model of rapid decision making. In G. A. Klein, J. Orasanu, R. Calderwood & C. E. Zsambok (Eds.), *Decision making in action: Models and methods* (pp. 138-147). Norwood, NJ: Ablex.

Klein, G. A. (1993b). Twenty questions: Suggestions for research in naturalistic decision making. In G. A. Klein, J. Orasanu, R. Calderwood & C. E. Zsambok (Eds.), *Decision making in action: Models and methods* (pp. 389-403). Norwood, NJ: Ablex.

Klein, G. A. & Crandall, B. W. (1995). The role of mental simulations in naturalistic decision making. In P. Hancock, J. Flach, J. Caird, & K. Vincente (Eds.), *Local applications of the ecological approach to human-machine systems* (Vol. 2) (pp. 324-358). Hillsdale, NJ: Erlbaum.

Klein, G. A., Orasanu, J., Calderwood, R., & Zsambok, C. E. (Eds.) (1993). *Decision making in action: Models and methods.* Norwood, NJ: Ablex.

Koehler, D. J., & Harvey, N. (Eds.) (in press). *Blackwell Handbook of judgment and decision making.* Cambridge, UK: Blackwell.

Koehler, J. J. (1996). The base rate fallacy reconsidered: Descriptive, normative, and methodological challenges. *Behavioral and Brain Sciences, 19*, 1-53.

Koele, P., & Westenberg, M. R. M. (Eds.) (1994). Multi-attribute evaluation processes: judgment and choice. *Acta Psychologica, 87 (2-3)*, Special Issue.

Kolmogorov, A. N. (1933). *Grundbegriffe der Wahrscheinlichkeitsrechnung.* Berlin: Springer.

Koopman, P. L., Broekhuijsen, J. W., & Wierdsma, A. F. M. (1998). Complex decision-making in organizations. In P. J. D. Drenth, H. Thierry & C. J. de Wolff (Eds.), *Handbook of work and orgnaizational psychology.* Vol. 4 (pp. 357-386) (2nd ed.). Hove: Psychology Press.

Koopmans, T. C. (1960). Stationary ordinal utility and impatience. *Econometrica, 28*, 287-309.

Kordes-de Vaal, J. H. (1996). Intention and the omission bias: Omissions perceived as nondecisions. *Acta Psychologica, 93*, 161-172.

Koriat, A., Lichtenstein, S., & Fischhoff, B. (1980). Reasons for confidence. *Journal of Experimental Psychology: Human Learning and Memory, 6*, 107-118.

Kraiss, K.-F. (1990). Entscheidunghilfen in hochautomatisierten Systemen. In C. Graf Hoyos & B. Zimolong (Eds.), *Ingenieurpsychologie,Enzyklopädie der Psychologie, Bd. D/III/2* (pp. 455-478). Göttingen: Hogrefe.

Kramer, R. M., & Messick, D. M. (1995). *Negotiation as a social process.* Thousand Oaks, CA: Sage.

Krause, P. J., & Clark, D. A. (1993). *Representing uncertain knowledge: An artificial intelligence approach.* Oxford: Intellect.

Krause, P. J., & Clark, D. A. (1994). Uncertainty and subjective probability in AI systems. In G. Wright & P. Ayton (Eds.), *Subjective probability* (pp. 501-527). Chichester: John Wiley & Sons.

Kray, L. J. (2000). Contingent weighting in self-other decision making. *Organizational Behavior and Human Decision Processes, 83*, 82-106.

Kühberger, A. (1994). Risiko und Unsicherheit: Zum Nutzen des SEU-Modelles. *Psychologische Rundschau, 45*, 3-23.

Kühberger, A. (1995). The framing of decisions: A new look at old problems. *Organizational Behavior and Human Decision Processes, 62*, 230-240.

Kühberger, A. (1998). The influence of framing in risky decisions : A Meta-analysis. *Organizational Behavior and Human Decision Processes, 75*, 23-55.

Kühberger, A., Schulte-Mecklenbeck, M., & Perner, J. (1999). The effects of framing, reflection, probability, and payoff on risk preference in choice tasks. *Organizational Behavior and Human Decision Processes, 78*, 204-231.

Kuhl, J. (1983). *Motivation, Konflikt und Handlungskontrolle.* Berlin: Springer.

Kuhl, J. (1986). Human motivation: From decision making to action control. In B. Brehmer, H. Jungermann, P. Lourens & G. Sèvon (Eds.), *New directions in research on decision making* (pp. 5-28). Amsterdam: North-Holland.

Kuhn, T. S. (1967). *Die Struktur wissenschaftlicher Revolutionen.* Frankfurt a. M.: Suhrkamp.

Kunst-Wilson, W. R., & Zajonc, R. B. (1980). Affective discrimination of stimuli that cannot be recognized. *Science, 207*, 557-558.

Laibson, D., & Zeckhauser, R. (1998). Amos Tversky and the ascent of Behavioral Economics. *Journal of Risk and Uncertainty, 16*, 7-47.

Landman, J. (1987). Regret and elation following action and inaction: Affective responses to positive versus negative outcomes. *Personality and Social Psychology Bulletin, 13*, 524-536.

Landman, J. (1993). *Regret: Persistence of the possible.* New York: Oxford University Press.

Langer, E. J. (1975). The illusion of control. *Journal of Personality and Social Psychology, 32*, 311-328.

Laplace, P. S. (1820). *Essai philosophique sur les probabilités* (5th ed.). Paris: Bachelier.

Lazarus, R. S. (1993). From psychological stress to the emotions: A history of changing outlooks. *Annual Review of Psychology, 44*, 1-21.

LeBoeuf, R. A., & Shafir, E. (2003). Deep thoughts and shallow frames: On the susceptibility to framing effects. *Journal of Behavioral Decision Making, 16*, 77-92.

Lee, W. (1977). *Psychologische Entscheidungstheorie.* Weinheim: Beltz.

Legrenzi, P., Girotto, V., & Johnson-Laird, P. N. (1993). Focussing in reasoning and decision making. In P. N. Johnson-Laird & E. Shafir (Eds.), *Reasoning and decision making* (pp. 37-66). Amsterdam: Elsevier Science.

Legrenzi, P., & Girotto, V. (1996). Mental models in reasoning and decision making. In A. Garnham & J. Oakhill (Eds.), *Mental models in cognitive science* (pp. 95-118). Hove: Psychology Press.

Leon, D. (1996). *Endstation Venedig.* Zürich: Diogenes.

Lerner, J. S., & Tetlock, P. E. (2003). Bridging individual, interpersonal, and institutional approaches to judgment and decision making: The impact of accountability on cognitive bias. In S. L. Schneider & J. Shanteau (Eds.), *Emerging perspectives on judgment and decision research* (pp. 431-457). Cambridge, UK: Cambridge University Press.

Levin, I. P., Gaeth, G. L., & Schreiber, J. (2002). A new look at framing effects: Distribution of effect sizes, individual differences, and independence of types of effects. *Organizational Behavior and Human Decision Processes, 88*, 411-429.

Levin, I. P., Johnson, R. D., Russo, C. P., & Deldin, P. J. (1985). Framing effects in judgment tasks with varying amounts of information. *Organizational Behavior and Human Decision Processes, 36*, 362-377.

Levin, I. P., Schneider, S. L. & Gaeth, G. L. (1998). All frames are not created equal: A typology and critical analysis of framing effects. *Organizational Behavior and Human Decision Processes, 76*, 149-188.

Levin, I. P., Schnittjer, S. K., & Thee, S. L. (1988). Information framing effects in social and personal decisions. *Journal of Social Psychology, 24*, 520-529.

Levine, M. N., Gafni, A., Markham, B. & MacFarlane, D. (1992). A bedside decision instrument to elicit a patient's preference concerning adjuvant chemotherapy for breast cancer. *Annals of Internal Medicine, 117*, 53-58.

Lewin, K. (1935). *A dynamic theory of personality.* New York: McGraw-Hill.

Lewinsohn, S., & Mano, H. (1993). Multi-attribute choice and effect: The influence of naturally occuring and manipulated moods on choice processes. *Journal of Behavioral Decision Making, 6*, 33-51.

Lewis, C., & Keren, G. (1999). On the difficulties underlying Bayesian reasoning: A comment on Gigerenzer and Hoffrage. *Psychological Review, 106*, 411-416.

Lichtenstein, S., Fischhoff, B., & Philipps, L. D. (1977). Calibration of probabilities. The state of the art. In H. Jungermann & G. de Zeeuw (Eds.), *Decision making and change in human affairs* (pp. 275-324). Dordrecht: Reidel.

Lichtenstein, S., Fischhoff, B., & Phillips, L. D. (1982). Calibration of probabilities: The state of the art to 1980. In D. Kahneman, P. Slovic & A. Tversky (Eds.), *Judgment under uncertainty: Heuristics and Biases* (pp. 306-334). Cambridge, MA: Cambridge University Press.

Lichtenstein, S., & Slovic, P. (1971). Reversals of preference between bids and choices in gambling decisions. *Journal of Experimental Psychology, 89*, 46-55.

Liebrand, W. B. G. (1992). How to improve our understanding of group decision making with the help of Artificial Intelligence. *Acta Psychologica, 80,* 279-295.

Liebrand, W. B. G., & Messick, D. M. (Eds.) (1996). *Frontiers in social dilemmas research.* Berlin: Springer.

Liebrand, W. B. G., Messick, D., & Wilke, H. (1992). *Social dilemmas: Theoretical issues and research findings.* London: Pergamon.

Lindemann, B. L. (1993). The effects of social context on grain producers' decisions to sell or hold grain. *PhD thesis. Univ. Iowa.*

Linville, P. W., & Fischer, G. W. (1991). Preferences for separating or combining events. *Journal of Personality and Social Psychology, 60,* 5-23.

Lippman-Hand, A., & Fraser, F. C. (1979). Genetic counseling: parents´ responses to uncertainty. *Birth Defects Original Article Series, 15,* 325-339.

Lipshitz, R. (1993a). Converging themes in the study of decision making in realistic settings. In G. A. Klein, J. Orasanu, R. Calderwood & C. E. Zsambok (Eds.), *Decision making in action: Models and methods* (pp. 103-137). Norwood, NJ: Ablex.

Lipshitz, R. (1993b). Decision making as argument-driven action. In G. A. Klein, J. Orasanu, R. Calderwood & C. E. Zsambok (Eds.), *Decision making in action: Models and methods* (pp. 172-181). Norwood, NJ: Ablex.

Lipshitz, R. (1994). Decision making in three modes. *Journal for the Theory of Social Behavior, 24,* 47-65.

Llewellyn-Thomas, H. A. (1995). Patients´ health care decision making: A framework for descriptive and experimental investigations. *Medical Decision Making, 15,* 101-106.

Loewenstein, G. F. (1987). Anticipation and the valuation of delayed consumption. *The Economic Journal, 97,* 666-684.

Loewenstein, G. F. (1992). The fall and rise of psychological explanations in the economics of intertemporal choice. In G. Loewenstein & J. Elster (Eds.), *Choice over time* (pp. 3-34). New York: Russel Sage Foundation.

Loewenstein, G. F. (1996). Out of control: Visceral influences on behavior. *Organizational Behavior and Human Decision Processes, 65,* 272-271.

Loewenstein, G., & Angner, E. (2003). Predicting and indulging changing preferences. In G. Loewenstein, D. Read & R. Baumeister (Eds.), *Time and decision: Economic and psychological perspectives on intertemporal choice* (pp. 351-391). New York: Russell Sage Foundation.

Loewenstein, G., & Issacharoff, S. (1994). Source dependence in the valuation of objects. *Journal of Behavioral Decision Making, 7,* 157-168.

Loewenstein, G., & Prelec, D. (1993). Preferences for sequences of outcomes. *Psychological Review, 100,* 91-108.

Loewenstein, G., Read, D., & Baumeister, R. F. (Eds.) (2003). *Time and decision: Economic and psychological perspectives on intertemporal choice.* New York: Russel Sage Foundation.

Loewenstein, G., & Thaler, R. H. (1989). Anomalies: Intertemporal choice. *Journal of Economic Perspectives, 3,* 181-193.

Loewenstein, G. F., Weber, E. U., Hsee, C. K., & Welch, N. (2001). Risk as feelings. *Psychological Bulletin, 127,* 267-286.

Logue, A. W. (1988). Research on self-control: An integrating framework. *Behavioral and Brain Sciences, 11,* 665-679.

Loomes, G. (1988). Further evidence of the impact of regret and disappointment in choice under uncertainty. *Econometrica, 55,* 47-62.

Loomes, G., & Sugden, R. (1986). Disappointment and dynamic consistency in choice under uncertainty. *Review of Economic Studies, 53,* 271-282.

Loomes, G., & Sugden, R. (1987). Testing for regret and disappointment in choice under uncertainty. *Economic Journal, 97,* 118-129.

Lopes, L. L. (1981). Decision making in the short run. *Journal of Experimental Psychology: Human Learning and Memory, 7*, 377-385.

Lopes, L. L. (1987). Between hope and fear: The psychology of risk. *Advances in Experimental Social Psychology, 20*, 255-295.

Lopes, L. L. (1990). Re-modeling risk aversion: A comparison of Bernoullian and rank dependent value approaches. In G. M. von Fürstenberg (Ed.), *Acting under uncertainty* (pp. 267-299). Boston: Kluwer.

Lopes, L. L. (1995a). On modeling risky choice: Why reasons matter. In J.-P. Caverni, M. Bar-Hillel, F. Hutton Barron & H. Jungermann (Eds.), *Contributions to decision making* (pp. 29-50). Amsterdam: Elsevier.

Lopes, L. L. (1995b). Algebra and process in the modeling of risky choice. In J. Busemeyer, R. Hastie & D. L. Medin (Eds.), *Decision making from a cognitive perspective* (pp. 177-220). San Diego: Academic Press.

Lopes, L. (1996). When time is the essence: Averaging, aspiration, and the short run. *Organizational Behavior and Human Decision Processes, 65*, 179-189.

Luce, M. F., Bettman, J. R., & Payne, J. W. (1997). Choice processing in emotionally difficult decisions. *Journal of Experimental Psychology: Learning, Memory, and Cognition, 23*, 384-405.

Luce, R. D. (1959). *Individual choice behavior.* New York: John Wiley & Sons.

Luce, R. D. (1996). Commentary on aspects of Lola Lopes' paper. *Organizational Behavior and Human Decision Processes, 65*, 190-193.

Luce, R. D., & Krantz, D. H. (1971). Conditional expected utility. *Econometrica, 39*, 253-271.

Luce, R. D., & Weber, E. U. (1986). An axiomatic theory of conjoint expected risk. *Journal of Mathematical Psychology, 30*, 188-206.

Luce, M. F., Payne, J. W., & Bettman, J. R. (1999). Emotional trade-off difficulty and choice. *Journal of Marketing Research, 36*, 143-159.

Luce, M. F., Payne, J. W., & Bettman, J. R. (2000). Coping with unfavorable attribute values in choice. *Organizational Behavior and Human Decision Processes, 81*, 274-299.

Luce, M. F., Payne, J. W., & Bettman, J. R. (2001). The impact of emotional tradeoff difficulty on decision behavior. In E. U. Weber, J. Baron & G. Loomes (Eds.), *Conflict and tradeoffs in decision making* (pp. 86-109). Cambridge, UK: Cambridge University Press.

Luce, R. D., & Raiffa, H. (1957). *Games and decisions.* New York: John Wiley & Sons.

Lyons, B. (1992). Game theory. In S. H. Heap, M. Hollis, B. Lyons, R. Sugden & A. Weale (Eds.), *The theory of choice. A critical guide* (pp. 93-129). Oxford: Blackwell.

MacGregor, D. G., Slovic, P., Berry, M., & Evensky, H. R. (1999). Perception of financial risk: A survey study of advisors and planners. *Journal of Financial Planning, 12*, 68-86.

MacGregor, D. G., Slovic, P., Dreman, D., & Berry, M. (2000). Imagery, affect, and financial judgment. *Journal of Psychology and Financial Markets, 1*, 104-110.

Madden, G. J., Petry, N. M., Badger, J. G., & Bickel, W. K. (1997). Impulsive and self-control choices in opioid-dependent patients and non-drug-using control participants: drug and monetary rewards. *Experimental and Clinical Psychopharmacology, 5,* 256-262.

Mahoney, M. J., & Thoresen, C. E. (1974). *Self-control: Power to the person.* Monterey, CA: Brooks/Cole Publishing Company.

Malhotra, D. (2004). Trust and reciprocity decisions: The differing perspectives of trustors and trusted parties. *Organizational Behavior and Human Decision Processes, 94*, 61-73.

Mann, L., & Janis, I. (1982). Conflict theory of decision making and the expectancy-value approach. In N. T. Feather (Ed.), *Expectations and actions: Expectancy-value models in psychology.* Hillsdale, NJ: Lawrence Erlbaum Associates.

Mandel, N., & Johnson, E. J. (2002), When Web pages influence choice: Effects of visual primes on experts and novices, *Journal of Consumer Research, 29*, 235-45.

March, J. G. (1994). *A primer on decision making: How decisions happen.* New York: The Free Press.

March, J. G., & Simon, H. A. (1958). *Organizations.* New York: Wiley.

Markman, A. B., & Brendl, C. M. (2000). The influence of goals on value and choice. *The Psychology of Learning and Motivation, 39*, 97-128.

Markowitz, H. (1955). *Portfolio selection: Efficient diversification of investment*. New York: John Wiley & Sons.

Marteau, T. M. (1989). Framing of information: Its influence upon decisions of doctors and patients. *British Journal of Psychology, 28*, 89-94.

Martin, L., Flin, R., & Skriver, J. (1997). Emergency decision making – A wider decision framework? In R. Flin, E. Salas, M. Strub & L. Martin (Eds.), *Decision making under stress* (pp. 280-290). Aldershot: Ashgate.

Maule, A. J. (1989). Positive and negative decision frames: A verbal protocol analysis of the Asian disease problem of Tversky & Kahneman. In H. Montgomery & O. Svenson (Eds.), *Process and structure in human decision making* (pp. 163-180). Chichester: John Wiley & Sons.

Maxwell, D. T. (2002). Decision analysis: Aiding insight VI. *OR/MS Today, June*, 44-51.

May, R. S. (1987a). Overconfidence as a result of incomplete and wrong knowledge. In R. W. Scholz (Ed.), *Current issues in West German decision research* (pp. 13-31). Frankfurt a. M.: Lang.

May, R. S. (1987b). *Realismus von subjektiven Wahrscheinlichkeiten*. Frankfurt a. M.: Lang.

May, R. S., & Jungermann, H. (1991). Wirkungen des Nachdenkens über Ziele im Entscheidung-sprozeß. *Zeitschrift für Experimentelle und Angewandte Psychologie, 38*, 411-428.

McCloskey, M., & Zaragoza, M. (1985). Misleading postevent information and memory for events: Arguments and evidence against memory impairment hypotheses. *Journal of Experimental Psychology: General, 114*, 1-16.

McNeil, B., Pauker, S. G., Sox, H. C., & Tversky, A. (1982). On the elicitation of preferences for alternative therapies. *The New England Journal of Medicine, 306*, 1259-1262.

Mehlmann, A. (1997). *„Wer gewinnt das Spiel?" Spieltheorie in Fabeln und Paradoxa*. Wiesbaden: Vieweg Verlag.

Mehra, R., & Prescott, E. (1985). The equity premium: A puzzle. *Journal of Monetary Economics, 15*, 145-161.

Meiser, B., & Halliday, J. L. (2002). What is the impact of genetic counselling in women at increased risk of developing hereditary breast cancer? A meta-analytic review. *Social Science & Medicine, 54*, 1463-1470.

Mellers, B. A. (1986). "Fair" allocation of salaries and taxes. *Journal of Experimental Psychology: Human Perception and Performance, 12*, 80-91.

Mellers, B. A. (2000). Choice and the relative pleasure of consequences. *Psychological Bulletin, 126*, 910-924.

Mellers, B. A. (2001). Utility and subjective probability: Empirical studies. In N.J. Smelser & P.B. Baltes (Eds.), *International Encyclopedia of the Social & Behavioral Sciences* (pp. 16121-16123). Amsterdam: Elsevier Science Ltd.

Mellers, B. A., & Baron, J. (Eds.) (1993). *Psychological perspectives on justice: Theory and applications*. Cambridge, MA: Cambridge University Press.

Mellers, B. A., & Cooke, A. D. J. (1994). Tradeoffs depend on attribute range. *Journal of Experimental Psychology: Human Perception and Performance, 20*, 1055-1067.

Mellers, B. A., & Cooke, A. D. J. (1996). The role of task and context in preference measurement. *Psychological Science, 7*, 76-82.

Mellers, B. A., Hertwig, R., & Kahneman, D. (2001). Do frequency representations eliminate conjunction effects? An exercise in adversarial collaboration. *Psychological Science, 12*, 269-275.

Mellers, B. A., & McGraw, A. P. (1999). How to improve Bayesian reasoning: Comment on Gigerenzer and Hoffrage (1995). *Psychological Review, 106*, 417-424.

Mellers, B. A., Schwartz, A., & Cooke, A. D. J. (1998). Judgment and decision making. *Annual Review of Psychology, 49*, 447-477.

Mellers, B. A., Schwartz, A., Ho, K., & Ritov, I. (1997). Decision affect theory: Emotional reactions to the outcomes of risky options. *Psychological Science, 8*, 423-429.

Messick, D. M. (1999). Alternative logics for decision making in social settings. *Journal of Economic Behavior & Organization, 29*, 11-28.

Messick, D. M., & Liebrand, W. B. G. (1995). Individual heuristics and the dynamics of cooperation in large groups. *Psychological Review, 102*, 131-145.

Messick, D. M., & Tenbrunsel, A. E. (Eds.) (1996). *Codes of conduct: Behavioral research into business ethics.* New York: Russel Sage.

Miller, N. E. (1944). Experimental studies of conflict. In J. McHunt (Ed.), *Personality and the behavior disorders* (pp. 431-465). New York: The Ronald Press.

Miller, D. T., & McFarland, C. (1986). Counterfactual thinking and victim compensation: A test of norm theory. *Personality and Social Psychology Bulletin, 12*, 513-519.

Minsky, M. (1988). *The society of minds.* New York: Simon & Schuster.

Mintzberg, H., & Westley, F. (2001). Entscheiden – läuft oft anders als Sie denken. *Harvard Business Manager, 6*, 9-14.

Mitchell, R. C., & Carson, R. T. (1989). *Using surveys to value public goods: The contingent valuation method.* Washington, D. C.: Ressources for the Future.

Molz, G. (1993). *Der Einfluß von Ambiguität und Insuffizienz auf kausale Inferenzen* (Diplomarbeit). Berlin: Technische Universität Berlin, Institut für Psychologie.

Monk, R. (1992). *Wittgenstein. Das Handwerk eines Genies.* Stuttgart: Klett-Kotta.

Montgomery, H. (1983). Decision rules and the search for a dominance structure: Towards a process model of decision making. In P. Humphreys, O. Svenson & A. Vari (Eds.), *Analysing and aiding decision processes* (pp. 343-369). Amsterdam: North-Holland.

Montgomery, H. (1987). Image theory and dominance search theory: How is decision making actually done? *Acta Psychologica, 66*, 221-224.

Montgomery, H. (1993). The search for a dominance structure in decision making: Examining the evidence. In G. A. Klein, J. Orasanu, R. Calderwood & C. E. Zsambok (Eds.), *Decision making in action: Models and methods* (pp. 182-187). Norwood, NJ: Ablex.

Montgomery, H., Gärling, T., Lindberg, E., & Selart, M. (1990). Preference judgments and choice: Is the prominence effect due to information integration or information evaluation? In K. Borcherding, O. I. Larichev & D. M. Messick (Eds.), *Contemporary issues in decision making* (pp. 149-158). Amsterdam: North-Holland.

Moser, K. (2002). *Markt- und Werbepsychologie.* Göttingen: Hogrefe.

Mosier, K. L., Skitka, L. J., Heers, S., & Burdick, M. (1998). Automation bias: Decision making and performance in high-tech cockpit. *International Journal of Aviation Psychology, 8*, 47-63.

Mumpower, J. L., Renn, O., Phillips, L. D., & Uppuluri, V. R. R. (Eds.) (1987). Expert judgment and expert systems. Berlin: Springer.

Montgomery, H., & Svenson, O. (1976). On decision rules and information processing strategies for choice among multiattribute alternatives. *Scandinavian Journal of Psychology, 17*, 283-291.

Montgomery, H., & Svenson, O. (Eds.) (1989). *Process and structure in human decision making.* Chichester: John Wiley & Sons.

Murray, S. R. (1997). Deliberate decision making by aircraft pilots: A simple reminder to avoid decision making under panic. *International Journal of Aviation Psychology, 7*, 83-100.

Mussweiler, T., Englich, B., & Strack, F. (2004). Anchoring effect. In R. F. Pohl (Ed.), *Cognitive Illusions: A handbook on fallacies and biases in thinking, judgment, and memory* (pp. 183-200). Hove, UK: Psychology Press.

Mussweiler, T., & Schneller, K. (2003). „What goes up must come down" – how charts influence decision to buy and sell stocks. *Journal of Behavioral Finance, 4*, 121-130.

Nagel, S. S. (Ed.) (1993). *Computer-aided decision anaysis: Theory and applications.* Westport: Quorum Books.

National Research Council. (1996). *Understanding Risk: Informing decisions in a democratic society.* Washington, D.C.: National Research Council.

National Transportation Safety Board (1986). Aircraft accident report - Delta Air Lines, Inc., Lockheed L-1011-385-1, N726 DA, Dallas/Fort Worth International Airport, Texas, August 2, 1985 (Report No. NTSB/AAR-86/05. Springfield, VA: National Technical Information Service.

National Transportation Safety Board (1994). Safety study: A review of flightcrew-involved major accidents of U.S. Air Carriers, 1978 through 1990. (NTSB/SS-94/01. Washington, DC.

Neale, M. A., & Bazerman, M. (1991). *Cognition and rationality in negotiation.* New York: The Free Press.

Neisser, U. (1967). *Cognitive Psychology.* New York: Meredith Corporation. *(Dt.: Kognitive Psychologie* (1974), Stuttgart: Ernst Klett Verlag).

Newell, A., & Simon, H. A. (1972). *Human problem solving.* Englewood Cliffs, NJ: Prentice-Hall.

Nisbett, R. E., & Ross, L. (1980). *Human inference: Strategies and shortcomings of social judgment.* Englewood Cliffs, NJ: Prentice-Hall.

Nisbett, R. E., Zukier, H., Lemley, R. E. (1981). The dilution effect: Nondiagnostic information weakens the implications of diagnostic information. *Cognitive Psychology, 13,* 248-277.

Nygren, T. E. (1977). The relationship between the perceived risk and attractiveness of gambles: A multidimensional analysis. *Applied Psychological Measurement, 1,* 565-579.

O´Conner, A. M., Pennie, R. A., & Dales, R. E. (1996). Framing effects on expectations, decisions, and side-effects experienced – the case of influenza immunization. *Journal of Clinical Epidemiology, 49,* 1271-1276.

Oehler, A. (1995). *Die Erklärung des Verhaltens privater Anleger.* Stuttgart: Schäffer- Poeschel Verlag.

Oehler, A. (2002). Behavioral Finance. Verhaltenswissenschaftliche Finanzmarktforschung und Portfoliomanagement. In J. Kleeberg & H. Rehkugler (Eds.), *Handbuch des Portfoliomanagement (2nd ed.)* (pp. 843-870). Bad Soden: Uhlenbruch-Verlag.

Oehler, A., Heilmann, K., Läger, V., & Oberländer, M. (2003). Coexistence of disposition investors and momentum traders in stock markets: experimental evidence. *Journal of International Financial Markets, Institutions and Money, 13,* 503-524.

O'Hare, D. (2003). Aeronautical decision making: Metaphors, models, and methods. In P. S. Tsang & M. A.Vidulich (Eds.), *Principles and practice of aviation psychology* (pp. 201-237). Mahwah, NJ: Lawrence Erlbaum Ass.

O'Hare, D., & Smitheram, T. (1995). "Pressing on" into deteriorating conditions: An application of behavioral decision theory to pilot decision making. *International Journal of Aviation Psychology, 5,* 351-370.

Olsen, R. A. (1997). Investment risk: The expert´s perspective. *Financial Analysis Journal, 53,* 62-66.

Olsen, R. A., & Cox, C. M. (2001). The influence of gender on the perception and response to investment risk: The case of professional investors. *Journal of Psychology and Financial Markets, 2,* 29-36.

Omodei, M. M., & Wearing, A. J. (1995a). Decision making in complex dynamic settings: A theoretical model incorporating motivation, intention, affect, and cognitive performance. *Sprache und Kognition, 14,* 75-90.

Omodei, M. M., & Wearing, A. J. (1995b). The fire chief microworld generating program: An illustration of computer simulated microworlds as an experimental paradigm for studying complex decision-making behavior. *Behavior Research Methods, Computers and Instrumentation, 27,* 303-316.

Onken, J., Hastie, R., & Revelle, W. (1985). Individual differences in the use of simplification strategies in a complex decision-making task. *Journal of Experimental Psychology: Human Perception and Performance, 11,* 14-27.

Orasanu, J. (1995). Training for aviation decision making: The naturalistic decision making perspective. In *Proceedings of the Human Factors and Ergonomic Society 39th Annual Meeting* (pp. 1258-1262). Santa Monica, CA: Human Factors and Ergonomic Society.

Orasanu, J. (2001). Psychology of (naturalistic) decision making. In N. J. Smelser & P. B. Baltes (Eds.), *International Encyclopedia of the Social & Behavioral Sciences* (pp. 15937-15941). Amsterdam: Elsevier Science Ltd.

Orasanu, J., Dismukes, R. K., & Fischer, U. (1993). Decision errors in the cockpit. In *Proceedings of the Human Factors and Ergonomic Society 37th Annual Meeting* (pp. 363-367). Santa Monica, CA: Human Factors and Ergonomic Society.

Orasanu, J., & Strauch, B. (1994). Temporal factors in aviation decision making. In *Proceedings of the Human Factors Ergonomic Society 38th Annual Meeting* (pp. 935-939). Santa Monica, CA: Human Factors and Ergonomic Society.

Ortony, A., Clore, G. L., & Collins, A. (1988). *The cognitive structure of emotions*. Cambridge, MA: Cambridge University Press.

Owens, D. K., Shachter, R. D., & Nease Jr., R. F. (1997). Representation and analysis of medical decision problems with influence diagrams. *Medical Decision Making, 17*, 241-262.

Pascal, B. (1938). *Gedanken*. Leipzig: Dieterich'sche Verlagsbuchhandlung.

Patt, A., & Zeckhauser, R. (2000). Action bias and environment decisions. *Journal of Risk and Uncertainty, 21*, 45-72.

Payne, J. W. (1976). Task complexity and contingent processing in decision making: An information search and protocol analysis. *Organizational Behavior and Human Performance, 16*, 366-387.

Payne, J. W. (1982). Contingent decision behavior. *Psychological Bulletin, 92*, 382-402.

Payne, J. W. (1994). Thinking aloud: Insights into information processing. *Psychological Science, 5*, 241-248.

Payne, J. W., & Bettman, J. R. (in press). Walking with the scarecrow: The information-processing approach to decision research. In D. J. Koehler & N. Harvey (Eds.), *Blackwell Handbook of judgment and decision making*. Cambridge, UK: Blackwell.

Payne, J. W., Bettman, J. R., & Coupey, E. (1992). A constructive process view of decision making: Multiple strategies in judgment and choice. *Acta Psychologica, 80*, 107-141.

Payne, J. W., Bettman, J. R., & Johnson, E. J. (1988). Adaptive strategy selection in decision making. *Journal of Experimental Psychology: Learning, Memory, and Cognition, 14*, 534-552.

Payne, J. W., Bettman, J. R., & Johnson, E. J. (1990). The adaptive decision maker: Effort and accuracy in choice. In R. M. Hogarth (Ed.), *Insights in decision making: A tribute to Hillel J. Einhorn*. Chicago: The University of Chicago Press.

Payne, J. W., Bettman, J. R., & Johnson, E. J. (1993). *The adaptive decision maker*. Cambridge, MA: Cambridge University Press.

Payne, J. W., Bettman, J. R., & Schkade, D. A. (1999). Measuring constructed preferences : Towards a building code. *Journal of Risk and Uncertainty, 19*, 243-270.

Pelzmann, L. (2000). *Wirtschaftspsychologie. Behavioral Economics. Behavioral Finance. Arbeitswelt (3rd ed.)*. Wien: Springer.

Pennington, N., & Hastie, R. (1993). Reasoning in explanation-based decision making. *Cognition, 49*, 123-163.

Peters, E., Finucane, M. L., MagGregor, D. G., & Slovic, P. (2000). The bearable lightness of aging: Judgment and decision processes in older adults. In P. C. Stern & L. L. Carstensen (Eds.), *The aging mind: Opportunities in cognitive research* (pp. 144-165). Washington, D. C.: National Academy Press.

Peters, E., Slovic, P., & Gregory, R. (2003). The role of affect in the WTA/WTP disparity. *Journal of Behavioral Decision Making, 16*, 309-330.

Pfister, H.-R. (1991). *Struktur und Funktion von Zielen in diachronischen Entscheidungen*. Frankfurt a. M.: Lang.

Pfister, H.-R. (1994). Noch immer von Nutzen - das SEU-Modell. Kommentar zu Kühbergers Artikel über den Stellenwert des Subjective-Expected Utility-Modells (SEU). *Psychologische Rundschau, 45*, 157-160.

Pfister, H.-R. (2003). Conflict and tradeoff in decision making: Book review of Weber, Baron, and Loomes (2001). *Journal of Behavioral Decision Making, 16*, 73-75.

Pfrang, H. (1993). Internale und externale Verursachung: Die Herstellung und Aufhebung von Kontrollillusionen und Attributionsfehlern. In W. Hell, K. Fiedler & G. Gigerenzer (Eds.), *Kognitive Täuschungen* (pp. 243-270). Heidelberg: Spektrum Akademischer Verlag.

Pitz, G. F., & Riedel, S. (1984). The content and structure of value tree representations. *Acta Psychologica, 56*, 59-70.

Pliske, R., & Klein, G. (2003). The naturalistic decision-making perspective. In S. L. Schneider & J. Shanteau (Eds.), *Emerging perspectives in judgment and decision research* (pp. 559-585). Cambridge, UK: Cambridge University Press.

Plous, S. (1993). *The psychology of judgment and decision making.* New York: McGraw-Hill.

Pohl, R. F. (1992). Der Rückschau-Fehler: Systematische Verfälschung der Erinnerung bei Experten und Novizen. *Kognitionswissenschaft, 3,* 38-44.

Pohl, R. F. (Ed.) (2004a). *Cognitive illusions: A handbook on fallacies and biases in thinking, judgment, and memory.* Hove, UK: Psychology Press.

Pohl, R. F. (2004b). Hindsight bias. In R. F. Pohl (Ed.), *Cognitive illusions: A handbook on fallacies and biases in thinking, judgment, and memory* (pp. 363-378). Hove, UK: Psychology Press.

Pohl, R. F. (2004c). Introduction: Cognitive illusions. In R. F. Pohl (Ed.), *Cognitive illusions: A handbook on fallacies and biases in thinking, judgment, and memory* (pp. 1-20). Hove, UK: Psychology Press.

Pohl, R. F., & Hell, W. (1996). No reduction in hindsight bias after complete information and repeated testing. *Organizational Behavior and Human Decision Processes, 67,* 49-58.

Posner, M. I., & McLeod, P. (1982). Information processing models - in search of elementary operations. *Annual Review of Psychology, 33,* 477-514.

Poundstone, W. (1995). *Im Labyrinth des Denkens. Wenn Logik nicht weiterkommt: Paradoxien, Zwickmühlen und die Hinfälligkeit unseres Denkens.* Reinbek bei Hamburg: Rowohlt.

Powell, M., & Ansic, D. (1997). Gender differences in risk behavior in financial decision-making: An experimental analysis. *Journal of Economic Psychology, 18,* 605-628.

Prelec, D., & Herrnstein, R. J. (1991). Preferences or principles: Alternative guidelines for choice. In R. Zeckhauser (Ed.), *Strategic reflections on human behavior.* Cambridge, MA: MIT Press.

Prentice, R. A., & Koehler, J. J. (2003). A normality bias in legal decision making. *Cornell Law Review,* 88, 583-650.

Raiffa, H. (1982). *The art and science of negotiation.* Cambridge, MA: The Belknap Press of Havard University Press.

Ramsey, F. P. (1931). The foundations of mathematics and other logical essays. New York: Harcourt, Brace & Co.

Ranyard, R. (1995). *Mental accounts in financial decision making: A cognitive-psychological analysis* (Paper presented at the 15th SPUDM Conference, Jerusalem).

Rapoport, A. (1967). Optimal policies for the prisoner's dilemma. *Psychological Review, 74,* 136-145.

Rapoport, A., & Chammah, A. M. (1965). *Prisoner's dilemma.* Ann Arbor: University of Michigan Press.

Rasmussen, J. (1986). *Information processing in human-machine interaction. An approach to cognitive engineering.* Amsterdam: North-Holland.

Rasmussen, J. (1997). Merging paradigms: Decision making, management, and cognitive control. In R. Flin, E. Salas, M. E. Strub & L. Martin (Eds.), *Decision making under stress: Emerging paradigms and applications* (pp. 67-81). Aldershot: Ashgate.

Rasmussen, J., Brehmer, B., & Leplat, J. (Eds.) (1990). *Distributed decision making: Cognitive models of cooperative work.* Chichester: John Wiley & Sons.

Rasmussen, J., & Jensen, A. (1974). Mental procedures in real-life tasks: A case study of electronic troubleshooting. *Ergonomics, 17,* 293-307.

Read, D., & Roelofsma, P. H. M. P. (2003). Subadditive versus hyperbolic discounting: A comparison of choice and matching. *Organizational Behavior & Human Decision Processes, 91,* 140-153.

Reason, J. (1990). *Human error.* Cambridge, MA: Cambridge University Press. (Dt.: *Menschliches Versagen. Psychologische Risikofaktoren und moderne Technologien* (1994), Heidelberg: Spektrum Akademischer Verlag).

Reber, R. (2004). Availability. In R. F. Pohl (Ed.), *Cognitive illusions: A handbook on fallacies and biases in thinking, judgment, and memory* (pp. 147-164). Hove, UK: Psychology Press.

Redelmeier, D. A., & Kahneman, D. (1996). Patients' memories of painful medical treatments: Real-time and retrospective evaluations of two minimally invasive procedures. *Pain, 116,* 3-8.

Redelmeier, D. A., & Shafir, E. (1995). Medical decision makingin situations that offer multiple alternatives. *Journal of the American Medical Association (JAMA), 273,* 302-305.

Rehm, J. T., & Gadenne, V. (1990). *Intuitive predictions and professional forecasts.* Oxford: Pergamon Press.

Renn, O. (1992). Risk communication: Towards a rational discourse with the public. *Journal of Hazardous Material, 29,* 465-519.

Renn, O., & Rohrmann, B. (Eds.) (2000). *Cross-cultural risk perception.* Dordrecht etc.: Kluwer Academic Publishers.

Renner, B. (2003). Risikokommunikation und Risikowahrnehmung. *Zeitschrift für Gesundheitspsychologie, 3,* 71-75.

Renner, B., & Schwarzer, R. (2003). Risikostereotype, Risikowahrnehmung und Risikoverhalten im Zusammenhang mit HIV. *Zeitschrift für Gesundheitspsychologie, 3,* 112-121.

Reyna, V. F., & Brainerd, C. J. (1991). Fuzzy-trace theory and framing affects in choice: Gist extraction, truncation, and conversion. *Journal of Behavioral Decision Making, 4,* 249-262.

Richter, J.-A., & Wolf, C. (1997). *Jet-Airliner-Unfälle seit 1952.* Karlsruhe: Headset.

Ritov, I., & Baron, J. (1990). Reluctance to vaccinate: Omission bias and ambiguity. *Journal of Behavioral Decision Making, 3,* 263-278.

Ritov, I., & Baron, J. (1992). Status-quo and omission biases. *Journal of Risk and Uncertainty, 5,* 49-61.

Ritov, I., & Baron, J. (1994). Judgements of compensation for misfortune: The role of expectation. *European Journal of Social Psychology, 24,* 525-539.

Roelofsma, P. H. M. P. (1996). Modelling intertemporal choices: An anomaly approach. *Acta Psychologica, 93,* 5-22.

Roelofsma, P. H. M. P., & Keren, G. (1995). Framing and time-inconsistent preferences. In J.- P. Caverni, M. Bar-Hillel, F. Hutton Baron & H. Jungermann (Eds.), *Contribution to decision making* (pp. 351-361). Amsterdam: Elsevier Science.

Roese, N. J., & Olson, J. M. (1995). Counterfactual thinking: A critical overview. In N. J. Roese & J. M. Olson (Eds.), *What might have been: The social psychology of counterfactual thinking* (pp. 1-55). Mahwah, NJ: Lawrence Erlbaum Associates.

Rosch, E. (1978). Principles of categorization. In E. Rosch & B. B. Lloyd (Eds.), *Cognition and categorization* (pp. 27-48). Hillsdale, NJ: Lawrence Erlbaum Associates.

Roseman, I. J. (1984). Cognitive determinants of emotions: A structural theory. In P. Shaver (Ed.), *Review of personality and social psychology: Emotions, relationships, and health* (Vol. 5, pp. 11-36). Beverly Hills: Sage.

Ross, W. T., & Simonson, I. (1991). Evaluations of pairs of experiences: A preference for happy endings. *Journal of Behavioral Decision Making, 4,* 273-282.

Rothman, A. J., & Salovey, P. (1997). Shaping perceptions to motivate healthy behavior: The role of message framing. *Psychological Bulletin, 121,* 3-19.

Rottenstreich, Y., & Hsee, C. K. (2001). Money, kisses, and electric shocks: On the affective psychology of risk. *Psychological Science, 12,* 185-190.

Russo, J. E. (1977). The value of unit price information. *Journal of Marketing Research, 14,* 193-201.

Russo, J. E., & Dosher, B. A. (1983). Strategies for multiattribute binary choice. *Journal of Experimental Psychology: Learning, Memory, and Cognition, 9,* 676-696.

Russo, J. E., & Kolzow, K. (1994). Where is the fault in the fault trees? *Journal of Experimental Psychology: Human Perception and Performance, 20,* 17-32.

Russo, J. E., & Schoemaker, P. J. H. (1989). *Decision traps.* New York: Doubleday.

Salas, E., & Klein, G. (Eds.) (2001). *Linking expertise and naturalistic decision making.* Mahwah, NJ: Lawrence Erlbaum Associates.

Samuelson, P. (1937). A note on measurement of utility. *Review of Economic Studies, 4,* 155-161.

Samuelson, W., & Zeckhauser, R. (1988). Status quo bias in decision making. *Journal of Risk and Uncertainty, 1,* 7-59.

Sanfey, A. G., & Hastie, R. (2000). Judgment and decision making across the adult life span: A tutorial review of psychological research. In D. Park & N. Schwarz (Eds.), *Aging and cognition: A primer*. Philadelphia: Psychology Press.

Sanfey, A. G., Rilling, J. K., Aronson, J. A., Nystrom, L. E., & Cohen, J. D. (2003). The neural basis of economic decision- making in the ultimatum game. *Science, 300*, 1755-1758.

Savage, L. J. (1954). *The foundations of statistics*. New York: John Wiley & Sons.

Schapira, M. M., Nattinger, A. B., & McHorney, C. A. (2001). Frequency or probability? A qualitative study of risk communication formats used in health care. *Medical Decision Making, 21*, 459-467.

Schkade, D. A., & Johnson, E. (1989). Cognitive processes in preference reversals. *Organizational Behavior and Human Performance, 44*, 203-231.

Schkade, D. A., & Payne, J. W. (1994). How people respond to contingent valuation questions: A verbal protocol analysis of willingness to pay for an environmental regulation. *Journal of Environmental Economics and Management, 26*, 88-109.

Schmook, R., Bendrien, J., Frey, D., & Wänke, M. (2002). Prospekttheorie. In D. Frey & M. Irle (Eds.), *Theorien der Sozialpsychologie, Bd. III* (pp. 279-311). Bern: Huber.

Schneider, S. L. (1992). Framing and conflict: Aspiration level contingency, the status quo, and current theories of risky choice. *Journal of Experimental Psychology: Learning, Memory, and Cognition, 18*, 1040-1057.

Schneider, S. L., & Shanteau, J. (Eds.) (2003). *Emerging perspectives on judgment and decision research*. Cambridge, UK: Cambridge University Press.

Schoemaker, P. J. H. (1995). Scenario planning: A tool for strategic thinking. *Sloan Management Review* (Winter 1995), 25-40.

Schoemaker, P. J. H. (in press). Forecasting and scenario planning: The challenges of uncertainty and complexity. In D. J. Koehler & N. Harvey (Eds.), *Blackwell Handbook of judgment and decision making*. Cambridge, UK: Blackwell.

Schoemaker, P. J. H., & Hershey, J. C. (1996). Maximizing your chance of winning: The long and short of it revisited. *Organizational Behavior and Human Decision Processes, 65*, 194-200.

Scholz, R. W. (1987). *Cognitive strategies in stochastic thinking*. Dordrecht: Reidel.

Scholz, R. W., Mieg, H., & Weber, O. (1997). Mastering the complexity of environmental problem solving by the case study approach. *Psychologische Beiträge, 39*, 169-186.

Schönpflug, W., & Schönpflug, U. (1995). *Psychologie: Allgemeine Psychologie und ihre Verzweigungen in die Entwicklungs-, Persönlichkeits- und Sozialpsychologie, (3rd rev. ed.)*. Weinheim: Beltz.

Schubert, R. (1996). *Finanzielle Entscheidungen und die Risikowahrnehmung von Frauen - Neue Forschungsergebnisse - (Bericht 96/11)*. Zürich: ETH, Institut für Wirtschaftsforschung.

Schubert, R., Brown, M., Gysler, M. & Brachinger, H. W. (1999). Financial decision-making: Are women really more risk-averse? *American Economic Review (Papers and Processings), 89*, 381-385.

Schubert, R., Powell, M., & Gysler, M. (2001). How to predict gender differences in choice under risk: A case for the use of formalized models. Discussion Paper 01/21. Zürich: Center for Economic Research, Swiss Federal Institute of Technology.

Schuler, H. (Ed.) (2001). *Lehrbuch der Personalpsychologie*. Göttingen: Hogrefe.

Schulz-Hardt, S., Frey, D., & Lüthgens, C. (1995). Wege ins Desaster: Groupthink, entrapment und dissonanztheoretische Ursachen für Fehlentscheidungsprozesse. In K. Pawlik (Ed.), *Bericht über den 39. Kongreß der Deutschen Gesellschaft für Psychologie in Hamburg 1994* (pp. 409-414). Göttingen: Hogrefe.

Schwartz, J., Chapman, G., Brewer, N., & Bergus, G. (2004). The effects of accountability on bias in physician decision making: going from bad to worse. *Psychonomic Bulletin & Review, 11*, 173-178.

Schwarz, N. (1990). Feelings as information: Informational and motivational functions of affective states. In E. T. Higgins & R. M. Sorrentino (Eds.), *Handbook of motivation and cognition: Foundations of social behavior* (Vol. 2, pp. 527-561). New York: Guilford Press.

Schwarz, N. (2002). Feeling as information: Moods influence judgment and processing style. In T. Gilovich, D. Griffin & D. Kahneman (Eds.), *Heuristics and biases: The psychology of intuitive judgment.* (pp. 534-547). Cambridge, UK: Cambridge University Press.

Schwarz, N., & Clore, G. L. (1983). Mood, misattribution, and judgments of well-being: Information and directive functions of affective states. *Journal of Personality and Social Psychology, 45,* 513-523.

Schwarz, N., & Clore, G. L. (2003). Mood as information: 20 years later. *Psychological Inquiry, 14,* 294-301.

Schwarzer, R. (1996). *Psychologie des Gesundheitsverhaltens (2nd ed.).* Göttingen: Hogrefe.

Schwarzer, R., & Renner, B. (2000). Social-Cognitive Predictors of Health Behavior: Action Self-Efficacy and Coping Self-Efficacy. *Health Psychology, 19,* 487-495.

Schweitzer, M. (1994). Disentangling status quo and omission effects: An experimental analysis. *Organizational Behavior and Human Decision Processes, 58,* 458-476.

Sedlmeier, P., & Betsch, T. (Eds.) (2002). *Etc. – frequency processing and cognition.* Oxford: Oxford University Press.

Selart, M. (1996). Structure compatibility and restructuring in judgment and choice. *Organizational Behavior and Human Decision Processes, 65,* 106-116.

Selart, M., Montgomery, H., & Gärling, J. T. (1994). Violations of procedure invariance in preference measurement: Cognitive explanations. *European Journal of Cognitive Psychology, 6,* 417-436.

Selten, R. (1978). The chain store paradox. *Theory and Decision, 9,* 127-159.

Shafer, G. (1990). Belief functions. In G. Shafer & J. Pearl (Eds.), *Readings in uncertain reasoning* (pp. 473-481). San Mateo, CA.: Kaufmann.

Shafir, E. (1993). Choosing versus rejecting: Why some options are both better and worse than others. *Memory and Cognition, 21,* 546-556.

Shafir, S., Bechar, A., & Weber, E. U. (2003). Cognition- mediated coevolution: Context-dependent evaluations and sensitivity of pollinators to variability in nectar rewards. *Plant Systematics and Evolution, 238,*195-209.

Shafir, E., & LeBoeuf, R. A. (2002). Rationality. *Annual Review of Psychology, 53,* 491-517.

Shafir, E., Simonson, I., & Tversky, A. (1993). Reason-based choice. *Cognition, 49,* 11-36.

Shafir, E., & Tversky, A. (1992). Thinking through uncertainty: Nonconsequential reasoning and choice. *Cognitive Psychology, 24,* 449-474.

Shanteau, J. (1988). Psychological characteristics and strategies of expert decision makers. *Acta Psychologica, 68,* 203-215.

Shanteau, J. (1992). Competence in experts: The role of task characteristics. *Organizational Behavior and Human Decision Processes, 53,* 252-266.

Shanteau, J. (1995). Expert judgment and financial decision making. In B. Green (Ed.), *Risky business* (pp. 16-32). Stockholm: University of Stockholm, School of Business.

Shanteau, J., Mellers, B. A., & Schum, D. A. (Eds.) (1999). *Decision science and technology.* Boston: Kluwer.

Shanteau, J., Weiss, D. J., Thomas, R. P., & Pounds, J. (2003). How can you tell if someone is an expert? Empirical assessment of expertise. In S. L. Schneider & J. Shanteau (Eds.), *Emerging perspectives in judgment and decision research* (pp. 620-639). Cambridge, UK: Cambridge University Press.

Shapira, Z. (Ed.) (1997). *Organizational decision making.* Cambridge, UK: Cambridge University Press.

Shefrin, H. (2001). Do investors expect higher returns from safer stocks than from riskier stocks? *Journal of Psychology and Financial Markets, 2,* 176-181.

Shefrin, H., & Statman, M. (1993). The disposition to sell winners too early and ride losers too long. In R. H. Thaler (Ed.), *Advances in behavioral economics* (pp. 507-525). New York: Russell Sage Foundation.

Shepard, R. N. (1964). On subjectively optimum selections among multi-attribute alternatives. In M. W. Shelley & G. L. Bryan (Eds.), *Human judgments and optimality* (pp. 257-281). New York: John Wiley & Sons.

Shiloh, S. (1996). Genetic Counseling: A Developing Area of Interest for Psychologists. *Professional Psychology: Research and Practice, 27*, 475-486.

Shiloh, S., & Sagi, M. (1989). Effect of framing on the perception of genetic recurrence risks. *American Journal of Medical Genetics, 33*, 130-135.

Shleifer, A. (2000). *Inefficient markets. An introduction to behavioral finance*. Oxford: Oxford University Press.

Shugan, S. M. (1980). The cost of thinking. *Journal of Consumer Research, 7*, 99-111.

Siegrist, M. (2000). The influence of trust and perceptions of risks and benefits on the acceptance of gene technology. *Risk Analysis, 20*, 195-203.

Siegrist, M., & Cvetkovich, G. (2000). Perception of hazards: The role of social trust and knowledge. *Risk Analysis, 20*, 713-719.

Siegrist, M., Cvetkovich, G., & Gutscher, H. (2001). Shared values, social trust and the perception of geographic cancer clusters. *Risk Analysis, 21*, 1047-1053.

Simon, H. A. (1955). A behavioral model of rational choice. *Quarterly Journal of Economics, 69*, 99-118.

Simon, H. A. (1978). Rationality as process and as product of thought. *Journal of the American Economic Association, 68*, 1-16.

Simon, H. A. (1990). Invariants of human behavior. *Annual Review of Psychology, 41*, 1-19.

Simonson, I. (1989). Choice based on reasons: The case of attraction and compromise effects. *Journal of Consumer Research, 16*, 158-174.

Six, B., & Eckes, T. (1996). Metaanalyse in der Einstellungs-Verhaltens-Forschung. *Zeitschrift für Sozialpsychologie, 27*, 7-17.

Slovic, P. (1972). From Shakespeare to Simon: Speculation - and some evidence - about men's ability to process information. *Oregon Research Institute Bulletin, 12 (3)*.

Slovic, P. (1987). Perception of risk. *Science, 236*, 280-285.

Slovic, P. (1995). The construction of preference. *American Psychologist, 50*, 364-371.

Slovic, P. (1998). Do adolescent smokers know the risks? *Duke Law Journal, 47*, 1133-1141.

Slovic, P. (Ed.) (2000). *The perception of risk*. London / Sterling, VA: Earthscan Publications Ltd.

Slovic, P. (2001). *Smoking: Risk, perception, and policy*. Thousand Oaks: Sage.

Slovic, P., Finucane, M., Peters, E., & MacGregor, D. G. (2002). The affect heuristic. In T. Gilovich, D. Griffin & D. Kahneman (Eds.), *Heuristics and biases: The psychology of intuitive judgment.* (pp. 397-420). Cambridge, UK: Cambridge University Press.

Slovic, P., Fischhoff, B., & Lichtenstein, S. (1982). Response mode, framing, and information-processing effects in risk assessment. In R. Hogarth (Ed.), *New directions for methodology of social and behavioral science: Question framing and response consistency* (pp. 21-36). San Francisco: Jossey-Bass.

Slovic, P., Fischhoff, B. & Lichtenstein, S. (1986). The psychometric study of risk perception. In V. T. Covello, J. Menkes, & J. Mumpower (Eds.), *Risk evaluation and management* (pp. 3-24). New York: Plenum Press.

Slovic, P., Griffin, D., & Tversky, A. (1990). Compatibility effects in judgment and choice. In R. Hogarth (Ed.), *Insights in decision making: A tribute to Hillel J. Einhorn* (pp. 5-27). Chicago: The University of Chicago Press.

Slovic, P., Griffin, D., & Tversky, A. (2002). Compatibility effects in judgment and choice. In T. Gilovich, D. Griffin & D. Kahneman (Eds.), *Heuristics and biases: The psychology of intuitive judgment* (pp. 217-229). Cambridge, UK: Cambridge University Press.

Slovic, P., & Lichtenstein, S. (1971). Comparison of Bayesian and regression approaches to the study of information processing in judgment. *Organizational Behavior and Human Performance, 6*, 649-744.

Slovic, P., & Tversky, A. (1974). Who accepts Savage's axiom? *Behavioral Science, 19*, 368-373.

Smith, K., Shanteau, J., & Johnson, P. (Eds.) (2004). *Psychologiocal investigations of competence in decision making.* Cambridge, UK: Cambridge University Press.

Sniezek, J. A. (2001). Cognitive psychology of group decision making. In N. J. Smelser & P. B. Baltes (Eds.), *International Encyclopedia of the Social & Behavioral Sciences.* Amsterdam: Elsevier Science Ltd.

Sniezek, J. A., & Buckley, T. (1995). Cueing and cognitive conflict in judge-advisor decision making. *Organizational Behavior and Human Decision Processes, 62*, 159-174.

Sowarka, B. H. (1991). *Strategien der Informationsverarbeitung im Beratungsdiskurs.* Weinheim: Deutscher Studien Verlag.

Sox, H. C., Blatt, M. A., Higgins, M. C., & Marton, K. I. (1988). *Medical Decision Making.* Boston: Butterworths.

Spada, H., & Ernst, A. M. (1992). Wissen, Ziele und Verhalten in einem ökologisch-sozialen Dilemma. In K. Pawlik & K. H. Stapf (Eds.), *Umwelt und Verhalten* (pp. 83-106). Bern: Huber.

Spada, H., & Opwis, K. (1985). Ökologisches Handeln im Konflikt: Die Allmende Klemme. In P. Day, U. Fuhrer & U. Lauken (Eds.), *Umwelt und Handeln. Ökologische Herausforderungen und Handeln im Alltag. Festschrift zum 60. Geburtstag von Gerhard Kaminsky* (pp. 63-85). Tübingen: Attempo.

Spies, M. (1989). *Syllogistic inference under uncertainty.* München: Psychologie Verlags Union.

Spies, M. (1993). *Unsicheres Wissen.* Heidelberg: Spektrum Akademischer Verlag.

Spranca, M., Minsk, E., & Baron, J. (1991). Omission and commission in judgment and choice. *Journal of Experimental Social Psychology, 27*, 76-105.

Spreckelsen, C., & Spitzer, K. (2002). Entscheidungsunterstützung und Wissensbasen in der Medizin. In T. Lehmann & E. Meyer zu Bexten (Eds.), *Handbuch der Medizinischen Informatik* (pp. 103-168). München: Hanser.

Stahlberg, D., Eller, F., Maass, A., & Frey, D. (1995). We knew it all along: Hindsight bias in groups. *Organizational Behavior and Human Decision Processes, 63*, 46-58.

Staw, B. M. (1997). The escalation of commitment: An update and appraisal. In Z. Shapira (Ed.), *Organizational decision making* (pp. 191-215). Cambridge, UK: Cambridge University Press.

Staw, B. M., & Ross, J. (1988). Knowing when to pull the plug. *Harvard Business Review, 65*, 68-74.

Stegmüller, W. (1973a). Personelle und Statistische Wahrscheinlichkeit. Erster Halbband: Personelle Wahrscheinlichkeit und Rationale Entscheidung. In *Probleme und Resultate der Wissenschaftstheorie und Analytischen Philosophie* (Vol. IV). Springer: Berlin.

Stegmüller, W. (1973b). Personelle und Statistische Wahrscheinlichkeit. Zweiter Halbband: Statistisches Schließen - Statistische Begründung - Statistische Analyse. In *Probleme und Resultate der Wissenschaftstheorie und Analytischen Philosophie* (Vol. IV). Berlin: Springer.

Stephan, E., & Willmann, M. (2002). Barbaren, Broker, Teppichhändler: Ankereffekte bei Finanzentscheidungen. *Wirtschaftspsychologie, 4*, 8-21.

Stevens, S. S. (1959). Measurement, psychophysics, and utility. In C. W. Churchman & P. Ratoosh (Eds.), *Measurement: Definitions and theories* (pp. 18-63). New York: John Wiley & Sons.

Stiggelbout, A. M. (2003). Assessing patients´ preferences. In G. Chapman & F. A. Sonnenberg (Eds.), *Decision making in health care. Theory, Psychology, and Applications.* Cambridge, UK: Cambridge University Press.

Stiggelbout, A. M., & Timmermans, D. R. (1995). Variation in management and quality of medical decision making; discussion of a conference of the National Forum Medical Decision Making. *Nederlands Tijdschrift voor Geneeskunde, 139*, 144-148.

Stocké, V. (1998). Framing oder Informationsknappheit? Zur Erklärung der Formulierungseffekte beim Asian-Disease-Problem. In U. Druwe & V. Kunz (Eds.), *Anomalien in Handlungs- und Entscheidungstheorien* (pp. 197-218). Opladen: Leske & Budrich.

Stokes, A., Belger, A., & Zhang, K. (1990). *Investigation of factors compromising a model of pilot decision making: Part II. Anxiety and cognitive strategies in expert and novice aviators* (Technical Report ARL-90-8/SCEEE-90-2). Savoy: University of Illinois, Aviation Research Labaratory.

Stokes, A., Kemper, K. L., & Marsh, R. (1992). *Time-stressed flight decision making: A study of expert and novice aviators.* (Technical Report ARL-93-1/INEL -93-1). Savoy: University of Illinois, Aviation Research Labaratory.

Stokmans, M. (1993). Analysing information search patterns to test the use of two-phased decision strategy. In O. Huber, J. Mumpower, J. van der Pligt & P. Koele (Eds.), *Current themes in psychological decision research* (pp. 213-227). Amsterdam: Elsevier Science.

Stone, D. N., & Schkade, D. A. (1991). Numeric and linguistic information representation in multiattribute choice. *Organizational Behavior and Human Decision Processes, 49,* 42-59.

Stone, E. R., Yates, J. F., & Parker, A. M. (1997). Effects of numerical and graphical displays on professed risk-taking behavior. *Journal of Experimental Psychology: Applied, 3,* 243-256.

Strack, F. (1992). The different routes to social judgments: Experiential versus informational strategies. In L. L. Martin & A. Tesser (Eds.), *The construction of social judgments* (pp. 249-275). Hillsdale, NJ: Lawrence Erlbaum Associates.

Strack, F., & Schwarz, N. (2003). Nobelpreis für Daniel Kahneman und die Psychologie. *Zeitschrift für Sozialpsychologie, 34,* 3-8.

Strotz, R. H. (1955). Myopia and inconsistency in dynamic utility maximization. *Review of Economic Studies, 23,* 165-180.

Svenson, O. (1979). Process descriptions of decision making. *Organizational Behavior and Human Performance, 23,* 86-112.

Svenson, O. (1990). Some propositions for the classification of decision situations. In K. Borcherding, O. I. Larichev & D. M. Messick (Eds.), *Contemporary issues in decision making* (pp. 17-32). Amsterdam: North-Holland.

Svenson, O. (1992). Differentiation and consolidation theory of human decision making: A frame of reference for the study of pre- and post-decision processes. *Acta Psychologica, 80,* 143-168.

Svenson, O. (1996). Decision making and the search for fundamental psychological regularities: What can be learned from a process perspective? *Organizational Behavior and Human Decision Processes, 65,* 252-267.

Svenson, O., & Maule, A. J. (1989). *Time presure and stress in human judgment and decision making.* New York: Plenum.

Tanner, C., & Medin, D. L. (in press). Protected values: No omission bias and no framing effects. *Psychonomic Bulletin and Review.*

Teigen, K. H. (1988). The language of uncertainty. *Acta Psychologica, 68,* 27-38.

Teigen, K. H. (1990). To be convincing or to be right: A question of preciseness. In K. Gilhooly, M. Keane, R. Logan & G. Erdos (Eds.), *Lines of thinking: Reflections on the psychology of thought.* Chichester: John Wiley & Sons.

Teigen, K. H. (1994). *Variants of subjective probabilities: Concepts, norms, and biases.* In G. Wright & P. Ayton (Eds.), *Subjective probability* (pp. 211-238). Chichester: John Wiley & Sons.

Teigen, K. H. (2004). Judgments by representativeness. In R. F. Pohl (Ed.), *Cognitive illusions: A handbook on fallacies and biases in thinking, judgment, and memory* (pp. 165-182). Hove, UK: Psychology Press.

Teigen, K. H., & Brun, W. (2003). Verbal expressions of uncertainty and probability. In D. Hardman & L. Macchi (Eds.), *Thinking: Psychological perspectives in reasoning, judgment and decision making* (pp.125-146). Chichester: John Wiley & Sons.

Tetlock, P. E., & Boettger, R. (1994). Accountability amplifies the status quo effect when change creates victims. *Journal of Behavioral Decision Making, 7,* 1-23.

Tetlock, P. E., & Mellers, B. A. (2002). The great rationality debate. *Psychological Science, 13,* 94-99.

Thaler, R. H. (1980). Toward a positive theory of consumer choice. *Journal of Economic Behavior and Organization, 1,* 39-60.

Teuschner, U. (2003). Evaluation of a decision training program for vocational guidance. *International Journal for Educational and Vocational Guidance, 3,* 177-192.

Thaler, R. H. (1985). Mental accounting and consumer choice. *Marketing Science, 4,* 199-214.

Thaler, R. H. (1988). The ultimatum game. *Journal of Economic Perspectives, 2,* 195-206.

Thaler, R. H. (Ed.) (1993). *Advances in behavioral finance.* New York: Russell Sage Foundation.

Thaler, R. H., & Johnson, E. J. (1990). Gambling with the house money and trying to break even: The effects of prior outcomes on risky choice. *Management Science, 36,* 643-660.

Thaler, R. H., & Shefrin, H. M. (1981). An economic theory of self-control. *Journal of Political Economy, 39,* 392-406.

Thüring, M. (1991). *Probabilistisches Denken in kausalen Modellen.* Weinheim: Psychologie Verlags Union.

Thüring, M., & Jungermann, H. (1990). The conjunction fallacy: Causality vs. event probability. *Journal of Behavioral Decision Making, 3,* 61-74.

Timmermans, D. R. (1993). The impact of task complexity on information use in multi-attribute decision making. *Journal of Behavioral Decision Making, 6,* 95-111.

Timmermans, D. R. (1994). The role of experience and domain of expertise in using numerical and verbal probability terms in medical decisions. *Medical Decision Making, 14(2),* 146-156.

Timmermans, D. R. (1999). What clinicians can offer: assessing and communicating probabilities for individual patient decision making. *Hormone Research, 51(Suppl.1),* 58-66.

Timmermans, D. R. (2003). *Being at Risk: Communication and Perception of Genetic Risks.* (Paper presented at the 19th SPUDM Conference, Zürich).

Timmermans, D. R., van Bockel, H., & Kievit, J. (2001). Improving the quality of surgeons´ treatment decisions: a comparison of clinical decision making with a computerised evidence based decision analytic model. *Quality & Safety in Health Care, 10,* 4-9.

Todd, P. M., & Gigerenzer, G. (2000). The precis of: *Simple heuristics that make us smart. Behavioral and Brain Sciences, 23,* 727-780.

Torrance, G. W. (1986). Measurement of health state utilities for economic appraisal. *Journal of Health Economics, 5,* 1-30.

Trope, Y., & Liberman, N. (2003). Temporal construal. *Psychological Review, 110,* 403-421.

Tversky, A. (1967). Additivity, utility, and subjective probability. *Journal of Mathematical Psychology, 4,* 175-201.

Tversky, A. (1969). Intransitivity of preferences. *Psychological Review, 76,* 31-48.

Tversky, A. (1972). Elimination by aspects: A theory of choice. *Psychological Review, 79,* 281-299.

Tversky, A., & Fox, C. R. (1995). Weighing risk and uncertainty. *Psychological Review, 102,* 269-283.

Tversky, A., & Kahneman, D. (1973). Availability: A heuristic for judging frequency and probability. *Cognitive Psychology, 5,* 207-232.

Tversky, A., & Kahneman, D. (1974). Judgment under uncertainty: Heuristics and biases. *Science, 185,* 1124-1131.

Tversky, A., & Kahneman, D. (1981). The framing of decisions and the psychology of choice. *Science, 22,* 453-458.

Tversky, A., & Kahneman, D. (1983). Extensional versus intuitive reasoning: The conjunction fallacy in probability judgment. *Psychological Review, 90,* 293-315.

Tversky, A., & Kahneman, D. (1986). Rational choice and the framing of decisions. *Journal of Business, 59,* 251-278.

Tversky, A., & Kahneman, D. (1991). Loss aversion in risky and riskless choice: A reference-dependent model. *Quarterly Journal of Economics, 106,* 1039-1061.

Tversky, A., & Kahneman, D. (1992). Advances in prospect theory: Cumulative representation of uncertainty. *Journal of Risk and Uncertainty, 5,* 297-323.

Tversky, A., & Koehler, D. J. (1994). Support theory: A non-extensional representation of subjective probability. *Psychological Review, 101,* 547-567.

Tversky, A., & Sattath, S. (1979). Preference trees. *Psychological Review, 86,* 542-573.

Tversky, A., Sattath, S., & Slovic, P. (1988). Contingent weighting in judgment and choice. *Psychological Review, 95,* 371-384.

Tversky, A., & Shafir, E. (1992a). Choice under conflict: The dynamics of deferred decision. *Psychological Science, 3,* 358-361.

Tversky, A., & Shafir, E. (1992b). The disjunction effect in choice under uncertainty. *Psychological Science, 3*, 305-309.

Tversky, A., Slovic, P., & Kahneman, D. (1990). The causes of preference reversal. *American Economic Review, 80*, 204-217.

Ubel, P. A., & Loewenstein, G. (1997). The role of decision analysis in informed consent: Choosing between intuition and systematicity. *Social Science Medicine, 44*, 647-656.

van der Pligt, J., Otten, W., Richard, R., & Velde, F. (1993). Perceived risk of AIDS: Unrealistic optimism and self-protective action. In J. B. Pryor & G. D. Reeder (Eds.), *The social psychology of HIV infection* (pp. 39-58). Hillsdale: Lawrence Erlbaum Associates.

van Dijk, S., Otten, W., van Asperen, C. J., Timmermans, D. R., Tibben, A., Zoeteweij, M. W., Silberg, S., Breuning, M. H., & Kievit, J. (in press). Feeling at risk; how women make sense of their familial breast cancer risk. *American Journal of Medical Genetics*.

van Dijk, S., Otten, W., Zoeteweij, M. W., Timmermans, D. R., van Asperen, C. J., Breuning, M. H., Tollenaar, R. A. E. M., & Kievit, J. (2003). Genetic counselling and the intention to undergo prophylactic mastectomy: effects of a breast cancer risk assessment. *British Journal of Cancer, 88*, 1675-1681.

van Schie, E. C. M. (1991). *Frame of reference in causal judgment and risky choice.* (Akademisch Proefschrift). Amsterdam: Universiteit van Amsterdam, Faculteit der Psychologie.

van Schie, E. C. M., & van der Pligt, J. (1990). Influence diagrams and fault trees: The role of salience and anchoring. In K. Borcherding, O. I. Larichev & D. M. Messick (Eds.), *Contemporary issues in decision making* (pp. 177-188). Amsterdam: North-Holland.

Varey, C., & Kahneman, D. (1992). Experiences extended across time: Evaluation of moments and episodes. *Journal of Behavioral and Decision Making, 5*, 169-185.

Vlek, C. (1987). Towards a dynamic structural theory of decision behavior? *Acta Psychologica, 66*, 225-230.

Vlek, C., & Cvetkovich, G. (Eds.) (1989). *Social decision methodology for technological projects.* Dordrecht: Kluwer Academic Publishers.

Vlek, C., & Keren, G. (1993). Behavioral decision theory and environmental risk management: Assessment and resolution of four 'survival' dilemmas. In O. Huber, J. Mumpower, J. van der Pligt & P. Koele (Eds.), *Current themes in psychological decision research*. Amsterdam: Elsevier Science.

von Böhm-Bawerk, E. (1909). *Kapital und Kapitalzins.* Innsbruck: Wagnersche Universitätsbuchhandlung.

von Mises, R. (1928/1952). Wahrscheinlichkeit, Statistik und Wahrheit (*3rd ed.*). Berlin: Springer.

von Neumann, J., & Morgenstern, O. (1947). *Theory of games and economic behavior (2nd ed.).* Princeton: Princeton University Press. *(Dt.: Spieltheorie und wirtschaftliches Verhalten* (1961), Würzburg: Physica).

von Nitzsch, R., & Rouette, C. (2003). Ermittlung der Risikobereitschaft – die Anlageberatung optimieren. *Die Bank, 6*, 404-409.

von Randow, G. (1992). *Das Ziegenproblem. Denken in Wahrscheinlichkeiten.* Reinbek bei Hamburg: Rowohlt.

von Winterfeldt, D. (2001). Decisions with multiple stakeholders and conflicting objectives. In E. U. Weber, J. Baron & G. Loomes (Eds.), *Conflict and tradeoffs in decision making* (pp. 259-299). Cambridge, UK: Cambridge University Press.

von Winterfeldt, D., & Edwards, W. (1973). *Evaluation of complex stimuli using multiattribute utility procedures* (Report No. 011-313-2-T). Ann Arbor: University of Michigan, Engineering Psychology Laboratory.

von Winterfeldt, D., & Edwards, W. (1986). *Decision analysis and behavioral research.* Cambridge, MA: Cambridge University Press.

Vuchinich, R. E., & Simpson, C. A. (1998). Hyperbolic temporal discounting in social drinkers and problem drinkers. *Experimental and Clinical Psychopharmacology, 6,* 292-305.

Wade-Benzoni, K. A., Tenbrunsel, A. E., & Bazerman, M. H. (1996). Egocentric interpretations of fairness in asymetric environmental social dilemmas: Explaining harvesting behavior and the role of communications. *Organizational Behavior and Human Decision Processes, 67,* 111-126.

Wänke, M. (2002). CIP: Was mit der Werbung in den Köpfen der Konsumenten geschieht. In A. Mattenklott & A. Schimansky (Eds.), *Werbung. Strategien und Konzepte für die Zukunft* (pp. 480-503). München: Verlag Franz Vahlen.

Wagenaar, W. A. (1988). *Paradoxes of gambling behavior.* Hove and London (UK) / Hillsdale, NJ (US): Lawrence Erlbaum Associates.

Wagenaar, W. A., Hudson, P. T., & Reason, T. (1990). Cognitve failures and accidents. *Applied Cognitive Psychology, 4,* 273-294.

Wakker, P. (1989). *Additive representations of preferences: A new foundation of decision analysis.* Dordrecht: Kluwer

Wallsten, T. S., Budescu, D. V., & Erev, I. (1988). Understanding and using linguistic uncertainties. *Acta Psychologica, 68,* 39-52.

Wallsten, T. S., Budescu, D., & Tsao, C. (1997). Combining linguistic probabilities. *Psychologische Beiträge, 39,* 27-55.

Wallsten, T. S., Budescu, D., Zwick, R., & Kemp, S. (1993). Preferences and reasons for communicating probabilistic information in verbal or numerical terms. *Bulletin of the Psychonomic Society, 31,* 135-138.

Wang, X. T. (1996). Framing effects: Dynamics and task domains. *Organizational Behavior and Human Decision Processes, 68,* 145-157.

Watson, S. R., & Buede, D. M. (1987). *Decision synthesis. The principles and practice of decision analysis.* Cambridge, MA: Cambridge University Press.

Weber, E. U. (1994). From subjective probabilities to decision weights: The effect of asymmetric loss functions on the evaluation of uncertain outcomes and events. *Psychological Bulletin, 115,* 228-242.

Weber, E. U. (2001a). Risk: Empirical studies on decision making and choice. In N. J. Smelser & P. B. Baltes (Eds.), *International Encyclopedia of the Social and Behavioral Sciences* (pp. 13347-13351). Oxford, UK: Elsevier Science Limited.

Weber, E. U. (2001b). Personality and risk taking. In N. J. Smelser & P. B. Baltes (Eds.), *International Encyclopedia of the Social and Behavioral Sciences* (pp. 11274-11276). Oxford, UK: Elsevier Science Limited.

Weber, E. U. (2004). The role of risk perception in risk management decisions: Who's afraid of a poor old-age? In O. S. Mitchell & S. P. Utkus (Eds.), *Developments in decision-making under uncertainty: Implications for retirement plan design and plan sponsors.* Philadelphia, PA: Pension Research Council.

Weber, E. U., Ames, D., & Blais, A.-R. (2004). *"How* do I choose thee? Let me count the ways:" A textual analysis of similarities and differences in modes of decision making in the USA and China. *Management and Organization Review, 1,* 87-118.

Weber, E. U., Anderson, C. J., & Birnbaum, M. H. (1992). A theory of perceived risk and attractiveness. *Organizational Behavior and Human Decision Processes, 52,* 492-523.

Weber, E. U., Baron, J., & Loomes, G. (Eds.) (2001). *Conflict and tradeoffs in decision making.* Cambridge, UK: Cambridge University Press.

Weber, E. U., Blais, A.-R., & Betz, N. (2002). A domain-specific risk-attitude scale: Measuring risk perceptions and risk behaviors. *Journal of Behavioral Decision Making, 15,* 263-290.

Weber, E. U., Goldstein, W. M., & Barlas, S. (1995). And let us not forget memory: The role of memory processes and techniques in the study of judgment and choice. In J. Busemeyer, R. Hastie & D. L. Medin (Eds.), *Decision making from a cognitive perspective* (pp. 33-81). San Diego: Academic Press.

Weber, E. U., & Hilton, D. J. (1990). Contextual effects in the interpretations of probability words. Perceived base rate and severity of events. *Journal of Experimental Psychology: Human Perception and Performance, 16*, 781-789.

Weber, E. U., & Hsee, C. K. (1998). Cross-cultural differences in risk perception but cross-cultural similarities in attitudes towards risk. *Management Science, 44*, 1205-1217.

Weber E. U., & Hsee, C. K. (1999). Models and mosaics: Investigating cross-cultural differences in risk perception and risk preference. *Psychonomic Bulletin & Review, 6*, 611-617.

Weber, E. U., & Hsee, C. K. (2000). Culture and individual decision-making. *Applied Psychology: An International Journal, 49*, 32-61.

Weber, E. U., & Johnson, E. J. (in press). Constructing preferences from memory. In P. Slovic & S. Lichtenstein (Eds.), *The construction of preferences.* New York, NY: Cambridge University Press.

Weber, E. U., & Kirsner, B. (1996). Reasons for rank- dependent utility evaluation. *Journal of Risk and Uncertainty, 14*, 41-61.

Weber, E. U., Shafir, S., & Blais, A.-R. (2004). Predicting risk-sensitivity in humans and lower animals: Risk as variance or coefficient of variation. *Psychological Review, 111*, 430-445.

Weber, M. (1995). Fragen an die Psychologie - die Sicht eines Ökonomen. In K. Pawlik (Ed.), *Bericht über den 39. Kongreß der Gesellschaft für Psychologie in Hamburg 1994* (pp. 233-242). Göttingen: Verlag für Psychologie.

Weber, M., & Borcherding, K. (1993). Behavioral problems in weight judgments. *European Journal of Operational Research, 67*, 1-12.

Weber, M., & Camerer, C. (1987). Recent developments in modeling preferences under risk. *OR Spektrum, 9*, 129-151.

Weber, M., & Camerer, C. (1998). The disposition effect in securities trading: An experimental analysis. *Journal of Economic Behavior and Organization, 33*, 167-184.

Weber, M., Eisenführ, F., & von Winterfeldt, D. (1988). The effect of splitting attributes in multiattribute utility measurement. *Management Science, 34*, 431- 445.

Weiner, B. (1986). *An attributional theory of motivation and emotion.* New York: Springer.

Weinstein, N. D. (1980). Unrealistic optimism about future life events. *Journal of Personality and Social Psychology, 39*, 806-820.

Welkenhuysen, M., & Evers-Kiebooms, G. (2002). General practitioners and predicitve testing for late-onset disease in Flanders: what are their opinions and do they want to be involved? *Community Genetics, 5*, 128-137.

Welkenhuysen, M., Evers-Kiebooms, G., & d'Ydewalle, G. (2001). The language of uncertainty in genetic risk communication; framing and verbal versus numerical information. *Patient Education and Counseling, 43*, 179-187.

Welkenhuysen, M., Evers-Kiebooms, G., Decruyenaere, M., & van den Berghe, H. (1996). Unrealistic optimism and genetic risk. *Psychology and Health, 11*, 479-492.

Wender, K. F., & Strube, G. (Eds.) (1993). *The cognitive psychology of knowledge.* Amsterdam: North-Holland.

Werth, L. (2004). *Psychologie für die Wirtschaft.* Heidelberg: Spektrum Akademischer Verlag.

Westenberg, M. R. M., & Koele, P. (1992). Response modes, decision processes and decision outcomes. *Acta Psychologica, 80*, 169-184.

Westenberg, M. R. M., & Koele, P. (1994). Multi-attribute evaluation processes: Methodological and conceptual issues. *Acta Psychologica, 87*, 65-84.

Wickens, C. D., & Flach, J. M. (1988). Information processing. In E. Wiener & D. Nagel (Eds.), *Human factors in aviation* (pp. 111-155). San Diego, CA: Academic Press.

Wickens, C. D., & Hollands, J. G. (2000). *Engineering Psychology and Human Performance (3rd ed.).* Upper Saddle River, NJ: Prentice Hall.

Wiessmann, F. (2002). *Notfallmanagement im Cockpit.* Aachen: Shaker Verlag.

Wiswede, G. (1995). *Einführung in die Wirtschaftspsychologie.* München: Ernst Reinhardt UTB.

Wittgenstein, L. (1971). *Über Gewissheit.* Frankfurt a. M.: Suhrkamp.

Woloshin, S., Schwartz, L. M., Moncur, M., Gabriel, S., & Tosteson, A. N. A. (2001). Assessing values for health: Numeracy matters. *Medical Decision Making, 21,* 382-390.

Wright, G., & Ayton, P. (Eds.) (1994). *Subjective probability.* Chichester: John Wiley & Sons.

Wright, G., & Phillips, L. D. (1980). Cultural variation in probabilistic thinking: Alternative ways of dealing with uncertainty. *International Journal of Psychology, 15,* 239-257.

Wright, P., & Barbour, F. (1977). Phased decision making: Sequels to an initial screening. In M. K. Starr & M. Zeleny (Eds.), *Multiple criteria decision making* (pp. 91-109). Amsterdam: North-Holland.

Wright, W. F., & Bower, G. H. (1992). Mood effects on subjective probability assessment. *Organizational Behavior and Human Decision Processes, 52,* 276-291.

Wu, G., Zhang, J., & Gonzales, R. (in press). Decisions under risk. In D. J. Koehler & N. Harvey (Eds.), *Blackwell Handbook of judgment and decision making.* Cambridge, UK: Blackwell.

Yaniv, I., & Foster, D. P. (1995). Graininess of judgment under uncertainty: An accuracy-informativeness tradeoff. *Journal of Experimental Psychology: General, 124,* 424-432.

Yaniv, I., & Kleinberger, E. (2000). Advice taking in decision making: Egocentric discounting and reputation formation. *Organizational Behavior and Human Decision Processes, 83,* 260-281.

Yates, J. F. (1990). *Judgment and decision making.* Englewood Cliffs, NJ: Prentice Hall.

Yates, J. F. (1992). *Risk-taking behavior.* Chichester: John Wiley & Sons.

Yates, J. F., & Lee, J.-W. (1996). Chinese decision-making. In M. H. Bond (Ed.), *The handbook of Chinese psychology* (pp. 338-355). Hong Kong/Oxford/New York: Oxford University Press.

Yates, J. F., & Patalano, A. L. (1999). Decision making and aging. In D. C. Park & R. W. Morrell (Eds.), *Processing of medical information in aging patients* (pp. 31-54). Mahwah, NJ: Lawrence Erlbaum Associates.

Yates, J. F., Veinott, X., & Patalano, A. L. (2003). Hard decisions, bad decisions: On decision quality and decision aiding. In S. L. Schneider & J. Shanteau (Eds.), *Emerging perspectives in judgment and decision research* (pp. 13-63). Cambridge, UK: Cambridge University Press.

Zadeh, L. A. (1978). Fuzzy sets as a basis for a theory of possibility. *Fuzzy Sets and Systems, 1,* 3-28.

Zajonc, R. B. (1980). Feeling and thinking. Preferences need no inferences. *American Psychologist, 35,* 151-175.

Zeelenberg, M., van Dijk, W. W., Manstead, A. S. R., & van der Pligt, J. (2000). On bad decisions and disconfirmed expectancies: The psychology of regret and disappointment. *Cognition and Emotion, 14,* 521-541.

Zimmer, A. C. (1983). Verbal vs. numerical processing of subjective probabilities. In R. W. Scholz (Ed.), *Decision Making under Uncertainty* (pp. 159-182). Amsterdam: North-Holland.

Zimmer, A. C. (1984). A model for the interpretation of verbal prediction. *International Journal of Man and Machine Studies, 20,* 121-134.

Zimolong, B., & Rohrmann, B. (1988). Entscheidungshilfetechniken. In D. Frey, C. Graf Hoyos & D. Stahlberg (Eds.), *Angewandte Psychologie* (pp. 624-646). München/Weinheim: Psychologie Verlags Union.

Zsambok, C. E., & Klein, G. (Eds.) (1997). *Naturalistic decision making.* Mahwah, NJ: Lawrence Erlbaum Associates.

Namensindex

Sachindex